ᠠᠯᠠᠱᠠ ᠶᠢᠨ ᠵᠢᠯ ᠦᠨ ᠲᠡᠮᠳᠡᠭᠯᠡᠯ

阿拉善年鉴

（2020）

《阿拉善年鉴》编纂委员会　编

方志出版社
Publishing House of Local Records

图书在版编目（CIP）数据

阿拉善年鉴. 2020 /《阿拉善年鉴》编纂委员会编
.-- 北京：方志出版社，2020.12
ISBN 978-7-5144-4490-2

Ⅰ. ①阿… Ⅱ. ①阿… Ⅲ. ①阿拉善盟—2020—年鉴
Ⅳ. ① Z522.62

中国版本图书馆 CIP 数据核字（2021）第 002491 号

阿拉善年鉴（2020）

编　　者：《阿拉善年鉴》编纂委员会
责任编辑：丛　珺

出 版 者：方志出版社
地址　北京市朝阳区潘家园东里 9 号（国家方志馆 4 层）
邮编　100021
网址　http://www.zgfzcb.cn
发　　行：方志出版社图书经销中心
电话　（010）67110500
经　　销：各地新华书店
印　　刷：北京中科印刷有限公司

开　　本：889 × 1194　　1/16
印　　张：28.5
字　　数：735 千字
版　　次：2020 年 12 月第 1 版　　2020 年 12 月第 1 次印刷
印　　数：0001 ~ 1000 册

ISBN 978-7-5144-4490-2　　定价：360.00 元

《阿拉善年鉴（2020）》编纂委员会

《阿拉善年鉴（2020）》编纂委员会办公室

《阿拉善年鉴（2020）》编辑部

主　编： 尤　春

副主编： 宝音贺希格

编　辑： 王延吉　韩晓曦

《阿拉善年鉴（2020）》供稿人员名单

（按姓氏笔画排序）

马　洋	马　莉	马　涛	马能杰	马晓慧	王　芳	王　佳	王　铎	王　群	王　黎
王文娟	王阿春	王佩毓	王浩宇	王继军	王晓荣	王梨花	王锦霞	白　莹	白建军
冯伟娜	石晓静	乌日嘎	田　密	成　龙	刘　齐	刘　洋	刘　彦	刘　斌	刘永华
刘岩峰	刘建平	米　鑫	米燕军	齐　慧	向　杰	许永星	闫玉玺	闫晓娟	陈龙梅
陈　亮	杜自新	李龙彪	李沁光	李园园	李　玲	李首蓉	李惠霞	邱　黎	邱作隆
沈　璐	吴晓红	吴晓春	乌　健	杨　芳	杨　柳	杨　娟	杨　晶	杨红卫	杨亚泽
杨惠忠	张　娇	张　浩	张　萍	张　晨	张　强	张　静	张　磊	张　燕	张小勇
张克锋	张玥瑶	张春阳	张彦蓉	张奕涵	张晓庆	张振坤	张菊梅	张敏杰	张嘉龙
季　芳	林　荣	罗　卿	苗　元	屈　尧	尚　斌	侍文君	侍梅林	图　娅	周　军
周　桐	周　媛	周祥东	周黎斐	胡开礼	胡雪琴	姜　华	姜　伟	姜冰皓	姚德胜
赵　博	赵玉杰	赵亚博	赵建忠	赵晴川	爱茹娜	敖特根	柴　瑛	柴尔智	郭　钰
郭启龙	郭晶晶	高兴利	高莉新	海格日图	海　棠	康瑞霞	聂　锐	桑冬维	陶婷婷
徐　峰	袁丽丽	袁布鲁格	曹　霞	崔雨杉	寇世欣	黄　浦	黄　聪	黄玉梅	黄彦军
黄福廷	朝鲁蒙	董　彦	富海江	韩　毅	韩晓曦	韩瑞君	韩静波	彭　涛	彭钰娟
斯琴别立格	谢欣宇	曾雪娇	雷　鹏	裴国重	裴耀武	潘有俊	薛　瑞		

编辑说明

一、《阿拉善年鉴（2020）》以马克思列宁主义、毛泽东思想、邓小平理论、“三个代表”重要思想、科学发展观、习近平新时代中国特色社会主义思想为指导，坚持辩证唯物主义和历史唯物主义的立场、观点和方法，全面、系统、真实地记述了2019年度全盟政治、经济、文化、生态及社会各项事业的发展状况、重大事件和最新成就。

二、《阿拉善年鉴（2020）》采用分类编辑法，由类目、分目、条目三个层次构成，条目为实写单元。全书由特载、专记、大事记（其中“☆”代表与上一事条发生在同一天）、盟情概览、中国共产党阿拉善盟委员会、内蒙古自治区人大常委会阿拉善盟工作委员会、阿拉善盟行政公署、中国人民政治协商会议阿拉善盟委员会、民主党派、人民团体、法治、军事、农牧林水、工业、综合经济管理、城乡建设 环境保护、交通 邮政 通信、商贸、财政 税务、金融、科技、教育 体育、文化传媒、医疗卫生、社会管理、旗区、重要企业选介、附录等28个部分组成。

三、“图说2019”图片专辑是《阿拉善年鉴（2020）》的重要组成部分，也是体现地方特色和年度特点的重要内容。它以图文并茂的形式，形象、生动地展示2019年阿拉善盟地区的大事要事和最新建设成就，融新闻性、史料性、特色性于一体。

四、各供稿单位领导干部名录在附录中集中收录，并对2019年内任免情况进行标注。

五、地区名称、机构名称根据语言环境用全称或通用简称，如阿拉善盟简称阿盟，阿拉善左旗简称阿左旗，阿拉善盟行政公署简称盟行署等。

六、《阿拉善年鉴（2020）》用稿均由盟直属机关、各旗区及有关单位提供，并经各单位负责人把关。凡全盟性的数据，以盟统计部门资料为准。

2019 数字阿拉善

总面积：27 万平方千米

常住人口：25.07 万人

城镇人口：19.84 万人

乡村人口：5.23 万人

出生人口：0.24 万人，出生率为 9.51‰

苏木（镇）：31 个

嘎查（村）：199 个

街道办事处：6 个

社区：62 个

地区生产总值：295.3 亿元，同比增长 5.9%

第一产业增加值：14.2 亿元，同比增长 2.4%

第二产业增加值：163.4 亿元，同比增长 7.7%

第三产业增加值：117.7 亿元，同比增长 3.8%

人均生产总值：118101 元，同比增长 5.3%

地方财政总收入：57.4 亿元，同比增长 21.3%

一般公共预算收入：28.7 亿元，同比增长 18.3%

一般公共预算支出：112.1 亿元，同比增长 14.6%

居民人均可支配收入：38483 元，同比增长 7.3%

居民人均生活消费支出：27750 元，同比增长 5.4%

城镇常住居民人均可支配收入：42983 元，同比增长 6.4%

农村牧区常住居民人均可支配收入：18301 元，同比增长 8.4%

参加城镇职工基本养老保险人数：90812 人

参加城乡居民社会养老保险人数：51340 人

参加职工基本医疗保险人数：90664 人

参加城乡居民基本医疗保险人数：110765 人

城乡 500 万元以上固定资产投资额同比增长：0.4%

社会消费品零售总额：87 亿元

农作物总播种面积：8.2 万公顷

粮食作物播种面积：1.6 万公顷

经济作物播种面积：6.6 万公顷

粮食总产量：13.3 万吨

油料产量：1.1 万吨

蔬菜产量：8.7 万吨

棉花产量：105.7 吨

农牧业机械总动力：27.9 万千瓦

牧业年度牲畜存栏数：106.0 万头（只）

完成营造林面积：88665 公顷

实有封山（沙）育林面积：4666 公顷

森林面积：212.5 万公顷

森林覆盖率：8.01%

巴彦浩特环境空气质量有效监测天数：365 天，优良天数：337 天

全部工业增加值比上年增长：9.7%

原盐产量：113.5 万吨

铁矿石产量：1.9 万吨

盐酸产量：12.3 万吨

进出口总额：48.0 亿元

公路总里程达到：10858 千米

铁路运营里程：1691 千米

机动车保有量：91622 辆

机动车驾驶员拥有量：128088 人

巴彦浩特公交线路：6 条（市区线路 5 条，城乡线路 1 条）

GSM 基站数：1377 个

本地固定电话用户：19768 户

移动电话用户：325120 户

互联网用户：94545 户

旅游总收入：210.2 亿元

接待国内外游客：2260.0 万人次（含一日游游客）

国家 A 级旅游景区：29 家

星级乡村旅游接待户：101 家

银行业金融机构：13 家

金融机构人民币存款余额：386.6 亿元

金融机构人民币贷款余额：367.5 亿元

保险机构：16 家

保险业实现保费收入：12.4 亿元

保险业赔付支出：3.1 亿元

各级各类学校、幼儿园：67 所

各级各类学校、幼儿园在校生：35143 人

专利申请：367 件

艺术表演团体（事业）：4 个

拥有文化馆：4 座（包括盟群众艺术馆 1 个，各旗文化馆 3 个）

公共图书馆：4 座

博物馆：6 座

综合档案馆：4 座（盟档案馆 1 个，各旗档案馆 3 个）

专业档案馆（盟城建档案馆）：1 座

广播综合人口覆盖率：96.7%

有线电视用户：2.8 万户

卫生和计划生育技术服务机构：336 个（医院 19 个，基层卫生医疗机构 305 个，专业公共卫生机构 11 个，其他卫生机构 1 个）

卫生机构实有床位数：1682 张

卫生技术人员：2429 人

养老机构：8 家

（编撰：王延吉）

✦ 8 月 5 日，自治区党委书记、人大常委会主任李纪恒（正面右二）到额济纳旗达来呼布镇乌兰格日勒嘎查，向当地旅游从业人员及文旅等部门负责人了解旅游业发展情况，倾听他们的意见建议　　马建荃　摄

✦ 3 月 23 日，阿拉善盟 2019 年春季重点工业项目集中开工仪式在阿拉善高新技术产业开发区举行。自治区主席布小林（中）为项目开工培土奠基　　周　桐　摄

✦ 1 月 7 日，中共阿拉善盟委员会（扩大）会议在巴彦浩特举行　　杨　慧　摄

✦ 1 月 20 日，中共阿拉善盟纪律检查委员会（扩大）会议在巴彦浩特召开　　吉日格勒　摄

✦ 7 月 26 日，盟直机关“不忘初心　牢记使命”庆祝建党 98 周年、新中国成立 70 周年歌咏比赛暨第二届合唱艺术节在金色胡杨音乐厅举行　　包云峰　摄

✦ “不忘初心　牢记使命”北疆英模先进事迹巡回报告会在阿拉善盟举行

《阿拉善日报》 提供

✦ 10月9日，阿拉善腾格里经济技术开发区组织"不忘初心、牢记使命"主题教育宣讲小分队到腾格里额里斯镇查拉格尔嘎查农牧民党员家中，用蒙古语向他们宣讲习近平总书记的重要讲话精神　　曾令飞　摄

✦ 4月24日，阿拉善盟举行庆祝"五一"国际劳动节暨"阿拉善工匠"命名大会　　包云峰　摄

✦ 10月21日，阿拉善盟"不忘初心、牢记使命"主题教育先进典型事迹报告会在巴彦浩特举行。图为党员干部聆听宣讲报告　　杨　慧　摄

✦ 时代楷模苏和（盟政协原主席，前排右一）与额济纳旗红色教育培训班学员面对面交流

✦ 11 月 14 日，党的好战士——张富清同志先进事迹情景报告会在巴彦浩特举行　杨　慧　摄

✦ 1 月 19 日，盟委书记杨博（右一）到阿左旗巴彦浩特三道桥中心市场调研节日市场供应情况　孙廷远　摄

✦ 12 月 11 日，策克口岸运煤通道查验设施改扩建项目建设完成，从“四进四出”到“六进四出”，降低了通道对通关效率的影响 田娜日莎 摄

✦ 国家级循环经济先进单位——内蒙古庆华集团循环经济工业园 曹明宇 摄

✦ 中盐吉兰泰盐化集团有限公司盐及盐化工循环经济工业园　　《阿拉善日报》 提供

✦ 全盟重点项目建设主战场——高新区巴音敖包工业园区　　《阿拉善日报》 提供

✦ 9 月 2 日，盟委书记杨博（右二）到越野 e 族阿拉善英雄会会场和阿拉善沙产业健康科技产业园调研　　周　桐　摄

✦ 5 月下旬，阿拉善盟首次使用无人机空中喷洒药物，防治病虫害　　杨　慧　摄

✦ 3月1日，农业技术志愿服务队队员到阿拉善左旗巴彦霍德嘎查为农牧民讲解实用技术　　孙挺远　摄

✦ 每年6月中下旬，阿拉善左旗吉兰泰镇哈图陶勒盖嘎查（小查哈尔滩）的早瓜开始采摘上市　　杨　慧　摄

✦ 2月17日，位于阿拉善左旗巴彦霍德嘎查采摘温棚的小番茄长势喜人　　徐爱翔　摄

✦ 12 月 30 日，阿拉善“一带一路”国际雕塑公园优秀作品展在巴彦浩特举行　萨日娜　摄

✦ 8 月 20 日，第八届内蒙古自治区乌兰牧骑艺术节在巴彦浩特开幕　萨日娜　摄

✦ 8 月 22 日晚，第十届阿拉善文化旅游节在阿拉善广播电视台演播厅举行。图为内蒙古民族艺术剧院直属乌兰牧骑带来的专场演出 张 彧 摄

✦ 阿拉善一线养路工人唱响《我和我的祖国》 王 平 摄

✦ 12 月 3 日，由盟文化旅游广电局主办，盟文物局、阿拉善博物馆承办的 2019 年度国家艺术基金资助项目“岩画与居延汉简艺术展”在宁夏博物馆开展　闫琛琛　摄

✦ 5 月 18 日，阿拉善博物馆开展一系列文化活动，与公众共庆国际博物馆日
闫琛琛　摄

9 月 9 日，阿拉善盟举行庆祝中华人民共和国成立 70 周年暨庆祝第三十五个教师节文艺汇演　　徐爱翔　摄

1 月 6 日，阿拉善科学技术馆首届科普作品征集大赛收官　　杨　慧　摄

✦ 5 月 15 日，全国第十四届冬季运动会火炬传递阿拉善站启动仪式在额济纳旗举行。图为火炬手在沙漠中乘驼传递“十四冬”圣火

包云峰　摄

✦ 11 月 27 日，2019 中国·额济纳旗骆驼文化那达慕大会在额济纳旗赛驼场开幕　　徐爱翔　摄

✦ 4 月 28 日，“喜临门杯”第八届亚太地区商学院沙漠挑战赛在阿拉善腾格里沙漠开赛，来自亚太地区 105 所顶级商学院的 2700 多名学子参赛　　娜美拉　摄

✦ 11 月 26 日，阿拉善右旗摩托车爱好者关其格苏荣驾驶摩托车挑战“最快时间驾驶摩托车完成沙丘爬坡”吉尼斯世界纪录。用时 2 分 11 秒成功登顶，创造了一项新的吉尼斯世界纪录　包云峰　摄

✦ 2019 年 10 月 7 日，“2019 中国・额济纳第四届环胡杨林自行车邀请赛”在额济纳旗胡杨林景区开赛　吴英凯　摄

✦ 7月30日晚，阿拉善盟举行"永葆军人情、奋进新时代"全盟双拥工作表彰晚会，盟委书记杨博（左二）为李旦生（右二）、张新华（左一）、李德海（右一）三位阿拉善"治沙英雄"颁奖　　包云峰　摄

✦ 1月23日，阿拉善盟蒙医医院党员志愿者走进阿拉善左旗土尔扈特北路社区，开展"党员进社区，迎春送温暖"主题活动　　徐佳妮　摄

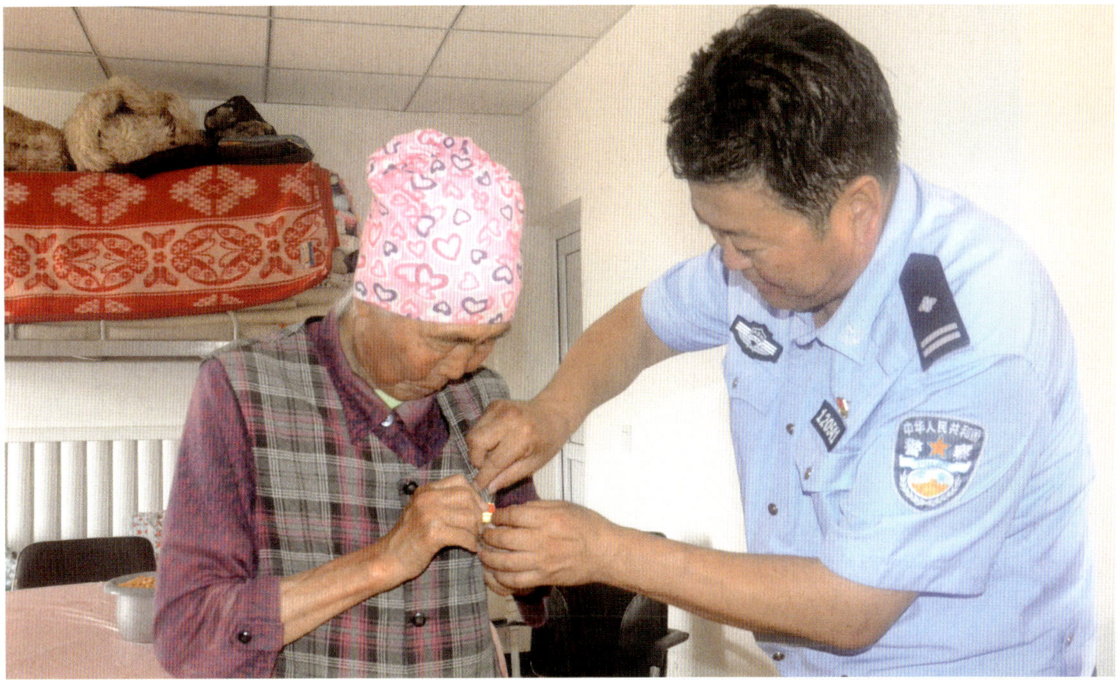

7 月 17 日，阿拉善右旗公安局交警大队恩格日乌苏中队来到 74 岁的自治区优秀共产党员、塔木素布拉格苏木恩格日乌苏嘎查牧民尼玛（左一）老人家中，开展一次特殊的主题党日活动　石　斌　摄

5 月 23 日，“阿拉善盟药品化妆品科普宣传周”活动在巴彦浩特启动　赵　楠　摄

✦ 3 月 21—22 日，阿拉善盟科协、气象局联合举办气象日宣传活动

✦ 3 月 23 日，阿拉善盟举办“坚持节水优先，强化水资源管理”2019 年世界水日和中国水周主题宣传活动

娜美拉　摄

✦ 6 月 5 日世界环境日，阿拉善盟以“美丽中国，我是行动者——蓝天保卫战，我是行动者”为主题的世界环境日大型主题系列宣传活动在腾格里沙漠锁边生态公益项目基地拉开帷幕

闫琛琛　摄

✦ 1 月 1 日，阿拉善边境管理支队举行揭牌和集体换装仪式 张亚雄 摄

✦ 1 月 17 日晚，“2018—试训人的一年”首届“十大试训尖兵”颁奖晚会在巴彦浩特金色胡杨音乐厅举行 闫琛琛 摄

✦ 3 月 12 日阿拉善边境管理支队算井子边境派出所民警通过“学习强国”手机软件，把全国两会精神送到牧民家　　　　　　张亚雄　摄

✦ 5 月 9 日“心系报国、参军报国”2019 年阿拉善盟征兵宣传教育进高校暨学院征兵启动仪式在阿拉善职业技术学院举行　　包云峰　摄

“2019 中国森林旅游节”于 10 月 18 日开幕，阿拉善盟巴丹吉林沙漠被评选为“中国森林旅游美景推介地——最美沙漠”

《阿拉善日报》 提供

10 月 1 日至 5 日，2019 第十四届越野 e 族阿拉善英雄会在腾格里沙漠举行

《阿拉善日报》 提供

10 月 3 日，2019 中国 · 额济纳第二十届国际金秋胡杨生态旅游节开幕式在达来呼布镇举行。图为游客乘骑骆驼观赏胡杨林

刘兆伟 摄

✦ 3 月，时隔 22 年，阿拉善盟再现全球濒危物种——青头潜鸭

王志芳　摄

✦ 居延海湿地的候鸟群

王爱民　摄

✦ 3 月 12 日，“青春有你，种树植心” 义务植树活动在全盟开展　徐爱翔　摄

✦ 盛开的蒙古扁桃花　闫琛琛　摄

✦ 阿拉善左旗宗别立镇境内的万亩梭梭林　　《阿拉善日报》 提供

✦ 3 月下旬，阿拉善左旗巴彦诺日公苏木苏海图嘎查牧民将沙漠生态劣势变为资源优势，在戈壁滩上栽种梭梭苗

徐爱翔　摄

巴彦浩特丁香生态公园　　杨明超　航拍

巴彦浩特贺兰草原　　《阿拉善日报》 提供

✦ 陈前摄影作品《海之灵》

✦ 王晓予摄影作品《沙漠戈壁绿洲》

布特格其摄影作品《雾锁绿油油的胡杨林》

张利民摄影作品《冬青花开醉大漠》

月光摄影作品《胡杨林中大雁飞》

纳仁摄影作品《勇往直前》

目　录

特　载

专　记

大事记

盟情概览

盟情简介

2019 年国民经济和社会发展

中国共产党阿拉善盟委员会

综　述

中共阿拉善盟委员会办公室

纪检　监察

组　织

宣　传

统　战

政策研究

网络安全和信息化管理

机构编制

盟直属机关工委

巡　察

消防救援

森林消防

外　事

中国人民政治协商会议阿拉善盟委员会

民主党派

农工民主党

九三学社

人民团体

工 会

共青团

妇女联合会

科 协

工商联（总商会）

法 治

政法委与综治

公 安

检 察

农牧林水

农牧业

林业和草原

林业治沙研究

阿拉善沙漠世界地质公园

贺兰山国家级自然保护区

额济纳胡杨林国家级自然保护区

水　务

黄河灌溉

工　业

工业和信息化管理

电　力

综合经济管理

发展改革

审　计

统　计

统计调查

市场监督管理

城乡建设　环境保护

住房和城乡建设

环境保护

自然资源管理

能源管理

交通 邮政 通信

中国联通

中国电信

商 贸

商 务

贸易促进和招商引资

海 关

石油供应

烟草专卖

供销合作

财政　税务

财　政

税　务

金　融

中国人民银行

银行保险业监督管理

工商银行

中国银行

教育　体育

教　育

职业技术教育　……283

体　育

文化传媒

文化　旅游　广电

旅游和文化综合行政执法

阿拉善日报社

广播电视

文 联

医疗卫生

卫生健康管理

医疗保障

疾病预防与控制

阿拉善盟中心医院

蒙医医院

社会管理

残 联

红十字会

退役军人事务

旗 区

阿拉善左旗

阿拉善右旗

额济纳旗

阿拉善高新技术产业开发区

乌兰布和生态沙产业示范区

腾格里经济技术开发区

重要企业选介

附　录

特 载

盟委书记在2020年盟委（扩大）会议上的讲话

万超岐

（2020年2月28日）

新年伊始，新冠病毒感染的肺炎疫情在全国扩散蔓延，在习近平总书记亲自指挥、亲自部署下，一场抗击疫情的人民战争、总体战、阻击战在全国打响。阿拉善盟全体人民响应党中央号召和自治区党委、政府决策部署，联防联控、群防群控，万众一心、众志成城，筑起了疫情防控的铜墙铁壁，到目前全盟始终保持零输入、零感染、零发病，有力保护了全盟各族人民的安全健康、幸福安宁。一个多月来，全盟广大群众踊跃参加防控，严肃认真开展工作，织密社区防控网络；广大公安干警、医务工作者全体动员、全员上阵，在寒风中坚守岗位，还有10名同志代表阿拉善奔赴武汉主战场；全盟各级党组织、广大共产党员挺身而出、积极请战，卡口、社区、嘎查处处都飘扬着鲜艳的党旗，党员先锋岗、党员“尖刀班”成为一个个坚强的战斗堡垒；各类企业、商贸服务业等市场主体，积极响应党和政府的号召，克服困难、主动担当，一手抓疫情防控，一手抓复工复产，有力促进了两手抓、两手硬，为我们取得双胜利创造了条件。这场疫情考验着我们，也考验了我们，充分展现了阿拉善人民的淳朴善良、阿拉善干部的坚定顽强、阿拉善各级党组织的过硬战斗力行动力。虽然这场斗争还没有结束，但是过往这一切，必将沉淀、厚积、薄发，丰富阿拉善精神的时代内涵，成为我们做好今年乃至今后各项工作，更好地保护阿拉善、建设阿拉善、发展阿拉善的不竭动力。

这次会议的主要任务是，全面贯彻落实中央经济工作会议、自治区党委十届十一次全会暨全区经济工作会议和全区两会精神，总结2019年工作，部署2020年任务。

一、在各族干部群众的共同努力下，2019年全盟各项工作取得新的成绩

2019年，是新中国成立70周年，也是阿拉善发展进程中不平凡的一年。一年来，全盟上下坚持以习近平新时代中国特色社会主义思想为指导，深入学习贯彻党的十九大和十九届二中、三中、四中全会精神，学习贯彻习近平总书记关于内蒙古工作重要讲话重要指示批示精神，全面落实党中央、自治区决策部署，团结奋斗、攻坚克难，推动全盟各

项工作取得新进展。特别是习近平总书记亲临内蒙古考察指导工作，我们隆重庆祝新中国成立70周年，极大激发了全盟各族人民建设亮丽内蒙古、共圆伟大中国梦的热情和信心。

一是党的政治建设扎实推进。深入学习贯彻习近平新时代中国特色社会主义思想，及时跟进学习贯彻习近平总书记重要讲话重要指示批示精神，通过深化理论中心组学习、开展党员干部专题培训、深入基层集中宣讲等形式，推动学习贯彻走深走实。扎实开展“不忘初心、牢记使命”主题教育，党员干部进一步增强“四个意识”，坚定“四个自信”，做到“两个维护”，自觉在思想上政治上行动上同以习近平同志为核心的党中央保持高度一致。

二是全盟经济持续稳定增长。经济运行保持平稳，产业结构不断优化，财政收入持续增长，经济发展质量和效益稳步提高。三大攻坚战成效显著，年度化债任务超额完成，脱贫攻坚成果巩固，污染防治扎实推进。煤化工、盐化工、精细化工等产业转型升级加快，市场占有率、财政贡献率进一步提升。文化旅游、清洁能源等新兴产业加快发展，重大项目取得突破性进展，“三去一降一补”成果进一步巩固。改革开放全面深化，营商环境持续改善。

三是生态环境质量持续向好。统筹推进山水林田湖草系统治理，退牧还草等生态项目深入实施，重点区域绿化面积扩大。腾格里环境污染整治、贺兰山生态环境治理、胡杨林保护区退耕、矿山地质环境治理等成效持续提升，绿色矿山建设稳步推进。中央、自治区环保督察及“回头看”反馈问题年度整改任务全部完成。城乡垃圾、污水得到有效处理，井灌区地下水超采治理深入推进，全盟河湖水质保持稳定。农牧区人居环境整治取得积极进展，村容村貌和宜居环境不断改善。

四是文化事业发展步伐加快。意识形态工作责任制全面落实，主流思想舆论巩固壮大，网络空间不断净化。社会主义核心价值观和中国梦宣传教育深入开展，新时代文明实践试点工作扎实推进，尼玛、王晓东等典型宣传产生广泛影响。全国文明城市创建深入推进，全民文明素质不断提高。文化事业加快发展，文化惠民工程深入实施，公共文化服务体系逐步完善，文艺作品创作成绩喜人。乌兰牧骑事业繁荣发展，成功承办全区第八届乌兰牧骑艺术节，各族群众精神文化生活更加丰富多彩。

五是各族群众福祉全面增进。城乡就业任务超额完成，城乡居民收入差距进一步缩小。社会保障水平保持在全区前列，城镇棚户区改造成效显著。教育、卫生各项社会事业深入推进，硬件设施、师资队伍力量得到加强；现代医院管理制度建设试点稳步展开，基本医疗保障、公共卫生服务、疾病防控能力进一步提升。平安阿拉善建设扎实推进，创建全国民族团结进步示范盟活动深入开展，宗教领域和谐稳定，双拥共建成果丰硕，扫黑除恶专项斗争深入推进，安全生产形势总体稳定。

六是全面从严治党成效显著。新时代加强党的建设各项任务全面落实，基层党组织标准化规范化建设深入推进，富民党建“三链”工程持续深化，一批软弱涣散基层党组织得到整顿提升。干部队伍建设进一步加强，公务员职务与职级并行制度启动实施，苏木镇干部工作生活待遇得到改善。持之以恒正风肃纪反腐，净化政治生态专项行动、机关“四官”专项整治、基层减负年活动扎实开展，形式主义、官僚主义切实整治，监察监督向基层延伸、向深度拓展，监督执纪“四种形态”贯通运用，反腐败斗争压倒性胜利巩固发展，党风廉政建设和反腐败斗争群众满意度调查名列全区第一。

这些成绩的取得，是以习近平同志为核心的党中央坚强领导的结果，是自治区党委、政府关心支持的结果，是历届盟委、行署接续奋斗的结果，是全盟各族人民团结拼搏的结果。在此，我代表盟委，向全盟各级党组织和广大人民群众，向驻盟人民解放军指战员、武警部队官兵，向所有为阿拉善改革发展做出贡献的同志们、朋友们，致以衷心的感谢和崇高的敬意！

二、扎实做好 2020 年经济社会发展工作，奋力实现全面建成小康社会目标

今年，是全面建成小康社会和“十三五”规划收官之年，也是阿拉善盟成立 40 周年，做好今年工作意义重大。总的要求是：以习近平新时代中国特色社会主义思想为指导，全面贯彻党的十九大和十九届二中、三中、四中全会精神，坚决贯彻党的基本理论、基本路线、基本方略，增强“四个意识”，坚定“四个自信”，做到“两个维护”，紧扣全面建成小康社会目标任务和“十三五”规划目标，统筹推进“五位一体”总体布局，协调推进“四个全面”战略布局，坚持稳中求进工作总基调，坚持新发展理念，坚持以供给侧结构性改革为主线，坚持走以生态优先、绿色发展为导向的高质量发展新路子，坚决打赢三大攻坚战，全面做好“六稳”工作，统筹推进稳增长、促改革、调结构、惠民生、防风险、保稳定，促进全盟经济持续健康发展、各项社会事业不断取得新的进步。

根据盟行署意见，经盟委研究，结合当前形势，初步确定今年的主要预期目标是：地区生产总值增长 6%，固定资产投资增长 7%，社会消费品零售总额增长 5%，一般公共预算收入增长 8%，城乡居民人均可支配收入分别增长 7% 和 8%。确定这样的目标，既考虑了外部环境不确定性增加、经济下行压力加大等不利因素，也考虑了我盟的发展基础和支撑条件，兼顾需要与可能，统筹当前与长远，有利于引导社会预期，有利于调结构转动能防风险。实现上述预期目标，并不轻松，各旗区各部门都要集中力量、全力以赴，努力实现奋斗目标。

第一，坚决打赢三大攻坚战，厚植全面建成小康社会成色。能否打赢三大攻坚战，决定着全面建成小康社会的成色和高质量发展的成败，必须坚持问题导向、目标导向、结果导向，紧盯突出问题和薄弱环节，全力攻坚、务求实效。

一要打赢精准脱贫攻坚战。今年是决战脱贫攻坚战收官之年，如期完成脱贫攻坚任务，是全面建成小康社会的底线任务，是我们党向人民、向历史作出的庄严承诺。我盟尽管已经实现人脱贫、村出列、旗摘帽的目标，但巩固脱贫成果、防止返贫的任务还很艰巨。要围绕巩固提升脱贫成果质量，紧扣“两不愁三保障”，抓好“四个不摘”政策落实，把握“六个精准”要求，完善“五个一批”举措，把产业扶贫放在突出位置抓实抓细，因村制宜发展基础好、潜力大、可持续的特色产业，健全产业利益联结机制，保证贫困户获得稳定收入，夯实稳定脱贫、增收致富的基础，确保脱贫成果经得起实践和历史检验。要统筹衔接脱贫攻坚与乡村振兴，认真落实中央、自治区 2020 年一号文件精神，加快补齐农村牧区基础设施和公共服务短板，以乡村振兴巩固提升脱贫攻坚成果。

二要打赢污染防治攻坚战。抓好污染防治，既是重大政治问题，也是重大社会问题、经济问题，不管困难有多大，我们都不能退缩、不可松懈。要进一步完善打好污染防治攻坚战的思路举措，紧盯重点区域、重点领域、重点问题，综合施策、持续用力、狠抓落实，妥善解决好历史遗留问题。要坚决打好蓝天、碧水和净土保卫战，突出精准治污、科学治污、依法治污，狠抓重点区域污染防治和农牧区人居环境整治，保护好重要水体的水质。要认真贯彻落实“党政同责、一岗双责”，强化部门监管责任和企业主体责任，全面落实中央、自治区各项决策部署，全力完成好环保督察反馈问题整改任务，确保我盟生态环境不断改善、持续好转。

三要打赢防范化解重大风险攻坚战。防范化解

重大风险，事关全盟经济持续健康发展和社会大局稳定。要把防范化解重大风险作为重要政治任务，加强风险隐患全面排查和科学研判，及早防范，稳妥应对。特别要做好安全生产工作，把属地责任、主体责任、监管责任压实，落实好党政同责、一岗双责、齐抓共管、失职追责的要求。要积极化解政府债务风险，各尽其责、各司其职，分类施策、多措并举，确保完成年度化债任务，把我盟债务风险等级降下来。要压实金融风险防控各方面责任，加强金融监管，加大不良贷款处置力度，严厉打击违法违规金融活动，守住不发生系统性风险的底线。要坚决做好新冠肺炎疫情输入风险防控工作，时刻绷紧疫情防控这根弦，发扬连续作战精神，毫不放松抓实抓细各项防控工作，坚决防范疫情输入带来的公共卫生领域风险以及由此引发的社会稳定风险。

第二，坚持生态优先，绿色发展，全力推动经济高质量发展。探索以生态优先、绿色发展为导向的高质量发展新路子，是党中央对新时代内蒙古发展的战略定位，是全局性、方向性、战略性要求。我们要全面理解把握探索这条新路子的政治要求、实践要求，坚定不移贯彻落实。

一要坚持生态优先，突出生态保护、治理修复。这是建设美丽中国的要求，是筑牢祖国北方重要生态安全屏障的要求，是阿拉善脆弱生态以及在此基础上实现可持续发展的要求。这一点，我们什么时候都不能忘记。必须强化生态优先这个硬约束，坚持把城镇、农业、生态空间和生态保护红线、永久基本农田、城镇开发边界作为调整经济结构、规划产业发展、推进城镇化不可逾越的红线，落实好“三区三线”要求，严格执行生态功能区产业准入负面清单，不搞打破自然生态平衡的开发，不建超出环境承载能力的工程，不上突破资源承受强度的项目，把经济活动、人的行为限制在生态环境可承受限度内。

二要坚持绿色发展，突出产业导向、结构优化。推动绿色发展，关键要在转方式上找出路、在调结构上做文章，坚持产业生态化、生态产业化，大力发展低排放、无污染产业，推广应用零排放技术，构筑绿色低碳循环发展经济体系。充分发挥资源优势和产业基础优势，大力发展清洁能源、新材料、畜牧产品加工等产业，推动产业链向下游延伸、价值链向中高端演进。在全盟人民共同努力下，目前我盟没有发生新冠肺炎疫情，树立了阿拉善安全、健康的形象。我们要抓住这个机会，加快发展文化旅游、健康养老、体育健身以及仓储物流等现代服务业，促进服务业发展提速、比重提高、质量提升。积极发展节水有机高效农业和高端畜牧业，推动绿色兴农兴牧，努力形成科技含量高、经济效益好、资源消耗低、环境污染少的产业结构和生产方式。

三要坚持高质量发展，突出转变理念、探索创新。从阿拉善实际出发，进一步转变思想观念，勇于探索创新，发挥产业集聚效应和资源、区位优势，努力实现经济高质量发展。一要改造提升现有产业，加快化工产业改造升级步伐，大力实施补链延链强链项目，提高资源综合利用率和产品精深加工度，增强市场竞争力和话语权。二要大力发展优势产业，特别是有资源禀赋、比较优势、发展前景的产业，瞄准具有带动性的关键领域，加快培育发展石墨烯、油气开发加工、蒙中医药、文创会展等产业。旅游业在阿拉善具有得天独厚的优势，要进一步加强管理，使之更加规范有序，进一步打响“苍天般的阿拉善”品牌。三要探索培育新兴产业，积极探索推动数字经济与实体经济相融合，发展新产业、新业态，做好“无中生有”文章。为此，要强化产业集聚效应，围绕发展优势特色产业，推动关联项目和产业向园区集中集聚，优化高效配置资源，促进产业全链条、集群化发展，提高全要素生产和单位土地投入产出率，推动园区经济高质量高水平发展。要发挥区位优势，深度融入

"一带一路"建设，积极参与中蒙俄经济走廊建设，加快策克口岸自治区重点开发开放试验区建设，促成肉类进口指定口岸通关运营、落地加工，加快乌力吉口岸建设，拓展腹地加工依托，增强口岸辐射能力。要发挥资源优势，大力发展绿色矿产加工产业，高起点谋划建设绿色矿业开发区，推进北山成矿带地质勘探，培育新的经济增长极。

四要优化营商环境，突出积极主动、优质高效。对标沿海发达地区和全区先进盟市，聚焦我盟营商环境存在的差距和不足，把着力点放在优化环境上、落脚点放在激发市场主体活力上，推动营商环境向市场化、法治化、规范化目标迈进。要加大招商力度，只要符合国家和自治区产业政策，符合生态环保要求，符合我盟产业结构优化升级以及产业延链补链强链的需要，对全盟发展拉动性强的项目，都要大力引进，发挥好政府和企业两个积极性，加大招商引资力度，促进产业发展活力迸发。要提升服务质效，把提供公平可及、优质高效的服务摆在首要位置，深入推进"放管服"改革，大力推行审批服务"马上办、网上办、就近办、一次办"，推行"一窗受理、一网通办"，简化环节、减少材料、缩短时间、优化服务，提高效率。要强化政策扶持，全面落实中央、自治区和盟里扶持民营经济发展的政策措施，全面推行市场准入负面清单制度，为各类市场主体发展开绿灯、护好航，包容促进新产业、新业态、新模式发展。要帮助解决问题，有效对接企业发展需求，采取针对性举措，解决好制约企业发展的痛点、堵点、难点问题，让各类市场主体安心经营、放心投资、专心创业。要提升园区品质，加强高新区、开发区、示范区基础设施建设，改善公用设施条件，完善各项配套建设，优化生活工作环境，多为企业家提供研讨交流条件，搭设合作创业平台，促进园区经济提质增效。要巩固"亲""清"关系，划清政府与企业、官员与企业家的界限，厘清边界，守住底线，企业发展上要大力支持，生活交往上要把握好度，既要"亲"又要"清"。

五要加强基础设施建设，突出弥补短板、强化支撑。这些年，在大家的共同努力下，我盟在加强基础设施建设上下了大力气，取得了突出成绩。也要看到，阿拉善基础设施建设总体上还比较落后，发展不均衡，在很多方面都有短板弱项，有的还比较突出，制约着全盟经济社会发展。今年，我们要大力推进人民群众高度关注的重要项目，比如巴银快速铁路建设、左旗机场升级改造、重点公路建设以及能源领域的重点建设项目，推动这些项目早开工，为阿拉善发展提供强有力的支撑。

六要及早规划"十四五"，突出着眼长远、统筹兼顾。今年"十三五"规划收官，明年我们将进入一个新的五年计划时期，一定要早规划、早安排。一要聚焦短板，紧紧围绕阿拉善经济社会发展的突出问题，加大铁路、公路、机场、能源、水利、生态环保、农业农村、公共服务、城乡建设以及棚户区改造等基础设施建设力度，努力补上短板。二要突出重点，特别要突出地方发展急需、群众要求迫切、带动性强、市场前景广阔的项目，加大规划建设力度。三要加强对接，从国家、自治区层面和有关方面加强汇报沟通衔接，力争我盟项目能够多进自治区、国家的盘子。四要加大储备，重点是加大具有全局性意义的重大项目储备，积极做好项目前期工作。五要协同发力，在发挥好政府作用的同时，充分发挥市场在资源配置中的决定性作用，积极鼓励民间资本参与，推动更多企业到阿拉善投资、落户、置业。六要防范风险，要尽力而为，量力而行，守住不发生系统性风险的底线，使阿拉善经济持续、健康、高质量发展下去。

第三，切实保障和改善民生，不断增进各族人民的福祉。保障和改善民生是一切工作的出发点和落脚点，也是衡量全面建成小康社会的重要尺度。要对标全面建成小康社会目标要求，持续在补短板、强弱项上集中发力，加强普惠性、基础性、兜底性民生建设，让全盟各族人民有更直接更实在的获得感幸福感安全感。

一要全力抓好就业。从提高城乡居民收入、维护社会和谐稳定的高度重视就业、抓好就业，把稳就业摆在突出位置，抓好减税降费、援企稳岗、托底保障、治欠保支等政策落地，统筹做好高校毕业生、转移农牧民、退役军人等重点群体就业工作，特别是针对当前企业用工难、稳岗压力大等紧迫问题，多措并举、因企施策、加大帮扶，确保全盟就业形势稳定。要加大技能培训力度，充分利用我盟教育资源和各类社会培训阵地，搞好农牧民群众培训工作，使更多的群众掌握一技之长，增加工资性收入。要促进产业发展，大力发展文化旅游、电子商务、快递物流等服务业，推动新产业、新业态加快成长，创造就业岗位，扩大就业容量。要发挥创业带头人作用，大力培育各类创业带头人，带动更多的人就业。要加强教育引导，促进观念转变，努力实现更加充分的就业。

二要聚力完善社会保障体系。阿拉善人口少，社会保障基础较好，但要充分认识到城乡社会保障还不平衡，特别是农牧区保障水平还比较低。要围绕缩小城乡社会保障差距，盟、旗区在财力范围内多办群众最急切的事，补齐社保供给不足的短板，努力促进城乡社会保障均衡发展，特别要加大群众突发性、紧迫性、临时性基本生活困难救助力度，兜牢防止返贫底线。要坚持应保尽保原则，深入实施全民参保计划，健全城乡统筹、可持续的养老、医疗、低保等社会保障体系，不断提高社会保障水平。要加快城镇棚户区和老旧小区改造提升步伐，改善人民群众的居住条件，使我们的城镇既有“面子”、更有“里子”，建得更加美丽、舒适、宜居。

三要大力发展社会事业。坚持教育优先发展战略，突出抓好师资队伍建设，提高教育质量，解决好人民群众关心的学前教育问题，让阿拉善的每个孩子都能享有公平优质的教育。大力加强公共卫生体系建设。从这次新冠肺炎疫情防控工作来看，我盟在公共卫生体系建设方面还存在短板和不足，我们要大力补齐短板，加强薄弱环节，不断完善疾病预防控制体系、重大疫情防控救治体系、公共卫生服务体系、公共卫生应急管理体系，大力加强公共卫生队伍建设和基层防控能力建设，增强应对突发公共卫生事件的能力，提高全盟医疗卫生水平。加快发展文化事业，大力挖掘红色文化，充分利用深厚的历史文化和独特的民族传统文化，大力弘扬伟大的爱国主义精神，推动文化与旅游深度融合，繁荣发展乌兰牧骑事业，加强公共文化服务体系建设，推进融媒体建设，大力开展全国文明城市创建活动，切实提高城镇建设品位和文化内涵。要促进民族团结，使阿拉善的 28 个民族兄弟都能像石榴籽一样紧紧抱在一起。

第四，扎实推进盟域社会治理现代化，努力建设更高水平的平安阿拉善。推进市域社会治理现代化，是党中央着眼推进国家治理体系和治理能力现代化，立足市域特殊地位、独特优势作出的一项重大战略部署。我们要认真贯彻落实，切实扛起筑牢祖国北疆安全稳定屏障的政治责任，扎实做好推进盟域社会治理现代化的各项工作，进一步巩固和发展全盟民族团结、社会稳定、边疆安宁的良好局面。

一要健全治理机制。要健全纵向架构。进一步理顺盟、旗区、苏木镇（街道）权责关系，完善权责明晰、上下贯通、层层推进的三级治理架构，形成盟级统筹协调、旗区级组织实施、苏木镇（街道）强基固本的社会治理链条，增强盟域社会治理的统筹力。要健全横向体制。完善党委领导、政府负责、民主协商、社会协同、公众参与、法治保障、科技支撑的社会治理体系，把分散的资源汇聚起来，增强盟域社会治理的聚合力。要紧紧依靠人民。社会治理不是一个部门或一部分人的事，而是每个人的事情，出发点和落脚点都是人民群众，要强化社会动员，调动人民群众参与的积极性。

二要提升治理效能。坚持和发展新时代“枫桥经验”，健全社会矛盾纠纷多元预防调处化解机制，推动社会治理和服务重心下移、资源下沉，切实把矛盾问题解决在本地，防止矛盾向上传导、风险向外溢出。要加快推进社会治安防控体系建设，深入推进扫黑除恶专项斗争，持续抓好安全生产、应急管理、食品药品安全等工作，坚决守住安全稳定底线。要高度重视做好新形势下的宗教工作，积极引导宗教与社会主义社会相适应。

三要增强治理能力。习近平总书记指出，这次抗击新冠肺炎疫情，是对国家治理体系和治理能力的一次大考，要加强社会治理，妥善处理疫情防控中可能出现的各类问题，特别强调要提高工作本领，增强综合能力和驾驭能力。我们要认真学习领会总书记的指示要求，加强对宪法和法律的学习，做到依法治理、依法行政；加强对专业知识的学习，学习掌握分管领域知识，努力成为内行领导；深入调查研究，摸清情况，稳慎决策，果断执行；认真分析研究我国社会主要矛盾的变化及在阿拉善的具体表现，使工作更有针对性；强化工作落实，下足绣花功夫，把工作做到实处、功夫下到细处，切实提高社会治理能力。

三、深学笃用习近平新时代中国特色社会主义思想，掌握用好有力思想武器

做好2020年工作，必须坚持以习近平新时代中国特色社会主义思想为科学指引，以习近平总书记对内蒙古重要讲话重要指示批示精神为根本遵循，把改造主观世界与改造客观世界结合起来，自觉用科学理论武装头脑、指导实践、开展工作，全力推动阿拉善高质量发展沿着生态优先、绿色发展的方向前进。

第一，坚定不移贯彻新发展理念。要把新发展理念转化为抓发展的思维方式。谋发展、干事情、上项目都要用新发展理念去思考审视、研究分析，多从是否适应、是否符合去考虑问题，什么事能做、什么事不能做都要想清楚、弄明白，切实把新发展理念作为开展工作的重要前提，做到崇尚创新、注重协调、倡导绿色、厚植开放、推进共享。要把新发展理念转化为抓发展的方法。着力纠正和摒弃不适应不符合甚至违背新发展理念的行为和做法，把注意力集中到解决各种不平衡不充分的问题上来，一切工作都向新发展理念看齐，按照新发展理念要求去做。要把新发展理念转化为抓发展的实践本领。坚持全面系统的观点，学习领会新发展理念的整体性和关联性，做到相互促进、齐头并进，提高贯彻落实新发展理念的能力和水平。

第二，认真践行以人民为中心的发展思想。要推动工作下沉。深入基层一线和群众中去进行调查研究，广泛征求群众的意见和建议，充分考虑群众的需求和期盼，使各项决策和工作更接地气、更合民意。要切实为民解忧。始终把群众反映强烈的突出问题摆在第一位，聚焦脱贫攻坚、教育医疗、社会保障、生态环保等重点领域，从群众普遍关心的就业、看病、上学、住房、养老等实际问题入手，多雪中送炭，少锦上添花，切实把惠民利民的事情办好办实。要注重均衡发展。突出关键领域和薄弱环节，加快补齐基础设施、农村牧区、社会事业等领域短板，促进基本公共服务均等化，使发展成果更多更公平惠及各族群众。要坚持勤俭节约。牢固树立过“紧日子”思想，坚持尽力而为、量力而行，优化财政支出结构，严格压缩一般性支出，把有限的财力用在“刀刃”上，用政府的“紧日子”保障人民的“好日子”。

第三，努力掌握马克思主义思想方法和工作方法。要提高战略思维能力。善于把握事物发展总体趋势和方向，准确认识把握发展大势，注重从战略层面谋划发展，增强工作的战略性、预见性和主动

性。要提高历史思维能力。多学习历史、了解历史，学会用历史眼光来看待面临的机遇和风险，学会以历史思维认识发展规律，从中汲取经验智慧，获得精神营养。要提高辩证思维能力。看问题既要全面更要具体，坚持具体问题具体分析，抓住关键，把握重点，分清主次，妥善处理好各种重大关系，解决好各种复杂矛盾问题。要提高创新思维能力。善于用创新思维和创新手段推动工作，努力做到在思想上不断有新突破、在实践上不断有新创造、在发展中不断有新成就。要提高法治思维能力。坚持用法治理念引领社会发展、用法治思维谋划社会治理、用法治方式破解发展难题，将法治思维和法治方式变成想问题、办事情的思想自觉和行为习惯。要提高底线思维能力。强化忧患意识，把形势考虑得更严峻一些，把困难估计得更充分一些，把解决问题的措施想得更周全一些，把各项工作做得更扎实一些，妥善应对各种突发情况，牢牢把握工作主动权。

第四，大力推进思想解放观念更新。要学习新知识。加强对各种新知识、新观点、新技术、新业态、新产业、新模式的学习，提高运用专业思维、专业素养、专业方法推动改革发展的能力，使学习的过程成为解放思想、完善思路、破解难题、促进发展的过程，要在全盟各级干部中积极倡导开展各种学习，形成浓厚的学习、研讨、交流氛围，做到依靠学习赢得主动、走向未来。要克服惯性思维。打破思维定式和路径依赖，破除工作方式方法格式化、套路化，树立与高质量发展相适应的思维理念和行为方式，用新理念谋划发展，用新思路解决问题，用新方法推进工作，防止身体进入了新时代、思维还停在“过去时”。要立足大局看问题。看待问题、谋划发展要有大局意识、长远眼光，自觉把阿拉善工作放到全区乃至全国大局中思考、谋划，以更加宽广的视野和改革创新的精神研究解决事关当前和长远发展的重大问题，切实走好走稳高质量发展路子。要做好结合文章。思维要超前，工作要务实，把贯彻落实党中央决策部署与盟情实际结合起来，创造性地开展工作，确保党中央各项决策部署落地见效。

第五，驰而不息改进工作作风。要担当作为。主动在责任上加压、在工作上加力，尤其是在打好三大攻坚战、做好“六稳”工作等重大任务上敢想敢干、敢作敢为，推动工作提效、发展提质、民心提振。要雷厉风行。强化时间效率观念，对部署的工作、定下的事情要坚决执行、紧抓快办，以一抓到底的劲头抓好落实，做到该办的事要坚决办、能办的事要马上办、需要协调的事要合力办，决不能推拖等靠，更不能只表态不行动。要扑下身子。各级领导干部要以上率下，带头抓重点工作跟踪问效，带头到所联系旗区、企业、项目现场协调解决实际问题，带头落实信访领导包案等制度，以钉钉子精神把工作落到实处。要严细深实。要以一丝不苟的态度、精益求精的标准，围绕岗位职责和工作任务，主动想事谋事干事，把每项工作的阶段步骤、环节细节都考虑周全，努力把各项工作做实做细做好。

四、一以贯之推进全面从严治党，为决胜全面建成小康社会提供坚强组织保证

全面贯彻新时代党的建设总要求，坚持严的主基调，把严的要求贯穿到管党治党的全过程，推动全面从严治党向纵深发展，为决胜全面建成小康社会提供坚强保证。

第一，把党的政治建设摆在首位。要把深入学习贯彻习近平新时代中国特色社会主义思想与学习贯彻党的十九大和十九届二中、三中、四中全会精神结合起来，与学习贯彻习近平总书记关于内蒙古工作重要讲话重要指示批示精神结合起来，巩固提升“不忘初心、牢记使命”主题教育成果，进一步增强“四个意识”，坚定“四个自信”，做到

“两个维护”，始终在思想上政治上行动上同以习近平同志为核心的党中央保持高度一致。要严明党的政治纪律和政治规矩，做到“五个必须”，严防“七个有之”，把讲政治、守规矩体现在坚决贯彻党中央决策部署的行动上，体现在履职尽责、干事创业的实效上，体现在党员干部的日常言行上，做到有令必行、有禁必止。要加强舆论引导，壮大主流思想，加强意识形态工作责任制和意识形态阵地建设，强化热点焦点问题舆论引导，提高新闻舆论传播力、引导力、影响力、公信力，让正能量更强劲、主旋律更高昂。

第二，全面加强基层党组织建设。要牢固树立大抓基层的鲜明导向，以提升组织力为重点，突出政治功能，注重分类指导，使各类基层党建工作充分体现行业特点、更富有实效。农牧区党组织要围绕实施乡村振兴战略开展工作，努力成为宣传党的主张、贯彻党的决定、领导基层治理、团结动员群众、推动改革发展的坚强战斗堡垒。街道社区党组织要围绕加强城镇建设、增进群众福祉开展工作，有机联结单位、行业及各领域党组织，构建区域统筹、条块协同、上下联动、共建共享的城镇基层党建工作新格局。机关事业单位党组织要围绕服务中心、建设队伍、改进作风开展工作，推动党建工作与业务工作深度融合、相互促进，着力打造“三表率一模范”机关。企业党组织要围绕企业生产经营开展工作，服务改革发展，凝聚职工群众，建设企业文化，推动企业高质量发展。“两新”组织党组织要把坚持党的领导与促进非公经济组织和新社会组织健康发展有机结合起来，加强政治引领，保证监督党的方针政策和国家法律法规贯彻执行。

第三，全面加强干部队伍建设。要树立正确选人用人导向，认真贯彻《党政领导干部选拔任用工作条例》，突出政治标准，坚持事业为上，把好干部及时发现出来、合理使用起来，做到严格按原则、制度和程序办事，杜绝找门路、拉关系等不正之风。要优化干部队伍结构，大力培养选拔优秀年轻干部，统筹培养使用女干部、少数民族干部、党外干部，加大干部交流任职力度，形成年龄梯次配备、专业优势互补、来源渠道广泛的合理结构。要加强干部培训，关心基层干部，改善他们的工作生活条件，保障他们的合理待遇，增强基层干部荣誉感、归属感、获得感。

第四，注重抓好人才队伍建设。要实行更加积极、开放、有效的人才政策，以人才强盟战略为牵引，聚焦全盟优势产业转型发展需要和科教文卫等社会事业重点领域，拓展选才用才视野和渠道，大力引进急需紧缺人才、专业技术人才和高层次人才，为全盟经济社会发展提供强大智力支持。要深入实施好“阿拉善英才”“鸿雁”工程，大力培养使用现有人才，加快培养造就一大批门类齐全的本土人才。要关心关爱人才，完善人才服务保障体系，着力解决人才住房、子女教育、配偶就业等问题，主动为人才营造宽松环境、提供广阔平台，让人才心无旁骛、专注事业发展。要加快人才制度和政策创新，积极探索有利于调动各类人才积极性的奖惩制度，完善专业技术职称评聘管理机制，激发人才创新创造活力，形成爱才、育才、用才、厚才的浓厚氛围。

第五，全面加强党风廉政建设。坚决贯彻中央八项规定及其实施细则和自治区配套规定精神，从不以为然的小事抓起，从习以为常的问题改起，防止老问题复燃、新问题萌发、小问题坐大。要深化形式主义、官僚主义突出问题专项整治，严肃查处不作为、慢作为、假作为、乱作为等群众反映强烈的突出问题，巩固“基层减负年”工作成果。要增强廉政风险防范意识，深入排查本地区本部门本单位的廉政风险点，找准最容易出问题的领域、部门和岗位、环节，集中力量推进煤炭资源领域违规违法问题专项整治工作，完善防控制度措施，筑牢腐败“防火墙”。深化纪检监察体制改革，促进巡察派驻与其他各类监督贯通融合，持续深入净化基层、机关政治生态。坚持一体推进不敢腐、不能腐、不想腐，严肃查处扶贫领域腐败、民生领域腐败、涉黑涉恶腐败等，严厉惩治不收敛不收手，严重阻碍党的理论和路线方针政策贯彻执行、严重损害党的执政根基的腐败问题，巩固和发展反腐败斗争压倒性胜利。

要加强党的全面领导。各级党委要充分发挥总揽全局、协调各方的领导作用，特别要注重把方向、谋大局、定政策、促改革、保稳定，强化政治引领，充分调动各方面的积极性主动性创造性，形成强大合力。要积极创造条件、提供保障，大力支持人大依法行使职权、履行监督职责，支持政府依法行政、转变职能，支持政协加强政治协商、民主监督、参政议政，支持法院、检察院依法独立公正行使审判权和检察权，支持民主党派、工商联和无党派人士积极发挥作用，扎实做好党外知识分子、非公有制经济人士和新的社会阶层人士等统战工作，充分发挥工青妇等群团组织桥梁纽带作用，更加有力地团结带领全盟各族人民同心协力奔小康。

盟长在2020年盟委（扩大）会议上的讲话

代　钦

（2020年2月28日）

2019年，面对复杂严峻的经济态势，在习近平新时代中国特色社会主义思想的指引下，在自治区党委政府和盟委的正确领导下，我们坚持稳中求进工作总基调，以新发展理念推动高质量发展，全盟经济社会持续平稳健康发展。全盟地区生产总值增长5.9%；一般公共预算收入增长18.3%；城乡500万元以上固定资产投资增长0.4%；社会消费品零售总额增长5%；城乡常住居民人均可支配收入分别增长6.4%和9.6%。

重点完成了以下工作：政府隐性债务完成年度化解任务的163.68%，清理拖欠民营企业账款14.43亿元；脱贫攻坚实现“清零达标”；完成污染防治项目95个。112个盟级重点项目完成投资134.5亿元；30个招商项目落地开工，到位资金93.4亿元。规模以上工业增加值增长10%，亿元以上工业项目固定资产投资增长19%。农作物总播面积47.09万亩，牲畜存栏量110万头（只）。旅游接待人数和总收入分别达到2260万人次、210.2亿元，增长17.2%、20.3%。进出口总额实现48亿元，策克口岸过货1240万吨，乌力吉口岸建设完成投资3.7亿元。实施重点公路项目6个，阿左旗通勤机场升级支线机场进展顺利，巴银快速铁路获批并已开始拆迁。改造城区老旧小区18个、棚户区住房2725套、农村牧区户厕2738户。重点生态工程造林221.7万亩，重点区域绿化12.3万亩。城镇登记失业率控制在2.83%，居民大病保险报销比例提高到60%以上。投入7亿元实施10所学校幼儿园新建改建项目。妥善处置H7N9禽流感、鼠疫等疫情。扫黑除恶专项斗争铲除恶势力集团6个、涉恶团伙12个。

当前，我们的工作中还存在不少困难和问题，主要表现在：经济总量偏小，结构不合理，增长基础不够稳固；新冠肺炎疫情严重影响经济运行，特别是对市场消费和企业开复工冲击很大；项目谋划、储备不足，固定资产投资增长乏力；财政收支矛盾突出、税源单一；新旧动能转换接续乏力，新兴产业成长缓慢；营商环境改善与市场主体需求有较大差距，公共服务短板较多，细化配套措施还不到位；城乡发展不平衡，群众在就业、养老、教育、医疗、居住等方面仍然面临不少难题；等等。这些矛盾和问题，需要我们深入系统地研究，认真加以解决。

关于2020年工作的总体要求、奋斗目标和主要任务，刚才万超岐书记已经明确，我们要认真学习领会，抓好贯彻落实。围绕盟委既定目标，我们要抓好以下八个方面工作。

一、着力推进项目建设

完善盟旗领导包联重点项目机制，强化项目绩效考核，加强要素配置和协调服务，切实做到在建项目抓进度、新建项目抓开工、储备项目抓落地。实施盟级重点项目110个，总投资1080亿元，年度计划投资190亿元。大力争取资金，推动政府投资项目有序开工复工，重点抓好巴银快速铁路、G331线北银根至路井段、G213线达来呼布至东风航天城段、G1817巴音呼都格至巴彦浩特段高速、阿左旗通勤机场升级支线机场等重大基础设施项目。加大跑商力度，推动社会投资落地落实，重点抓好阿拉善至上海庙160万千瓦风电项目、太西沪蒙新能源材料产业基地2个百亿元重大产业项目以及中高原药及中间体、金宝利格石墨采选深加工等7个十亿元重点项目。加大重大前期项目工作力度，力争敖伦布拉格至湖南±800千伏直流特高压外送通道列入国家“十四五”规划，加快推进额济纳旗至酒泉铁路、S315线特莫图至武威段……前期工作，推动北山成矿带矿业开发区立项建设，积极融入自治区石墨（烯）电极材料基地建设。围绕转型升级加大招商力度，吸引一批延链、补链、强链项目落地，实现招商项目、落地资金双增长。

二、全力推动经济稳定运行

持续打好财政金融风险化解攻坚战，紧盯年度化债目标，加强预算执行，硬化预算约束，加大财政存量资金盘活力度，积极推进债权转移，用足用好自治区下达政府债券额度，有力化解政府隐性债务，重点做好政府部门和国有企业拖欠民营企业中小企业账款化解工作。做好重点企业、重点项目资金流监控，坚决打击非法金融活动，继续做好包商银行重组后续工作。密切关注经济运行态势，及时分析各类经济指标变化，完善运行监控、联动分析机制，实施一对一、点对点的“企业首席服务官”制度，完善重点经济部门联席会议工作制度。各级各部门要认真研究国家、自治区各项惠企扶助政策，细化分解、逐项落实，重点做好财税金融、支持民营企业和实体经济发展、援企稳岗等政策措施的跟踪问效，5月底前完成首轮督查，在政策落地落实上做足文章。优化水、电、土地、劳动力等要素供给和保障机制，在制度保障上精准发力。

三、加快实体经济高质量发展

坚持聚焦主业、做精实业，落实月调度、季分析、半年盘点工作机制，扶持帮助企业尽快复产达效。推进45个亿元以上工业重点项目建设，重点加快扬帆新材料医药中间体、齐晖原料药及医药中间体、沙洲化学原料药等8个续建项目和大中精细化学品、融创宜博数码喷墨中间体系列项目等10个新建项目建设，力争年内建成投产。推动2019年秋季集中签约项目尽早落地开工。加快推进博源1000万吨天然碱化工、金石集团萤石资源整合开发利用、维业能源焦化一体化、天元锰业100万吨高硅硅锰、天河水新材料科技产业园等工业重大前期项目。持续推进集中集聚集约发展，整合各类生产要素，统筹好精细化工项目特别是化学中间体项目落户落地与园区承载能力建设，配套完善排放处理设施，科学规划产业布局，推动阿拉善高新区与腾格里开发区“南北共进、双轮驱动”。力争实现规模以上工业增加值增长7%左右，工业固定资产投资增长10%左右，万元GDP能耗下降3.3%以上。高标准打造油气资源产业链，多方支持中石化务桃亥油田、中石油吉泰油田和吐哈油田开展油气资源开发建设，推动形成新增长极。大力培育文化旅游、休闲餐饮、快递物流等富民产业，强化行业管理，完善行业标准，提高服务质量。维护好、使用好来之不易的胡杨林国家AAAAA级景区创建成果，办好英雄会、胡杨节、沙漠节等各类节庆活动，推动与品牌层次相适应的旅游产业蓬勃发展。以综合商超、规模餐饮、生活服务等为重点积极培育、引进商贸企业，支持社会力量开展普惠性幼儿托育和医养康养服务，扶持本土民族特色商品产业开发，在消费结构升级上有的放矢。

四、深入推进乡村振兴

持续巩固脱贫成果，加强返贫监测预警和动态帮扶，继续做好扶贫动态管理系统中3944户9587人的监测和帮扶。开展拉网式排查，特别关注受新冠肺炎疫情防控等因灾以及因病影响的，收入刚达标、超过贫困线不高的，家庭收入中财产性收入和转移性收入高、生产经营性和工资性收入较少的人群，防止脱贫人口返贫、边缘人口致贫。加快农牧业集约高效发展，建设高标准农田7.9万亩，实施农业节水和化肥农药农膜减量改造2万亩，高质量建设阿拉善优良畜种核心群和种畜场，落实白绒山羊、双峰驼国家保种任务，加快“1396”超级白绒山羊选育、“阿杜”肉羊新品种培育，推动形成与资源环境承载力相匹配的农牧业发展格局。加快发展乡村特色产业，推进梭梭肉苁蓉、白刺锁阳、精品林果业等林草沙产业基地建设，创建3个万亩沙产业示范基地。巩固完善农企利益联结机制，加快农村牧区经济制度、土地制度、产权制度改革步伐，有效释放发展活力。有序推进基础设施和公共服务向农村牧区延伸，吸引工商资本、社会资本投资农村牧区，促进一、二、三产业融合发展。深入实施农村牧区人居环境整治示范行动计划，推进农村饮水安全巩固提升工程，落实厕所革命、生活垃圾治理等重点任务，打造文明整洁农村牧区。

五、持续深化改革开放

深入推进“放管服”改革，落实投资项目承诺制和部门代办制，加快工程项目审批和环评制度改革，尽早实现多评合一、多图联审、联合验收。持续推进阿拉善高新区与乌斯太镇经济发达镇“区镇合一”改革，加快实施阿拉善高新区增量配电业务改革试点。坚持创新驱动发展，积极申报石墨、新能源、蒙医药等领域技术攻关和成果转移转化项目，为新技术落地开花厚植土壤，提升重点园区、重点企业科技实力和创新能力，全力推进阿拉善高新区升级国家级高新区。加快开放步伐，优化策克口岸进出口结构，争取实现肉类产品进口并加工转化，加快推进额济纳自治区重点开发开放试验区获批建设。大力推进乌力吉口岸建设，力争年内实现通关。谋划进口资源利用，布局敖伦布拉格综合经济区。落实外商投资负面清单，引导企业开拓多元化进出口市场，推动对外贸易稳中提质。

六、全面加强生态文明建设

继续打好污染防治攻坚战，持续开展散乱污重点行业专项整治，推进环保设施提标升级改造，加快推进乌海及周边地区环境综合整治，加大固废处置力度，完成地下水超采治理，确保全盟无劣V类水体。严守“三区三线”，落实耕地保护责任，编制国土空间规划，完善生态主体功能区规划，落实自治区生态保护红线管控细则。统筹推进沿黄地区生态环境保护恢复与产业建设，形成黄河流域生态文明建设与经济社会发展协同一致的良好局面。坚持做好自然保护区内矿权退出、综合整治，持续推进矿业绿色发展。落实重点生态工程建设任务，完成营造林131.5万亩、退牧还草及退化草原生态保护修复1500万亩、重点区域绿化3.5万亩，义务植树95万株，申报草原政策性保险试点，推动3个沙化土地封禁保护区建设项目开工。加强森林草原资源管护，严厉打击破坏生态环境、盗猎野生动物等违法行为。规范饲草料基地和草库伦建设，加强清查整治，恢复生态功能。争取《胡杨林保护条例》出台施行，推动黑河分水常态化。加大巴丹吉林沙漠及其湖泊群保护力度，全力推动巴丹吉林沙漠世界自然遗产申报成功。

七、不断增进民生福祉

加紧推进盟一中建设，年内投入使用。新建4所幼儿园和5个校园体育场馆，增加青少年室外活动时间。实现城镇新增就业2500人、农牧民转移就业3000人，妥善安置军转干部、退役士兵。全面梳理各类民生政策，提高各类救助、救济、救急政策的针对性和匹配度，防止保障政策泛福利化。加快推进阿右旗巴丹吉林镇调峰热源厂、额济纳旗达来呼布镇供热一次性管网工程。完成棚户区改造1030套，实施年度老旧小区改造项目21个，完善廉租住房制度。巩固治欠保支成效，确保如期实现农牧民工工资基本无拖欠目标。提升疾病防控能力，新建2间负压病房，加快提高医药卫生供给水平，重点推进基本医药服务“减价便民”。推进乌兰牧骑演艺中心项目前期工作，提高科技馆、图书馆、文化馆、群艺馆等开放水平，扩大偏远地区广播电视覆盖面。持续加大扫黑除恶专项斗争深挖彻查力度，深入开展重点行业领域专项整治。结合新冠肺炎疫情防控强化公共卫生应急响应能力建设，加强综合性应急救援队伍和社会救援力量，提升应急救援和安全生产管理能力和水平。

八、切实提升政府治理能力

增强“四个意识”，坚定“四个自信”，做到“两个维护”，确保党中央、国务院决策部署落实到位。严格贯彻中央八项规定精神，力戒形式主义、官僚主义，大兴务实之风，切实为基层减负。坚持过紧日子，勤俭办一切事业，从严控制非刚性、非重点项目支出，“三公”经费压减10%。深化法治政府建设，坚持依法行政，加强审计监督，自觉接受人大法律监督和工作监督，积极接纳政协民主监督和社会公众监督。加强政务公开，提高政策制定、执行透明度，推行阳光政务。严格按照制度履行职责、行使权力、开展工作，以提高制度执行力和治理能力加快推进政府系统治理体系和治理能力现代化。加强工作督查调度，强化层级管理，全面提高各级政府及部门贯彻力、执行力，确保政令畅通、上下一致，有效提高行政效能。切实强化责任担当，以求真务实的作风，紧盯问题不放手，把工作做扎实、做到位，把“最后一千米”问题解决好。

同志们，今年是“十三五”规划收官和决胜全面建成小康社会之年，也是阿拉善盟建盟40周年，做好经济社会发展各项工作，意义十分重大。最近一段时间，全盟上下在新冠肺炎防控工作中展现出了坚定不移的政治定力和无我奉献的斗争精神，焕发出了磅礴的凝聚力、战斗力、向心力，有力守护了全盟人民群众的身体健康和生命安全，为全年经济社会稳定发展打下了坚实基础，奠定了良好开局。今年盟委（扩大）会议较往年有所延期，各级各部门要加快工作节奏，第一时间组织传达会议精神，全力抓好工作落实，将因疫情防控延后的工作进度补回来，时刻对照盟委、行署确定的目标任务比照进度、查找不足，确保各项工作取得实效。

内蒙古自治区第十三届人大常委会阿拉善盟工作委员会工作报告

人大阿拉善盟工作委员会主任　查斯太

（2019年12月23日）

一、2019年的工作回顾

2019年是中华人民共和国成立70周年，是全国人民代表大会成立65周年，也是地方人大设立常委会40周年。一年来，人大阿盟工委在自治区人大常委会和盟委的坚强领导下，坚持以习近平新时代中国特色社会主义思想为指导，深入学习贯彻党的十九大和十九届二中、三中、四中全会精神，全面落实习近平总书记考察内蒙古重要讲话精神，坚持党的领导、人民当家作主和依法治国的有机统一，认真落实中央、自治区和盟委的一系列重大决策部署，围绕中心、服务大局，依法行使职权，不断推进人大工作完善发展，为推进阿拉善高质量发展作出了积极贡献。一年来，共听取审议"一署两院"工作报告13个，开展视察调研15次，对7项法律法规开展执法检查和执法调研，推进地方立法1件，立法征求意见6件。

（一）提高政治站位，始终坚持人大工作的正确政治方向

人大阿盟工委旗帜鲜明讲政治，在实际工作中增强"四个意识"，坚定"四个自信"，做到"两个维护"，确保人大各项工作都在党的领导下开展。把深入学习贯彻习近平新时代中国特色社会主义思想作为首要政治任务，及时传达和系统学习总书记重要讲话和党中央重要会议、重要文件精神，重在学懂弄通做实上下功夫，在政治立场、政治方向、政治原则、政治道路上同以习近平同志为核心的党中央保持高度一致。深入学习研究宣传贯彻习近平总书记关于坚持和完善人民代表大会制度的重要思想，并对全盟人大系统的贯彻落实工作提出具体要求，着力推进学习研究成果转化为做好新时代人大工作的强劲动力。深入学习贯彻党的十九届四中全会精神，把坚持党的领导贯穿于人大工作各方面和全过程，切实做到讲政治、守规矩、重规范，充分发挥人大工委党组把方向、管大局、保落实的领导作用，认真贯彻执行党中央、自治区和盟委的决策部署，严格执行请示报告制度，对开展的重要工作、重大活动，都及时向盟委报告，使盟委全面掌握人大工作情况，研究解决人大工作中的问题，加强对人大工作的领导。按照盟委的安排部署，参与了全盟安全生产、信访维稳、脱贫攻坚、生态环境整治等工作，保质保量完成了盟委交办的各项任务。

（二）紧扣发展大局，全力助推经济社会高质量发展

人大阿盟工委始终坚持围绕中心、服务大局，坚持在监督中支持，在支持中监督，齐心协力推动经济社会发展。

倾力支持高质量发展。围绕全盟经济运行情况，听取和审议了盟行政公署工作报告，审查了盟行政公署关于全盟2018年国民经济和社会发展计划执行情况与2019年国民经济和社会发展计划草案的报告；对全盟"放管服"改革、民营经济发展、农畜产品质量安全监管情况开展了专题调研，

推动行署及相关部门主动适应经济发展新常态，精准发力供给侧结构性改革，统筹做好稳增长、促改革、调结构、惠民生、防风险、保稳定各项工作，培育新的经济增长点。

深化预决算审查监督。认真落实党中央关于人大预算审查监督重点向支出预算和政策拓展的要求，审查全盟2018年预算执行情况和2019年预算草案的报告；听取和审议了2016—2017年盟本级预算执行情况和其他财政收支审计查出问题整改情况的报告、2018年度盟本级预算执行情况和其他财政收支审计工作的报告，严格审查全盟预算调整和决算，督促审计发现问题的整改，进一步为人民看紧政府的“钱袋子”。实施阿拉善盟行署向内蒙古自治区人大常委会阿拉善盟工作委员会报告国有资产管理情况的制度，听取和审议了2018年度全盟行政事业性国有资产管理情况的专项报告，推进人大国有资产监督制度化和规范化。

依法助推三大攻坚战。把脱贫攻坚作为一项重要的政治任务，以督办全盟脱贫攻坚战专题询问的审议意见落实为主线，听取和审议了关于开展打赢全盟脱贫攻坚战专题询问的审议意见落实情况的报告，持续跟踪发力，推动脱贫攻坚任务落实。树立和践行“绿水青山就是金山银山”的理念，关注水环境保护，开展了水污染防治法执法检查，对居延海及额济纳河流域水资源情况进行了专题调研，督促有关方面落实水污染防治和河湖长制度，加强水环境问题治理；紧盯全盟环境质量，听取和审议了2018年度环境状况和环保目标完成情况报告，推动行署及其职能部门牢固树立生态红线意识，全力抓好环境污染防治工作，以最严格的法规制度推动和保障生态环境质量持续向好。加强风险源头管控，审查了盟行署《关于下达2018年地方政府债务限额的报告》《关于2019年新增地方政府债务限额的报告》《关于下达地方政府债券转贷额度的报告》，配合自治区人大常委会对阿拉善左旗政府性债务化解工作进行专题调研，积极防范化解政府债务风险。

致力提升民生福祉。紧紧抓住人民群众最关心最直接最现实的利益问题，重点关注教育、医疗、就业、养老等民生大事，促进城乡基本公共服务均等化和区域基本公共服务协调发展，持续提升人民群众的获得感、幸福感、安全感。连续对食品药品安全工作开展监督，持续跟踪督查创建“国家食品安全示范城市”实施情况，专题调研生活垃圾、医疗垃圾和餐厨垃圾无害化处理情况；对全盟文化产业、教育工作、兴边富民行动“十三五”规划实施、高校毕业生返乡就业、文物保护和文物安全等工作开展了专题调研，提出了增强文化软实力、提高教育均衡发展、强化人才政策保障、落实文物安全主体责任等意见建议；听取和审议了全盟公立医院综合改革和养老机构建设与管理情况专项报告，为群众提供更加优质的公共医疗和养老服务。

（三）注重强化法治，优化经济社会发展环境

保障法律法规执行。采用委托检查和实地检查等方式，对《中华人民共和国循环经济促进法》《中华人民共和国再生能源法》《中华人民共和国国旗法》《中华人民共和国英雄烈士保护法》《中华人民共和国动物防疫法》和《内蒙古自治区动物防疫条例》进行了执法检查。开展了《中华人民共和国就业促进法》和《内蒙古自治区就业促进条例》，《中华人民共和国科学技术普及法》和《内蒙古自治区科学技术普及条例》的执法调研，促进执法单位和执法人员积极普法、公正执法，保障各项法律法规在我盟的正确有效实施。

强化司法工作监督。听取和审议了盟中级人民法院工作报告、盟检察分院工作报告、全盟公安机关开展扫黑除恶专项斗争工作情况的报告，对扫黑除恶专项斗争推进情况开展了专题调研，督促司法机关践行司法为民宗旨、提高办案质量、维护公平

正义；支持公安等部门严惩黑恶犯罪、研究建立长效机制，促进社会和谐稳定。开展了法治政府建设工作情况专题调研，推动盟行署按期完成法治政府建设任务。认真做好信访事项办理工作，全年受理群众来信17件次，接待群众来访57人次。

积极推动地方立法。协调推动《内蒙古自治区额济纳胡杨林保护条例（草案）》立法进程，已经自治区人大常委会第十五次会议初审，有望2020年正式批准实施。开展立法项目征集，征集了《内蒙古巴丹吉林沙山湖泊保护条例》立法建议。按照自治区人大安排，对《中华人民共和国乡村振兴促进法草案（征求意见稿）》《内蒙古自治区中小企业促进条例（草案）》，《内蒙古自治区乌海市及周边地区大气污染防治条例（草案）》《内蒙古自治区民族团结进步工作条例》《内蒙古自治区反家庭暴力条例》和《内蒙古自治区国防动员条例（草案）》在全盟范围内征求了意见。

加强规范性文件备案审查。按照自治区人大常委会的工作要求，坚持合法性审查为主，适当性审查为辅的原则，对盟行署、各旗人大常委会制定的14个规范性文件进行了备案，做到“有件必备、有备必审、有错必纠”，切实维护国家法制统一，推动全面依法治盟和法治阿拉善建设向纵深发展。

（四）发挥主体作用，增强代表工作的活力与实效

人大阿盟工委立足“代表机关”定位，尊重代表主体地位，全力支持和切实保障人大代表依法履职行权、充分发挥作用。

提高代表履职服务水平。高度重视代表履职能力的提升，组织在我盟的5名自治区人大代表参加了自治区人大常委会举办的两期代表履职学习培训班，同时为代表分发履职学习书籍、学习期刊、代表履职学习手册等，为代表更好履职提供服务保障。完成了4名自治区人大代表补选工作，组织在我盟的全国和自治区人大代表参加全国和自治区十三届人大二次会议，为代表收集、整理建议意见素材46件。就代表法实施情况进行调研，依法保障代表履职。

全面推进“两个联系”。密切与代表联系，扩大代表对人大工委工作的参与，全年共邀请自治区人大代表列席工委会议、参加人大工委组织的视察调查、执法检查等活动20人次。全面落实代表联系选民制度，推进代表回原选区向选民述职活动，鼓励和支持各级代表定期联系接待选民，就近就地参与联系选民的各类主题活动，常态化直接倾听基层民众心声。建立代表履职档案，开展代表履职考评，增强了代表的代表意识和责任意识。

提高代表活动成效。印发了《关于进一步提高各级人大代表政治站位　充分发挥在扫黑除恶专项斗争中作用的意见》，切实推动各级人大代表积极参与扫黑除恶专项斗争，助力打赢扫黑除恶攻坚战。积极指导我盟试点地区开展民生实事项目人大代表票决制试点工作，在阿右旗组织召开了全盟民生实事项目人大代表票决制现场交流会，3个试点地区共票决确定民生实事项目16个，所有项目实现当年建设、当年完工，全盟试点工作取得明显成效。各级人大代表在“征集初定”“审议票决”“监督评估”3个阶段中积极发挥主体作用，确保了民生实事票决制工作扎实有序进行。扩大试点范围，将额济纳旗、阿左旗吉兰泰镇、温都尔图镇、阿右旗巴丹吉林镇确定为2020年民生实事项目人大代表票决制全区试点地区，进一步扩大了代表履职渠道。

（五）强化自身建设，夯实人大工作基础

全面加强党的建设。自觉扛起全面从严治党主体责任，“不忘初心、牢记使命”主题教育扎实开展；严格落实中央八项规定精神，驰而不息纠正“四风”；深入推进党风廉政建设和反腐败工作，

坚持以上率下，不断推动全面从严治党在人大机关向纵深发展。加强和改进意识形态工作，切实引导党员做到以理论清醒保证政治坚定，以思想自觉引领行动自觉。注重调查研究，班子成员每年每人牵头负责一个重点课题，了解人民群众所思所盼，使人大工作接地气、聚民意、求实效。

不断充实工作力量。深化人大机关机构改革，组建了社会建设工作处，对现有内设机构进行了更名，调整了具体工作职责；调整增补了人大工委组成人员，工委委员结构得到进一步优化。

健全完善机关制度。严格执行民主集中制，坚持集体行使职权，集体讨论决定问题，建立完善了盟行署向人大阿拉善盟工作委员会报告国有资产管理情况、会议管理、机关干部容错纠错办法等工作制度，进一步提高了民主决策制度化、规范化水平。

加强工作协调和指导。拓展全盟人大工作实践和经验体会的交流共享，召开了纪念地方人大设立常委会40周年座谈会，举办了全盟人大干部暨苏木镇人大主席培训班、信息培训班；召开了阿拉善人大工作研究会理论研讨会，更加注重研究成果向创新探索和实际成效转化；切实做好人大宣传工作，利用门户网站、微信公众号刊发信息131条，多方位、多渠道宣传人大工作绩效，展示人大代表风采。

各位组成人员、同志们，一年来，人大阿盟工委工作成绩的取得，是自治区人大和盟委坚强领导的结果，是“一署一委两院”和各旗、苏木镇人大紧密配合、同向发力的结果，是全体组成人员和全盟人大系统干部共同努力、主动作为的结果。在此，我代表人大阿盟工委，向所有关心、支持全盟人大工作并为之辛勤付出的同志们表示衷心的感谢！

一年来的工作虽然有进步有成效，但我们还是清醒地认识到，面对新时代、新任务、新要求，人大阿盟工委的工作还存在一些差距，主要是：综合运用监督手段不够充分，监督实效需要进一步增强；服务人大代表工作水平仍需提高，代表主体作用有待充分发挥；人大机关自身建设还需不断加强等。对此，我们将在今后的工作中认真加以改进。

二、2020年的工作安排

2020年是全面建成小康社会和“十三五”规划收官之年。人大阿盟工委将以习近平新时代中国特色社会主义思想为指导，深入学习贯彻习近平总书记关于坚持和完善人民代表大会制度的重要思想，全面落实党的十九大和十九届二中、三中、四中全会精神，坚持党的领导、人民当家作主、依法治国有机统一，紧扣中央和自治区重大决策部署，紧扣盟委中心工作，紧扣群众对当期和长远民生事项的重大关切，全面履行法定职责，充分发挥职能作用，继续为推动阿拉善高质量发展贡献人大智慧和人大力量。

（一）进一步学习贯彻党的十九届四中全会精神。党的十九届四中全会明确提出要坚持和完善人民代表大会制度这一根本政治制度，并作出部署安排，这是党中央交给各级人大机关的光荣任务，也是人大义不容辞的责任担当。我们将把学习贯彻党的十九届四中全会精神作为当前及今后一个时期的首要政治任务，把学习、研究、宣传、贯彻习近平新时代中国特色社会主义思想和习近平总书记关于坚持和完善人民代表大会制度的重要思想作为必修课和基本功，从新时代加强制度建设的战略全局、从发挥国家制度体系的整体功效出发，充分认识坚持和完善人民代表大会制度的新内涵、新部署、新要求，全面加强和改进人大工作，把国家根本政治制度的特点和优势充分发挥出来，推动人民代表大会制度与时俱进，在新时代探索新实践、展现新作为。

（二）进一步加强和改进监督工作。围绕中央经济工作会议确定的重点工作，紧盯全盟发展中的关键问题、影响法律法规实施的突出问题和人民群众普遍关心的热点难点问题，坚持依法监督、正确监督、有效监督，促进“一署一委两院”不断加强和改进工作，正确行使行政权、监察权、审判权、检察权。聚焦全盟工作大局，紧紧围绕经济高质量发展、乡村振兴战略、打好三大攻坚战等中心任务，充分发挥人大职能作用，不断增强监督实效。完善财政预算联网监督，加快推进人大预算审查监督重点向支出预算和政策拓展工作。加强法治领域监督，听取和审议法院、检察分院工作报告、法治政府建设工作报告，开展土壤污染防治法、老年人权益保障法等法律法规的执法检查和调研。积极推进地方立法工作，推动《内蒙古自治区额济纳胡杨林保护条例（草案）》进行二审。贯彻落实《内蒙古自治区各级人民代表大会常务委员会规范性文件备案审查条例》，做好规范性文件备案审查工作。

（三）进一步深化和拓展代表工作。紧密结合服务和支持代表履职的新要求、新任务，努力为代表依法履职、发挥作用创造良好条件。强化代表学习培训，提升代表履职能力，充分发挥人大代表在审议、视察、检查、调研和评议等方面的主体作用。完善联系代表和人民群众的工作机制，坚持邀请代表参与执法检查、视察、调研和列席会议，经常走访代表，广泛听取代表建议和意见，畅通代表知政、议政的渠道，拓展代表参与人大工作的深度和广度。健全“人大代表之家”运行机制，丰富闭会期间代表履职活动，进一步推动“万名人大代表助力精准扶贫活动”和民生实事项目人大代表票决制试点工作，促进代表履职活动常态化、规范化。

（四）进一步提高依法履职能力和水平。巩固拓展“不忘初心、牢记使命”主题教育成果，深入推进“两学一做”学习教育常态化制度化。加强思想建设，提高组成人员及机关干部的理论素养和工作能力；健全工作制度，完善议事程序和规则，创新工作方法，推动人大工作制度化、规范化、程序化、法治化；密切与各级人大的联系，强化沟通协调，抓好督促落实，保证各项工作顺畅有序。

（五）进一步推动地方人大工作和建设。深入贯彻自治区党委人大工作会议精神，对全盟人大工作情况开展专题调研，筹备召开盟委人大工作会议，制定《加强党的领导做好新时代人大工作的意见》，从加强党对人大工作的领导、增强人大监督工作实效、充分发挥人大代表主体作用、加强人大机关自身建设等方面提出具体要求，指导和推动全盟人大工作进一步提升水平。

各位组成人员，同志们，在新时代坚持和完善人民代表大会制度，以更高标准做好人大工作，使命光荣、责任重大。让我们紧密团结在以习近平同志为核心的党中央周围，以习近平新时代中国特色社会主义思想为指导，坚定不移坚持和完善人民代表大会制度，在自治区人大常委会和盟委的坚强领导下，坚定信心，奋发进取、砥砺前行，努力书写新时代人大工作的崭新篇章，为推动阿拉善高质量发展作出更大贡献！

（在自治区第十三届人大常委会阿拉善盟工作委员会第五次会议上的讲话）

中国人民政治协商会议阿拉善盟第九届委员会常务委员会工作报告

政协阿拉善盟委员会主席　魏国权

（2020年4月9日）

一、2019年工作总结

2019年是全面建成小康社会的关键之年，也是九届盟政协砥砺奋进、守正创新的重要一年。一年来，在自治区政协的有力指导和盟委的坚强领导下，盟政协及其常委会坚持以习近平新时代中国特色社会主义思想为指导，认真贯彻落实中央大政方针和自治区党委、盟委重大决策部署，坚持围绕中心、服务大局，坚持建言资政与凝聚共识双向发力，认真履行政治协商、民主监督、参政议政职能，充分发挥协商民主重要渠道和专门协商机构作用，为全盟经济社会各项事业发展作出了积极贡献。

（一）坚定不移维护核心，在把牢政治方向中凝聚共识

一年来，我们坚持把坚决维护习近平总书记党中央的核心、全党的核心地位，坚决维护党中央权威和集中统一领导作为最高政治原则和根本政治规矩，牢固树立“四个意识”，坚定“四个自信”，确保人民政协始终沿着正确政治方向稳步前行。

突出党的政治建设。始终以党的政治建设为统领，把旗帜鲜明讲政治作为第一标准，政协党组切实加强对政协工作的全面领导，发挥好把方向、管大局、保落实的重要作用，确保党中央大政方针、自治区党委和盟委决策部署不折不扣贯彻落实到政协全部工作之中。坚持在盟委的领导下开展工作，重要工作主动请示、重大事项及时报告、重要议题积极沟通、重要会议主动邀请，政协年度协商计划、民主监督和重点调研议题经盟委同意后实施。积极引导各级政协组织和广大政协委员在政治立场、政治方向、政治原则、政治道路上始终同以习近平同志为核心的党中央保持高度一致，始终做到党中央提倡的坚决响应、党中央决定的坚决执行、党中央禁止的坚决不做。

加强思想理论武装。坚持把理论学习摆在突出位置，推进“两学一做”学习教育常态化制度化，以开展“不忘初心、牢记使命”主题教育为契机，深入学习贯彻习近平新时代中国特色社会主义思想和习近平总书记关于加强和改进人民政协工作的重要思想，分层次分专题开展了4次10天集中学习，进行了3次学习研讨，组织了10次形势政策教育，引导机关党员干部持续在学懂弄通做实上下功夫，做到理论学习有收获、思想政治受洗礼。坚持以政协党组理论学习中心组学习为引领，主席会议、常委会议集体学习为重点，机关干部和委员学习培训相配套，开展“思想再解放、笃行新发展理念，推动高质量发展大学习大讨论”活动，邀请全国政协、自治区政协专家举办全体委员培训讲座2期，组织政协委员和机关干部赴外学习培训13期，

通过微信平台向委员推送全国政协《委员讲堂》、《阿拉善政讯》等相关知识300余期，引导委员提升政治理论素养和履职能力，夯实团结奋斗的共同思想政治基础。

广泛凝聚各方共识。坚持建言资政与凝聚共识双向发力，认真做好参加政协的各党派团体、各族各界代表人士凝聚共识工作，把凝聚共识融入学习考察、调研视察、协商履职活动中。紧扣学习宣传贯彻党的十九届四中全会精神、庆祝中华人民共和国成立70周年和人民政协成立70周年等主题，举办了“光辉岁月，同心筑梦”——阿拉善人民政协发展历程及书画摄影作品展，开展了“深刻认识专门协商机构的历史贡献和新时代新使命”理论研讨。围绕常委会专题议政协商议题，面向全盟副处级以上领导干部、政协常委和机关干部举办了2期专题讲座，宣传阐释党和国家重大方针政策和盟委、行署决策部署，努力把党的主张转化为社会各界的共识。

（二）围绕中心服务大局，在助推改革发展中贡献智慧

一年来，我们坚持把政协工作放到全盟发展大局中去思考、谋划和推进，紧扣全盟中心工作，认真有效履职尽责，努力为全盟经济社会各项事业高质量发展贡献政协智慧和力量。

围绕重大部署精心组织协商议政。充分发挥人民政协专门协商机构作用，以全体会议协商为龙头，以常委会议政协商、专题协商为重点，以提案办理协商、对口协商、界别协商为常态，广泛开展协商议政活动。与盟委扩大会议同步召开政协全体会议，党政领导出席，与委员围绕全盟发展大局集中协商、共谋大计。精选党政所需、社会所盼、政协所能的议题纳入年度协商计划，紧紧围绕推动高质量发展这条主线，聚焦我盟清洁能源示范基地建设、体育产业与旅游业融合发展、口岸经济发展等重点工作，先后召开常委会就“推动新能源产业高质量发展”“做大做强阿拉善赛事品牌”进行了专题议政协商，召开座谈会就“加快口岸边民互市贸易市场建设”“推动非物质文化遗产传承保护及市场转化”进行了专题协商，提出务实管用的意见建议，为盟委、行署提供决策参考。围绕“文化旅游创意产业高质量发展”开展了提案办理协商，在提案办理过程中不断实践协商民主，在协商过程中更好地完善提案、办理提案、落实提案，实现提案质量、办理质量、服务质量的全面提升。

助推决策落地落实开展民主监督。始终把社会关注的热点问题作为民主监督的重点，综合运用协商会议和调查研究、委员视察、民主评议等多种监督手段，由主席会议成员分别牵头，自治区、盟、旗三级政协委员联动，盟、旗两级政协协同，合力助推盟委重大决策部署落地落实。围绕美丽乡村建设、改善营商环境和打赢污染防治攻坚战，就“农牧区人居环境综合整治”开展了监督性协商，对“阿拉善盟支持民营经济发展的若干政策措施”落实情况和环境监察执法工作进行了民主监督评议，帮助部门改进工作作风，提升工作质量。围绕巴彦浩特住宅小区物业管理和居延遗址公园建设情况开展委员视察，从民主监督角度为促进人居环境改善和历史文化遗产保护建言献策。全年共开展民主监督活动13次，参与委员达300余人次，做到了民主监督有影响、有力度、有实效。

服务全盟中心工作积极参政议政。坚持问题导向，立足选题准、切口小，突出高标准、严要求，精选课题、深入调研、积极献策，力求做到参政参到点子上、议政议到关键处。聚焦我盟生态文明建设，围绕阿拉善自然保护地的管理与发展开展重点调研，从建立高效管理体制、完善社区共建机制、加强基础设施建设等方面提出对策建议，得到盟委主要领导的充分肯定，批示“所提建议可行性、操作性较强”，要求分管领导“召集有关部门认真

研究我盟具体意见”。聚焦战略性新兴产业培育，深入开展石墨产业发展专题调研，组织委员赴黑龙江鸡西、内蒙古乌兰察布等地进行学习考察，详细了解我盟石墨产业发展现状，提出建立领导体制、加大人才引进力度、优化石墨资源配置等对策建议，得到有关部门的重视并积极推动纳入石墨产业发展规划中。

（三）紧贴民心注重实效，在履职为民中彰显作为

一年来，我们坚持履职为民，紧紧抓住涉及人民群众切身利益的实际问题，开展视察调研和协商议政活动，积极反映社情民意，努力提出有价值、可操作的意见建议，促进人民群众更多更公平地享受发展成果。

办好惠民实事。围绕坚决打赢脱贫攻坚战，主席会议成员带领结对帮扶团深入各联系点调研指导，选派优秀年轻干部驻村蹲点帮扶，联系促成阿左旗政府与成都艾伯塔环境技术研究院签订荒漠化生态修复及骆驼产业项目合作协议，帮助破解发展难题，为全盟脱贫攻坚添助力、增合力。着眼深化公立医院改革，就“公立医院信息化建设”开展调研，对当前存在的信息化投入不足、人才紧缺、融合度不高等问题提出对策建议，助力健康阿拉善建设。持续关注紫苑华庭小区政协住宅办证难问题，安排一名副主席牵头负责，经多方协调沟通，反映多年的不动产权证办理问题得到有效解决。相关专委会带领委员深入新华街道办了解社情民意，帮助解决小区楼顶漏雨、雨水排放管道堵塞、无居民活动用房等问题，切实把好事办好、实事做实。

多献利民良策。聚焦民生领域热点问题，综合运用各种履职手段，提交委员提案、反映社情民意信息，推动相关民生问题的解决。九届二次会议以来，立案交办提案 67 件，其中民生类提案 38 件，占提案总数的 56.7%。确定《关于做好垃圾分类的提案》《关于加强餐饮外卖食品卫生安全的提案》等 8 件重点提案，由主席、副主席牵头协商督办，推动相关政策措施的出台。积极畅通社情民意信息“直通车”渠道，不断加强反映社情民意信息工作，全年向盟委、行署及相关部门反映社情民意信息专报 60 期，70%以上的社情民意信息直接关系社会民生，有力助推涉及群众切身利益问题的解决。

广开为民言路。着眼广泛参与，推动政协协商向社会各界开放和延伸，邀请各民主党派、工商联和人民团体负责同志列席常委会，邀请委员、专家和群众代表参加协商座谈会，有效扩大各界群众有序参与政治协商的渠道。着眼商以求同，开展主题教育“开门纳谏直通车”工作，公布了盟政协微信公众号、邮政信箱、电子邮箱、专线电话、意见箱等，召开了民主党派座谈会和老干部座谈会，征集经济社会发展 6 个方面 17 条意见建议，经盟委批转相关部门办理落实，推动了紧缺人才引进、医疗信息化建设等相关问题的解决。

（四）广泛凝聚发展合力，在深化共识中增进团结

一年来，我们坚持大团结大联合，认真做好协调关系、化解矛盾、理顺情绪、增进共识的工作，努力画好同心圆，不断扩大朋友圈，积极为全盟改革发展寻求最大公约数。

强化党派团体合作。充分发挥人民政协在坚持和发展新型政党制度中的重要作用，通过安排大会发言、联合开展调研、督办重点提案等，为各民主党派、工商联和无党派人士发挥作用创造条件，确保他们在政协履职有平台、优势能发挥、意见受重视。盟政协领导走访了“阿拉善民主党派之家”，征求意见建议，帮助解决实际困难。联合盟委统战部对全盟宗教场所管理情况开展视察调研，详细了解各宗教场所管理机制、制度建设情况，推动

《宗教事务条例》等政策措施贯彻落实，努力构建和谐民族宗教关系。

加强各地协作交流。配合自治区政协在我盟开展养老服务体系建设、实施兴边富民行动等考察调研活动，积极参加自治区政协组织的各类会议和考察调研，主动指导各旗政协工作，联合开展专题调研、委员培训，努力形成履职合力。加强与各地政协的联系协作，先后接待了上海市、福建省、湖南省、青海省、黑龙江省、新疆维吾尔自治区等9个省市区政协考察团，深化了与各地政协的沟通交流。

促进文化繁荣发展。注重以文化人、以史资政，召开全盟政协文史工作会议，评选表彰《历史的记忆》等10本优秀文史图书，聘任21名文史专员开展文史编撰和采访工作，有效充实了文史研究力量。编辑出版《阿拉善地名与传说故事》，启动《上海孤儿在阿拉善》史料征集，赴巴彦淖尔市挖掘收集阿拉善档案史料78种1000余页，填补了部分历史时期档案空白。深入挖掘阿拉善红色文化史料，编辑《阿拉善历史文化地图集》《阿拉善宝藏图》等。强化政协文史资料社会功能和文化影响力，在机场、宾馆、酒店等公共场所放置“政协史料文献”陈列架，在盟旗图书馆阅览室设立史料书架，编辑出版4期《阿拉善政协》杂志，文史资料存史、资政、团结、育人的作用得到有效发挥。

（五）与时俱进开拓进取，在推动工作创新中提升能力

一年来，我们坚持主动加强政协能力建设，持之以恒践行严实要求，进一步提升履职能力，夯实履职根基，增强履职合力，为推进政协事业发展提供有力保障。

重视专委会和界别建设。加强对专委会工作的领导，保障和支持专委会有效履职，依托专委会开展视察调研活动，沟通联系界别和委员，发挥了专委会的基础和纽带作用。一年来，各界别活动组在专委会的组织协调下，先后围绕腾格里沙漠旅游产业发展、加快社会信用体系建设、农畜产品质量安全等议题开展了17次界别活动，有效调动了政协委员参与政协履职的积极性，增强了政协工作的活力。

重视政协委员队伍建设。引导常委发挥好骨干作用，继续实行常委提交年度履职报告工作办法，通过常委示范带动全体政协委员做好“‘六个一’委员作业”。畅通知情明政渠道，常委会邀请盟委、行署领导通报半年经济社会发展情况和年度提案办理情况，组织委员参加“阿拉善干部大讲堂”，为委员知情明政创造条件。开展了政协委员“凝心聚力促发展、履职尽责展风采”专访活动，在阿拉善日报社、电视台开设专栏，宣传展示政协委员心系发展、情系民生的责任担当和履职初心，展现了新时代人民政协新样子和政协委员新形象。优化委员服务管理，完善主席会议成员联系走访委员制度，修订委员履职考评制度，教育引导广大委员“懂政协、会协商、善议政，守纪律、讲规矩、重品行”。

重视加强机关自身建设。全面加强机关思想、组织、作风、制度和干部队伍建设，健全工作制度、规范机关管理，切实提高服务水平，为政协履行职能、发挥作用提供有力保障。强化机关党的建设，召开专题会议研究部署党建、党风廉政、意识形态工作，并结合班子实际细化了责任分工，确保各项任务有序推进。制定出台了加强党员委员管理、党员委员联系党外委员制度，有效扩大了党的工作覆盖面。加强机关干部队伍建设，规范了机关科室设置，理顺了科室职能职责，提高了机关工作规范化水平。

各位委员，同志们！一年来，自治区政协不断加强对我盟政协工作的指导，李秀领主席和多位副

主席、相关专委会多次到我盟开展调研视察，对我盟政协工作进行具体指导；盟委高度重视政协工作，专门召开了盟委政协工作会议，研究部署新时代加强和改进人民政协工作。盟委会议专题研究政协年度协商计划，盟委、行署主要领导带头出席政协全体会议，亲自批示政协调研报告，对政协工作提出明确要求。盟人大工委、盟行署及相关部门大力支持政协工作，分管领导积极参加政协协商活动，重要会议、重要活动主动邀请政协领导参加，定期通报经济社会发展情况和提案办理情况，为委员知情明政创造了条件。相关部门认真办理委员提案，及时反馈社情民意信息办理情况，极大地鼓舞了委员建言献策的积极性和主动性，更加增强了我们继续做好全盟政协工作的信心和决心。

特别是今年新冠肺炎疫情发生以来，全盟各级政协组织和各界政协委员迅速行动，立足各自岗位，发挥优势作用，动员力量声援助力。主席会议成员深入基层开展疫情防控督导工作，机关干部主动参与防控点值班值守，政协委员积极反映社情民意信息，为疫情防控捐款捐物，用实际行动守初心、担使命，诠释了新时代人民政协和广大委员的责任担当。

在此，我代表盟政协常委会，向所有关心、支持、参与政协工作的各级领导、各党派团体和各族各界人士，向全盟各级政协组织、广大政协委员和机关干部，表示衷心的感谢和崇高的敬意！

总结一年来盟政协的履职实践，我们深刻体会到，做好新时代人民政协工作，必须坚持中国共产党对政协工作的全面领导，把习近平新时代中国特色社会主义思想作为统揽各项工作的总纲，牢牢把握正确政治方向；必须坚持建言资政与凝聚共识双向发力，围绕中心服务大局，为全盟经济社会各项事业发展聚智献策、汇聚力量；必须把提质增效贯穿履职的全过程和各方面，不断提高履职质量，加快实现各项工作从注重“做了什么”“做了多少”向“做出了什么效果”转变；必须树立与新时代要求相适应的开放性思维，不断推进政协工作思路理念、方式载体、制度机制创新，切实增强政协工作的生机与活力；必须打造政治过硬、能力过硬、作风过硬的政协委员和机关干部队伍，加强能力建设，为政协履职提供有力保障。

我们也清醒地认识到，政协工作还存在一些亟待加强和改进的方面，主要是：政协协商的制度保障还不够完善，对盟、旗政协“是什么、干什么、怎么干”的认识还不够清晰，建言资政与凝聚共识双向发力还不够到位，委员履职积极性主动性还不够均衡，机关运行机制还不够科学高效，党员委员发挥先锋模范作用还不够突出，调查研究还不够深入，等等。需要我们在今后的工作中认真研究并加以解决。

二、2020年工作安排

2020年是全面建成小康社会和“十三五”规划的收官之年，也是阿拉善盟成立40周年，做好今年的政协工作意义重大。我们要坚持以习近平新时代中国特色社会主义思想为指导，认真学习贯彻党的十九大、十九届二中、三中、四中全会精神和习近平总书记关于加强和改进人民政协工作的重要思想，全面贯彻习近平总书记对内蒙古工作的重要讲话和重要指示批示精神，在自治区政协有力指导和盟委正确领导下，牢牢把握新时代加强和改进人民政协工作的总体要求，统筹推进疫情防控和政协各项工作，持续强化思想理论武装，持续加强政协党的建设，持续围绕中心服务大局，持续增进团结发扬民主，持续加强政协能力建设，为决胜全面建成小康社会、推动阿拉善高质量发展贡献政协智慧和力量。

（一）持续加强思想政治引领，在坚定正确政治方向中把握新使命

科学理论武装是人民政协夯实共同思想政治基

础的一项长远的基本建设。要以党的创新理论武装头脑，持续巩固“不忘初心、牢记使命”主题教育成果，把坚持和发展中国特色社会主义作为巩固共同思想政治基础的主轴，把习近平新时代中国特色社会主义思想作为统揽各项工作的总纲，推动参加政协的各党派团体和各族各界人士共同提高思想政治水平。

要持续深化习近平总书记关于加强和改进人民政协工作重要思想的学习贯彻，学习领会习近平总书记在中央政协工作会议暨庆祝中国人民政治协商会议成立70周年大会上的重要讲话精神，全面贯彻落实中央、自治区党委和盟委政协工作会议精神，充分认识和把握新时代人民政协的新方位新使命，坚持理论联系实际，建立习近平新时代中国特色社会主义思想学习座谈会制度，健全参加人民政协各党派团体和各族各界人士学习机制，引导他们深入学习党的创新理论和人民政协理论，增强“四个意识”，坚定“四个自信”，做到“两个维护”，自觉在政治立场、政治方向、政治原则、政治道路上同以习近平同志为核心的中共中央保持高度一致，努力把人民政协建设成为用党的创新理论团结教育引导各族各界代表人士的重要平台。

（二）持续加强政协党的建设，在落实党的全面领导上体现新担当

人民政协肩负着把党的意志和决策部署转化为各族各界人士共识和行动的重要责任。要继续加强政协系统党的各项建设，以更加有力的措施落实党对政协工作的全面领导。要按照新时代党的建设总要求，深入贯彻落实中共中央办公厅印发的《关于加强新时代人民政协党的建设工作的若干意见》精神，加强政协党组对机关党组和专委会联合分党组的领导，加强机关党支部建设，切实发挥好政协党组的领导作用、基层党组织的战斗堡垒作用、政协组织中共产党员的先锋模范作用。要完善政协党组成员联系党员委员、党员委员联系党外委员制度，健全完善联系无党派人士界、宗教界委员机制，落实党员委员参加双重组织生活制度，实现党的组织对党员委员全覆盖、党的工作对政协委员全覆盖，努力把人民政协建设成为坚持和加强党对各项工作领导的重要阵地。

（三）持续围绕中心献计出力，在发挥好专门协商机构作用中彰显新作为

坚持以全面建成小康社会为引领，把推动阿拉善各项事业高质量发展作为共同奋斗目标，按照盟委（扩大）会议的安排部署，围绕发挥专门协商机构作用做文章，进一步明确我们的主要工作是协商，工作方式是“搭台”，工作主旨是双方发力，紧紧围绕我盟改革发展的重点问题、社会关注的焦点问题和民生领域的热点问题开展协商议政，寓民主监督、参政议政、凝聚共识于协商之中，积极推进远程协商和网络议政，全面提升协商能力和水平，不断拓展协商民主的广度和深度。

要秉持围绕中心、服务大局的履职原则，紧扣新时代我国社会主要矛盾新变化，围绕提升公共卫生服务水平和推动养老事业高质量发展，分别就加强完善我盟疾控应对能力和机制建设、“康养结合”养老服务体系建设开展2次专题议政协商，提出符合实情、反映民意、有助决策的对策建议。围绕“十四五”产业规划制定，就我盟更好融入自治区沿黄经济带建设，促进经济高质量发展开展专题协商；围绕我盟创建全国民族团结进步示范盟，就规范社会市面蒙汉两种文字并用开展监督性协商，助力推进相关工作。围绕贯彻落实绿色发展理念，就我盟全面推行河湖长制进行对口协商，推动政策措施落地见效。

要强化以人为本、履职为民的理念，通过民主监督帮助盟委、行署做好保障和改善民生各项工作，让人民群众有更多的幸福感、获得感和安全感。围绕加强城市精细化管理和实施科教兴盟战略，对盟住建局城市物业管理工作和盟教体局教育信息化工作进行民主评议，帮助发现问题，提出解决对策，促进工作提升。围绕美丽乡村建设，组织委员对农村牧区人居环境三年整治行动方案落实情况开展视察，通过提案、社情民意信息、大会发言等形式，努力为社会民生改善提供更多更优更好的“政协方案”。

（四）持续增进团结发扬民主，在广泛凝聚各方共识中作出新贡献

人心是最大的政治，共识是奋进的动力。实现中华民族伟大复兴的中国梦，推动阿拉善各项事业高质量发展，必须广泛凝聚共识，汇聚起全盟各族人民大团结的力量。

要充分发挥政协联系广泛、渠道畅通的优势，密切与各民主党派、工商联、人民团体的团结合作，加强与少数民族和宗教界代表人士的沟通交流，鼓励和引导他们通过政协平台发表意见、提出提案、反映社情民意，有序参与协商，合理表达诉求。要加强与各地政协之间的交流协作，配合自治区政协完成好沿黄地区生态保护和高质量发展、“中蒙俄”经济走廊建设、加强营商环境建设等调研视察、提案办理等履职活动，密切与兄弟盟市政协交流合作，加大对各旗政协工作的指导力度，积极推动解决各旗政协存在的基础力量薄弱、人员力量不足、专委会设置不规范和履职成果反馈缺乏制度保障等突出问题，开展联合调研，强化互动交流，形成工作合力，共同推动我盟政协工作创新发展。

要把凝聚共识摆在更加突出的位置，鼓励和支持委员深入基层、深入界别群众，及时反映群众意见和建议，广泛宣传党和国家方针政策，帮助盟委、行署做好解疑释惑、宣传政策、理顺情绪、化解矛盾的工作。探索搭建凝心聚力的平台和载体，建立谈心谈话制度、走访委员制度、委员联系界别群众制度，开展以自我教育自我提高为主旨的委员学习座谈，听取意见、回应关切、交换看法、沟通思想。围绕凝聚共识，分别就“十三五”规划收官，“十四五”规划的制定实施和“生态文化载体保护”开展“凝聚共识、委员行动”活动，组织党外委员就我盟争创“全国民族团结进步示范盟”开展专题视察，引导群众正确认识改革发展中遇到的困难和问题，努力增进共识度、广泛汇聚正能量，把人民政协建设成为在共同思想政治基础上化解矛盾和凝聚共识的重要渠道。

要发挥好文史资料团结育人的重要作用，继续办好《阿拉善政协》杂志，完成“上海孤儿在阿拉善”口述史料采访任务，组织开展抢救性史料、阿拉善非遗文化采访工作，进一步丰富文史馆馆藏史料。

（五）持续加强政协能力建设，在推进工作提质增效中焕发新活力

坚持把加强政协能力建设作为基础工程常抓不懈，大力加强政协“三支队伍”建设，努力提升政治把握、调查研究、服务群众、合作共事能力，筑牢政协履职根基，不断提高政协工作的质量和水平。

要切实加强专委会队伍建设，不断创新专委会工作方式，推进专委会之间、专委会与党政部门之间的联动协作，完善专委会联系服务界别和委员的工作机制，努力使专委会成为联系委员的重要纽带，更好地发挥基础性作用。依托专委会，每个界别活动组年内开展1~2次界别活动。

要切实加强委员队伍建设，按照习近平总书记提出的“懂政协、会协商、善议政，守纪律、讲规矩、重品行”的重要要求，引导委员坚守为国履职、为民尽责的情怀，把事业放在心上、把责任扛在肩上，认真履行委员职责。要继续强化委员履职管理，依托自治区“政协云”平台，加强学习培训、完善联络制度、拓展履职平台、健全履职档案，努力增强委员履职尽责的主动性和积极性。

要切实加强机关干部队伍建设，坚持从严教育、从严要求、从严管理、从严监督，着力打造一支适应时代要求的高素质机关干部队伍。要紧密结合盟政协工作实际，对机关各项规章制度进行全面梳理和修订完善，形成健全完善的制度体系、高效顺畅的运行机制，为提高履职效能奠定坚实的基础。

各位委员，我们正处在决胜全面建成小康社会的重要关头，使命光荣、责任重大。让我们更加紧密地团结在以习近平同志为核心的党中央周围，高举中国特色社会主义伟大旗帜，不忘初心、牢记使命，只争朝夕、不负韶华，为推动阿拉善各项事业高质量发展，为实现全面建成小康社会胜利收官作出新的更大贡献！

（在政协阿拉善盟第九届委员会第三次会议上的讲话）

专 记

“不忘初心、牢记使命”主题教育

2019年9月11日下午，阿拉善盟“不忘初心、牢记使命”主题教育工作会议在巴彦浩特召开。会议指出，开展“不忘初心、牢记使命”主题教育，是以习近平同志为核心的党中央统揽伟大斗争、伟大工程、伟大事业、伟大梦想作出的重大部署。全盟各级党组织和广大党员干部要提高政治站位和政治觉悟，站在推进“四个伟大”的战略高度，深刻认识开展主题教育的重大意义。要准确把握主题教育的总要求、根本任务和具体目标，在理论学习有收获上下功夫，在思想政治受洗礼上下功夫，在干事创业敢担当上下功夫，在为民服务解难题上下功夫，在清正廉洁作表率上下功夫，确保主题教育取得实实在在的成效。会议要求各旗区各部门各单位全面启动主题教育，务求主题教育扎实推进、顺利实施。

按照第二批“不忘初心、牢记使命”主题教育部署要求，全盟参加主题教育的旗处级以上单位77个，其中旗区7个、盟直属单位65个、盟直国有企业5家；涉及基层党组织1379个，其中基层党委124个、党总支35个、党支部1220个；厅级干部33名，旗处级干部604名，党员21012名。主题教育开展以来，在自治区第七巡回指导组的精心指导下，全盟主题教育聚焦学习贯彻习近平新时代中国特色社会主义思想这一主线，紧扣“不忘初心、牢记使命”这一主题，坚决贯彻党中央、自治区党委有关部署要求，牢牢把握“十二字”总要求和“五句话”具体目标，坚持“三个必须”“四个到位”，持续推动、扎实开展。

一、主要做法及成效

强化政治自觉，预热升温夯实基础。第一批主题教育启动后，盟委提早谋划，做实做细预热准备工作。

坚持学习教育先行。在全盟组织开展了为期2个月的“思想再解放、笃行新发展理念、推动高质量发展”大学习大讨论活动，强化理论武装，做好前期预热，打牢思想基础。

坚持调查研究先行。聚焦贯彻落实习近平总书记对内蒙古工作重要讲话重要指示批示精神，开展大学习大讨论专题调研，盟级领导干部针对20个重点调研课题形成调研成果39个，旗处级干部形成调研成果495个。

坚持检视整改先行。全面梳理各类巡视巡察督导反馈问题、自治区“开门纳谏”交办问题和调研发现的问题，先行先改，上下联动，推动一批重点问题得到及时解决。

聚焦主题主线，学习教育走深走实。围绕学习贯彻习近平新时代中国特色社会主义思想，采取“四学”措施，推动党的创新理论入脑入心。

关键少数引领学。第一时间举办为期一周的盟委集中封闭学习班，组织现职厅级领导集中学习研讨，为全盟领导干部作出表率。各地区各部门紧紧围绕“两书一章”等规定书目，通过理论中心组学习、集中研讨、专题辅导、读书班等形式，普遍开展学习研讨3次以上，全盟累计举办学习会、读书班170期（次），理论中心组学习898次，专题研讨885次。在《阿拉善日报》开设主题教育专栏，持续刊发领导干部“读原著、学原文、悟原理”理论文章104篇。

及时跟进务实学。对党的十九届四中全会精神，习近平总书记在中央党校中青班开班式上的讲话、庆祝中华人民共和国成立70周年系列讲话等重要讲话精神，迅速组织党员干部跟进学习、入脑入心。特别是对习近平总书记考察内蒙古的重要讲话、重要指示精神，盟委第一时间召开会议传达学习贯彻，开展专题研讨，制定盟委深入学习贯彻习近平总书记考察内蒙古重要讲话精神的实施意见、贯彻落实习近平总书记关于内蒙古工作重要讲话重要指示批示精神调研成果抓落实的具体工作方案，确保总书记重要讲话重要指示精神在阿拉善落地生根。

丰富形式深入学。把新时代爱国主义教育作为学习教育的重要内容，依托额济纳航天精神党性教育基地，组织党员开展革命传统教育；坚持用身边事身边人教育党员干部，开展向尼玛、王晓东学习活动，组织巡回宣讲7场，举办清风干部报告会1场，受众党员干部3500余名；认真开展警示教育，通过参观廉政教育基地、观看《叩问初心》《初心的蜕化》警示片，教育党员干部筑牢拒腐防变的防线；以迎接新中国成立70周年为契机，筹备举办庆祝新中国成立70周年图片展和离退休干部主题教育书画摄影展，组织观看《热土——影像中的珍贵记忆》纪录片，进一步加深了党员干部对习近平新时代中国特色社会主义思想的政治认同、思想认同、情感认同。

强化指导督促学。坚持效果导向，各指导组采取个别访谈、座谈交流、现场提问、随机抽查等方式了解学习情况，及时发现问题，防止跑偏走向。结合地区实际和党员特点，依托三级党群服务中心、社区学习讲堂等阵地，通过送学上门、蒙汉双语有声书、草原轻骑兵宣讲、党员中心户领学等形式，组织党员就近就便开展学习，确保学习教育全覆盖。各旗区通过成立宣讲团和宣讲小分队，深入基层开展主题宣讲243场次，受众9173人次，有力推动学习教育走深走实。

联系工作实际，调查研究求真务实。把解决问题、推动工作作为调查研究的出发点和落脚点，按照“四个围绕”“六个一批”的具体要求，精心组织开展调查研究，推动调研成果落地落实。

高质量开展调研。盟级领导干部聚焦“两个屏障”“三个扎实”“四个着力”等重要要求，确定96个调研课题，深入问题集中地区单位调研196次，形成调研成果226个。旗处级以上领导干部结合职责分工，聚焦工作突出问题和群众急难愁盼问题，开展专题调研820次，形成调研成果600余篇。

高效率转化成果。盟委班子成员带头深入基层调研指导，现场办公解决问题，抓好调研成果转化。特别是针对阿拉善右旗中蒙化工合同纠纷问题，盟委专门召开领导小组会议，制定出台进一步优化营商环境实施方案，主要领导直接上手协调推动问题解决。盟四大班子分别召开调研成果交流会，深入交流研讨，针对调研中查找出的123条突出问题，提出解决对策建议132条。

高标准讲好党课。充分运用学习教育和调研成果，按照“四个讲清楚”要求，23名盟级党员领导全部讲授专题党课，全盟旗处级以上领导干部讲授专题党课631次，1万余名党员参加党课学习。

深挖差距不足，检视问题全面到位。以正视问题的自觉和刀刃向内的勇气，找准差距不足，深刻剖析根源，为整改落实提供精准靶向。

全程“开门纳谏”。坚持开门搞教育，制定下发《主题教育“开门纳谏”“整改进行时”工作方案》，通过开设专线电话、邮政信箱、电子邮箱、留言专栏等途径，广开言路听取和征求群众意见建议。全盟“开门纳谏直通车”共收到各类问题建议657件，已办结495件。盟四大班子带头召开征求意见座谈会，广泛听取基层单位和社会各界的意见建议，共征求意见建议110条，已整改21条，转办整改89条。

全员对标对表。全盟旗处级以上领导班子和参照实施领导班子全部召开对照党章党规找差距专题会议，通过各种途径全面检视查找差距不足，各级领导班子共检视出各类问题3780个，已完成整改2976个。

全面剖析反思。针对学习研讨、调查研究、“开门纳谏”等八个方面检视出的问题，各级领导班子结合征求意见情况，按照“像准实”的要求，坚持把自己摆进去、把职责摆进去、把工作摆进去，着重从思想、政治、作风、能力、廉政五个方面进行深刻剖析，进一步明确了整改方向和重点。

全数细化清单。盟四大班子坚持先查先改，紧盯工作短板和突出问题，共检视出班子问题87条、个人问题298条。各部门单位针对查摆出的问题，逐条逐项建立问题台账和整改清单，全力推动整改落实。

坚持问题导向，整改整治推进有力。坚持把“改”字贯穿始终，落实“整改进行时”“督办落实中”等具体措施，开展整改落实和专项整治情况“大盘点、大对账、大落实”，以解决问题的实效体现主题教育的成效。

聚焦专项整治抓整改。按照自治区“1+12”专项整治要求，制定印发全盟专项整治工作方案和子方案，建立盟级党员领导主题教育整改落实联系点制度，严格落实“四个一”工作机制，高位推进整改落实和专项整治工作；建立定期调度、定期督办、定期通报、定期发布制度，盟委先后召开3次专题会议推进专项整治工作，召开1次新闻发布会通报整改整治工作情况。盟级专项整治涉及问题566个，已完成整改451个。同时，持续跟进中央要求，及时开展“景观亮化工程”过度化等“政绩工程”“面子工程”问题专项整治，抓好自查整改，落实整治责任，从严从实推动整治工作，取得初步成效。

突出首要任务抓整改。把整治“贯彻落实习近平新时代中国特色社会主义思想和党中央决策部署方面问题”作为践行“两个维护”的重中之重，研究制定深入学习贯彻党的十九大精神、习近平总书记参加十三届全国人大一次、二次会议内蒙古代表团审议时重要讲话和考察内蒙古重要讲话精神实施方案及意见，把贯彻落实工作作为年度督查考核的重要内容，先后在各旗区各部门开展2轮综合性督查，确保习近平总书记重要指示批示精神和中央、自治区决策部署在阿拉善落地落实。

结合热点难点抓整改。把解决好群众反映强烈的突出问题作为守初心、担使命的重要检验。自治区“开门纳谏”交办的24个具体问题已全部转办，完成整改20条；盟本级“开门纳谏”转办的238个问题，已办结140个；上级巡视巡察、督导督查反馈的2个方面51项问题，已整改完成29项。在《整改进行时》专栏发布整改案例59期124个，广泛接受社会监督，以实际成效取信于民。相关职能部门针对房屋办证难、逾期交付等群众反映的热点问题，通过优化办理程序、开辟绿色通道等措施，解决存在历史遗留问题的商品房7461套，其中办理不动产登记6688套，解决安置回迁住房455套，解决延期交付住房318套。

紧盯作风顽疾抓整改。认真落实基层减负年的要求，2019年全盟以盟委、行署及各部门印发的四类文件较上年精简40%，盟本级召开的全盟性会议较上年精简37%，累计开展督查检查较上年同期减少16.6%。大力整治形式主义、官僚主义突出问题和违反中央八项规定精神突出问题，开展整治“四官”问题专项行动，全盟各级纪委监委机关查处违反中央八项规定精神问题23个，处理27人，对126起典型案件、179人进行点名通报曝光；督促查摆“四官”方面突出问题4363个，建立相关制度359个，公开事项1243项，梳理公布“马上办”事项63项，对查处的8起“四官”典型案例公开通报曝光，一些长期存在的“机关病”得到有效整治。

找准组织建设和基层治理短板抓整改。狠抓软弱涣散基层党组织整治，对全盟199个嘎查和52个社区党组织进行全面排查、集中整顿，倒排确定后进基层党组织25个，已全部转化提升。不断拓展扫黑除恶专项斗争成果，打掉涉黑犯罪组织1个，铲除恶势力集团6个、涉恶团伙19个，破获涉恶案件174起，抓获犯罪嫌疑人161人，查封扣押冻结涉案财产2.58亿元。全盟纪检监察机关处置涉黑涉恶腐败等问题，共立案20件，处理87人。中央扫黑除恶专项督导反馈问题已全部整改完成，取得了良好的政治、纪法和社会效果。

做好专题民主生活会、组织生活会成果转化抓整改。加强对专题民主生活会、组织生活会和开展民主评议党员工作的组织指导，通过审核把关材料、指导组列席点评会议等措施，确保了专题民主生活会和组织生活会全部按期高质量召开。特别是把领导班子和领导干部检视剖析出的问题、相互批评提出的问题，及时纳入班子和个人问题整改清单，细化整改措施，落实整改责任，形成长效机制持续抓整改。

聚焦精准施策，督促指导富有成效。盟委派出9个指导组、3个联络整改小组，深入被指导单位开展严督实导，确保督在关键、导在实处。

严格工作要求。围绕“七个不放过”要求、分层分类指导等重点内容，制定印发《指导工作手册》，举办2期业务培训班，切实提升指导组人员工作水平，确保督促指导工作高标准、严要求。

严格督导要求。认真落实“三必听、三到会”要求，通过列席集中学习研讨、参加重大会议和重要活动，督促被指导单位不折不扣落实四项措施，累计开展督促指导550余次，组织个别访谈1000余人次。

强化分类指导。结合不同领域基层党支部特点，落实“五个一”要求，采取“送学”“驻学”“补学”等方式扩大学习教育覆盖面，增强质量和效果，部分特色做法被新华网和《人民日报》刊发；举办主题教育专题轮训班20期，基层党支部书记实现全员轮训；组织开展“倡议我响应、志愿我行动”和“我眼中的优秀共产党员”微视频展播等活动，刊播党员志愿服务事例154篇，播发微视频29条，带动基层党员边学边查边改。

注重统筹谋划，组织推动扎实有效。盟委主动扛起主体责任，党委书记严格落实第一责任人责任，第一时间成立组织工作机构，研究制定主题教育工作方案和盟委班子工作安排。盟委班子率先垂范、一抓到底，先后召开4次工作推进会议、4次领导小组会议和2次领导小组办公室会议，学习贯彻中央、自治区主题教育有关精神，部署推进重点工作，研究解决具体问题，指导推动全盟主题教育良好开局、扎实推进。强化宣传引导，在《阿拉善日报》、电视台等媒体平台开设《主题教育进行时》《不忘初心再出发、牢记使命谱新篇》等7个专题专栏，推送主题教育相关报道1368篇，各类新媒体刊稿3415篇，编发简报专报87期，营造了浓厚的舆论氛围。阿盟在人民网、新华网等中央级主流媒体刊稿108篇，自治区级媒体刊稿117篇，自治区主题教育简报刊发全盟特色做法13期。

总的来看，阿拉善盟主题教育工作在盟委的正确领导下，在中央第二指导组和自治区第七巡回指导组的精心指导下，各项目标任务扎实有效完成。中央第二指导组陈际瓦组长先后2次深入阿拉善盟督导调研，对主题教育工作给予肯定；自治区党委书记石泰峰、政府主席布小林等领导深入阿拉善盟开展调研，对推进高质量发展、抓好主题教育作出指示要求。自治区第七巡回指导组紧盯主题教育重点任务要求，全程参与，严督实导，为全盟主题教育的顺利开展提供了强有力的指导帮助。通过3个多月的主题教育，全盟上下人心思齐、人心思进、人心思干，主题教育取得了扎扎实实的效果，主要体现在以下几个方面。一是进一步提高了党员干部的理论素养。本次主题教育，全盟广大党员干部坚持把学懂弄通做实习近平新时代中国特色社会主义思想作为主线，强读强记、常学常新，对党的创新理论有了更深的理解和领悟。通过这次学习教育，全盟广大党员干部进一步认清了差距、明确了方向、找到了路径，推动学习成果转化为具体实践的自觉性主动性进一步增强。二是进一步坚定了党员干部的理想信念。这次主题教育，全盟广大党员干部对照党章党规、楷模先辈、初心使命，扪心自问、检视剖析，修枝剪叶、拂尘拭埃，对党执政的历史和经验有了更全面的认识，对党的初心和使命有了更深入的理解，增强“四个意识”、坚定“四个自信”、做到“两个维护”的自觉性得到进一步提升，忠于党、忠于人民赤子深情得到进一步增进。三是进一步激发了党员干部的奋斗热情。全盟广大党员干部坚持在学习先进中汲取榜样力量，在对标对表中查摆自身不足，通过参加革命传统、形势政策、先进典型和警示教育，对发扬革命精神和斗争精神干好本职工作有了更强烈的责任感和使命感。四是进一步强化了党员干部的宗旨意识。全盟广大党员干部通过深入基层调查研究，走进群众解决问题，进一步克服了形式主义和官僚主义，站稳了群众立场，增强了宗旨观念，人民群众感受到了主题教育实实在在的成效，进一步密切了党群干群关系。五是进一步增强了党员干部的进取精神。这次主题教育，全盟广大党员干部坚持在学深悟透中增强工作本领，在调查研究中找准主攻方向，在整改落实中体现担当责任，有力推动问题一个一个解决，为推动阿拉善各项事业高质量发展注入了强劲动力。

二、经验启示

高质量推进主题教育必须聚焦主题主线。做好工作的核心在于紧扣主题主线，把握大局大势，时刻对标看齐，及时校正偏差，确保各项工作保持正确的政治方向。搞好主题教育必须将学习贯彻习近平新时代中国特色社会主义思想贯穿始终，任何工作都要紧紧围绕这一鲜明主线来开展，始终教育引导党员干部在内心深处铸牢初心使命，不断深化对党的创新理论的学习领悟，切实增强政治认同、思想认同、情感认同，使广大党员干部的思想、能力、行动紧跟党中央要求、紧随新时代步伐、紧扣高质量发展。

高质量推进主题教育必须坚持以上率下。群众看党员，党员看干部。扎实开展主题教育，发挥好领导干部的示范带动作用尤为重要。搞好主题教育必须突出领导带头、以上率下、示范带动，抓住了“关键少数”就牵住了推动落实的“牛鼻子”，就可以更好发挥出“头雁效应”，基层组织和党员干部也会上行下效，从而形成上下联动、整体发力、齐头并进的良好局面。

高质量推进主题教育必须做到群众认可。党的根本宗旨是全心全意为人民服务，本次主题教育的五大目标之一就是为民服务解难题。搞好主题教育必须坚持以人民为中心的发展思想，始终把人民群众满意不满意、答应不答应、高兴不高兴作为检验主题教育成效的根本标准，最大限度赢得群众的理解和支持，进一步密切党群干群关系，着力解决事关群众切身利益的现实问题和事关改革发展稳定的突出问题，推动主题教育成果得到持续巩固和深化。

高质量推进主题教育必须强化严督实导。历次的党内教育活动启示，开展督促指导是确保主题教育取得实效的重要手段。搞好主题教育必须强化督促指导，树立严的标准、实的导向，督在关键处、导在关键时，才能有效传导压力、落实责任，推动各级党组织书记用心用力抓工作落实，才能保证主题教育高标准高质量开展。

高质量推进主题教育必须注重分级分类。阿拉善盟点多线长面广，基层组织和党员比较分散，领域类型也相对较多，坚持分级分类就显得极为重要。搞好主题教育必须区别不同层级、不同领域、不同地域的党员群体，因地制宜开展学习教育，既要突出“关键少数”，又要实现全员覆盖，让党中央的要求真正落实到基层组织的“神经末梢”，推动习近平新时代中国特色社会主义思想在阿拉善大地落地生根。

（撰稿：周　军　编辑：王延吉）

扫黑除恶专项斗争

自扫黑除恶专项斗争开展以来，全盟认真贯彻习近平总书记重要讲话、指示精神，深入落实中央、自治区党委决策部署，把扫黑除恶专项斗争作为一项重大政治任务，聚焦主责主业，强化责任担当，紧盯关键领域，扎实推动扫黑除恶专项斗争向纵深发展。

一、聚焦政治责任，增强斗争本领

先后召开盟委委员会议、行署常务会、推进会、调度会等54次，扫黑除恶专项斗争领导小组会10次，盟委理论中心组学习会7次，“大三长、小三长”会议9次，对习近平总书记对扫黑除恶专项斗争的重要指示、批示精神及党中央和自治区党委的决策部署进行再学习、再理解、再深入，进一步增强全盟上下的思想认识。研究制定了中央督导组督导反馈意见整改方案，共梳理出涉及阿盟的21个问题（其中17个共性问题，4个个性问题）和4个问责建议，分别制定了85项整改措施，同时阿盟结合工作实际，从政治站位等方面主动认领问题3个，制定整改措施13项，并完成全部整改任务。

二、聚焦依法严惩，提升斗争质效

成立涉黑涉恶案件研判专家库，抽调公安干警组成专案组、工作队，对2000年以来侦办的案件和信访案件进行逐案筛查。截至2019年底，全盟共打掉涉黑犯罪组织1个，铲除恶势力集团6个、涉恶团伙12个，破获涉恶案件174起，抓获犯罪嫌疑人154人，查封扣押冻结涉案财产2.4亿元，提起公诉15件90人，已判决5件31人。组织法院、检察院、公安、信访、金融等部门对中央督导组交办的线索进行联合核查，全盟共接收中央扫黑除恶督导组共交办线索250条，办结216条，其余34条线索正在加快核查中，核查率86.4%。自治区扫黑办移交阿盟扫黑办线索23条，已核查办结上报9条，其余14条正在核查中。成立涉黑涉恶财产处置工作领导小组，全面清查涉黑涉恶团伙主要成员及其企业财产来源、性质和权属问题，依法查封、扣押、冻结黑恶势力的全部违法所得，判处罚金数共计38.3万元，认定违法所得数额32.35万元，缴纳罚金及追缴违法所得共计56.46万元，执行率79.92%。成立了由盟公安局局长担任组长的全盟追逃工作领导小组，全力推进百日追逃专项行动，抓获网上在逃人员10名。

三、聚焦综合治理，扩大斗争成果

成立由盟长任组长、各分管副盟长任副组长的重点行业专项治理行动领导小组，印发《阿拉善盟扫黑除恶重点行业专项治理行动方案》，明确任务、落实责任，截至2019年底，全盟重点行业专项治理共排查隐患问题197个，整改销号159个，整改率达81%。全面推进盟域社会治理现代化工作，结合“不忘初心、牢记使命”主题教育，成立盟域社会治理现代化工作领导小组，统筹推动基层社会治理工作，组挂牌成立阿拉善综治中心、融合党建示范中心。殡葬领域建立了服务收费常态化联合监管机制。金融领域加大对全盟15家小额贷款、5家融资担保、9家典当行检查力度，约谈46名从业人员。自然资源、市场监管、环境保护等重点行业不断加大执法力度，共检查2597余次，累计查处违法违规案件217起。

四、聚焦深挖彻查，拓展斗争深度

组建成立15个工作专班，对19起涉黑涉恶案件进行逐案筛查，对12起涉黑涉黑案件中存在监管不力问题的58名干部进行严肃处理。截至2019年底，全盟共处置涉黑涉恶问题线索67件，办结46件，立案17件，给予党纪政务处分24人，组织处理46人。其中，立案涉黑涉恶腐败等问题9件，结案8件，处分6人，移送司法机关2人；立案失职失责问题8件，结案8件，处分18人，取得了良好的政治效果、纪法效果和社会效果。

五、聚焦组织领导，强化斗争合力

制定《阿拉善盟扫黑除恶专项斗争督导督办工作方案》，组建由厅级领导带队的4个整改督导工作组、2个督办工作组，截至2019年底，共开展督导检查10轮，通报了1个旗、2个区、6个成员单位。完善考评奖惩机制，将扫黑除恶专项斗争工作纳入领导班子和领导干部实绩考核，建立完善扫黑除恶绩效考核指标体系，对决策执行不力、工作落实不到位的单位和个人追责问责。抽调精干力量加强扫黑办实体化运作，投入专项经费1371万元，有力保障扫黑除恶专项斗争向纵深推进。

下一步，全盟扫黑除恶专项斗争将牢牢把握中央关于扫黑除恶专项斗争为期三年的总体部署，针对中央“回头看”反馈的问题，主动认领、对标对表、举一反三，以更实的举措坚决抓好整改落实工作，全力推动整改工作见真章、动真格、出实效，确保按期完成。紧盯变色变异、隐藏蛰伏的黑恶势力，重拳出击、穷追猛打、精准打击，争取实现破一案、带一串的预定目标；加大“打财断血”力度，强化专班力量，综合运用追缴、没收、判处财产刑以及行政罚款等多种手段，彻底摧垮黑恶势力经济基础；加大“打伞破网”力度，加强各部门协调联动，通过统一对接和快速流转，实现信息共享、纪法衔接、协调推进和打击合力，实现扫黑除恶和破网打伞同频同步、同频共振。把打击处理战果与行业整治效果并重，在严厉打击黑恶犯罪的同时，针对其表现出来的特点、容易滋生的土壤等进行综合分析、综合治理，联合相关职能部门和行业主管部门完善行业管理制度，对问题突出的行业领域进行重点打击和整治，努力使各行各业都成为涉黑涉恶问题的绝缘体。紧扣2020年“长效常治”的目标要求，深入梳理专项斗争中暴露出来的普遍性、深层次问题，分析原因，找准症结，探索建立打击、整治、管理、建设的全链条工作规范，为建立源头治理、系统治理的长效机制打下坚实基础。

（撰稿：王阿春　编辑：王延吉）

脱贫攻坚

阿盟脱贫攻坚工作全面贯彻落实“精准扶贫、精准脱贫”基本方略，坚持“六个精准①、五个一批②、四个不摘③”工作要求，以及中央、自治区党委和盟委关于脱贫攻坚的重要决策部署，以“两不愁三保障”为目标，不断完善贫困人口监测预警机制，加大投入力度，使脱贫攻坚由“大水漫灌”向“精准滴灌”转变、由“输血”向“造血”转变，促进贫困人口由“要我脱贫”向“我要脱贫”转变。2018 年 7 月 27 日，阿左旗、阿右旗 2 个自治区级贫困旗被自治区人民政府公告退出贫困序列。截至 2018 年末，全盟所有建档立卡贫困人口全部脱贫，39 个贫困嘎查村全部摘帽退出，在全区率先完成“人脱贫、村出列、旗摘帽”任务。截至 2019 年底，全盟共有建档立卡脱贫人口 3944 户 9587 人，其中正常脱贫（享受政策）1094 户 2175 人，稳定脱贫（不享受政策）2850 户 7412 人，无未脱贫、返贫人口。

一、脱贫攻坚工作体系

领导机制　阿盟各级党委、政府分别成立以党委书记为组长的扶贫开发领导小组和 18 个脱贫攻坚专项推进组。成立 31 个由盟级领导任团长、盟直党政机关、企事业单位、驻地部队和中央、自治区驻盟单位等 131 个成员单位为成员的定点帮扶工作团，全盟派驻 22 个驻苏木镇工作队，88 个驻嘎查村工作队，选派贫困嘎查村产业指导员 56 人，下派“第一书记”199 人，以精准脱贫为落脚点，构建专项扶贫、行业扶贫和社会扶贫“三位一体”大扶贫格局，形成了全盟上下重视扶贫、关注扶贫、推动扶贫的攻坚态势。

推进机制　阿盟把脱贫攻坚工作作为首要民生工程，相继出台《阿拉善盟脱贫攻坚 2018—2020 年行动方案》《阿拉善盟委、行政公署贯彻落实自治区〈关于打赢脱贫攻坚战三年行动的实施意见〉分工方案》《阿拉善盟关于防止返贫致贫实施方案》《阿拉善盟“十三五”产业扶贫规划》等一系列政策保障措施，为脱贫攻坚工作有效开展提供了制度保障。

帮扶机制　采取盟、旗（区）联动，分级组织管理的工作机制，组织全盟各级党政机关、企事业单位、驻军部队和中央、自治区驻盟单位，深入开展领导干部结对帮扶工程，出台了《阿拉善盟社会扶贫结对帮扶工程实施方案（2016—2017 年）》《阿拉善盟脱贫攻坚结对帮扶工程 2018—2020 年实施方案》，集聚整合各级帮扶单位资源力量，确保结对帮扶工作取得实效。行业部门按照职能分工落实相关政策，承担扶贫任务。鼓励工商企业在贫困地区投资兴业、捐建基础设施和公益项目；支持民主党派、工会、共青团、妇联、残联、侨办以及社团组织参与扶贫开发；推动军警部队积极参与地方扶贫开发。形成政府、市场、社会互为支撑，专项扶贫、行业扶贫、社会扶贫“三位一体”大扶贫格局。

二、资金投入和管理

资金投入 精准瞄准建档立卡贫困人口，建立健全“政府投、行业扶、银行贷、群众筹、社会帮”的多元投入机制，积极争取中央、自治区投入，逐步建立起稳定增长的财政扶贫投入机制，实施精准扶贫以来，全盟脱贫攻坚工作累计投入各级财政扶贫专项资金10.9亿元扶持建档立卡贫困人口发展产业、解决“两不愁三保障[④]”突出问题和引导贫困人口扩大增收渠道，通过强化资金支持，增强贫困嘎查自我发展的“造血”能力。有效利用政策性金融和商业性金融资金，广泛筹集社会资金，集中投向重点贫困地区，多渠道保障扶贫投入。

资金管理 出台《阿拉善盟财政专项扶贫资金管理实施细则》《阿拉善盟财政专项扶贫资金绩效评价办法》，将项目资金切块下达到旗区，由旗区结合脱贫攻坚工作统筹使用，赋予基层精准施策更大自主权。盟、旗区采取专项检查和综合考核等方式，强化财政扶贫专项资金监管，引入社会第三方中介机构对扶贫资金进行绩效评价，形成政府与社会各方共同参与的绩效评价机制，确保财政专项扶贫资金规范使用、安全管理和高效运行。

三、建档立卡动态管理

坚持以“旗（区）为单位、精准识别、动态管理”的原则，按照“农牧户申请、民主评议、公示公告和逐级审核”的工作程序，严格执行建档立卡“九步法”[⑤]，严把“报—查—评—审—批”5个环节，确保贫困户和贫困嘎查村的识别工作严格按照规定工作流程进行。加强建档立卡常态化动态管理，实行扶贫信息员工作机制，抓好贫困人口的跟踪问效和脱贫监控，构建防范返贫预警机制，防止出现新的贫困。防止“前脚摘帽、后脚返贫”，确保贫困发生率始终控制在3%以内。

四、脱贫攻坚培训

把习近平总书记关于扶贫工作的重要论述作为培训的重点，通过党校主体班次培训、专题培训、干部大讲堂、网络培训等方式，统筹抓好党政领导干部、行业部门干部、扶贫系统干部、帮扶干部、贫困嘎查村干部的教育培训，实现了扶贫干部轮训全覆盖，让扶贫干部懂扶贫、会扶贫。突出需求导向和实战化训练，加大劳动力技能培训，帮助提高贫困户自主脱贫能力，分别开展了种养殖、手工编织、唐卡制作、家庭服务、烹饪等贫困劳动力技能培训。

五、激发贫困群众主体作用

坚持“扶贫同扶志、扶智相结合”的工作目标，制定出台《阿拉善盟关于开展扶贫扶志行动措施》，利用“10·17”国家扶贫日及“千村示范、万村行动”“春风行动”“泛海助学活动”“决战脱贫攻坚、决胜全面小康”等主题宣传活动，引导社会各界持续广泛参与脱贫攻坚，激发贫困群众艰苦奋斗、脱贫致富的内生动力。

六、产业扶持与增收

始终把产业发展作为脱贫攻坚的重要支撑，依托自治区“三到村三到户[⑥]”等产业项目，探索实施了“7+5”产业发展模式，主要以先建后补式、以奖代投式、整合资金式、撬动放大式、滚动投入式、合作带动式、资产收益式等7种产业扶贫模式，扶持发展有机农业、高端畜牧业、特色沙产业、精品林果业、休闲农牧业等5大特色产业。积极引导扶贫龙头企业发挥引领带动作用，与贫困户建立稳定的利益联结机制，形成了“龙头企业+基地+贫困户”“合作社+基地+贫困户”的新业态，实现了经营主体与贫困户利益共建、风险共担、共同致富。

建立推行贫困户产业发展指导员制度，支持有条件的贫困地区打造农牧业产业化联合体，推动种养加结合、产供销一体及一、二、三产融合，拓展延伸有效增加贫困农牧民收益的产业链，使建档立卡人口 5787 人受益，推进了扶贫产业的可持续发展。

七、生态扶贫

组织实施草原生态保护补助奖励政策和公益林补偿政策，并采取优先覆盖贫困户的措施，使得全盟 30 个苏木镇 179 个嘎查 25615 户农牧民通过禁牧、半禁牧、退耕还林还草等措施享受补偿奖励政策，其中建档立卡贫困人口 3233 户，占全盟建档立卡贫困人口的 80.83%。聘用公益林管护人员 3083 人，其中建档立卡贫困户 121 人，人均工资 2.3 万元，享受生态效益补偿建档立卡贫困户共 635 户 1718 人。

八、健康扶贫

针对因病致贫情况，阿盟成立了健康扶贫工作领导小组，印发《阿拉善盟健康扶贫工程实施方案》《阿拉善盟健康扶贫推进方案》《阿拉善盟城乡居民医疗保险实施办法》《阿拉善盟城乡居民大病保险实施意见》《城乡居民慢性病管理办法》《阿拉善盟建档立卡贫困患者健康扶贫先诊疗后付费“一站式”结算实施方案》等政策性文件，明确了全盟健康扶贫工作目标、主要任务和具体措施。对符合政策规定的建档立卡贫困人口实施了城乡医疗保险政府补贴、“一降一提高”⑦医保倾斜政策、商业保险（减贫保）补充报销、纳入民政医疗救助、大病扶贫保障基金兜底的“五位一体”综合保障体系（阿左旗还另外增设了门诊慢性病扶贫保障基金）。健康扶贫实施了“六项提供”综合服务：免费健康体检服务，旗级公立医院“先诊疗后付费”服务，“一站式”结算服务，大病集中救治、专项救治行动，家庭医生签约服务，送医送药、定点取药服务等。尤其是“一站式”结算服务在全盟实现了“让数据多跑路、让群众不跑路或少跑路”的目标。通过实施健康扶贫等措施，“三个一批”政策⑧全面得到落实，全盟大病集中救治率、慢病签约服务率和重病兜底保障救治率均达到 100%。2019 年，通过全面落实健康扶贫政策，累计救治贫困人口 334 人次，报销医疗费用 271.97 万元，实际报销比例达到 90.88%。全面完成 22 个卫生院、13 个卫生室“清零达标”专项行动任务，实现了医疗卫生机构“三个一”⑨、医疗技术人员“三合格”⑩、医疗服务能力“三条线”⑪目标。优化医疗保障政策，实施大病重病兜底保障和常见病多发病合理保障的“分段报销”政策，基本医保、大病保险、医疗救助覆盖全部贫困人口。全盟 1350 户 2780 名建档立卡贫困人员，全部参加基本医疗保险，个人缴费部分每人 260 元由各旗财政全额补助。年内，建档立卡贫困人口大病起付线降低 50%，分段报销比例每段提高 5%，不低于 65%，不设封顶线，通过“一站式”结算服务的建档立卡贫困人员 896 人次，住院费用总额 710 万元，个人自付比例 10%左右。

九、教育扶贫

制定《阿拉善盟精准扶贫教育支持计划实施方案》《关于进一步加大脱贫攻坚力度的三项措施》等规划性文件，创新开展以政策资助、特殊关爱、社会救助为核心的教育扶贫工程，建立了学前教育到大学教育阶段的全覆盖贫困学生资助政策体系。

落实各项政策补助资金。对学前教育实施每生每年 1800 元免除保教费，免费提供 100 元基本读本和蒙语授课幼儿每生每年补助 1584 元伙食补助，为普惠性民办幼儿园补助每生每年 100 元玩具费。

义务教育、高中教育、职业教育阶段均实施“两免两补”政策[12]，保障建档立卡贫困家庭子女优先享受每生每年2000元助学金，高中学生享受每生每年2000元的国家助学金。

实施“雨露计划”工程。资助140名建档立卡贫困中高职学生。

落实贫困学生教育资助政策。高等教育阶段落实贫困大学新生每年1万元的教育资助金，66名建档立卡贫困学生领到了教育资助金。

实施“泛海助学”行动。对建档立卡贫困家庭学生每人发放5000元；为建档立卡大学生办理助学贷款。2019年落实义务教育“两免两补”资助政策资金2064.89万元，惠及学生2.05万人次，确保贫困家庭义务教育阶段学生顺利就学，实现全盟无因贫辍学学生目标。实施控辍保学动态监测机制，准确掌握建档立卡贫困家庭义务教育阶段子女就学情况，重点监测建档立卡贫困家庭学生辍学情况，动态管理344名建档立卡贫困家庭学生，确保全盟无1名学生因贫辍学。落实学前教育到研究生教育阶段各项资助政策，落实资助金6884.6万元，惠及学生3.1万人次，有力地保障了每个贫困家庭孩子都能享有公平优质的教育，对促进全盟教育公平、改善民生、助力脱贫攻坚起到了积极作用。

十、稳步推进易地搬迁，促脱贫

阿盟规划“十三五”时期分四年通过易地扶贫搬迁，安置1311名建档立卡贫困人口。2016年，阿盟结合“十个全覆盖”工程[13]，采取货币直补和统建结合的方式，以迁入中心城镇为主，一年时间完成了对原四年规划搬迁的1311名建档立卡贫困人口的易地扶贫搬迁工作，完成任务总数的100%。其中，阿左旗分散安置98户345人，货币安置248户506人；阿右旗新建楼房安置86户224人，新建平房安置67户145人，改造楼房安置30户31人，自主搬迁55户60人。全盟共同步搬迁750人，入住率达100%，其中阿左旗同步搬迁171户482人，阿右旗同步搬迁121户268人，实现了贫困户“搬得出、稳得住、能致富、可持续”的目标。2019年，全盟累计完成建档立卡贫困户危房改造1444户，完成3944户建档立卡贫困户住房安全鉴定工作，实现了建档立卡贫困人口全覆盖。

十一、兜底保障

社保兜底政策范围内实现“建档立卡贫困户、低保户、残疾人”三类人群合并享受政策待遇，将低保特困人员全部纳入政府代缴范围，应代缴3010人，代缴率100%。将达到60周岁未领取基本养老保险待遇的1143人，纳入城乡居民基本养老保险范围，并按月足额发放待遇，贫困人员实现了应保尽保。

民政部门开展对丧失劳动能力贫困人口救助兜底保障未覆盖“清零达标”专项行动，对建档立卡贫困人口纳入低保保障情况开展全面排查。2019年，将354名符合条件的建档立卡贫困人口纳入低保，3名建档立卡贫困人口纳入特困人员救助供养，为177名享受低保的贫困人口中的未成年人、老年人、重度残疾人、重病患者，按照当地低保保障标准的10%提高补助水平，年内共发放保障资金15.3万元，1人享受“渐退帮扶”政策，7名靠家庭供养且无法单独立户的成年无业建档立卡重度残疾人按单人户纳入农村牧区低保范围。建立了低保兜底保障联席会议制度，实现部门间数据共享。城乡低保标准分别达到月人均878元和年人均8078元，增幅9%和8%；城乡特困人员基本生活标准达到1959元和年15120元，增幅8%；部分或完全丧失生活自理能力护理补贴标准提高到440元和1144元；“文革‘三民’”生活补助标准提高到1198元，增幅6.4%，年内共发放低保、特困人员供养、残疾人两项补贴和高龄津贴等保障资金3072.96万元。统筹各项救助政策，保障困难群众的基本生活。落实特困人员救助供养制度，各敬老院运营管理经费全部保障到位。将申请临时救助对象设定为急难性和支出型，根据不同原因给予不同标准的救助。完善家庭经济状况核对机制，与公安、税务等部门签订了数据互查协议，实现与自治区—盟—旗三级家庭经济状况核对平台的互联互通，确保“逢救必核”。政府购买社会救助服务有序推进，盟级与三旗财政共配套资金 81 万元。

名词术语解释

①六个精准：扶持对象精准、项目安排精准、资金使用精准、措施到户精准、因村派人精准、脱贫成效精准。

②五个一批：发展生产脱贫一批、易地搬迁脱贫一批、生态补偿脱贫一批、发展教育脱贫一批、社会保障兜底一批。

③四个不摘：摘帽不摘责任、摘帽不摘政策、摘帽不摘帮扶、摘帽不摘监管。

④两不愁三保障：实现现行标准下农村贫困人口不愁吃、不愁穿，义务教育、基本医疗和住房安全有保障。

⑤建档立卡“九步法”：第一步规模分解，第二步初选对象，第三步公示公告，第四步结对帮扶，第五步制定计划，第六步填写手册，第七步数据录入，第八步联网运行，第九步数据更新。

⑥三到村三到户：规划到村到户、项目到村到户、干部到村到户。

⑦一降一提高：建档立卡贫困人员大病保险起付线降 50%，大病报销比例提高 5%。

⑧“三个一批”政策：大病集中救治一批、慢病签约服务管理一批、重病兜底保障一批。

⑨医疗卫生机构“三个一”：指每个贫困旗县建好 1 所县级公立医院（含蒙中医院）、每个苏木乡镇建成 1 所政府办的卫生院、每个行政嘎查村建成 1 个卫生室。

⑩医疗技术人员“三合格”：指每个旗县医院的每个专业科室、每个苏木乡镇卫生院、每个嘎查村卫生室至少有 1 名合格医生。

⑪医疗服务能力“三条线”：指常住人口超过 10 万人口的贫困旗县有一家县医院（蒙中医院）达到二级医院医疗服务能力，常住人口超过 1 万人的苏木乡镇卫生院达到《乡镇卫生院管理办法（试行）》的要求，常住人口超过 800 人的行政嘎查村卫生室达到《村卫生室管理办法》的要求。

⑫“两免两补”政策：义务教育阶段学生免学杂费、课本费；补助寄宿生住宿费、家庭困难学生生活费。

⑬“十个全覆盖”工程：一是危房改造工程；二是安全饮水工程；三是街巷硬化工程；四是电力村村通和农网改造工程；五是村村通广播电视和通讯工程；六是校舍建设及安全改造工程；七是标准化卫生室建设工程；八是文化室建设工程；九是便民连锁超市工程；十是农村牧区常驻人口养老医疗低保等社会保障工程。

污染防治攻坚战

按照国家和自治区统一安排部署，自 2018 年开始，阿盟对标对表污染防治攻坚战三年行动计划（2018—2020 年）和“十三五”环境保护规划，截至 2019 年底，累计完成污染防治攻坚战项目 260 个。大气、水、土等污染防治工作均达到或完成序时进度目标要求。

一、目标要求

坚决打赢蓝天保卫战 按照《阿拉善盟打赢蓝天保卫战三年行动计划实施方案》，到 2020 年，盟府所在地巴彦浩特镇空气质量优良天数比率稳定达到 84.1%以上，细颗粒物（$PM_{2.5}$）浓度较 2015 年下降 5.4%，控制在 35 微克/立方米以内。

坚决打好碧水保卫战 按照《阿拉善盟水污染防治三年行动计划实施方案》，到 2020 年，重点流域黄河阿拉善段和额济纳河水质优良比例保持 100%，无劣 V 类水体；巴彦浩特镇集中式饮用水水源水质达到自治区与盟行署签订的《阿拉善盟水污染防治目标责任书》要求，其他旗县、乡镇饮用水水源水质不下降，城市建成区无黑臭水体。

扎实推进净土保卫战 按照《阿拉善盟土壤污染防治三年行动计划实施方案》，到 2020 年，全盟土壤环境质量总体保持稳定，农用地和建设用地土壤环境安全得到有效保障，土壤环境风险得到基本管控。全盟受污染耕地安全利用率达到 98%以上，污染地块安全利用率不低于 90%。

二、工作成效

大气污染防治 2019 年，巴彦浩特空气质量有效监测天数 365 天，优良天数 337 天，优良天数比例 92.3%，较 2018 年同期上升 3.8 个百分点，细颗粒物（$PM_{2.5}$）平均浓度 25 微克/立方米，较 2015 年下降 32.4%。其他大气污染防治指标及减排目标任务均超额完成。

乌海及周边地区环境综合整治自治区已立法。作为蓝天保卫战的前沿阵地和重点区域，阿盟紧盯高新区发展大局，全力推动和保障千亿元工业园区建设，制定并印发了《阿拉善盟乌海市及周边地区环境综合整治工作实施方案》，累计投入资金 8.4 亿元，规划实施环境综合治理项目 119 个，完成 101 个，另外自加压力实施治理项目 42 个，并全部完成。

水污染防治 2019 年，黄河、黑河在阿盟境内各断面监测指标及城镇集中式饮用水水源地水质均达到自治区下达的指标范围，全盟无劣 V 类水体和黑臭水体，超额完成水污染减排指标任务。计划通过实施城镇水污染治理工程，抓好集中式饮用水水源地保护，加强黄河、黑河及居延海流域生态环境保护与修复等工作。确保全盟水环境质量持续改善，优良水体有所增加，东居延海等水体水质逐步得到改善，饮用水安全保障水平持续提升，地下水超采得到严格控制，地下水超采区达到采补平衡。

土壤污染防治 开展土壤污染状况详查和地块环境管理工作，建立了土壤环境基础数据库。强化固体废物和危险废物管控，全盟受污染耕地安全利用率和污染地块安全利用率均达到98%和90%以上。

突出环境问题整改落实 2016年，中央环保督察反馈意见涉及阿盟15个共性问题中，12个问题已完成整改并销号，3个问题正在按序时进度推进整改。2018年，中央环保督察“回头看”及草原生态环境问题专项督察反馈意见涉及阿盟15个共性问题中，10个问题已完成整改并销号，5个问题正在积极推进整改；自治区生态保护大检查涉及阿盟问题共45个，完成整改31个，其余问题正在按序时进度推进整改；自治区党委督查室2019年6月，暗访阿盟腾格里地区提出的3项需重点关注的事项和3个方面的针对性建议，正在持续推进整改落实。

（撰稿：王　芳　编辑：王延吉）

防范化解债务风险

阿盟将全口径政府债务化解工作作为重大政治责任和政治任务，纳入重要议事日程，成立了由盟委书记任组长的规范政府债务管理防范金融风险领导小组，切实加强化债工作的组织领导；专门设立了“十个全覆盖”解决工程遗留问题协调推进组和建立清理拖欠民营企业中小企业局际联席会议制度，实行定期调度制度，切实加快化债工作的推进力度；制定了隐性债务化解实施方案，“十个全覆盖”工程外直接相关项目拖欠工程款化解方案和资金筹集方案，清理拖欠民营企业中小企业账款工作实施方案，进一步明确了工作的原则、目标、措施和要求，切实加强化债工作的落实力度。

一、机制保障

建立绩效考核机制，把政府债务管理特别是政府债务化解作为硬性指标，纳入各旗区党政领导干部和部门绩效考核指标体系，加大考核权重，并将考核结果作为干部任用的重要依据。

实施目标管理机制，与监管部门及各旗区签订地方政府债务化解目标管理责任书，督促旗区和有关部门主要领导担任第一责任人。

建立督查审计问责机制，将全口径政府债务化解列入年度重点督查事项，加大各级人大审查监督力度，强化审计结果运用，严肃执纪问责追责，确保债务化解工作合法合规、数据真实有效。

建立政府投资项目监管机制，硬化预算约束，强化源头管控，坚决防止新增债务上新项目、铺新摊子。

二、防范化解地方政府债务风险

2019年，全盟化解隐性债务完成年度任务的163.68%；按照中央“2019年底前对已确认拖欠账款总额化解一半以上”的要求，阿盟清理拖欠民营企业中小企业账款清偿进度达到54.76%，已完成年度任务；“十个全覆盖”工程外直接相关项目工程款全部化解。

三、拓宽偿还债务资金来源

积极争取国家建制县试点支持 根据财政部《关于开展建制县隐性债务风险化解试点评审工作有关事项的通知》，阿盟上报了债务规模大、债务风险高的阿左旗，将阿左旗列为全区7个建制县化债试点旗县之一并获得置换债券资金。

积极争取上级资金 争取到地方政府债券资金61.09亿元并且支出进度达到100%，有力缓解了全盟财政支出压力；因化债工作有效降低阿盟债务风险，获得自治区化债奖励资金1.29亿元。

积极挖掘自身潜力 在争取上级支持的同时，阿盟紧紧抓住煤化工、盐化工、精细化工等主力产业价格回升、产销向好，文化旅游、沙产业等新兴产业快速发展机遇，狠抓重点税源，持续组织财政收入，2019年一般公共预算收入同比增长18.3%，为化解债务提供稳定财力保障。

四、全力支持脱贫攻坚

盟财政局认真落实中央脱贫攻坚巡视整改，会同盟扶贫办对旗区2016—2019年扶贫专项资金、整合资金、京蒙扶贫协作资金进行核查，重点督查中央第八巡视组对自治区开展脱贫攻坚专项巡视发现资金滞留、闲置问题的整改工作，督促各旗区在保障财政扶贫资金安全和规范项目资金管理的前提下，加快资金拨付进度。建立扶贫资金实时动态监控机制，实时掌握全盟扶贫资金支付情况。2019年全盟扶贫资金1.46亿元下达分配进度100%，支付进度97.3%，均达到自治区分配与支付进度95%以上的要求。

五、全力支持污染防治

2019年环保投入2.51亿元，支持全盟各地统筹推进山水林田湖草系统保护和修复、腾格里环境污染综合整治、贺兰山地区生态环境治理、胡杨林保护区退耕、矿山地质环境治理等。支持加大环境整治和农村牧区人居环境整治。

（撰稿：张 浩 编辑：王延吉）

2019年机构改革

2019年1月6日和1月13日，先后由自治区党委、政府批准印发《阿拉善盟机构改革方案》，盟委、行署批准印发三旗机构改革方案。各级方案印发后，阿盟迅速组织召开了全盟机构改革推进会，盟委、行署主要领导进行安排部署，正式启动机构改革实施工作。

一、党政机构改革

改革方案执行情况 制定印发《关于成立盟委深化机构改革领导小组的通知》，成立了由盟委书记任组长，盟长任副组长，各盟委委员为成员的盟委深化机构改革领导小组，领导小组下设机构改革协调小组，配套成立了综合协调、盟直改革、旗区改革、后勤保障4个工作组。形成了横向到边、纵向到底、齐抓共管的改革工作领导机制，确保机构改革在党委的领导下高效、有序推进。制定印发《阿拉善盟机构改革实施意见》，成立由盟委、行署有关领导担任组长的专项推进组，牵头推进分管领域相关单位的人员转隶等工作，细化了盟委组织部、盟委编办等有关部门职责。各旗也相应成立以旗委主要领导为组长的深化机构改革领导小组，负责旗级机构改革的组织领导、统筹协调和督促落实。相应印发《机构改革实施意见》等配套文件，同步按目标要求、完成时限推进落实改革任务。

坚持“先立后破、不立不破”原则，制定《阿拉善盟盟直各部门领导职数、人员编制和内设机构核定表》，提前谋划研究新组建部门领导班子配备事宜，3 月初，盟本级完成领导干部配备工作。4 月底，三旗各部门领导班子全部调配到位。并通过 4 次调整干部，对部门班子进行了加强。

按照改革任务进度，制定印发《关于做好机构改革中档案处置工作的通知》，严格审计撤销、合并部门国有资产，重新分配划拨固定资产，优化整合办公场所，统一规范牌匾和印章样式设计、蒙汉文翻译、刻制印章等工作，确保有关部门及时履行职责和开展工作，并选取了退役军人事务局、政务服务局、自然资源局、应急管理局等 16 个新组建和调整部门进行集中挂牌。三旗相继完成机构挂牌、印章发放等各项工作。

严格审定“三定”规定，统一制发“三定”规定模板，明确内容要求，参照上级对口部门条款，加强工作协助指导，确保各部门依法依规拟定本部门“三定”规定。建立盟委、行署有关领导对分管部门“三定”规定审查负责制度，组织盟委办、行署办、编办成立“三定”规定联合专项审核工作组，对各部门上报“三定”规定严格审定和开展合法性审查，对涉及职能交叉的部门进行专门督办，对职责边界认识不清导致拖延的部门进行催办、约谈。盟本级和三旗除盟委办（旗委办）外，其余部门均已印发。并对盟委办、公安局部分职能和内设机构进行了相应调整。

充分考虑人大监督职能、政协协商职能的有效发挥和机构改革前存在的人员编制问题，完善人大工委工作机构设置和优化政协专门委员会设置，给予内设机构和人员编制支持，人大较改革前增加社会工作建设处，核增处级领导职数 2 名（1 正 1 副），核增行政编制 10 个；政协较改革前核增行政编制 11 个。并将贸促会和社科联纳入了群团组织序列，由改革前的 8 个群团机构变为改革后的 10 个群团机构，并适当核增了群团编制，健全群团领导班子，核定 10 个群团处级领导职数 30 名（10 正 20 副）。

职责划转情况 完善工作机制。坚持一类事项原则上由一个部门统筹、一件事情原则上由一个部门负责，自治区政府部门职能划入党委机构的，盟、旗相应划转，对应急管理、退役军人事务、医疗保障等新组建或职责调整的部门有效衔接上下职能，转发《中央编办关于地方机构改革期间推进和规范事业单位调整的通知》《阿拉善盟机构改革职责和人员转隶框架表》及其实施方案、《关于机构改革职责和人员转隶工作的通知》《关于调整盟直事业单位隶属关系等事项的通知》《关于进一步做好机构改革职责和人员转隶工作的通知》，明确了人员转隶责任主体、工作程序、工作时限和工作要求等内容。

同步开展职责划转和人员转隶。坚持“编随事走、人随编走”原则，结合“三定”规定和权责清单划转涉改部门职能和转隶人员。改革后，全盟 107 个涉改部门划转职能 237 项、转隶人员 707 名，其中盟本级 45 个部门划转职能 61 项、转隶人员 393 名，三旗 62 个部门划转职能 176 项、转隶人员 314 名。在职责和人员转隶工作完成后，协调小组督促各部门及时办理转隶人员相关手续，各项工资、社保、党组织关系等转移接续全部到位。

各部门间职责关系理顺情况 切实增强盟委对重大工作的统筹领导，组建 11 个盟委议事协调机构，加强盟委组织部、宣传部、统战部对相关领域工作的统一归口管理，在 20 个部门新设立党建办公室，党对一切工作的领导全面加强。大力度改革党政机构设置和调整职能设置，通过“三定”规定和权责清单，全面理顺部门职责关系，明确职责边界。将环境保护局的职责同发改、国土、水务、农牧业等部门的应对气候变化和减排、监督防止地下水污染、编制水功能区划、排污口设置管理、流域水环境保护、监督指导农业面源污染治理等职责整合，并将三旗两区的生态环境机构人员整建制上收，实行垂直管理和派驻管理，重新设立和核定三旗两区生态环境分局和编制职数，加强了阿拉善高新技术产业开发区和腾格里经济开发区环保工作人员配备。对确需多个部门共同参与的，通过“三定”规定明确了职责分工和对重点职能划转进行督促明确，促进了部门间的协做配合意识，建立协调配合机制。卫生健康委员会和医疗保障局在医疗、医保、医药等方面建立沟通协商机制，协同推进改革，提高医疗资源使用效率和医疗保障水平；市监局与公安局建立行政执法和刑事司法工作衔接机制。

清理规范议事协调机构和承担行政职能事业单位改革情况 盟委、行署督查室及编办联合对全盟议事协调机构进行清理规范，盟本级、三旗设置全面深化改革委员会办公室、国家安全委员会办公室等常设议事协调机构各11个。全盟112个承担行政职能事业单位的3145项行政职权全部划转到位，其中盟本级涉及43个部门1329项、三旗涉及69个部门1816项。

机构设置、人员编制和领导职数的执行情况 严格按照限额设置机构，盟本级共设置党政机构46个、阿左旗设置37个、额济纳旗设置36个、阿右旗设置35个。其中，盟本级、阿右旗、额济纳旗分别留有1个机构限额，阿左旗按限额设满。新组建和优化职责机构盟本级16个、三旗各13个；与自治区基本对应其他机构盟本级23个、阿左旗20个、阿右旗18个、额济纳旗19个；因地制宜设置的机构盟本级7个、三旗各4个。

科学分配人员编制。严格在自治区核定的编制限额内，综合考虑部门职责、机构性质、机构规格、编制规模等因素，重新核定了盟直各部门行政编制1285个（含政法专项编制320个）；三旗核定党政机构行政编制1781个（阿左旗941个、阿右旗487个、额济纳旗353个），均未突破核定的编制限额。

严格按要求配备领导职数。按照《自治区党委编办关于重新核定盟市党政群机关处级领导职数的通知》要求，核定盟本级处级领导职数310名（77正233副）；重新核定三旗科级领导职数617名（178正439副）。

二、五大领域改革

根据《自治区深化五大领域综合执法改革的实施意见》有关要求，印发《关于贯彻落实〈自治区交通运输、农牧业、生态环境保护、文化市场、市场监管综合执法改革的实施意见〉的通知》，明确改革责任主体、步骤、时限、要求等内容，启动改革工作。11月25日，召开全盟综合执法改革推进会，安排部署推进综合执法改革工作。

三、审批服务便民化改革

推进审批服务便民化改革，持续优化办事创业和营商环境，全面梳理和规范行政权责清单，加快推进基础清单标准化建设，先后实施“最多跑一次”“3550”“一网通办”及相对集中行政许可权试点等审批服务便民举措，从政策服务、政务服务、法治服务、金融服务等方面构建起优质、高效的营商环境，有效推动了政府治理体系和治理能力现代化。3月，盟本级和三旗编办将审批服务便民化、基础清单标准化体系建设工作移交至盟、旗政务服务局。

四、苏木乡镇和街道改革

12月18日，根据全区深化苏木乡镇和街道改革工作推进视频会议精神，印发《阿拉善盟关于深化苏木乡镇和街道改革推进基层整合审批服务执法力量的实施方案》，对苏木镇和街道改革进行安排部署，要求按照自治区确定的机构限额内设置机构。同时，综合考虑服务半径、人口数量、人员编制等要素，提出了服务居民较少的苏木镇，行政编制少于20个的，党政机构总数压缩不超过4个（5个苏木），事业机构不得设置少于3个事业编制的机构的具体要求。12月31日，三旗两区全部完成苏木镇和街道机构设置和挂牌工作。全盟30个苏木镇（14个镇16个苏木）和6个街道共设置180个党政机构，其中阿左旗75个、阿右旗36个、额济纳旗54个、腾格里经济技术开发区11个、乌兰布和生态沙产业示范区4个。新设立相当于副科级事业单位93个，核增副科级领导职数93名，其中阿左旗36名、阿右旗20名、额济纳旗29名、腾格里经济技术开发区5名、乌兰布和生态沙产业示范区3名。

（撰稿：雷　鹏　编辑：王延吉）

乌力吉口岸建设

乌力吉口岸位于内蒙古自治区阿拉善左旗乌力吉苏木境内。2004年开始申报口岸开放工作，2014年2月21日，蒙古国政府同意中蒙乌力吉—查干德勒乌拉口岸开放，为陆路客运货运常年开放口岸，并照会中国政府。2014年8月21日，国家主席习近平与蒙古国总统在乌兰巴托签署《中华人民共和国和蒙古国关于建立和发展全面战略伙伴关系的联合宣言》，宣言中明确提出加快推进乌力吉—查干德勒乌拉口岸开放。2015年4月2日，在北京召开的《中蒙边境口岸及其管理制度协定》执行情况第五轮司局级会晤中，中蒙双方同意增设乌力吉—查干德勒乌拉口岸。2016年1月31日，国务院下发批复（国函〔2016〕28号），同意内蒙古乌力吉公路口岸对外开放，口岸性质为双边性常年开放公路客货运输口岸。2016年5月11日，中蒙外交部联合工作组共同签署纪要，确定口岸跨境过境点坐标在中蒙边界634号界碑西侧1042米处。至此，口岸进入全面规划建设阶段。

2016年4月，根据盟委、行署指示和要求，阿左旗委、旗政府成立乌力吉口岸建设指挥部，作为非常设机构，负责组织实施口岸开放建设各项工作。总指挥由盟委、行署指派，其他人员在原敖伦布拉格产业园区管委会和原阿左旗口岸办基础上抽调人员组成，组建成立了党政综合办公室、经济发展局、规划建设局、财政局、社会事务局、外事协调办公室，乌力吉口岸开发公司、给排水公司、物业公司。2017年5月，阿左旗旗委批准成立乌力吉口岸建设指挥部党组。2019年11月，盟委、行署批准成立乌力吉口岸管理委员会，规格为副处级，为盟行署派出机构，委托阿左旗委、旗政府管理。核定党政综合办公室、党群工作部、口岸事务局、规划建设局、经济发展局、财政局6个内设机构；核定行政编制13个，副处级领导职数2名，科级领导职数11名；设立乌力吉口岸政务服务中心，为管委会所属科级事业单位，核定科级领导职数3名，事业编制25个。2019年12月，盟委批准设立中国共产党乌力吉口岸工作委员会。党工委设书记1名，由盟委任免；设党工委委员4名，由阿左旗委提请盟委组织部任免。

一、口岸发展优势

交通区位优势　乌力吉口岸位于阿拉善左旗乌

力吉苏木温都尔毛道嘎查境内，与蒙古国查干德勒乌拉口岸相对应。口岸对外连接蒙古国南戈壁省，向北直通乌兰巴托，经由俄罗斯乌兰乌德市汇入第一欧亚大陆桥；向东可服务乌海、阿拉善高新区、呼包鄂银渝经济带，辐射环渤海经济圈。向西经临哈铁路、京新高速直通新疆霍尔果斯、阿拉山口口岸。向南可通过中宝、重庆铁路大动脉实现“中蒙俄”经济走廊与长江经济带的互联互通。独特的区位优势，使乌力吉口岸成为陕甘宁青等周边地区乃至长江经济带向北开放最为便捷的通道。

乌力吉口岸距离乌力吉苏木150千米，距盟、旗府所在地巴彦浩特约430千米，距策克、甘其毛都口岸均为380千米左右。公路方面：口岸至京新高速连接线已建成通车，实现了口岸与京新高速的连接，可通过京新高速和S218线直达乌海周边及巴彦浩特。铁路方面：口岸—苏宏图80千米铁路已列入国家和自治区“十三五”规划，计划2021年开工建设，建成后可实现与临策铁路的连接，构成口岸与乌海、阿拉善高新区的能源运输铁路通道。远期规划建设的巴彦浩特—中卫170千米（阿盟境内147千米）铁路，可接入中宝铁路，进入长江经济带。航空方面：在乌力吉口岸规划建设通用机场，选址已完成。以上公路、铁路、航空运输通道共同构成了乌力吉口岸四通八达的立体交通网络。

资源优势 乌力吉口岸与蒙古国查干德勒乌拉口岸相对应，口岸向北蒙古国南戈壁省境内矿产资源丰富。世界第一大主焦煤煤矿——塔温陶勒盖煤矿，已探明储量64亿吨，距离乌力吉口岸270千米。南戈壁省第三大煤矿——额尔登布拉格煤矿，已探明储量10亿吨以上，距离乌力吉口岸约150千米。在口岸150千米范围内还有丰富而优质的铁、金、铅锌、石墨等多金属和非金属矿产资源，都已具备开采条件。与策克和甘其毛都口岸相比，乌力吉口岸对面的矿产资源品种丰富，而且量大质优。不仅有国内最缺的主焦煤、铜，还有三分之一焦煤、铁、金、铅锌、石墨等资源。而策克口岸对面主要以三分之一焦煤和动力煤为主，甘其毛都口岸对面主要以主焦煤和铜为主。乌力吉口岸具有较为明显的资源优势。

二、口岸规划和目标

《乌力吉口岸总体规划（2016—2030年）》于2016年8月3日经自治区人民政府委托住房和城乡建设厅批复，规划面积18.4平方千米，一期规划用地约6.1平方千米。口岸整体空间结构为“两轴、三区”。“两轴”即乌力吉路发展轴和迎宾路发展轴；“三区”即联检区、监管区和生活区。联检区，总用地面积0.2平方千米，由旅检和货检两部分组成。旅检区，中蒙双方联检楼各距国境线51米处建设。货检查验规划为七进五出12条通道，充分融入“单一窗口”及智能卡口建设理念，着力构建智能、高效的通关模式。监管区，总用地面积14.3平方千米，首期启动4.8平方千米。按照生态、环保、绿色、现代的规划理念，以全封闭仓、集装箱为主要仓储方式，开展煤炭及矿产品物流配送以及果蔬肉类等绿色农畜产品、生活日用品的保税物流。同时，规划建设配套服务区，为国内外车辆提供加油（气）、停车、住宿、维修、餐饮等功能服务。生活区，规划面积3.6平方千米，首期启动1.1平方千米，配套商务办公、生活居住、医疗卫生、文化旅游、保税物流等城镇生活服务设施。

乌力吉口岸近期发展目标为：到2019年底，口岸联检通关基础设施建设基本完成，蒙方口岸联检区开工建设。到2020年，乌力吉口岸基础设施建设达到通关验收条件，实施临时开放。到2021年，乌力吉口岸正式通关开放，力争全年过货量达到100万吨以上，2025年达到1500万吨，2030年达到3000万吨。

三、口岸开放建设进展情况

重点项目进展情况 2016—2019年，共实施口岸基础设施建设项目15项，总投资19.2亿元，完成投资8.7亿元。截至2019年底，乌力吉口岸水、电、路、讯等基础设施已全部完成投入使用，包括口岸与京新高速连接线工程、110千伏供电工程、供水工程（一期）、通信工程。口岸联检楼、报关报检中心、边检营房、边防派出所、服务中心、生活用房、文体中心等联检通关查验及配套设施主体全部封顶进入装修阶段。市政道路油面铺设全部完成。监管区及物流服务配套项目已开工建设。防洪工程临时防洪堤、泄洪沟等主体工程已完工。蒙方查干德勒乌拉口岸联检区基础设施项目已开工建设。口岸临时开放工作正在加快推进。

对蒙工作情况 2016—2019年，先后推动成立乌力吉口岸—查干德勒乌拉口岸中蒙联合工作组，建立中蒙联系协调机制，确定口岸跨境过境点坐标在中蒙边界634号界标西侧1042米处。确定双方联检楼各距国境线51米处建设。推动蒙古国财政部（口岸委）等部门专题研究乌力吉—查干德勒乌拉口岸建设事宜。推动自治区口岸办向中国驻蒙古国大使馆、蒙古国外交部提出加快乌力吉—查干德勒乌拉口岸开放建设事宜。推动蒙古国政府高层访问阿拉善盟。推动中蒙联合工作组在蒙古国由中华人民共和国内蒙古自治区口岸办与蒙古国海关总署签署关于查干德勒乌拉口岸联检建筑、基础设施援助建设协议，明确援建企业、施工单位责任义务。密切对接外交部、国家国际发展合作署，推动将乌力吉—查干德勒乌拉口岸列入《中蒙边境口岸及其管理制度协定》。推动在中蒙边境口岸管理合作委员会第三次会议明确临时通关过境点及出入境监管区事宜。推动自治区口岸办、关检单位在口岸现场举行临时开放工作座谈会，就临时开放达成一致意见。

（撰稿：李振清　编辑：王延吉）

大事记

1月

1日　阿拉善边境管理支队举行集体换装和入警宣誓仪式，“阿拉善边境管理支队”同时揭牌，加挂“阿拉善盟公安局边境管理支队”。副盟长、盟公安局党委书记、局长贾境文出席揭牌仪式。

☆　阿拉善盟启动第四次全国经济普查入户登记工作，近700名普查人员将开展为期四个月的普查登记。

☆　根据交通运输部、自治区交通厅相关文件要求，全盟4.5吨及以下普通货运车辆取消办理营运证及驾驶员从业资格证。

3日　自治区文化和旅游厅公布第六批自治区级非物质文化遗产代表性项目代表性传承人名单，额济纳旗6人名列其中：民俗类“祭敖包”项目代表性传承人嘎拉僧，“土尔扈特服饰”项目代表性传承人斯日古楞，传统美术类“土尔扈特家具图案”项目代表性传承人红卫，传统体育游艺类“蒙古象棋”项目代表性传承人额日登巴图，传统音乐类“陶布秀尔”项目代表性传承人康德，传统舞蹈类“蒙古族萨吾尔登”项目代表性传承人傲云。

3—4日　自治区党委编办评估验收组到阿拉善高新技术产业开发区验收评估相对集中行政许可权改革试点工作。

6日　盟委召开全盟副厅级以上领导干部会议，宣布自治区党委任免职决定。王旺盛任阿拉善盟盟委副书记、政法委书记，靳生瑞不再担任阿拉善盟盟委委员、副盟长职务；提名郭文秀任自治区人民检察院阿拉善盟分院检察长。

☆　阿拉善科学技术馆首届科普作品征集大赛收官。最终评选出幼儿组、小学组、中学组3个组别一等奖3个，二等奖6个，三等奖9个，优秀奖30个。

☆　全域旅游人气目的地品牌影响力年度峰会结束，额济纳大漠胡杨林景区通过大众评选和专家评审，被评为“全域旅游优质人气生态景区”，同时入选“2018全域旅游优质人气目的地年度品牌影响力100强”，位列第25位。

6—8日　政协阿拉善盟第九届委员会第二次会议在巴彦浩特召开。

7日　中共阿拉善盟委员会（扩大）会议在巴彦浩特举行。

☆　中国畜牧业协会正式发布《驼血多肽》《生驼乳》《食用驼血制品（血豆腐）》等12项骆驼业团体标准。标准由东汇公司、中国科学院兰州化学物理研究所、内蒙古骆驼研究院等单位向中国畜牧业协会骆驼分会团体标准委员会申报。

10日　阿拉善高新技术产业开发区举行重大

项目集中签约仪式。高新区分别与内蒙古川尔科技股份有限公司、内蒙古犇星化学有限公司、内蒙古沙洲化学科技有限公司签署投资框架协议。

是月上旬 阿盟光伏扶贫工程集中式1万千瓦光伏扶贫电站完成送电验收工作，实现全网容量并网发电。该项目地处阿左旗巴彦浩特镇特莫图嘎查。

12日 内蒙古阿拉善大红新能源100兆瓦风电项目成功并网发电。

13日 盟委副书记、盟长代钦实地调研巴彦浩特城市规划情况。副盟长徐景春，盟政协副主席、阿左旗旗委副书记、旗长戈明参加调研。

13日 中共阿拉善盟委员会办公室、阿拉善盟行政公署办公室联合印发《阿拉善盟机构改革实施意见》的通知。

14日 盟民政局会同盟财政局联合下发紧急通知，确定一次性生活补贴的范围和标准。

15日 由国家烟气脱硫工程技术研究中心、四川恒泰环境技术有限责任公司、内蒙古太西煤集团阿拉善盟科兴炭业有限责任公司联合组建的国家烟气脱硫工程技术研究中心碳材料研究分中心在阿盟挂牌成立。

17日 “2018—试训人的一年”首届“十大试训尖兵”颁奖晚会在金色胡杨音乐厅举行。评选出“戈壁拓荒牛”马臻程、“战士贴心人”刘利辉、“军营红管家”郑飞等十名尖兵。

18日 省道228线巴丹吉林镇至金昌（蒙甘界）二级公路全线通车。

18—19日 新组建的盟自然资源局、生态环境局、应急管理局、能源局、政务服务局、卫生健康委员会、退役军人事务局、文化旅游广电局正式挂牌。

20日 中共阿拉善盟纪律检查委员会（扩大）会议在巴彦浩特召开。

23日 盟行署办印发《阿拉善盟文化产业发展中长期规划（2019—2030）》的通知。

25日 自治区工业园区扩区工作调研组到阿拉善高新技术产业开发区，就扩区工作进行调研并召开工作对接汇报会。此次扩区工作，高新区计划将工业用地规模由10平方千米扩大至69平方千米。其中，乌兰布和工业园区为集中发展区域，拟扩区至40平方千米；巴音敖包工业园区为今后发展的拓展区域，拟扩区至29平方千米。

28日 举行为烈属、军属和退役军人等家庭悬挂光荣牌工作启动仪式，副盟长王强出席，并向烈属、军属和退役军人代表颁发光荣牌。

29日 自治区政协十二届二次会议闭幕。大会期间，阿盟政协委员提交提案31件。

30日 自治区十三届人大二次会议闭幕。大会期间，阿盟代表团人大代表提交建议39条。

☆ 阿右旗司法局巴丹吉林镇司法所长叶淑华获“全国模范司法所长”称号。

31日 阿拉善盟林业和草原局、阿拉善盟沙产业局挂牌成立。

是月 由阿拉善盟博润生态科技有限责任公司牵头成立的内蒙古阿拉善荒漠生态产业院士工作站，获自治区院士专家工作站建设协调小组会评审通过，并经自治区党委组织部、科技厅、科协批准成立运行。

是月 自治区科技厅公布第三批自治区星创天地备案名单，由盟科技局推报的“阿左旗乡村振兴和沙产业星创天地”位列其中，成为阿盟第4家自治区备案星创天地。

是月 阿左旗图书馆“智慧党建”电子书阅读平台上线。

是月 阿左旗黄手环志愿者协会正式成立，并现场发放88个防走失黄手环，该协会旨在关爱和帮助阿尔茨海默病患者。

是月 自治区下达阿盟第二批民族艺术发展文艺惠民演出和乌兰牧骑发展专项资金139万元。其中，乌兰牧骑发展专项资金120万元，乌兰牧骑新创歌舞类作品补助15万元，全区小戏小品作品补助4万元。

是月 自治区文化和旅游厅公布了18家自治区文化文物单位文化创意产品开发试点单位，阿拉善博物馆入选。

是月 阿拉善黄河国家湿地公园正式被评为国家湿地公园。

2月

1—2日 盟委书记杨博先后到阿左旗巴润别立镇、长流水动物卫生监督检查站、阿拉善经济开发区，看望慰问节日期间坚守在岗位一线的工作人员和部分生活困难群众。

9—14日 国内首次骆驼胚胎移植技术交流会在阿右旗阿拉腾敖包镇召开。

是月上旬 阿拉善盟创客科技有限公司被认定为2018年自治区高校毕业生优秀创作品牌。

13日 盟行署办公室印发实施《阿拉善盟非物质文化遗产保护管理办法》和《阿拉善岩画保护管理办法》。

15日 东居延海环境整治规划会议召开，黄河水利科学研究院作了东居延海生态治理及保护规划情况汇报。

☆ 盟检察分院举行首批公益诉讼联络员聘任仪式，向27名新聘公益诉讼联络员颁发聘任证书。

18日 由阿右旗纪委监委自行采编录制的《阿右旗瀚海廉播》栏目在阿右旗纪委监委瀚海廉泉微信公众号上正式推送。为纪检监察机关与群众的联系互动架起新的桥梁。

19日 全盟中央巡视“回头看”和自治区党委巡视反馈意见整改工作调度会在巴彦浩特召开。会议听取相关牵头部门汇报中央巡视“回头看”和自治区党委巡视反馈意见整改工作进展情况，安排部署下一步整改落实工作。

20日 全盟宣传思想文化工作会议在巴彦浩特召开。会议以习近平新时代中国特色社会主义思想为指导，深入贯彻落实全国、全区宣传思想工作会议和全国、全区宣传部长会议精神，贯彻落实盟委（扩大）会议精神，总结工作，分析形势研究部署2019年工作。盟委书记杨博就全盟宣传思想文化工作作出批示。盟委委员、宣传部部长王良出席会议并讲话。

☆ 贺兰山管理局开始实施内蒙古贺兰山国家级自然保护区确界立标工作。

是月中旬 阿拉善电业局在蒙西电网中率先建成双10G环网。

21日 由阿拉善驼绒协会申请注册的地理标志“阿拉善双峰驼绒”和由阿拉善白绒山羊协会申请注册的地理标志“阿拉善白绒山羊绒”获得批准。

23日 2018年额济纳旗旅游收益发放仪式在巴彦陶来苏木吉日嘎郎图嘎查举行。此次旅游收益发放金额近400万元，共涉及406户农牧民，受益面覆盖全旗3个苏木镇10个嘎查，收益农牧民近1000人，其中包括贫困户67户165人，每户最高获得收益金3.79万元。

24日 黄河阿盟乌斯太段8.5千米全线开河，水势平稳，开河日期较上一年度提前7天。

☆ 由自治区林业和草原局牵头，自治区农牧厅、生态环境厅、内蒙古军区战备建设局和内蒙古林业监测规划院人员参加的自治区人民政府派出第三调研组到阿盟开展草原围栏、黄羊等自然保护区围栏、边境国防围栏建设情况和黄羊等野生动物迁徙活动生存现状，统筹做好草原等围栏建设和黄羊等野生动物保护工作调研。

25日 由盟文化旅游广电局主办，盟群众艺术馆与盟书法家协会、美术家协会、摄影家协会、阿拉善收藏协会共同承办的阿盟第二届“驼乡·

翰墨情”群众文化艺术作品展在盟群众艺术馆开展。本次展览共展出1200余件展品，展览持续至3月3日。

26日 全盟扫黑除恶专项斗争推进会议召开。会议贯彻中央、自治区政法工作会议精神和自治区扫黑除恶专项斗争专项专题会议精神，安排部署近期全盟扫黑除恶专项斗争工作。盟委副书记、盟政法委书记王旺盛出席会议并讲话，副盟长贾境文主持会议。

27日 全盟河湖长制工作会议召开，贯彻落实中央、自治区关于河湖制的决策部署，进一步细化目标、明确责任、强化措施，进一步巩固和完善河湖长制成果。盟委书记、盟第一总河湖长杨博，盟委副书记、盟长、盟总河湖长代钦出席会议并讲话。盟委副书记、政法委书记王旺盛，副盟长徐景春、王维东、秦艳出席会议。

☆ 阿盟就锡林郭勒“2·23”重大事故召开安全生产电视电话会议，宣读了《阿拉善盟安全生产大检查实施方案》，对阿盟安全生产工作进行紧急安排部署。盟委副书记、盟长、盟安委会主任代钦出席会议并讲话。副盟长王维东主持会议。

☆ 盟行署办印发《阿拉善盟行政公署办公室关于公布第八批全国重点文物保护候选单位雅布赖山洞穴彩喷手印岩画保护范围及建设控制地带的通知》。

☆ 自治区林业和草原局公布2018年度内蒙古自治区林木良种名录，盟林木良种繁育中心选育的“居延黑杞1号”和阿右旗雅布赖治沙站选育的“雅布赖治沙站梭梭母树林种子”2个品种位列其中。至此，全盟已有11个品种列入自治区林木良种名录。

28日 盟行署办印发《阿拉善盟职业病防治规划（2017—2020年）》，就进一步加强全盟职业病防治工作、保障劳动者身体健康做出详细规划。

是月 全国高新技术企业认定管理工作领导小组办公室下文，对内蒙古自治区2018年高新技术企业备案进行批复，内蒙古庆华集团乌斯太精细化工有限公司、阿拉善达康三四氯乙烯有限公司、内蒙古中心华冠生物工程股份有限公司被认定为国家高新技术企业。

是月 额济纳旗算井子边境派出所正式开通移动4G网络，实现阿盟4G网络全覆盖。

是月 阿右旗林业局首次与“阿拉善SEE基金会”合作，在阿右旗实施“阿拉善SEE 1亿棵梭梭2019年政府合作梭梭造林项目”。该项目计划投资1800万元，在阿右旗阿拉腾朝格苏木阿拉腾塔拉嘎查、呼和乌拉嘎查，巴丹吉林镇阿日毛道嘎查，雅布赖镇努日盖嘎查、新呼都格嘎查种植梭梭8万亩。

3月

1日 自治区政协副主席、全区安全生产大检查第十二督查组组长常军政率督察组到阿盟开展为期1个月的安全生产大检查。盟委副书记、盟长代钦，副盟长王维东出席沟通会并陪同检查。

☆ 阿盟巴丹吉林沙漠沙山湖泊群进入联合国教科文组织世界遗产中心中国世界遗产预备名录。

☆ 由盟人大工委主任查斯太任组长的全盟安全生产大检查第三督查组到阿拉善高新技术产业开发区督查安全生产工作。

☆ 盟残联、图书馆、疾控中心及阿左旗残联、巴镇东城区社区卫生服务中心联合在盟图书馆举办了以“关爱听力健康，落实国家救助制度”为主题的全盟第二十次全国爱耳日及残障人阅读推广活动。

☆ 2019年“阿拉善盟青少年校园足球日”公益活动暨周末联赛在阿左旗蒙古族学校举行。

☆ 阿盟根据《市场监督总局关于启用新版营业执照的通知》要求，正式启用新版营业执照，原版营业执照不再发放。

2日　以“助力脱贫攻坚，促进充分就业”为主题的阿拉善2019年春风行动招聘会暨高校毕业生就业洽谈交流大会，在巴彦浩特多功能体育场举行。

4日　自治区政协副主席其其格一行到阿盟，就政协工作开展情况进行调研，并围绕文化文史资料工作情况进行座谈。盟政协主席魏国权主持会议。

6日　全盟纪念“三八”国际劳动妇女节109周年暨2019年妇女工作会议召开，会议表彰全盟三八红旗手（集体），命名全盟巾帼文明岗、巾帼建功标兵，揭晓全盟“最美家庭”，并总结2018年全盟妇女工作，部署2019年工作任务。副盟长秦艳出席会议并讲话。

7日　自治区科技厅公布自治区级科技企业孵化器核定名单，阿盟荒漠治理科技孵化园、精细化工高新技术孵化园通过复核。科技厅对自治区级科技企业孵化器实行动态管理，每三年复核一次。

11日　阿拉善盟统一战线“同心学习、立德圆梦”双月读书会正式启动，盟委委员、统战部部长萨仁图雅出席会议并作动员讲话，全盟统战干部和统战成员共100余人参加。

☆　2018特步·中国田径协会马拉松年度新闻发布会在厦门召开，额济纳旗穿越胡杨林国际马拉松获中国田径协会颁发的“银牌赛事”和“最美赛道特色赛”两个奖项。

12日　全盟2019年非洲猪瘟防控应急指挥部第一次全体会议暨动物疫病防控工作会议在巴彦浩特召开，传达国家、自治区有关非洲猪瘟等重大动物疫病防控工作会议精神，通报阿盟重大动物疫病防控情况，安排部署2019年非洲猪瘟等重大动物疫病防控工作。

☆　召开全盟防范化解重大风险工作会议，学习贯彻习近平总书记关于防范化解重大风险重要论述和中央、自治区防范化解重大风险决策部署，安排部署2019年全盟防范化解重大风险工作。

☆　自治区政协副主席张绍春一行到策克口岸经济开发区、阿拉善右旗调研。

13日　阿盟首家危险废物综合处置中心获自治区生态环境厅批准并颁发危险废物经营许可证。该中心位于阿拉善高新技术产业开发区巴音敖包工业园区，是内蒙古新蒙西环境资源发展有限公司应发展需要投资2.4亿元建成，可降低园区危险废物转移处置风险，提高园区基础设施配套质量，为高新区绿色发展提供强有力的配套基础设施支持。

14日　策克口岸入境运煤车辆1429辆，进出口货运量14.56万吨，创开关27年来单日进出口货运量新高。

14—15日　蒙古国大呼拉尔议员那·阿木尔吉雅率代表团到阿盟考察。其间，盟委副书记、盟长代钦，自治区贸促会副会长卫红与那·阿木尔吉雅就进一步拓展阿拉善盟和蒙古国南戈壁省两地合作空间、加深交流合作举行会谈。盟委委员、副盟长孙明泉主持会谈并陪同考察。

14—16日　举办贫困嘎查村“两委”正职脱贫攻坚研修班，对阿盟39个建档立卡贫困嘎查村的54名党组织书记和嘎查村民委员会主任进行集中培训，以提升嘎查村带头人队伍推进脱贫攻坚工作的政治自觉和工作本领。

15日　盟委、行署、政协联合召开盟政协九届二次会议提案交办会，统一部署提案办理工作，交办政协提案。

☆　围绕“信用让消费更放心”活动主题，盟、旗市场监督管理局在巴彦浩特多功能体育场举办2019年“3·15”国际消费者权益日宣传咨询服务活动。活动现场，市监部门公布了2018年消费领域典型案例，参加活动的各企业现场推出产品比较试验和消费体验活动，电力、消防等部门工作人员现场给居民详细讲解防止隐患发生的注意事项。活动结束后，阿左旗市监局对一批假冒伪劣产品进行集中销毁，共销毁各类假冒伪劣产品3000余件（袋），价值近30余万元。

☆ 额济纳旗宁煤矿业开发有限公司300万吨/年煤炭精选加工项目在策克口岸举行开工奠基仪式。

18日 盟文物局在阿拉善高新技术产业开发区麻黄沟和贺兰山西麓伊克田新发现汉代烽燧2处。

19日 全盟宣传思想战线开展增强“四力”教育实践工作动员会议召开，盟委委员、宣传部部长王良出席会议并讲话。

☆ 盟委副书记、盟长代钦到阿左旗吉兰泰镇、巴彦诺日公苏木，就水源地开发利用保护、矿区安全生产、环境整治、乡村振兴等方面工作进行调研。

☆ 盟政协文史专员聘任暨《爱在大漠——上海孤儿在阿拉善》史料征集启动仪式在巴彦浩特举行。盟政协主席魏国权、副主席王秋才出席。启动仪式上，魏国权为道尔格等21名受聘文史专员颁发聘书。4名“上海孤儿”代表受邀参加启动仪式，讲述了60年来在阿拉善的生活、学习、工作经历。

☆ 阿拉善电网负荷首次突破115万千瓦，当日统调最高负荷115.08万千瓦，同比增长28.3%，比2018年最高负荷增长12.5万千瓦。

21日 自治区十三届人大常委会阿拉善盟工作委员会第四次会议召开。

23日 阿拉善盟2019年春季重点工业项目集中开工仪式在阿拉善高新技术产业开发区举行。自治区党委副书记、自治区主席布小林，盟委书记杨博，盟委副书记、盟长代钦，盟人大工委主任查斯太，盟政协主席魏国权，内蒙古庆华集团董事长霍庆华，河北诚信集团董事长褚现英等各项目企业负责人出席开工仪式，并共同为项目开工培土奠基。

☆ 阿右旗举行2019年春季重点建设项目集中开工仪式，10个项目总投资252.4亿元，项目建成达产后，可实现年产值213.1亿元。

☆ 阿盟中级人民法院和阿左旗人民法院到阿左旗巴润别立镇，联合开展“严惩黑恶犯罪、弘扬社会正气”送法下乡法治宣传活动。活动现场，宣传人员向群众讲解国家在扫黑除恶专项斗争方面的有关法律法规和政策规定，现场解答群众提出的法律问题，并鼓励群众积极参与，踊跃举报涉黑涉恶违法犯罪线索。

☆ 共青团中央发出《关于命名全国“青少年维权岗”（2016—2018）的通知》，腾格里经济技术开发区市场监督管理局被命名为全国“青少年维权岗”。

26日 阿盟举办“稳金融促发展”政金企对接会，旨在落实中央、自治区和盟委、行署关于加快实体经济发展的决策部署，建立政府、金融机构、企业协调联动机制，为企业解决融资困难问题牵线搭桥，创造条件，提供服务。盟委副书记、盟长代钦，副盟长斯琴出席对接会。国家开发银行内蒙古分行、工商银行内蒙古分行、邮政储蓄银行内蒙古分行、内蒙古银行、内蒙古股权交易中心等自治区、盟金融监管部门及各金融机构负责人、企业家应邀参加会议。此次政金企对接会举行了签约仪式，进行了现场巡展对接洽谈，签约项目共34项，签约金额180.34亿元。盟行署与国开行内蒙古分行签署《稳增长促发展开发性金融合作备忘录》，与邮储银行内蒙古分行、工商银行内蒙古分行、内蒙古银行分别签署战略合作协议。

27日 由阿拉善盟公安局倡导并组织发起的蒙甘宁新毗邻地区警务合作会议在巴彦浩特召开。会议邀请新疆哈密，甘肃金昌、白银、酒泉、张掖、武威，宁夏银川、石嘴山、中卫，内蒙古鄂尔多斯、巴彦淖尔、乌海等12个地市公安局代表参加。会上，阿盟与蒙甘宁新毗邻地区12个盟市公安局代表签订《蒙甘宁新毗邻地区警务合作协议》，达成合作共识。

28 日 由盟科技局主办，盟委宣传部及盟科协、团委、教体局、文化旅游广电局协办的第五届内蒙古科普讲解大赛阿拉善地区选拔赛落幕。本次选拔赛以“科技强国 · 科普惠民”为主题。本次比赛共有 12 名选手参赛，选拔出的 3 名选手将代表阿盟参加第五届内蒙古科普讲解大赛。

☆ 盟行署印发《阿拉善盟打赢蓝天保卫战三年行动计划实施方案》《阿拉善盟土壤污染防治三年攻坚计划》《阿拉善盟水污染防治三年攻坚计划》。

☆ 阿拉善盟行政公署颁布森林草原防火戒严令，戒严期限为 4 月 1 日至 5 月 1 日。

☆ 阿盟召开民主党派、工商联和无党派人士调研选题专题协商座谈会，就 2019 年度调研选题情况进行协商。盟委委员、统战部部长萨仁图雅主持会议并讲话。

29 日 自治区人民政府公布第四批自治区级林业产业化重点龙头企业名单及一、二、三批已评重点龙头企业监测结果。内蒙古阿拉善苁蓉集团有限责任公司获得第四批自治区级林业产业化重点龙头企业称号；内蒙古曼德拉沙产业开发有限公司和内蒙古金沙苑生态集团有限公司继续保留自治区级林业产业化重点龙头企业资格。

是月 阿盟公路管理局在 2017—2018 年全区干线公路养护管理检查中取得外业检查单项第一名，综合成绩第二名的成绩。

是月 阿右旗蒙古族幼儿园举行揭牌仪式。

是月 阿盟通过建立远程视频监控传输系统，在全区首次利用广电微波传输线路，对苏木图石窟、额济纳黑城、贺兰草原岩画点灯野外文物点进行实时监控。

是月 阿盟公共资源交易全程电子信息化平台建设二期项目正式完工。该项目通过对现有公共资源交易信息化平台升级改造、旗区延伸覆盖等方式，实现与国家、自治区中心交易系统的实时无缝对接，达到数据共用、资源共享、信息互通的目的。

是月 “为梦想而战”2019 年度阿左旗春季旅游资源高峰对接会召开，华北、华东、西北、西南地区的 70 余家旅游企业代表在福因寺共谋合作，共话旅游发展大计。

是月 野生动物管理部门在阿左旗巴彦浩特镇北部的一个水库发现 6 只青头潜鸭（4 只雄性和 2 只雌性），是阿盟时隔 22 年后再次发现青头潜鸭。2013 年，青头潜鸭被列入世界自然保护联盟濒危物种红色名录。

是月 由盟文联举办、盟作家协会承办的“讴歌新时代 赞美新生活”阿拉善第十一届诗歌那达慕在巴彦浩特举行。

是月 阿右旗蒙古族中学、直属蒙古族小学两所学校“西北民族大学教学实习基地”正式挂牌落成。

是月 额济纳旗境内新发现 2 处汉代城障烽燧遗址。至此，额旗共发现汉代遗址障城 14 座、亭 1 座、烽燧 155 座。

4月

1 日 盟卫生健康委举行阿盟居民电子健康码首发仪式，发出并启用第一个居民电子健康码，标志着阿盟居民持卡接受服务进入电子健康码时代，“互联网+医疗健康”工作、健康医疗信息惠民服务进入新发展阶段。

☆ 第 28 个全国税收宣传月活动在阿盟各地正式启动。

☆ 由盟民政局、政务服务局与盟广播电视台联合开办的蒙古语广播《政务服务》栏目正式开播上线，此栏目是全国首个蒙古语空中“12349”

政务咨询栏目。

2日　盟委副书记、盟长代钦率盟应急管理局、生态环境局、市场监督管理局主要负责人及相关专家，到阿拉善高新技术产业开发区重点企业检查安全生产工作。

3日　阿拉善盟退役军人服务中心挂牌成立。盟委副书记、政法委书记王旺盛出席仪式并揭牌。

☆　阿拉善盟圣石文化有限公司与蒙古国斯日森戈壁有限责任公司"中蒙跨境游"签约仪式在呼和浩特举行。蒙古国南戈壁省环境自然资源厅厅长普日布托拉嘎，自治区贸易促进委员会会长靳生瑞、副会长卫红，盟委委员、副盟长孙明泉出席签约仪式。

4日　自治区"草原学习轻骑兵"宣讲小分队到阿盟，专题宣讲全国两会精神和习近平总书记参加内蒙古代表团审议时的重要讲话精神。

☆　全盟新时代农牧民素质提升暨新时代文明实践工作推进会召开。会议贯彻落实全区新时代农牧民素质提升"千村示范万村行动"和新时代文明实践试点工作要求，并安排部署阿盟推进工作。盟委委员、宣传部部长王良出席并讲话。盟、旗相关部门负责人，阿左旗各苏木镇（街道）主要负责人、宣传员、嘎查第一书记等150余人在主会场参加会议，其他各旗区开设分会场。会后，还举办了新时代文明实践工作专题培训。

☆　中国疾病预防控制信息系统报告额济纳旗1例人感染H7N9禽流感病例（乙类传染病），患者男性，82岁，家住达来呼布镇。阿盟迅速采取有效措施开展疫情处置防控工作。

☆　居延海湿地管理中心工作人员在额济纳旗达西敖包段河道内发现一群黑耳鸢，数量约有60只，是该旗境内首次发现黑耳鸢集群迁徙。

5—7日　清明假日期间，全盟累计接待游客13.18万人次，实现旅游收入9462.38万元，同比增长14.95%和13.29%。

6—8日　在"2019年中国（保亭）少数民族广场舞大赛"上，阿盟代表队获得一等奖。

8—9日　盟委副书记、盟长代钦到额济纳旗马鬃山苏木、哈日布日格德音乌拉镇调研。

9日　全国政协委员、自治区政协副主席、民进内蒙古区委主委郑福田到阿盟就"加强非物质文化保护传承和利用""推动文化旅游融合发展"课题进行调研，并召开座谈会。盟政协主席魏国权主持座谈会，盟委委员、副盟长孙明泉，盟政协副主席王秋才出席座谈会。

☆　位于腾格里经济技术开发区的北控厢和图风电场顺利并网，阿拉善地区电网新能源装机容量达到1033万千瓦。

10日　以"奉献绿色爱心、创建全国文明城市"为主题的全民义务植树活动在阿盟各旗区同步启动。2019年阿盟全民义务植树计划种植总株数为95万株，其中阿左旗50万株、阿右旗15万株、额济纳旗15万株、阿拉善高新技术产业开发区1.4万株、腾格里经济技术开发区26万株、乌兰布和生态沙产业示范区11万株。

☆　盟红十字会联合深圳永源节能科技有限公司，在巴彦浩特多功能体育场开展"饮水思源，爱洒驼乡，健康饮水进万家"公益慈善活动，盟委委员、副盟长孙明泉出席活动。深圳永源节能科技有限公司共向阿左旗11个苏木镇、120个嘎查村、4个街道、33个社区、29所学校、1个敬院免费捐赠200台净水机和200套滤芯，价值71.6万元。活动现场，孙明泉向爱心企业回赠锦旗，并鼓励更多的社会力量参与到健康饮水扶贫工程中来。

11日　内蒙古荒漠生态气象中心揭牌仪式在阿盟气象局举行，副盟长王强出席并讲话。内蒙古荒漠生态气象中心由盟行署与内蒙古气象局联合成立，中心将发挥气象、农牧业、林草、生态环境、自然资源等部门的优势，通过研究荒漠区主要生态类型的生态气象特征，把握生态系统变化的时空规律，为生态文明建设决策提供科学依据。当天还同步启动 2019 年气象防灾减灾宣传科普西部行系列活动。

☆ 中共阿拉善盟委员会办公室、阿拉善盟行政公署办公室联合印发《阿拉善盟关于促进民营经济高质量发展若干措施》的通知。

11—12 日 黑河流域管理局党组书记、局长刘钢一行到额济纳旗调研黑河水量调度及生态保护工作。

12 日 2019 年阿拉善党、政、军、警、民治沙植树会战在腾格里沙漠边缘的“青年世纪林”启动。内蒙古自治区党委常委、内蒙古军区司令员冷杰松，盟政协主席魏国权，盟委委员、阿拉善军分区政委张学增参加活动。此次活动共有 30 余家单位 600 多人参加义务植树。

12—15 日 乌力吉出入境边防检查站分别在阿左旗第二实验小学、第九小学、明德小学举行“大手拉小手”关爱助学启动仪式，为 6 名困难家庭学生送去助学金。

13 日 “春风送暖”就业创业服务暨民营企业招聘月活动在巴彦浩特多功能体育场启动，100 多家企业现场提供化工、餐饮、家政、保险等岗位 1500 个。

15 日 由盟委宣传部、阿拉善盟国家安全局、盟司法局联合举办的全民国家安全教育日宣传教育展在阿拉善展览馆举行，展览为期 4 天。

☆ 全盟促进民营经济高质量发展大会召开，盟委副书记、盟长代钦出席会议并讲话。盟人大工委主任查斯太、盟政协主席魏国权等盟领导出席会议。盟委委员、统战部部长萨仁图雅主持会议。会议通报并解读阿盟促进民营经济高质量发展的 28 条具体措施，表彰了阿盟 39 家优秀民营企业。

☆ 由盟文化旅游广电局主办，阿拉善博物馆承办的简牍研究中心 2019 年第一期短训班正式开班。本期培训班为期 4 天，邀请兰州城市学院简牍研究所教授孙占宇和副研究员马智全授课。

16 日 阿拉善盟新时代科普专家志愿服务队成立暨“百名专家走进盟市旗县科普传播行”春季活动阿拉善盟站启动仪式在巴彦浩特举行。

☆ 盟文化旅游广电局增播内蒙古蒙语二套电视节目无线传输覆盖信号并开始试播。

19 日 盟知识产权局、盟行署新闻办牵头举办阿拉善盟知识产权宣传周新闻发布会暨启动仪式。

☆ 内蒙古自治区科技重大专项“巴丹吉林沙漠脆弱环境形成机理及安全保障体系”实施方案论证暨项目启动会在阿拉善右旗巴丹吉林镇举行。

22 日 中共阿拉善盟委员会办公室、阿拉善盟行政公署办公室联合印发《阿拉善盟生态环境机构监测监察执法垂直管理制度改革工作方案》的通知。

☆ 阿盟科学技术协会第六次代表大会在巴彦浩特召开。自治区科协党组成员、副主席荣昌平，盟委副书记、政法委书记王旺盛出席会议并讲话，会议审议通过了阿拉善盟科学技术协会第五届委员会工作报告，选举产生盟科学技术协会第六届委员会主席、副主席、常务委员。

23 日 内蒙古军区政治委员王炳跃一行到阿拉善生态基金会种苗基地、腾格里沙漠东缘“青年世纪林”，就阿拉善军分区历代官兵扎根大漠，19 年坚持植树治沙育人，持续改善生态环境所做的工作和取得的成果进行现场调研。盟委委员、阿拉善军分区政委张学增，副盟长秦艳陪同。

☆ 首届“内蒙古·香港绿色农畜产品推介会”在香港特别行政区新世界中心举办，阿盟贸促会组织 14 家阿拉善绿色农畜产品龙头企业参会。在此次推介会上，阿盟贸促会与香港丝绸之路国际总商会举行座谈并签订战略合作协议。

23—24 日 人大阿盟工委主任查斯太率检查

组到阿拉善高新技术产业开发区和乌兰布和生态沙产业示范区，就贯彻实施《中华人民共和国水污染防治法》情况开展执法检查。

23—26 日　自治区政协副主席、九三学社内蒙古区委主委刘新乐一行到阿盟，就“推进兴边富民行动，实现边疆地区跨越发展”课题进行调研。盟政协副主席孟和朝鲁陪同调研，副盟长斯琴作专题汇报。

24 日　阿盟举行庆祝“五一”国际劳动节暨“阿拉善工匠”命名大会，对 46 个获全盟五一劳动奖章、五一劳动奖状、工人先锋号的个人、集体和扶贫攻坚先进个人、集体进行表彰，命名 9 名能工巧匠为首批阿拉善工匠。盟委副书记、政法委书记王旺盛，盟委委员、副盟长孙明泉，盟人大工委副主任姚泽元，盟政协副主席、工会主席郭秀珍出席大会。

25 日　盟委副书记、盟长代钦到盟公安局、阿左旗公安局额鲁特路派出所、盟交通运输管理局督导调研阿盟扫黑除恶专项斗争工作开展情况。

☆　举行巴彦浩特地区为烈属、军属和退役军人等家庭悬挂光荣牌仪式，向“光荣之家”代表颁发光荣牌。

☆　由阿拉善盟铭远白绒山羊种业有限公司和意大利 LV 公司合作开展的阿拉善白绒山羊研究和选育项目在巴彦浩特镇苏木图嘎查开工奠基。

☆　由额济纳旗大漠胡杨林景区主办，香港中国旅游协会承办的“2019 内蒙古额济纳旗暨大漠胡杨林景区香港产品发布会”在香港召开。

☆　第五届内蒙古科普讲解大赛总决赛在内蒙古科技馆举行，阿拉善博物馆参赛选手项羽获得一等奖，盟科技馆参赛选手杨娟获得三等奖，盟科技局获得优秀组织奖。

☆　阿盟公共资源交易中心获中国公共资源交易跨区域合作联盟颁发的“2019—2020 全国公共资源交易标准化交易流程示范单位”称号。

28 日　“喜临门杯”第八届亚太地区商学院沙漠挑战赛在阿拉善腾格里沙漠开赛，亚太地区 105 所顶级商学院的 2700 多名学子参赛。盟委副书记、盟长代钦出席开幕式。

29 日　阿盟举办“青春心向党　筑梦新时代”纪念五四运动 100 周年大会，盟委副书记、盟长代钦，盟人大工委主任查斯太出席大会。会上，盟团委授予 10 人 2018 年度“阿拉善盟青年五四奖章”，8 个青年集体“阿拉善盟青年五四奖章集体”称号。

30 日　第八届亚沙赛“沙鸥奖”颁奖仪式暨亚沙赛世界纪录认证仪式在阿拉善腾格里沙漠举行。本届亚沙赛中共有 2592 名挑战者在阿拉善腾格里沙漠完成了徒步挑战，经世界纪录认证（WRCA）官方工作人员现场审核，比赛成功创造了世界最大规模的沙漠徒步挑战赛纪录。

☆　广州中环万代环境工程有限公司与阿拉善盟中环万代环境产业有限公司共同研发的“高盐高有机物废水空气能低温蒸发技术及装置”科技成果获得国家知识产权局授予发明专利。

是月　阿拉善盟检察分院“一站式”检察服务平台暨“12309”检察服务中心正式投入使用，实现了检察院各项对外服务职能的集约化管理和一站式服务。

是月　阿盟首次大规模种植适地树种盐松，当年计划栽种 6000 亩。

是月　阿盟争取到森林培育 2019 年中央预算内投资 15980 万元，将全部用于阿盟三北防护林工程和天然林保护工程建设。

是月　阿盟新增国家级公益林补偿面积 281.74 万亩，新增补偿资金 4083 万元。

是月　总投资分别为 100 亿元的大晶新材料科技产业园项目和龙源宁夏风力发电有限公司风能开发项目落地腾格里经济技术开发区。

5月

1—4日 第三届阿拉善巴丹吉林沙漠珠峰大会在巴丹吉林沙漠举行。

2日 2019“自行车英雄汇”穿越阿拉善腾格里沙漠骑游文化节在巴彦浩特举行。骑行路线从大漠奇石文化产业园广场出发，经巴彦浩特至特莫图（英雄会）公路，最终到达阿拉善梦想沙漠汽车航空文化主题乐园，全程约53.8千米。

3日 阿盟武术运动员在全区武术套路比赛中获得29枚金牌，是阿盟历年参加全区各类武术比赛中获奖最多的一次。

4日 在第五届MKM中国药师职业技能大赛全国总决赛中，阿盟中心医院代表队获得季军。

6日 孪井滩黄河灌溉区春灌正式结束，共灌溉种植面积8.55万亩，在同等面积情况下，较2018年节约用水32万立方米。

7日 中央广播电视总台蒙古语节目部2019年度专家信息员会议暨节目推介会在阿右旗召开。全区12个盟市的新闻媒体代表及阿右旗各界听众代表参加会议。

7—10日 盟人大工委主任查斯太率执法检查组到额济纳旗、阿右旗检查《中华人民共和国水污染防治法》贯彻实施情况，调研脱贫攻坚工作。盟人大工委副主任陈文斌参加检查活动。

8日 阿左旗2019年重点项目暨新能源制造业产业园集中开工奠基仪式在巴彦浩特举行。盟领导代钦、魏国权、王旺盛出席开工奠基仪式。

截至8日 阿盟天保工程区天然林管护面积基本实现全覆盖。2019年，阿盟新增天保工程地方公益林森林管护面积800万亩，其中阿左旗新增796万亩，阿拉善高新技术产业开发区新增4万亩。

9日 第十届国际肉苁蓉暨沙生药用植物学术研讨会暨第二届苁蓉文化节开幕活动在阿拉善大漠苁蓉博览园举行，盟委副书记、盟长代钦出席开幕式并致辞，副盟长秦艳主持开幕式。

☆ “心系国防、参军报国”2019年阿拉善盟征兵宣传教育进高校暨学院征兵启动仪式在阿拉善职业技术学院举行。

☆ 腾格里开发区与内蒙古阳光雨生态材料科技有限公司签约一项总投资为59亿元的生态材料科技产业孵化园项目，至此，腾格里开发区协议引资264.6亿元。

10—15日 开展第十四届全国冬季运动会阿拉善站火炬传递宣传报道工作。邀请国家和自治区10余家盟外主流媒体进行报道，并通过成功实施二级网络云导播技术，首次实现国家级大型户外移动体育活动的全程高清视频直播，开创大型主题活动网络外宣新模式。

11日 阿左旗第二届苁蓉文化节暨肉苁蓉评比大赛结束。评委根据参赛肉苁蓉的长度、粗度、重量、品相等方面，按照百分制进行综合评分，最终评选出一等奖1名、二等奖2名、三等奖3名及优胜奖20名。

12日 阿拉善盟防灾减灾日系列宣传活动暨“全民消防　共筑平安”乌兰牧骑百场消防宣传文艺会演启动仪式在巴彦浩特镇多功能体育场举行。盟委委员、副盟长孙明泉出席启动仪式。

12—13日 盟委书记杨博到额济纳旗、阿右旗督导调研扫黑除恶专项斗争工作，并听取扫黑除恶专项斗争开展情况和盟扫黑除恶专项斗争督导调研反馈。盟委委员、秘书长黄巴特尔参加督导调研。

13日 盟铁航中心联合呼铁局集团公司货运部、乌海货运中心、临哈铁路公司及策克口岸经济开发区管委会，召开策克口岸物流企业铁路运输暨环境保护座谈会。

14日 阿拉善盟老年人体育协会承办的2019

年内蒙古自治区老年人网球交流活动开幕式在阿盟网球中心举行，盟委委员、宣传部部长王良，副盟长秦艳，盟政协副主席、盟工会主席郭秀珍出席开幕式。

☆ 生态环境部生态环境执法局联合对外合作交流中心在阿拉善高新技术产业开发区开展消耗臭氧层物质监督管理调研。

15 日 第十四届全国冬季运动会火炬传递阿拉善站启动仪式在额济纳旗举行。

☆ 盟金融办、处非办、公安局、信访局联合组织盟、阿左旗有关部门及驻巴彦浩特银行业金融机构、保险公司、小额贷款公司、融资性担保机构共 80 余家单位，在巴彦浩特新世纪广场举办了防范非法集资主题宣传活动。

16 日 第十四届全国冬季运动会“圣火”在额济纳旗举行火炬传递活动。

☆ 第六次全国自强模范暨助残先进表彰大会在北京举行。阿右旗蒙医医院蒙医主治医师东风获“全国助残先进个人”称号，是阿盟唯一获该称号的个人。

17 日 阿拉善博物馆与鄂尔多斯博物馆等 5 家单位在鄂尔多斯市共同主办了“长河万里 · 塞外风来——内蒙古西部区博物馆联盟馆藏精品文物展”活动。

18 日 阿拉善博物馆围绕国际博物馆日主题“作为文化中枢的博物馆：传统的未来”开展“纪念币收藏与反假货币”文物沙龙、“岁月失语，唯石能言”岩画艺术教育及岩画艺术夏令营等一系列文化活动。

19 日 《内蒙古日报》头版头条刊发文章《戈壁沙山变成了金山银山——阿拉善盟“新”“绿”“优”嬗变纪实》。人民网、新浪网、国家旅游地理网、正北方网、内蒙古新闻网等多家媒体相继转发。

20 日 盟人大工委主任查斯太率调研组到腾格里经济技术开发区就民营经济发展情况进行调研。盟人大工委副主任姚泽元参加调研。

☆ 阿盟重点建设项目乌力吉口岸 110 千伏输变电工程顺利投产送电。

☆ 自治区扶贫开发领导小组对 73 个先进集体和 73 名先进个人予以通报表彰。阿左旗扶贫开发办公室被评为扶贫系统先进集体，内蒙古沙漠之神生物科技有限公司被评为优秀扶贫龙头企业和万企帮万村优秀企业，额济纳旗赛汉陶来苏木孟格图嘎查党支部书记乌云苏依拉被评为脱贫致富优秀带头人，阿左旗巴彦浩特镇扶贫专干马晓娟被评为优秀基层干部，阿左旗巴彦木仁苏木人民政府农牧业服务中心干部张磊被评为扶贫系统先进个人。

20—24 日 阿盟开展“集中审批周”活动，为重点工业项目集中办理开复工手续，加快项目建设进度。

☆ 蒙古国南戈壁省诺彦县县长巴图宝勒德率团一行 25 人到阿盟就农牧业、种植业、温棚、中小型企业等领域进行经验交流。

21 日 阿盟老年人意外伤害保险签约仪式在盟民政局举行。截至 2019 年 4 月 30 日（含）前，具有阿拉善盟户籍且年满 60 周岁（含）以上的老年人，由政府出资为每人购买一份意外伤害保险。总保险金额为 25000 元/人，其中意外伤害身故及意外伤害伤残保险金额为 20000 元，意外伤害医疗费（包括门诊和住院）为 5000 元。

☆ 自治区水利厅下达阿盟 2019 年第二批中央财政水利发展资金 2108 万元，其中农业水价综合改革 431 万元，灌溉饲草料地建设 1000 万元，农村饮水工程维修养护 27 万元，河湖管护等相关工作 296 万元，中西部地区贫困地区小型水库工程设施维修养护 314 万元，山洪灾害防治非工程措施设施维修养护 40 万元。

☆ “走近苍天般的阿拉善”文化旅游宣传图片展和非遗产品展在呼和浩特白塔国际机场展

出。本次展览由内蒙古展览馆、内蒙古自治区民航机场集团有限责任公司呼和浩特分公司、阿拉善盟文化旅游广电局共同主办，由阿拉善盟群众艺术馆承办，展期为2个月。

23日 盟行署新闻办公室召开新闻发布会，盟发改、统计、民政、市监、自然资源、生态环境及卫健委等7个部门新闻发言人分别就阿盟宏观经济、重点项目、民生领域以及群众普遍关心关注的热点问题和相关政策进行发布和解读，并现场回答记者提问。

27—28日 由自治区党委宣传部组织的“见证70年”中蒙媒体联合采访团在阿盟进行为期2天的参观采访。盟委委员、宣传部部长王良出席媒体记者见面会并致欢迎辞。

28—29日 自治区党委副书记、政法委书记林少春到阿盟调研督导扫黑除恶专项斗争、社会综合治理工作。盟委副书记、政法委书记王旺盛，副盟长、盟公安局局长贾境文陪同调研。

29日 自治区庆祝“六一”国际儿童节“学习和争做美德少年，我为祖国添光彩”活动在阿左旗第二实验小学举行。盟委委员、宣传部部长王良，自治区文明办相关负责人出席活动。

30日 自治区危废行业首家“产、学、研”科技合作平台——南京大学污染控制与资源化国家重点实验室内蒙古研究基地在阿拉善高新技术产业开发区成立。当日，内蒙古新蒙西环境资源发展有限公司危废处置中心在阿拉善高新区投运点火。

☆ 阿盟2019年“6·5”环境日主题系列宣传活动启动仪式在阿拉善高新技术产业开发区举行。

30—31日 盟委2019年第二轮第一巡察组巡察盟委编办、盟疾控中心党支部进驻动员会，第二巡察组巡察盟中院党组、盟文旅执法局党支部进驻动员会，第三巡察组巡察阿拉善职业技术学院党委、盟红十字会党组进驻动员会分别召开。本轮巡察为期45天，将通过广泛听取、收集意见、专项检查、民主测评、调查问卷等方式，围绕党的政治建设、思想建设、组织建设、作风建设、纪律建设、夺取反腐败斗争压倒性胜利和巡视巡察整改等方面内容开展监督检查。

31日 内蒙古庆华集团在内蒙古庆华集团腾格里精细化工有限公司举行了20万吨/年己内酰胺工程中间交接仪式，标志着内蒙古庆华集团腾格里高新材料产业园20万吨/年己内酰胺项目工程施工安装结束，将由单机试车转入联动试车阶段。

是月 在自治区通报的2018年盟市党委政府（行政公署）扶贫开发成效考核结果中，阿盟扶贫开发成效考核成绩优异获表彰。

是月 盟财政局下达学前教育补助资金299.06万元。其中，公办幼儿园公用经费和普惠性民办幼儿园补助资金185万元；2019年蒙语授课幼儿园补助伙食费盟级配套预算22.36万元；2019年学前教育免保教费盟级配套资金91.7万元。

是月 国道213线达来呼布至东风航天城段一级公路获得自治区发改委批复，该段公路是阿盟第一条按照政府和社会资本合作（PPP）模式建设的公路。公路主线全长约143千米，按一级公路标准建设，设计车速100千米/小时。投资估算约27.6亿元。计划2019年10月开工建设，建设工期三年。

6月

1日 盟委书记杨博到腾格里经济技术开发区调研扫黑除恶专项斗争推进情况和安全生产、环境整治、项目建设等工作，强调要持续加强生态文明建设和环境综合治理，坚定不移走以生态优先绿色发展为导向的高质量发展新路子。

☆ 庆祝新中国成立70周年“爱祖国、担大任、做新人”巴彦浩特地区庆“六一”学生展演活动在巴彦浩特多功能体育场举行。盟委副书记、政法委书记、阿左旗旗委书记王旺盛致辞，副盟长秦艳主持。

2日　生态环境部、中央文明办揭晓“美丽中国，我是行动者”2019年十佳公众参与案例、百名最美生态环保志愿者名单。阿拉善锁边生态协力中心理事长吴向荣入选百名最美生态环保志愿者。

4日　由中国农药工业协会主办的2019年中国农药产业发展论坛在阿盟举办。盟委副书记、盟长代钦出席并致辞。

6日　盟纪委监委开发上线“四风随手拍”微信举报平台，公众可通过该平台更加便捷地参与到“四风”问题监督中，打开微信即可实现举报“一键通”。

☆　盟监察委员会举行第一届特约监察员聘请仪式暨工作座谈会，全面启动阿盟特约监察员工作。盟委委员、纪委书记、监委主任卢利明为首批聘请的15名特约监察员颁发聘书并讲话。

7—8日　2019第五届国际商学院沙漠友谊赛在乌兰布和沙漠举行。此次赛事以“大漠英雄，谁与争锋”为主题，国内外76所商学院的46支队伍共700余人参赛。

8日　文化和旅游部公布了国家级非物质文化遗产代表性项目优秀保护实践案例遴选结果，全国共遴选50个优秀保护实践案例，阿左旗申报的沙力搏尔式摔跤入选，是内蒙古自治区唯一入选的项目。

9日　内蒙古贺兰山自然保护区2019年飞机防治虫害工作启动。本次工作对虫害发生区实施飞机喷雾防治2.27万亩两遍，人工粘贴色板10万米，实现项目区有虫不成灾、有害不蔓延，森林虫害达到有效可持续控制的目标。

11日　由盟委宣传部、盟直机关工委联合举办的全盟意识形态工作培训班在盟委党校开班。盟直各部门分管领导、各旗（区）党委宣传部（党群工作部）部长、分管部长及具体负责意识形态工作人员共180人参加培训。

☆　2019年内蒙古自治区“主席杯”校园足球四级联赛小学组西部区总决赛在阿盟开赛。比赛为期6天，4个盟市32支代表队参赛。

12—13日　阿盟在北京世界园艺博览会内蒙古展园举办“阿拉善盟暨额济纳旗主题活动日”，盟政协主席魏国权，盟委委员、副盟长孙明泉及各界代表嘉宾出席活动。此次活动中，阿盟尚荣源生物科技有限公司、沙漠王绒毛有限公司、阿拉善盟圣石文化有限公司等与文化旅游、沙产业相关的20家企业进行产品展出及推介。国家林业和草原局林业和草原改革发展司相关负责人为内蒙古阿拉善苁蓉集团有限责任公司颁发“阿拉善荒漠肉苁蓉、锁阳非木质林产品”中国森林认证证书。是全盟首家通过中国森林认证的企业。

13日　以“双创向未来，追梦新时代”为主题的阿盟2019年全国大众创业万众创新活动周启动仪式在巴彦浩特体育场举行。盟领导代钦、秦艳、戈明出席启动仪式并共同点亮活动周启动球。

16日　阿盟一中新校区项目工程正式奠基开工，盟委副书记、盟长代钦出席奠基仪式并宣布项目开工。盟委副书记、政法委书记、阿左旗旗委书记王旺盛致辞；副盟长秦艳主持奠基仪式；盟领导萨仁图雅、黄巴特尔、王良出席奠基仪式。

17日　中央扫黑除恶第15督导组下沉督导阿拉善盟工作汇报会在巴彦浩特召开。中央扫黑除恶第15督导组下沉阿拉善盟小组组长樊雅莉及全体成员出席会议。盟委副书记、盟长代钦汇报阿盟扫黑除恶专项斗争开展情况并作表态发言，盟委副书记、政法委书记王旺盛主持会议。

☆　盟科协、教体局主办，阿左旗科协、教体局承办的阿拉善盟第三届“校园科技周”活动启动仪式在阿左旗蒙古族学校举行。

18日　2019年食品安全宣传周启动活动在巴

彦浩特新世纪广场举行，此次活动主题是“尚德守法，食品安全让生活更美好”。

☆ 阿拉善电业局苏宏图220千伏开闭站输变电工程获“内蒙古自治区优质样板工程”奖。

☆ 盟行署印发《阿拉善盟关于做好当前和今后一个时期促进就业工作的实施意见》，通过11项政策进一步促进扩大就业。

20日 由盟反恐怖领导小组和盟扫黑除恶专项斗争领导小组共同牵头组织，代号为“猎鹰三号”的反恐处突实战演练在额济纳旗举行。盟委副书记、政法委书记王旺盛出席并讲话，副盟长、盟公安局局长贾境文主持演练。

20—21日 中央扫黑除恶第15督导组组长支树平一行到阿拉善盟下沉督导。支树平在下沉督导时要求，统筹扫黑除恶和维稳处突，确保边疆长治久安。自治区副主席艾丽华、自治区高级人民法院院长杨宗仁分别陪同。

22日 盟委书记杨博到巴彦浩特调研棚户区和老旧小区改造等城建项目。盟领导王旺盛、黄巴特尔陪同。

25日 总投资1.146亿元人民币的《中蒙新建边境乌力吉—查干德勒乌拉口岸联合工作组关于查干德勒乌拉口岸联检建筑、基础设施援助建设协议》在蒙古国乌兰巴托市签署，内蒙古自治区商务厅厅长田永、内蒙古自治区口岸办主任斯庆以及阿拉善盟乌力吉口岸建设指挥部负责人和蒙方代表蒙古国财政部部长、国家边境口岸委员会主任齐·呼日勒巴特尔、蒙古国海关总署署长伯·阿斯日勒图等领导出席了签字仪式。

☆ 第七届全国道德模范候选人开始在中央主要媒体和重点网站进行集中公示。阿盟推荐的蔺发儒入选全国第七届道德模范诚实守信类候选人名单。

26日 阿盟、阿左旗两级禁毒委联合阿左旗额鲁特街道在巴彦浩特新世纪广场举办以“唱响禁毒歌，走好健康路”为主题的禁毒宣传活动。

26—28日 阿拉善乌兰牧骑、阿左旗乌兰牧骑、阿右旗乌兰牧骑和阿拉善高新区文化服务中心的10余位演职人员应邀赴俄罗斯联邦阿尔泰共和国，开展庆祝中俄建交70周年及“民心互动”文化领域交流活动。在阿尔泰共和国首都阿尔泰斯克市库其亚克剧院、阿尔泰大学等地进行了3场文艺演出。阿尔泰共和国文化部向参与演出的全体艺术家颁发了“艺术使者”奖牌。

26—30日 盟贸促会组织圣石文化有限公司等13家企业、21名企业家赴蒙古国，参加“2019第四届乌兰巴托·中国内蒙古商品展览会”，并参与中蒙建交70周年系列活动商贸活动。展览会上阿盟参展商与17家蒙古国企业达成初步合作意向。

27日 盟委副书记、盟长代钦到阿右旗就扫黑除恶专项斗争工作和河湖巡查工作进行调研。

☆ 阿拉善盟黑河干流2018—2019年度关键调度期第一次月水量调度工作会议在兰州召开。会议决定，黑河中游地区在7月5日前，采取“全线闭口、集中下泄”措施，集中向黑河下游额济纳地区调水，调水时间不少于8天，并尽可能延长闭口时间。

27—29日 自治区人大常委会调研组到阿盟调研旗级公立医院综合改革和分级诊疗制度建设推进落实情况。

28日 阿盟正式启动“阿拉善生活垃圾分类宣传教育进校园”活动。

29日 中国·内蒙古马赛暨第六届内蒙古国际马术节西部区联赛（阿拉善站）在额济纳旗举行。

30日 自治区党委发文表彰87名“内蒙古自治区优秀共产党员”、56名“内蒙古自治区优秀党务工作者”、97个“内蒙古自治区先进基层党组织”。其中，阿盟共有2名优秀共产党员（阿拉善右旗塔木素布拉格苏木恩格日乌素嘎查牧民尼玛、额济纳旗原古日乃苏木人大主席图布巴图）、1 名优秀党务工作者（额济纳旗东风镇额很查干嘎查党支部书记苏布登）、2 个先进基层党组织（腾格里经济技术开发区腾格里额里斯镇乌兰哈达嘎查党支部、内蒙古阿拉善宏魁苁蓉集团有限责任公司党委）受到表彰。

是月 阿盟提高社会救助标准，分别对城乡居民最低生活保障标准、特困人员供养标准、特困人员护理照料标准进行提标，提标后，全盟城乡居民最低生活保障达到月人均 878 元和年人均 8078 元；特困人员供养标准达到月人均 1959 元和年人均 15120 元；特困人员照料护理标准达到月人均 440 元。

是月 内蒙古山达化工有限公司年产 1.6 万吨医药中间体及配套项目签约腾格里经济技术开发区。

是月 自治区财政厅下达阿盟 2019 年度自治区级林业和草原专项资金，包括草原生态管护员补助、林业产业化、森林防火等项目，项目资金合计 613 万元。

7月

1 日 全盟公安工作会议在巴彦浩特召开。会议深入贯彻落实全国、全区公安工作会议精神和近期中央、自治区党委关于政法工作、扫黑除恶的新部署新要求，研究部署下一步公安工作，动员全盟上下奋发进取、扎实工作，不断开创新时代阿拉善公安事业发展新局面。盟委副书记、盟长代钦出席会议并讲话；盟委副书记、政法委书记王旺盛主持会议。

☆ 阿盟扫黑除恶专项斗争督导反馈问题整改工作调度会召开。会议研究审议《关于中央扫黑除恶第 15 督导组督导反馈问题的整改方案》，安排部署中央扫黑除恶第 15 督导组督导反馈问题整改工作以及行业部门专项治理和整改工作。盟委副书记、盟长代钦出席会议并讲话；盟委副书记、政法委书记王旺盛主持会议；盟委委员卢利明、黄巴特尔、王良等出席会议。

☆ 由盟直机关工委主办的“不忘初心勤学实干，牢记使命勇于担当”党员先进事迹报告会在盟公安局警官俱乐部举行。

2 日 阿盟宣传思想文化系统在巴彦浩特举行“不忘初心、牢记使命”庆祝建党 98 周年知识竞赛。

☆ 盟委副书记、盟长代钦到阿拉善政务服务大厅就全盟“放管服”改革和政务服务工作开展情况进行调研，卢利明陪同调研。

3 日 全盟推进政府职能转变和“放管服”改革暨优化营商环境工作电视电话会议召开。会议深入贯彻落实中央、自治区党委和盟委的决策部署，推动各旗区各部门进一步转变政府职能，深化“放管服”改革，大力优化营商环境，为促进阿盟经济高质量发展提供强大动力。盟委副书记、盟长代钦出席会议并讲话；盟委委员、副盟长孙明泉，副盟长、盟公安局局长贾境文出席会议；副盟长王维东主持会议。

4 日 额济纳旗巴彦陶来苏木吉日嘎郎图嘎查入列全国乡村旅游重点村推荐名单。

8 日 自治区妇联“民族手工艺理念提升培训”活动在巴彦浩特举行。阿盟 109 名民族手工艺人及手工艺爱好者参加培训。

☆ 盟行署印发《阿拉善盟加快推进一体化在线政务服务平台建设实施方案》，明确任务书和时间表，实现政务服务“一网通办”。

10 日 国家档案局副局长付华率调研组到阿盟调研指导档案工作。盟委副书记、政法委书记王旺盛，盟委委员、秘书长黄巴特尔陪同。

☆ 蒙古国“国庆那达慕”在乌兰巴托市开幕，额济纳旗的自治区级非物质文化遗产项目土尔扈特服饰代表性传承人、自治区级蒙古族服饰艺术传承人旭日娜率“土尔扈特梦”服饰表演队到蒙古国参加此次那达慕蒙古族服饰展示。

☆ 额济纳旗温图高勒苏木设立撬装加油站，解决了当地牧民用油难题。

☆ 国际禁止化学武器组织（OPCW）完成对内蒙古紫光化工有限责任公司的现场视察，初步视察报告签字仪式在阿拉善高新技术产业开发区举行。国际禁化武视察组组长迈赫达德·哈比比与工信部安全生产司副处长高志雷分别在视察报告上签字。此次视察，是自1997年《禁止化学武器公约》生效以来，2019年中国接受的第17次以及总的第415次现场国际视察，是内蒙古自治区第一次接受OPCW的现场视察。

13日 “歌唱祖国——童心绘梦·让爱发声”少儿美术作品展在盟博物馆艺术中心开展。本次展览至7月30日，其间免费向公众开放。

14日 阿拉善盟城镇生活垃圾分类启动仪式在巴彦浩特举行。

☆ 广州中环万代环境工程有限公司与阿拉善盟中环万代环境产业有限公司共同研发的“高盐高有机物废水空气能低温蒸发技术及装置”科技成果通过广东省环境保护产业协会与内蒙古自治区环境保护产业协会联合组织的专家鉴定。该技术已成功应用于“腾格里污水处理厂”高盐废水处理工程。

15日 九三学社思想政治工作会议在巴彦浩特召开。全国人大常委会委员、九三学社中央副主席丛斌，自治区政协副主席、九三学社内蒙古区委主委刘新乐出席会议并讲话。盟委副书记、盟长代钦致辞；盟政协主席魏国权，盟委委员、统战部部长萨仁图雅参加会议。

☆ 2019年丝绸之路国际汽车拉力赛第九赛段比赛（阿拉善—嘉峪关）在阿右旗发车。

☆ 阿左旗乌力吉苏木驻地供水工程正式通水。

17日 盟红十字会在阿左旗南环街道举行“善行（心）助困”公益救助项目启动仪式，现场为27名被救助者和家庭送去5.4万元救助金，以改善困难群体的生活境况，为其提供更好的人道保障。

18日 阿盟遴选的10名优秀选手获得自治区妇幼健康职工职业技能比赛个人一等奖、二等奖、优秀奖和团体二等奖。

18—21日 “舞动北疆”全区第二届广场舞大赛在包头举行，阿盟原创萨吾尔登《高依乐》获二等奖和优秀组织奖。

19日 盟外事办新建的阿盟因公电子护照信息采集中心正式投用。

20日 盟体彩管理中心、阿左旗城乡养老（中爱）志愿者协会、阿拉善肢残协会共同在盟体育运动管理中心举办“体彩杯”趣味运动会。

☆ 额济纳旗巴彦陶来苏木举办的第二届“搞活农村市场，助力乡村振兴”首期赶集日开市。

☆ 第八届中国创新创业大赛沙产业大赛在阿拉善正式启动。

20—21日 盟委书记杨博到阿右旗、额济纳旗，就重点企业项目建设、脱贫攻坚、乡村振兴、扫黑除恶、生态建设等重点工作进行调研。

22日 盟委书记杨博到阿左旗敖伦布拉格镇、吉兰泰镇，就脱贫攻坚、扫黑除恶、乡村振兴和重点项目建设等情况进行调研。

23日 “美在阿拉善——岩画与居延汉简艺术展”在呼和浩特“相约草原——第九届两岸汉字艺术节”上展出，25件阿拉善珍贵岩画实物、60枚居延汉简、30幅岩画拓片参展。

23—24日 水利部水文司司长蔡建元一行到额济纳旗调研水文及黑河生态水量调度工作。

24日 首届退役军人系统业务综合培训班在盟党校开班，阿盟退役军人事务部门近百人接受退役士兵社会保险接续、保密安全教育、信息写作等方面的培训。副盟长斯琴出席并讲话。

☆ 阿盟4项科技成果在自治区科学技术奖励大会上获科学技术进步奖。

☆ 2019年矿区飞播草籽作业在贺兰山自然保护区古拉本矿区丰源三矿4号环境治理区开始。此次飞播共计划撒播草籽5000千克，撒播面积1万亩。

26日 盟委书记杨博到阿左旗宗别立镇、乌兰布和生态沙产业示范区巴彦木仁苏木，看望慰问贫困群众和基层党员，并就脱贫攻坚、乡村振兴和重点项目建设等情况进行调研。黄巴特尔、徐景春、戈明参加调研。

☆ 盟直机关“不忘初心、牢记使命”庆祝建党98周年、新中国成立70周年歌咏比赛暨第二届合唱艺术节在金色胡杨音乐厅举行。

☆ 自治区文化和旅游厅发布《关于“全区蒙古族刺绣大赛”评选结果的通报》，阿盟7名个人和1个集体获奖。

☆ 以“5G新时代，媒体新生态”为主题的2019内蒙古自治区新媒体大会在呼和浩特召开。此次大会上，阿盟2个政务新媒体——“阿拉善发布”“直通阿拉善左旗”分别获盟市级、旗县区级内蒙古自治区十大最具影响力政务新媒体品牌。

27—29日 由自治区妇联主办的2019年女性创业者素质提升培训班在巴彦浩特开班。中国女企业家协会副会长、自治区女企业家协会会长朱桂莲出席开班仪式，副盟长秦艳讲话。

28日 央视纪录片《中国影像方志·阿拉善右旗篇》完成拍摄。

29日 阿盟蒙医医院全面推行电子健康二维码，同时取消院内就诊卡。

30日 阿盟举行“永葆军人情、奋进新时代”全盟双拥工作表彰晚会，表彰在双拥工作中取得优异成绩的先进单位、先进个人和“最美退役军人”。盟委书记杨博，盟委副书记、盟长代钦，盟政协主席魏国权，阿拉善军分区司令员刘志出席晚会并为受表彰的集体和个人颁奖。盟领导萨仁图雅、黄巴特尔、王良出席晚会。

☆ S218线阿拉善盟长流水至中卫（内蒙古、宁夏界）段一级公路主体工程完工。

31日 盟委书记杨博先后到阿左旗巴彦浩特镇、额尔克哈什哈苏木、温都尔勒图镇、嘉尔嘎勒赛汉镇、超格图呼热苏木，调研乡村振兴、产业发展、脱贫攻坚等工作。

☆ 第二十七届内蒙古新闻奖评选揭晓，阿拉善盟推送的电视系列报道《祖国航天摇篮——东风航天城里的故事》获一等奖；报纸消息《阿拉善有一万多人传承萨吾尔登舞蹈艺术》、电视消息《范荣南：在崇山峻岭中守护曼德拉山岩画》获二等奖；报纸新闻摄影《丰收》、广播新闻访谈《不求回报的爱》、报纸通讯《做活“水”文章 润泽一座城》、广播消息《额济纳干涸六百年的黑城古河道成功输水 黑河调水取得历史性突破》、电视消息《40年破茧成蝶 镜头下的城市变迁》和新媒体产品《“阿拉善英雄会”系列报道》获三等奖。

是月 阿拉善盟中心医院入列自治区首批DRG付费试点医院。DRG付费是指按照临床治疗相近、医疗资源消耗相近的原则对住院病例进行分组，医保基金和患者个人按照同病组同费用原则，向医院支付医疗费用的付费方式。

是月 盟财政局、卫生健康委联合转发《内蒙古自治区财政厅卫生健康委员会关于调整计划生育特殊家庭特别扶助制度扶助标准的通知》，要求自2019年1月1日起提高计划生育特殊家庭特别扶助标准。

是月 阿盟3家高新技术企业获自治区科技创新引导奖励资金“科研经费补助”支持70万元。其中，内蒙古庆华集团乌斯太精细化工有限公司获资金支持30万元，阿拉善盟达康三四氯乙烯有限公司获资金支持30万元，内蒙古中兴华冠生物工程股份有限公司获资金支持10万元。

是月 阿盟争取到现代农业支撑体系专项2019年中央预算内投资495万元，主要用于续建野生肉苁蓉原生环境保护区3200亩，配置动物防疫专用设施150套。

是月 阿盟超额完成2019年新造林生产任务，比计划任务100万亩多完成88.3万亩。实际完成中，人工造林153.3万亩、飞播造林28万亩、封沙育林7万亩。

是月 中国拍卖行业协会授予阿拉善拍卖行有限责任公司“全国农（畜）产品拍卖试点企业”称号。

是月 额济纳旗昂茨水文站非接触式雷达流量监测系统平台建成，进入设备调试和试运行阶段，正式投入使用后，可实现水文监测工作的自动化和信息化，是阿盟建成的首个具有智能监测功能的水文站。

是月 居延海自治区级水质自动监测站主体建筑物通过自治区生态环境厅环境监测中心站相关专家初步验收。

8月

1日 阿盟中心医院、蒙医医院开始执行《内蒙古自治区医疗服务项目规范和价格推进实施目录（2018修订版）》（第一批）收费标准。

2日 阿左旗人民政府、中电智云控股有限公司、盟文化旅游投资开发有限责任公司三方在巴彦浩特签订2019年阿拉善英雄会项目合作协议，中电智云将全面接盘阿拉善英雄会的商业运营。盟领导杨博、代钦、魏国权、萨仁图雅等出席签约仪式。盟委副书记、政法委书记王旺盛主持签约仪式。

☆ 盟蒙医医院医疗集团与盟中心医院医疗集团举行合作签约仪式，共建医疗联合体。

4—7日 自治区党委书记、人大常委会主任李纪恒到阿左旗、额济纳旗、阿右旗、阿拉善高新技术产业开发区调研，就保护生态环境、繁荣口岸经济、发展旅游产业等，听取干部群众意见建议，现场办公推动解决有关问题。自治区党委常委、秘书长张韶春及有关部门负责人参加调研。

6日 额济纳旗新能源公交车正式投入运营。

8日 额济纳旗大漠胡杨林景区自驾车营地被中国汽车摩托车运动联合会评定为五星级国家“汽车自驾运动营地”。

☆ 盟行署办公室印发《阿拉善盟“十四五”规划编制工作方案》的通知。

14日 盟委副书记、盟代钦一行到自治区科技厅，与自治区科技厅党组书记龚家栋、厅长孙俊青就推动阿盟科技创新工作进行座谈交流。

15日 由国家体育总局航管中心、中国航空运动协会、宁夏回族自治区体育局、吴忠市人民政府主办的2019年全国青少年航空航天模型锦标赛开幕，在比赛中，阿盟航模队共取得2个一等奖、10个三等奖、6个团体第五名、2个团体第八名的成绩。

16日 内蒙古好人榜6—7月发布仪式暨阿拉善盟庆祝新中国成立70周年“树百名典型·育时代新人”颁奖典礼在盟广播电视台演播厅举行。现场发布了内蒙古好人榜6—7月入选名单，并对阿盟选树的100名先进典型进行表彰。盟领导杨博、代钦、魏国权、萨仁图雅、黄巴特尔、王良等出席颁奖典礼并为先进典型颁奖。

☆ 2019第14届越野e族阿拉善英雄会新闻发布会在北京举行。

☆ 七方战略合作签约仪式在北京国际饭店举行。盟行署、阿左旗人民政府、阿拉善高新技术产业开发区、中国石油公司华北油田分公司、内蒙古庆华集团、内蒙古鼎元投资有限公司、内蒙古西部开源矿能公司分别签署合作框架协议。盟委副书记、政法委书记王旺盛出席并主持签约仪式；盟人大、行署、政协有关领导出席签约仪式。

18 日　上海赛复流动科技馆落户阿拉善盟捐赠仪式在阿左旗蒙古族学校举行。

☆　第二届“守望相助好家园”农牧民文艺会演在巴彦浩特新世纪广场举行。

19 日　阿拉善乌兰牧骑大型原创话剧《东风呼啸起》在金色胡杨音乐厅精彩上演，拉开了第八届内蒙古自治区乌兰牧骑艺术节序幕。自治区党委常委、宣传部部长白玉刚，自治区副主席郑宏范，自治区政协副主席其其格，盟委书记杨博，盟委副书记、盟长代钦，盟政协主席魏国权等领导与参加艺术节的区内外乌兰牧骑队员一同观看演出。

☆　由自治区贸促会和盟行署联合主办的“2019 额济纳 · 中蒙国际商品展洽会新闻发布会”在呼和浩特举行。

20 日　由自区文化和旅游厅，盟委、行署共同主办的以“不忘初心再出发 · 永做红色轻骑兵”为主题的第八届内蒙古自治区乌兰牧骑艺术节在阿左旗乌日斯草原开幕。自治区党委常委、宣传部部长白玉刚，自治区政府副主席郑宏范，自治区政协副主席其其格，盟委书记杨博，盟政协主席魏国权等阿盟领导出席开幕式。盟委副书记、盟长代钦主持开幕式。自治区党委宣传部副部长、文化和旅游厅厅长贺志亮，盟委副书记、政法委书记王旺盛致辞。中央电视台《新闻联播》当天播发了艺术节开幕的快讯。

20—22 日　阿左旗第七届马文化那达慕在乌日斯草原举行。

20—24 日　第八届内蒙古自治区乌兰牧骑艺术节“一专多能”比赛在阿盟举行。

21 日　阿拉善盟 2019 年航空旅游产品推介会在巴彦浩特举行。

22 日　阿拉善高新技术产业开发区重点工业项目集中开工仪式在巴音敖包工业园区举行。盟委书记杨博，盟委副书记、盟长代钦，盟政协主席魏国权等盟领导和各项目企业负责人出席开工仪式，并共同为项目开工培土奠基。

☆　第十届阿拉善文化旅游节开幕式在阿拉善广播电视台演播厅举行，由内蒙古民族艺术剧院直属乌兰牧骑带来的专场演出拉开了此次文化旅游节序幕。盟委书记杨博、盟政协主席魏国权出席开幕式，盟委副书记、盟长代钦致开幕辞。

☆　由中国工商联和青海省人民政府主办的 2019 中国民营企业 500 强发布会在青海省西宁市召开，内蒙古庆华集团有限公司位列 2019 中国民营企业制造业 500 强第 387 位，是阿盟唯一一家进入 500 强的民营企业。

22—23 日　阿盟高质量发展和棚户区改造暨城市精细化管理现场观摩会召开，盟委书记杨博率观摩团走企业、问项目、进机关、入社区、看棚改，就阿拉善高新技术产业开发区和阿左旗高质量发展棚户区改造和城市精细化管理等亮点进行观摩。盟委副书记、盟长代钦，盟政协主席魏国权等盟领导参加观摩。

23 日　阿拉善盟发布总河湖长令第一号文件：《关于进一步加强河湖管理保护工作的决定》。

☆　由自治区科协、教育厅、科技厅、人力资源和社会保障厅共同主办的第十四届内蒙古自治区自然科学学术年会在阿盟召开。

☆　由盟文化旅游广电局、宁夏文史研究馆主办，盟文物局、阿拉善博物馆承办的“远古的呼唤——张学智印象岩画‘一带一路’巡回展”暨“阿拉善岩画艺术研究中心”成立揭牌仪式在阿拉善博物馆艺术中心举行。

☆　第七届中国童话节之草原童话节落幕，阿左旗九中原创童话剧《草原情》获得金奖。

26 日　由自治区人力资源和社会保障厅主办，

自治区留学人员和专家服务中心、盟人力资源和社会保障局、盟林业和草原局、盟林业治沙研究所（阿拉善盟林业治沙国家级专家服务基地）承办的“国家万名专家服务基层行动计划”阿拉善白刺锁阳种植技术服务项目启动仪式在巴彦浩特举行。

27 日　由自治区人民政府新闻办公室主办的内蒙古自治区庆祝中华人民共和国成立 70 周年系列新闻发布会第二场发布——阿拉善盟专场新闻发布会在呼和浩特市举行。盟委书记杨博作题为“守望相助、团结奋斗，奋力谱写新时代阿拉善高质量发展新篇章”的新闻发布。盟委副书记、盟长代钦，副盟长秦艳回答记者有关提问。盟委委员、宣传部部长王良出席发布会。自治区党委宣传部新闻处处长新娜主持发布会。

☆　内蒙古自治区地理标志精准扶贫结对帮扶协议签订仪式在巴彦浩特举行。江苏省淮安市粮食行业协会与阿左旗苁蓉行业协会签署了帮扶协议。

28 日　第八届内蒙古自治区乌兰牧骑艺术节在阿盟的金色胡杨音乐厅闭幕。自治区党委宣传部副部长、文化和旅游厅厅长贺志亮，盟委书记杨博、盟政协主席魏国权等领导出席闭幕式，并为获奖团体及个人颁奖。

29 日　盟行署办印发《阿拉善盟农村牧区户用卫生厕所改造工作实施方案》。

☆　阿左旗蒙古族第一幼儿园苏布德获“第十三届宋庆龄幼儿教育奖”。

30 日　在锡林郭勒盟正蓝旗举行的“母语”杯八省区播音主持与教员电视大奖赛颁奖晚会上，阿盟参赛选手获得播音主持组季军。阿盟民族事务委员会获大赛组织奖。

是月　2019 年阿盟普通高考本科段录取工作结束，全盟 1105 名考生被本科院校录取。

是月　阿拉善政务服务大厅新增水、电、气、暖等 7 个综合服务窗口。

是月　阿盟为 529 名生活困难群众发放价格临时补贴 15870 元。

是月　为落实国家税务总局印发的《关于公布取消一批税务证明事项以及废止和修改部分规章规范性文件的决定》，阿盟在前期分 2 批取消 35 项税务证明事项的基础上，再取消 25 项税务证明事项，涉及 231 个具体办税事项。

是月　阿盟教体局争取到的 2019 年支持学前教育发展自治区专项资金 599 万元已全部下达，其中额济纳旗 100 万元、乌兰布和生态沙产业示范区 499 万元。

是月　受近期降水偏少、分布不均的影响，阿盟 55%天然草场严重受旱。

是月　阿拉善乌兰牧骑群舞《美》、阿左旗乌兰牧骑群舞《传承》、阿右旗乌兰牧骑群舞《家园》、额济纳旗乌兰牧骑群舞《萨吾尔登奈热》4 部作品入围第三届中国·国际蒙古舞蹈艺术展演。

是月　盟就业中心失业保险科为内蒙古兰太实业股份有限公司发放企业稳岗返还补贴 97.97 万元。阿盟已累计为 3 家企业发放稳岗返还补贴 178.78 万元，惠及职工 249 人。

是月　阿盟争取到 2019 年老旧小区改造配套基础设施中央预算内资金 4170 万元，将实施 13 个老旧小区（住宅楼）改造项目。

是月　阿盟对在毕业年度有就业创业意愿并积极求职创业的低保家庭、贫困残疾人家庭、建档立卡贫困家庭和特困人员中的高校毕业生，残疾及获得国家助学贷款的高校毕业生进行审核后，对阿拉善职业技术学院 15 名 2019 年度毕业生发放一次性求职创业补贴共 2.25 万元。

是月　自治区提前下达阿拉善盟 2019 年水利建设基金 4891 万元。其中，策克口岸第二水源地供水工程 2000 万元，乌力吉口岸防洪工程 1000 万元，乌尔图沟防洪及水资源综合利用工程 900 万元，黄河科泊尔滞洪区前期工作经费 500 万元，水库安全鉴定补助 176 万元，阿右旗阿贵特小流域综合治理工程 315 万元。

是月 阿左旗巴彦诺日公中心卫生院沈丹凤获“2019 年第三届白求恩式好医生”称号。

9月

1 日起 阿盟各基层医疗机构对辖区内 0~6 岁儿童、65 周岁以上的老年人、慢性病人群、精神障碍患者、建档立卡因病致贫人员、计生特殊家庭等重点人群开展免费健康体检活动。

2 日 阿拉善电业局巴彦浩特供电分局启动电力线路城网改造工程，主要内容是利用 9108 新城区Ⅰ回、9110 新城区Ⅱ回原线路路径，新建巴音 110 千伏变电站 9108 新城区Ⅰ回及 9110 新城区Ⅱ回分支线路。

4 日 盟委书记杨博到阿左旗银根苏木、乌力吉口岸、乌力吉苏木、巴彦诺日公苏木，就乡村振兴、产业发展、脱贫攻坚、口岸建设、基层组织建设等工作进行调研。杨博强调，要进一步增强干事创业的信心和决心，统筹做好各项重点工作，加快推进口岸建设，以实实在在的工作成效推动发展、取信于民。

☆ 阿盟一中教师丁武仁获得“全国优秀教师”称号；阿拉善蒙古族完全中学教师王海东获得“全国模范教师”称号。

5—6 日 水利部副部长陆桂华到额济纳旗调研黑河水资源调度、水土保持等工作。盟委副书记、盟长代钦陪同调研。

5—7 日 中央纪委国家监委驻退役军人事务部纪检监察组组长、部党组成员林国耀在阿盟调研退役军人事务工作。

6 日 黄河菌草生态安全屏障建设和菌草新兴产业发展推进会在阿拉善高新技术产业开发区召开。本次会议的主题是“菌草技术、生态治理、产业发展”。中国科学院院士谢联辉，中国工程院院士李玉，国家菌草工程技术研究中心首席科学家林占熺出席。盟委委员、副盟长孙明泉出席并致辞。

9 日 全盟教育大会在巴彦浩特召开，深入学习贯彻习近平新时代中国特色社会主义思想和习近平总书记关于教育的重要论述，全面落实全国、全区教育大会精神，分析研究新时代阿盟教育工作面临的新形势新任务，安排部署教育改革重点工作，加快推进阿盟教育事业发展。盟委书记杨博出席会议并讲话，盟委副书记、盟长代钦主持会议，查斯太、魏国权、孙明泉、卢利明、张国平、王良等盟领导出席会议。

☆ 阿盟举行庆祝中华人民共和国成立 70 周年·阿拉善盟庆祝第 35 个教师节文艺汇演。盟领导杨博、代钦、查斯太、魏国权等出席活动并为受表彰的阿盟教育系统先进集体和优秀教师、优秀德育工作者、中小学优秀班主任、优秀校长、教育教学突出贡献教师颁奖。

☆ 阿拉善盟物业行业工会联合会集中入会暨揭牌仪式在巴彦浩特体育场举行，近 20 家物业公司的 300 多名工会会员代表参加揭牌仪式。

☆ 国家发改委委托中铁第四勘察设计院会同国家铁路局、中国国家铁路集团等相关部门，对巴彦浩特至银川铁路项目进行实地踏勘，并对可研报告中的线路和技术方案开展审查评估工作。

是月上旬 阿盟下达 2019 年农村牧区义务教育学校教师特设岗位中央补助资金 42.61 万元。

11 日 阿盟“不忘初心、牢记使命”主题教育工作会议在巴彦浩特召开。盟委书记杨博出席并讲话，强调要切实把思想和行动统一到习近平总书记的重要讲话重要指示精神和党中央、自治区党委的部署要求上来，以高度的政治自觉、强烈的使命担当、务实的工作作风扎实开展好主题教育。自治区主题教育第七巡回指导组组长刘彪出席并讲话。盟委副书记、盟长代钦主持会议。

☆ 阿盟移动支付便民工程暨“智慧公交”项目启动仪式在巴彦浩特举行。

13—15 日 中秋节假期，阿盟共接待游客 58.82 万人次，实现旅游收入 4.77 亿元，同比分别增长 21.4%和 23.81%。

16 日 由盟委宣传部、网信办，盟教体局、信访局、公安局、工会、团委等部门共同举办的阿盟 2019 年国家网络安全宣传周活动正式启动。

☆ 盟委决定开展“向尼玛同志学习”活动。

☆ 阿拉善少数民族学校净水设备捐赠暨启用仪式在腾格里经济技术开发区举行。

17 日 内蒙古广播电视台推出大型全媒体行动“祖国我是你的骄傲”阿拉善专场，阿拉善盟广播电视台并机直播。阿拉善专场选取阿左旗飞播区、阿右旗骆驼基地和越野 e 族阿拉善英雄会 3 个直播点，分早中晚 3 个时段，在内蒙古广播电视台、阿拉善广播电视台多个频道、频率和人民网、新华网、腾格里网、腾讯视频等平台进行全媒体直播。阿盟各旗区融媒体中心、新闻中心进行同步直播，累计点击量、浏览量超过百万。

☆ 自治区自强模范暨助残先进表彰大会在呼和浩特召开，阿右旗蒙医医院获“内蒙古自治区助残先进集体”称号，额济纳旗达来呼布镇苏泊淖尔社区获“残疾人之家”称号，阿左旗巴彦浩特镇启点广告中心总经理郭林祥和额济纳旗居延神雕艺术馆经理李生建获“内蒙古自治区自强模范”称号，额济纳旗城乡养老（中爱）志愿者协会副会长王春玲获“内蒙古自治区助残先进个人”称号，盟残联残疾人工作者裴国重获“内蒙古自治区残联系统先进工作者”称号。

18 日 “庆祝中华人民共和国成立 70 周年”内蒙古自治区中小学艺术展演活动西部区现场展演在阿拉善金色胡杨音乐厅上演。

18—19 日 中央“不忘初心、牢记使命”主题教育领导小组办公室综合组副组长谢玉峰率中央主题教育领导小组办公室调研组到阿盟，调研阿盟主题教育开展情况，并召开工作座谈会。自治区党委组织部副部长周凯，盟领导杨博、王旺盛等参加调研并出席座谈会。

19 日 盟行署新闻办公室召开新闻发布会，盟发改、民政、人社、文旅、卫健、应急管理、市监、统计、林草、金融、生态环境等 11 个部门发布新中国成立 70 年特别是党的十八大以来，阿盟经济社会发展取得的显著成绩以及阿盟宏观经济和民生领域群众普遍关心关注的热点问题、相关政策，并回答记者现场提问。

☆ 2019 年阿盟高校毕业生就业服务行动暨第七届大中城市联合招聘高校毕业生专场招聘会在巴彦浩特举行。

☆ 阿盟林业和草原局获得“全国绿化模范单位”称号；阿盟林业和草原局副局长乔永祥、阿左旗林业局吉兰泰林业工作站工程师丁积禄获得“全国绿化奖章”称号。

20 日 额济纳航天精神党性教育基地揭牌仪式在额济纳旗委党校举行。杨博、查斯太、魏国权等盟四大班子领导及法检“两长”出席，并为额济纳航天精神党性教育基地、内蒙古党校（行政学院）党性教育基地、中共阿拉善盟委员会党校分校揭牌。

20—21 日 阿盟文化旅游发展暨民族团结进步创建工作经验交流现场观摩会在额济纳旗召开，盟委书记杨博，盟委副书记、盟长代钦率团进行实地观摩并在总结会上讲话。查斯太、魏国权等盟四大班子领导及法检“两长”，各旗区、盟直部门主要负责人参加观摩。

21 日 盟委宣传部、盟委统战部、盟民委决定命名阿左旗王府街道办事处、阿右旗阿拉腾敖包镇、额济纳旗达来呼布镇、阿拉善日报社等 25 家单位为第三批“全盟民族团结进步创建示范单位”。

☆ 由阿拉善军分区、阿左旗人民武装部联合组织的“赞颂辉煌成就、军民同心筑梦”全民国防教育日宣传活动在巴彦浩特新世纪广场举行。

23日　盟委书记杨博率盟级领导干部到盟廉政教育基地接受现场教育，代钦、魏国权、王旺盛等盟四大班子领导，法院、检察分院现职盟级领导参加。

☆　阿盟第36个民族团结进步活动月启动仪式在巴彦浩特新世纪广场举行。盟委委员、统战部部长萨仁图雅出席并讲话，副盟长斯琴主持。

25日　阿盟2019招商引资项目秋季集中签约仪式在巴彦浩特举行。盟领导杨博、代钦、王旺盛、萨仁图雅、黄巴特尔出席，副盟长王维东主持。

☆　额济纳旗东风镇和阿左旗巴彦诺日公苏木伊和布拉格嘎查乌兰其其格在全国民族团结进步表彰大会上受到国务院表彰。

26日　由自治区贸促会和盟行署联合主办的2019额济纳·中蒙国际商品展洽会开幕式在额济纳旗居延文化城举行。原国家质检总局副局长、国务院原参事、中国品牌建设促进会专家委员会副主任葛志荣，全国政协常委、国务院参事甄贞，全国城市农贸中心联合会监事会主席、会长助理、中国商业联合会法工委副主任黄海出席开幕式。盟委委员、副盟长孙明泉，蒙古国大呼拉尔议员阿木尔扎亚，俄罗斯恰克图市副市长切尔尼亚耶夫·阿尔卡季弗拉基米罗维奇分别致辞。

☆　“守望相助好家园——阿拉善盟庆祝中华人民共和国成立70周年成就图片展”正式开展。展览由“苍天般的阿拉善、团结奋斗辉煌、策马扬鞭再起航”等3个篇章组成。通过113个整体版面、621张图（表、视频）、万言文字和大量实物，立体全景展现了70年来全盟的发展历程和重大成就，重点反映在中国共产党领导下阿拉善各族人民群众翻身做主人、建设美好家园和投身建设与改革的主动实践，全面印证和彰显党的民族区域自治制度的伟大创造和改革开放的伟大胜利。

27日　大型文献纪录片《热土——影像中的珍贵记忆》首映式在阿盟举行。盟委书记杨博出席首映式并致辞，盟委副书记、盟长代钦及盟四大班子在家领导出席首映式。

☆　阿盟“入园区、进企业”政金企融资对接会在阿拉善高新技术产业开发区召开，19家驻区企业与6家金融机构签约32.1亿元。

28日　阿左旗2019年秋季重大项项集中开工仪式在敖伦布拉格镇举行。盟领导杨博、代钦、查斯太、王旺盛、黄巴特尔、王维东出席开工仪式。

☆　由盟政协举办的“光辉岁月　同心筑梦”——阿拉善人民政协发展历程及书画摄影作品展在阿拉善博物馆开展。盟政协主席魏国权出席并致辞，盟委委员、统战部部长萨仁图雅出席展览。

29日　第八届中国创新创业大赛沙产业大赛在巴彦浩特闭幕。盟领导杨博、代钦、王旺盛、孙明泉、黄巴特尔、王强观看比赛并为获奖选手颁奖。

☆　第二届沙产业创新博览会暨沙产业创新高峰论坛沙产业项目招商引资推介对接会在巴彦浩特召开。

30日　阿盟举行缅怀革命英烈公祭活动，盟四大班子领导，阿拉善军分区及驻盟军警部队代表等参加活动。

☆　杨博、代钦、查斯太、魏国权等盟领导到盟公安局警体中心，参观“守望相助好家园”——阿拉善盟庆祝中华人民共和国成立70年成就展。

是月　2019年第二批中央财政林业专项资金预算16277万元下达阿盟。其中，林业生态保护恢复资金3335万元，包括全面停止天然林商业性采伐补助和草原生态修复补助；林业改革发展资金12942万元，包括森林生态效益补偿补助、造林补助、良种繁育补助、良种苗木培育补助、林业国家级自然保护区补助、林业科技推广示范补助、林业有害生物防治和森林公安补助等。

是月 阿盟出台《关于全面深化新时代教师队伍建设改革的实施方案》。

是月 阿盟足额下达2019年农村牧区义务教育学校教师特设岗位中央补助资金42.61万元。其中，阿左旗特岗教师专项补助经费38.1万元，阿右旗特岗教师专项补助经费4.51万元。

是月 阿盟检察分院办理的黄河乌斯太段生态环境保护案入选最高检专项行动检查公益诉讼十大典型案例，是自治区唯一入选案例。

10月

1日 2019第四届越野e族阿拉善英雄会开幕式在腾格里沙漠举行。盟委副书记、盟长代钦，内蒙古电影集团有限责任公司党委书记、董事长锡林，盟人大工委主任查斯太，国家体育总局装备中心副主任王平，自治区文化和旅游厅副厅长蔚治国出席开幕式。盟委副书记、政法委书记、阿左旗旗委书记王旺盛致辞，盟政协副主席、阿左旗旗委副书记、旗长戈明主持开幕式。

1—4日 自治区党委副书记、自治区主席布小林到阿拉善盟，围绕推动经济高质量发展、国庆期间安保、阿拉善历史文化发展与保护和乌兰牧骑等工作进行调研，看望慰问了时代楷模苏和及阿拉腾朝格苏木牧民宁太。

3日 “内蒙古味道·阿拉善斑斓14味”发布与品鉴会在额济纳旗举行。自治区党委副书记、自治区主席布小林，中国藏学研究中心副总干事洛桑灵智多杰，自治区人民政府秘书长包振玉，盟委书记杨博等出席发布仪式并为内蒙古味道阿拉善特色店授牌。中央广播电视总台发现之旅频道、凤凰卫视等新闻媒体参加活动。

☆ 2019中国·额济纳第二十届国际金秋胡杨生态旅游节开幕式在达来呼布镇拥军广场举行。自治区文化和旅游厅党组成员、副厅长蔚治国，自治区驻东风航天城办事处主任、额济纳旗委书记孟和等参加开幕式。

5日 自治区党委副书记、政法委书记林少春到阿右旗调研。

8日 第五十二届（BCI）国际盆栽观赏石展暨第十五届阿拉善赏石文化旅游节闭幕。

9日 腾格里经济技术开发区组织“不忘初心、牢记使命”主题教育宣讲小分队到农牧民党员家中，用蒙古语向他们宣讲习近平总书记在“不忘初心、牢记使命”主题教育工作会议上的重要讲话精神。

11日 中国少年先锋队阿拉善盟第四次代表大会召开，盟领导王良、陈文斌、王强、孟和朝鲁出席会议。

14日 阿盟与蒙古国巴彦洪戈尔省记协签订合作备忘录，进一步促进阿盟与蒙古国巴彦洪戈尔省在新闻领域的合作与交流。

15日 巴彦浩特出租车取消拼车运营模式，实行计程计价运营模式。

☆ 盟公路管理局职工自制音乐短片《我和我的祖国》获全国交通运输微视频大赛三等奖。

15—16日 居延遗址学术研讨会在额济纳旗举行。

16日 由中国林学会、国家林业和草原局林场种苗司、中国林业职工思想政治工作研究会共同发起的“林业英雄林”建设活动在阿盟贺兰山保护区雪岭子林区举行，全国首处“林业英雄林”——贺兰山林业英雄林在阿盟正式落成。“林业英雄”余锦柱、孙建博，“林业英雄”马永顺女儿马春华共同为“林业英雄林”揭牌。

☆ 盟委统战部在盟委党校举行“阿拉善统一战线之家”揭牌仪式。自治区党委统战部副部长、台办主任赵宏，盟委委员、统战部部长萨仁图雅共同为“阿拉善统一战线之家”揭牌。

17日　盟扶贫开发领导小组43个成员单位在巴彦浩特新世纪广场共同开展“邀你一起，助力脱贫攻坚”主题宣传活动。

18日　由盟委、行署主办，阿左旗旗委、政府承办的“追寻革命先辈足迹　传承红色文化基因——阿拉善西部红色通道考察系列活动”在阿左旗举行。盟领导孙明泉、刘晓东、王秋才、戈明等参加活动。

☆　2019第五届“中国森林氧吧”榜单发布，内蒙古贺兰山国家森林公园名列其中。

☆　在“2019中国森林旅游节”上，阿盟巴丹吉林沙漠被评选为“中国森林旅游美景推介地——最美沙漠”。

18—19日　盟委副书记、盟长代钦到阿左旗、腾格里经济技术开发区，结合“不忘初心、牢记使命”主题教育，以能源产业发展为课题开展实地调研。

19日　庆祝中华人民共和国成立70周年暨阿拉善骆驼文化那达慕在巴彦浩特镇苏木图嘎查阿拉善骆驼竞技协会训练基地开幕。

☆　首届“小镇美学榜样”发布典礼在四川安仁古镇举行，巴彦浩特镇入选中国十大“小镇美学榜样”。

20日　“追寻革命先辈足迹　传承红色文化基因——阿拉善红色旅游文化论坛”在巴彦浩特举办。

21日　由盟委“不忘初心、牢记使命”主题教育领导小组、盟委组织部、盟委宣传部联合举办的“不忘初心、牢记使命”主题教育先进典型事迹报告会在巴彦浩特举行。盟领导查斯太、魏国权及盟四大班子在家领导出席报告会，盟委委员、宣传部部长王良主持。报告会上，8名宣讲团成员讲述了“感动阿拉善人物”尼玛老人和年仅46岁因公殉职的“全盟优秀共产党员”王晓东两人的先进典型事迹。

☆　盟委书记杨博到阿拉善高新技术产业开发区、乌兰布和生态沙产业示范区，就统筹推进黄河保护与治理，切实抓好项目建设和安全环保工作，促进经济高质量发展进行调研。自治区主题教育第七巡回指导组副组长斯琴一行和盟委委员、秘书长黄巴特尔参加调研。

☆　盟直部门民族团结进步创建互观互学活动在巴彦浩特开展。盟委委员、统战部部长萨仁图雅参加活动。

24日　盟委书记杨搏到盟生态环境局、盟能源局，结合“不忘初心、牢记使命”主题教育，就“探索以生态优先、绿色发展为导向的高质量发展路子”进行专题调研。杨博强调，要深入学习习近平新时代中国特色社会主义思想，坚持以习近平生态文明思想为指导，贯彻新发展理念，坚决打好污染防治攻坚战，全力做好能源经济这篇文章，努力推动阿拉善高质量发展。

☆　由内蒙古文物局、内蒙古文物学会主办，盟文物局承办的内蒙古文物学会2019西部岩画资源保护与研究学术研讨会暨第五次理事会在阿盟举行。中国文物学会副会长、内蒙古文物学会会长安泳锝出席研讨会，盟委委员、副盟长孙明泉致辞。

25日　由盟文化旅游广电局主办，盟文物局、阿拉善博物馆承办的2019年度国家艺术基金资助项目“岩画与居延汉简艺术展”在呼和浩特市内蒙古博物院开展。

☆　盟行署办印发《阿拉善盟城镇生活垃圾分类实施意见》。

☆　国家林业和草原局科技调研组到阿盟开展林草科技“十四五”发展需求考察调研工作。

27日　盟红十字会举办“善行（心）助老”救助活动，为各街道社区行动不便的200位老人赠送“驼乡情防跌爱心包”。

28 日　阿盟新增阿左旗—乌海—鄂尔多斯航线，每周一、五由幸福航空新舟 60 机型执飞。

☆　自治区“最美环卫工人”颁奖典礼在鄂尔多斯市举行。阿拉善高新技术产业开发区市政交通局环卫工人王莉被授予全区“最美环卫工人”称号，同时被授予自治区五一劳动奖章。

30 日　阿拉善左旗 S315—查干诺日嘎查公路（连通乌日图霍勒、沙日呼鲁斯、图兰太和查干诺日 4 个嘎查）完工。至此，全盟 199 个建制嘎查村 100%通硬化路。阿盟境内农村牧区公路里程突破 6000 千米。

31 日　阿盟举行大数据中心信息系统集成项目签约和大数据应用战略合作协议签订仪式。副盟长斯琴出席签约仪式。

是月　阿盟发现 2 处长方形石围墓葬群和库仁淖如障址、浩贝如岩画。该形态墓葬群在阿盟境内属首次发现。

是月　阿右旗巴丹吉林沙漠被自治区人民政府列为自治区级风景名胜区。

是月　中盐吉兰泰盐化集团有限公司职工周杰、王多荣获得第十二届一等全国石油和化工企业管理创新成果。

11 月

9 日　阿盟“119 消防宣月”活动启动仪式在巴彦浩特体育场举行。此次宣传月的主题为“防范火灾风险，建设美好家园”。启动仪式上，公布了“外卖公益使者”“小小消防宣传员”活动人员名单，并为公益使者代表颁发聘书。

☆　阿盟蒙医医院申报的 1 个科研项目、2 部学术著作分获 2019 年度中国民族医药学会科学技术奖和学术著作奖。

11 日　盟政协召开专题协商座谈会，就推进农村牧区人居环境综合整治进行监督协商。盟政协主席魏国权、副盟长斯琴出席会议并讲话，盟政协副主席陈秀芳主持会议。

11—12 日　盟人大系统纪念地方人大设立常委会四十周年座谈会暨民生实事项目人大代表票决制试点工作现场交流会在阿右旗召开。盟人大工委主任查斯太出席会议并讲话。

12 日　由自治区党委“不忘初心、牢记使命”主题教育领导小组办公室、自治区党委组织部、自治区党委宣传部主办的“不忘初心、牢记使命”北疆英模先进事迹巡回报告会在阿盟举行。自治区主题教育第七巡回指导组组长刘彪，盟委书记杨博、盟政协主席魏国权等盟四大班子领导出席报告会。

15 日　盟委书记杨博率工作组到阿右旗开展生态环境问题大排查大整治工作，并就生态建设、脱贫攻坚、乡村振兴及“不忘初心、牢记使命”主题教育开展等情况进行调研。盟委委员、纪委书记、监委主任卢利明，盟委委员、秘书长黄巴特尔陪同。

☆　盟人大工委主任查斯太率阿盟生态环境问题大排查大整治工作第三督导组到阿拉善高新技术产业开发区，督导排查履行属地责任、生态环保问题整改落实等情况。

截至 15 日　阿盟全面完成全年森林防火任务，贺兰山国家级自然保护区实现连续 70 年无火灾发生。天然次生林从 25 万亩增至 582 万亩，森林覆盖率从 24.2%增至 57.3%，成为内蒙古西部最大的天然次生林区。

18 日　盟委书记杨博到阿左旗，就“放管服”改革基层党组织建设及“不忘初心、牢记使命”主题教育开展情况等进行实地调研。盟领导王旺盛、张国平、黄巴特尔陪同。

19 日　盟政协召开“推进非物质文化遗产保护传承利用及市场转化”专题协商会，就阿盟非物质文化遗产保护传承利用及市场转化进行专题协商。盟政协主席魏国权主持会议并讲话。

20日 总投资11亿元的内蒙古多利科技有限公司年产35000吨精细化工项目和内蒙古鼎利科技有限公司年产5000吨化工新材料项目签约仪式在湖北荆州举行。盟委副书记、盟长代钦，副盟长徐景春、王维东，出席签约仪式。内蒙古多利科技有限公司、内蒙古鼎利科技有限公司负责人分别与腾格里经济技术开发区负责人签约。

☆ 盟卫生健康委举行“智慧健康阿拉善”信息化平台项目建设启动仪式。

21日 阿盟开展为期3个月的“弘扬乌兰牧骑精神，到人民中间去”基层综合志愿服务集中活动。

☆ 由盟消防救援支队、阿拉善科技馆、阿左旗第四中学联合开展的消防参观体验活动在阿拉善科技馆举行。

24日 阿拉善地区电网最大负荷和日供电量均创历史新高，分别达120.1万千瓦和2746.58万千瓦时。

25日 全盟巡察工作会议在巴彦浩特召开。会议以习近平新时代中国特色社会主义思想为指导，深入贯彻落实全国巡视工作会议、全国市县巡察工作推进会和全区巡视巡察工作会议精神，研究部署阿盟当前和今后一个时期的巡察工作。盟委书记杨博出席会议并讲话。盟委委员、纪委书记、监委主任、盟委巡察工作领导小组组长卢利明主持会议。盟领导王旺盛、王良等出席会议。

26日 由中国畜牧业协会，阿拉善盟委、行署，内蒙古骆驼保护学会共同主办的第七届（2019）中国骆驼产业发展大会在额济纳旗开幕。开幕式上，中国骆驼产业科技创新联盟正式成立，中国畜牧业协会秘书长何新天、盟政协主席魏国权为中国骆驼产业科技创新联盟揭牌并讲话。

☆ 阿右旗摩托车爱好者关其格苏荣在阿右旗巴丹吉林沙漠腹地驾驶摩托车挑战“最快时间驾驶摩托车完成沙丘爬坡”吉尼斯世界纪录，用时2分11秒成功冲顶被誉为“沙漠中的珠穆朗玛峰”——必鲁图峰，创造了新的吉尼斯世界纪录。

27日 内蒙古自治区阿拉善生态环境监测站揭牌授章仪式在巴彦浩特举行。

☆ 中华全国供销合作总社表彰新中国成立70周年为供销合作事业发展作出突出贡献的集体，额济纳旗供销合作社被授予“金扁担改革贡献奖”。

28日 学习贯彻党的十九届四中全会精神自治区宣讲团报告会在巴彦浩特举行。盟委书记杨博主持报告会。盟委副书记、盟长代钦，盟政协主席魏国权等盟四大班子领导出席报告会。会后，自治区宣讲团成员、自治区政协民族和宗教委员会主任高志明到巴彦浩特镇安达社区宣讲党的十九届四中全会精神。

29日 阿盟全面实施自治区2018修订版医疗服务项目规范和价格，医用耗材加成全面取消。

是月 内蒙古自治区中西部节水增效项目孪井滩灌区2018年度项目顺利通过竣工验收。该项目于2018年7月2日开工建设，2019年3月20日建设完成，改造节水灌溉面积达10431亩。

是月 全盟28个行政村实现4G网络覆盖，1708位农牧民搭上网络快车，实现了足不出户，智慧放牧。

是月 阿拉善盟白绒山羊及双峰驼养殖与加工标准化示范区项目通过第九批国家农业标准化示范区项目验收组考核验收。

是月 腾格里经济技术开发区阿拉善盟中环万代环境产业有限公司高盐高有机物废水空气能低温蒸发技术成果熟化及500吨/天产业化项目，获自治区科技成果转化专项资金300万元。

是月 国家药品监督管理局正式向自治区药品监督管理局回复，同意将阿拉善盟驼峰油列入已使用化妆品原料。

是月 阿盟贺兰山国家级自然保护区马麝调查救护项目被国家林业和草原局列入极小种群野生动植物资源拯救项目。

12月

2日 “12·4”国家宪法日暨宪法宣传周、“12·2”全国交通安全日主题宣传活动启动仪式在巴彦浩特新世纪广场举行。盟委委员、宣传部部长、盟守法普法协调小组组长王良出席仪式并讲话。副盟长，盟公安局党委书记、局长贾境文主持启动仪式。盟人大工委副主任、立法协调小组组长刘晓东出席启动仪式。

2—3日 自治区党委书记石泰峰到阿拉善高新技术产业开发区、阿左旗贺兰山丰源三矿生态治理区等地调研。

3日 由盟文化旅游广电局主办，盟文物局、阿拉善博物馆承办的2019年度国家艺术基金资助项目“岩画与居延汉简艺术展”在宁夏博物馆开展。

4日 盟行署办印发《阿拉善盟长城保护管理办法》的通知。

7日 蒙宁沿黄流域文化和旅游协同发展推进会在阿盟召开。内蒙古自治区党委宣传部副部长文化和旅游厅党组书记、厅长贺志亮，宁夏回族自治区党委宣传部副部长、文化和旅游厅党组书记刘军，盟委书记杨博出席会议并分别致辞。会上，双方签署了《蒙宁文化和旅游协同发展合作框架协议》。

9日 国家民族事务委员会发布了第七批全国民族团结进步示范区（单位）名单，阿盟额济纳旗榜上有名。

10日 盟级重点项目策克口岸第二水源地工程开工建设。该项目总投资5500万元。

截至10日 阿盟安装ETC车辆达5.64万辆，完成全年目标任务的91%，办理进度位居全区第一。

11日 由盟科学技术局牵头开展的第一届技术转移（专利转让）成果转换签约活动在巴彦浩特举行，阿盟4家企业与阿拉善盟创客科技有限公司现场签约，免费获得价值近80万元的21项专利证书及技术。

☆ 策克口岸运煤通道查验设施改扩建项目建设完成，并开始试运行。

13日 内蒙古、宁夏贺兰山国家级自然保护区护林防火第三十次联防工作会议在内蒙古贺兰山国家级自然保护区管理局召开。

14—15日 阿拉善盟蒙医医院申报的8个项目、著作，获得民族医药著作奖一等奖2项、二等奖1项、三等奖1项，获得科学技术进步奖三等奖4项。

17日 呼和浩特海关为乌力吉口岸临时开放调拨首批查验设备（CMEX-B6550 X光安检机）调试完毕。

19日 阿盟“不忘初心、牢记使命”主题教育整改整治工作新闻发布会在巴彦浩特召开。发布会通报了阿盟主题教育整改整治总体进展情况和专项整治漠视侵害群众利益问题工作进展情况及取得的阶段性成效。

20日 盟行政公署与中国铁建大桥工程局集团有限公司、内蒙古乌力吉港务管理有限公司在北京举行签约仪式。盟委副书记、盟长代钦出席签约仪式，并签署《乌力吉口岸监管物流区及苏宏图—乌力吉口岸80千米铁路线项目战略合作协议》。

☆ 巴彦浩特至银川铁路正式获国家发改委审批立项。

23日 内蒙古自治区第十三届人大常委会阿拉善盟工作委员会第五次会议在巴彦浩特召开。人大阿盟工委主任查斯太，副主任赵红岩、陈文斌、刘晓东、姚泽元、乌勒出席会议。盟委副书记、盟长代钦，盟委委员、盟纪委书记、监察委员会主任卢利明等领导和部分自治区和旗级人大代表列席会议。查斯太、赵红岩分别主持会议。

☆ 策克口岸国际文化旅游区被自治区文化和旅游厅评为国家AAA级旅游景区。

24日 阿盟召开全盟领导干部大会，宣布自治区党委关于阿拉善盟委主要领导调整决定。自治区党委决定：万超岐任阿拉善盟委委员、书记；杨博不再担任阿拉善盟委书记、委员职务。自治区党委组织部副部长、自治区非公有制经济组织和社会组织党工委书记周凯讲话，盟委副书记、盟长代钦主持会议。

☆ 由共青团中央举办的“美丽中国·青春行动”系列项目启动暨第九届“母亲河奖”颁奖会在北京举行。阿拉善SEE生态协会“一亿棵梭梭项目”获第九届“母亲河奖”——“绿色项目奖”；阿拉善大润志愿者协会创建人何润花获“绿色卫士奖”。

25日 阿盟首次组织开展领导干部任前法律知识考试和行政能力测试，阿盟近期拟提任的77名副处级（含副处级）以上职务和职务职级晋升领导干部参加了考试。

☆ 文化和旅游部在官网发布《关于拟确定北京市圆明园景区等22家旅游景区为国家AAAAA级旅游景区的公示》，额济纳胡杨林旅游区名列其中。

28日 第二届中国民族文学发展论坛暨第二届“仓央嘉措国际诗歌奖”颁奖盛典在北京举行，贺兰山广宗寺生态旅游区被命名为仓央体诗歌创作基地。

30日 阿拉善“一带一路”国际雕塑公园优秀作品展开幕式在巴彦浩特举行。

31日 阿盟行署办公室印发《阿拉善盟加强地下水生态保护和治理的实施方案》的通知。

是月 阿盟147名人民陪审员经同级人大常委会任命并颁发任命书后正式上任。

是月 阿盟4个项目获2019年自治区科技创新引导奖励资金支持200万元。其中内蒙古兰太钠业股份有限公司获资金支持60万元，内蒙古晨宏力化工集团有限责任公司获资金支持40万元，内蒙古新亚化工有限公司获资金支持35万元，内蒙古雅布赖盐化集团有限公司获资金支持65万元。

是月 腾格里经济技术开发区两家企业——内蒙古莱科作物保护有限公司和阿左旗凯运化工有限公司在内蒙古股权交易中心展示板成功挂牌。

是月 “全国中小学生环境教育社会实践基地”——阿拉善锁边生态协力中心被自治区生态环境厅评为第一批自治区级“自然学校”，并正式授牌。

是月 蒙医医院蒙药“特格希德格奇（糖尿乐）治疗糖尿病的作用机制与临床疗效成果转化项目研究”获批自治区科技成果转化项目。

（编撰：韩晓曦）

盟情概览

盟情简介

阿拉善盟位于内蒙古自治区最西部，东北与乌海、巴彦淖尔、鄂尔多斯三市相连，西南与甘肃省接壤，东南与宁夏回族自治区毗邻，北与蒙古国交界，边境线长 735 千米。地理坐标介于北纬 37°24′~42°47′，东经 97°10′~106°53′之间，境域东西长 831 千米，南北宽 598 千米，总面积约 27 万平方千米，占内蒙古自治区总面积的 22.8%。

全盟辖阿拉善左旗、阿拉善右旗、额济纳旗 3 个旗和阿拉善高新技术产业开发区、腾格里经济技术开发区、乌兰布和生态沙产业示范区、策克口岸经济开发区 4 个自治区级开发区，共有 31 个苏木镇、199 个嘎查村、6 个街道办事处和 62 个社区。盟府所在地巴彦浩特镇，为全盟政治、经济、文化中心。2019 年，全盟常住人口 25.07 万人，有蒙古族、汉族、回族、满族等 28 个民族，其中蒙古族人口占 28%。

境内有全球唯一以沙漠为主题的世界地质公园——阿拉善沙漠世界地质公园、世界三大胡杨林之一的额济纳胡杨林、中国三大沙漠之一的巴丹吉林沙漠；有敖伦布拉格、额日布盖、海森楚鲁三大怪石峡谷。境内居延遗址出土的居延汉简为 20 世纪中国四大考古发现之一；曼德拉山岩画和贺兰山岩画古朴典雅，被称为“美术世界的活化石”。漠西卫拉特蒙古、漠北喀尔喀蒙古、漠南蒙古三大部文化在此融合发展，是六世达赖喇嘛仓央嘉措圆寂之地，是蒙古文、藏文及古梵文著名学者和佛学大师阿旺丹德尔的故乡。享有中国观赏石之城、中国骆驼之乡的美誉。还是全球最大的汽车越野盛会——“越野 e 族”阿拉善英雄会的永久举办地。

坐落在盟境内的东风航天城（酒泉卫星发射中心）是世界三大航天中心之一，也是中国建设最早、规模最大的导航卫星发射试验中心和第一个宇宙飞船发射基地，中国第一颗原子弹、第一枚洲际导弹、第一颗人造卫星、“神舟”号系列飞船、“天宫一号、二号”均在这里成功发射，是中国重要的国防和科学教育基地。

【历史沿革】 阿拉善地区早在旧石器时代就有人类活动，曼德拉山岩画、贺兰山岩画生动记录了中国远古北方少数民族文化。夏、商、周、春秋战国到秦朝时期，为乌孙、北狄、月氏、匈奴、大月氏部落游牧地。

汉武帝元狩二年（前 121 年）春，骠骑将军霍去病率万骑出陇西，大破匈奴居延部落，随后进军祁连山，先后设立武威、张掖、酒泉、敦煌四郡，由此开通了内地与西域的直接交往，同时对西汉和匈奴势力的消长也产生了显著的影响。汉武帝太初三年（前102年），汉王朝在酒泉、张掖北置居延、休屠二部都尉，汉武帝任前伏波将军路博德为居延都尉，筑居延城、遮虏鄣等军事要塞。此后，戍边军民筑起东联汉光禄塞、西接敦煌郡汉长城，今额济纳地区纳入了汉朝的版图。王莽始建国元年（9年），改居延为居城，属辅成郡，即酒泉郡。东汉初年，复为居延。汉安帝元初（114—120年）年间，以张掖都尉所辖地区置张掖属国，同时还分出张掖居延属国，仍为张掖郡辖地。汉安帝时（107—125年），居延属国境内已有居民4733人。汉献帝建安（196—220年）末年，改张掖居延属国为西海郡。治所在居延，辖居延一县。

西晋永康二年（301年）后，西海郡归属凉州刺史张轨管辖。今阿拉善左旗、阿拉善右旗地区为秃发、鲜卑、匈奴贺兰部、匈奴铁佛部游牧地。

东晋时期，阿拉善地区先后为前凉、前秦、后凉、西凉、北凉辖地。

北魏时期，阿拉善地区为柔然牧地。额济纳地区初为西海郡，后废，称居延故郡，属敦煌郡。

北周保定（561—565年）年间，北周武帝宇文邕在居延设置同城戍（今额济纳旗境内马圈城）。

隋朝时期，今阿拉善左旗、阿拉善右旗地区为突厥牧地。隋文帝开皇三年（583年），隋王朝废郡，以州统县，居延地区同城镇（今马圈城）属西凉州管辖。

唐朝时期，阿拉善地区属河西节度使。初，在居延地区置同城守捉、豹文山守捉；武则天垂拱二年（686年），于同城置安北都护府，以安置漠北归附突厥部落；唐天宝二年（743年），置“宁寇军”。安史之乱（755—763年），使唐王朝由兴至衰，此后唐朝进入藩镇割据的局面。大历元年（766年）后，河西走廊及居延地区被吐蕃领主占领；会昌（841—846年）后，居延地区成为与唐王朝关系密切的回鹘领地。由于河西走廊被吐蕃所据，切断了中央帝国通往西域的交通要道，居延则成为京城长安通往西域乃至中亚地区的主要途经之地（唐太宗贞观年间开通的长安至漠北的参天可汗道，汉代光禄塞向西延伸，与居延泽城障连接形成通道，史称回鹘路。由居延海往西域可不走河西走廊，而是转入阿尔泰南麓西行，抵达哈密、吐鲁番。历史上的丝绸之路，中原安定时，基本上走长安—凉州一线，被称为沙漠路或绿洲路，若遇战乱或不安定因素，则需绕道回鹘路），是“丝绸北道”的重要关隘。

宋真宗景德（1004—1007年）年间，西夏开始强盛，宋天圣六年（1028年），党项军队长途奔袭，攻破回鹘统治的甘州，甘州就此走进了西夏的版图。党项人占据河西走廊，控制了汉代以来中原王朝和西域的贸易之路。阿拉善地区属西夏兀喇海路，吐蕃、党项、回鹘、鞑靼等部落游牧区。1038年，西夏国皇帝李元昊在居延置黑水镇燕军司（共设置十二监军司，左右厢各六个。军司的军名通常和所在地的地名有必然联系，黑水镇燕属右厢军司中的一个，驻地为今额济纳旗境内黑水城）、白马强镇军司（驻今阿拉善左旗吉来泰镇北），另设贺兰山坚军，驻守贺兰山。

公元1226年，成吉思汗率蒙古军南征，攻破黑水镇燕军司，居延归附蒙古帝国。1271年，元世祖忽必烈统一中原后，阿拉善地区属甘肃中书省管辖，元至元二十三年（1286年），元朝扩建黑城，在此设亦集乃（系党项语，今所称额济纳为其音转，意为黑水。蒙古语称哈拉浩特）路。由于元代疆域空前扩大，居延地区成为中原通往西域、漠北的交通枢纽。

明洪武五年（1372年），征西将军冯胜攻占亦集乃路后，旋即放弃，后为漠北鞑靼部游牧地。汉朝以后在居延地区修筑军政设施及其屯垦设施逐渐被废弃。阿拉善地区为甘州、肃州边外地，漠西瓦剌蒙古等部、漠北鞑靼部游牧地。

清康熙（1662—1722年）年间，卫拉特和硕特部从新疆天山迁徙到阿拉善草原，土尔扈特部从伏尔加河万里东归到额济纳河流域。康熙三十六年（1697年）设阿拉善和硕特旗，乾隆十八年（1753年）设额济纳旧土尔扈特旗，两旗均为直属理藩院管辖的特别旗，因稳定西部边疆屡建战功，两旗旗王晋爵亲王。民国时期，沿袭旧制，受蒙藏委员会管辖。1949年，阿拉善和硕特旗、额济纳旧土尔扈特旗和平解放，此后曾五次变更隶属关系，1979年划归内蒙古自治区，1980年5月1日成立阿拉善盟。

【人口】 2019年末，全盟常住人口为25.07万人，比上年增加0.13万人。其中，城镇人口为19.84万人，乡村人口为5.23万人；常住人口城镇化率达79.12%，比上年提高0.69个百分点。男性人口13.35万人，女性人口11.72万人。全年出生人口为0.24万人，出生率为9.51‰；死亡人口为0.11万人，死亡率为4.31‰；人口自然增长率为5.2‰。

【气候特征】 地处亚洲大陆腹地，为内陆高原，远离海洋，属于典型的大陆性气候。四季气候特征明显，昼夜温差大，降水量由东南部向西北部递减，蒸发量由东南部向西北部递增。30年来，年平均气温7.7℃~9.8℃，极端最低气温-34.4℃（巴彦诺日公，2008年1月24日），极端最高气温44.8℃（拐子湖，1988年7月24日）。1月平均气温-7.7℃~-10.7℃，7月平均气温23.5℃~28.1℃。年降水量32.8~208.1毫米。年蒸发量1555.7~2808.5毫米。年无霜期143~174天。年日照时数2977~3369小时。年平均风速2.8~4.7米/秒。阿拉善盟北部盛行偏西风，南部多东南风。

【地形地貌】 属内陆高平原地区，地形呈南高北低状，平均海拔900~1400米，全盟山地面积3.44万平方千米，丘陵面积1.36万平方千米，戈壁面积9.1万平方千米，沙漠面积8.84万平方千米。地貌类型有沙漠戈壁、山地、低山丘陵、湖盆、起伏滩地等。土壤受地貌及生物气候条件影响，具有明显的地带性分布特征，由东南向西北依次分布有灰钙土、灰漠土、灰棕漠土。在湖盆和低洼地区有盐碱土和沼泽土。著名的巴丹吉林、腾格里、乌兰布和三大沙漠横贯全境，面积约7.8万平方千米，占全盟总面积的29%。居世界第四位，国内第二位的巴丹吉林沙漠以高陡著称，绝大部分为复合沙山。相对高度从外缘的5~20米，向内逐渐增高到200~400米，最高达500米。高大沙山互不连接，峻峭陡立，巍巍壮观。腾格里沙漠、乌兰布和沙漠多为新月形流动或半流动沙丘链，一般高10~200米。沙漠中分布有500多个咸、淡水湖泊或盐碱草湖，其中较大的有古日乃湖、拐子湖、沙日布日都、头道湖、查干高勒、敦德高勒、辉图高勒、巴彦霍勒、乌日图霍勒、图兰太湖、通古勒格淖尔、英格田、特莫图、通湖音高勒、树贵湖、浩木肯高勒、伊和吉格德等。北部戈壁分布较广，面积约9万多平方千米，占全盟总面积的33.7%。阴山余脉与大片沙漠、起伏滩地、剥蚀残丘相间分布，东南部和西南部有贺兰山、合黎山、龙首山、马鬃山连绵环绕，雅布赖山自东北向西南延伸，把盟境大体分为两大块。贺兰山呈南北走向，长250千米，宽10~50千米，平均海拔2700米。主峰达郎浩绕和巴彦笋布日，海拔分别为3556米、3207米。贺兰山巍峨陡峻，犹如天然屏障，阻挡腾格里沙漠的东移，削弱来自西北的寒流，是外流域与内流域的分水岭。

【土地资源】 阿拉善盟属典型的生态经济型土地利用区域，现有耕地48436.03公顷，其中水浇地44459.96公顷；园地232.06公顷；草地8880176.22公顷，其中天然牧草地3885057.17公顷，人工牧草地 7287.67 公顷；林地 761082.67 公顷。

土壤受地形地貌及生物气候条件影响，具有明显的地带性分布特征，由东南向西北土壤地带性分布从棕钙土逐步过渡为灰漠土和灰棕漠土。非地带性土壤有风沙土、盐土、碱土、龟裂土、钙质石质土、粗骨土。在河漫滩及低阶地发育有林灌草甸土和盐化潮土，同时普遍有盐碱化现象。

【矿产资源】 阿拉善盟地处内蒙古高原阿拉善台地，地势东高西低。地貌形态以戈壁、沙漠、低山、丘陵为主。从地质学角度看，阿拉善地处哈萨克斯坦板块、塔里木板块、华北板块的结合部位，经历了漫长的地质发展史，区内地层发育，构造复杂，岩浆活动频繁，成矿地质条件优越，矿产资源丰富，具备形成大型、超大型矿床的地质背景。全盟发现矿产 86 种，查明资源储量的矿产有 47 种，已开发利用的矿产 37 种，矿产地 130 处，包括大型矿床 14 处、中型矿床 32 处、小型矿床 84 处。上表资源储量无烟煤、钛、铋、锑、冶金用白云岩、冶镁用白云岩、冰洲石、晶质石墨、玛瑙、高岭土、陶瓷土列内蒙古自治区首位，钒、芒硝、制碱用灰岩列自治区第二位，钴、铌、普通萤石、砷、磷、石膏列自治区第三位。全盟优势矿产是无烟煤、盐矿、金矿、萤石、晶质石墨、冶镁用白云岩、饰面用花岗岩、高岭土、陶瓷土、石油、天然气等。

全盟煤炭资源煤种齐全，以太西无烟煤和焦煤等优质煤炭为主，主要分布于阿拉善左旗贺兰山、黑山以及阿拉善右旗常山地区，探明资源储量 43 亿吨。以铁为主的黑色金属矿产资源储量较丰富，额济纳旗一带的铁矿石富矿比高、有害元素含量低，是钢铁工业不可多得的优质原料。以金为主的贵金属矿产资源潜力大。非金属矿产极具特色，晶质石墨资源储量规模巨大，主要分布于阿拉善左旗的查汉木胡鲁和孪井滩地区，品级优良，全盟晶质石墨保有资源储量（矿物量）为 2474.54 万吨；饰面用花岗岩资源储量巨大，以阿拉善左旗巴彦诺尔公饰面用花岗岩而闻名，并已形成“阿拉善黄”“阿拉善金”“阿拉善黑”“诺尔沙漠棕”“诺尔红”等 5 种品牌产品；普通萤石主要在阿拉善右旗、额济纳旗分布广泛；石英砂、陶粒用黏土在腾格里经济开发区周边广泛分布，且已形成产业基地；石油、天然气勘查取得重大突破。

【风光资源】 属高空西风环流区，是全国光热风能资源最为富集的地区之一，年日照时数大于 3000 小时，风能储能约 2.1 亿千瓦，太阳能可开发利用量 6 亿千瓦。以阿拉善为核心的千万千瓦级风光热综合新能源基地和直流超高压电力外送通道加快建设，新能源发展势头强劲、前景广阔。截至 2019 年，全盟有新能源企业 26 家，建成可再生能源装机容量 131 万千瓦。其中，风电装机容量 65 万千瓦，光伏装机容量 66 万千瓦。全盟电网已形成以吉兰泰、巴彦浩特两座 500 千伏变电站为中心，10 座 220 千伏变电站为辐射的主干网架供电网络，线路总长 5713 千米。

【动植物资源】 境内野生动物资源丰富，有各种野生脊椎动物 200 余种，其中国家一级保护野生动物有蒙古野驴、野骆驼、北山羊、遗鸥、马麝、黑鹳、金雕、大鸨等；国家二级保护野生动物有鹅喉羚、马鹿、盘羊、岩羊、天鹅、猎隼、蓝马鸡、雕鸮等。

野生植物以旱生、超旱生、盐生和沙生的荒漠植物为主，现有野生植物 900 余种。其中，被列入《内蒙古珍稀濒危保护植物名录》的有 45 种。一级保护植物有梭梭、胡杨、肉苁蓉、四合木、绵刺、沙冬青 6 种；二级保护植物有斑子麻黄、裸果木、蒙古扁桃、大叶细裂槭、甘草、文冠果、贺兰山丁香、脓疮草、百花蒿9种；三级保护植物有沙木蓼、阿拉善沙拐枣、荒漠黄蓍、贺兰山棘豆、内蒙古棘豆、阿拉善黄芩、阿拉善单刺蓬、贺兰山女娄菜、蒙新久苓菊、贺兰山稀花紫堇、贺兰山南芥、阿拉善沙芥、阴山芥、针枝芸香、长叶红砂、内蒙古邪蒿、阿拉善点地梅、互生叶醉鱼草、白麻、贺兰山玄参、内蒙古野丁香、戈壁短舌菊、贺兰山女蒿、阿拉善风毛菊、戈壁藜、瓣鳞花、甘青侧金盏花等30种。阿拉善盟天然乔木林分布110万亩，其中贺兰山西坡以青海云杉为主天然次生林58万亩；额济纳居延绿洲胡杨林44万亩。天然灌木主要有白刺、梭梭、绵刺、柽柳、沙冬青、霸王等，面积2980万亩。野生药材的种类和蕴藏量都比较丰富，生长有肉苁蓉、甘草、锁阳、苦豆子、麻黄、山沉香、黑果枸杞、罗布麻等多种名贵药材。

【水资源】 河流水系主要以内陆河水系为主，东部有黄河过境，西部有黑河流入。黄河从宁夏回族自治区石嘴山市麻黄沟进入阿拉善盟，沿东南边界在磴口县二十里柳子出境，境内85千米，流域面积31万平方千米，年平均径流量315亿立方米。黑河是中国第二大内陆河，发源于祁连山，流经青海省、甘肃省和内蒙古自治区，终止于居延海，干流全长821千米，正义峡以下为下游，经甘肃省酒泉市鼎新镇最后注入阿拉善盟额济纳旗东居延海，在阿拉善盟境内河道长333千米，流域面积为8.04万平方千米。

山沟泉溪主要发源于贺兰山、雅布赖山、龙首山等山区，共70多处，流域面积2676平方千米。年清水总量905万立方米，年平均洪水总量约5000万立方米。

湖泊较多，以三大沙漠中的湖盆为主。沙漠湖盆是接受降水补给而形成，比较稳定。三大沙漠中共有湖盆415处，总面积达6700平方千米，其中草地湖4546平方千米，集水湖231平方千米。

阿盟水资源总量22.28亿立方米，其中地表水资源量为7.925亿立方米，地下水资源量为14.355亿立方米。可利用水资源总量为12.775亿立方米，其中地下水可开采量为4.85亿立方米。截至2019年末，全盟共有中小型水库39座，总库容2732万立方米；地下水取水量2.52亿立方米。

2019年国民经济和社会发展

【综合经济】 2019年，全盟地区生产总值295.3亿元，按第四次全国经济普查修订数据后的同口径可比价计算，比2018年增长5.9%。第一产业增加值14.2亿元，同比增长2.4%；第二产业增加值163.4亿元，同比增长7.7%；第三产业增加值117.7亿元，同比增长3.8%。三次产业结构比为4.8∶55.3∶39.9。第一、二、三产业对生产总值增长的贡献率分别为2.0%、71.7%和26.3%。人均生产总值达到118101元，比2018年增长5.3%。

年末，全盟城镇非私营单位从业人员55638人。全年新增就业5024人，新增再就业人数为1025人。年末城镇登记失业率2.8%。

全年全盟居民消费价格同比上涨1.8%。从类别看，八大类消费品价格指数呈“六涨两降”态势。分别是：食品烟酒类上涨4.0%；衣着类下降0.6%；居住类上涨2.5%；生活用品及服务上涨0.3%；交通通信类下降1.9%；教育文化和娱乐上涨0.3%；医疗保健上涨1.2%；其他用品和服务上涨0.2%。工业生产者出厂价格上涨2.1%；工业品价格指数同比上涨0.9%；商品零售价格指数同比上涨1.0%；农业生产资料价格指数同比上涨0.9%。

供给侧结构性改革深入推进。全年退出煤炭产能60万吨。年末商品房待售面积22.9万平方米，比上年末下降3.92%。其中，待售1~3年面积4.6

万平方米，比上年末下降33.9%。年末规模以上工业企业资产负债率73.5%，比上年下降1.4个百分点。全年规模以上工业企业每百元主营业务收入中的成本为82.3元，比上年增加0.79元。全年制造业投资占固定资产投资总额的比重为26.2%，比上年提高6.1个百分点。工业技改投资占全部工业投资的比重为9.1%，其中制造业技改投资占制造业投资比重为13.1%。信息传输、软件和信息技术服务业投资比上年下降85.4%。

新动能持续发展。全年规模以上工业中，非煤产业增加值比上年增长7.1%，制造业增加值增长61.1%，占规模以上工业的比重为62.8%。规模以上工业战略性新兴产业增加值比上年下降2.5%。全年石墨及碳素制品产量增长3.3%，新能源发电增加值占电力生产行业比重为55.6%。

脱贫攻坚成效显著。2019年，全盟共安排下达各级各类财政专项扶贫资金9157.45万元，主要用于扶持贫困旗区推动扶贫产业发展，解决“两不愁三保障”突出问题和引导贫困人口扩大增收渠道等方面，全盟扶贫对象动态管理系统中共有建档立卡贫困人口3944户9587人（其中标注稳定脱贫2850户7412人，正常脱贫1094户2175人，无未脱贫、返贫人口），“旗摘帽、村退出、户脱贫”的工作质效得到进一步巩固提升。

【农牧业】 2019年，农作物总播种面积8.2万公顷，比2018年下降0.5%。其中，粮食作物播种面积1.6万公顷，下降6.3%；经济作物播种面积6.6万公顷，增长1.0%。粮食总产量13.3万吨，下降8.3%；油料产量1.1万吨，增长21.2%；蔬菜产量8.7万吨，增长76.0%；棉花产量105.7吨，增长0.2%；水果（含果用瓜）产量5093.4吨，增长442.2%。2019年“四肉”总产量11101吨，比2018年下降3.47%。其中，猪肉产量2073吨，增长63.61%；牛肉产量1975吨，增长105.52%；羊肉产量6924吨，下降24.76%；禽肉产量128吨，增长85.51%。禽蛋产量931吨，增长18.3%。牛奶产量109777吨，增长5.06%。全盟牧业年度牲畜存栏头数达106.0万头（只），比2018年增长14.8%；牲畜总增头数3.4万头（只），总增率达3.4%。牧业年度良种牲畜总头数59.5万头（只），良种牲畜比重56.1%。成功举办第四届“阿拉善·白中白”绒山羊种羊评比大会，绒毛细度与2018年相比，成年公羊绒毛细度下降了0.27微米，母羊绒毛细度下降了0.20微米。年末全盟农牧业机械总动力27.9万千瓦，比上年同口径增长2.0%；综合机械化水平达到87.0%。

【工　业】 2019年全部工业增加值比2018年增长9.7%，其中规模以上工业增加值增长10.0%。在规模以上工业企业中，分经济类型看，国有控股企业增加值下降6.6%；股份制企业增加值增长8.2%；外商及港澳台投资企业增加值增长304.2%。分门类看，采矿业增长-41.2%，制造业增长61.1%，电力、热力、燃气及水的生产和供应业增长19.9%。在规模以上工业企业中，轻工业增加值下降6.3%；重工业增加值增长10.3%。

从规模以上工业主要产品产量看，全盟原盐产量达113.5万吨，同比下降4.9%；铁矿石原矿产量达1.9万吨，同比下降73.5%；盐酸产量达12.3万吨，同比下降20.5%；水泥产量达58.5万吨，同比下降2.6%。

2019年规模以上工业企业实现主营业务收入比2018年增长13.0%；利润总额增长58.3%。亏损企业亏损额同比下降15.9%。2019年规模以上工业企业产品销售率98.6%。

【固定资产投资】 全年城乡500万元以上固定资产投资额同比增长0.4%。其中，第一产业投资额同比下降60.8%；第二产业投资额同比增长49.7%；

第三产业投资额同比下降31.4%。民间投资同比下降2.3%；基础设施投资同比下降17.6%。全年施工项目个数358个，同比增长14.4%。其中，新开工项目198个，同比下降12.8%；投产项目数为102个。

全年房地产开发投资额13.1亿元，同比增长67.4%。新建项目投资同比下降4.8%；扩建项目同比下降41.3%；改建和技术改造投资同比增长20.3%。商品房销售面积2008.2万平方米，基本与上年持平；商品房销售额1243.9亿元，增长11.7%。

【国内贸易】 全年社会消费品零售总额87亿元，同比增长5.0%。其中，全盟城镇消费市场零售额77.2亿元，同比增长5.1%；乡村消费市场零售额9.8亿元，同比增长4.0%。限额以上社会消费品零售额24.39亿元，同比下降1.1%。

批发业商品销售额99.25亿元，同比增长9.5%；零售业商品销售额120.1亿元，同比增长4.7%；住宿业营业额7.17亿元，同比增长9.1%；餐饮业营业额30.61亿元，同比增长9.6%。

【对外经济】 全盟进出口总额48.0亿元，同比下降5.9%。其中，进口额41.8亿元，同比下降6.5%；出口额6.3亿元，同比下降1.5%。

【交通、邮电和旅游业】 全年完成货物运输总量7096.1万吨，比上年增长2.7%。完成货物运输周转量323.2亿吨千米，同比增长72.1%。

全年完成旅客运输总量66.5万人，比上年下降5.3%。完成旅客运输周转量12.7亿人千米。

年末全盟机动车保有量达91622辆，同比增长6.6%，其中本年新注册汽车5589辆。年末个人汽车保有量74290辆，同比增长1.5%；机动车驾驶员拥有量达128088人，同比增长3.0%。

全年邮政业务总量累计完成5095.7万元，同比增长10.2%。完成电信业务总量（按2015年不变价）159735.2万元。年末全盟GSM基站数1377个，下降8.7%；本地固定电话用户19768户，增长1.4%；移动电话用户325120户，下降13.7%。固定及移动电话用户总数达344888户。互联网用户94545户。

全年接待国内外游客2260.0万人次，同比增长17.2%。其中，国内过夜游客796.3万人次，同比增长18.2%；入境游游客15.3万人次，同比增长24.8%；一日游游客1448.5万人次，同比增长16.6%。实现旅游收入210.2亿元，同比增长20.3%。其中，国内过夜游客160.0亿元，同比增长21.8%；入境游游客6.0亿元，同比增长24.5%；一日游游客44.0亿元，同比增长15.8%。

【财政、金融】 全年完成地方财政总收入57.4亿元，同比增长21.3%。其中，一般公共预算收入28.7亿元，同比增长18.3%；上划中央税收20.0亿元，同比增长22.8%；上划自治区税收8.6亿元，同比增长28.5%。一般公共预算支出完成112.1亿元，同比增长14.6%。全盟财政用于民生方面支出达84.2亿元，占一般公共预算支出的75.0%。分项目看，教育支出完成8.8亿元，同比下降7.8%；科学技术支出完成0.7亿元，同比下降0.1%；文化旅游体育与传媒支出完成3.2亿元，同比下降15.6%；社会保障与就业支出完成8.1亿元，同比下降15.0%；卫生健康支出完成5.4亿元，同比下降2.0%；住房保障支出完成3.4亿元，同比下降5.0%。

年末全盟金融机构人民币存款余额386.6亿元，比年初增加32.0亿元，同比增长9.1%。其中，住户存款余额235.7亿元，比年初增加25.8亿元；非金融企业存款余额78.8亿元，比年初增加5.5亿元。年末全盟金融机构人民币贷款余额

367.5 亿元，比年初减少 12.2 亿元，同比下降 2.6%。其中，住户贷款余额 85.2 亿元，比年初增加 5.2 亿元；非金融企业及机关团体贷款余额 282.3 亿元，比年初减少 17.4 亿元。

年末全盟保险机构共有 16 家。全年保险业实现保费收入 12.4 亿元，比上年增长 7.8%。人身保险实现保费收入 7.6 亿元，同比增长 5.7%；财产保险实现保费收入 4.9 亿元，同比增长 11.3%。保险业累计赔付支出 3.1 亿元，同比增长 6.9%。其中，财产保险业务累计赔付 2.2 亿元；人身保险累计赔付 0.95 亿元。

【人民生活和社会保障】 全年全盟全体居民人均可支配收入 38483 元，同比增长 7.3%。城镇常住居民人均可支配收入 42983 元，同比增长 6.4%。从主要收入构成看，工资性收入 26573 元；经营净收入 9315 元；财产净收入 2341 元；转移净收入 4754 元。农村牧区常住居民人均可支配收入 21753 元，同比增长 9.6%。从主要收入构成看，工资性收入 3223 元；经营净收入 8909 元；财产净收入 1237 元；转移净收入 8384 元。全年全盟全体居民人均消费支出 27750 元，同比增长 5.4%。城镇常住居民人均消费支出 30233 元，同比增长 4.1%。农村牧区常住居民人均消费支出 18301 元，同比增长 8.4%。城镇恩格尔系数 25.0%，农村牧区恩格尔系数 25.6%。

年末全盟参加城镇职工基本养老保险参保人数 90812 人，其中企业职工参保 41290 人，保险基金收入 66711 万元，保险基金支出 80739 万元。参加城乡居民养老保险人数 51340 人，保险基金收入 1964 万元，保险基金支出 6263 万元。参加工伤保险人数 58368 人，保险基金收入 4041 万元，保险基金支出 4378 万元。参加生育保险人数 60461 人，共征收生育保险费 1689 万元，发放生育保险费 1669 万元。年末参加基本医疗保险人数 201429 人。其中，参加职工基本医疗保险人数 90664 人，参加城乡居民基本医疗保险人数 110765 人。

【教育、科学技术和文化体育】 年末，全盟共有各级各类学校 67 所，全年招收学生 9785 人，在校学生 35143 人，毕业学生 9623 人。年末有高等教育学校 1 所，在校学生 4384 人，毕业学生 1093 人。高中教育学校 7 所，全年招收学生 1706 人，在校学生 5070 人，毕业学生 2049 人。年末有初中 12 所，全年招收学生 1974 人，在校学生 5627 人，毕业学生 1830 人。年末有小学 17 所，招收学生 2285 人，在校学生 11925 人，毕业学生 2057 人。全盟有学前教育学校 29 所，招收学生 2595 人，在校学生 8077 人，毕业学生 2584 人。特殊教育学校 1 所，在校学生 60 人，毕业学生 10 人。2019 年，全盟学前教育三年毛入园率 96.6%，九年义务教育巩固率 99%，高中阶段教育毛入学率 96%。

全年专利申请 367 件，授权 259 件。其中，发明专利申请 48 件，发明专利授权 7 件，每万人发明专利拥有量 2.56 件。共争取国家、自治区科技项目 45 项，获资金支持 2689.4 万元。年内，新认定国家高新技术企业 14 家；盟级企业研发中心 2 家、农牧业特色化产业基地 3 家。

至年末，全盟有艺术表演团体（乌兰牧骑）4 个；文化馆 4 座（包括盟群众艺术馆 1 个，旗文化馆 3 个），公共图书馆 4 座，已注册博物馆 6 座。广播综合人口覆盖率 96.7%。有线电视用户 2.8 万户。

全年，阿盟运动员在 5 个运动大项中获得 1 枚金牌、17 枚银牌、13 枚铜牌。

【卫生和社会服务】 年末，全盟共有卫生和计划生育技术服务机构 336 个，其中医院 19 所、基层卫生医疗机构 305 个、专业公共卫生机构 11 个、其他卫生机构 1 个。全盟卫生机构核定编制床位数

1682个，实有床位数1434个。在岗职工3120人，其中卫生技术人员2429人。

年末，全盟城镇拥有社区老年人日间照料中心31个，养老机构8个。其中，公办养老机构3个，床位202张，入住人数66人；公建民营养老机构5个，床位479张，入住人数247人。年末，全盟共有1459人享受城市居民最低生活保障，595人享受农村居民最低生活保障。

【资源、环境】 全年造林面积88665公顷。其中，人工造林面积66000公顷，飞播造林面积18666公顷，退化林修复面积3999公顷。全年完成天然林资源保护工程造林面积25998公顷，完成重点防护林工程造林面积27334公顷，年末实有封山（沙）育林面积4666公顷。年末，全盟森林面积212.5万公顷，有林地面积6.4万公顷，灌木林地206.1万公顷。全盟森林覆盖率8.01%。

全盟确定的自然保护区9个。其中，国家级自然保护区2个，自治区级自然保护区6个，旗级自然保护区1个。自然保护区面积318.1万公顷。其中，国家级自然保护区面积9.4万公顷；自治区级自然保护区面积302.1万公顷；旗级自然保护区面积6.7万公顷。

全年全盟国有建设用地供应总量974.8公顷，同比下降38.4%。其中，工矿仓储用地691.9公顷，同比增长120.0%；房地产用地16.8公顷，同比增长67.1%；基础设施用地196.7公顷，同比下降83.6%。

全年水资源总量22.28亿立方米。全年总用水量13.2亿立方米，同比增长0.4%。其中，生活用水增长16.1%，工业用水增长4.3%，农业用水下降2.0%（包括林牧渔畜用水），生态补水增长0.5%（黑河生态补水）。万元国内生产总值用水量85.1立方米（按2015年不变价格折算），同比下降0.8%。万元工业增加值用水量17.3立方米（按2015年不变价格折算），同比下降5.2%。

2019年，全盟年平均气温为9.9℃，年降水量在32.0毫米（达来呼布）至268.0毫米（巴彦浩特）之间。全年巴彦浩特环境空气质量有效监测天数为365天，优良天数337天，空气达标率92.3%。

全年规模以上工业综合能源消费量增长10.1%。其中，化学原料和化学制品制造业增长16.4%，非金属矿物制品业增长78.6%，黑色金属冶炼和压延加工业增长37.0%，有色金属冶炼和压延加工业下降25.9%，电力、热力生产和供应业增长29.3%。

中国共产党阿拉善盟委员会

综　述

2019年，全盟地区生产总值295.3亿元，增长5.9%；500万元以上固定资产投资增长0.4%；一般公共预算收入完成28.7亿元，增长18.3%；城镇常住居民人均可支配收入42983元，农村牧区常住居民人均可支配收入21753元，分别增长6.4%和9.6%；社会消费品零售总额87.02亿元，增长5%。

【防范化解重大风险】 成立防范化解重大风险工作领导小组和8个专项工作组，制定8个领域专项工作方案，细化责任分工，明确具体举措。政府隐性债务完成年度化解任务的163.68%，“十个全覆盖”工程外直接相关项目拖欠工程款全部清偿，消化处置不良贷款22.9亿元，银行业金融机构不良贷款率同比下降5.95个百分点，财政金融风险总体可控。

【精准脱贫】 推进中央专项巡视、脱贫攻坚成效考核反馈问题等整改工作，实施“清零达标”专项行动，开展扶贫政策落实、精准识别退出等“回头看”，对2016年以来扶贫资金拨付等情况进行专项督查，做到摘帽不摘责任、不摘政策、不摘帮扶、不摘监管。贫困群众生活得到改善，“两不愁三保障”问题有效解决，有劳动能力建档立卡贫困户实现产业扶贫全覆盖，全盟建档立卡贫困人口人均纯收入达到21732元。

【污染防治】 制定打赢蓝天保卫战三年行动等计划，实施污染防治项目100个，完成95个，二氧化硫、氮氧化物减排超额完成目标任务。落实开展全盟河湖长制工作，巡河巡湖实现常态化，地下水超采综合治理持续推进，黄河（阿拉善段）和额济纳河各断面水质均稳定在Ⅲ类标准。乌海及周边地区环境综合整治扎实推进，新蒙西危废处置中心建成投用，旗区所在地全部建成固废垃圾定点处理场，生活垃圾无害化处理率97.2%，巴彦浩特空气质量达标天数比例92.6%。

【重点项目建设】 实施盟级重点建设项目112个，完成投资134.5亿元。开复工亿元以上工业项目33个，完成投资42.3亿元，亿元以上工业项目固定资产投资增长19%。阿拉善—上海庙160万千瓦风电基地、博源年产860万吨天然碱等投资超百亿元重大项目顺利推进。全年共签约项目83个，当年开工项目30个，协议引资额161.5亿元。实施招商引资项目111项，引进资金93.4亿元，同比增长21.2%。

【产业转型升级】 自治区实施“农牧业高质量发展10大三年行动计划”以来，重点农牧业产业化龙头企业发展到53家，实现年销售收入9.8亿元，自治区级农牧业产业化联合体达到13个，87%的农牧民从产业化发展中受益。全盟农作物播种面积达到47.09万亩，粮食产量1.85亿千克，粮经草种植比重调整为4.9∶3.4∶1.7，建成高标准农田43.6万亩，节水灌溉面积达到71%，农业实用技术普及率、良种覆盖率、农机化综合水平分别达95%、98%和87%。牧业年度牲畜存栏110万头（只）。集中力量建设阿拉善高新技术产业开发区，加快推动传统产业转型升级，实施盟级重点工业项目35个，金属钠、靛蓝产能分别占全球市场份额的70%和90%以上。规上工业增加值同比增长10%，规上工业企业主营业务收入、利润总额分别增长14%和22.3%，工业用电量、成品油销售量、工业天然气用量同比分别增长16.8%、6.1%、14.4%。

【新兴产业发展】 实施盟级旅游项目8个、沙产业项目4个、清洁能源项目6个，沙产业健康科技研发中心投入运行，第三届全国沙产业创新创业大赛暨沙产业创新博览会成功举办，新增“风光”发电并网装机容量34万千瓦。胡杨林成功创建国家AAAAA级旅游景区，越野e族阿拉善英雄会、额济纳金秋胡杨节影响力持续扩大，全年全盟共接待游客2260万人次，旅游收入210.2亿元，分别增长17.2%和20.3%。能源工业总产值达到37亿元，银额盆地老西庙等3个油气勘探开发项目开工建设，中石油、中石化新增钻井110口，共生产原油3.6万吨、天然气75万立方米。积极创建“中国石墨产业创新共建基地”，阿拉善石墨研究开发中心挂牌成立，石墨深加工、新型碳材料科技产业园等一批重点项目启动实施。

【基础设施建设】 实施重点公路项目7个，巴彦诺日公至孟根至雅布赖、长流水至中卫一级公路具备交工条件，达来呼布至东风航天城一级、哈日苏海至路井二级公路开工建设，阿左旗升级支线机场项目稳步推进，巴银铁路项目启动征地拆迁，全盟铁路总里程达到1691千米，三旗机场旅客吞吐量17.5万人次。实施盟级城建项目9个，重点城镇人居环境不断改善。

【实施乡村振兴战略】 推广种植绿色有机农作物5万亩，阿拉善白绒山羊中国特色农产品优势区获得认定。“大棚房”专项清理整治任务顺利完成，推进农村牧区人居环境整治，全盟199个嘎查村已有161个嘎查村生活垃圾实现集中收集转运，农牧区户厕改造开工2735户，30个苏木镇和具备条件的嘎查村全部通上油路，嘎查村街巷硬化实现全覆盖。全盟农村牧区集中供水率达到91%，自来水普及率达到90%，供水保证率达到95%。阿左旗列入全国乡村治理体系建设试点，阿右旗和全盟3个苏木镇、30个嘎查村被确定为全区示范旗、苏木和嘎查，3个嘎查被命名为全国少数民族特色村寨。

【环保督察反馈意见整改】 中央环保督察反馈涉及阿盟15个共性问题完成整改12个，中央环保督察“回头看”反馈意见涉及阿盟15个共性问题完成整改11个，自治区生态保护大检查涉及阿盟45个问题完成整改31个，其他反馈问题按序时进度积极整改。开展生态环境问题大排查大整治专项行动，整治生态环境保护工作中存在的问题。

【生态系统保护】 统筹推进山水林田湖草综合治理，实施退牧还草等生态工程，新增国家级公益林补偿面积281.7万亩。完成人工造林153.3万亩、飞播造林28万亩、封沙育林7万亩、重点区域绿化 12.27 万亩，均超额完成年度计划任务。黄河阿拉善段防汛防凌生态应急调水工程加快推进。黑河调水实现新突破，东居延海水域面积达到 43.1 平方千米，西居延海水域面积达到 9 平方千米。

【生态环境治理】 持续巩固提升腾格里工业园区环境整治成果，推进贺兰山地区生态环境治理和胡杨林保护区退耕，推动矿山地质环境综合治理，完成矿山地质环境恢复治理 15 平方千米，2 家矿山成为国家级绿色矿山，37 宗矿业权退出自然保护区，黄河乌斯太段河湖“清四乱”案例入选高检公益诉讼十大典型案例。

【深化改革开放】 坚持把深化改革、扩大开放作为改变不发达现状的根本途径和重要抓手，突出重点领域，紧盯关键环节，明确改革任务 183 项，启动 182 项，形成改革制度成果 163 项。

供给侧结构性改革。退出煤矿 2 个、煤炭产能 60 万吨，商品房去库存完成目标任务，企业直接融资增长 8.1%。出台促进民营经济高质量发展若干措施，制定“一对一”帮扶、“点对点”服务企业首席服务官制度实施方案，全年累计减轻企业负担 13.82 亿元，其中减免企业税费 8.1 亿元，降低企业用电成本 3.55 亿元，规模以上工业企业每百元主营业务收入成本下降 4.2%。

“放管服”改革。出台民营经济“28 条”，公布实施 154 项“马上办”服务事项，设立 21 个“马上办”服务窗口，企业注册和不动产登记时间分别压缩至 3~5 个工作日之内，大数据中心建成投运，全盟新增市场主体 6192 户，市场主体达到 3.1 万户，民营经济增加值增长 5%。完成盟旗党政机构改革和生态环境机构监测执法垂直管理制度改革，政治体制、文化体制、社会体制、生态文明体制、党建制度和纪检监察体制改革都取得新成效。

对外开放合作。全年利用外资 136.42 万美元，增幅 79.5%。实施口岸建设项目 15 个，策克肉类指定口岸建成投用，进出口货物量 1150 万吨，进出口总额 48 亿元。乌力吉口岸建设加快推进，签约项目 83 个，落地开工 30 个，到位资金 83.6 亿元。举办“蒙宁（内蒙古、宁夏）沿黄流域文化旅游协同发展推进会”。

【支持人大依法行使职权】 开展额济纳旗胡杨林保护条例立法工作，对水污染防治法等 5 部法律实施情况进行执法检查，推进实施民生实事项目、人大代表票决制试点工作，开展民营经济发展、扫黑除恶等专题调研，进一步增强监督实效。

【支持政协履行职能】 制定 2019 年政党协商计划、政协协商计划和民主监督、专题调研议题，开展阿拉善自然保护地管理与发展等 8 次专题调研，政治协商、民主监督、参政议政作用有效发挥。

【巩固发展爱国统一战线】 召开民主党派调研选题专题协商座谈会，围绕民办幼儿园发展状况等 7 个课题开展调研。各民主党派、党外知识分子开展“不忘合作初心、继续携手前进”主题教育活动，多党合作思想政治基础更加牢固。开展中央宗教工作督查自查整改、宗教领域专项整治排查等行动。工青妇等群团组织充分发挥党联系群众的桥梁纽带作用。

【推进法治阿拉善建设】 全面推行行政执法公示、执法全过程记录、重大执法决定法制审核等制度，大力推进 4K 智能电视终端送法入户，开展“法援惠民生”系列活动，普遍推行“双随机一公开”监管。

【宣传思想文化工作】 认真贯彻全国全区宣传思想和网信工作会议精神，把统一思想、凝聚力量作为宣传思想工作的中心环节，切实做好举旗帜、聚民心、育新人、兴文化、展形象工作。

意识形态工作。开展意识形态工作责任制基层落实年活动，组建11类意识形态网格员队伍，全盟731名网格员常态化巡查各类阵地。开展增强“四力”教育实践活动，盟级及三旗融媒体中心全部挂牌运行，在中央、自治区媒体刊发稿件4221篇条。

弘扬社会主义核心价值观。开展“树百名典型·育时代新人”典型选树宣传、“星级文明户”评选等活动，挖掘宣传尼玛老人的先进事迹，新时代文明实践试点工作扎实推进。推进志愿服务制度化建设，开展志愿服务活动3860次。

推进文化事业。围绕庆祝新中国成立70周年，开展群众文化活动85项。成功举办全区第八届乌兰牧骑艺术节，开展各类文化惠民演出627场次。编创各类文艺作品173部，3部作品获自治区精神文明建设“五个一工程”优秀作品奖。

【保障和改善民生】 认真践行以人民为中心的发展思想，切实做好普惠性、基础性、兜底性民生工作，努力让发展成果更多更公平地惠及各族群众，全盟一般公共预算民生支出占比达到75.8%以上。

推进就业创业。新增城镇就业5024人，农牧民转移就业3034人，安置就业困难人员537人，超额完成年度目标任务。为478人发放创业担保贷款5844元，扶持478人成功创业，带动1102人实现稳定就业，城镇登记失业率2.83%，居全区最低。全力保障农民工工资按时足额发放，所有在建项目无拖欠农牧民工工资情况。

提高社会保障水平。城乡居民养老、医保实现全覆盖，社会保障主要指标水平保持全区前列。城乡低保标准分别提高9%和8%，特困人员基本生活标准提高8%，城乡居民大病保险报销比例达到60%以上。实施18个小区改造项目，完成棚户区改造2725套。

发展社会事业。优先发展教育事业，出台《关于全面深化新时代教师队伍建设改革的实施方案》，阿盟一中等10所校园新建、改建项目加快建设，通过“绿色通道”“智汇驼乡　鸿雁归巢”引进教育紧缺人才150人，普通高考再创佳绩。强化人才战略支撑，制定人才引进和流动实施办法等政策措施，全盟人才总量达到5.3万人，高层次人才达到2580人。实施健康阿拉善建设，稳步推行公立医院分级诊疗，开展医保支付方式改革，基本公共卫生服务项目补助人均增至69元，按病种付费病种达到130个，基本公共卫生能力显著提高。推进全民健身运动，举办“西部地区网球英雄会”邀请赛、阿拉善盟第四届体育大会等各项赛事活动70余项，在全区青少年锦标赛上取得优异成绩。持续完善基本公共文化服务体系，成功举办全区第八届乌兰牧骑艺术节，全盟乌兰牧骑开展惠民演出481场，受益群众达20.5万人次。全力推动“全国文明城市”创建，深入实施城市精细化管理三年行动，全盟城镇供水、燃气普及率分别达到98.5%和83%，垃圾分类工作加快推进。

【开展扫黑除恶专项斗争】 全盟打掉黑社会性质犯罪组织1个，铲除恶势力集团6个、涉恶团伙12个，破获涉恶案件174起、抓获犯罪嫌疑人156人，查封扣押冻结涉案财产2.4亿元。各级纪检监察机关共处置涉黑涉恶问题线索67件，立案20件，结案19件，处理87人。其中，涉黑涉恶腐败及“保护伞”问题10件，结案9件，处分9人，移交司法机关3人。全盟刑事案件立案数、治安案件受理数同比分别下降4.5%和10.8%。

【推进民族团结和边疆稳固】 开展全国民族团结进步示范盟创建活动，举办全盟民族团结进步创建现场观摩会，额济纳旗获评“全国民族团结进步示范区”。强化社会治安防控体系建设，建立军警民信息化联络平台，开展反恐处突实战演练、反恐应急拉练等活动，边疆稳固的工作格局不断筑牢。推进双拥共建，在两大基地成立街道办、综合执法站、公安分局等办事机构，积极承接基地学校、幼儿园等社会事业，投资 9.45 亿元实施基地市政道路、饮水安全等建设项目 27 个。

【信访、安全工作】 严格落实领导干部下访接访和信访包案制度，开展社会矛盾纠纷排查化解和信访矛盾化解攻坚战，全盟信访总量批（件）次、人次同比分别下降 13%和 55%。落实安全生产责任制，持续开展安全生产大检查和专项整治，严守食品药品安全底线，全盟未发生重特大安全事故。

【“不忘初心、牢记使命”主题教育】 全面贯彻守初心、担使命、找差距、抓落实的总要求，组织盟委理论中心组集体学习 17 次、专题研讨 9 次，盟级领导干部开展调研 196 次，形成调研成果 226 个；全盟各级领导班子共检视问题 3780 个，完成整改 2976 个；“开门纳谏”收到问题建议 650 件，办结 493 件，向社会公布整改案例 56 期 118 个。

【基层组织建设】 建立产业链党组织 108 个，党组织和党员中心户领办专业合作社 130 家，全盟 73%的嘎查村集体经济收入达到 5 万元以上，整顿提升 25 个软弱涣散基层党组织。推行“1+8+N”党群一体化治理模式，建立三级联动综合服务平台，打造 34 个城市融合党建示范点。

【干部队伍建设】 择优选派 51 名年轻干部到基层、信访部门和发达省市挂职锻炼。全盟处级干部中 40 岁以下干部、少数民族干部、女干部、党外干部分别占 7.6%、33.3%、22.9%和 8.8%。建立健全容错纠错机制，出台进一步改善基层苏木镇工作人员工作和生活待遇措施，激励基层干部职工扎根基层、干事创业、服务群众。

【深化正风肃纪】 全年共查处违反中央八项规定精神问题 23 个，处理 26 人；处置形式主义、官僚主义问题线索 198 件，立案 61 件，结案 56 件，处理 135 人；对履责不到位的 18 名党员领导干部进行问责。全盟共组织实施了 14 轮巡察，发现问题 1244 个、问题线索 36 件。

全盟各级纪检监察机关立案 210 件，结案 195 件，处分 220 人；查处民生领域腐败问题线索 134 件，立案 32 件，结案 32 件，处理 57 人；对 126 个典型案例进行公开曝光，召开警示教育大会 60 场次，形成有力警示和震慑。阿盟党风廉政建设和反腐败斗争群众满意度全区排名第一。

【重要会议】 1 月 7 日，2019 年中共阿拉善盟委员会（扩大）会议在巴彦浩特举行。会议全面贯彻落实中央经济工作会议、中国共产党内蒙古自治区第十届委员会第八次全体会议暨全区经济工作会议精神，总结 2018 年工作，分析当前经济形势，部署 2019 年工作。盟委书记杨博，盟委副书记、盟长代钦分别在大会上作讲话。盟委副书记、政法委书记王旺盛主持会议并作总结讲话。盟委、人大工委、行署、政协在家领导，盟中级人民法院院长、盟检察分院检察长和阿拉善职业技术学院党委书记、院长出席会议。各旗区、盟直部门、中央和自治区驻盟单位、各苏木镇党政主要负责人，盟重点企业及部分规模以上企业主要负责人参加会议。部分驻巴彦浩特的全国和自治区人大代表、盟政协委员、民主党派人士代表和离退休老干部代表等列席会议。

1 月 14 日，阿拉善盟召开 2019 年全盟机构改革工作推进会议。会议深入学习贯彻习近平总书记关于深化党和国家机构改革的重要论述，全面落实中央、自治区党委决策部署，安排部署全盟机构改革工作。

1月20日上午，2019年中共阿拉善盟纪律检查委员会（扩大）会议在巴彦浩特召开。会议以习近平新时代中国特色社会主义思想为指导，深入贯彻落实党的十九大全面从严治党战略部署，认真学习贯彻十九届中央纪委三次全会和自治区十届纪委五次全会精神，研究部署全盟党风廉政建设和反腐败工作。盟委书记杨博出席会议并讲话。盟委副书记、盟长代钦、盟人大工委主任查斯太等盟领导出席会议。盟委委员、纪委书记、监委主任卢利明主持会议并总结回顾2018年纪检监察工作，安排部署2019年工作任务。会议号召，要更加紧密地团结在以习近平同志为核心的党中央周围，不忘初心使命，奋力开拓前行，深入推进全面从严治党，巩固发展反腐败斗争压倒性胜利，以优异成绩庆祝新中国成立70周年。会议以视频形式召开，各旗区设分会场。

2月27日，2019年全盟河湖长制工作会议召开。会议贯彻落实中央、自治区关于河湖长制的决策部署，进一步细化目标、明确责任、强化措施，进一步巩固和完善河湖长制成果。盟委书记、盟第一总河湖长杨博，盟委副书记、盟长、盟总河湖长代钦出席会议并讲话。盟委副书记、政法委书记王旺盛，副盟长徐景春、王维东、秦艳出席会议。

4月15日，2019年阿拉善盟促进民营经济高质量发展大会在巴彦浩特召开。会议深入学习贯彻习近平总书记在民营企业座谈会上的重要讲话精神和自治区促进民营经济高质量发展大会精神，进一步落实中央自治区扶持民营经济高质量发展政策措施，优化全盟营商环境，以鲜明的导向、务实的举措推动全盟民营经济高质量发展。盟委副书记、盟长代钦出席并做重要讲话。盟人大工委主任查斯太、盟政协主席魏国权以及其他在家盟级领导参加。盟委委员、统战部部长萨仁图雅主持会议。大会表彰了全盟39家优秀民营企业，解读了新出台的《阿拉善盟关于促进民营经济高质量发展若干措施》。盟直有关部门和部分优秀民营企业代表现场发言。此次会议由盟委、行署主办，阿盟工商联承办。

8月22—23日，2019年全盟高质量发展和棚户区改造暨城市精细化管理现场观摩会召开，盟委书记杨博率观摩团走企业、问项目、进机关、入社区、看棚改，就阿拉善高新技术产业开发区和阿左旗高质量发展、棚户区改造和城市精细化管理等亮点进行观摩。盟委副书记、盟长代钦，盟政协主席魏国权等盟领导，法检“两长”及各旗区、盟直部门主要负责人参加观摩。会上，副盟长徐景春、王维东分别作观摩点评。会议听取了阿拉善高新技术产业开发区和阿左旗工作汇报，各旗区主要负责人作交流发言。

9月9日，阿拉善盟召开2019年全盟教育大会。盟委书记杨博出席会议并讲话，盟委副书记、盟长代钦主持会议，查斯太、魏国权、孙明泉、卢利明、王良等盟领导出席会议。会议围绕办好人民满意的教育工作，分析研究新时代全盟教育工作面临的新形势新任务，并对深入贯彻落实全国、全区教育大会精神，做好当前和今后一个时期全盟教育工作提出了要求、作出了部署。盟大人、政协分管领导，盟法院、检察分院、阿拉善职业技术学院主要负责人，各旗区、各部门主要负责人和全盟教育系统部门学校校长、幼儿园园长，优秀教师及教育工作者等400余人参加会议。

9月11日下午，2019年阿拉善盟“不忘初心、牢记使命”主题教育工作会议在巴彦浩特召开。盟委书记杨博出席并讲话，强调要切实把思想和行动统一到习近平总书记的重要讲话重要指示精神和党中央、自治区党委的部署要求上来，以高度的政治自觉、强烈的使命担当、务实的工作作风扎实开展好主题教育，激发全盟广大党员干部干事创业的巨大热情，奋力谱写新时代阿拉善事业发展新篇章。自治区主题教育第七巡回指导组组长刘彪出席并讲话。盟委副书记、盟长代钦主持会议。自治区主题教育第七巡回指导组副组长斯琴，盟人大工委主任查斯太、盟政协主席魏国权等盟四大班子领导，盟法检“两长”，阿拉善职业技术学院党委书记、院长出席会议。自治区主题教育第七巡回指导组全体成员，盟、旗各级党委（党组）主要负责人及组工干部；部分自治区“两代表一委员”（党代表、人大代表和政协委员）；盟委“不忘初心、牢记使命”主题教育领导小组办公室及指导组全体成员参加会议。

9月12日，阿拉善盟2019年“全盟机关党的建设工作会议”召开，盟委副书记王旺盛主持，盟委书记杨博出席会议并讲话。会议深入学习贯彻习近平总书记在中央和国家机关党的建设工作会上的重要讲话精神，全面落实自治区直属机关党的建设工作会议精神，研究部署全盟机关党的建设工作，全面推动机关党的建设高质量发展。

9月20日至21日，2019年全盟文化旅游发展暨民族团结进步创建工作经验交流现场观摩会在额济纳旗召开，盟委书记杨博，盟委副书记、盟长代钦率团进行实地观摩并在总结会上讲话。查斯太、魏国权等盟四大班子领导及法检“两长”，各旗区、盟直部门主要负责人参加观摩。观摩团先后到策克口岸经济开发区、居延海景区、黑城·弱水胡杨风景区、黑城文化体验园区、大漠胡杨景区、昂格茨音陶来嘎查，深入了解文化旅游建设发展情况。大家一致认为，额济纳旗近年来发展很快、变化很大，旅游基础设施日臻完善，旅游景区不断提档升级，旅游品牌影响力明显提升，文化旅游事业呈现蓬勃发展、欣欣向荣的良好态势。

2019年部分阿拉善盟委委员会议一览表

表1

时间	主持	会议内容
1月15日	杨　博	听取盟纪委监委2018年度工作开展情况和2019年度工作安排情况
1月23日	杨　博	传达自治区《关于清理规范社会文化环境和文化经营秩序专项行动的通知》《关于开展清理和规范校园文化环境专项行动的通知》及《关于贯彻落实自治区党委常委会第126次会议有关精神的通知》精神，研究部署阿盟贯彻落实工作。研究审议《阿拉善盟边防委员会领导组成及办公室设置方案》和《关于阿拉善盟委机构编制委员会组成人员的建议》
1月31日	杨　博	盟委召开盟委委员（扩大）会议。传达学习习近平总书记21日在省部级主要领导干部坚持底线思维着力防范化解重大风险专题研讨班开班式上的重要讲话精神，自治区党委副书记、自治区主席布小林在自治区十三届人大二次会议上所作的政府工作报告及自治区十三届人大二次会议、自治区政协十二届二次会议主要精神，自治区落实中央脱贫攻坚专项巡视反馈意见整改动员部署大会精神，研究部署阿盟贯彻落实工作
2月11日	杨　博	传达学习自治区有关会议精神，研究部署阿盟贯彻落实李克强总理在内蒙古考察慰问时的重要指示精神等重点工作，研究审议阿盟扫黑除恶专项斗争领导小组和盟委全面依法治盟委员会组成人员的建议

续表 1

时间	主持	会议内容
2 月 13 日	杨　博	传达学习《中共中央、国务院关于坚持农业农村优先发展做好“三农”工作的若干意见》及自治区党委农村牧区工作会议、自治区深入学习浙江“千万工程”经验全面扎实推进农村牧区人居环境整治会议、自治区扶贫开发工作会议精神，听取盟内贯彻落实意见，研究审议《阿拉善盟落实〈关于中央第八巡视组对内蒙古自治区开展脱贫攻坚专项巡视反馈意见的整改方案〉的办法》，安排部署下一步工作
2 月 25 日	杨　博	传达学习自治区党委书记、人大常委会主任李纪恒在自治区领导干部坚持底线思维着力防范化解重大风险专题研讨班上的讲话精神和对锡林郭勒盟西乌旗银漫矿业公司重大运输安全事故的指示精神，研究部署阿盟贯彻落实工作，传达学习中央政法工作会议和自治区党委政法工作会议精神，以及自治区落实中央环境保护督察“回头看”及草原生态环境问题专项督察反馈意见整改动员部署会议精神；听取盟委政法委贯彻落实中央、自治区党委政法委工作会议精神的意见和 2019 年阿盟政法工作安排，以及阿盟关于中央巡视“回头看”和自治区党委巡视反馈意见整改工作、阿盟检察机关开展公益诉讼情况汇报。会议还研究审议了《阿拉善盟“十三五”推进基本公共服务均等化规划》《阿拉善盟净化政治生态三年行动方案》《阿拉善盟职业病防治规划（2017—2020 年）》
2 月 27 日	杨　博	传达贯彻习近平总书记关于信访工作的重要批示、全国信访系统电视电话会议精神和《中共中央关于加强党的政治建设的意见》《中国共产党重大事项请示报告条例》，安排部署近期重点工作
3 月 18 日	代　钦	盟委召开盟委委员（扩大）会议。传达学习全国两会精神，研究阿盟贯彻落实工作。会议要求党委（党组）理论学习中心组要组织开展中心组专题学习研讨；各基层党组织要举办多种形式的培训；各级宣传部门要统筹各种宣传资源，扎实做好学习宣传教育，迅速把两会精神传达到基层一线和干部群众中
3 月 25 日	代　钦	传达学习习近平总书记对江苏响水天嘉宜化工有限公司“3・21”爆炸事故作出的重要指示精神，安排部署阿盟安全生产相关工作，研究审议《中共阿拉善盟委员会脱贫攻坚专项巡视整改落实专题民主生活会方案》等事宜。会议指出，各级各部门要深刻吸取事故教训，进一步落实安全生产“隐患排查治理常态化、安全专项整治常态化、监管执法常态化、应急救援工作常态化、宣传教育工作常态化”五个常态化要求，切实将安全生产各项工作实而又实、细而又细地真正落到实处。各级党委、政府和领导干部要履行好属地管理职责，强化安全监管部门的综合监管责任。会议强调，盟委领导班子和班子成员要按照《方案》要求，从严从实抓好学习研讨、征求意见、谈心谈话、查摆问题、撰写材料、问题整改等各环节工作，要立足找准问题、解决问题，认真查找自身存在的差距和不足，深刻剖析问题产生的根源，主动认领、自觉担责
4 月 25 日	代　钦	盟委召开盟委委员（扩大）会议。传达学习中央、自治区有关会议精神，听取全盟扫黑除恶专项斗争工作进展、防范化解重大风险工作情，研究分析全盟一季度经济形势，安排部署相关工作。会议传达学习解决“两不愁三保障”突出问题座谈会精神、中央政治局关于脱贫攻坚成效考核会议精神、习近平总书记关于民政工作的重要指示和李克强总理会见全国民政会议代表时的讲话精神、中国共产党内蒙古自治区第十届委员会第九次全体会议精神、自治区教育大会会议精神

续表 1

时间	主持	会议内容
5月6日	代　钦	传达学习习近平总书记在学校思想政治理论课教师座谈会上的重要讲话精神和在纪念五四运动100周年大会上的重要讲话精神，传达学习自治区党委常委会关于2018年脱贫攻坚成效考核整改落实工作的会议精神，传达学习自治区党委书记李纪恒在全区开展思想再解放、笃行新发展理念、推动高质量发展大学习大讨论动员部署会上的重要讲话精神，研究审议《阿拉善盟贯彻自治区加快推进法治政府建设实施意见的方案》《大学生志愿服务西部计划“阿拉善人才专项”实施方案》《坚持农牧业农村牧区优先发展切实做好“三农三牧”工作实施意见》《开展质量提升行动实施方案》
5月15日	杨　博	听取阿盟扫黑除恶专项斗争督导调研情况以及阿盟专项斗争推进情况汇报，研究部署下一步工作
5月24日	代　钦	会议传达学习中央政治局会议和自治区党委常委会议关于开展“不忘初心、牢记使命”主题教育有关精神，传达学习习近平总书记在全国公安工作会议上的重要讲话精神和全区公安工作会议精神，传达学习全区重大项目建设推进会精神，安排部署阿盟贯彻落实工作
6月2日	杨　博	扫黑除恶专项斗争领导小组会议。进一步统一思想、提高认识，对阿盟扫黑除恶专项斗争进行再强调、再部署、再推进，为高标准做好迎检工作进行再动员、再安排、再落实。会议听取阿盟扫黑除恶专项斗争工作推进情况、盟公安局关于扫黑除恶专项斗争重大案件线索排查起底及办理情况、盟纪委监委关于扫黑除恶专项斗争监督执纪问责情况的汇报，研究讨论盟委、行署向中央扫黑除恶第15督导组的汇报材料
6月10日	代　钦	会议传达学习习近平总书记对垃圾分类工作作出的重要指示精神，传达学习中央和自治区“不忘初心、牢记使命”主题教育工作会议精神，传达学习《干部选拔任用工作监督检查和责任追究办法》《中国共产党党员教育管理工作条例》，听取盟委组织部关于公务员职务与职级并行有关工作情况的汇报，研究审议《中共阿拉善盟委员会全面落实〈内蒙古自治区党委关于贯彻落实习近平总书记参加十三届全国人大二次会议内蒙古代表团审议时重要讲话精神坚定不移走以生态优先绿色发展为导向的高质量发展新路子的决定〉的实施方案（审议稿）》，研究部署阿盟贯彻落实工作
6月13日	—	盟委召开盟委委员（扩大）会议暨盟扫黑除恶专项斗争领导小组会议。传达学习中央扫黑除恶第15督导组督导内蒙古自治区工作通报对接会和中央扫黑除恶第15督导组通报问题整改工作会议精神，安排部署阿盟贯彻落实工作，学习习近平总书记关于扫黑除恶专项斗争的重要指示、批示和讲话精神。代钦代表盟委班子作扫黑除恶责任剖析，研究审议关于调整扫黑除恶领导小组成员单位和充实盟扫黑办人员力量的有关事宜，听取盟扫黑除恶专项斗争领导小组各成员单位关于扫黑除恶专项斗争综合治理工作情况、全盟扫黑除恶专项斗争综合治理工作情况汇报
6月22日	杨　博	召开盟委委员（扩大）会议暨盟扫黑除恶专项斗争领导小组会议。会议传达学习《关于内蒙古自治区党委政府赴国务院扶贫办座谈汇报工作情况的签报》和自治区党委书记李纪恒有关批示精神、全国巡视工作会议和全国市县巡察工作推进会议精神，听取盟委统战部关于创建全国民族团结进步示范盟工作进展情况的汇报，传达学习中央扫黑除恶第15督导组组长支树平在阿盟督导期间的重要讲话精神，听取中央扫黑除恶第15督导组第六下沉组督导阿盟情况的汇报，研究审议《阿拉善盟扫黑除恶专项斗争督导督办整改落实工作方案》，研究讨论阿盟《关于中央扫黑除恶第15督导组第一阶段督导反馈意见的整改方案》

续表 1

时间	主持	会议内容
7 月 19 日	杨　博	召开盟委委员（扩大）会议。专题传达学习习近平总书记在内蒙古考察并指导开展“不忘初心、牢记使命”主题教育时的重要讲话精神，安排部署阿盟贯彻落实工作，盟委副书记、盟长代钦传达学习自治区党委常委（扩大）会议精神。盟人大工委主任查斯太、盟政协主席魏国权出席会议。杨博指出，要充分认识习近平总书记考察内蒙古的重大意义，以强烈的思想自觉、政治自觉、行动自觉，认真学习领会习近平总书记重要讲话的精神实质，准确把握真谛要义，坚决抓好贯彻落实工作
7 月 23 日	杨　博	传达学习自治区党委常委会关于分析研究当前经济形势和经济工作有关会议精神，听取各旗区和盟直有关部门上半年经济运行、工作进展情况和下半年工作措施建议的汇报，深入分析阿盟上半年经济运行情况。盟委副书记、盟长代钦，盟人大工委主任查斯太，盟政协主席魏国权出席会议
8 月 2 日	杨　博	传达学习中央政治局关于分析研究当前经济形势和经济工作的会议精神、全区上半年重点工作汇报会议精神，研究阿盟贯彻落实工作，传达学习中央扫黑除恶第 15 督导组督导内蒙古自治区情况反馈会议精神，研究审议阿盟整改方案，研究审议《阿拉善盟公务员职务与职级并行制度实施方案》等有关事项。代钦、魏国权等盟领导出席会议
8 月 8 日	杨　博	召开盟委委员（扩大）会议。传达学习自治区党委书记、人大常委会主任李纪恒在阿盟调研时的指示精神，研究阿盟贯彻落实工作。代钦、王旺盛等盟领导出席会议
8 月 16 日	杨　博	传达学习自治区党委十届十次全会精神，研究部署阿盟贯彻落实工作，传达学习习近平总书记对地方人大及其常委会工作的重要指示精神和中央、自治区有关文件精神，研究阿盟意识形态工作。代钦、查斯太等盟领导出席会议
8 月 21 日	杨　博	传达学习习近平总书记在中央和国家机关党的建设工作会议、深化党和国家机构改革总结会议上的重要讲话精神，听取阿盟在“不忘初心、牢记使命”主题教育中开展软弱涣散基层党组织集中整顿有关情况和阿盟生态环境保护工作情况的汇报，听取盟扫黑办关于《阿拉善盟关于中央扫黑除恶专项斗争督导整改方案》的修改说明，安排部署相关工作。代钦、魏国权等盟领导出席会议
9 月 2 日	杨　博	传达学习中央财经委员会第五次会议精神、8 月 24 日自治区党委常委会议精神，部署阿盟贯彻落实工作，研究阿盟进一步深化领导干部利用名贵特产类特殊资源牟取私利问题专项整治工作，听取 2019 年阿拉善沙产业系列活动筹备情况的汇报，研究审议《2019 年阿拉善沙产业系列活动方案》等文件。代钦、查斯太、魏国权等盟领导出席会议
9 月 11 日	杨　博	盟委“不忘初心、牢记使命”主题教育领导小组第二次会议。传达学习全区巡视巡察工作会议暨十届自治区党委第六轮巡视动员部署会精神以及中央、自治区党委关于开展“不忘初心、牢记使命”主题教育有关会议和文件精神，研究阿盟贯彻落实工作，审议有关文件。代钦、查斯太、魏国权等盟领导出席会议
9 月 27 日	杨　博	传达学习近期中央、自治区重要会议精神，部署阿盟贯彻落实工作。盟委副书记、盟长代钦出席。会议还研究审议了《阿拉善盟委全面落实〈内蒙古自治区党委关于贯彻落实习近平总书记考察内蒙古重要讲话精神的决定〉的实施意见》和全盟防范化解重大风险工作“1+8”方案

续表 1

时间	主持	会议内容
9 月 30 日	杨　博	盟委“不忘初心、牢记使命”主题教育领导小组第四次会议。传达学习自治区主题教育整治工作推进会精神，研究阿盟贯彻落实意见，审议阿盟专项整治工作方案。盟领导代钦、查斯太、魏国权出席
10 月 14 日	杨　博	传达学习习近平总书记在视察北京香山革命纪念地、参观“伟大历程辉煌成就——庆祝中华人民共和国成立 70 周年大型成就展”、庆祝中华人民共和国成立 70 周年大会上的重要讲话精神，以及自治区黄河流域生态保护和高质量发展座谈会精神，研究阿盟贯彻落实工作。代钦、魏国权等盟领导出席会议
10 月 20 日	杨　博	专题分析阿盟前三季度经济形势，研究部署第四季度经济工作。盟委副书记、盟长代钦讲话，查斯太、魏国权等盟领导出席会议
10 月 20 日	杨　博	盟扫黑除恶专项斗争领导小组会议。专题听取盟委各委员、行署各副盟长、法检“两长”以及各旗区开展扫黑除恶专项斗争工作述职，安排部署下一步工作。代钦、查斯太、魏国权等盟领导出席会议
10 月 24 日	杨　博	传达学习习近平总书记对脱贫攻坚工作作出的重要指示和李克强总理的批示精神及全国脱贫攻坚奖表彰大会暨先进事迹报告会精神，以及习近平总书记对科技特派员制度推行 20 周年作出的重要指示精神和科技特派员制度推行 20 周年总结会议精神。会议还研究审议了《阿拉善盟矿产资源领域突出问题专项整治工作方案》《2019 年全盟意识形态领域的通报》等事项。盟委书记杨博主持并讲话，代钦、查斯太、魏国权等盟领导参加
10 月 31 日	杨　博	专题交流“不忘初心、牢记使命”主题教育调研成果，分析问题原因症结，明确工作思路办法，推动调研成果转化为解决问题的具体行动。自治区第七巡回指导组副组长斯琴出席会议
11 月 4 日	杨　博	传达学习近期中央、自治区有关重要会议、文件精神和中央领导重要指示批示精神，研究审议有关事项。代钦、查斯太、魏国权等盟领导出席会议
11 月 26 日	杨　博	推进阿盟主题教育相关工作，传达学习中央“不忘初心、牢记使命”主题教育专项整治工作推进会议、全区主题教育专项整治工作推进会暨第一批单位整改落实“回头看”部署会议等主题教育有关会议精神，听取盟委“不忘初心、牢记使命”主题教育 12 个专项整治工作进展情况汇报。自治区主题教育第七巡回指导组组长刘彪出席会议，盟领导代钦、王旺盛、萨仁图雅、卢利明、黄巴特尔、张国平、王良参加会议
12 月 5 日	杨　博	传达学习自治区党委书记石泰峰在阿盟调研时的指示精神和中央、自治区党委相关重要会议及文件精神，研究阿盟贯彻落实工作。盟委书记杨博主持会议并讲话
12 月 30 日	代　钦	传达学习中央经济工作会议、自治区党委十届十次全会暨全区经济工作会议精神，中办、国办《关于做好 2020 年元旦春节期间有关工作的通知》，自治区党委办公厅、政府办公厅《关于切实加强节庆、论坛、展会活动管理工作的通知》，安排部署阿盟贯彻落实工作。查斯太、魏国权等盟领导出席会议

2019年召开的阿拉善盟委班子民主生活会一览表

表2

时间	主持	会议内容
1月23日	杨　博	盟委班子以强化创新理论武装，树牢“四个意识”，坚定“四个自信”，勇于担当作为，以求真务实作风坚决把党中央决策部署落到实处为主题，召开2018年度民主生活会。自治区党委常委、内蒙古军区司令员冷杰松到会指导，自治区督导组、自治区纪委、自治区党委组织部有关人员参加会议。盟人大工委党组书记、主任查斯太列席
3月27日	杨　博	盟委班子召开脱贫攻坚专项巡视整改落实专题民主生活会。深入学习贯彻习近平总书记关于扶贫工作重要论述和中央脱贫攻坚决策部署，对照中央第八巡视组对自治区党委开展脱贫攻坚专项巡视反馈意见，主动认领问题，深刻剖析原因，明确努力方向，坚决抓好整改，以巡视成果运用和整改的实际成效践行“两个维护”
12月6日	杨　博	盟委班子召开“不忘初心、牢记使命”专题民主生活会。自治区党委主题教育第七巡回指导组组长刘虎到会指导并作点评讲话

【重要文件目录】

1. 中共阿拉善盟委员会　阿拉善盟行政公署印发《关于坚持农牧业农村牧区优先发展切实做好“三农三牧”工作的实施方案》的通知（阿党发〔2019〕1号）（2019年5月6日印发）

2. 中共阿拉善盟委员会印发《阿拉善盟净化政治生态三年行动方案》的通知（阿党发〔2019〕3号）（2019年3月6日印发）

3. 中共阿拉善盟委员会印发《阿拉善盟2018—2022年干部教育培训规划》的通知（阿党发〔2019〕7号）（2019年4月1日印发）

4. 中共阿拉善盟委员会　阿拉善盟行政公署印发《阿拉善盟关于促进民营经济高质量发展若干措施》的通知（阿党发〔2019〕8号）（2019年4月11日印发）

5. 中共阿拉善盟委员会　阿拉善盟行政公署印发《关于全面深化新时代教师队伍建设改革的实施方案》的通知（阿党发〔2019〕10号）（2019年9月6日印发）

6. 中共阿拉善盟委员会关于表彰全盟优秀共产党员、优秀党务工作者和先进基层党组织的决定（阿党字〔2019〕7号）（2019年7月2日印发）

7. 中共阿拉善盟委员会关于追授王晓东同志“全盟优秀共产党员”称号的决定（阿党字〔2019〕11号）（2019年9月2日印发）

8. 中共阿拉善盟委员会关于开展向尼玛同志学习活动的决定（阿党字〔2019〕12号）（2019年9月16日印发）

中共阿拉善盟委员会办公室

【概　况】 中共阿拉善盟委员会办公室（以下简称盟委办）内设盟委委员工作办公室、督查室、信息科、秘书一科、秘书二科、秘书三科、秘书四科、法规科、翻译科、政工科、总值班室、管理科、文印科、车队等14个职能科室和办公室机关党委，设二级局属参照公务员法管理单位2个（盟档案史志馆、盟接待办），事业单位2个（盟委办信息调研中心、盟党政专用通信局）。

【督查督办】 制定《2019年督查检查考核计划》，进一步统筹规范督查检查考核工作，通过实地督查、文件督办、电话核实等方式，配合自治区党委督查组开展督查调研29次，其中实地督查调研6

次。对贯彻落实盟委（扩大）会议精神、扫黑除恶、防范化解重大风险、企业乱收费等工作落实情况开展督促检查7次，其中实地督查调研6次。撰写呈报《决策督查专报》4篇，印发《督查通知》29个、《督查通报》5期。上报自治区转办的网民给自治区党委书记留言10条，办结率100%；向自治区党委办公厅报送《督查专报》32期。办理盟委主要领导批示178条，撰写《批示落实情况报告》5期。举办全盟整治形式主义为基层减负业务培训班、座谈交流会，对有关部门报备意识不强、统计数据漏报、未按计划时间开展督查等问题进行督办整改，盟委、行署及各部门印发的4类文件精简40%，盟本级召开的全盟性会议精简37%，开展督查检查考核较上年同期减少34.5%。

【信息调研】 全年，上报自治区党委办公厅信息778篇，采用246篇，采用率31.6%。其中，自治区转报中办的单篇18篇，自治区本级单篇采用6篇。《精准实施“三链”工程 积极探索农村牧区党建富民新模式》《黑河调水二十年额济纳绿洲生态治理成效、存在的问题及建议》被自治区党委办公厅评为优秀信息调研成果。阿盟信息工作在12盟市中排名第六。报送信息方面，加强总结提炼、归纳综合、分析研判，着力形成更多有情况、有分析、有建议的深层次信息，为盟委分析问题、解决问题、推动工作提供参考。重大紧急信息工作方面，牢固树立做好重大紧急信息工作的底线思维和“红线”意识，年内共办理重大紧急信息122期（含续报），其中上报自治区47期（含续报），未发生重大紧急信息迟报、漏报、误报和信息“倒流”问题。

【规范管理】 审查印发机构改革方案和部门“三定规定”44件，清理盟委规范性文件304件，起草印发《关于决定废止、宣布失效和修改部分党内规范性文件的决定》《盟委党内法规制度建设工作联席会议制度》和《盟直部门单位党内法规执行责任清单》，加强文风、发文审查，精简规范性文件30%。坚持“有件必备、有备必审、有错必纠”原则，全年完成盟委文件审查备案任务68件40余万字，备案率和及时率均为100%，纠正各起草单位代拟稿中违规问题1000余个，按盟委领导要求审查部门其他文件22件约9万字。着力推动“下备一级”工作，印发《关于开展2019年党内规范性文件备案工作的通知》，完成各旗各部门备案件审查任务203件约110万字，向自治区上报旗县直报点审查意见37件，下发审查通知书并督办整改34件，电话提醒79件。组织全盟党内法规业务培训2场次，受邀为旗区部门专题讲授文电法规工作规范5场次，培训约2200余人次。

【会议服务】 按照自治区《党政机关会议管理办法》和盟本级《党政机关会议管理办法》等规定，从拟发通知、会场布置、桌签制作、座次编排等环节抓好规范，在会议分类、审批和经费管理等方面明确要求，高效办好会议。完成中央扫黑除恶第15督导组督导内蒙古自治区情况反馈会、沙产业创新创业大赛等会议活动。全年，共承办会议活动60次，协助各部门单位办会20次。

【公文办理】 全年共办理文件1840件，审核制发文件、电报等724件。对进入发文程序的公文，经拟稿单位核对、复核以及分管领导确认无误后，拟写拟办意见呈领导签发，做到文件纸质稿和电子稿存档无差错。规范文件存档及涉密文件清退工作，整理归档和移交文件1032件，共清退销毁文件4734份。

【翻译工作】 翻译盟委政策性文件及盟委、行署和盟直部门大型会议活动会标、标语、文件文稿、宣传册，做好各类文稿资料的审核、校对工作。年内，共翻译法律法规读本、宣传册、知识手册21万余字，审核校对基层相关文稿5万余字。配合相关部门指导监督社会市面蒙汉两种文字并行并用及盟直部门文头、会标、桌签、印章、牌匾等蒙汉两种文字使用情况。

【帮扶共建】 处级干部到巴彦浩特镇开展脱贫攻坚结对帮扶走访调研20余次，了解帮扶对象生产生活现状、存在问题以及增收渠道等情况，共同分析致贫原因，提高双向熟悉率和帮扶满意度，形成专题调研报告。结合“清零达标”专项行动，配合巴彦浩特镇对507户1001人贫困人口享受产业扶贫项目情况和有劳动能力的贫困人口进行摸底统计。充分发挥盟委办统筹协调作用，对巴彦浩特镇产业项目申请、立项、建设等方面及时给予协助支持。

【后勤保障】 严肃财经纪律和财务规章制度，加强财政预算经费的核拨工作，保证各类经费合理安全使用，切实做好日常财务和后勤保障工作。及时公开预、决算和“三公经费”情况，完成办公设备购置、配发、调拨和管理工作，完成“五险二金”、个人所得税的核定、申报、缴纳、变更工作。

（撰稿：高莉新　编辑：王延吉）

·公务接待·

【概　况】 阿拉善盟接待办公室（以下简称盟接待办）隶属于盟委办公室，是参照公务员法管理的副处级全额拨款事业单位。内设一科、二科、三科和四科4个科室。核定编制12个，核定副处级职数1名，正科职数5名，副科职数1名，在编9人。

2019年，共完成来宾接待351批次9102人次（其中一季度67批次2949人次，二季度83批次1947人次，三季度110批次2346人次，四季度91批次1860人次）。与2018年相比，2019年宾客接待批次下降16.4%，人次增长20%。公务接待出车1287车次，安全行驶245040千米。公务接待整体呈现出高规格、团组接待任务增长明显且接待时间长的特点，接待批次呈下降趋势。

【规范接待】 严格执行中央八项规定，进一步完善各项规章制度，通过设立总值班室对接待流程进行梳理，规范审批程序、规范“三单一函”填报，经过层层把关审核，形成闭合式运转模式，使接待工作人、财、物之间的衔接更趋合理，工作运行顺畅，有效杜绝超范围、超标准、超人数接待情况的发生。

自治区公务接待及内部管理专项整改工作开展以来，盟接待办在这次抽查中作为唯一没有问题清单列出的盟市，工作得到自治区纪委的肯定。同时要求各旗区同步开展自查自纠，结合实际制订方案，抓好整改落实。针对反馈问题清单，提出整改目标任务、具体举措和实施步骤，实行台账管理、对账销号，扎实抓好整改工作。

（撰稿：爱如娜　编辑：王延吉）

·党政专用通信·

【概　况】 阿拉善盟党政专用通信局（以下简称盟专用通信局）为隶属盟委办公室的二级事业单位。

2017年4月，按照自治区和盟委要求，经阿拉善盟编委批准，盟专用通信局升格为副处级事业单位，核定事业编制15个，副处级领导职数1名，科级职数5名（含副局长1名，总工程师1名）。内设综合科、专用通信科、会议保障科3个职能科室。

盟专用通信局是全盟党政专用通信工作的业务

管理、综合协调和技术保障部门。

【电视电话会议】 2019 年，共保障各类会议 444 场次，其中全国和自治区至阿盟视频会议 57 场次，自治区至各旗（区）72 场次，全盟至各旗（区）视频会议 58 场次，全盟现场会议 257 场次。按照自治区的统一安排部署，推进广播级高清电视会议系统改造工作，陆续完成广播级高清电视会议视频系统采购手续办理、项目招投标、设备采购、终端安装、测试验收等工作。

【设备维护】 定期对党政大楼视频会议室进行设备检修、测试、维护，及时维修解决一楼报告厅大屏闪烁问题；到额济纳旗、阿右旗、阿拉善经济开发区进行视频会议设备检修，对旗区技术人员进行现场指导，完成设备维修、软件调试、故障排除等工作。

（撰稿：马　莉　编辑：王延吉）

纪检　监察

【概　况】 中共阿拉善盟纪律检查委员会、内蒙古自治区阿拉善盟监察委员会（以下简称盟纪委监委）内设办公室、组织部、宣传部、政策法规研究室、案件监督管理室、案件审理室、信访室、党风政风监督室、纪检监察干部监督室、第一监督检查室、第二监督检查室、第三监督检查室、第四审查调查室、第五审查调查室、第六审查调查室 15 个部室和机关党委。2019 年 11 月 21 日，第一、第二、第三纪检监察室更名为第一、第二、第三监督检查室；第四、第五、第六纪检监察室更名为第四、第五、第六审查调查室。盟纪委监委机关核定编制 54 个，核定处级领导职数 3 正 20 副，核定正科级职数 24 名。盟纪委设书记 1 名、副书记 3 名、委员 5 名；秘书长 1 名，由委员兼任。盟监委设主任 1 名，由盟纪委书记兼任；副主任 3 名，由盟纪委副书记兼任；委员 5 名，由盟纪委委员兼任 3 名。下设盟纪检监察网络信息中心、盟廉政教育管理中心和盟派驻机构管理中心 3 个科级事业单位，事业编制 36 个，科级职数 10 名（3 正 7 副）。

【政治监督】 建立任务清单和监督台账，明确 4 个方面 21 项监督重点，推动各地区各部门开展违建“别墅”清查整治和“大棚房”问题专项治理，立案查处人防系统腐败问题 5 人。开展形式主义、官僚主义突出问题专项治理，处置相关问题线索 198 件，立案 61 件，处理 135 人。盟纪委监委协助盟委推进全面从严治党，改进日常监督方式，强化督促调研指导，对责任落实不到位的 16 名党员干部进行追责问责。严把干部选拔任用政治关、廉洁关、形象关，回复党风廉政建设意见 105 批次 2042 人次，建议暂缓提拔使用 32 人次。

【监督检查】 履行监督第一职责，着力健全监督体系、完善监督举措、拓宽监督渠道，以高质量监督促进高质量发展。

盟纪委监委开列共性监督、专项监督和个性监督“三张清单”，组织各级纪检监察机关开展明察暗访 284 批次，发现问题 1534 个，查处违反中央八项规定精神问题 23 个、处理 26 人，查处侵害群众利益不正之风和腐败问题 18 个、处理 27 人。

持续深化纪检监察体制机制改革，盟本级设置派驻纪检监察组 19 个，增设派出盟直属机关纪检监察工委，4 个功能区纪检监察工委全部组建挂牌，指导旗区向所辖苏木镇、街道办派出监察办公室，在嘎查村（社区）聘任监察联络员 233 名，形成全覆盖的监督格局。

建好用好党员干部廉政档案，全盟各级纪检监察机关运用“四种形态”批评教育和处理 982 人次，其中运用第一、第二种形态占比分别为

76.5%、18%，实现惩治极少数、教育大多数的良好效果。

【巡察监督】 盟委先后召开6次会议研究巡察工作、听取巡察汇报，选优配强巡察队伍，把巡察监督摆在更加突出的位置高标准推动，打牢巡察工作纵深推进的组织基础。组织开展脱贫攻坚专项巡察"回头看"，对13个企事业单位党组织开展常规巡察，发现问题214件、问题线索16件，完成巡察全覆盖任务的74%。对4个苏木镇、28个嘎查村（社区）党组织开展提级巡察，发现问题126个、问题线索2件，全盟嘎查村巡察覆盖率达到49%。建立巡察机构与纪委监委有关部门协作配合机制，会同组织、宣传等部门对2018年以来巡察的23家盟直部门整改落实情况进行专项督查，对党建工作抄袭造假的3名处级干部分别进行提醒谈话和诫勉谈话，对7名被巡察部门党政主要负责人进行提醒约谈。

【审查调查】 组织全盟各级纪检监察机关主动下访336批次，接待反映群众373人次，排查信访问题80件次，盟纪委监委与政法机关双向移送问题线索110件、同比增长51%，反腐败整体合力进一步增强。全盟各级纪检监察机关共接受信访举报834件、同比增长15.7%，处置问题线索833件、增长8.2%，立案210件、增长2.9%，结案195件、增长4.3%，处分220人、增长11.7%，采取留置措施34人、增长143%，收缴各类违纪违法资金1.38亿元。直接查办王某某、王某某等在本地有较大影响的案件，参与查办自治区办理的田某某严重违纪违法案件，受自治区纪委监委指定管辖查处赵某、辛某、张某某等人严重违纪违法案件。在强大震慑和政策感召下，有7名党员干部主动投案自首。做好审查调查"后半篇文章"，对2013年以来735人次的处分决定执行情况进行全面自查自纠，组织全盟各级纪检监察机关回访教育受处分人员52人次，召开警示教育大会60场次，现场教育党员干部6500余人次，向有关地区、部门下发纪检监察建议书130份、提出意见建议201条，分71批次对查处的126个典型案例、179人公开曝光。

【净化政治生态】 净化基层政治生态。聚焦群众反映强烈的突出问题，立案查处涉黑涉恶腐败和作风问题20件、处理87人、移送司法机关3人，扶贫领域腐败和作风问题7件、处理14人，民生领域腐败问题32件、处理57人，对"三务"公开不到位的4名党员干部给予党纪政务处分或组织处理。

净化机关政治生态。盟纪委监委与自治区上下联动同步整治"四官"（懒官、庸官、乖官、巧官）问题，督促盟直部门查摆问题4363个，排查廉政风险点780个，建立相关制度359项，公开事项1243项，对查处的8起"四官"典型案例公开通报。

改善民营企业发展生态。推进"廉洁园区"创建活动，妥善处理涉企案件，督促有关部门持续深化"放管服"改革，加强对减税降费政策落实、清理拖欠民营企业账款等问题的跟进监督力度，切实保护民营企业及经营者的合法权益。

提振干部精神状态。出台《关于查处诬告陷害信访举报为干部澄清正名的实施细则》，先后为5名受到不实举报的党员干部公开澄清正名。常态化开展"清风干部"评选认定工作，选树"清风干部标兵"488人，开展集中宣讲6次，广大干部清正廉洁、担当作为的"正能量"有效激发。

【内部管理监督】 带头整治"四官"问题，公开聘请特约监察员15名，主动接受各方监督。坚持刀刃向内，解决"灯下黑"问题，全盟共受理纪检监察干部问题线索11件，立案2件，给予开除党籍、政务撤职处分1人，提醒谈话和诫勉谈话各1人。

（撰稿：成　龙　编辑：王延吉）

组　织

【概　况】 中共阿拉善盟委员会组织部（以下简称盟委组织部）在2019年机构改革后，加挂盟公务员局、盟非公有制经济组织和社会组织党工委牌子，内设办公室、研究室（政策研究室）、党建秘书科、组织一科（党代表联络办公室）、组织二科、组织三科、人才科（盟人才工作领导小组办公室）、干部一科、干部二科、干部队伍建设规划科、公务员管理科、考核工作科（盟委行署年度考核工作领导小组办公室）、干部教育科、干部监督科（举报中心、盟委组织部巡察工作联络办公室）14个科室，下设盟党员教育中心（参公事业单位）、宣传信息中心、干部人事档案中心、非公有制经济组织和社会组织服务中心、公务员事务中心5个事业单位。核定行政编制29个，工勤编制3个，参公事业编制4个，事业编制27个。

【干部选任管理】 2019年，共调整任免处级干部8批次489人，处级干部平均年龄下降到49.2岁，审核备案科级干部114批1293人次，完成了139名处级干部职级套转和晋升工作。把政治标准放在干部选用的首要位置，率先在全区制定出台干部选拔任用政治素质考察办法，建立处级干部政治素质电子档案、干部信息管理系统和干部监督信息数据库。制定实施《培养选拔年轻干部实施意见》《优秀年轻干部选拔培养和管理办法》等制度，储备优秀年轻干部1774人，选派2名干部到中央部门及发达省市挂职锻炼，选派49名年轻干部到信访部门、脱贫攻坚、重点工作和项目建设一线锻炼。

【干部教育培训】 深化“两学一做”学习教育常态化制度化，实施“习近平新时代中国特色社会主义思想教育培训计划”，全面推进践学、讲学、督学、述学、考学、评学“六学”模式，制定出台“领导干部上讲台”工作办法，举办盟级主体班次等重点培训班28期、专题讲座17期、专业化能力培训80余期，各级党委（党组）开展理论中心组学习1500余次、集中研讨440余次，引导广大党员干部深入学习践行习近平新时代中国特色社会主义思想，自觉用党的创新理论武装头脑、指导实践、推动工作。建成额济纳航天精神党性教育基地，被自治区组织部列入全区干部党性教育基地，已接受中组部第19批博士服务团等10余个班次，培训党员干部1000余名。

【干部考核】 构建“三个年度考核办法、一个年度考核结果反馈约谈整改实施办法、一个重点建设项目督查考核办法”的“3+2”考核制度体系，建立完善指标申报、审核下达、组织实施、监控考评等环节工作规程，确保考核工作有章可循、规范开展。结合旗区实际，差异化分配指标权重，推动各旗区发展比较优势、补齐发展短板。将16项专项督查整合为1次中期联合督查、5项专项考核汇总为1次年终考核，为基层单位减轻迎考迎评负担。阿盟2018年度绩效考核位列全区各盟市第一名，党政领导班子被评为优秀等次。

【干部监督管理】 对三旗两区和22个盟直单位2018年度选人用人工作开展民主评议，责令得分较低的3个旗区和盟直部门限时整改。完成全盟36名厅局级副职以上领导干部配偶、子女及其配偶经商办企业行为集中填报工作，运用提醒、函询、诫勉等组织手段，抓实问题整改，全年诫勉处级干部1名，提醒谈话处级干部4名，同时按照干部管理权限，责令相关部门党委（党组）提醒谈话科级干部23名和基层党组织负责人15名。紧盯巡视反馈选人用人问题开展专项整治，排查2013年以来受党纪政务处分干部711名，责令未调整到位的单位及时进行整改。健全审计计划制定和结果运用等机制，诫勉或提醒谈话未如实报告个人有关事项的领导干部35名。

【基层党组织建设】 推进基层党组织标准化规范化建设，全盟新设立党组织102个，清理规范党组织89个，优化设置党组织74个，设立党建办公室19个，三级党组织活动阵地实现全覆盖。制定基层党建三级双向联述联评联考机制，苏木镇专职党委副书记和组织委员、社区党组织专职副书记全部配齐，嘎查村（社区）党组织书记全部完成旗级党委备案管理。建立健全软弱涣散嘎查村党组织三级联动和“四个一”包联整顿机制，开展党组织书记扫黑除恶专题述职和专题谈心谈话活动，编发《阿拉善盟党建引领基层治理指导手册》，35个软弱涣散嘎查村全部实现整顿提升，清理补齐嘎查村“两委”成员16人，27个三年没有发展党员的嘎查村完成整改任务。全面推行“双报到双报告双考核”“双亮清单”制度，确定融合党建示范点34个，选树盟级及以上“两优一先”先进典型、“双强六好”“六个好”党组织94个，开展尼玛、王晓东先进事迹巡讲活动，尼玛老人的先进事迹在中央级媒体宣传报道。探索实行“1+8+N”党群服务一体化运行机制，加强三级党群服务中心建设，全盟党群服务中心达到99个。

【党建促脱贫攻坚、促乡村振兴】 建立完善领导干部及部门包联嘎查村责任制，选派366名驻村工作队员、199名“第一书记”投身脱贫攻坚一线，四级书记遍访脱贫攻坚任务重的苏木镇22个、嘎查村39个、贫困户3960户，全盟2850户7412人实现稳定脱贫。创新实施富民党建“三链”工程，累计建立产业党组织108个，打造产业链320条，下派产业指导员和科技特派员175名，党组织和党员中心户领办专业合作社161家，带动农牧民约5万人，推动全盟三分之二以上嘎查村集体经济收入达到5万元以上，其中经营性收入50万元以上的达到14个，富民党建“三链”工程特色经验做法得到中组部宣传和自治区党委主要领导批示。

【非公有制经济组织和社会组织工作】 开展“两新”党组织“覆盖检修”行动，摸底排查全盟489家非公企业和社会组织党建工作情况，调整补充党建指导员57人，撤销空壳党组织15个。截至2019年底，全盟非公有制经济组织和社会组织党组织覆盖率达到64%和72%。开展“两新”党组织党建工作评星定级，实施民营企业党建入章程试点2个，组织民营企业与党政机关单位进行干部双向挂职，推动党建工作与企业经营管理深度融合。

【党员队伍建设】 党员发展遵循“坚持标准、保证质量、改善结构、慎重发展”16字方针，注重发展思想上进、工作勤奋、作风正派、能力强的积极分子，切实优化结构、提高素质、壮大队伍。年内发展党员579名，其中农牧民党员占20%、产业工人党员占18%。截至2019年底，全盟共有党员23477人。其中，公有制单位党员12312人，非公企业党员1332人，社会组织党员105人，农牧民党员4112，学生党员33人，离退休党员3753人，其他党员1830人。

【人才工作】 围绕构筑全盟“一心多点”人才工作新格局，制定出台《阿拉善盟分类推进人才评价机制改革的实施意见》，投入1295万元用于高新技术科研、特色产业人才引领项目建设、人才培训等工作。开展“智汇驼乡 鸿雁归巢”高学历人才引进行动，引进138名硕士研究生以上学历人才进入盟直部门、旗区和苏木镇工作，并建成“智汇驼乡”人才云数据库。引进教育、卫生等行业急需紧缺人才222人，新挂牌成立院士专家工作站2家，柔性引进中国工程院院士2名，院士专家团队高层次人才25名。阿右旗骆驼产业与产品精深加工创业人才团队等3个团队、个人项目入选自治区第九批“草原英才”工程，获得自治区和盟级资金支持共65万元。开展“千名专家服务基层”“百名专业技术人才联系服务基层”等活动，选派卫生、农牧林水等领域专家及专技人才1250人次到基层一线开展指导服务。举办全盟高层次人才“爱国奋斗 建功立业”研修班，组织50名高层次人才参加培训。

【荣　誉】 组织拍摄的庆祝中国共产党成立98周年和新中国成立70周年专题音乐短片《我爱你，中国》，在《非公有制企业党建》杂志社、中国非公企业党建网组织的“唱响初心”活动中获得全国一等奖。

（撰稿：裴耀武　编辑：王延吉）

宣　传

【概　况】 中共阿拉善盟委员会宣传部（以下简称盟委宣传部）内设办公室、研究室、理论科（意识形态管理科）、宣传教育和基层指导科、新闻外宣科、文化艺术科、精神文明创建科、行业管理科（新闻出版版权管理科、盟“扫黄打非”办公室）8个科室，核定行政编制17个，工勤编制1个。盟文明办、盟外宣办、盟新闻出版版权局设在盟委宣传部，同时盟外宣办挂盟行署新闻办牌子。所属正科级事业单位3个：盟委讲师团，核定事业编制7个；盟精神文明建设指导中心，核定事业编制3个；盟融媒体中心，核定事业编制6个。

【意识形态工作责任制】 高位推动意识形态工作责任制落实，形成两月一调度工作机制。开展意识形态工作责任制基层落实年活动，印发《国企意识形态工作责任制管理规定》，制定《建设基层意识形态网格员队伍实施方案》，组建覆盖11类阵地主管部门和盟、旗、苏木镇（街道）、嘎查村（社区）四级联动的意识形态网格员队伍。制作《应知应会手册》《工作责任制图谱》，开展意识形态宣讲和培训125场次，受众7100人次。加大净化文化和新闻出版版权市场力度，开展专项整治100余次，销毁侵权盗版及非法出版物1.9万余件，查办非法宗教类出版物案件7起，收缴非法宗教类出版物1.2万余件，受到国家、自治区两级“扫黄打非”办表扬和奖励。

【理论武装】 干部学习突出“关键少数”，组织盟委理论学习中心组学习17次，各旗区党委（党工委）、盟直单位党委（党组）理论学习中心组学习1015次。开展“思想再解放、笃行新发展理念推动高质量发展”大学习大讨论，形成专题调研成果495篇。以“学习强国”为抓手，强化党员日常学习教育。全盟“学习强国”党员注册人数1.8万人，覆盖率86%，其中60岁以下党员目标完成率达100%，“学习强国”整体学用情况持续排名全区第三。围绕习近平新时代中国特色社会主义思想、“不忘初心、牢记使命”主题教育、党的十九届四中全会、扫黑除恶等重大主题，开展基层大众化理论宣讲1312场次，受众7.3万人次。制定《加强基层宣传宣讲工作管理细则》等制度，实现全盟238家学习讲堂动态化运行和网格化管理。额济纳旗“草原学习轻骑兵”获全区“草原学习轻骑兵”先进集体称号，阿左旗财政局“学习讲堂”被评为全区示范“学习讲堂”，阿左旗委宣传部制作的《党的十九届四中全会精神》微视频被评为全区优秀理论宣讲微视频。

【新闻宣传】 坚持新闻宣传周例会、重大主题日调度工作机制，全方位、多角度立体化开展“新中国成立 70 周年”、“不忘初心、牢记使命”主题教育、“三大攻坚战”、“阿拉善英雄会”等各类重大主题重要活动宣传报道，重点推进扫黑除恶和防范化解风险专题宣传工作，形成切实可行的工作制度。规范新闻发布机制，召开各类新闻发布会 7 次。注重发挥新媒体传播优势，在阿拉善英雄会期间，推送短视频 3.8 万个，在抖音平台获得超 7 亿次播放量。完成全区盟级融媒体平台试点建设，创新“1+2+5+N”的一体化区域运行模式，阿盟融媒体中心建设改革工作被评为全区优秀创新案例；各旗融媒体中心全部建成并投入运行，阿右旗融媒体中心被评为全区旗县级融媒体中心建设先进单位。加大与中央、自治区媒体对接合作力度，在自治区级以上主流媒体刊播稿件 4000 多条（篇），同比增长 45%；有序推进标准化口岸外宣阵地建设，建立中蒙两国地方新闻交流合作机制，与蒙古国巴音洪格尔省记协签订合作备忘录，开展“见证 70 年”中蒙媒体采访团走进阿拉善等系列采访活动，对外宣传整体水平不断提高。

【核心价值观和精神文明建设】 推进新时代文明实践中心试点建设，阿左旗成功打造新华街道办、图日根嘎查等“样板”工程，以及巴彦浩特体育场、巴彦霍德农业科技示范园等一批综合性文明实践基地，阿右旗、额济纳旗有序推进文明实践中心建设。各旗区积极培育“7+N”志愿服务队伍，开展群众喜闻乐见的文明实践活动 3960 场次，7 个志愿服务先进典型获全区表彰。推进“五大创建”，阿左旗创建全国文明城市稳步推进，额济纳旗成功创建自治区文明城市，阿右旗进一步巩固创建成果，文明村镇、文明单位、文明校园和文明家庭创建活动有序推进。开展农牧民素质提升行动，进一步完善“一约四会”（村规民约和红白理事会、道德评议会、村民议事会、禁毒禁赌会）。在全盟范围内开展“十星家庭示范户暨星级文明户”评选活动；确定 25 个“千村示范、万村行动”示范村；在巴彦浩特镇巴彦霍德嘎查举办“全盟新时代农牧民素质提升展示观摩活动”。培育和践行社会主义核心价值观，开展“树百名典型、育时代新人”活动，推出一批覆盖全盟各战线的先进典型。制定《阿拉善盟礼遇帮扶道德模范实施办法（试行）》，设立阿拉善好人基金，对全盟道德模范、身边好人进行了帮扶奖励。编写《半个世纪的守望——尼玛先进事迹选编》，在全盟开展尼玛、王晓东先进事迹报告会 8 场次，受众 3000 余人次。全国“诚信之星”蔺发儒获全国第七届道德模范提名奖；郭林祥、李雄鹰等 8 人获“内蒙古好人”称号；王多民入选“中国好人榜”候选名单。

【文化建设】 组织开展“弘扬乌兰牧骑精神 到人民中间去”基层综合文化服务活动 682 场次，累计受众 172 万余人次。创作舞蹈、歌曲、小品、美术等作品 335 部，舞蹈《传承》、蒙古剧《搏克·夏力宾》和蒙文图书《蒙古族传统文化普及文库》获得全区第十四届精神文明建设“五个一工程”优秀作品奖，《草原牧民歌唱您》获得第二届全区农牧民文艺汇演优秀奖，539 件作品在第七届中国童话节之草原童话节上获奖，16 个项目入选内蒙古文化产业项目库，联合创作拍摄以苏和、图布巴图等治沙模范为主题的电影，获得自治区重大主题文艺精品创作项目 100 万元经费支持。推进优秀民族文化传承保护，沙力搏尔式摔跤成为全区唯一入选国家非遗优秀保护实践案例的项目，2 名非遗传承人获“绣美家乡 时代风采——内蒙古最美绣娘”称号。

【百名典型选树宣传】 5—10 月，为庆祝新中国成立70周年，弘扬时代新风，培育时代新人，全盟组织开展“树百名典型·育时代新人”百名典型选树宣传活动，评选出感动阿拉善人物、最美基层干部、最美政法干警、最美工人、最美医护人员、最美女性、最美教师、最美志愿者、最美农牧民、最美少年等10类100名先进典型，并举办颁奖典礼，编写《树百名典型·育时代新人——百名典型先进事迹汇编》，统筹全盟各类新闻单位广泛宣传他们的先进事迹。

【第八届乌兰牧骑艺术节】 8月20日，第八届内蒙古自治区乌兰牧骑艺术节在阿拉善巴彦浩特乌日斯草原开幕，28日闭幕，为期9天。其间举办文艺汇演、深入基层演出、一专多能比赛、新时代乌兰牧骑创新与发展研讨会、新时代乌兰牧骑摄影电影展、第十届阿拉善文化旅游节等8大类116场次活动。

【文明城市创建】 阿左旗创建全国文明城市稳步推进，额济纳旗在26个自治区文明城市提名城市三年（2017—2019年）综合测评中以第四名的成绩成为第五届自治区文明城市；阿右旗在全区36个往届文明城市复查测评中，文明城市创建工作和未成年人思想道德建设工作分获第六名和第七名。

（撰稿：闫玉玺　编辑：王延吉）

统　战

【概　况】 中共阿拉善盟委员会统战部（以下简称盟委统战部）机关核定人员编制18个，其中行政编制16个、工勤编制2个，在职人员11名。内设办公室、研究室、干部科、民主党派和党外知识分子工作科、民族工作科、宗教事务科、经济工作科、港澳台侨工作科8个科室。二级事业单位阿拉善盟港澳台海外联络服务中心核定事业编制6个，在职人员6名；阿拉善盟宗教团体服务中心核定事业编制5个，在职人员5名。

【多党合作和政治协商】 巩固多党合作思想政治基础，支持各民主党派、无党派人士开展“不忘合作初心、继续携手前进”主题教育活动，支持党外知识分子开展“弘扬爱国奋斗精神、建功立业新时代”主题教育。承办九三学社全国思想政治工作会议，组织各民主党派、党外知识分子开展“感受家乡变化、厚植家国情怀”观摩等活动；协助盟委起草《2019年度政党协商计划》，组织召开2019年度征求意见协商座谈会、调研选题协商座谈会、重点工作专题协商会、调研成果协商座谈会等4次会议，进一步推进政党协商制度化、规范化运行；推进调研成果转化，以盟委、行署两办名义制定印发《各民主党派、工商联、无党派代表人士2018年重点课题调研工作落实分工方案》，督促各相关部门认真办理，较好地推动各项调研成果的落实；支持各民主党派、无党派人士开展7项专题调研，完成调研报告6篇。

【党外代表人士工作】 提高党外代表人士综合素质，制定《2019年全盟统一战线培训工作计划》，在内蒙古社会主义学院、深圳教育学院、上海交通大学、西北民族大学、鄂尔多斯城川民族干部学院、盟社会主义学院举办6期培训班，培训统一战线各领域代表人士370余人次；建成“阿拉善统一战线之家”，为各民主党派组织、各统战团体和党外代表人士提供了集中学习、集中培训、集中活动、集中会议场所，解决党派组织和统战团体长期以来无固定办公、活动场所的实际困难；全年共举办全盟统一战线“同心学习·立德圆梦”双月读书会6期，通过领学、研讨、谈体会认识、诵读等多种形式，深化宣传教育，加强思想政治引领；做好党外代表人士安排使用，调整增补6名政协委员（其中党外委员2名），党外委员占63.5%。会同盟委组织部制定印发《关于进一步加强党外干部培养选拔工作的意见》《党外干部挂职锻炼工作实施方案（2019—2021年）》，加大党外干部的安排使用。全年提拔使用党外处级干部17名（正处2名、副处15名），培训党外处级干部27名，选送2名优秀党外处级干部参加自治区党委统战部举办的中青年干部培训班，安排8名党外科级干部挂职锻炼。

【民族工作】 围绕创建“全国民族团结进步示范盟”目标，组建全盟创建工作领导小组和办公室，制定印发全盟创建《分工方案》《考评细则》，编制《工作手册》，组织召开2次创建工作领导小组会议，5次领导小组办公室会议，全面推进创建工作；制作民族团结进步创建宣传手册、知识问答、口袋书等宣传资料，组织开展全盟第36个民族团结进步活动月、民族法治宣传周等宣传教育活动。征集完成创建全国民族团结进步示范盟标志，制作宣传片《大漠之花绽边疆　民族团结创辉煌》《民族团结之花在大漠驼乡常开长盛》，在新华网等媒体播出。推进民族团结进步创建“七进”活动，制定印发“七进”活动实施方案，承办全区民族团结进步创建互观互学活动，在额济纳旗举办全盟创建工作现场观摩会，在阿左旗举办盟直部门创建互观互学活动；完成第七次全国民族团结进步表彰大会模范集体和个人的推荐工作，评定命名25个第三批全盟创建示范单位和10个第二批全盟民族团结进步教育基地；完成2019年兴边富民行动项目的申报备案工作，备案项目24个，落实资金2490万元。5家企业成功申报自治区民族贸易企业，3个嘎查新增为中国少数民族特色村寨；组织开展“蒙古语宣传月”活动，开展社会市面蒙汉两种文字并用检查治理工作。组织100余人参加全区蒙古语文翻译专业技术人员继续教育培训班、全区党政机关蒙古语文翻译人员培训班、全区蒙古语文信息化培训班。成功举办蒙古文小说比赛、蒙古语朗诵比赛、蒙古文书法比赛。

【宗教事务管理】 全面贯彻执行《阿拉善盟宗教教职人员、宗教活动场所及宗教工作管理规范（试行）》，建立完善《基层党组织两级宗教工作责任制工作办法》《宗教工作联席会议制度》《宗教团体领导班子述职考核办法（试行）》等规章制度；全面推进整改落实，接受自治区专项督查5次，开展自查7次，解决宗教活动场所产权手续不全等诸多历史遗留问题；制定印发7个工作方案；全盟30个苏木镇、4个街道办均配备统战宗教委员和统战宗教专干，199个嘎查村、52个社区均配备统战宗教联络员，健全完善三级宗教工作网络。各旗区配齐宗教干部均达到3个人的要求，并理顺各开发区职能职责；加强宗教人士培养管理，建立中青年宗教界代表人士数据库，选拔中青年教职人员到宗教团体和宗教活动场所任职，有计划、有步骤培养爱国守法且有较高宗教造诣的本地户籍中青年教职人员；落实爱国宗教团体工作经费10万元，支持宗教团体加强自身建设，在全盟宗教界开展“守法规强教风，喜迎70年大庆”活动。为180名60岁以上的喇嘛发放生活补助13.5685万元。

【非公有制经济工作】 推动非公经济人士健康成长，开展以“守法诚信、坚定信心”为重点的理想信念教育实践活动，举办“全盟非公经济代表人士”能力素质提升培训班暨港澳深蒙企业家代表座谈会，推动民营企业家凝聚思想共识；组织开展自治区“光彩事业”优秀民营企业和优秀民营企业家评选工作，上报典型25个。建立完善民营经济名录库和企业家人才库，入库民营企业25家、民营企业家34名，上报民营企业经营管理类百名人才库21名。推荐1名企业家参评第五届全国非公经济人士优秀中国特色社会主义事业建设者；提升服务水平，推动非公有制经济健康发展，认真落实“自治区26条”，推动出台《盟委、行署关于促进民营经济高质量发展若干措施》，着力为民营企业发展营造良好环境。出台《盟委统战部　盟工商联领导干部联系走访民营企业工作制度》。开展民营经济统战工作调研活动，完成调研报告3篇；协助成立阿盟首个境外商会——蒙古国阿拉善盟商会。邀请40名闽台商会成员赴盟考察洽谈；通报表彰优秀民营企业39家；配合全盟“两新”组织党工委做好非公经济组织和社会组织党组织优秀共产党员、优秀党务工作者、先进基层党组织推荐工作；引导非公人士聚焦精准扶贫开展社会公益活动，组织开展“光明行”活动，对48名盟内群众和21名蒙古国白内障患者实施复明手术，对盟内220名中小学眼病学生患者进行筛查。

【港澳台和海外统战工作】 承办“法治中国、你我同行”法治宣传边关行活动，现场捐赠宪法、侨法有关书籍600册，发放宣传单8000余份，并开展全国各省区侨联和自治区各盟市侨联干部互动交流活动；助力脱贫攻坚，成功引进阿拉善海外联谊会中国澳门籍理事200万元净水项目，为4所边境少数民族地区学校捐建367台净水设备，有效解决4所偏远中小学校和幼儿园近1000名师生的饮水安全问题。申报额济纳旗温图高勒苏木中国侨联“侨胞之家”项目，看望慰问归侨侨眷代表32户，发放慰问金4.3万元。协调盟教育、人社等相关部门办结政协阿拉善盟九届二次会议关于提升侨乡归侨侨眷就学就业水平的提案；利用新中国成立70周年、《告台湾同胞书》发表40周年和澳门回归20周年等有利时机，在港澳同胞、台胞台属、归侨侨眷、华人华侨中广泛开展爱国主义教育，印制发放《中华人民共和国反国家分裂法》《关于进一步促进两岸经济文化交流合作若干措施》等宣传单，加大宣传教育。

（撰稿：王佩毓　编辑：王延吉）

政策研究

【概　况】 中共阿拉善盟委员会政策研究室（以下简称盟委政研室）、中共阿拉善盟委员会全面深化改革委员会办公室（以下简称改革办），按照一个机构、两块牌子设置。2019年2月，盟委全面深化改革领导小组（以下简称深改组）办公室更名为盟委全面深化改革委员会（以下简称深改委）办公室。2019年3月，党政机构改革后，盟委政研室（改革办）设综合科、经济与生态研究科、文化与社会研究科、政治与党建研究科、改革协调与督察科5个内设机构，所属二级事业单位有《阿拉善工作》编辑部。机关核定行政编制10个，其中处级领导职数4名（1正3副），科级职数5名，工勤编制1个。《阿拉善工作》编辑部核定事业编制6个，核定科级职数2名（1正1副），专业技术人员4名。

【改革工作】 结合党政机构改革，完成了将盟委深改组改为深改委及改革办机构调整、人员转隶等工作，制定盟委深改委工作规则、专项小组工作规则、改革办工作细则。把贯彻落实中央、自治区党委改革部署与阿拉善实际相结合，全面承接中央、自治区党委安排部署的重点改革任务，根据盟委（扩大）会议部署、旗区部门特色改革，制定《中共阿拉善盟委员会全面深化改革委员会2019年工作要点》，明确183项改革任务，其中自主改革任务占23.5%。制定《阿拉善盟贯彻党的十九大报告重要改革举措实施规划（2018—2022年）》，为重大改革举措的持续推进规定了时间表、路线图。

制定改革总台账，党政主要负责人领衔改革任务台账、成果形式台账、试点台账、自主改革台账，调度改革推进情况6次。确定的183项改革任务启动182项，形成制度成果163项，在“放管服”改革、农村牧区综合改革、生态文明体制改革、干部人事制度改革、纪检监察体制改革等方面，均取得比较明显的成效。

【调查研究】 改进完善盟级领导干部调研课题拟题、选题服务工作，为盟级领导干部提供调研参考课题50个，较2018年减少58%，课题针对性、实效性进一步增强，编印《阿拉善盟2018年度盟级领导干部调研文集》。落实自治区党委政研室（改革办）调研任务，到3个旗3个嘎查村就乡村振兴开展驻村调研并完成3篇报告。结合“不忘初心、牢记使命”主题教育，形成关于提升政研、改革工作水平调研报告2篇。

组织起草《中共阿拉善盟委员会关于全面落实〈内蒙古自治区党委关于贯彻落实习近平总书记参加十三届全国人大二次会议内蒙古代表团审议时重要讲话精神坚定不移走以生态优先绿色发展为导向的高质量发展新路子的决定〉的实施方案》《中共阿拉善盟委员会关于深入学习贯彻习近平总书记考察内蒙古重要讲话精神的实施意见》《关于推动阿拉善高新技术产业开发区与乌兰布和生态沙产业示范区一体化发展的意见》等政策文件。

【党刊工作】 围绕贯彻落实盟委（扩大）会议精神、全国两会精神、“思想再解放、笃行新发展理念，推动高质量发展大学习大讨论”、贯彻习近平总书记考察内蒙古重要讲话精神、庆祝新中国成立70周年、学习贯彻党的十九届四中全会精神等专题，编发《阿拉善工作》6期、刊发相关文章100多篇。对《阿拉善工作》版面及栏目设置进行调整优化，突出政治性，增强针对性，提升时效性。

（撰稿：张　磊　编辑：王延吉）

网络安全和信息化管理

【概　况】 中共阿拉善盟委员会网络安全和信息化领导小组办公室于2018年3月列入党委工作机构序列。2019年3月机构改革后，挂牌成立中共阿拉善盟委员会网络安全和信息化委员会办公室（以下简称盟委网信办），主要承担阿拉善盟互联网内容建设管理、网络安全保障、统筹信息化发展三大职责。内设综合科、网络新闻信息传播与评论科、网络应急与管理执法科、网络安全和信息化发展技术科等4个职能科室。2019年5月完成人员转隶工作，核定行政编制10个，工勤编制1个，同时加挂阿拉善盟互联网信息办公室牌子。所属二级正科级事业单位盟互联网技术中心，核定事业编制6个。

盟委网信办督促各旗（区）、各部门和单位落实党委（党组）网络安全工作责任制。编发《网络安全风险漏洞》47期，对涉及全盟32家政务网站的风险漏洞进行风险预警，督促相关部门和单位落实整改。印发《2019年全盟网络安全检查工作方案》，收到《网络安全自查表》178份。配合自治区党委网信办对阿盟7个部门的网站、信息系统和2家企业的工业控制系统进行全面检查。举办2019年网络安全宣传周活动，组织全盟96个部门参与活动，各成员单位组织开展主题日活动。指导各旗区和巴彦浩特镇各分会场同步进行“网络安全进校园”等宣传活动。协调工信、商务、卫健、人社、电信运营商等部门，推进全盟信息化工作，形成全盟信息化发展情况和网络扶贫工作情况的报告各1篇。

【网信建设】 召开盟委网信委员会第一次会议，制定《委员会工作规则》和《办公室工作细则》，制定印发《全盟网信系统开展增强“脚力、眼力、脑力、笔力”教育实践工作的实施方案》，加大网络安全和信息化教育培训力度，累计参加自治区、盟内各类培训班近50人次，开展研讨交流7次。组织召开全盟网信工作会议，将网络意识形态工作纳入对旗区、盟直部门领导班子绩效考核指标，推动落实网络意识形态工作责任。在额济纳旗、腾格里经济技术开发区、中国移动阿盟分公司、宣传思想文化系统单位、中青班等范围开展网络意识形态培训，累计培训近600人次。

【舆情引导】 围绕中央、自治区党委和盟委重大工作部署，统筹指导全盟各类网络平台及时开设扫黑除恶专项斗争、脱贫攻坚等20余个重大主题网络宣传专栏，累计推送“不忘初心、牢记使命”主题教育网络稿件1503篇（条），点击量突破44万次。印发《阿拉善盟隆重庆祝新中国成立70周年系列网络主题宣传教育活动方案》，围绕“我和我的祖国”主题，精心设计开展7项网民喜闻乐见的网络文化活动，其中“壮丽70年精彩阿拉善”网络送祝福活动征集140个网络送祝福微视频，全盟超过6000名干部职工参与，微博话题阅读量达62.6万次。

策划筹办“网络中国节·德润阿拉善”“网上祭英烈”等网络主题宣传活动，累计推出“团圆吃月饼”等4个网络小游戏及40余个图解、H5微场景等移动端网络文化作品，增加网民交互体验，传播和凝聚网上正能量。举办2019年网上舆论引导专题培训班，对全盟160余名新媒体编辑开展实操培训。“阿拉善发布”“直通阿拉善左旗”2个网宣品牌分别获内蒙古自治区盟市级、旗县区级十大最具影响力政务新媒体品牌称号。

加强网络统战工作和网络社会组织管理，阿左旗成立网络文化协会，盟、旗两级网络文化协会举办文化沙龙活动3次，组织开展红色主题教育活动1次。深入实施“网络公益工程”“中国好网民”工程，引导网民加强自律，共建网上网下“同心圆”。

（撰稿：李园园　编辑：王延吉）

机构编制

【概　况】 阿拉善盟委机构编制委员会办公室（以下简称盟编办）是盟委机构编制委员会的办事机构，承担盟委机构编制委员会日常工作，为正处级规格，列盟委工作机关序列，加挂阿拉善盟事业单位登记管理局牌子，归口盟委组织部管理。内设综合科、机关机构编制科、事业机构编制科、旗区机构编制科、监督检查科、登记科6个职能科室和盟委机构编制委员会办公室综合保障中心1个事业单位。核定处级领导职数4名（1正3副）、科级领导职数8名；核定行政编制11个，工勤编制1个，所属事业单位核定事业编制9个。

【党政机构改革】 建立健全和优化盟委对重大工作的领导体制机制，组建和调整优化全面依法治盟、审计、财经、退役军人事务等11个盟委议事协调机构，将全面深化改革、网络安全和信息化等领导小组改为委员会，加强盟委组织部、宣传部、统战部对相关领域工作的统一归口管理，在20个部门新设立党建办公室，设立20个盟级纪检监察派驻机构。兼顾边疆地区、资源富集、生态屏障等地域特色，在生态环保、能源、外事等重点领域组建生态环境局、能源局、外事办、林业和草原局、自然资源局、政务服务局、退役军人事务局、卫生健康委员会等一批新机构。按照机构职能“优化协同高效”原则，改革党政机构设置和调整职能设置，结合“三定”规定和权责清单，重点解决部分领域机构重叠、职责交叉、权责脱节等问题，确保党政机构职能分工合理、责任明确、运转协调。落实“两个不突破”要求，将机构编制遗留、整改等问题统筹纳入改革同步解决，完成行政超编等问题的整改落实。

【事业单位机构改革】 开展事业单位改革前期准备工作，组织成立工作专班，实施事业单位调研和事业改革单位机构编制统计工作，全面完成盟直事业单位编制、领导职数、实有人员、业务工作情况统计摸底。协调推动公立医院总量控制和备案制管理机制改革，形成《继续推进全盟公立医院总量控制和备案制管理工作的报告》，经盟委编委会议研究通过，确定盟本级公立医院264名备案制限额，按照公开、公平、公正的原则，于2021年底前分两批次公开考录，同时完成医院已有自聘人员消化任务。

【重点领域改革】 推动阿拉善高新技术产业开发区行政管理体制改革，组织该开发区高质量完成相对集中行政许可权试点改革，形成“一枚印章管审批”“三集中三到位”和“12345”工作法并顺利完成验收；推进经济发达镇行政管理体制试点改革，按照“区镇合一”的模式，制定《阿拉善盟乌斯太镇深入推进经济发达镇行政管理体制改革实施方案》，充分下放权限，建立权责清单，形成“前台+后台”的运行模式；印发高新区乌斯太镇“区镇合一”的机构设置方案和所属事业单位的设置方案，在阿拉善高新技术产业开发区设置行政机构15个，事业机构21个。着力理顺开发区、口岸管理委员会管理机制，形成《关于腾格里经济技术开发区体制机制改革的调研报告》，调整设立腾格里经济技术开发区行政内设机构14个，事业机构13个；申报调整策克口岸经济开发区管理委员会正处级、乌力吉口岸管理委员会副处级的机构规格，明确盟委、行署派出管理体制。启动全盟交通运输、农牧业、生态环境、文化市场、市场监管综合执法改革，五大领域牵头部门拟定改革方案，并通过盟行署合法性审查。稳步推进基层整合审批服务执法力量改革，印发《阿拉善盟关于深化苏木镇和街道改革推进基层整合审批服务执法力量的实施方案》，全盟36个苏木镇和街道共设置180个党政机构，新设立副科级事业单位93个，全部完成机构挂牌工作。协同推进环保机构监测监察执法垂直管理体制改革，将三旗两区生态环境机构人员整建制上收盟生态环境局，实行垂直管理和派驻管理。

【机构编制管理】 制定印发《中共阿拉善盟委员会机构编制委员会工作规则》《中共阿拉善盟委员会机构编制委员会办公室工作细则》。落实机构编制实名制规范管理，重点审核行政事业单位机构名称、机构规格、编制数额、领导职数和实有人员等信息，对重视不够、管理不规范的旗区进行集中整治，完成盟直机关56家行政单位、186家事业单位“机构编制管理证”换发工作，修改完善实名制在编人员信息7121条，机构编制台账信息380条。持续做好事业单位登记管理，利用“阿拉善盟事业单位在线”网站平台，实现年度报告“零跑腿”，完成全盟569家事业单位法人登记和99家登记变更工作，事业单位年检率达到100%。积极推进“双随机、一公开”监督检查工作，抽查盟直事业单位4家，合格率100%。保障人才用编需求，争取自治区空编使用计划330个用于实施“人才强盟”战略，争取自治区党委编办为阿盟核增100个中小学教职工编制。

（撰稿：雷　鹏　编辑：王延吉）

盟直属机关工委

【概　况】 阿盟直属机关工委（以下简称工委）内设办公室（纪工委挂靠办公室）、组织部、宣传部、群团工作部4个部室。核定行政编制11个，事业编制3个，实有人员14名。在领导班子配备上，设书记1名（由盟委委员、秘书长兼任），常务副书记1名，副书记2名，纪工委书记1名。截至2019年底，负责管理基层党组织216个，其中党委5个、机关党委12个、党总支12个、党支部187个（包括工委直属党支部35个）；负责管理党员2757名，其中在职党员2587名、退休党员170名、党务干部867名。

【政治建设】 印发《盟直机关党建工作考核目标》，召开工作会1次、开展调研指导2次，落实“三级联述联评联考”机制，听取8个党组织书记抓党建述职报告，57个党组织上报书面评议材料。认真落实《中央和国家机关关于严格党的组织生活制度的若干规定（试行）》，督促指导机关党组织查找解决党内政治生活中的问题。指导各机关党组织坚持和完善入党志愿书和党员过“政治生活”等政治仪式，严格“三会一课”、党员党性分析、谈心谈话等制度的落实。2019年，各机关党组织开展祭扫革命先烈、重温入党誓词、演讲比赛、合唱比赛、知识竞赛等爱党爱国主题活动1307次。年内，举办扫黑除恶、脱贫攻坚专题辅导班2期，培训党员541人次。

【理论武装】 工委选派5名党员干部参与到盟委主题教育各指导组中，负责盟直机关所属党组织的督促指导工作，为基层党员征订学习图书5500本，组织开展培训2次，培训党员547人次。各级党组织坚持把党章党规作为“基础课”、习近平新时代中国特色社会主义思想作为“必修课”，以“学习强国”为载体，发挥理论学习中心组领学促学作用，通过读原文、学原著、集体学、培训学、专家讲等多种形式，不断掀起比学赶超的学习热潮。所属党委（党组）理论学习中心组学习1260次，研讨415次；派员列席党委（党组）中心组学习56次；各级党组织书记讲党课422次。落实《全盟2018年—2022年干部教育培训规划》，充分运用“理论课程、实践课程、网络课堂、实操课堂、交流课堂”，着力构建多层次、全方位、立体化的学习教育模式。年内，工委举办各类培训班16期，培训5958人次。举办党员义务植树、党员轮训班、党性教育报告会、先进典型宣讲、红歌比赛、读书分享会、观看红色电影等活动，逐步在盟直机关建构具有思想吸引力和政治凝聚力的意识形态环境。年内举办意识形态专题培训2期，培训党员干部360名，开展各类党内活动7次。

【基层组织建设】 贯彻落实《中国共产党支部工作条例（试行）》，严格按照《中国共产党党和国家机关基层组织工作条例》，结合盟直部门及时督促指导涉及部门完成基层党组织新建、撤销、转隶工作，换届机关组织37个，变更党组织名称20个，撤销党组织13个，新成立党组织21个，转隶党组织11个。在党员人数超过50人的机关党组织，共设立15个党建办、配备11名专职党务干部。持续打造行署办、工商联等7个机关党组织，发挥典型示范引领效应，树立标杆，以点带面、普及推广。2019年，在盟直机关范围内产生全盟优秀共产党员1名、全盟优秀党务工作者1名、感动阿拉善人物1名、最美基层干部1名，典型示范引领效应逐步显现。严肃规范发展党员程序，加强培训、票决、公示、审查、追责等重要流程管理，确定发展对象84名，接收预备党员74名。注重维护“党员信息系统”，完善盟直机关2757名党员信息资料，确保每名党员都纳入党组织教育管理之中。制定印发《关于扎实推进盟直机关企事业单位党组织与街道社区党组织互联互动工作方案》，打造盟委办机关党委、盟委组织部党支部等10个党组织为融合党建示范点，以抓好“融合党建”推动业务工作提质增效。引导各机关党组织严格落实

“双亮清单”“双报到双报告”制度，开展志愿修路、购买残疾人辅助就业义卖作品活动，参与党员近3000人次，党员出资达4万余元；各级党组织开展志愿服务626次，设立党员先锋岗117个，党员先锋模范作用充分发挥，形成了融合发展、相互促进、相互提高的局面。

【转变工作作风】 贯彻落实中央八项规定及其实施细则精神，落实《阿拉善盟净化政治生态三年行动方案》，开展“四官”问题专项整治行动。引导各机关党组织坚持把纪律和规矩挺在前面，结合“不忘初心、牢记使命”主题教育，利用廉政党课、知识测试、观看专题教育片、参观廉政基地等形式，全面加强纪律教育，将纪律教育课程纳入党务干部主体班次培训内容，使党的纪律教育成为党员的必修课。举办纪检委员培训班1期，培训近200名纪检委员。

（撰稿：周　桐　编辑：王延吉）

巡　察

【概　况】 中共阿拉善盟委员会巡察工作领导小组办公室（以下简称盟委巡察办）成立于2019年1月13日，内设综合科、督查指导科2个科室。盟委巡察办核定行政编制13个、工勤编制2个，核定处级领导职数4正5副、正科级职数2名。下设盟巡察数据服务中心1个事业单位（正科级），核定编制5个，正科级职数1名。

2019年，盟委委员会议专题研究巡察工作3次，书记专题会议4次听取巡察工作情况汇报，盟巡察工作领导小组将全年工作细化为20项具体工作任务，先后召开4次领导小组会议对巡察工作进行统筹谋划，巡察办召开24次主任办公会议对具体任务进行跟踪问效。11月25日，专门召开全盟巡察工作会议。全年组织实施2轮常规巡察、1轮脱贫攻坚专项巡察“回头看”和1轮苏木镇延伸嘎查村（社区）巡察，发现问题340个，问题线索18件，覆盖率74%。

【脱贫攻坚专项巡察“回头看”】 启动对12个盟直部门、三旗（两区）承担脱贫攻坚重点任务的30个职能部门、27苏木镇的脱贫攻坚专项巡察“回头看”，通过纵向到底提级巡、统筹力量交叉巡的模式，发现问题70个、问题线索6件，为脱贫攻坚政策、措施的落实提供保障。

【苏木镇、嘎查村（社区）巡察监督】 从6月开始，盟委巡察办对全盟251个嘎查村（社区）党组织摸底调研，于9月全面启动对阿拉善高新技术产业开发区和腾格里经济技术开发区所属4个苏木镇、28个嘎查村（社区）党组织的巡察监督，发现问题126个、问题线索2件。至此，全盟嘎查村（社区）巡察覆盖率完成49%。

【常规巡察】 完成对盟委编办、法院、阿拉善职业技术学院、金融发展有限公司、交通投资有限公司等13个企事业单位党组织的监督检查，发现问题144个，问题线索10件。

【巡察反馈】 围绕巡察“双反馈、双签收”和“四张清单”，坚持盟委巡察工作领导小组成员带队参加反馈工作，协调纪检监察机关分管领导、室主任及组织部门相关领导参加反馈会议。组织召开纪检、组织、巡察、审计业务协调对接会，制定《关于协作单位选派人员参加盟委巡察工作的通知》，全年协调各部门选派51名优秀干部参加巡察工作，严格落实巡察日常整改、人员选派、分类移交、协作配合等工作机制，充分调动各职能部门积极性，推动形成有序衔接、互为补充、协调一致的整改监督链条。

【跟踪督办】 向盟委组织部、宣传部移交专题报告3份，向各级纪检监察机关移交问题线索18件，办结16件，其中给予开除党籍处分1人、党内严重警告1人，政务警告处分3人，组织处理5人。针对书记专题会议点人点事问题下发督促整改落实通知5份，对7名党政主要负责人进行约谈。

【建立健全盟旗巡察机构】 盟、旗巡察办正式列为党委工作机关，"一办三组"或"一办两组"的工作架构全部搭建，落实人员编制50个，工作经费172万元。

【实地跟踪督导】 召开2次盟、旗巡察办主任工作例会，听取巡察工作情况汇报，研究部署有关工作。针对政治监督内涵把握不够准、熟人社会监督难、整改抓得不够实、队伍建设不够规范、主体责任落实不到位等突出问题，开展实地督导2次，组织业务培训4次。

【旗级巡察工作】 坚持以落实好全国市县巡察工作推进会为重点，提出8项具体工作任务，针对自治区巡视办督查反馈的6个方面问题和自治区对阿右旗巡视反馈的问题，专门制定《贯彻落实自治区党委巡视办督查发现问题整改方案》，梳理出18条督查推进措施，通过督促整改，推动各旗巡察工作质效不断提升。

（撰稿：徐　峰　编辑：王延吉）

老干部工作

【概　况】 中共阿拉善盟委员会老干部局（以下简称盟委老干部局）核定编制11个，内设干部办公室、政治生活待遇科、文化社会指导科、党建办公室4个科室。所属2个正科级事业单位，盟老干部活动中心，核定编制11个；盟老年大学校务中心，为盟委老干部局所属正科级事业单位，具有独立法人资格，核定编制3个。盟关心下一代工作委员会办公室设在盟委老干部局，人员编制在盟老干部活动中心编制内。截至2019年底，全盟共有离退休干部7504名，其中离休干部37名［盟直机关单位14名、阿左旗9名、阿右旗6名、额济纳旗3名、雅布赖盐化集团1名、中盐吉兰泰盐化集团（中直企业）4名］，年龄最大的离休干部95岁，最小的86岁，平均年龄89岁；退休干部7467名（盟直单位1991名、阿左旗3547名、阿右旗1018名、额济纳旗669名、阿拉善高新技术产业开发区57名、腾格里经济技术开发区185名）。全盟建有离退休干部活动中心52个（社区活动中心），室外活动场地面积20544平方米（社区），室内活动场地面积17296平方米；老年大学4所，在校学生3420名。全盟离退休干部工作机构8个，工作人员29名。

【老干部政治待遇】 把离退休干部党支部书记培训纳入组织部、机关工委培训主体班计划，培训对象扩大到支委和骨干，共培训党支部书记、委员200余人次。按"一方隶属、多重管理"模式，盟委老干部局在盟老年大学14个临时党支部的基础上，新成立盟关工委和盟老年书画协会2个临时党支部，各临时党支部共有党员1300多人。盟老干部局探索打造"互联网+教育"平台，通过互联网对老干部开展学习教育。盟、旗区老干部工作部门通过微信公众号，集中发布各级各部门老干部工作动态及老干部文体活动、志愿服务和正能量活动动态信息，宣传老干部的崇高精神和感人事迹，向全社会传播老干部的正能量；盟委老干部局开发定制"阿拉善老干部"微信小程序，为参加学习、活动的老干部提供"面对面、键对键"的线上服务。动员组织老干部在自觉自愿、量力而行的前提下，发挥自身优势，力所能及地在党建、科技、教育、文化、健康等领域开展志愿服务行动，助力脱贫攻坚。全盟成立离退休干部志愿服务队 5 个，人数 185 名。组织 60 余名志愿者，为社区、敬老院老人提供免费体检、义诊、按摩、理发等服务。盟老年大学以班级为单位，以党支部为依托，组建老年志愿服务队，引导学员服务社会、奉献他人。各班级积极组织学员参与社区文明宣传、环境卫生保洁、关爱空巢老人、福利院慰问演出联谊等志愿服务活动。

【老干部生活待遇】 按政策提高 1 名离休干部享受副厅级医疗待遇，为 1 名抗战后期离休干部每年增发 2 个月的基本离休费，39 名解放时期离休干部每年增发 1 个月的基本离休费。为 1 名副省级退休干部落实自雇费补贴，每年及时调整发放。各级老干部工作部门做好日常慰问工作和庆祝中华人民共和国成立 70 周年走访慰问活动，各级主要领导带头深入老干部家中，为中华人民共和国成立前参加革命工作的 41 名老干部佩戴“庆祝中华人民共和国成立 70 周年纪念章”，并送去慰问金和慰问品。对患病住院、重病在家的老干部上门关心慰问，定期走访慰问居住安置的老干部，及时慰问去世老干部家属。耐心接待老干部的来电来访，让老干部满意。

经盟离退休干部工作领导小组会议研究，将全盟离休干部护理费标准统一提高到每人每月 2500 元。截至 2019 年底，盟直单位、各旗区的离休干部已按标准发放。离退休党支部党费返还比例由原来的 80%提高到 90%，加大党费对离退休干部党组织活动的支持力度。

组织召开离退休干部政策解读会，盟社会保险事业管理局、医疗保障局专业人员就养老保险制度改革、职工医保政策、养老保险待遇、个人保险账户、基本医疗住院待遇、大病补充医疗保险等老干部关心的问题进行讲解并现场交流，编发《离退休干部政策宣传册》300 份。

【老干部文化待遇】 盟老年大学配备各类常规教室、舞蹈排练厅、书画展厅、多功能厅、多媒体教室、电子阅览室、钢琴室等教学（活动）室（厅）40 余间，约 6000 平方米。开设蒙汉声乐、舞蹈、蒙汉书法、绘画、马头琴、陶布秀尔、二胡、古筝、古琴、葫芦丝、电脑、电子琴、电钢琴、手风琴、摄影、蒙语会话、英语会话、国学、太极拳、走秀等 23 个专业 56 个教学班。2019 年新增设紫苑华亭小区分校、满都拉社区分校、西花园社区分校，有在校学员 2500 名左右。盟老年大学聘用教师 37 名，根据教师对学员管理及课堂教学内容、教案及教学计划的报备情况、教师课堂考勤，参加会议、组织活动等履行班主任职责情况进行评级。2019 年，组织老年大学学员参加全国、全区和全盟性歌舞、书画、摄影比赛和展演活动 10 多场次。在庆祝建党 98 周年、新中国成立 70 周年期间，盟老年大学举办三场“喜迎祖国华诞·讴歌大美驼乡”消夏专场晚会，参加学员达 600 多人；成功举办庆祝中华人民共和国成立 70 周年全盟首次离退休干部“不忘初心、牢记使命”主题教育书画摄影展和文艺展演及第三届校园艺术节。

【开展老干部活动】 组织开展“新中国成立 70 周年”走访慰问、“我看新中国成立 70 周年新成就”专题调研活动、庆祝中华人民共和国成立 70 周年全盟离退休干部运动会、庆祝中华人民共和国成立 70 周年全盟离退休干部“不忘初心、牢记使命”主题教育书画摄影展、庆祝中华人民共和国成立 70 周年全盟离退休干部“不忘初心、牢记使命”主题教育文艺展演、“不忘初心、牢记使命”主题教育先进典型事迹离退休干部专场报告会等活动；组织盟老干部宣讲团围绕《70 年来的伟大成就》《我的入党故事》等宣讲题目，开展集中宣讲 39

场次，参学人数达3180余人次；通过在西花园社区、满都拉社区、紫苑华庭社区建立老干部活动中心分站及老年大学分校，分别开设舞蹈、声乐、书法等课程，满足社区近1600名老年人就近活动、就近学习的需求。

【老干部关心下一代工作】 以“党建带动关工”工作。把关工委的工作重心向社区下移，把基层组织建设向上提升，依托各级党组织带动关工工作发展。在盟、旗关工委成立“临时党支部”，把“五老”人员（老干部、老战士、老专家、老教师、老模范）下派到街道、社区、学校担任常务副主任，为关工工作的开展提供有力保障。

拓展关工工作范围。以党建引领“创五好”、“三型”关工建设为契机，推动关工工作实现“横到边，纵到底”的全覆盖建设目标，在完善旗区、街道、苏木镇街三级关工组织的基础上，推动关工工作逐步向嘎查、企业等基层延伸，2019年，全盟关工组织已达到320个。同时，“五老”队伍随着嘎查与企业关工组织的拓展也由“老干部、老战士、老专家、老教师、老模范”向老农民、老企业家、老市民志愿者发展，不断壮大关工队伍。

打造关工特色品牌。各级关工组织在大党建引领下，结合自身优势，努力打造具有本土特色的工作品牌，树立工作标杆，形成了旗区有品牌、苏木镇有亮点，社区有特色的关工品牌升级发展链，培育“中华魂读书”、家庭教育、“四点半课堂”、“创五好”等一批具有阿拉善特色的工作品牌，进一步发挥老干部在推动社会主义核心价值观传播、关心关爱青少年成长、营造青少年健康成长的社会环境等方面的重要作用。

（撰稿：田 密 编辑：王延吉）

保 密

【概 况】 中共阿拉善盟委保密委员会办公室与阿拉善盟国家保密局为一个机构、两块牌子，是主管全盟保密工作的正处级职能部门，列盟委工作机关序列，归口盟委办公室管理。盟国家保密局内设办公室、宣传法规科、监督指导科、科学技术科、涉密载体销毁中心5个保密业务科室。核定机关行政编制12个，事业编制8个。设局长1名，副局长2名；科级领导职数8名（6正2副）。

【保密工作责任制】 盟委、行署继续将保密工作纳入对旗区处局领导班子年度实绩考核评价内容，科学制定考核方案及监控评价指标体系。按照年初有要点、半年和年末有总结的工作要求，制定年度工作要点，梳理总结半年和全年工作情况，及时上报自治区保密委及盟委审核备案。

【保密行政执法】 全盟立足健全保密行政执法工作机制，落实“谁执法、谁普法”责任制，全面推动保密干部学法用法。结合《自治区国家保密局行政执法及业务工作流程汇编》，盟、旗（区）两级保密行政管理部门切实规范保密审查、监督检查等行政执法行为。

【定密管理】 全面贯彻实施《内蒙古自治区国家秘密定密管理办法》，督导各级各部门规范定密授权，落实定密责任人制度，并注重做好动态调整工作；在全盟范围内开展定密事项报备工作，进一步推进规范定密各项要求在各部门各单位的落实。坚持做好定密管理日常督导，持续规范机关单位“派生定密”管理，确保国家秘密事项全程管理，全盟定密管理工作进一步规范。

【涉密人员管理】 加强涉密人员在岗和离岗保密管理工作，督导各单位认真开展新增涉密人员岗前保密审查、离岗离职涉密人员脱密期管理，并做好涉密人员因私出国（境）审查审批。经过机构改革调整，及时变更并备案涉密人员信息。10月，举办全盟保密业务培训班，盟直共计100余家单位、阿左旗共计80余家单位的400余名领导干部及涉密人员参加培训。

【计算机及网络保密管理】 对全盟申请涉密信息系统集成项目进行备案，对盟内的涉密网络建设及整改进行督导。结合机构改革，对全盟涉密计算机进行动态管理，制定管理台账和标识。通过全盟涉密计算机及外部设备统计和网络核查分类工作，为阿盟的国产化替代工作和网络分级保护工作提供数据支撑。

【国家秘密载体管理】 对国家秘密载体实行台账化管理，进一步加强对涉密载体制作、使用、保存和清退、销毁全程管理。健全完善涉密载体销毁车间规章制度和工作流程，规范涉密载体销毁工作。2019年，安全销毁盟直机关单位及阿左旗清退的纸介质涉密载体（含内部资料、红头文件及其他资料）13余吨，电磁介质3000余件。

【保密科技防护】 积极与财政部门对接，为盟直各部门采购涉密专用计算机提供技术指导服务。盟国家保密局为盟行政中心3个会议室配备手机信号干扰器6组，确保盟委、行署重要会议活动安全保密，做好重大会议活动保密技术服务保障。规范涉密会议保密服务保障流程，强化物防、技防监管手段应用，全年为13次涉密会议提供保密服务保障，保障3000多人每次的涉密会议手机存放。先后3次为中央、自治区领导赴阿盟视察、督导提供驻地安全环境技术检测和服务保障。

【重点领域保密管理】 开展试卷保密室检查验收和年审工作。配合盟委组织部、盟人事考试中心、盟招生考试中心、盟卫健委、盟检察院、盟法院等单位开展2019年各类统一考试的试卷保管和巡查监督工作19次。

【保密督查检查】 对全盟各旗区重点部门、涉改单位、国有企业及2018年度保密工作考核中排名靠后的盟直机关单位开展专项督查，重点对各单位保密责任落实、保密制度执行、开展保密管理等情况进行检查，现场反馈存在问题，提出整改措施，推动各部门依法履行保密主体责任。组织开展全盟再生资源交易市场保密检查，对涉密文件资料、普通文件、内部资料流入市场的情况进行严格检查，杜绝违规外销涉密载体问题，打击涉密载体私卖违法违规行为。

【荣　誉】 盟、额济纳旗委保密机要局获“全国保密工作先进集体”称号，是全区唯一获此称号的集体；额济纳旗委保密机要局获“全区保密工作先进集体”称号，盟委保密机要局王倩茹获“全区保密工作先进工作者”称号。

（撰稿：马　洋　编辑：王延吉）

档案　史志

【概　况】 阿拉善盟档案史志馆（以下简称盟档案史志馆）为盟委直属事业单位，隶属盟委办公室领导。主要承担盟直机关、团体、企事业单位入馆档案的保管、利用，档案业务指导和培训，党史、地方志编纂、指导、审核及服务利用等职责。内设办公室、档案科、法规科、党史科、方志科5个科室。人员身份参照公务员法管理。核定编制19个，实有17人。

2019年，盟档案史志馆本着“集约有效”原则，对原有办公场所重新设计规划，移交原盟委办公楼，在盟档案史志馆集中办公。严格对照国家综合档案馆库安全标准，对全楼进行安全检查、设施维护、设备更新。提高“软件”管理水平，理顺工作职能职责，补充和完善机关管理制度、业务制度及各科室各岗位职责30余项。创新服务窗口，重新设计改版了单位门户网站，以全新面貌展现阿拉善风土人文、展示档案史志工作。为盟委办公室输送1名副科级干部，提拔任用1名副科级干部，推荐1名干部到组织部等部门调训锻炼，安排1名年轻干部参加后备干部中青班。从基层调入干部2名，落实职务和职级并行政策，10名干部晋升职级。

投入4万余元设立党员书屋，购置各类书籍200余册，为机关职工提供学习平台；对单位工会进行换届改选。建立健全工会制度，争取到2万元经费，设立机关职工之家，配备健身器械。工会纽带桥梁作用初步凸显。

【档案工作】 截至2019年底，盟档案馆馆藏档案共214662卷/件，其中当年接收档案38340卷/件，接收资料531册。在1号档案库库存饱和的情况下，投入8万余元，在2号库安装密集架15列60组；投入8万余元对档案馆监控设备进行维护更新，投入16余万元对馆库暖气设施、墙体进行维护，使档案馆硬件设施得到有效改善。全年提供查阅利用124人次。启动档案信息化工作，优先选择民生档案等利用频率高的档案全宗进行录入扫描。

档案业务指导培训。按照盟委、行署年度考核要求，对盟直各部门和旗区档案工作开展平时考核，测评打分，推动档案管理水平不断提高。为盟委组织部、盟人力资源和社会保障局、盟林业和草原局等23家单位提供业务指导；跟踪做好“污染源普查”“精准扶贫”“土地确权”档案辅导、培训工作；对阿左旗通古淖尔至额尔克哈什哈农村公路项目进行档案验收。完成全国民族团结进步示范盟创建工作档案整理；完成盟编办、阿右旗财政局档案业务培训；先后2次到脱贫攻坚帮扶点——阿右旗阿拉腾朝格苏木调研，整理完成苏木政府及全部6个嘎查扶贫、文书、会计等各类档案980卷/件，其中扶贫户档案77卷，提高了档案管理规范化水平。组织人员参加全区档案在职人员兼职教师培训，盟档案史志馆5人被自治区档案局聘为兼职教师。

法制宣传。按照行政权力纳入“互联网+监管”的要求，完成全部目录清单的认领及实施清单的编制、行政执法信息的平台录入，编制行政事项办事指南，组织档案执法人员参加行政执法证培训考试。利用“3·15”消费者权益日、“12·4”法制宣传日等节日节点在广场、社区开展“法律六进”活动，宣传档案法规。采取在《阿拉善日报》全文刊发国家档案局《机关档案管理规定》、盟档案史志馆门厅设置“新中国记忆”展板、盟党政中心电梯间滚动展播档案工作宣传视频等形式，扩大档案工作的社会影响。

服务全盟机构改革工作。紧盯全盟机构改革进程，印发《关于做好机构改革中档案处置工作的通知》，明确涉改机构档案的归属和流向，强调档案收集、整理、归档、移交等环节的原则和要求，要求各单位认真制定本单位档案处置方案，避免发生档案遗漏、损毁等问题。通知下发后，对涉改单位档案工作进行有效的督促指导。各级涉改单位均按要求开展档案处置工作，确保档案的安全和及时入馆，10家单位向盟档案史志馆进行整体移交，共接收入馆档案2.9万卷/件。

【党史工作】 征集到腾格里经济技术开发区开发建设、阿盟生态建设等方面的资料30件约20万字。

为庆祝中国共产党成立98周年和中华人民共和国成立70周年，盟档案史志馆对全盟各级综合档案馆馆藏档案资料进行摘选整理，将反映拉善地区历史事件、人物，特别是自 1926 年有党的活动以来所发生的大事要事、为阿拉善的革命和建设事业做出突出贡献的人物事迹等内容以时间为序进行串联，在《阿拉善日报》开辟专栏刊登，举办为期一年的“档案见证历史”宣传教育活动，推进红色党史的宣传普及。配合盟宣传部完成“阿拉善盟庆祝新中国成立 70 周年成就图片展”部分内容的整理编撰，共提供历史档案 10 份、图片 105 张、文字材料 3 万字。

【地方志工作】 常态化开展年鉴编纂工作。编印《阿拉善盟年鉴（2018 卷）》，共计 78 万字，盟直、旗区参编单位共 149 个。将年鉴名称由《阿拉善盟年鉴》改为《阿拉善年鉴》，并完成《阿拉善年鉴（2019 卷）》征稿和编辑工作。按自治区政府办确定的时间要求，12 月底正式启动《阿拉善年鉴（2020）》编纂工作。对《阿拉善盟志（1990—2009）》内容进行整合精炼，共计缩减 70 余万字，为下一步蒙古文翻译工作的全面启动奠定基础。

为盟委统战部、盟检察院等单位修志工作提供业务指导，按照地方志业务规范，对体例设置、文字表述等进行修改，提出反馈意见。

方志馆接收自治区地方志办赠送的部分盟市、旗县区首轮志书光盘 400 余张，与内蒙古通志馆（民间）交换地方志成果 100 余册。为盟纪检委、宣传部等单位及个人提供地方志资料，地方志资料利用 80 人次，较上年增长 30%。

（撰稿：王延吉）

党校（行政学院、社会主义学院）

【概　况】 中共阿拉善盟委党校并挂盟行政学院、盟社会主义学院、内蒙古社科院阿拉善分院，实行“一校三院”办学体制。内设办公室、教务科、科研部、培训科、后勤管理科、马列基础理论教研室、公共管理教研室、法学教研室、经济理论教研室、统战理论教研室、电教中心和图书资料室 12 个科室。核定编制 82 个，处级领导职数 6 名（1 正 5 副，含社会主义学院副院长），行政管理人员 17 名，专业技术人员 58 名，工勤人员 7 名。

【教学工作】 2019 年，共举办各类培训班 79 期，培训人数达 9432 人次。其中，举办干部教育重点班次 7 期，培训人数 414 人；承办自主选学培训班 28 期，培训人数 3668 人；承办盟委组织部等盟内外培训班 36 期，培训人数 4082 人次；承办阿左旗各类培训班 9 期，培训人数 1268 人次；完成研究生班教学任务。

持续推进习近平新时代中国特色社会主义思想、中共十九届四中全会精神、习近平总书记全国两会重要讲话精神、民族团结进步、扫黑除恶等宣讲工作。开展理论宣讲 415 场次，受众人数 28703 人次；党风廉政教育基地参观 2760 人次。

举办全盟党校（行政学院）系统“用学术讲政治”研讨班。采取示范授课、座谈交流、主题研讨的形式引导教师们深化对“用学术讲政治”的理解，推动“用学术讲政治”教学改革稳步推进。实行试讲制度，以培训需求为导向，积极开发新专题。全年共有 22 名教师共计 125 个成熟专题进入课堂，有力保证课堂教学质量。

按照“用学术讲政治”的教学改革要求，及时修订《教学评估表》，在主体班次上实行信息化教学质量评估打分制度，突出教学评估的导向作用。

【科研工作】 2019 年立项各级各类课题 17 项；完成课题成果报告、咨询报告 10 项，结项课题 14 项，其中自治区社科院 1 项，即“阿拉善岩画的文化价值及其保护应用研究”。完成“内蒙古民族文化建设研究工程——阿拉善信仰伊斯兰教蒙古族文化变迁调查”项目并顺利结项。在各级各类报刊和论文集上公开发表论文 34 篇。教师个人参与教材编写 2 部。科研成果获奖 3 项。

紧密围绕全盟经济社会发展重点和热点问题，组织教师深入三旗四区就脱贫攻坚、基层党建、乡村振兴、全域旅游、意识形态、生态环境治理相关问题开展社会调研 30 人次。

举办深入学习贯彻党的十九届四中全会精神研讨会 1 次；组织教研人员参加内蒙古党校、自治区社科院、内蒙古社会主义学院、内蒙古大学蒙古学研究中心等举办的各级各类理论研讨活动 13 场次、30 余人次；完成自治区社科联阿盟党校科普基地“科普周”集中科普宣讲 5 场。

为推动党校智库建设再上台阶，聘请宁夏党校教授对全体教师就如何运用学术讲政治，进行专题讲座、交流，解决科研工作疑难问题，推进“教、研、咨”一体化进程。

【队伍建设】 组织教师 61 人次参加中央党校、内蒙古自治区党校（行政学院）、内蒙古社会主义学院、城川民族干部学院等各类专题培训班 26 期。制作精品微型党课 6 个，推选 1 名教师参加自治区党委组织部的“精品党课 100 讲”评选活动，4 名教师向盟委宣传部报送优秀理论宣讲材料。以提升青年教师综合素质为重点，举办青年教师教学竞赛活动 2 次，立项校级青年课题 5 项。鼓励教师提升学历，3 名教师考取博士研究生。

建立培训学员群，督促学员对授课教师的教学态度、教学内容、方式方法、效果和特色等指标进行打分，并将评估意见及时反馈。对 57 名教师的 71 个专题进行信息化教学质量评估。每期主体班次配备班主任，为学员提供全程跟班服务。

（撰稿：张玥瑶　编辑：王延吉）

内蒙古自治区人大常委会阿拉善盟工作委员会

【概　况】 内蒙古自治区人大常委会阿拉善盟工作委员会（以下简称人大阿盟工委）机关厅级领导职数一正五副6名，处级领导职数13名，科级职数8名，在职干部职工36名。内设：办公室、农牧业工作处、财政经济工作处、社会建设工作处、环境资源城乡建设工作处、监察和司法工作处“一室五处”。办公室下设：秘书科、综合科、代表科、信访科、信息中心、机关事务服务中心6个科室。

【重要会议与活动】

2019年3月21日，自治区第十三届人大常委会阿拉善盟工作委员会第四次会议在巴彦浩特召开。会议听取和审议了《盟行政公署工作报告》《盟行署关于2016至2017年盟本级预算执行情况和其他财政收支审计查出问题整改情况的报告》《盟中级人民法院工作报告》《盟检察分院工作报告》《关于开展打赢全盟脱贫攻坚战专题询问的审议意见落实情况的报告》和人大阿盟工委2019年工作要点，审查了《盟行政公署关于全盟2018年国民经济和社会发展计划执行情况与2019年国民经济和社会发展计划草案的报告》《盟行政公署关于全盟2018年预算执行情况和2019年预算草案的报告》。人大阿盟工委主任查斯太主持会议并讲话，盟领导代钦、王旺盛、孙明泉应邀出席会议，人大阿盟工委副主任赵红岩、陈文斌、刘晓东、姚泽元、乌勒、秘书长王雅生及各工委委员参加会议。

2019年11月11日至12日，全盟人大系统纪念地方人大设立常委会四十周年座谈会暨民生实事项目人大代表票决制试点工作现场交流会在阿右旗召开。人大阿盟工委主任查斯太出席会议并讲话，副主任赵红岩传达相关会议精神，副主任刘晓东主持会议。

2019年11月12日，阿拉善盟人大工作研究会第二次理事会暨研讨会在阿右旗召开。人大阿盟工委主任、阿拉善盟人大工作研究会理事长查斯太主持会议并讲话，人大阿盟工委副主任赵红岩、刘晓东应邀列席会议。

2019年12月23日，自治区第十三届人大常委会阿拉善盟工作委员会第五次会议在巴彦浩特召开。人大阿盟工委主任查斯太，副主任赵红岩、陈文斌、刘晓东、姚泽元、乌勒出席会议。盟领导代钦、卢利明应邀出席会议。查斯太、赵红岩分别主持会议。会议听取审议了《人大阿盟工委工作报告》《盟行署关于2018年度盟本级预算执行情况和其他财政收支审计工作的报告》《盟行署关于2018年度全盟行政事业性国有资产管理情况的报告》《盟行署关于2019年盟本级、各开发区（示范区）预算调整方案的报告》《盟行署关于全盟养老机构建设与管理情况的报告》《盟行署关于2018年度环境状况和环境保护目标完成情况的报告》《盟行署关于全盟公立医院综合改革情况的报告》《盟行署关于全盟公安机关开展扫黑除恶专项斗争工作情况的报告》。会议宣布了自治区人大常委会关于人大阿盟工委委员任免通知。会后新任职工委委员和内设机构负责人进行了宪法宣誓。

【依法监督】 2019年，人大阿盟工委共听取审议"一署两院"工作报告13场，开展视察调研15次，对7项法律法规开展执法检查和执法调研，推进地方立法1件，立法征求意见6件。

支持经济和社会发展。围绕全盟经济运行情况，听取和审议盟行政公署工作报告，审查了盟行政公署关于全盟2018年国民经济和社会发展计划执行情况与2019年国民经济和社会发展计划草案的报告；对全盟"放管服"改革、民营经济发展、农畜产品质量安全监管情况开展了专题调研，推动行署及相关部门主动适应经济发展新常态，精准发力供给侧结构性改革，统筹做好稳增长、促改革、调结构、惠民生、防风险、保稳定各项工作，培育新的经济增长点。

预决算审查监督。审查全盟2018年预算执行情况和2019年预算草案的报告；听取和审议2016至2017年盟本级预算执行情况和其他财政收支审计查出问题整改情况的报告、2018年度盟本级预算执行情况和其他财政收支审计工作的报告，严格审查全盟预算调整和决算，督促审计发现问题的整改。实施阿拉善盟行署向人大阿拉善盟工委报告国有资产管理情况的制度，听取和审议了2018年度全盟行政事业性国有资产管理情况的专项报告，推进人大国有资产监督制度化和规范化。

助推三大攻坚战。把脱贫攻坚作为一项重要的政治任务，听取和审议关于开展打赢全盟脱贫攻坚战专题询问的审议意见落实情况的报告，推动脱贫攻坚任务落实。开展水污染防治法执法检查，对居延海及额济纳河流域水资源情况进行专题调研，督促有关方面落实水污染防治和河湖长制度，加强水环境问题治理，听取和审议2018年度环境状况和环保目标完成情况报告。加强风险源头管控，审查盟行署《关于下达2018年地方政府债务限额的报告》《关于2019年新增地方政府债务限额的报告》《关于下达地方政府债券转贷额度的报告》，配合自治区人大常委会对阿拉善左旗政府性债务化解工作进行专题调研，积极防范化解政府债务风险。

提升民生福祉。重点关注教育、医疗、就业、养老等民生大事，促进城乡基本公共服务均等化和区域基本公共服务协调发展。连续对食品药品安全工作开展监督，持续跟踪督查创建"国家食品安全示范城市"实施情况，专题调研生活垃圾、医疗垃圾和餐厨垃圾无害化处理情况；对全盟文化产业、教育工作、兴边富民行动"十三五"规划实施、高校毕业生返乡就业、文物保护和文物安全等工作开展专题调研，提出了增强文化软实力、提高教育均衡发展、强化人才政策保障、落实文物安全主体责任等意见建议；听取和审议全盟公立医院综合改革和养老机构建设与管理情况专项报告，为群众提供更加优质的公共医疗和养老服务。

保障法律法规执行。采用委托检查和实地检查等方式，对《中华人民共和国循环经济促进法》《中华人民共和国再生能源法》《中华人民共和国国旗法》《中华人民共和国英雄烈士保护法》《中华人民共和国动物防疫法》和《内蒙古自治区动物防疫条例》进行了执法检查。开展《中华人民共和国就业促进法》和《内蒙古自治区就业促进条例》《中华人民共和国科学技术普及法》和《内蒙古自治区科学技术普及条例》的执法调研，促进执法单位和执法人员积极普法、公正执法，保障各项法律法规在阿盟的正确有效实施。

【法治建设】

司法工作监督。听取和审议盟中级人民法院工作报告、盟检察分院工作报告、全盟公安机关开展扫黑除恶专项斗争工作情况的报告。对扫黑除恶专项斗争推进情况开展专题调研，督促司法机关践行司法为民宗旨、提高办案质量、维护公平正义；支持公安等部门严惩黑恶犯罪、研究建立长效机制，促进社会和谐稳定。开展法治政府建设工作情况专题调研，推动盟行署按期完成法治政府建设任务。认真做好信访事项办理工作，全年受理群众来信17件次，接待群众来访57人次。

推动地方立法。协调推动《内蒙古自治区额济纳胡杨林保护条例（草案）》立法进程，已经自治区人大常委会第十五次会议初审。开展立法项目征集，征集了《内蒙古巴丹吉林沙山湖泊保护条例》立法建议。按照自治区人大安排，对《中华人民共和国乡村振兴促进法草案（征求意见稿）》《内蒙古自治区中小企业促进条例（草案）》《内蒙古自治区乌海市及周边地区大气污染防治条例（草案）》《内蒙古自治区民族团结进步工作条例》《内蒙古自治区反家庭暴力条例》、《内蒙古自治区国防动员条例（草案）》在全盟范围内征求了意见。

规范性文件备案审查。按照自治区人大常委会的工作要求，对盟行署、各旗人大常委会制定的14个规范性文件进行了备案，做到“有件必备、有备必审、有错必纠”，切实维护国家法制统一，推动全面依法治盟和法治阿拉善建设向纵深发展。

【代表工作】

提高代表履职服务水平。组织在阿盟的5名自治区人大代表参加了自治区人大常委会举办的2期代表履职学习培训班，为代表分发履职学习书籍、学习期刊、代表履职学习手册等，为代表更好履职提供服务保障。完成了4名自治区人大代表补选工作，组织在阿盟的全国和自治区人大代表参加全国和自治区十三届人大二次会议，为代表收集、整理建议意见素材46件。就代表法实施情况进行调研，依法保障代表履职。

全面推进“两个联系”。全年，共邀请自治区人大代表列席人大阿盟工委会议、参加人大阿盟工委组织的视察调查、执法检查等活动20人（次）。全面落实代表联系选民制度，推进代表回原选区向选民述职活动，鼓励和支持各级代表定期联系接待选民，就近就地参与联系选民的各类主题活动，常态化直接倾听基层民众心声。建立代表履职档案，开展代表履职考评。

提高代表活动成效。印发《关于进一步提高各级人大代表政治站位 充分发挥在扫黑除恶专项斗争中作用的意见》，推动各级人大代表积极参与扫黑除恶专项斗争，助力打赢扫黑除恶攻坚战。指导阿盟试点地区开展民生实事项目人大代表票决制试点工作，在阿右旗组织召开了全盟民生实事项目人大代表票决制现场交流会，3个试点地区共票决确定民生实事项目16个，所有项目实现当年建设、当年完工，全盟试点工作取得明显成效。各级人大代表在“征集初定”“审议票决”“监督评估”3个阶段中积极发挥主体作用，确保了民生实事票决制工作扎实有序进行。扩大试点范围，将额济纳旗，阿左旗吉兰泰镇、温都尔图镇，阿右旗巴丹吉林镇确定为2020年民生实事项目人大代表票决制全区试点地区，进一步扩大了代表履职渠道。

工作调研及重要成果。全年，阿盟各级人大代表通过视察、调研等活动，总结经验，提出建议，形成《关于阿拉善盟苏木镇人大履职现状分析及对策》《关于我盟食用农畜产品质量安全监管情况的调研报告》《关于额济纳河、居延海生态治理情况的调查与研究》《关于阿拉善盟民生实事项目人大代表票决制试点工作的调研报告》《关于全盟民营经济发展情况的调研报告》《阿拉善盟高校毕业生返乡就业现状调查及其对策建议》等一批议案、建议、报告。

【工作协调和指导】 拓展全盟人大工作实践和经验体会的交流共享，召开了纪念地方人大设立常委会40周年座谈会，举办全盟人大干部暨苏木镇人大主席培训班、信息培训班；召开阿拉善人大工作研究会理论研讨会，更加注重研究成果向创新探索和实际成效转化；利用门户网站、微信公众号刊发信息131条，多方位、多渠道宣传人大工作绩效，展示人大代表风采。

（撰稿：张小勇　编辑：王延吉）

阿拉善盟行政公署

综　述

【综合经济】 2019 年，全盟地区生产总值 295.3 亿元，按第四次全国经济普查修订数据后的同口径可比价计算，同比增长 5.9%。第一产业增加值 14.2 亿元，同比增长 2.4%；第二产业增加值 163.4 亿元，同比增长 7.7%；第三产业增加值 117.7 亿元，同比增长 3.8%。三次产业结构比为 4.8：55.3：39.9。第一、二、三产业对生产总值增长的贡献率分别为 2.0%、71.7% 和 26.3%。2019 年，人均生产总值达到 118101 元，同比增长 5.3%。

【农牧业】 2019 年，农作物总播种面积 8.2 万公顷，同比下降 0.5%。其中，粮食作物播种面积 1.6 万公顷，下降 6.3%；经济作物播种面积 6.6 万公顷，增长 1.0%。粮食总产量 13.3 万吨，下降 8.3%；油料产量 1.1 万吨，增长 21.2%；蔬菜产量 8.7 万吨，增长 76.0%；棉花产量 105.7 吨，增长 0.2%；水果（含果用瓜）产量 5093.4 吨，增长 442.2%。2019 年，四肉总产量 11100 吨，同比下降 3.47%。其中，猪肉产量 2073 吨，增长 63.61%；牛肉产量 1975 吨，增长 105.52%；羊肉产量 6924 吨，下降 24.76%；禽肉产量 128 吨，增长 85.51%。禽蛋产量 931 吨，增长 18.3%。牛奶产量 109777 吨，增长 5.06%。2019 年，全盟牧业年度牲畜存栏头数达 106.0 万头（只），同比增长 14.8%；牲畜总增头数 3.4 万头（只），总增率达 3.4%。牧业年度良种牲畜总头数 59.5 万头（只），良种牲畜比重 56.1%。成功举办第四届“阿拉善·白中白”绒山羊种羊评比大会，绒毛细度与 2018 年相比，成年公羊绒毛细度下降了 0.27 微米，母羊绒毛细度下降了 0.20 微米。

【工　业】 2019 年，全部工业增加值同比增长 9.7%，其中规模以上工业增加值增长 10.0%。在规模以上工业企业中，分经济类型看，国有控股企业增加值下降 6.6%；股份制企业增加值增长 8.2%；外商及港澳台商投资企业增加值增长 304.2%。分门类看，采矿业增长-41.2%，制造业增长 61.1%，电力、热力、燃气及水的生产和供应业增长 19.9%。在规模以上工业企业中，轻工业增加值下降 6.3%；重工业增加值增长 10.3%。

从规模以上工业主要产品产量看，全盟原盐产量达 113.5 万吨，同比下降 4.9%；铁矿石原矿产量达 1.9 万吨，同比下降 73.5%；盐酸产量达 12.3 万吨，同比下降 20.5%；水泥产量达 58.5 万吨，同比下降 2.6%。

2019 年，规模以上工业企业实现主营业务收入同比增长 13.0%；利润总额增长 58.3%。亏损企业亏损额同比下降 15.9%。2019 年，规模以上工业企业产品销售率 98.6%。

【三大攻坚战】 政府隐性债务完成 2019 年度化解任务的 163.68%，“十个全覆盖”工程外直接相关项目拖欠工程款全部清偿，清理拖欠民营企业账款 14.43 亿元。脱贫攻坚“清零达标”落实有力，无因贫辍学学生，贫困人口医保全覆盖，住房和饮水安全全部达标。实施 100 个污染防治项目，空气质量、断面水质均控制在自治区指标范围内。

【深化改革】 加大供给侧结构性改革力度，退出煤炭产能 60 万吨，减税降费惠企 7.1 亿元。继续深化“放管服”改革优化营商环境，出台民营经济“28 条”。推进阿拉善高新区与乌兰布和示范区一体化发展，飞地经济园正式投用。策克口岸“六进四出”运输通道建成投用，过货量达 1240 万吨。乌力吉口岸建设进展顺利。

【生态环境】 实施三北防护林、天然林保护等重点工程 221.7 万亩，重点区域绿化 12.3 万亩，新增国家级公益林补偿面积 281.7 万亩，草原生态保护补助奖励政策深入实施。大力推进环境隐患排查常态化整治，完成矿山地质环境恢复治理 15 平方千米，2 家矿山成为国家级绿色矿山。

【民生工作】 城镇登记失业率控制在 2.8%的较低水平，城乡保障水平稳步提高，居民大病保险报销比例达到 60%以上。实施 10 所院校新建、改建项目，高考成绩取得重大突破，职业教育产教融合步伐加快。稳步推行公立医院分级诊疗，盟蒙医医院跻身自治区蒙医中医名院。配合筹办第十四届全国冬季运动会，成功举办全区第八届乌兰牧骑艺术节。推进扫黑除恶专项斗争，铲除恶势力集团 6 个、涉恶团伙 12 个。开展根治欠薪专项行动，在建工程未发生新增欠薪。应急管理全面加强，安全生产形势稳定，民族团结、宗教和顺、边疆安宁的良好局面持续巩固。

（撰稿：刘永华　编辑：王延吉）

2019 年盟行署主要常务会议一览表

表 3

时间	届次	主持	会议内容
1 月 11 日	第一次	代　钦	研究审议《阿拉善岩画保护管理办法》和《阿拉善盟非物质文化遗产保护管理办法》。盟委委员、副盟长孙明泉，副盟长徐景春、王维东、斯琴、贾境文出席会议；盟人大工委副主任姚泽元，盟政协副主席张志中应邀出席会议
2 月 12 日	第二次	代　钦	听取相关副盟长对分管领域重点工作情况汇报审议研究《阿拉善盟“十三五”推进基本公共服务均等化规划》《阿拉善盟强化实施创新驱动发展战略进一步推进大众创业万众创新深入发展的实施方案》《阿拉善盟统筹推进县域内城乡义务教育一体化改革发展的实施办法》《阿拉善盟职业病防治规划（2017—2020 年）》《关于建立健全阿拉善盟治理拖欠农牧民工工资问题长效机制的通知》
3 月 5 日	第三次	代　钦	审议《阿拉善盟农村牧区饮水安全工程供水管理办法》《阿拉善盟矿山地质环境保护与治理中长期规划》

续表 3

时间	届次	主持	会议内容
4 月 26 日	第五次	代 钦	听取阿盟扫黑除恶专项斗争工作情况汇报，研究审议《贯彻自治区党委办公厅　自治区人民政府办公厅〈关于加快推进法治政府建设的实施意见〉方案》《阿拉善盟改革完善全科医生培养与使用激励机制的实施方案》和《关于坚持农牧业农村牧区优先发展切实做好“三农三牧”工作的实施意见》。盟委委员、副盟长孙明泉，副盟长徐景春、王维东、秦艳、斯琴、贾境文出席会议
7 月 8 日	第八次	代 钦	安排部署扫黑除恶重点行业专项治理工作，研究审议《阿拉善盟行政公署工作规则》和《阿拉善盟机关事务管理实施细则》。盟领导孙明泉、徐景春、秦艳、斯琴、贾境文、王强出席会议
8 月 24 日	第九次	代 钦	听取 2019 年阿拉善沙产业系列活动筹备情况的汇报，研究审议《关于 2019 年阿拉善沙产业系列活动方案》《阿拉善盟农村牧区户用卫生厕所改造工作实施方案》《关于创新推进农牧业绿色发展的实施意见》《关于进一步加强产业精准扶贫的实施意见》和《阿拉善盟安全生产专家管理办法》，安排部署相关工作
10 月 23 日	第十一次	代 钦	听取盟扫黑除恶专项斗争工作情况汇报，研究审议关于公布盟行署、行署办公室继续有效、废止、拟修订的规范性文件目录和《阿拉善盟矿产资源领域突出问题专项整治工作实施方案》等事项。盟委委员、副盟长孙明泉，副盟长王维东、贾境文、王强出席会议
12 月 31 日	第十三次	代 钦	研究审议《阿拉善盟全面推行河长制湖长制三年行动方案（2019—2021 年）》、“两节”（元旦、春节）期间为城乡困难群众发放一次性生活补贴等事项。副盟长孙明泉、斯琴、贾境文、王强出席会议

阿拉善盟行署办公室

【概　况】 阿拉善盟行政公署办公室（以下简称行署办）机关行政编制核定为 49 个，其中处级领导职数 8 名［1 正（秘书长兼办公室主任 1 名）7 副（副秘书长和副主任 7 名）］；科级领导职数 25 名［18 正（含机关党委专职副书记 1 名）7 副］。办公室内设综合科、秘书一科、秘书二科、秘书三科、秘书四科、文电科、会议科、信息科、翻译科、法律事务科、改革协调科、人事科、财务科、管理科、机关党委、盟行署督查室、盟行署研究室、盟行署总值班室，共 18 个机构。

【信息调研】 全年印发政务信息 388 期 7290 条，上报自治区政办 807 条（其中采用 186 条），上报国办 44 条（同比增长 144%）；编报行署总值班信息 53 期，制发《行署办工作》307 期。制定《盟行署 2019 年重点课题调研工作实施方案》，形成《加快现代能源经济发展推动产业结构转型升级的调查与研究》《我盟打造 5A 级旅游景区的调研报告》《金融支持民营经济发展的措施建议》等调研报告 8 篇。

【督查工作】 制定《全盟重点工作任务分解台账》《2019 年政务督查工作要点》，规范落实抓重点建设项目督查工作机制，下发《督查事项通知》42 期、《督查通报》14 期，上报《督查专报》及信息 22 期，报送《督查情况反馈》27 期，编发重点项目进展情况短信 2000 余条。办理自治区政府督查事项 38 件，办复率 100%，其中国务院“互联网+督查”事项 3 件、“涉企政策措施不落实投诉举报平台”事项 1 件，向自治区政府上报《全盟三大攻坚战工作情况报告》《清理拖欠民营企业中小企业账款情况报告》及典型经验、政策建议等。开展盟内重要会议精神和盟领导批示、指示落实情况督查督办，以月督查、月汇总、月反馈形式反馈 97 件，确保件件有落实、事事有回音。共征集人大、政协建议提案素材 23 个，范围涵盖全盟经济社会发展等重大问题及人民群众的期盼意愿。承办国家、自治区和盟本级人大建议、政协提案 26 件，通过电话通知、下发催办通知、现场走访承办单位等形式，提高办理实效，办复率达 100%。征集 2020 年度自治区两会建议、提案素材 19 个。

【办文办会】 落实中办《关于解决形式主义突出问题为基层减负的通知》和自治区、盟委配套措施，严控会议、发文数量，提升办文办会质量，全年共收到各类公文 3381 件，制发各类正式文件 409 件，其中“四类”文件 132 件（规范性文件、议事协调机构成员类文件、通报类文件、工作部署类通知），同比精简 31.3%。年内，草拟行署领导讲话、综合汇报、专项报告等重要文字材料 320 余篇，审核行政规范性文件、政策性文件 150 余份；组织和承办各类会议 200 余个（包括自治区级会议 118 个），行署和盟直部门召开会议均同比精简 30%以上。

【公务用车管理】 执行《党政机关公务用车管理办法》《阿拉善盟党政机关公务用车配备使用管理实施细则（试行）》等规定，及时更新配备标准，规范调拨处置程序，加强公务用车规范管理。全年公务用车新增 75 辆、调拨 25 辆、处置 86 辆。下放管理权限，结合公务用车问题专项治理，党政机关、事业单位、国有企业公务用车制度改革等工作推进落实情况，下发《关于进一步做好公务用车管理工作的通知》，按照属地管理原则，督促各旗区履行主体责任，加强本地区公务用车各项管理工作。结合机构改革，制定下发《关于进一步加强盟本级公务用车调配管理工作的通知》，明确编制核定标准、车辆调配原则和组织保障，确保机构改革后盟本级各部门单位公务用车保障需求。按照中央、自治区部署要求，组织开展全盟公务用车信息化管理平台使用培训，提升公车用管理信息化水平，推动各旗加快工作进度。盟本级和三旗公务用车信息化管理平台全部建成。

【驻外联络】 发挥行署办及驻外办事机构职能作用，确保重要会议、重大活动组织有序、顺利举行。组织筹办庆祝中华人民共和国成立 70 周年系列活动、第八届中国创新创业大赛沙产业大赛、第二届沙产业创新博览会暨沙产业创新高峰论坛、第八届内蒙古自治区乌兰牧骑艺术节、第 14 届越野 e 族阿拉善英雄会、阿拉善盟稳金融促发展政金企对接会、阿拉善盟 2019 招商引资项目秋季集中签约仪式等重大活动。

【后勤保障】 落实中央压缩“三公”经费要求，控制公款出国、公务接待、培训费等支出，严格把控办公用房配置使用标准，加强公车管理，实行一车一册、台账式管理，耗油费同比节约近 10%，年度“三公”经费支出同比下降 34.3%。编制完成 2019 年经费决算报告和 2020 年经费预算报告。强化值班值守，在国家法定节假日与全国、自治区两会期间，严格落实 24 小时值班值守双岗值班、领导带班制度，定时上报告值班情况。自 7 月 1 日开始实行全员轮班值守，确保总值班工作正常有序运行。

【专项工作】 落实专项小组办公室工作职责，抓好经济生态体制改革工作协调推进。确定改革任务

15类112项，已全部启动，完成30项，形成成果83项。抓好扫黑除恶重点行业领域专项治理工作，排查隐患问题249个，整改销号229个，整改率92%；参加全盟扫黑除恶专项整治督导工作，先后15次赴各旗区深入开展督导检查。抓好行署办党组“不忘初心、牢记使命”主题教育、三大攻坚战整改落实工作，上报整改落实情况6期。全面完成各旗区和行署工作部门2018年度考核工作，以及2019年度旗区党政领导班子指标和行署工作部门职能职责指标制定工作。加强政务公开，对本单位公务运转情况适时公开，对政策性法规性文件、盟内外重要信息、领导讲话等积极协调盟政务服务局做到应公开尽公开。有效指导三旗政府蒙古文网站建设工作，阿右旗、额济纳旗网站正式开通，实现三旗全覆盖。盟行署蒙古文门户网站共翻译编发各类信息700余条。

（撰稿：刘永华　编辑：王延吉）

信　访

【概　况】 阿拉善盟信访局（以下简称盟信访局）是盟行政公署工作部门，为正处级，内设综合办公室、来访接待科、办信科、督查科4个科室，核定局机关行政编制10个，其中局长1名，副局长3名，科级领导职数5名（4正1副），工勤人员事业编制1个。截至2019年12月底，盟信访局共有工作人员11名，其中局长1名，副局长3名，四级调研员1名，科长3名（其中一级主任科员2名），四级主任科员2名，工勤人员1名。阿拉善盟联合接访中心核定事业编制6个，核定科级职数管理人员1名，专业技术人员4名，后勤人员1名。截至年底，实有工作人员5名，其中科长1名（正科），专业技术人员4名（其中1名专业技术人员离岗创业）。

【受理来信来访】 2019年，全盟信访部门共受理群众来信来访495批（件）1067人次，同比批次下降6%，人次下降29%。其中，信件19件，同比下降10%；网上信访303件，同比上升12%；个体访130批182人次，同比批次下降29%，人次下降30%，集体访43批563人次，同比批次下降34%，人次下降41%。

【压实信访工作责任】 召开3次会议对全盟信访工作进行安排部署。调整充实信访工作联席会议召集人和成员单位。推动四大班子主要负责人和盟委副书记包片负责信访工作。坚持问题导向，充分发挥考核指挥棒作用，考核侧重于规范信访事项的受理办理、推动及时就地化解信访问题，减少矛盾上行等方面。

制定盟级领导干部接访时间安排并进行公示，共有399人次党政领导接待来访群众124批次346人次。开展信访矛盾化解攻坚，落实领导包案制度，对12件重点信访事项落实盟级包案领导，现已办结9件。其中，中联办交办3件、自治区联办交办1件、自治区杨伟东部长包案的3件信访事项全部办结。2019年，共争取国家、自治区信访补助资金和储备金56万元，解决9名信访人员实际困难和问题。

【矛盾纠纷排查化解】 2019年，共排查出各类矛盾纠纷43件，已化解31件，化解率为72%。对19件重点案件严格落实“一个案件、一名领导、一套班子、一个方案、一抓到底”的化解机制，按照“三到位一处理”要求，能立即解决的立即解决，不能立即解决的制定化解时间表，倒排工期推进解决。积极做好盟内重大会议、讲座活动信访保障工作，安排保障87天次。开展重点人员排查梳理，共排查梳理重点人员86名，移交盟政法委进行稳控。强化信访信息预警工作，下发预警通知

21期。

【信访工作制度改革】 信访信息系统覆盖盟、旗区、苏木镇（街道）和责任部门等318个单位，投资180余万元建成视频信访系统建设工程。在盟信访局门户网站和盟、旗区信访局官方微信平台设置网上投诉功能，将“领导信箱”“网上信访”“人民意见建议征集”“查询评价”等网上通道链接到各级政府门户网站。2019年，信访事项办理“三率”水平居全区前列，网上信访占信访总量的61%。通过整合法院、公安、司法、信访、法学会等部门职能，建立规范化、实体化运作的阿拉善矛盾纠纷预防与多元化解中心，促进各类矛盾纠纷及时调处、就地化解、源头解决。制定人民调解参与信访矛盾化解工作实施方案，在联合接访中心设置法律咨询和援助4G服务系统。

【信访法治宣传】 5月，在全盟开展“信访法治宣传月”活动，并于5月15日在新世纪广场举办集中宣传日活动。年内，通过盟信访局微信公众号发布信息49期114条，阿拉善盟信访局门户网站更新信息111条。

【信访问题巡查梳理】 根据盟委巡察工作领导小组办公室《关于通报被巡察地区和单位有关情况的函》，认真梳理自2017年以来群众反映脱贫攻坚方面信访问题，向盟纪委党风政风监督室报送问题线索3件。全力配合盟委巡察办开展工作，为盟委巡察办开展工作提供问题线索2次，共涉及11个单位46个问题。

（撰稿：郭启龙　编辑：王延吉）

机关事务

【概　况】 阿拉善盟机关事务局（以下简称盟机关事务局）隶属盟行政公署办公室，内设办公室、公共机构节能科、物业综合管理科、党政机关办公用房管理科4个科室。核定事业编制19个（处级领导职数1名，正科级职数6名，副科级职数2名）。

【办公用房管理】 严格办公用房清查整改，以整合资源、合理配置为主线，推进办公用房统一权属统一调配管理，严格把控办公用房配置使用标准，规范畅通办公用房资产处置渠道。6月，对盟直各单位办公用房使用情况进行全面清查，经统计，盟直76家单位实际使用办公用房总面积为305688.92平方米，其中办公室面积为49241.01平方米，总体符合标准要求。

加强办公用房调配使用，及时对部分单位办公用房进行调剂、划转及核销手续，基本实现供需平衡。利用存量房源，结合编制需求，多方调研摸清底数，完成38家涉改单位公房调配。

完善办公用房档案资料，通过随时实地测量、结合统计汇总报告，完善全盟办公用房基础数据，经过普查登记、重点核对、统计汇总等环节，共收录完善盟直76家单位办公用房管理档案，包含236份平面图、76份登记报告及使用说明，涉及独立办公场所48处。

【公共机构节能】 组织开展全盟公共机构能耗数据质量会审，提高能耗数据质量；完善重点用能单位数据库，提高对重点用能单位的监督管理。

成功创建1家国家级节约型公共机构示范单位和11家自治区级节约型公共机构示范单位，提前一年实现“十三五”规划要求的“县县有示范”创建目标。根据自治区下达的指标任务，组织盟直及旗区40余家单位专题召开“全盟节约型公共机构示范单位创建工作培训会议”，邀请自治区机关事务管理局节能处业务骨干进行业务培训辅导，科学分析形势任务，合理确定创建指标。

围绕全国“节能宣传周”和“低碳日”活动主题，组织开展节能宣传进学校、进社区、进机关、进媒体、进生活一系列宣传活动，参与人数近万人次，宣传覆盖范围为历年之最。共展出宣传展板46块，发放宣传单4000份、绿色环保袋1000个、宣传扇1000个、小礼品1000份。在“阿拉善发布”等微信平台上发布节能专题知识7期，刊登宣传周活动实时信息10期，在《阿拉善日报》，电视台新闻频道、综合频道、蒙语频道，以及阿拉善盟电台《行风热线》栏目相继对宣传活动进行专题报道，营造全民节能氛围。

盟机关事务局与深圳市明喆物业管理有限责任公司达成协作，由公司投资60余万元进行节能改造，按约定比例从节能效益中收回成本，成功实施盟行政中心照明用电合同能源管理项目试点，第二、第三季度同期相比分别下降26.21%、3.12%。

【后勤服务】 安全保卫。执行24小时安保值班制度，采取人防、物防、技防相结合的方法，确保行政中心安全。接待来人来访10520人次，保障报告厅大会119余场。为预防办公区域的消防安全隐患发生，充装检验楼内灭火器715支，采购二氧化碳灭火器30支。

精准服务。截至2019年11月初，累计保障各类会议1373场，服务20152人次；加大保洁管理人员的日常巡检、现场监督指导力度，发现问题及时责令整改，保障了行政中心办公环境整洁有序；在原物业合同标的金额内协议增加1867226.48元/年物业服务费用，涉及广场绿化养护、机关食堂物业人员保障、行署公务车辆停车场管理服务等项目。

基建维修。依照合同能源管理要求，将盟行政中心大楼内8946个普通灯具改造为LED灯具，改造加装应急照明灯200盏，维修更换1号楼与3号楼间地埋管线24米及自来水管道2处，更换消防变频柜2台，更换副楼破裂玻璃雨棚60块；按时完成电梯检验任务，及时采购更换地下室配电室1号干式变压器铁芯，保障行政中心的电力供应；完成盟行政中心大楼报检报修3967次。按照机构改革要求，制作悬挂16个机关单位共28块牌匾，刻制公章25枚。

（撰稿：齐　慧　编辑：王延吉）

政务服务

【概　况】 阿拉善盟政务服务局于2019年1月正式挂牌成立，隶属阿拉善盟行政公署，为正处级工作部门，由盟行署办公室统一管理和协调。下设办公室、放管服改革协调推进科、电子政务科、政务公开与效能监督科、公共资源交易监管科5个科室。局机关下属大数据发展局、政务服务中心2个二级单位。2019年，在职人员10名，其中处级领导职数3名（1正2副），科级领导职数5名，另核定工勤编制1个。

【行政审批制度改革】 按照行政审批制度改革标准化体系建设要求，对行政权责清单实行动态调整，公布盟本级行政权力6860项，确保行政权力“应取尽取、承接到位”。公布《盟本级行政审批中介服务事项清单及中介服务收费目录清单》《阿拉善盟行政事业收费目录清单》，梳理完善《公共服务事项清单》，全面清理不合法、不合理及各类“奇葩证明”“循环证明”，盟本级保留证明事项74项、取消11项。全盟共梳理公布“马上办”事项415项，制定“马上办”“首问负责”等工作制度10项，申请材料、办事环节和办理时限较2018年分别精简9.76%、7.93%和45.18%。

【大数据中心及信息系统集约化建设】 出台《阿

拉善盟大数据中心建设实施方案》，通过政府采购服务方式建设全盟大数据中心。通过公开招标形式确定大数据中心承建单位——中国移动通信集团内蒙古有限公司阿拉善分公司，签署大数据中心信息系统集成服务项目暨大数据应用战略合作协议。大数据中心建设内容包括政务云平台、大数据平台、办公自动化平台、大数据调度指挥中心。一体化在线政务服务平台、政府门户网站集约化平台、智慧健康平台等6个新建系统成功部署在政务云平台上。大数据平台基本建设完成，包括数据交换、数据治理、共享门户、开放门户、基础信息库等子系统，数据交换平台完成与自治区平台的级联对接，实现政务服务事项、电子证照等数据的汇聚交换。开发完成办公自动化平台基本功能框架，准备进行试点应用。推进电子政务外网建设，电子政务外网覆盖范围不断拓展，2019年底，盟级电子政务外网接入盟直部门71个，旗区电子政务外网接入部门244个，苏木镇接入点36个，为政务信息资源共享和业务协同提供网络支撑。

【一体化在线政务服务平台】 制定关于加快推进一体化在线政务服务平台建设实施方案，建立一体化在线政务服务平台建设任务分解台账，召开全盟“互联网+政务服务”工作推进会议2次。组织专题培训3场，全盟一体化在线政务服务平台已启动运行。2019年，全盟即办件占18.9%、办理时限压缩44.9%、最多跑一次事项占59.9%、网上办理事项占86%，完成全盟一体化在线政务服务平台升级改造任务，身份认证功能已与自治区完成对接，梳理证照类型148个，已认领通用目录证照类型数107个，电子印章制作10个，“五个统一”工作扎实推进。围绕2019年网上政务服务能力第三方评估工作，开展集中办公2次，对接特色应用11个，报送办件信息93072件。

【政务服务标准化体系】 政务服务标准化国家级试点项目通过专家组验收。标准化试点创建以来，阿拉善盟政务服务中心通过建立政务服务标准体系，将行之有效的业务窗口服务管理规范、工作流程、监督考核机制固化为标准。政务服务大厅整体服务行为、服务规范和服务环境得以改善，服务水平和服务质量全面提升，服务对象满意率达99%以上。2019年11月25日，经国家标准委考核评估组评估得分94分，确定为国家优秀级试点项目。

【政务服务和公共服务】 对盟本级各部门的审批服务事项进行归并和整合，推行综合受理，“一窗通办”，在政务服务大厅设立“建设项目综合受理服务窗口”“社会事务综合受理窗口”“中小企业服务区”，全面打造政府服务无界限、标准无差异、线上线下无距离政务服务模式。一体化大厅服务窗口153个，已进驻盟、旗部门60个，水、电、暖、通信、邮政、保险等公共服务机构15家，实现了“进一家门、办百家事”。拓宽公众咨询政务服务的渠道，利用“12349”民生热线开设政务咨询业务，将盟本级和阿左旗45个部门780项事项的办事指南加入服务热线，提升政府公共服务水平。与青年企业联合会结成阿拉善盟企业共享服务平台战略合作伙伴，共同打造阿拉善中小企业综合服务平台，为中小微企业免费提供政策咨询、行业经济大数据查询、中介服务机构查询等服务。全年开展帮办代办业务157人次，咨询业务754人次，对接业务437人次，宣传业务25000人次，政务服务渠道进一步畅通。

【政务服务大厅管理】 制定《政务服务大厅管理手册》，对窗口工作人员的纪律遵守情况、履职尽责情况、政务服务、行为规范、礼仪规范执行等情况全程监控。印发《关于进一步加强进驻部门窗口及窗口工作人员管理的通知》，贯彻各项既定制度规范，确保窗口运行规范有序。对窗口工作人员进行政务礼仪培训，规范服务礼仪，推进“文明服务”“微笑服务”，配备2名熟悉蒙古语的引导服务人员，为群众办理业务提供蒙古语翻译服务，面向社会聘请义务监督员，对窗口单位、工作人员办事效率、服务质量、工作作风等进行监督。完善总导服台服务功能，增设各楼层导服柜台，提升咨询引导服务覆盖面，设置自助服务区域，配备电脑、便民服务柜、自助年检机、自助社保缴费一体机、自助饮料机等便民自助服务设施。盟公安局出入境窗口推出“非工作日办证”服务，引入出入境证件相片自助照相系统，投放港澳台自助签注机；盟市监局窗口开设外商投资企业工商登记和商务备案“一口办理”窗口，实行企业名称网上自主申报便民服务；盟食药监窗口持续深化“放管服”改革工作，推行行政许可网上审批工作，10项事项经优化服务流程提升为即办件；阿左旗人社系统窗口开通社会补换卡通道，投放自助年检机，养老保险、医疗保险、职业介绍、社保卡办理、劳动用工备案等便民服务业务全部可在大厅办理完结。

【政府门户网站群建设】 2019年，全面启动全盟政府网站集约化平台建设，涵盖全盟旗区和部门网站49家，8月各网站陆续上线运行，年底建设项目顺利完成验收。结合全盟政府网站集约化平台建设工作，修订完善工作制度，细化工作分工，形成定期对全盟政府网站健康状况、“民心回应”专栏回复等重点工作情况检查和通报的机制。加强阿拉善盟行政公署网站信息采编报送工作，全年共采编信息3359条，其中概况类信息14条、动态信息2949条、信息公开目录信息396条，建设专题专栏6期。开展全盟政府网站域名清理整顿工作，注销盟直部门和旗区不合规网站一级域名29个、二级域名15个。做好“民心回应”网民诉求转办督办工作，整理归类后交办相关单位限期答复，全年共收到诉求信息171条，全部按时办理完成。

【电子政务外网建设】 拓展电子政务外网横向、纵向覆盖范围，横向完成机构改革后新组建部门电子政务外网接入工作，纵向实现三旗两区电子政务外网全覆盖；推进电子政务外网向苏木镇（街道办）延伸，苏木镇（街道办）电子政务外网覆盖率超过80%；按照自治区外网办统一规划和要求，全面完成互联网区一期IPv6升级改造工作。

【政务公开】 完善政务公开制度。制定阿拉善盟政务主动公开、保密审查、政策解读、舆情回应、公众参与、考核评议及新闻发布会等制度，出台《关于进一步加强政策解读工作的通知》《2019年政务公开工作要点通知》，部署年度政务公开重点工作，明确政策解读细则，建立常态化工作机制。

重点领域信息公开。建立《阿拉善盟政府网站政务公开栏目维护工作台账》，以“一个部门一个独立账号”的方式，将盟直所有部门政务公开工作相关的各类信息集中展示到政府门户网站上。2019年，政府门户网站累计发布各类重点领域相关信息390条。

政策解读工作。多种形式开展政策解读工作，2019年，通过政府门户网站发布盟本级政策解读30条，部门相关各类政策解读203条，印发《阿拉善盟政府公报》5期。

【公共资源交易监督管理】 全流程电子化交易。建设工程招标、政府采购、土地使用权和矿业权交易、国有产权交易四大块公共资源交易业务全部实现全程电子化运行，网上投标开标，电子辅助评标，提高了交易效率；推行统一的政府采购示范文本，实现文件编制模板化，提高了政府采购文件编制质量。

评标专家库建设管理。2019 年，综合评标专家库申报人数 740 人，正式审核入库在用专家 423 人。落实《阿拉善盟评标专家考核管理制度》和《阿拉善盟公共资源交易招标代理机构考核管理细则》，加强对评标专家及招标代理机构从业人员的业务培训，不断提升其专业素质。

监督措施。通过全流程电子化交易，评审专家实行电脑随机抽取、短信通知、专家名单密函打印，专家通过指纹验证进入评标区，加强评标区封闭管理，除评标专家及协助评标的工作人员外，其他人员禁止入内，确保评标信息保密，开标、评标全程音视频记录，相关资料保存完整，保障监督部门对交易活动的有效监管。

2019 年阿拉善盟进驻部门办件量统计表（盟直）

表 4　　　　单位：件

序号	窗口单位	1 月	2 月	3 月	4 月	5 月	6 月	7 月	8 月	9 月	10 月	11 月	12 月	合计
1	市监局	551	191	221	310	330	450	565	422	585	149	396	704	4874
2	生态环境局	3	2	5	7	1	6	4	4	8	12	10	19	81
3	自然资源局	53	27	40	49	29	35	41	55	26	20	46	86	507
4	卫健委	461	13	38	16	23	15	29	12	9	7	18	12	653
5	交通局	2470	1323	2238	1757	1817	6827	3177	1730	1533	1484	1023	1867	27246
6	应急管理局	24	10	26	29	21	40	18	18	14	4	13	32	249
7	气象局	0	0	3	4	1	0	1	2	1	3	0	3	18
8	住房和城乡建设局	16	47	31	35	21	14	17	18	9	22	20	17	267
9	林业和草原局	0	0	7	2	0	5	3	7	6	3	3	6	42
10	水务局	0	1	0	1	2	0	0	0	0	0	3	3	10
11	民政局	3	3	8	10	0	0	0	0	0	0	0	0	24
12	人力资源和社会保障局	0	0	0	0	0	0	0	0	0	0	0	0	0
13	社保中心	30	47	58	201	341	438	278	308	117	270	379	584	3051
14	医保局	600	336	439	420	363	338	340	292	268	335	479	703	4913
15	就业中心	152	42	102	230	46	72	55	104	99	49	49	36	1036
16	住房公积金中心	972	35	1043	559	966	470	1042	210	145	136	160	416	6154
17	公安局	891	650	727	446	453	739	636	444	299	342	369	398	6394
合计		6226	2727	4986	4076	4414	9449	6206	3626	3119	2836	2968	4886	55519

（撰稿：张　娇　编辑：王延吉）

公共资源交易

【概　况】 阿拉善盟公共资源交易中心为全盟公共资源交易平台运行服务机构，依法承担工程建设项目招投标、国有土地使用权出让，矿产资源采矿权出让、国有资产产权交易、政府采购（包括医疗卫生设备采购）等公共资源交易服务、见证职责。2019 年，中心所属 1 个二级单位——盟政府采购中心，内设办公室、财务科、信息技术科、交易受理科、交易组织科、交易督查科 6 个科室，共有工作人员 29 人，其中在编在岗 20 人、社会购买服务

8 人，科级干部 3 正 2 副。

【主要业务指标】 2019 年，全盟完成交易项目 953 宗，交易总额 62.21 亿元，增收节支 2.13 亿元。

盟级平台完成交易项目 489 宗，交易额 50.19 亿元，增收节支 1.6 亿元。其中，建设工程项目 121 宗，交易额 42.68 亿元，节约资金 1.28 亿元，节约率 2.92%；政府采购项目 286 宗，交易额 5.19 亿元，节约资金 3187.15 万元，节约率 0.62%；国有建设用地使用权挂牌出让 78 宗，成交额 2.16 亿元；国有资产挂牌出让 4 宗，交易额 1551.96 万元，无溢价。

旗区级平台完成交易项目 464 宗，交易额 12.02 亿元，增收节支 0.53 亿元。

【全流程电子化】 建成上连自治区、下延各旗区的“1 网站、3 平台”信息化交易系统。全盟范围不同类型、不同交易方式的进场项目实现项目资料网上流转、部门联合审批备案、交易文件自行下载、标书在线制作上传、保证金自动缴退、专家自动抽取语音通知、系统辅助开标评标、自动生成评标报告、网上领取中标通知书、电子档案自动归集全流程电子化。电子签章、电子保函、双信封电子评标、技术标暗标评审、联合体投标、CA 互认等特色个性化功能趋于稳定。各方交易主体全程一网通办，实现交易主体“只跑一次腿”目标。

2019 年 11 月，首次通过音视频交互、内网电话、手写板签名等系统，对“阿拉善右旗发展和改革委员会专业技术服务政府采购项目”进行远程异地评审。至此，已完成盟内远程异地评审项目 4 个。

【交易服务】 深化“放管服”改革，优化营商环境，打造公平公正、规范有序、便捷高效公共资源交易平台。项目流转取消公管办审核环节，内部审核变 3 级审核为 1 级核验；交易平台与 CA 公司实行一门办公、并联核验、共审一套资料。取消原件对比、取消纸质响应文件、取消政府采购单一来源保证金收取、取消代理机构收取资料费事宜，基本实现交易项目“零成本”；公开招标项目从入场登记到中标通知书发放时间压缩至最短 25 天；国有产权交易挂牌周期由原来 30 天缩短到 7～15 天完成；取消投标报名时间限制，设立“马上办”窗口，列出办事清单，实行首问负责、限时办结、一次性告知、延时服务；交易项目进场登记时，建立重点项目“容缺受理”和“绿色通道”服务机制，实行全天候服务、项目即到即办、时间交叉开评标；集采项目代理时，主动对接、靠前服务，缩短服务周期，提升采购文件编制质量，确保项目交易合法、优质高效实施，实现交易过程“零拖延”。

【风险防控】 对照交易服务 20 个关键点，制定《交易业务廉洁风险防控表》梳理潜在风险点 59 个，建立防范措施 72 项，并且植入信息化系统，做到提醒常态；营造“诚信一路通，失信寸步难”信用环境，在门户网站设置“曝光栏”，及时通报曝光违规违法市场主体，共限制 18 家失信企业、15 名失信个人参与交易；按照“标前、标中、标后”环节分段设立交易受理、交易组织、交易督查科室，形成内部相互协调、相互制约的管理机制；通过拓展系统功能开展盟内异地评标工作，自动抽取专家即时语音通知，从地域上隔离招标人、投标人和评审专家，切实减少人为因素干扰；运用电子技术对投标文件的计算机 IP 地址和 MAC 地址进行比对，避免串标围标等违法现象发生。

【教育整改】 实地调研 3 次，召开旗区分中心座谈会 3 次，召开监管部门、代理机构、投标人代表座谈会 3 次；查摆贯彻落实中央、自治区党委和盟委重大决策部署等方面存在的问题 35 条，征集各方主体和工作人员对公共资源交易服务工作改进意见建议30条；针对问题、意见、建议建立问题整改销号台账并对照整改，全部销号。

（撰稿：杨　柳　编辑：王延吉）

无线电管理

【概　况】 阿拉善盟无线电管理处全称为内蒙古自治区工业和信息化厅驻阿拉善盟无线电管理处，是内蒙古自治区工业和信息化厅的派出机构，其前身是内蒙古自治区无线电管理委员会办公室（简称自治区无委办）的派出机构，于2018年12月29日，随自治区无委办划转至自治区工信厅。核定编制6个，其中无线电管理处行政编制3个；下设阿拉善盟无线电监测站，事业编制3个。

【台站管理】 在无线电台站的设置、封存、报废等审批过程中，严格遵守各项规定，认真开展行政和技术审查，如实核对台站技术参数，保证技术资料准确、完整和规范；不断完善审批流程，方便设台用户，对符合条件台站的申请和核（换）发执照等工作按审批时限及时办理。

为全面掌握全盟各地区频率占用情况，盟无线电管理处对全盟人口较为集中的城镇、开发区、边境口岸等4个地区进行频率占用情况测试工作，测试频段30~3000兆赫。其间对部分地区同时也开展频率评价专项工作。并对监测数据进行汇总整理、数据库比对、频率确认以及频谱图编号存档等，全面掌握盟内重点城镇频率占用情况。

盟无线电管理处对全盟中波广播电台进行实地核查，走访设台单位4家，核实登记广播电视发射设备57部。其中中波广播36部，调频广播11部，数字电视5部，模拟电视5部。

按照全区工作会议精神和管理处2019年工作安排，在全盟范围内开展2019年度无线电台（站）现场审验工作。走访设台单位，利用便携式台站核查系统核查设备。

5月，盟无线电管理处对额济纳旗策克口岸、阿拉善左旗乌力吉口岸进行了边境电磁环境测试工作。

年内，按要求盟无线电管理处严密组织全盟业余电台操作技术能力验证考试，共有24人报名参加（全部为A类考试），考试通过14人，通过率为58.3%。

【政策法规宣传】 采用宣传月与日常宣传相结合的方式，开展多种多样的宣传活动。在全盟重大考试保障中，利用悬挂条幅等形式开展日常宣传工作；5月7日，在《阿拉善日报》刊登《业余无线电台管理办法》的专题文章；走访台站并开展现场审验工作的同时，将《中华人民共和国无线电管理条例》修订版发放给各设台单位，现场宣传《中华人民共和国无线电管理条例》等内容。

【保障工作】 完成包括高考等考试在内的19场重大考试保障工作。完成2019年丝绸之路国际汽车拉力赛和第十四届全国冬运会额济纳旗火炬传递活动无线电保障工作，赛事和传递期间无线电通信正常；完成了元旦、春运、全国两会、国庆期间民航、铁路、广电等行业无线电安全用频工作，在每次保障之前提前做好应急频率储备工作，严格执行24小时监测值班制度。

（撰稿：刘　洋　编辑：王延吉）

扶贫开发

【概　况】 阿拉善盟扶贫开发办公室（以下简称盟扶贫办）内设综合科、规划财务监察科、项目管理科、社会扶贫与宣教科4个职能科室，核定行政编制10个，其中处级领导3名（主任1名、副主任2名），科级职数5名（正科级4名，副科级

1名），另核定工勤编制1个。下设扶贫发展中心、考核评估中心2个二级事业单位，核定编制6个。

2019年，全面落实精准扶贫、精准脱贫基本方略，按照“六个精准”“五个一批”“四个不摘”要求，立足“全盟所有建档立卡贫困人口全部脱贫，39个贫困嘎查村、2个自治区级贫困旗全部摘帽退出，在全区率先完成‘人脱贫、村出列、旗摘帽’任务”的基础上，紧盯“两不愁三保障”突出问题，不断推进脱贫攻坚成效巩固提升。截至年底，全盟共有建档立卡贫困人口3944户9587人，其中正常脱贫（享受政策）1094户2175人，稳定脱贫（不享受政策）2850户7412人，无未脱贫、返贫人口。

【责任落实】 制度落实。建立《阿拉善盟扶贫开发领导小组工作规则》《阿拉善盟脱贫攻坚专项工作推进组工作职责、工作制度、联络会商沟通机制》，出台《阿拉善盟委、行署贯彻落实〈内蒙古自治区党委政府关于打赢脱贫攻坚战三年行动的指导意见〉分工方案》《旗（区）党委（党工委）政府（管委会）脱贫攻坚考核办法》《阿拉善盟扶贫开发领导小组成员单位脱贫攻坚工作考核办法（试行）》，为全盟脱贫攻坚工作有效开展提供长效制度保障。

工作落实。全年共召开领导小组会议8次，组织学习习近平总书记关于扶贫工作的重要论述和关于脱贫攻坚工作重要讲话精神。定期听取2018年国家、盟市成效考核指出问题整改工作进展情况汇报，并及时研究解决上级巡视、考核反馈问题整改工作面临的困难和问题。及时出台贯彻落实自治区和盟委、行署部署的脱贫攻坚工作方案、措施、办法。

帮扶责任落实。抽调44名旗处级干部和盟直单位科级干部、旗区单位后备干部组成22个驻苏木镇脱贫攻坚工作队和75个驻嘎查村工作队开展帮扶工作。

【动态管理】 重点围绕“两不愁三保障”突出问题，组织开展三类“回头看”，即脱贫人口“回头看”、扶贫对象精准识别退出“回头看”、建档立卡基础档案和数据质量“回头看”，专项核查扶贫、低保“两线合一”、扶贫对象精准识别“把关不严”“简单将因学、因病和低保人口纳入贫困户”等问题，对发现的问题逐一整改，推动脱贫攻坚工作落实落细。实行《扶贫信息员工作制度》，举办建档立卡信息员和扶贫对象动态管理、数据信息采集核查核准专题培训班2期，每季度开展1次动态管理核查工作，不断强化建档立卡动态管理。

【落实“十三五”期间脱贫攻坚目标】 聚焦“两不愁三保障”，实施“清零达标”专项行动，制定印发《阿拉善盟2019年脱贫攻坚“清零达标”专项行动实施方案》，各行业各部门均围绕职能职责，制定专项推进方案，全面开展“清零达标”工作。制定落实《阿拉善盟义务教育阶段控辍保学工作实施方案》，建立控辍保学动态监测机制，重点监测建档立卡贫困家庭学生辍学情况。截至年底，全盟无因贫辍学学生。全面落实贫困人口参加基本医疗保险个人缴费部分由财政补贴、旗（区）域内定点医疗机构住院先诊疗后付费和“一站式”结算政策，基本医疗保险、大病保险、医疗救助制度，落实“三个一批”行动计划，实现建档立卡贫困人口全覆盖。对全盟2015年以来的危房改造项目进行“回头看”，对列入危房改造项目的贫困户进行再核查，确保C级、D级危房改造资金用于房屋除险加固和拆除重建，实现了建档立卡贫困人口全覆盖。对贫困人口饮水安全保障情况进行全面排查，采取饮水安全巩固提升工程等措施，因地制宜予以解决，确保贫困农牧民饮水安全。

【资金投入和监管】 全盟安排下达各级财政专项扶贫资金9157.45万元，主要用于贫困旗区推动扶贫产业发展、解决“两不愁三保障”突出问题和引导贫困人口扩大增收渠道。

出台《阿拉善盟财政专项扶贫资金绩效评价办法》，盟、旗区采取专项检查和综合考核等方式，强化财政扶贫资金监管，确保财政专项扶贫资金规范使用、安全管理和高效运行。

提升项目库建设质量，从120个入库项目中择优实施94个扶贫项目，确保项目有成效、贫困户能受益；围绕“两不愁三保障”，开展脱贫攻坚政策落实情况“回头看”，对全盟光伏扶贫项目推进情况进行全面自查，将367户受益贫困户信息进行更新录入，确保贫困户享受国家补贴政策。

持续推进金融扶贫小额信贷工作，加强日常监管，提高信贷质量，坚决防止户贷企用、贷款逾期等情况发生。年内，为有贷款意愿的贫困户发放贷款1533万元，带动490户贫困户发展产业。

【产业扶贫】 从加强“项目支撑、人才支撑、企业支撑”三方面入手，强化产业扶贫，拓宽增收渠道。将2019—2020年扶贫项目库的产业扶贫项目和农牧业产业、旅游、光伏、农村电商等项目统一纳入规划，引导和推动更多产业项目落户贫困地区，建立推行贫困户产业发展指导员制度，支持有条件的贫困地区打造农牧业产业化联合体，推动种养加结合、产供销一体，以及一、二、三产业融合，拓展延伸有效增加贫困农牧民收益的产业链。研究调整盟级龙头企业认定标准，对自治区级扶贫龙头企业进行重新核查评定，对带动贫困户或吸纳贫困人口就业数量较多的新型经营主体，在项目支持和示范认定方面给予优先扶持或认定。

【社会扶贫】 健全完善结对帮扶工作机制，持续推行由30个盟级领导任团长，131个盟直单位为成员的定点帮扶苏木镇脱贫攻坚工作团，定点帮扶旗区、苏木镇。对“中国社会扶贫网”上线工作进行监督检查，推进结对帮扶工作取得实效。2019年，全盟累计注册爱心人士6041人，注册贫困户4359人。

【注重理论武装】 始终把习近平总书记关于扶贫工作的重要论述作为学习重点，联合组织部门通过党校主体班次培训、专题培训、干部大讲堂、网络培训等方式，统筹抓好党政领导干部、行业部门干部、扶贫系统干部、帮扶干部、贫困嘎查村干部等5类人员的教育培训，开展各级脱贫攻坚专题培训46期，累计培训7899余人次，打牢脱贫攻坚的思想基础，让扶贫干部懂扶贫、会扶贫。

【注重“志智双扶”】 坚持“扶贫同扶志、扶智相结合”的工作目标，制定印发《阿拉善盟关于开展扶贫扶志行动措施》《2019年扶贫宣传工作安排》，组织盟扶贫开发领导小组各成员单位开展“10·17”国家扶贫日及“千村示范、万村行动”“春风行动”“泛海助学活动”“脱贫攻坚送健康，义诊活动暖人心”等系列主题宣传活动，累计发放扶贫宣传资料和宣传品2.2万余份，发送扶贫日宣传短信30万条，基层开展文化惠民演出160余场次，引导社会各界持续广泛参与脱贫攻坚，激发贫困群众的内生动力。

【注重示范引领】 挖掘和选树群众身边的典型，挖掘选树一批示范带动性强、群众认可度高的身边榜样。2019年，全盟共有3人和2个集体获得2018年全区脱贫攻坚奖，得到自治区的表彰。

【荣　誉】 2018年度成效考核中，阿盟被自治区评为“好”等次；盟扶贫办获2019年全区“五一劳动奖状”脱贫攻坚先进集体称号。

（撰稿：乌日嘎　编辑：王延吉）

金融工作办公室

【概　况】 阿拉善盟金融工作办公室（以下简称盟金融办）内设综合科、银行保险科、资本市场科、地方金融科4个科室，核定机关行政编制10个、工勤编1个。阿拉善盟金融监管中心为阿拉善盟金融工作办公室所属科级全额拨款事业单位，核定事业编制10个。

【金融业发展】 全盟金融系统贯彻落实金融服务实体经济、防控金融风险和深化金融改革任务，提高金融工作质量和水平，为地方经济稳中有进、稳中提质发挥了重要支撑作用。截至2019年末，阿盟共有银行业机构13家、基层网点95个；保险机构16家、营业网点50个；小额贷款公司10家，融资担保公司5家，典当行12家，寄卖行5家，农牧民资金互助社19家，投资公司346家，证券营业部1家，股权、产权交易办事处各1家。实现金融业增加值13.82亿元，占第三产增加值的11.74%，占GDP 4.68%。全盟13家银行业金融机构人民币各项存款余额386.62亿元，同比增加32.13亿元，增长9.06%；各项贷款余额367.49亿元，同比减少9.69亿元，下降2.57%。16家保险公司实现保费收入12.43亿元，比上年同期增加0.9亿元，同比增长7.80%；累计支付赔款和给付3.12亿元，同比增长6.91%。全盟5家融资担保机构注册资本金3.61亿元，担保资金总额3.82亿元，同比下降11.78%；在保责任余额6.72亿元，同比下降3.4%；在保户数1313户，同比下降6.7%。10家小额贷款公司注册资本金4.0亿元，同比减少6家和2.5亿元，分别下降37%和38%。贷款余额3.76亿元，同比减少2.69亿元，下降42%。

【资本市场】 落实上市工作机制，建立企业资源库，制定时间计划表和工作任务台账，采取召开协调会、实地走访调研、筹办“2019年金融科技与绿色发展峰会暨第八届‘生态文明·阿拉善对话’活动”等“请进来”的方式，举办走进深交所暨阿拉善拟上市企业专场投融资路演活动、联合深圳证券交易所举办阿拉善盟多层次资本市场专题培训会等“走出去”的方式，助力企业挂牌上市挂牌。阿盟企业共获自治区级多层次资本市场融资费用补贴175万元，获盟旗（区）两级多层次资本市场奖补资金735万元，2019年新增直接融资1.4亿元，共有上市公司1家，新三板挂牌企业2家，区域性股权市场挂牌企业74家。

【金融服务】 2019年，制定《阿拉善盟促进金融产业健康发展的意见》，围绕基础设施、能源经济、文化旅游、乡村振兴、口岸经济等8个领域，建立信贷“白名单”筛选机制，组织对接活动8次，落实融资项目15个，金额15.54亿元；促成银行间合作授信2亿元，落实1.6亿元。设立转续贷过桥基金，依法合规开展相关转续贷过桥业务24笔业务，金额3.79亿元。建立并落实“政银保”风险共担机制，推动两家融资担保公司与农行、农商行商定以7：3的比例共担风险；建立“担保联合体”，组织5家融资担保机构签订《联合担保合作协议书》，开展联合担保业务5笔2200万元。落实扶贫小额信贷政策和金融支持产业扶贫政策，召开7次联席会议，推动工作落实。2019年底，全盟共有农村助农取款服务点数45个，简易便民服务网点和流动服务网点16个、金融知识普及示范点13个。

【扫黑除恶专项斗争】 加强对全盟融资性担保公司、小额贷款公司、典当行等的日常监管，强化对投资类企业及典当行业的摸排，相关企业未发现有吸收存款、变相吸收存款或非法集资等非法金融活动。严厉打击非法集资、农村牧区高利贷和恶意逃废债行为；发挥宣传的引导作用，开展非法集资宣传“六进”活动，织密上下左右联动的宣传网。全面推动金融行业专项治理，建立公安+金融“双专班”工作联动机制，就重点问题线索沟通情况、协同处置，提高了线索处置效率。

【金融风险防范化解】 制定落实化解处置不良贷款工作任务台账，明确工作任务19项。落实金融风险防范化解领导小组工作制度，召开3次金融风险防范工作调度会议和10次联席会议，有效推进金融风险化解工作。2019年末，银行业金融机构不良贷款余额同比下降57.09%，不良贷款率同比下降7.44个百分点，银行业金融机构不良贷款余额、不良贷款率实现“双降”，不良率低于全区平均水平。

（撰稿：杨亚泽　编辑：王延吉）

民族事务

【概　况】 2019年机构改革后，阿拉善盟民族事务委员会（以下简称盟民委）宗教工作职能并入盟委统战部，盟民族事务委员会仍是盟行署工作部门，加挂蒙古语文工作委员会牌子，归口盟委统战部领导。内设综合科、民族事务科、蒙古语文工作科、政策法规科4个科室及民族宗教和蒙古语文事务服务中心1个科级事业单位。核定编制16个，其中行政编制10个、工勤编制1个、事业编制5个。

【民族团结】 成立创建“全国民族团结进步示范盟”工作领导小组和领导小组办公室。召开2次创建工作领导小组会议，5次领导小组办公室会议，制定印发创建“全国民族团结进步示范盟”工作分工方案和工作考评细则，对创建工作进行全面安排部署。2次赴国家民委专题汇报创建全国民族团结进步示范盟工作，得到国家民委的肯定和支持，提出工程化推进、项目化实施的指导意见，为阿盟创建工作指明方向。举办2期全盟民族团结进步创建工作业务培训讲座。组织开展全盟第36个民族团结进步活动月，制定印发工作方案，召开全盟民族团结进步创建工作经验交流现场会，命名阿左旗王府街道办等25个第三批全盟民族团结进步创建示范单位，阿拉善卫拉特民俗文化传承教育基地等10个第二批全盟民族团结进步教育基地。通过组织开展《中华人民共和国民族区域自治法》宣传周、“草原儿女齐心向党　民族团结献礼国庆”民族团结进步主题教育有奖知识竞赛等丰富多彩的宣传教育活动，民族团结意识更加深入人心。统一规范蒙汉两种文字民族团结进步宣传标语，制作编印创建全国民族团结进步示范盟工作手册、民族团结进步知识问答手册、宣传折页、海报、倡议书，征集并确定创建全国民族团结进步示范盟标志，制作拍摄民族团结宣传短片，在阿拉善电视台和全盟640余部电梯间滚动播放，播放量1.7万余次，向全盟手机用户发送民族团结进步创建工作公益短信9万余条。在网站、微信平台上连续刊发13期“守望相助建家园”民族团结先进典型事迹。制定印发《阿拉善盟深入开展民族团结进步创建“七进”活动实施方案》，对“七进”工作进行再具体、再细化；盟民委承办全区民族团结进步创建互观互学活动、盟直部门民族团结进步创建互观互学活动，对创建工作“七进”活动的各个领域进行实地观摩；组织开展国家和自治区级民族团结进步模范典型和创建示范单位、教育基地评选推荐工作，额济纳旗东风镇、阿左旗巴彦诺日公苏木牧民乌兰其其格分别在国务院第七次民族团结进步表彰大会上被授予模范集体和模范个人称号，额济纳旗被命名为第七批全国民族团结进步示范旗，阿右旗博物馆被命名为第二批全区民族团结进步教育基地。

【兴边富民行动】 贯彻落实《自治区党委办公厅、政府办公厅关于深入推进兴边富民行动的实施意见》，建立《深入推进兴边富民行动的实施意见责任台账》，细化责任分工，明确具体举措。完成2019年兴边富民行动项目的申报备案工作，共备案项目24个，落实资金2490万元。完成10个项目变更和结余资金整合工作。争取到2019年国家、自治区民族团结进步创建工作补助经费和专项经费60万元。争取到2020年第一批、第二批兴边富民项目资金2640万元，三旗正在申报项目过程中。争取到2020年全区民族工作专项经费251万元。

【脱贫攻坚工作】 召开全盟民委系统脱贫攻坚工作推进会，交流扶贫工作经验做法，观摩产业扶贫项目，对脱贫攻坚工作进行安排部署。为包联苏木阿拉腾敖包镇落实项目资金115万元，促进产业发展，带动贫困户致富增收。投入2万多元为阿拉腾敖包镇贫困户修缮住房。

【民族事务管理】 完成《中国民族年鉴（2019）》材料整理报送和自治区陆地边境地区、牧区半牧区旗数据统计工作。配合自治区人大、民委分别对全盟兴边富民行动、民贸民品工作和民族团结进步创建工作进行了调研，形成专题调研报告。组织各旗申报新增民族贸易企业，共有5家企业通过审核。组织各旗申报中国少数民族特色村寨，3个嘎查被国家民委命名为第三批中国少数民族特色村寨。组织全盟民族手工艺者参加全区第四期少数民族传统手工艺品制作培训班。开展3次清真食品安全专项检查和4次集中检查。在全区率先重新制作发放清真食品标志牌和经营资格证，维护了清真食品市场的管理秩序。完成4名民族成分变更人员审核、公示、备案工作。

【蒙古语文工作】 组织80多名专兼职翻译人员参加自治区蒙古语文翻译专业技术人员继续教育培训班，组织人员参加国家民委蒙古语文翻译人员培训班、全区党政机关蒙古语文翻译人员培训班、全区蒙古语文信息化培训班。组织开展“蒙古语文政策法规宣传月”活动，宣传蒙古语文相关政策法规和蒙古语文工作取得的成绩。督促各旗区开展社会市面蒙汉两种文字并用检查治理工作。组织举办和参与各类少数民族文化活动，举办全盟首届“胡树旗杯”蒙古文小说比赛、首届“奥启杯”少儿蒙古语朗诵比赛、第三届“金戈杯”中小学生蒙古文书法比赛、第四届“赫伦启谜格杯”蒙古文字听写大会、第五届“汗贺希格杯”蒙古文祝赞词比赛，组织选手参加了八省区“母语杯”主持人大赛、第三届西部四盟市“母语杯”蒙古语诗歌朗诵大赛。

（撰稿：韩静波　编辑：王延吉）

应急管理

【概　况】 阿拉善盟应急管理局（以下简称盟应急管理局）挂牌成立于2019年1月18日，内设办公室、行政审批科、危险化学品安全监督管理科、安全生产基础科、风险监测和救援协调管理科、综合协调与事故调查统计科、火灾防治救援管理科、地震灾害救援科、防汛抗旱和冶金工贸科、救灾和物资保障科等10个科室。盟应急管理局机关行政编制17个，实有行政人员16名，工勤人员2名。下设盟安全生产执法监察支队、盟危化企业安全生产远程监察信息中心、盟安全生产考务中心、盟地震局共4个局属二级事业单位。盟安全生产执法监察支队核定编制20个，实有19人；盟危化企业安全生产远程监察信息中心核定编制6个，实有6

人，另有同工同酬5人；盟安全生产考务中心核定编制5个，实有5人。

【安全生产】 2019年，全盟共发生生产安全事故13起，死亡13人，事故起数与上年同期持平，死亡人数减少1人，下降7.1%，发生较大事故1起、死亡3人。发生一般草原火灾2起，过火面积6.2公顷，未发生重、特大森林草原火灾和人员伤亡事故。

健全完善“月分析、季调度”工作机制，召开安委会、安委办会议13次，定期分析研判全盟安全生产形势，及时研究解决安全生产工作中存在的问题。严肃事故调查处理，做好举报事项核查工作，全面完成阿左旗瑞泰工贸“10·19”较大事故调查处理工作，对圣氏化学“10·25”事故进行挂牌督办。2019年，共受理举报案件31起（其中“12350”举报20起、自治区交办6起、匿名举报5起），结案率100%。制定《阿拉善盟安全生产专家管理办法》和《阿拉善盟安全生产日常工作考核细则》，进一步发挥专家的技术支撑作用，强化日常安全考核，推进工作落实。

春节、两会、汛期等重点时段、重大活动期间，组织开展全盟性安全生产大检查4次，针对危险化学品、煤矿、非煤矿山、消防等重点行业领域组织进行专项整治20余次，对危险化学品、非煤矿山、冶金工贸等直接监管行业开展拉网式、常态化、不间断的隐患排查整治。定期组织对隐患整改情况进行“回头看”，抓好整改落实工作，确保隐患整改到位、闭环管理。2019年，累计排查隐患16852项，整改16747项，整改率99.4%。跟踪做好自治区安全生产第十二督查组反馈问题整改落实工作，自治区督查组反馈问题隐患321项，整改312项，整改率97%。突出危险化学品领域，组织开展全盟安全生产“百日攻坚”，全力保障岁末年初和自治区、全国两会期间全盟安全生产形势持续稳定。

【监管行业安全措施】 开展精细化工反应风险评估、危险化学品存储场所、硝化反应、特殊作业、化工企业检维修、化工企业复工复产专项整治，聘请专家对全盟37家危险化学品生产企业进行安全评估（阿右旗4家、高新区22家、腾格里11家），并出具评估报告，全面提升危化企业安全生产总体水平。其中，评定为蓝色等级1家、黄色等级33家、橙色等级3家，共排查问题隐患2158条，整改2106条，整改率97.6%，立案处罚1家，罚款39万元。指导督促旗区做好危险化学品经营企业安全评估工作，完成评估经营企业104家，其中评定为蓝色等级85家、黄色等级19家，共排查问题隐患1428条，整改1331条，整改率93.2%。

强化金属非金属矿山专项执法行动，对23家非煤矿山企业进行全面检查，排查整改隐患152项。组织开展安全设施设计专项整治工作，对7家非煤矿山企业安全设施设计、安全专篇存在的问题及时反馈属地应急管理局和企业，补充完善相关手续。做好关闭不具备安全生产条件非煤矿山工作，在全面梳理的基础上确定不具备安全生产条件的矿山企业2家。推进矿产资源领域突出问题专项整治，制定具体的整治工作方案，跟踪抓好责任、措施落实。

严格冶金工贸行业企业执法检查，持续推进高温金属熔融及煤气安全专项整治。对41家企业开展安全检查，共排查问题隐患417条、整改404条、整改率96.88%。专项整治工作开展以来，下达限期整改指令15份，现场处理措施决定书1份，处罚企业3家、罚款15.9万元。

【行政审批改革】 推进“放管服”改革，重新调整盟本级行政权力事项服务内容，确定8项行政许可事项。梳理压缩行政审批时限，在法定时限基础上由原来的290个工作日压缩到135个工作日，缩短时间155个工作日，按项目类别制定《行政许可事项服务流程优化表》。优化行政审批手续，审批证明事项由原来的19项精简为4项，确定“马上办”事项3项。2019年，共接收企业各类安全生产“三同时”审批事项341项，办结305项，办结率89%；组织召开各类设施设计审查会65家次、现场验收核查31家次。

【消防安全】 成立阿盟森林草原防灭火指挥部办公室，制定森林草原防灭火指挥部工作规则，对阿盟森林草原火灾处置应急预案进行补充修订。与5个旗区和26家防灭火成员单位分别签订防灭火责任书、成员单位包片责任书，进一步明确年度森林草原防灭火工作目标和责任。在重点防火期先后11次对贺兰山、胡杨林林区等重点地段、主要路口进行督促检查，推进防控措施落实。

组织开展“防风险、保平安、迎大庆”消防安全专项行动，强化出租屋、校园周边经营性场所、大型综合体消防安全检查，累计检查单位5688家、排查问题隐患8188项、整改8121项、整改率99%，临时查封、“三停”14家。

【防汛抗旱】 调整盟防汛抗旱指挥部成员单位及组成人员，修订完善《阿拉善盟防汛抗旱应急预案》，明确各级防汛抗旱行政责任人7名。汛前组织对阿左旗、额济纳旗的机场防洪坝、河道水闸等设施进行实地检查4次，确保各项措施落实到位。加大对黄河河道及山洪沟道清障工作，基本完成河道设置障碍物调查工作，共清理河道垃圾2396吨、废渣面积1.55平方千米、清淤疏浚5600立方米，确保汛期河道通畅。

【防灾减灾】 加快完善地震和地质灾害应急救援体系建设，制定《阿拉善盟防震减灾专项工作小组工作方案》，加强预案编制工作，规范响应机制、现场处置工作流程，提升地震救援能力。做好受灾情况统计上报及救灾资金发放工作，全面完成2019年受灾人员冬春生活需救助情况统计及生活救助资金申请工作。2019年，累计报送灾情15次，受灾人口9482人，农作物受灾面积6559公顷，造成直接经济损失4850万元。及时下拨中央、自治区自然灾害生活救助补助资金119万元、防汛抗旱资金300万元，有效保障受灾群众生产生活和灾区的稳定。

【宣传培训】 开展“安全生产月”、防灾减灾日等活动，通过悬挂横幅、设立电子屏、展板、新媒体宣传、开展应急演练、主题宣讲等形式在全盟范围内开展宣传教育，组织全盟各地区、部门、企业开展为期1个月的安全生产知识答题活动，6500余人次参与答题活动。全盟安全生产培训共开班181期，培训各类人员7241人，其中主要负责人及安全管理人员847人、特种作业人员1629人、一般从业人员4765人。

【应急演练】 全盟共组织泄露、火灾、爆炸、垮塌、应急逃生等演练1034次，在非煤矿山、危化企业组织地区性综合应急演练12次。

（撰稿：杜自新　编辑：王延吉）

消防救援

【概　况】 2019年12月30日，阿拉善盟消防救援支队（以下简称支队）完成挂牌。2019年，全盟消防救援队伍共接处警373起，其中火灾301起，死亡0人，受伤0人。抢险救援53起，社会救助19起，出动消防车辆674辆次，出动消防指战员4645人次，抢救被困人员29人，疏散被困人员78人，抢救财产价值4597.26万元。

【灭火救援】 全年，为365个消火栓建档立卡，修订完善灭火救援预案92份，熟悉演练330次。6月28日，支队在腾格里经济开发区庆华煤化工公司举办由消防、公安、安监、卫生、环境监察、电力等多部门以及庆华专职消防队联合参演的煤化工重大危险源工艺处置应急演练。8月22日，在高新区庆华精细化工组织开展大型综合应急救援演练，盟委、行署、政协主要领导以及各旗区、盟直部门主要负责人到场观摩。

【岗位练兵】 年内，支队举办比武竞赛2次，基层指挥员暨攻坚组培训班2次，开展全员岗位练兵阶段普考11次。

【基础设施建设】 支队在腾格里建造训练塔1处，在开发区消防大队建设“美好队站”，为4个大队购置健身器材，对阿左旗一中队营房和篮球场进行改造。年内，各大队对“美好队站”、车库车棚以及营区库室进行升级改造。完成120个消火栓、1000个独立感烟报警器、1个盟市级消防科普教育基地的建设任务，成立应急救援专业队1支、企业工艺处置队8支。

【防火监督检查】 支队部署开展冬春火灾防控、住宅小区消防车通道综合治理、博物馆和文物建筑、易燃易爆危化品企业等多项消防安全专项治理活动。结合全区安全生产大检查活动，及时安排部署开展“防风险保平安迎大庆”消防安全执法检查专项行动，在全盟消防安全重点领域、重点行业和重点单位开展拉网式隐患排查治理，针对10类场所和10种风险隐患开展专项治理。成功销案自治区第十二督导组检查发现的问题清单隐患28条。2019年，全盟共检查单位8731家，发现隐患12705处，整改隐患12703处，临时查封10家，“三停”7家，拘留7人，罚款50.6万元。

按照2019年4月23日修订的《中华人民共和国消防法》，贯彻落实消防执法改革措施，顺利完成建设工程项目审核验收移交工作，成功化解消防行政审批历史遗留工程项目54项。推行“双随机一公开”消防监管模式，合理确定抽查比例和频次，每月向社会公布消防监督抽查计划和抽查结果；加大消防“放管服”改革力度，出台便民利民措施，加强事中事后监管，进一步简化办事程序、减少审批事项、压缩审批时限，主动为企业提供技术咨询，切实提升服务水平。

（撰稿：郭晶晶　编辑：王延吉）

森林消防

【概　况】 阿拉善盟森林消防大队组建于1981年9月，建队初期为内蒙古自治区武装森林警察总队阿拉善盟直属中队，1982年9月扩编为大队，1985年3月额济纳旗森林中队成立。1999年2月，森林部队由武警部队实施统一领导，实行军事系统管理体制，改称“中国人民武装警察部队阿拉善盟森林大队”，承担森林防火、灭火，保护森林资源，维护社会稳定和处置突发事件的任务。部队实行新编制，下辖阿左旗中队、额济纳旗中队。2018年10月1日转隶为阿拉善盟森林消防大队，承担着防范化解重大安全风险、应对处置各类灾害事故的重要任务。

【训练工作】 坚持以新大纲试训为契机，围绕增强智能、体能、技能、生存的“四种能力”，及时转变思想观念，向遂行多样化、国际化救援任务能力拓展，严格按照分队训练、共同训练、消防员课题训练、分队指挥员训练、专业岗位训练、体能训练等，持续开展群众性大练兵。以首届“火焰蓝”专业技能尖子比武为契机，抓“全员岗位大练兵、大比武”，推动队伍转型升级、提质强能，大队每月进行训练考核，在全大队进行排名“挂牌”。

【防火执勤】 结合大队防区形势，春秋两防期间积极组织阿左旗中队到贺兰山南寺、北寺实施靠前驻防，每天开展防火宣传、进山巡护，每周协助林业部门进行清山，确保遇有情况快速反应、及时处置。额济纳旗国际金秋胡杨节期间，每天出动14人，到胡杨林核心区、黑城、老人湖等景点开展防火执勤，每日协同林业部门开展防火宣传、巡护、检查等工作，确保胡杨节期间有情况快速反应。全年，大中队联合地方相关单位开展5次实战化训练，春秋两防、重要节日期间，在学校、社区、广场、村屯开展防火宣传，累计发放《森林草原防火条例》和《森林防火宣传图册》1500余份，发放传单6000余份、防火扑克牌450多副，计划烧除1次，烧除面积20亩，制作宣传绶带35条，收缴火种62个，清除无证入山27人，检查入山车辆700台。

（撰稿：李文彪　编辑：王延吉）

外　事

【概况】 2019年1月，根据《阿拉善盟机构改革实施意见》要求，对盟行署办公室的外事工作职责、盟商务局的口岸管理职责进行整合，组建盟外事办公室，加挂盟口岸管理办公室牌子，作为盟行署工作部门。盟委外事工作委员会办公室、盟边防委员会办公室设在盟外事办公室，承担盟委外事工作委员会、盟边防委员会日常工作。机关内设综合科、外事科、口岸监管科、边防协调科4个职能科室。下设1个二级事业单位盟口岸管理中心。盟外事办共有编制11个，其中行政编制10个、工勤编制1个。主任1名，副主任2名，四级调研员1名，科长1名，二级主任科员1名，科员1名，技师1名。盟口岸管理中心编制4个，在编人员4名，其中副科级干部1名、副高级职称人员1名、中级职称人员1名。

【完善外事工作体制机制】 调整盟委外事工作委员会组成人员，召开2019年盟委外事工作委员会第一次会议，审议通过《中共阿拉善盟委员会外事工作委员会工作规则》《中共阿拉善盟委员会外事工作委员会办公室工作细则》。督促三旗调整完善外事工作委员会工作机制，完成了三旗外事办机构设置、办公场地调配、人员配备、资产划拨等。落实重大问题请示报告和工作通报制度，严肃外事工作纪律，第一时间向自治区外事办报告阿盟外事领域重大活动、重点工作、重要情况。落实“四个对接”，向自治区外事办常态化报告工作，完善与蒙古国驻呼和浩特领事馆联系对接机制，加强与巴彦淖尔市等兄弟盟市外事系统的联系对接，强化与蒙古国南戈壁省、巴彦洪格尔省、前杭盖省及蒙古国相关部门的交流合作。

【因公出国（境）管理及服务】 全年共受理审核因公临时出国（境）团组请示件28件，已出访团组17件、41人次，其中区内外双跨团组10件、16人次，自组团7件、25人次，同比下降30.4%和57.6%。坚持服务和管理并重的原则，对上主动争取，做到出访前有教育、出访中有联系、出访后有跟踪。下发《阿拉善盟委员会外事工作委员会办公室关于进一步规范国家工作人员因公临时出国（境）相关事宜的通知》，对因公临时出国（境）管理工作的政策、程序、流程和具体要求、注意事项、所需材料进行全面系统说明，进一步规范因公临时出国（境）手续申报工作。投入近30万元标准化设计改造因公电子护照信息采集中心和护照管理中心，配备硬件设施设备，通过自治区外事办验收，投入使用。经国务院批准，外交部授予阿盟一定的出访来访外事审批权（正处级及以下公职人员），填补建盟以来因公出国（境）职责审批的空白，节约行政成本，提高工作效率。经外交部授权，阿盟取得外国人来华签证邀请函资质，盟外事办成为“核实主体”单位，先后为阿富汗、喀麦隆、巴基斯坦等国家成功办理外国人来华邀请核实单，进一步深化阿盟与周边国家在各领域的深度交融和互利合作。截至年底，发放来华邀请核实单2次。严格护照、通行证管理使用，统一回收管理全盟各级公职人员因公护照（通行证）。

【礼宾服务】 全年共接待蒙古国访问团18批475人次。其中，蒙古国高层访问团3批39人次。选派3名翻译参与“中蒙第三届博览会”和“2019额济纳·中蒙国际商品展洽会”等活动，提升礼宾服务及翻译水平。

【涉外管理】 率先推行苏木镇兼职涉外联络员机制，全面及时掌握外国籍人员在苏木镇基层的动态情况。阿拉善右旗8个苏木镇均安排兼职涉外联络员。加强对阿盟境内长期居住的蒙古国留学生、企业家、就业务工人员及口岸地区外籍人员的安全服务，先后到所属辖区内的学校、餐饮娱乐场所、出租屋、偏远牧户等场所进行走访。2019年，在阿盟进行报备的常驻外国人19人，外国籍务工人员38人，留学生64人，外籍教师4人。加强对阿盟境内外国人宗教政策法规宣传工作，规范阿盟境内外国人的宗教活动，加强悬挂外国国旗国徽的规范工作，禁止在阿盟境内，特别是在口岸地区学校、商店、饭馆和超市等场所悬挂外国国旗国徽。配合完成“见证70年”中蒙两国30余名媒体记者采访活动和法国电视台80余名记者拍摄纪录片等活动。协调盟科技、人力资源和社会保障等部门解决外国人到阿盟短期务工手续办理C证难的问题。

【友好城市工作】 继续加强与蒙古国南戈壁省的合作交流，不断巩固两地友好城市关系。推进与蒙古国巴彦洪格尔省建立友好城市关系工作，相关文件资料已上报盟行署，待盟行署逐级上报批准。与蒙古国前杭盖省建立友好城市相关工作正在积极推进中。拓宽双方基层友好合作领域，阿左旗巴彦浩特镇与南戈壁省诺彦县、乌力吉苏木分别与蒙古国前杭盖省古琴乌苏、宝格德县，银根苏木分别与南戈壁省库尔门、闹木干县，阿右旗人民政府与南戈壁省巴彦达来县签订“友好地区合作意向书”，建立友好地区关系。筹备对外友好协会换届工作，总结阿拉善盟人民对外友好协会工作，重新修改拟定《阿拉善盟人民对外友好协会章程》。进一步拓展民间对外友好交流，组织乌力吉、银根苏木等边境苏木牧民代表共23人赴蒙古国南戈壁省开展学习交流互访活动，开创了两地边境牧民友好交流。

【对蒙人文友好交流合作】 参加第十五届中俄蒙工商论坛、2019第四届乌兰巴托·中国内蒙古商品展览会、中国—蒙古国第三届博览会暨东北亚区域合作高峰论坛等活动。举办阿拉善腾格里沙漠第八届“喜临门”杯亚太地区商学院沙漠挑战赛、2019年额济纳旗穿越胡杨林国际马拉松赛、2019越野e族　第14届阿拉善英雄会。组织原生态艺术家赴俄罗斯联邦阿尔泰共和国开展庆祝中俄建交70周年及“民心互动”文化交流活动，邀请俄罗斯阿拉泰共和国ALTAIKAI组合到阿盟举办“远古的声音”文化交流演出。盟外事办协调组织各旗区与蒙古国边境省市商贸企业在阿盟举办展销会11次。协调内蒙古庆华集团公司与蒙古国南区电网国营股份公司签订《35/6千瓦“庆华”变电站、35/10千瓦“古尔班特斯”变电站、35千瓦“诺彦”变电站抢修作业指挥人员之间联络条例》。邀请蒙古国南戈壁卫生局及乌兰巴托医科大学医疗队到阿盟蒙医医院就蒙医药专业技术免费学习交流的同时，组织蒙医医院医务人员赴蒙古国南戈壁古尔班特斯县开展“蒙古国健康行”大型义诊活动，免费接诊蒙古国公民400余人次，发放1万余元药材。组织蒙医医院专家队伍对南戈壁省古尔班特斯县数百名患者进行白内障康复手术。策克口岸国际文化旅游区评定为国家AAA级旅游景区，促成国内外旅行社联手开展跨境旅游，阿盟与蒙古国南戈壁省签订“中蒙跨境游”合作协议，启动策克口岸跨境旅游发车仪式，首批11辆自驾车、30余名游客经策克口岸顺利出境。全年共接待民间外交领域访问团15批436人次。

【口岸经济】 2019年全年进出口货物总量1240万吨，同比下降12.38%；进出口贸易额43.7亿元人民币，同比增长6.6%；出入境车辆26.76万辆次，同比下降11.83%；出入境人员34.68万人次，同比下降6.75%。

【口岸重点建设项目】 2019年全盟计划实施口岸领域重点项目16项，总投资29.1亿元，年度计划投资13.8亿元，已开（复）工15项，开工率93.75%，完成投资9.8亿元，占年度投资计划的71%。其中，乌力吉口岸计划实施重点项目4项，总投资14.3亿元，年度计划投资4.9亿元，开（复）工4项，开（复）工率100%，完成投资3.2亿元，完成年度计划的65%；策克口岸计划实施重点项目12项，总投资14.8亿元，年内计划完成投资8.85亿元，已开（复）工11项，开工率91.7%，已完成投资6.6亿元，占年度投资计划的74.6%。落实中蒙边境口岸管理合作委员会第三次会议精神，乌力吉口岸联检大楼主体工程封顶，总建筑面积5000平方米，项目总投资7312万元，主要涵盖旅检查验、检验检疫、海关检查、出入境大厅等重要功能；自治区口岸办与蒙古国海关总署签署查干德勒乌拉口岸联检建筑、基础设施援建协议，内蒙古庆华集团与蒙古国乌勒姆公司签署《援助建设蒙古国查干德勒乌拉口岸项目总承包合同》，蒙方联检楼已正式开工，正在进行场平、临建等工作；盟行署与中国铁建大桥工程局集团、乌力吉港务公司签署《乌力吉口岸监管物流区及苏宏图—乌力吉口岸80公里铁路线项目战略合作协议》，三方就尽快建成监管物流区和80公里铁路项目达成战略合作约定；推进策克进口肉类指定监管场地建设，实验室和一般货物贸易通道查验设施全部完工，海关总署验收后正式批准策克为进口冷冻、冰鲜肉类指定监管场地；策克—西伯库伦跨境铁路项目中方已完成设计工作，正在与蒙方企业积极对接，争取境外部分早日开工建设。向自治区商务厅、财政厅争取2019年度口岸基础设施建设补助资金700万元，全部下拨到项目建设单位。

【口岸通关运行】 强化跨部门沟通协作，“三互”大通关改革稳步推进，策克口岸国际贸易“单一窗口”智能卡口运行稳定，“四进四出”运煤通道运行顺畅，投资1200万元新建了两条入境通道，形成了“六进四出”运煤通道，货运车辆通过核验通道的同时，可以完成称重、信息核查以及整车消毒等工作，25秒的通关时间为大大提高了货物运输效率。口岸大数据中心基本搭建完成，硬件设施和软件部署都已经安装完成，正在进行联调联试，试运行期间成功为一家煤炭企业提供金融贷款服务。按照海关总署《关于全面取消出入境货物通关单的通知》要求，全面取消纸质通关单和《公路口岸大宗散货汇总表》等无文件依据的单证。统筹规划、建设、使用查验场地，加大大型货物检查、辐射探测、机检、安全防护等监管设备的共享共用。针对蒙古国交通部门未能及时足额换发到期的国际道路运输许可证，盟外事办与自治区口岸办、盟交通局联系协调，及时向自治区交通厅反映情况和提出解决问题的意见，促使蒙方5月底换发国际道路运输许可证2000张。通过中蒙第33次口岸汽车运输例会，将中方交换给蒙方的道路运输许可证由30600张增加到38600张。

【泛口岸经济发展研究】 根据商务厅、全区发展泛口岸经济调研组考察调研安排，阿盟将泛口岸经济发展思路进行研究整理后报送调研组。配合自治区口岸办做好泛口岸经济发展的前期工作，将阿盟泛口岸经济发展思路、定位举措、“两口岸”功能定位纳入《自治区口岸功能定位和中长期规划》和《自治区泛口岸经济发展指导意见（待审稿）》中。配合自治区党委督查组做好阿盟向北开放专项督查工作，整理上报阿盟向北开放、清理规范口岸收费、优化营商环境等工作落实情况。盟发改委、额济纳旗人民政府编制完成《额济纳自治区重点开发开放试验区实施方案》，按照自治区发改委提出的意见和盟直相关部门的意见建议修改完善，已通过盟行署常务会议，待上报自治区政府。赴凭祥、甘其毛都等口岸进行考察调研，形成《站在新高度 谋求新跨越》等调研报告2篇。结合“不忘初心、牢记使命”主题教育，形成《全面推进建设额济纳自治区重点开发开放试验区》调研报告1篇。

【口岸开放】 推动将乌力吉—查干德勒乌拉口岸列入《中蒙边境口岸及其管理制度协定》修订稿中，中蒙双方已达成共识，等待外交换文。分管副盟长率领盟外事（口岸）办多次赴策克口岸、乌力吉口岸和阿拉善国际陆港考察调研，督导推进“两口岸一陆港”积极融入“一带一路”建设和中蒙俄经济走廊、全方位发展泛口岸经济、扩大对外开放等。阿拉善国际陆港与呼和浩特海关、乌海海关实现数据联通，对办公大楼及监管场所软件设施进行升级改造，实现无线WIFI全覆盖；与天津港务公司达成战略合作意向，取得集装箱租赁合同和铁路发货资质，与乌海铁路货运中心注册道路运输许可证，购进2台集装箱作业车。策克口岸举办3届边民互市贸易，累计实现销售额1472.42万元。

【优化口岸营商环境】 全面落实习近平总书记在民营企业座谈会上提出的6个方面政策举措、自治区出台的促进民营经济发展的26条措施、阿盟促进民营经济高质量发展28条措施和国务院、自治区关于优化口岸营商环境等一系列政策措施，深化“放管服”改革，引导企业积极应对中美贸易摩擦，为外贸企业宣传推介APEC商务旅行等外事政策，全方位服务口岸民营企业高质量发展。按照自治区口岸进出口环节西部检查组现场督查的反馈意见，召开专项整治工作会议，成立“清理口岸乱收费、乱涨价”专项工作组，制定下发口岸进出口环节收费整改方案，盟外事办与盟发改、财政、市场监管和额济纳旗政府、策克口岸管委会等旗区、部门形成合力，依法查处口岸各类违法违规收费行为，建立完善逐级公示制度，取消策克口岸基础设施维护费，并对违规收取的费用全额退还，为民营企业发展创造优良的营商环境。自治区联合检查组反馈阿盟整改问题6项，反馈建议3项，全部完成整改。为全力打好打赢口岸污染防治攻坚战，年内，全面整治口岸煤尘污染。策克口岸铁路煤炭全封闭装运线、煤炭公路运输专用线、车辆候检区等项目已建成并投入使用，其中已到位10辆车、200节集装箱，一节集装箱可装货32吨，入境集装箱经海关查验后将直接吊装至铁路线运往内地；共有14家企业建设原煤大棚23座，计划总投资6.94亿元，总占地面积66.13万平方米，储存能力261万吨，其中已建成16座原煤大棚，投资4.36亿元，占地面积41.66万平方米，储存能力176万吨；在建原煤大棚7座，计划投资2.58亿元，占地面积24.47万平方米，储存能力85万吨。

【重大风险防控】 根据盟委、行署《关于阿拉善盟防范化解重大风险工作方案》，成立外事办防范化解重大风险领导小组，制定《盟外事办防范化解经济下行风险工作预案及整改方案》《盟外事办防范化解经济下行风险工作问题清单》《盟外事办防范化解经济下行风险工作责任清单》《盟外事办防范化解经济下行风险工作措施清单》；先后2次赴策克口岸调研经济运行发展情况，进一步完善防风险措施，全年上报防范化解经济下行风险工作台账6篇、总结报告1篇。

【驻地联检部门保障】 推进阿拉善海关和乌力吉边检站筹建工作，海关办公楼已于4月初由盟税务局移交其使用，盟行署常务会议已研究决定将矿能大厦作为乌力吉边检站办公楼。乌力吉边防检查站生活用房30套已接收，阿拉善海关生活用房70套正在接收中。额济纳海关完成策克口岸小车H986项目图纸审核工作，项目基本完工。加强与自治区边防检查总站、呼和浩特海关的联系对接，及时反映情况，共同推进乌力吉口岸建设。

（撰稿：邬　健　编辑：王延吉）

中国人民政治协商会议阿拉善盟委员会

【概　况】 政协阿拉善盟委员会（以下简称盟政协）成立于1982年5月1日，至2019年，历经九届。第九届委员会设16个界别，委员总额为126名，其中主席1人、副主席7人、秘书长1人、副秘书长2人、常务委员16人。盟政协核定各类编制50个，其中行政编制33个、工勤编制8个、机关事务服务中心事业编制9个。实有在职人员57人，其中行政人员34人、事业人员8人、工勤人员8人、同工同酬人员7人。盟政协机关内设“六委一办”，即提案和社会法制委员会、经济委员会、人口资源环境委员会、教科卫体委员会、民族宗教和港澳台侨外事委员会、文化文史学习委员会、办公室。办公室下设6个行政科室和1个正科级事业机构：秘书科、行政科、委员联络科、综合科、信息科、文史资料管理科和机关事务服务中心。

【重要会议】 1月6日，政协阿拉善盟第九届委员会第二次会议在巴彦浩特召开，各族各界112名政协委员参加。盟委书记杨博到会讲话，对盟政协2018年的工作给予充分肯定。杨博强调，全盟政协党组要发挥好把方向、管大局、保落实的重要作用，加强对政协组织的领导，切实把党中央大政方针和自治区党委、盟委的决策部署不折不扣贯彻落实到政协全部工作之中，确保全盟政协事业始终沿着正确方向前进。盟政协主席魏国权代表政协阿拉善盟第九届委员会常务委员会向大会作工作报告。魏国权强调，2019年是新中国和人民政协成立70周年，也是决胜全面建成小康社会的关键之年。全盟各级政协组织和广大政协委员要强化理论武装，深刻学习领会习近平总书记关于加强和改进人民政协工作重要论述的重大意义、丰富内涵和精神实质，真正使习近平总书记重要思想落实到政协履职的各方面和全过程，确保政协工作始终沿着正确的方向前进。要秉持围绕中心、服务大局的履职原则，围绕盟委、行署中心工作凝心聚力、献计献策，开展政治协商助推改革发展、强化民主监督促进改革发展、开展专题调研建言改革发展，更加务实地推进协商议政。

1月4日，盟政协主席魏国权主持召开盟政协九届五次常委会议，审议通过九届二次全委会议有关事宜和相关人事事项，听取政协常委履职情况报告。

8月16日，盟政协主席魏国权主持召开盟政协九届六次常委会议，学习传达习近平总书记在内蒙古考察并指导开展“不忘初心、牢记使命”主题教育时重要讲话精神和全国政协主席汪洋在全国地方政协工作经验交流会上的讲话精神，围绕“推动新能源产业高质量发展”进行专题协商，盟委委员、行署副盟长孙明泉通报2019年上半年全盟经济运行情况并参加专题协商。

12月19日，盟政协主席魏国权主持召开九届七次常委会议，围绕“推动我盟体育产业与旅游业融合发展、做大做强阿拉善赛事品牌”开展专题协商。会议还听取盟政协各专委会2019年度工作报告和常务委员履职情况报告，传达学习中共十九届四中全会精神和中央、自治区党委政协工作会议精神，并就阿盟的贯彻意见和阿拉善盟2020年度政协协商计划、民主评议、委员视察、“凝聚共识 委员行动”活动议题进行讨论。集中观看警示教育片《遗失初心的代价》。

【专题协商】 全年，盟政协共召开专题协商会议3次。

11月4日，盟政协召开“推动我盟文化旅游创意产业高质量发展”提案办理协商座谈会，提案人、提案承办单位负责人及与会委员就推动文化旅游创意产业高质量发展，从加强政策扶持、挖掘文化内涵、培育产业链、市场主体参与、加强宣传营销、人才队伍建设等方面提出了意见建议。

11月19日，盟政协召开“推进非物质文化遗产保护传承利用及市场转化”专题协商会议。盟政协主席魏国权主持会议，盟委委员、行署副盟长孙明泉参加会议并讲话，盟政协副主席王秋才对调研情况作了说明。会议介绍了盟政协课题调研组《关于我盟非物质文化遗产保护传承利用及市场转化情况的调研报告》，与会人员围绕调研报告和阿盟非物质文化遗产保护传承利用及市场转化进行讨论协商，并提出意见建议。

12月13日，盟政协召开“加快培育口岸边民互市贸易市场建设”专题协商会议。会议介绍了政协调研组《关于围绕发展壮大我盟口岸经济，就“加快培育口岸边民互市贸易市场建设”的调研报告》，与会人员围绕调研报告和阿盟口岸发展与建设进行协商讨论，并提出意见建议。

【民主监督】 盟政协全年开展专题民主监督5次，其中监督性协商1次、委员视察2次，民主监督3次。

11月11日，盟政协召开专题协商座谈会，围绕美丽乡村建设，就推进“农村牧区人居环境综合整治”进行监督性协商。座谈会上，盟政协人口资源环境委员会通报“农村牧区人居环境综合整治”调研情况，就调研报告进行说明，各旗区各部门相关负责人员围绕“农村牧区人居环境综合整治”工作，从推进规划修编、加强垃圾处置、建立长效机制、推进厕所革命等方面与参会委员进行交流与讨论。

11月12日，盟政协召开《关于促进民营经济高质量发展若干措施》落实情况民主评议会，就盟直相关单位落实盟委、行署促进民营经济高质量发展政策情况进行民主评议。副盟长王维东出席会议并讲话，盟政协副主席陈秀芳主持会议。会议表示，以贯彻国家《优化营商环境条例》为契机，要在提升政务服务水平上下功夫，树立“有事服务，无事不扰”的服务理念，提高审批效力，针对重点企业、重大项目实行一对一服务，为民营企业发展创造良好环境，推动全盟民营经济实现高质量发展。

12月16日，盟政协召开“环境监察执法工作”民主评议会议，对盟生态环境局强化环境执法检查、推动打赢污染防治攻坚战工作进行民主评议。

【提案和社会法制委员会工作】 提案工作。九届二次全委会期间，对收到的103份提案进行审查，经审查立案67件，立案率65%。九届二次全委会闭幕后，组织召开由盟委、行署、政协主要领导和各承办单位有关负责人参加的提案交办会，将立案的提案分别向30家承办单位交办。

继续实行“三督办”机制，选取8件影响大、操作性强的提案作为重点督办提案，由主席、副主席进行牵头督办，提案委员会进行配合督办；联合两办督察室、政协相关专会委、委员，到提案承办单位和提案办理现场，了解提案办理进度，就群众关心关注的重点难点问题共同协商解决办理方法；对以往因客观因素无法办理的提案进行回访了解实情，保证每一件提案所提问题都能得到最大程度的解决。

启用提案办理结果分类机制，要求各提案承办单位对提案办理结果进行A、B、C、D四个等级的分类。制定《盟直部门政协提案办理工作考核评价方案》，对2019年度承担盟政协提案办理的盟直单位进行考核评价。

调研成果。盟政协提案和社会法制委员会牵头与盟文旅广电局、文旅投等部门组成调研组，提出7个方面23条意见建议，形成《关于推动文化旅游创意产业高质量发展的调研报告》。

民主监督。就“加强和提升住宅小区物业管理工作”进行专题协商，向盟委上报《关于我盟住宅小区物业管理工作的调研报告》。对住宅小区物业管理工作改善情况进行“回头看”，组织常委对巴彦浩特地区具有代表性的3家住宅小区的物业工作进行视察，认为全盟住宅小区物业管理工作在组织领导、政策制定、老旧小区改造、业主委员会建设等4个部分8个方面的工作均有一定程度的改善，阿盟住宅小区物业管理工作正在向规范化、精细化方向迈进。

【经济委员会工作】 协商工作。承担常委会“促进阿拉善盟新能源产业高质量发展”专题议政性协商，与相关部门组成联合调研组，到全盟三旗四区及所属的22家新能源企业实地调研听取意见。召开座谈会5场，访问曾在阿盟开展新能源规划编制以及测风、测光等工作的相关院所和企业专家20余人，收集并研读相关法规、规划及汇报材料等100余份。在以上工作基础上形成调研报告，经主席会议审议，常委会专题协商，形成协商报告上报盟委。

民主评议。承担对盟委、行署《关于促进民营经济高质量发展若干措施》落实情况的评议，与盟工商联、盟委、行署督查室组成联合调研组，对文件落实情况进行了调研。发改、税务等14个承担主要落实职责部门和三旗三区提供自查报告，收到调查问卷367份，提出意见建议110条。其中，收到盟旗政协委员问卷119份，提出意见建议52条；民营企业207份，提出意见建议58条；社会公众41份。实地考察阿左旗、阿拉善高新技术产业开发区、腾格里经济技术开发区典型企业3户，召开座谈会4场，参加会议的政协委员20余人，企业80余户。在此基础上，联合调研组起草评议报告，经政协主席会议审议，政协专题评议会议协商，形成评议报告上报盟委。

界别活动。组织经济界别组委员到阿左旗新华街道办及所辖4个社区了解社情民意，围绕小区物业管理，房屋质量等方面存在的问题，实地考察西班牙小区、水木年华小区、阳光花园小区，并召开现场座谈会协商对策，推动解决小区楼顶漏雨、雨水排放管道堵塞、无居民活动用房等问题4个。组织农牧界委员考察巴彦浩特镇田中甜农牧业专业合作社种养殖基地等4家农畜产品生产、加工企业和检测单位，针对存在的问题进行协商，并以社情民意形式上报盟委、行署两办和农牧局。

【人口资源环境委员会工作】 协商议政。就《阿拉善盟农村牧区人居环境整治三年行动方案（2018—2020年）》年度目标任务完成情况进行监督性专题协商。到15个苏木（镇）、33个嘎查（村）、2个综合养殖场、1个合作社，实地察看了解村容村貌整治提升、农村牧区生活垃圾治理、生活污水治理、“户改厕”、农牧业生产废弃物资源化利用等情况，并召开3次座谈会，详细听取当地人居环境综合整治工作推进情况。盟政协召开协商会议，听取各旗区分管领导关于“三年方案”年度目标任务完成情况的说明及存在的问题，与农牧局、环保局、住房和城乡建设局等相关部门领导互动协商，行程调研报告上报盟委。围绕“阿拉善生态环境治理，就阿拉善自然保护地的保护与发展”进行专题调研，提出5项对策建议，并形成调研报告。盟委对调研报告给予充分肯定并作出批示，行署对相关工作进行安排。

界别联系。协助中共党员界别开展围绕“美丽乡村建设，就乡村通油路和乡村旅游业发展情况”的考察调研。界别活动组到阿左旗哈什哈苏木九湖源景区和夏日呼鲁斯、图兰太等4个嘎查，听取景区负责人就九湖源打造“四季旅游”景区的规划和构想，实地察看景区基础设施建设和“村村通”油路建设情况，并就下一步继续完善管护和联通发展提出意见和建议。围绕“阿拉善生态环境治理，就阿拉善自然保护地的保护与发展”，组织带领工商联和社会团体界别活动组带着问题到阿拉善自然保护地调研，界别委员们提出了具有针对性和可操作性的意见和建议。

年内，走访委员14人，专委会和界别委员共撰写社情民意信息16篇，提案16件。

【教科卫体委员会工作】 调研成果。结合“思想再解放　笃行新发展理念　推动高质量发展大学习大讨论”活动，围绕加快战略性新兴产业培育，就“科技研发引领石墨产业创新发展”开展专题调研。到阿左旗敖伦布拉格查汗木胡鲁石墨矿区、阿拉善高新技术产业开发区阿拉善盟石墨研发中心，形成《加快战略性新兴产业培育 推进科技研发引导石墨（烯）产业创新发展》调研报告上报盟委。

专题协商。围绕“大力推动体育产业与旅游业融合发展，做大做强阿拉善赛事品牌”协商议题，对阿盟旗区体育产业与旅游业融合发展工作情况进行专题调研，同时与自治区政协教科卫体委员会、各盟市政协教科卫体委员会、三旗政协开展联合调研。全面细致了解阿盟体育产业与旅游业融合发展情况，召开协商会议就存在的突出问题提出意见建议，形成《做大做强阿拉善赛事品牌　大力推动体育产业与旅游业融合发展》调研报告上报盟委。

合作交流。开展走访界别委员活动，制定阿盟政协教科卫体委员会中共党员委员联系党外委员名单，安排部署新中国成立70周年和人民政协成立70周年政协委员“凝心聚力促发展　履职尽责展风采”专访工作，同时鼓励委员撰写提案、社情民意信息和大会发言材料，为阿拉善经济社会发展献计出力。通过参加全区盟市政协教科卫体委员会工作座谈会，为自治区政协教科卫体委员会提供“推进全民健身与全民健康深度融合，加快健康内蒙古建设”阿拉善盟专题调研报告及参加专题协商会议等形式，交流工作体会，学习好的经验和做法。配合自治区政协教科卫体委员会调研组就“加快科技创新，驱动自治区经济高质量发展”“加强体育品牌赛事与体育产业深度融合促进全域旅游发展”议题开展调研。先后到巴彦淖尔市、乌兰察布市等地调研石墨产业发展情况。

助力民生。对盟政协九届二次会议分管主席督办的提案协助督办，并召开促进阿拉善通用航空产业发展建议重点提案督办座谈会。截至12月初，提交提案18案件，提交社情民意信息15条。盟政协教科卫体委员会、教科卫体界别组部分委员及盟卫健委、医保局、医保中心等部门相关负责人到阿拉善盟中心医院、阿拉腾蒙医专科医院就“公立医院信息化建设——互联网+智慧医疗”课题开展界别调研活动。调研组针对医院提出的信息化建设工作存在投入不足、专业技术人才不足、信息化建设融合度不高，区域信息资源不能共享等问题，提出对策建议并向有关部门建言。

【民族宗教和港澳台侨委员会工作】 主责履行。围绕“开展全盟宗教场所管理情况的调研考察活动”主题，联合盟委统战部，组织少数民族、宗教、台侨界别活动组，到各旗区走访26个宗教活动场所，详细了解各宗教场所的管理机制、管理水平、人员管理、制度建设情况，各旗区贯彻落实习近平总书记关于宗教工作重要论述、执行2017年8月修订的《宗教事务条例》情况，关于中央对内蒙古自治区宗教工作督查反馈问题整改落实情况，自治区宗教工作自查互查问题整改落实情况，以及存在的主要问题和不足，为盟委统战部更好决策阿盟宗教工作提供了翔实的基础性工作依据。

服务工作。组织部分委员参与“凝心聚力促发展　履职尽责展风采”专访活动；配合自治区政协副主席、九三学社内蒙古区委主任刘新乐一行，围绕“推进兴边富民行动，实现边疆地区跨越发展”课题调研；配合新疆博尔塔拉蒙古自治州政协考察调研组一行7人就强化汉语教育，促进各民族交流交往交融工作调研。

【文化文史学习委员会工作】 召开全盟政协文史工作会议，安排部署全年文史工作，挖掘和整理补充文史资料；盟政协文史委对2014—2018年正式出版发行的文史资料书籍进行严格筛选，评选出《历史的记忆——额济纳旗与东风航天基地建设史料》（蒙文版）等10本优秀文史图书予以表彰；聘请21名在阿拉善文化领域有一定影响力的文史专员开展文史编撰和采访工作，出台《文史专员管理和史料征集使用办法》，明确史料价值和稿酬发放审批流程；举行《爱在大漠——上海孤儿在阿拉善》史料征集启动仪式。

召开“关于推动阿拉善盟非物质文化遗产传承保护及市场转化”专题协商会。盟政协文化文史学习委员会及部分文化艺术新闻界别委员组成调研组，到阿拉善右旗、额济纳旗、阿拉善左旗非遗传承保护基地、非遗展示区、非遗项目传承体验馆等进行调研，与三旗文化部门、有关专家及本地区国家、自治区、盟旗四级非遗传承人座谈交流、了解情况。收集非遗成果、非遗书目、非遗汇报等相关资料10份。11月召开专题协商会议，听取盟行署、相关部门领导及非遗传承人意见，形成《关于推动阿拉善盟非物质文化遗产传承保护及市场转化》调研报告上报盟委、行署。

文化文史学习委员会组织人员到巴彦淖尔市档案局和磴口县档案局，开展阿拉善辖属转换过程中遗失在外的档案史料挖掘收集工作，共收集阿拉善早期历史档案资料、相关文件、相关人士档案、年度工作计划、报告、总结等原始资料78种、1000多页。

《阿拉善地名与传说故事》出版。《阿拉善地名与传说故事》收集整理了阿拉善150余个地名的180条传说故事，并分别作了注释和考证，于11月由远方出版社出版发行。

为庆祝中华人民共和国成立70周年和人民政协成立70周年，9月下旬，由文史委牵头组织开展了“光辉岁月　同心筑梦”——阿拉善人民政协发展历程及书画摄影作品主题展览。展览精选86份珍贵史料，百余幅书画摄影作品，116册优秀书籍，通过“记忆”“履职”“风采”“成果”“作品”5大板块，回顾阿拉善人民政协的辉煌历程，全方位、多角度展示阿盟各级政协组织的履职成就、历届政协委员履职风采以及阿拉善的人文历史和自然风情。共接待机关干部和社会各界群众3600余人观展。

（撰稿：斯琴别立格　编辑：王延吉）

民主党派

农工民主党

【概　况】 农工党阿拉善盟基层委员会是阿拉善盟民主党派地方基层组织，截至 2019 年底，有党员 75 名；内设 1 室 4 部，即办公室、组织部、宣传部、参政议政部、社会服务部；下辖 4 个支部。

【主题教育】 2019 年 9 月，基层委员会召开“不忘合作初心，继续携手前进”主题教育暨廉洁风险预警提示党员座谈会，农工党自治区委主委云治厚专程到会指导。年内，组织党员参加盟委统战部“同心学习 · 立德圆梦”双月读书会 6 次。10 月，组织 10 位党员参加盟委统战部组织的“感受家乡变化，厚植家国情怀”主题教育观摩活动，实地观摩东风航天城、策克口岸日新月异的变化。

党员马玉梅的文章《我从草原走过》被农工党中央主办的杂志《前进论坛》采用，并获该刊物年度好文章奖。

【调研成果】 理论研究文章《学习习近平关于加强和改进人民政协工作论述的几点认识》，获农工党中央“2019 年理论研究优秀论文奖”。基层委员会为助推阿左旗创建全国文明城市工作，围绕巴彦浩特镇开展文明城市建设及城市精细化管理调研，调研成果《推动阿左旗全国文明城市建设暨城市精细化管理分析建议调研报告》，被盟委办公室、盟委统战部评为 2019 年度调研成果一等奖。

【社会服务】 4 月，组织党员到腾格里额里斯镇特莫乌拉嘎查，与腾格里经济技术开发区管委会、盟文联等部门联合举办“腾格里 · 大漠桃花诗会”，以生态优先，绿色发展为主题，倡导绿色发展理念，共促美好乡村建设，活动受到新华社、中央电视台等主流媒体关注。9 月，组织同心医疗服务队全体党员以及法律、农林、科技部门骨干党员到阿左旗巴彦诺日公苏木，开展“同心健康环保科技行”义诊、法律咨询、环保科技宣传主题活动，助力农牧区脱贫攻坚。

【队伍建设】 全年领导班子召开理论学习会 4 次。召开党员会议，征询到对基层委员会、领导班子意见建议共 9 条，结合 11 月底委员会成员民主生活会，严格查摆问题，开展批评和自我批评，列出问题清单逐条梳理，明确整改措施。重视学习借鉴兄弟盟市党派组织建设好经验、好做法，组织 14 位党员骨干分子前往农工党乌海市委会交流学习。2019 年发展新党员 3 名。

（撰稿：柴尔智　编辑：王延吉）

九三学社

【概　况】 2011 年 4 月，成立九三学社阿拉善小组。2015 年 12 月 26 日，成立九三学社内蒙古自治区委员会直属阿拉善支社。截至 2019 年底，共有社员 27 名。年内培养入社积极分子 2 名。

【思想建设】 年内，召开专题会议传达学习全国两会和习近平总书记在参加全国人大二次会议内蒙古代表团审议时的讲话精神，学习贯彻九三学社中央、社区委工作报告，自治区两会和盟委扩大会议精神。7 月 15 日，承办九三学社中央思想政治工作会议，九三学社中央和全国 30 个省市自治区九三学社组织的领导参加，各省代表学习交流的同时，也使九三学社阿拉善支社全体社员政治思想水平得到进一步提升。

【主题教育】 成立活动领导小组，制定主题教育活动工作方案。8 月 31 日，召开“不忘合作初心，继续携手前进”主题教育活动启动大会，印发《关于印发〈九三学社阿拉善支社开展“不忘合作初心，继续携手前进”主题教育活动工作实施方案〉的通知》。印发《关于开展“不忘合作初心，继续携手前进”主题教育活动征求意见的通知》，发放征求意见表，了解社员们对支社领导班子的意见和建议。12 月 24 日，按照九三学社中央、九三学社内蒙古区委安排部署和主题教育活动方案，认真组织学习、广泛征求意见、查摆突出问题，领导班子带头进行自我剖析，结合各自分工查摆问题，分析原因，开展批评与自我批评，并针对提出的意见建议作表态发言，达到沟通思想、促进工作的效果。

【参政议政】 围绕社区委工作重点和盟委、行署中心任务，关注民生、聚焦群众关心的热点问题，围绕阿拉善盟“草原书屋”运行情况和阿拉善草原生态保护与建设开展调研活动，形成调研报告。组织社员在参政议政上下功夫，提出提案建议信息，向社区委提交建议、信息 17 篇，调研报告 3 篇；向盟政协上报提案 11 篇；向盟委统战部上报提案、建议、信息 15 篇，调研报告 2 篇。社情民意信息分别被九三学社中央和自治区政协采用，得到自治区领导批示和自治区相关厅局反馈，九三学社阿拉善支社被社区委评为 2019 年度社情民意信息工作先进集体二等奖；《健身行业存在的问题亟须关注》《进一步推动巴丹吉林沙漠申报世界自然遗产》《加强政府监管 促进自治区早教行业发展》分别被九三学社自治区委评为 2019 年优秀参政议政成果一等奖、二等奖、三等奖；《用“泛口岸经济”的理念和视角打造阿拉善优势互补、高质量发展的对外开放区域经济布局》《关于“草原书屋”运行情况的调研报告》分别获阿拉善盟委统战部 2019 年度调研成果一等奖和二等奖。

【社会服务】 4 月 19 日，在阿拉善“九企合作”共建生态林基地举办“爱我中华　添绿阿拉善”植树造林活动。阿拉善“九企合作”共建生态林基地，是九三学社阿拉善支社倡议，与内蒙古宏魁苁蓉集团合作共同建设打造的绿色品牌，是九三学社阿拉善支社建设的教育引导广大社员增强植绿、爱绿、护绿意识，积极参与生态文明建设，用实际行动践行“坚持人与自然和谐共生”重要基地。自 2016 年 3 月启动实施以来，已经连续开展三年，种植面积达到 2 万余亩，未来计划将种植面积扩大到 4 万亩。7 月 12 日，邀请九三学社内蒙古自治区委共同走进阿拉善特殊教育学校开展扶困助残捐赠活动。特邀九三学社内蒙古自治区委员会医药专委会 6 位专家到阿左旗蒙中医院开展义诊活动，诊治患者近 100 人次。

（撰稿：姜　伟　编辑：王延吉）

人民团体

工　会

【概　况】 阿拉善盟工会（以下简称盟工会）机关核定人员编制10个，内设办公室、组织宣教部、经济工作部、财务部、经审办5个部室。下设盟职工服务中心1个二级单位，核定事业编制7个。

主要职能职责是为全盟广大职工群众，特别是困难职工提供生活救助、医疗救助；为困难职工子女提供助学救助；为下岗职工、失业人员再就业提供就业咨询和职业介绍、技能培训服务；为合法权益受到侵害的困难职工、劳动模范、工会干部提供法律咨询和法律援助；为广大职工提供文化体育和普惠服务；组织劳模（职工）进行疗休养。

【组织建设】 推进“八大群体”（货车司机、快递员、护工护理员、家政服务员、商场信息员、网约送餐员、房产中介员、保安员）入会工作，对“八大群体”基数再次摸底、排查，加大建会工作宣传力度，深入基层开展建会工作“回头看”，进一步巩固工作成果。贯彻落实《阿拉善盟关于促进民营企业经济高质量发展若干措施》，推进民营企业工会工作，制定印发《阿拉善盟民营企业工会主席标准化考核制度（试行）》。推进基层工会规范化建设，不断规范盟直机关、企事业单位新建工会、换届选举、委员补选等程序性工作，开展百人以上企业摸排建会专项行动，建立统一的数据库。截至2019年末，全盟共有百人以上企业100个，其中党工组织均建立的企业有84个。全盟新建工会组织50家，其中公有制企业6家、非公有制企业25家、机关事业单位18家、工会联合会1家，发展会员1967人，指导132家基层工会完成换届工作。

【和谐劳动关系构建】 注重落实构建和谐劳动关系三方会议制度，召开三方四家办公会议3次，安排部署构建和谐劳动关系各项工作指标及任务。开展民营企业构建和谐劳动关系工作督查，了解民营企业发展现状。全盟各级工会组织精干力量深入企业，通过典型示范带动作用推进区域性、行业性集体协商工作开展。全盟各级工会共组织“上代下”“上参下”集体协商3家，完成集体协商典型培育2家，全面完成目标任务。

截至2019年末，全盟共签订集体合同、工资专项集体合同354份，覆盖企业498家，其中企业单独签订342份、区域性合同5份、行业性集体合同7份，覆盖率达84%。

【劳动竞赛】 盟工会联合相关部门制定《2019年全盟劳动和技能竞赛方案》，投入经费21万元，举办全盟饭店行业、化工行业、卫生行业等15个工种的大型技能竞赛。在全盟企事业单位开展“安康杯”竞赛活动，338家企业3万余名职工参与活动。2019年，全盟各级工会新建职工（劳模）创新工作室5个，以职工（劳模）创新工作室为载体，各级工会组织开展各项专业劳动竞赛、技能竞赛，充分调动和发挥广大职工的积极性和创造性。

全盟开展劳动和技能竞赛的企事业单位726家，覆盖面83%，参赛职工54670人，参与率82%，其中非公企业471家，参与劳动和技能竞赛的非公企业职工31776人。通过岗位练兵、技术培训、技能比赛活动提升技术等级职工214人。职工提合理化建议2753条，实施1623条。发明创造83项，总结推广先进操作法12项，开展岗位练兵活动的企事业单位471家。

【劳模服务】 推荐全国五一劳动奖章1人，全国五一劳动奖状1个，全国工人先锋号1个；自治区五一劳动奖章5人，自治区五一劳动奖状1个，自治区工人先锋号6个。盟工会评选表彰10名盟级五一劳动奖章获得者，9个五一劳动奖状、10个工人先锋号获奖集体。开展首届“阿拉善工匠”评选活动，评选出9名技艺高超、精湛技能的阿拉善工匠，并授予五一劳动奖章。严格落实劳模“三金”发放工作，年初对115名省部级劳模按时发放“三金”11.5万元，对15名省部级劳模制定标准，发放困难补助金15万元。编辑出版《阿拉善劳模风采录》第二期，在全盟范围内发放。组织2名全国劳模和20名自治区劳模参加全总、区总劳模疗休养活动。组织2批60余名盟级劳模赴全总疗休养基地进行疗养。推动阿拉善劳模疗休养基地建设，在强化阿拉善盟劳模疗休养中心建设的基础上，盟工会领导班子专程赴大连、北京等劳模疗休养基地进行专项调研，考察学习先进经验。

【帮扶工作】 做好“四季送”工作，做强工会帮扶品牌。开展“两节送温暖”工作，盟工会慰问10家大型企业和10家优秀物业公司，共发放慰问金60万元。全盟各级工会共走访慰问困难职工185人，发放慰问金25.02万元；配合人社、就业部门开展“春风春暖”行动，参加招聘的企业350余家，提供化工、餐饮服务、电子商务等6200余个岗位（工种），吸引2000多名求职者到此咨询和洽谈，达成就业意向1200余人次；盟工会下拨40余万元支持各基层工会、企业开展多种形式的“夏送清凉”活动，全盟各级工会共走访慰问1.2万余人，送清凉资金达111.85万元；全盟资助困难职工子女17人，发放助学资金9.16万元。盟工会服务中心组织全盟各级帮扶中心（站）与困难职工所在单位负责人联合开展在档困难职工入户走访工作，对全盟在档的180个困难职工的家庭、工作、生活等情况进行全方位了解。通过排查，统计更新数据，全盟在档困难职工为72人，其中全国级18个、自治区级54个。按照区总对困难职工解困脱困“渐退期”管理工作的要求，全盟各级工会对2019年已脱困的95名职工进行入户回访“回头看”。在认真做好建档立卡工作的基础上，普遍对在档困难职工进行精准筛查，进一步精准识别困难职工身份和家庭状况，对已脱困或不符合建档立卡标准的职工及时进行退档处理。同时，防止将符合条件的困难职工被排除在帮扶救助范围之外，及时将新产生的困难职工纳入帮扶范围，对刚刚脱离困境的职工家庭，继续关注其家庭生活动态，防止返贫返困。

截至2019年底，全盟新增困难职工档案41个，筹集使用各类帮扶专项资金228.1万元，其中中央财政36.21万元、自治区财政116.89万元、其他资金75万元，惠及人数达970余人。

【职工医疗互助保障】 印发《阿拉善盟工会职工医

疗互助保障活动补助办法》，研究制定推进职工医疗互助的利好政策。开展职工互助保障工作人员的招聘工作，设立盟本级、三旗一区 7 个岗位。截至 9 月 25 日，全盟有 436 家单位 27446 名干部职工参加 2019 年度职工医疗互助行动，完成本年互助医疗目标任务 25000 人的 109.78%。自 9 月各单位职工医疗互助保障开始生效，截至年底，全盟有 20 家单位 26 人次申领医疗互助补助金 27429.17 元。

（撰稿：陶婷婷　编辑：王延吉）

共青团

【概　况】 共青团阿拉善盟委员会（以下简称盟团委）机关核定编制 8 个，其中行政编制 7 个、工勤编制 1 个。内设办公室、组宣部、学少部和青工农牧部 4 个部室。下设盟青少年宫、盟青少年社会事务与志愿服务指导中心 2 个事业单位。

全盟共有 35 周岁以下青年 64328 名，其中 14 岁到 28 岁青年 34204 名，共青团员 8303 名，团青比例 24.3%。共有 952 个团组织，专职团干部 23 名，兼职团干部 2421 名。

【青少年思想引导】 强化青少年思想理论武装。全面推进“青年大学习”行动，运用青少年喜闻乐见的形式和手段，开展线上线下学习宣传活动 300 余场次，组织开展基层宣讲 30 余场次，累计覆盖团员青年 3500 余人次，网上团课累计参学 3 万多人次，有力推动习近平新时代中国特色社会主义思想在青少年中入耳入脑入心。引导广大青少年进一步增强“四个意识”，坚定“四个自信”，做到“两个维护”。

培育践行社会主义核心价值观。贯彻落实《新时代爱国主义教育实施纲要》，以中华人民共和国成立 70 周年为契机，举办“新时代的先声——五四新文化运动展”，组织全盟 170 多家单位 2 万余人参观展览并开展主题团日活动；广泛开展“青春心向党·建功新时代”“心手相连、守望相助”“传承雷锋精神　弘扬时代新风”等主题团队日活动，通过文艺晚会、知识竞赛、青年读书分享会等形式全面加强青少年爱国主义教育和民族团结进步教育，引导广大团员青年增强“五个认同”，铸牢中华民族共同体意识。开展“两红两优”“青年五四奖章”“农村牧区青年致富带头人”“青年岗位能手”“向上向善好青年”“少先队三优”“最美志愿者”等评选活动，挖掘青少年身边可信可亲可学的典型，用他们的先进事迹引导青少年价值取向。

网络思想引领。推动构建新媒体矩阵，增强团属微信、微博活力。全盟各级团属微信平台共编发微信 800 余期 2800 余条，其中原创信息 300 余条，浏览 34 万余次，“阿拉善盟共青团”多次在盟直政务微信公众号排行榜名列前茅。自主创作推出《唱响 70 周年赞歌，为祖国母亲送祝福》《祖国，你好》《喜迎少代会》等一批网络文化产品，开展“百年光影·五四新语”网络新媒体创意作品大赛，共有 25 个作品获奖。广泛动员网络文明志愿者传播网上正能量，助力构建清朗网络空间。

【青少年建功立业】 引领青年投身脱贫攻坚和乡村振兴。广泛动员青联委员、青年文明号集体、社会公益组织等社会各界力量参与脱贫攻坚，开展“青力扶贫　联创梦想”青联委员走基层服务月、“宝贝出村、情暖童心”爱心扶贫等活动 30 余场，筹措扶贫物资 24.2 万元，帮助困难青少年 452 人；争取“国酒茅台”“爱心小鸟·希望之星”等国家、自治区项目资金 29.7 万元，资助贫困学生 45 名；在阿盟长期从事爱心助学的广东人谭远流获自治区纪念希望工程实施 30 年人物和事迹“希望工程贡献奖”。以“投身乡村振兴战略　培养双创青年人才”为主题，举办民宿运营、农艺、电商、手工技能等就业培训班6场，培训农牧区青年300余人。开展2018年度“青年致富带头人”评选活动，选树表彰12名活跃在基层农牧区一线的青年致富带头人。协调金融部门向农牧区创业青年发放小额贷款，帮助青年成为致富“领头雁”。

倡导青年践行生态优先绿色发展理念。利用“植树节”“世界水日”“世界地球日”等时间节点，在全盟中小学广泛开展“春天我栽一棵树”“节约用水从我做起”“保护母亲河　争当‘河小青’”等主题活动，组织3400余名青少年在阿拉善盟青少年生态环保教育实践基地开展义务植树活动39场，开展保护母亲河志愿服务活动5次，教育引导青少年自觉做生态环境保护的宣传者、实践者和推动者。

引导青年积极参与社会治理。以“青春建功70载　志愿服务亮北疆”“倡议我响应、志愿我行动”为主题，广泛开展志愿服务活动，为“十四冬”火炬传递、第八届内蒙古自治区乌兰牧骑艺术节、额济纳国际金秋胡杨生态旅游节、胡杨林国际马拉松赛等大型节庆赛事活动提供志愿服务保障，开展志愿服务活动120场，1871人参与，累计服务时长达4710余小时。通过“志愿汇”App推动志愿服务规范化，截至2019年末，阿盟注册志愿者人数11653人。开展大学生志愿服务西部计划和研究生支教团工作，年内共招募西部计划全国项目16人、地方项目80人，盟团委对接厦门大学、辽宁工程技术大学2个研究生支教团，共有14名研究生到阿盟开展支教。开展“号声嘹亮　青年文明号向祖国报告”青年文明号开放周活动和“青年安全示范岗”创建评选活动，激发企事业单位青年争先创优的热情。通过开展“筑梦青春·建功北疆”街舞快闪、“体彩”杯趣味运动会、评选“最美快递员”等活动，有效团结和凝聚新兴领域青年。

【服务青少年成长成才】 全面落实青年发展规划。《内蒙古自治区中长期青年发展规划（2018年—2025年）》下发后，盟团委对接各相关部门制定《阿拉善盟青年工作联席会议制度》，并督促各旗团委相继建立与本地区实际相适应的青年联席会议机制。按盟委要求拟定阿盟贯彻落实《规划》的实施意见。

服务青少年现实需求。围绕服务青年就业创业，开展创业培训、政策解读、项目推介等活动47场，覆盖创业青年1521人次，全盟40家就业见习基地为青年提供见习岗位31个，1家企业被认定为自治区首批直属青年见习单位；开展线上线下“春风行动”招聘会4场，182家企业提供就业岗位3950个，达成就业或招聘意向952人；持续推进“青创易贷”工作，为118名青年个体和42家企业发放创业贷款7371.48万元。围绕服务青年婚恋交友，联合盟妇联、盟工会、青联举办青年交友联谊活动6场，参与青年800余人。围绕青少年精神文化需求，加强青少年宫等阵地建设，开展公益培训、文艺汇演、少儿春晚等艺术实践活动，为少年儿童搭建展现自我、全面发展的艺术平台。

维护青少年合法权益。深化“共青团与人大代表、政协委员面对面”活动，组织开展青少年模拟政协提案，畅通青少年利益诉求表达渠道。持续关爱重点青少年群体，开展“情暖童心”“红领巾微心愿”圆梦活动，动员社会爱心人士参与结对帮扶留守、贫困、孤残儿童等困境青少年。推进预防青少年违法犯罪工作，持续加强“青少年维权岗”“青少年零犯罪零受害社区（村）”建设，开展“与法同行 健康成长”“青春自护·平安春节”等青少年法治教育、自护教育、禁毒防艾、心理疏导、中高考减压等活动100余场次，覆盖青少年2000余人。

【团组织建设】 基层团组织规范化建设。开展基层团建专项调研摸底工作，形成《阿拉善盟团的基层建设专题调研报告》。全盟共有团员团干部 8542 人，809 个团组织，全盟 14～35 岁青年 64328 人，学校领域团组织实现全覆盖，社会领域团组织密度 115.2。推进“智慧团建”线上整顿工作，全盟各领域团支部完成线上自检。扩大组织覆盖，分领域推进机关事业单位、国有企业领域共青团组织建设，印发《关于健全完善盟直和旗区机关事业单位、国有企业共青团组织建设工作的通知》和《关于做好新形势下非公有制经济组织团建工作的通知》，建立学校教职工团支部 29 个、规上非公企业团组织 20 个；全盟 4 个街道区域青年共建委员会实现全覆盖，配备委员 36 名，苏木镇直属团支部 19 个，全盟 199 个嘎查村均建立直接联系团员青年的微信和 QQ 群。推进“青年爱里”阵地建设，全盟 31 个“青年爱里”在认领政治学习类项目基础上，自选认领 1～2 项特色项目，实现“青年爱里”运作项目化、服务专业化、活动个性化。12 家“青年爱里”入驻云平台，累计开展有效活动 169 场次，签到人数 6410 人。

团干部和团员队伍建设。全盟团的领导机关书记班子配备率 89%、团干部配备率 76% 以上，苏木乡镇（街道）团委班子配备率 100%，251 个嘎查村（社区）团组织负责人全部进入“两委”班子。全面加强团干部教育培训，组织举办全盟团干部培训班，完成全盟嘎查村（社区）团组织书记轮训全覆盖。在全盟团的领导机关及基层团组织、学校团组织中开展违规任命团干部和违规发展团员核查整改工作，督促问题全部整改到位。严格落实团干部协管制度，对下级团委领导班子主题教育专题民主生活会进行现场指导点评，各旗团委书记班子成员调离、新任岗位，均能事先征求团盟委意见。组织开展全盟团（工）委书记抓团建暨学校领域团委书记抓团建述职评议会，将从严治团的压力传导到基层，推动各级团组织书记切实履行主责主业。认真落实团员调控，严格入团程序，强化县域统筹，年内发展团员 482 人，全部录入“智慧团建”系统。严格落实“推优入党”“推优入团”制度安排，抓好“党团衔接”“团队衔接”，加强团前教育，团员先进性得到进一步增强。

【共青团改革】 横向改革。组织召开阿拉善盟青联第三届三次常委会，选举产生新一届青联主席，制定出台《阿拉善盟青年联合会全体委员履职说明》和 2020 年青联副主席轮值制度；组织召开全盟第四次少先队代表大会，成立阿拉善盟学生联合会并召开第一次学联代表大会，进一步推动少先队、学生会和青联改革向纵深发展。

基层改革。盟团委督促指导三旗团委印发《中学共青团改革实施方案》，6 所学校出台改革实施方案。加强团教协作机制，阿右旗、额济纳旗成立教育团工委。加强与组织部门和其他群团组织协同合作，多渠道争取支持，推动党建和群团组织工作一体化、工作联动化、阵地共享化、服务高效化，使基层真正强起来、活起来，更好地为青年服务。

（撰稿：张敏杰、赵玉杰　编辑：王延吉）

妇女联合会

【概　况】 阿拉善盟妇女联合会机关（以下简称盟妇联）内设办公室、组织与宣传部、妇女发展联络部、权益家庭儿童工作部、行署妇女儿童工作委员会办公室 5 个部室，有干部职工 8 名。所属二级事业单位盟妇联网络信息传播中心，有干部职工 2 名。

【典型标杆示范带动】 召开全盟纪念“三八”国际劳动妇女节 109 周年暨 2019 年妇女工作会议，表彰全盟三八红旗手及标兵 40 名、三八红旗集体

10个，命名巾帼文明岗25个、巾帼建功标兵22名，揭晓“最美家庭”25户。与盟文明办联合开展“树百名典型·育时代新人”暨“最美女性”评选表彰工作，揭晓宝勒尔等10名全盟“最美女性”。举办全盟优秀女性事迹报告会，通过宣传先进典型事迹，展现阿盟优秀女性在岗位建功和家庭生活中积极向上的力量和与时俱进的风采，在广大妇女中掀起树新风、学楷模、建新功的热潮。阿右旗的宝花获全国三八红旗手、自治区三八红旗手标兵称号，3名个人、2个集体分获自治区三八红旗手、自治区三八红旗集体称号。全盟各级妇女组织以各类节点为契机，通过组织文艺晚会、表彰纪念会等形式，线上线下同步宣传改革开放、新中国成立70周年党的妇女事业和妇女发展的重大成就。

【群众活动】 以“巾帼心向党·礼赞新中国”为主题，开展群众性宣传教育活动。联合盟文联、女子书法协会共同举办“相约春天·全国女子书法展”，全国各地和本土女书法家的60幅作品参展，彰显女性的时代风采与文化魅力。在全盟开展以“弘扬家国情　礼赞新时代”为主题的家风家教宣传月活动，共征集“给妈妈写一封信”征文和“我家最美一瞬间”短视频共100余篇条，在阿拉善女性微信公众平台进行展播，获一、二等奖和优秀奖短视频5个，二、三等奖和优秀奖征文8篇。阿右旗和额济纳旗妇联“妇女之家”与全国千个“妇女之家”共同启动“巾帼心向党·礼赞新中国”活动。6—10月，每月1~2个旗区作为活动承办方，在各苏木镇（街道）、嘎查村（社区）组织各类文体活动，周周有活动、月月有展示、家家有歌声。

【家庭文明建设】 寻找“最美家庭”活动。通过阿拉善盟广播电视台对近年来全盟寻找“最美家庭”活动开展情况及部分获得全国、自治区和盟级“最美家庭”的事迹进行宣传。在“传家训、立家规、扬家风”主题宣传活动中，播放“讲好阿拉善家风故事、弘扬社会主义核心价值观”专题片，讲述图布巴图、杨存宏等6户家庭的先进事迹，展示10户机关、社区、嘎查村家庭的家规家训50余条，做到“最美家庭”在电视上有影像、广播里有声音、微信等新媒体上有故事，在全社会形成争做最美家庭、涵养好家教、培育好家风的新风尚、好风气。推选的1户家庭获自治区“最美家庭”标兵户称号，3户家庭获自治区“最美家庭”称号。

举办“阿拉善盟家庭教育指导服务者能力提升培训班”，对全盟各旗区、苏木镇（街道）、嘎查村（社区）妇联主席及盟家庭教育讲师团成员等100余人进行培训，提升家庭教育服务水平。开展家庭教育进基层宣讲活动，在盟直机关、各旗区进行“深度沟通的技巧”“良好心理素质培养”“青春期孩子家庭教育”等专题讲座20余场次，服务家长3000余人次。

组织全盟中小学生1000余人参加“我与祖国同成长·童心共筑中国梦”少年儿童书画大赛，向自治区妇女儿童中心推荐优秀作品100余幅，展示全盟少年儿童爱党、爱国、爱社会主义、爱家乡的情感。开展关爱帮扶儿童活动，组织机关党员干部走进盟特殊教育学校开展“爱心筑梦　共享阳光”庆“六一”慰问活动，为福利院8名儿童送去节日礼物。“六一”期间，全盟各级妇联协调社会力量帮助120名贫困儿童和6名残疾儿童实现微心愿。

【维护妇女儿童合法权益】 化解婚姻家庭矛盾纠纷。在全盟妇联系统开展婚姻家庭矛盾纠纷隐患排查化解专项行动，做好信访接待、矛盾调解、心理疏导、法律帮助、困难帮扶等工作。年内，全盟妇联系统受理来信、来访、来电46件次，办结率达

100%；妇联干部担任人民陪审员参与审理案件46件；组织维权志愿者开展志愿服务活动31次，帮助妇女538人次。开展诉前调解与妇联组织人民调解衔接工作，调解婚姻家庭矛盾纠纷76件，调解成功34件，成功率达到44.7%。加强婚姻家庭纠纷辅导调解工作，依托专兼职婚姻家庭辅导调解员队伍，对926对到民政部门办理离婚事宜的夫妻进行调解，调解成功413对，调解成功率达44.6%。

维权项目实施。积极争取“蒲公英”内蒙古妇女儿童维权服务项目，组织实施阿拉善盟妇女维权服务项目、“心馨之家”阿右旗妇女儿童心理服务及关爱项目、额济纳旗策克口岸妇女儿童心理健康及关爱服务项目等3个项目，盟妇联履行组织协调和指导的职责，推动项目顺利实施。年内，开展法制、心理知识宣传培训30余场次，培训人数1000余人；代理妇女权益保护案件7件。通过项目实施，拓展妇联维权服务内容，凝聚了一批具有高度责任心和正义感的法律、心理专业工作者，为妇女和家庭提供更加专业的、方便快捷的法律、心理咨询和服务，满足妇女群众多元化的维权需求。

【服务城乡妇女全面发展】 美丽乡村建设。会同人社、农牧、科技等部门采取专家现场指导、集中培训、远程网上辅导、致富能人帮带学等形式举办农牧业种植养殖、电子商务、乡村旅游等妇女实用技能培训班7期，培训妇女205名。全盟2615名妇女参加了2期农牧民妇女网络教育培训，学习掌握种植、养殖，休闲农业，手工制作等实用技能。鼓励妇女发展种梭梭、肉苁蓉等沙产业和驼奶加工等地方特色产业，创办巾帼农牧民专业合作社、家庭农牧场，促进农牧区妇女互助合作，帮助农村牧区妇女提高适应生产力发展和市场竞争力的能力。深化“美丽庭院”创建活动，结合农村牧区人居环境整治三年行动，鼓励广大妇女及家庭成员净化美化庭院，营造良好生活居住环境。

巾帼脱贫行动。争取自治区妇联2万元受灾慰问金及6万元“两癌”贫困救助金，为46名妇女提供帮助；争取自治区创业项目资金3万元，创建“巾帼创业示范基地”1处；女企业家、巾帼致富带头人等社会力量为485名贫困母亲、空巢老人、残疾妇女捐送14.7万元的救助金和慰问品，联合盟女企业家协会开展“不忘初心、情系驼乡”迎新春送温暖活动，发放1.5万元慰问金和2.8万元慰问品。争取自治区家政培训专项经费7.6万元，举办3期“草原巾帼脱贫行动”送家政技能到基层培训班，培训学员248名；全盟共举办巾帼家政培训班7期，培训309人，安置就业187人。

就业创业行动。举办家政服务从业人员创业培训10期，培训妇女207人。组织3名学员参加全区第九期家政服务管理人员培训，1个家政企业和3名个人被评为全区优秀巾帼家政服务企业和全区优秀家政员。盟妇联与盟残联联合开展“匠心筑梦 巾帼献礼”妇女手工文创大赛，100余名手工爱好者的400余件作品参赛参展；组织妇女手工和企业参加中国妇女手工双创大赛，其中1户企业跻身北部赛区20强；承办“自治区女性创业者素质提升培训班”，100名女性创业者和女企业家参加培训；举办“自治区妇女民族手工艺理念提升培训班”，100名妇女手工艺人和手工爱好者参加培训。与就业等相关部门联合举办“春风行动”招聘会、大中专毕业生招聘会7期，714名妇女达成就业意向。进一步推动妇女岗位建功，推选出2个全国巾帼文明岗和1名巾帼建功标兵。

【妇联组织建设】 妇女组织。推进在非公有制经济组织和社会组织中做好“党建带妇建、妇建促党建”工作，对全盟已有288个实体化运作的非公有制企业和207个社会组织进行摸底建档，按照三年分步走的计划，在符合组建条件的非公有制经济组织和社会组织中逐步建立妇女组织。全盟非公企业中组建妇女组织71个；社会组织中组建妇女组织28个。盟直机关事业单位（一级局）、驻盟条管部门中共组建妇女组织270个，组建率达100%；在机关企事业单位中打造“妇女之家”14个。

“妇女之家”和“妇女微家”建设。各级妇联依托“党建带妇建”，整合资源，同创共建，不断加强和规范阵地建设，全盟52个社区、199个嘎查村全部创建“妇女之家”活动阵地或者流动妇女之家，实现“妇女之家”在嘎查村社区的全覆盖，通过特色服务组织、引导和服务妇女，采取妇女群众喜闻乐见的方式，有针对性地开展文体娱乐、扶贫帮困、关爱健康等形式多样的活动，“妇女之家”凝聚妇女、服务妇女的作用得到较好发挥。各旗区在“妇女之家”全覆盖的基础上，打造“妇女微家”新模式，把“妇女微家”建在妇女手工坊、文艺骨干、热衷妇女工作的知心大姐等家中，推进妇女议事会工作，促进苏木镇、嘎查社区兼职副主席和执委持续发挥作用。

服务机制。为全面推进妇联改革创新，打造专兼挂和志愿者相结合的妇联干部队伍，盟妇联向社会公开招募10名自愿支持妇女儿童事业的志愿服务工作者，制定《阿盟妇联志愿妇联工作者管理办法（试行）》《2019年阿拉善盟妇联志愿工作者轮值工作办法》。

（撰稿：杨　娟　编辑：王延吉）

科　协

【概　况】 阿拉善盟科学技术协会（以下简称盟科协）由阿左旗科协、阿右旗科协、额济纳旗科协和18个科技类盟直学会、协会组成。机关内设办公室、科普工作部、学会工作部3个职能部室。盟科协为参照公务员法管理正处级单位，核定事业编制9个，核定处级职数5名，分别是主席1名、副主席2名、二级调研员1名、副处级干部1名；科级职数3名，二级主任科员1名。所属二级事业单位盟科学技术馆，核定事业编制3个，其中管理岗位（馆长）1名、专业技术岗位2名。

【科普活动】 “全国科技工作者日”系列活动。在中华人民共和国成立70周年和第三个全国科技工作者日期间，盟科协围绕“礼赞共和国、追梦新时代——科技志愿服务行动”活动主题开展系列活动，向自治区科协推荐3名“最美科技工作者”候选人；集中走访看望基层科协、教学和种养殖产业一线科技工作者20余人；组织科技工作者进学校、社区、企业、苏木镇、嘎查村，积极开展科技志愿服务；举行首批“科技志愿者服务队”授旗仪式。

“百名专家走进盟市旗县科普传播行”活动。4月16—21日，由盟科协主办的内蒙古“百名专家走进盟市旗县科普传播行”春季活动在阿盟展开，由中科院老科学家钦天钧、自治区和盟内共12位科普专家组成志愿服务队，重点面向青少年、农牧民、城镇劳动者、领导干部和公务员四大重点人群，围绕航天育种、心理健康、医学保健、农牧区实用技术推广等内容开展23场科普报告。

全国科普日活动。9月19日，以“礼赞共和国、智慧新生活”为主题的2019年“全国科普日”活动在阿左旗新华街道南田社区启动，为获得全区科普教育基地、科普示范学校、示范社区和社区e站的单位授牌。现场开展食品安全、健康养生、环境保护和防灾应急等科普知识的宣讲，医护人员现场义诊以及“科普大篷车”科技展示。新时代科普专家志愿服务队10名专家到各旗区中小学校、社区、嘎查和企业开展科普讲座。

全民科学素质知识竞赛。11月14日，举行以“礼赞共和国·追梦新时代”为主题的全盟全民科学素质知识竞赛，共有9支代表队参加比赛，180余人观看比赛。参赛选手涵盖青少年、农牧民、城镇劳动者、领导干部和公务员“四大人群”代表，以及少数民族代表和女性代表。腾格里经济技术开发区代表队获团体第一名，盟气象局代表队获团体第二名，额济纳旗代表队获团体第三名。

【学术活动】 承办全区学术年会。8月23日，由自治区科协、教育厅、科技厅、人力资源和社会保障厅共同举办，盟科协承办的以“生态优先、绿色发展”为主题的第十四届内蒙古自治区自然科学学术年会召开，全区各学会、有关大专院校、科研院所、企事业单位的科技工作者，盟内有关单位及年会获奖论文作者共计400余人参加会议。自治区领导为生态环境产学研联合体揭牌，为获得第十四届内蒙古自治区自然科学学术年会优秀论文获得者颁奖。年会特邀金涌、傅廷栋、武向平院士分别以“从诺贝尔奖谈创新思维的养成”“关于油菜多功能利用”“自然科学的宇宙观”为题作主旨报告。

学术交流活动。3月22日，盟科协结合纪念“3·23”世界气象日，为全国气象科普教育基地——盟气象科普馆举行揭牌仪式，组织60余名科技工作者开展“不忘初心、牢记使命”系列学术交流活动。

科技工作者学术活动。8月24—25日，举办2019年“全区学会改革暨业务培训班”“企业创新方法培训班”“‘伊希巴拉珠尔’杯蒙医药知识竞赛”，邀请5位专家围绕学会期刊建设、学会品牌建设和学会管理与发展、创新之术Triz理论授课，近500名科技工作者参加培训和知识竞赛。

学术论文评选。盟科协联合盟委组织部、科技局、教育体育局、人力资源和社会保障局共同开展全盟自然科学优秀学术论文评选活动，评选出2018年度优秀论文100篇，其中14篇获自治区优秀论文奖励。征集2019年学术论文105篇。

【青少年科教活动】 青少年科技创新大赛。组织参加第34届自治区青少年科技创新大赛，全盟共申报78项作品，共有63项作品获奖，盟科协被评为优秀组织单位。2019年组织11所中小学校的600名青少年，参加第35届自治区青少年科技创新大赛，推荐作品64件。

高校科学营活动。盟科协组织阿右旗20名高中生在兰州大学完成“全国青少年高校科学营体验活动”，体验百年名校承载的科技文化魅力。

第三届校园科技周活动。6月17—21日，以“创新·梦想·体验”为主题的第三届校园科技周活动在阿左旗蒙古族学校启动，并相继在三旗开展活动。内蒙古睿立教育·卓因创客空间公司为近1200名师生展演机器人互动，参观创客作品，带领学生亲手制作科技作品，同时邀请中国中小学创客教育专家作“创客教育带我们走出科创新路”教育讲座。

【科协组织建设】 4月22日，阿盟科学技术协会第六次代表大会在巴彦浩特召开。大会回顾总结盟科协第五次代表大会以来主要工作，研究确定2019—2013年全盟科协工作的主要目标和任务，审议并通过盟科协第五届委员会工作报告，选举产生第六届委员会及其领导机构，吸纳蒙医医院院长、职业技术学院副院长、农技推广中心主任各1名，担任科协兼职副主席和常委。

基层科协组织建设。全盟已建苏木镇科协17个、学校科协16个、社区科协2个，5家化工企业联建企业科协1个。

建设“科普中国”e站。为阿左旗额鲁特街道办贺兰山社区争取到15万元的基层科普社区建设资金，将建设“科普中国”e站，传播优质科普资源内容列入其中，为提升居民科学素质搭建平台。

（撰稿：王锦霞　编辑：王延吉）

工商联（总商会）

【概　况】 阿拉善盟工商业联合会（以下简称盟工商联）是中国共产党领导的以非公有制企业和非公有制经济人士为主体，具有统战性、经济性、民间性有机统一基本特征的人民团体和商会组织，是党和政府联系非公有制经济人士的桥梁纽带。盟工商联内设办公室、经济部（加挂非公有制经济维权中心、非公企业党建办公室牌子）2 个科室，下设盟非公经济服务中心 1 个二级单位。核定编制 11 个（其中行政编制 6 个、事业编制 2 个、工勤编制 3 个）。截至 2019 年底，全盟工商联会员总数 2010 个，其中团体会员 34 个、企业会员 484 个、个人会员 1492 个，行业商协会 28 个。

【思想政治引领】 开展全盟非公有制经济人士理想信念教育活动。通过采取商会大讲堂、专题活动、培训班等形式对非公企业代表人士进行思想引领，提升自身素质。阿盟各级工商联共开展培训教育活动 30 余场，培训教育非公有制经济人士达 1000 余人次，其中组织会员企业代表参加自治区工商联在福建龙岩、浙江杭州等地举办的培训班 4 期 20 人次；配合盟委统战部在深圳市举办 1 期全盟非公经济代表人士素质能力提升培训班。

【评选表彰】 围绕新中国成立 70 周年系列庆祝活动，在非公企业中开展树立典型活动。盟工商联牵头承办全盟民营经济高质量发展大会。4 月 15 日，盟委、行署表彰内蒙古哈伦能源有限责任公司等 39 家民营企业；出台《阿拉善盟关于促进民营经济高质量发展若干措施》。庆华集团、太西煤集团、金石镁业、额济纳旗浩通能源有限公司 4 家民营企业入围“2019 内蒙古民营企业 100 强”，内蒙古庆华集团获“中国制造业 500 强”。

【调查研究】 建立盟工商联领导干部联系走访民营企业工作制度。建立健全企业诉求反映解决机制。盟工商联向盟行署专题呈报《关于我盟扶持民营经济发展的调查与思考》调研报告；配合盟人大工委、盟政协、盟委统战部到旗区对自治区、阿盟关于促进民营经济高质量发展若干措施落实情况开展专题调研，归纳形成 5 大类 17 个问题，形成专题报告报送有关单位，盟行署组织有关部门针对具体问题与民营企业代表召开政策答复会议。组织盟、旗民营企业家走进检察院，开展“检察护航民企发展开放日”活动，建立定期联系会议制度、调研走访、法律咨询服务工作机制。

【服务经济】 配合盟委统战部编印发行《同心共圆小康梦——阿拉善盟民营企业家助力脱贫攻坚事迹摘编》，精选编录奋斗在阿盟各领域、各条战线上 41 位民营企业家致富思源、回报社会、助力脱贫攻坚的典型事迹。编印《促进民营经济高质量发展文件汇编》300 余本，使民营企业更好地了解关于企业发展的相关优惠政策。引导民营企业积极参与“村（嘎查）企合作”精准扶贫行动，全盟共动员 17 家民营企业参与“村（嘎查）企合作”精准扶贫行动，企业实施项目总数 133 个、投入总金额 645.23 万元，受帮扶嘎查（村）104 个、受帮扶贫困人数 2540 人。组织各旗区执委、常委企业登录全国工商联民营企业调查系统注册填报《全国工商联 2019 年度万家民营企业评营商环境问卷》和《2019 年第一、第二、第三、第四次民营企业运行状况调查问卷》。组织会员企业代表开展以商招商、内引外联活动，组织 6 家企业参加第三届内蒙古自治区蒙商大会项目推介会。与盟贸促会共同组织阿盟 16 家企业在北京参加“2019 北京世园会阿拉善盟暨额济纳旗主体活动日”活动；配合阿拉善盟海外联谊会在深圳召开“港澳深蒙企业家代表座谈会”；组织部分民营企业赴四川成都参加四川省内蒙古商会阿拉善分会挂牌成立暨招商推介会，为企业搭建合作交流平台。

【非公企业党建】 对规模以上非公有制企业和商会党组织建设情况进行调查了解，初步建立规模以上非公有制企业和商会党建工作信息库。在盟非公党建办的指导下，成立阿拉善福建商会党支部。全盟共有6个商会成立党支部，有党员43人。在中国共产党成立98周年之际，盟旗非公有制经济组织和社会组织党工委开展表彰活动，3个非公企业党支部被授予全盟“先进基层党组织”称号；5名非公企业党员被授予全盟“优秀共产党员”称号；3名非公企业党务工作者被授予全盟“优秀党务工作者”称号。为进一步提升非公有制企业党组织书记和党务工作者政治理论素质和业务水平，组织17名非公有制企业党支部书记及党务工作者参加“全区非公有制企业党组织书记培训班”和“阿拉善盟企业和社会组织党组织书记及党务工作者示范培训班”。

【基层组织建设】 坚持政治建会、团结立会、服务兴会、改革强会，围绕“两个健康”（非公有制经济健康发展和非公有制人士健康成长）主题，以打牢组织建设根基、提升整体建设水平为目标，开展以领导班子好、会员发展好、商会建设好、作用发挥好、工作保障好为主要内容的“五好”（政治引领好、队伍建设好、商会发展好、作用发挥好、工作保障好）县级工商联建设工作。抓好“四好”（政治引领好、队伍建设好、服务发展好、自律规范好）商会建设，督促旗（区）加强基层工商联与商会的建设。阿左旗工商联获2018—2019年度全国“五好”县级工商联称号，阿右旗、额济纳旗工商联全部达到“一个设立、五个有”（设立工商联党组；有工作气力，有运转经费，有办公场所，有必要的办公装备，有丰富的活动内容）旗县级工商联建设工作标准。完成“四好”商会推荐和福建商会换届工作。5月，在蒙古国首都乌兰巴托成立阿盟首个国（境）外商会——蒙古国阿拉善企业家商会。对接四川省内蒙古商会，指导成立四川省内蒙古商会阿拉善分会。

（撰稿：周祥东　编辑：王延吉）

法 治

政法委与综治

【概　况】 中共阿拉善盟委政法委员会（以下简称盟委政法委）内设办公室、政治部、执法督查室3个职能科室，核定行政编制17个，工勤编制3个。盟社会治安综合治理委员会办公室与盟委政法委合署办公，盟委维护稳定领导小组办公室设在盟委政法委，盟委防范和处理邪教问题领导小组办公室挂靠盟委政法委。所属科级事业单位1个：盟委政法委信息中心，核定事业编制4个。

2019年5月机构改革之后，盟委政法委内设办公室、综治督导科、基层社会治理科、政法队伍建设指导科、政治安全维稳指导科、宣传与信息化建设科、执法监督科、反邪教协调科8个职能科室，核定行政编制17个，工勤编制3个。所属科级事业单位1个：盟法学会服务中心，核定事业编制7个。

【扫黑除恶专项斗争】 2019年，盟委政法委协调召开领导小组会、推进会、“大三长、小三长”等会议80次。配合中央、自治区督导组开展督导工作，坚持边督边改、即知即改，确保督导取得实效。落实反馈问题整改，研究制定督导反馈意见整改方案，梳理出涉及阿盟问题24个（共性问题17个、个性问题4个、主动认领3个），问责建议4个，制定整改措施98项，全部完成整改。

成立涉黑涉恶案件研判专家库，对2000年以来侦办案件和信访案件逐案筛查。年内，共打掉涉黑犯罪组织1个，铲除恶势力集团6个、涉恶团伙12个，破获涉恶案件174起，抓获犯罪嫌疑人154人，查封扣押冻结涉案财产2.4亿元，提起公诉15件90人，判决5件31人。中央扫黑除恶督导组交办的250条线索办结216条，核查率86.4%。全面清查涉黑涉恶团伙主要成员及其企业财产，共判处罚金38.3万元，认定违法所得32.35万元，年内已缴纳56.46万元，执行率79.92%。全力推进百日追逃专项行动，抓获涉黑恶案件在逃人员2名、其他犯罪涉案人员19名，涉黑恶案件追逃目标全部到案，实现抓捕率100%。

成立重点行业专项治理行动领导小组，制定专项治理行动方案，排查隐患问题197个，整改销号159个。加强综合治理，建立殡葬领域服务收费常态化联合监管机制；加大对全盟29家金融机构检查力度，约谈46人；加大自然资源等重点行业领域执法力度，检查2597次，查处违法违规案件217起。

组建成立15个工作专班，对19起涉黑涉恶案件进行逐案筛查，对12起涉黑涉黑案件中存在监管不力问题的58名干部进行严肃处理。全盟共处置涉黑涉恶问题线索 67 件，办结 46 件，立案 17 件，给予党纪政务处分 24 人，组织处理 46 人。

持续整顿软弱涣散党组织，先后 4 次对 1043 名嘎查村“两委”成员进行摸排，排查出的 16 名不符合条件人员全部完成清理并补齐配强。截至年底，25 个软弱涣散基层党组织完成整顿 18 个。

与各级党组织层层签订责任状和承诺书，组建由厅级领导带队的 4 个督导工作组、2 个督办工作组，共开展督导检查 10 轮，通报 1 个旗、2 个区、6 个成员单位。投入专项经费 1371 万元，有力保障扫黑除恶专项斗争向纵深推进。

【法治阿拉善建设】 统筹推进机构改革任务。全盟政法系统完成机构改革任务。阿左旗各苏木镇、街道办全部配备政法委员；法院系统推进司法体制改革与现代信息技术深度融合，推进“移动微法院”办理跨区域诉讼事项，额济纳旗法院办理阿盟首例跨域立案案件，切实解决群众异地诉讼成本高等问题；检察系统深入推进公益诉讼，2019 年，共立案各类公益诉讼案件线索 70 件，涉及民事领域 11 件，行政领域 59 件。2019 年 9 月，黄河—乌斯太段生态环境保护案被评为全国公益诉讼精品案件，是内蒙古自治区唯一入选案例。公安系统积极推进机构改革，盟公安局将原有 27 个部门整合为 18 个部门；加快推进人民警察职务序列改革，完成 229 名执法执勤、警务技术类民警的套改工作；司法行政系统统筹推进法治政府建设，着力推进行政行为规范化，对盟本级执法部门报送的 25 件重大行政处罚案件进行合法性和适当性审查，并予以备案。

完善诉权救助机制。建立对犯罪嫌疑人、被告人的辩解、申诉、控告进行认真审查、及时处理机制，全盟两级法院为执行不能、无财产可供执行的当事人，特别是弱势群体和生活确有困难的 78 名申请执行人发放救助款 78 万余元。

维护社会公平正义。选任人民陪审员 149 名；推进“智慧司法”建设，对政法部门案件办理实行全程、实时监控。协调化解中蒙化工股份有限公司与阿右旗人民政府行政协议案纠纷，自治区交办的 13 件涉法涉诉信访案件全部办结。全面落实认罪认罚从宽制度，2019 年，全盟检察机关适用认罪认罚从宽制度审结案件 133 件 174 人，占审结公诉案件的 25.58%；提起公诉的认罪认罚从宽案件中，法院开庭审理采纳量刑建议率达 100%，被告均认罪服判，充分体现量刑建议的权威性，确保办案质效，促进司法公正。2019 年，盟、旗两级法院共受理各类案件 11219 件（含旧存 979 件），审结 10458 件，分别同比上升 9.82% 和 11.98%，审结率 93.22%。两级检察院受理各类审查逮捕案件 171 件 306 人，批准和决定逮捕 124 件 216 人，受理审查起诉各类刑事案件 483 件 771 人，提起公诉 437 件 631 人。

【社会体制和司法体制改革】 制定《阿拉善盟社会体制和司法体制改革专项小组 2019 年工作要点》，梳理确定以“加快推进政法领域全面深化改革，创新社会治理体制机制”等为主的 13 项改革重点任务，年内启动 11 项。盟公安局制定优化营商环境、服务企业发展 40 条措施，公安机关放管服改革 200 项事项实现马上办 83.5%，就近办 74%，一次办 88%。司法行政系统对机构改革后行政执法主体和人员进行审核，经审核，全盟共有 307 个行政执法主体（其中盟本级 60 个）。持续推进“放管服”改革证明事项清理工作，盟本级保留证明事项 74 项，取消证明事项 11 项。健全司法权力运行机制，推动完善审判委员会、检察委员会制度，建立健全主审法官会议制度、院庭长办案情况月通报制度、检察官动态管理和业绩考核评价机制等制度，落实办案质量终身负责制和错案责任追究制；推进以审判为中心的诉讼制度改革，确保案件事实证据经得起法律的检验。落实律师参与化解和代理涉法涉诉信访制度，推进律师参与调解试点改革，阿左旗通过诉前调解解决案件500余件。

【维护稳定】 落实维稳第一责任，落实《重大不稳定问题清单制度》，共列入四级化解清单11项，开展社会稳定风险评估事项75件；集中开展社会领域、公共安全领域矛盾风险隐患大排查、大整治专项行动4次，确定32项重点攻坚风险隐患，协调住建、交通、公安、人社等部门联动协同解决“十个全覆盖”拖欠工资工程款、房地产项目等历史遗留问题，进一步做好社会矛盾风险的增量防控、存量减少工作。组织开展“猎鹰三号”反恐实战演练、防危爆应急处突演练和阿拉善机场2019年应急处突演练，全盟3个环疆检查站实现勤务规范化、常态化检查，并配备“反恐利剑”警务移动终端和暴恐音视频核查设备。全盟维稳工作连续11年被自治区维稳办评为优秀，综治工作进入全区优秀行列。开展反邪教“六进”宣传活动，不断提高社会公众识邪防邪的意识和能力。

【综合治理】 构建完善多元化解机制。盟级综治中心挂牌运行，全盟各旗（区）、苏木镇（街道）综治中心覆盖率达100%，嘎查（社区）覆盖率80%，其中各苏木镇（街道）和嘎查（社区）共划分网格659个，配备网格员1169名，网格化服务管理覆盖率达到100%。学习借鉴新时代“枫桥经验”，完善矛盾纠纷排查调处机制，建成阿拉善矛盾纠纷预防与多元化解中心，建立以全国优秀人民调解员，自治区金牌、银牌调解员个人命名的调解室11个，建立各类调解组织333个。年内，全盟各级人民调解组织开展矛盾纠纷排查614次，调处各类矛盾纠纷1988件，调处成功1987件，调处成功率达99.9%。

推动共建共治共享。发挥社会组织及广大群众在社会治理中的主体作用，培育孵化成立各类社会组织234个，农牧民合作社800余个。支持引导草原治安消防“都贵楞”（小组）、驼峰文物保护队、居边护边堡垒户、守边戍边志愿者、黄手环志愿者等社会组织参与社会治理。其中，通过政策引导、资金扶持、教育培训等方式，成立草原治安消防“都贵楞”组织77个，发展队员1049人，为治安消防“都贵楞”组织配发微型消防车5台，建立治安消防服务站13个，发放消防装备534件；持续加强边境沿线居边护边农牧民政策保障，完善边境地区水、电、路、通信、网络等基础设施，强化教育、医疗、文化等公共服务，确保守土戍边农牧民留得下、守得住、能致富。全盟已打造居边护边堡垒户150户，阿盟居边护边堡垒户工程获评2019年度内蒙古“十大法治事件”。

提升综治信息化水平。通过中央政法委组织评审，阿盟被列为2020年公共安全视频监控建设联网应用重点支持城市。年内，完成本地建设用地规划、环评、社会稳定风险评估、电子政务外网接入审批、信息系统安全等级保护备案等手续，完成项目建设可研报告的制作和评审工作。

【防范化解重大风险】 制定印发《阿拉善盟维护政治安全和社会稳定工作责任落实方案》，成立维护政治安全、社会稳定两个专责小组，构建工作责任体系。牵头组织制定、实施政治领域和社会领域重大风险工作方案，组织召开会议，分析研判全盟政治安全和社会稳定形势，共排查梳理出政治领域4方面6个风险点和社会领域8个风险点存在的重大风险隐患，协调指导、督促检查各项风险隐患的整改落实。

开展民族团结进步宣传教育和全国民族团结进步示范盟创建活动；加强网络意识形态阵地管理。全面加强对临疆各检查站的执勤查控，组织联合边防连队、居边护边堡垒户对735千米边境线开展全线联合巡逻16次；强化重点地区、重要节点的反恐防范，组织联合反恐演练22次。组织宗教界人士参加培训19次。

严格落实帮教管控措施，加强系统内社区矫正与安置帮教业务对接，及时将解除矫正人员纳入安置帮教范围，共排查安置帮教453人次。加强领导干部接访下访工作，推动群体信访问题化解。严打网络黑色产业链和涉网违法犯罪活动；协调组织有关部门对全盟489家政务新媒体、525名从业人员进行登记备案；开展属地网站预警监测，对涉及阿盟32家重要网站的45个风险漏洞进行预警，督促整改。落实整改房地产历史遗留问题，解决历史遗留问题商品房6831套，解决率40.1%，达到全区平均水平。

【平安阿拉善建设】 开展扫黑除恶专项斗争，全力整治各类治安突出问题，彻底扫除各类黑恶势力，不断提高人民群众安全感和满意度。在扫黑除恶专项斗争的强大攻势下，2019年，全盟刑事、治安类案件立案数分别为1107起、1262起，同比分别下降4.5%、10.8%，刑事案件破案率同比提高2%，连续10年实现命案全破的优秀战绩，群众安全感和满意度连续五年位居全区第一。

推进社会治理现代化、智能化建设进程，全面推进综治信息平台、“雪亮工程”和综治视联网“三大工程”建设，顺利通过中央政法委组织的评审，成为2020年公共安全视频监控建设联网应用重点支持城市，正在按照中央政法委和国家发改委的要求逐级上报进行立项审批。

【政法队伍建设】 2019年，举办全盟政法干部社会治理（枫桥经验学习）能力提升培训班1期，全盟政法系统专题培训班1期，“我和我的祖国”“不忘初心、牢记使命”全盟政法系统庆祝中华人民共和国成立70周年系列活动1次，阿拉善政法大讲堂3期。印发《全盟政法系统学习贯彻〈中国共产党政法工作条例〉实施方案的通知》，落实《阿拉善盟政法机关党组织向盟委请示报告重大事项的实施办法》《党委政法委委员会议制度》，召开政法委委员会议4次，审批政法各部门任免干部4批次、16人。严格落实党风廉政建设责任制，制定《政治督察工作规定》《纪律作风督查巡查工作规定》《政法干警政治轮训工作规定》，到旗区政法各部门及基层苏木镇政法单位，围绕政法队伍政治建设和纪律作风建设工作进行专题调研，形成调研报告2篇；严肃查处违法违纪行为，保证政法队伍的纯洁性。全盟共处分违法违纪干警95人次，移送司法机关处理2人。

【法学会工作】 召开阿拉善盟法学会第二次会员代表大会，选举产生盟法学会第二届理事会33名、常务理事21名，选举新一届领导机构，并确定阿拉善盟法学会服务中心更名为阿拉善盟法学会。正式组建阿拉善盟基层法律服务人才库（54名专家学者）和阿拉善盟律师专家库（84名专业律师），为开展普法宣传教育、法律咨询、法律服务实践、法学课题研究等活动打下坚实基础。盟委政法委撰稿并上报的《坚持党建引领着力构建边疆少数民族地区社会治理新模式》获2019年度全区优秀政法调研文章一等奖。

（撰稿：张振坤　编辑：王延吉）

公　安

【概　况】 阿拉善盟公安局（以下简称盟公安局）下辖阿拉善左旗公安局、阿拉善右旗公安局、额济纳旗公安局和阿拉善经济开发区公安分局、腾格里经济技术开发区公安分局5个旗区公安（分）局和边境管理支队。内设办公室、政治部、指挥中心、教育训练科、警务督察支队（纪检监察室）、国内安全保卫支队、经济犯罪侦察支队、治安管理支队、出入境管理处、信息网络安全侦察支队、刑事侦查支队（阿拉善盟公安司法鉴定中心）、技术侦察支队、监所管理支队、法制支队、禁毒支队、警务保障处、科技信通处、反恐怖支队、警卫处、信访处、情报中心、特警支队（警犬基地）、强制隔离戒毒所、审计科、宣传科、旅游警察支队、干部人事科（辅警管理科）和交通管理警察支队、高速公路交通管理警察支队29个职能机构。下设阿拉善人民警察教育训练中心和留置监管看护中心2个二级事业单位。

2019年，全盟公安机关共核定政法专项编制863个，在编民警765人；共核定事业编制149个，在编121人；共有警务辅助人员855人。阿盟公安局核定政法专项编制290个，其中盟局机关175个、交警支队65个、高速支队50个；在编民警255人，其中盟局机关156人、交警支队59人、高速交警支队40人。阿拉善人民警察教育训练中心核定事业编制43个，实有42人。盟公安局留置监管看护中心核定事业编50个，实有47人。

阿左旗公安局核定行政编制278个，在编民警247人；核定事业编制31个，实有21人。阿右旗公安局核定行政编制115个，在编民警104人；核定事业编制11个，实有4人。额济纳旗公安局核定行政编制113个，在编民警97人；核定事业编制14个，实有7人。阿拉善经济开发区公安分局核定行政编制49个，在编民警46人。腾格里经济技术开发区公安分局核定行政编制18个，在编民警16人。警力数占全盟常住人口比例为7‰。

【社会治安防控】 落实屯警街面、武装巡逻措施，严格执行“1、3、5”分钟快速响应处置要求，全面加强对车站、学校等重点部位和人员密集场所的巡逻防控力度。严厉打击涉枪涉爆、黄赌毒、盗抢骗等违法犯罪活动，开展社会治安排查整治“震慑”行动，2019年全盟刑事案件发案数1107起、同比下降4.5%，破568起、同比上升2%，破案率51.3%。治安案件受理数1262起、同比下降10.8%，查处1058起、查处率83.8%。

【公共安全管理】 开展道路交通安全“两防三保”等专项行动，严厉查处交通违法行为，全盟道路交通事故四项指数“两降两升”。强化枪爆物品收缴，收缴枪支37支、子弹7712发、炸药753千克、雷管923枚。校园安全防范方面，推动严格落实“三个100%”，全盟68所中小学幼儿园视频监控实现重点部位100%覆盖并接入公安机关。落实越野e族英雄会、胡杨节等大型群众性活动现场指挥调度、人员车辆安检、网格化管理等措施，保证各项大型活动安全顺利举办。

【扫黑除恶专项斗争】 认真抓好中央扫黑除恶督导组通报问题整改工作，强化破案攻坚、努力提高办案质量，在认领的19项整改任务中，已整改完毕18项。全盟公安机关共立案侦办黑社会性质组织犯罪1起，铲除恶势力集团6个、涉恶团伙12个，破获各类刑事案件174起，抓获涉黑涉恶犯罪嫌疑人156人。

以扫黑除恶为龙头，统筹推进刑事侦查打击和“百日追逃”等工作。“百日追逃”专项行动期间，全盟共抓获各类在逃人员25人，涉黑涉恶网上在逃人员抓获率100%。

【公安改革及基层基础工作】 推进公安机构改革，拟将盟局原有27个部门整合为18个，已通过公安厅和盟委编办审批。加快推进人民警察职务序列改革，完成229名执法执勤、警务技术类民警的套改工作。制定优化营商环境、服务企业发展40条措施，推进车驾管业务“通道式”改革等便民措施。在公安“放管服”改革200项事项中，实现“马上办”83.5%，“就近办”74%，“一次办”88%。

深化“枫桥经验优秀公安派出所”创建活动，推进黑鹰山等3个出疆检查站建设和全盟执法办案场所标准化建设，推进公安基层基础“三年规划”，将全盟157名不满2年基层工作经验的民警分3批、用5年时间全部下派基层所队。

【荣　誉】 阿左旗公安局治安大队副大队长董海被公安部授予先进个人称号；阿左旗公安局副局长白文军、额济纳旗公安局刑侦大队副大队长尹治东被内蒙古公安厅授予个人二等功；阿拉善盟公安局交警支队考试大队教导员赵勇、阿右旗公安局贡湖都格派出所所长张有超、阿拉善开发区公安分局三麻段检查站副站长甘世明、阿拉善腾格里开发区公安分局交巡警大队大队长刘晓辉被内蒙古公安厅授予个人三等功；阿拉善盟公安局警察训练中心工作人员张雍、阿左旗公安局刑侦大队工作人员张明、额济纳旗公安局刑侦大队工作人员赵勇刚被内蒙古公安厅授予先进个人称号；阿拉善右旗查干通格公安检查站被内蒙古公安厅授予集体一等功；阿左旗公安局刑侦大队、阿拉善盟二号山公安检查站被内蒙古公安厅授予集体二等功；阿拉善盟公安局交警支队特勤大队、阿拉善开发区公安分局治安管理大队、阿拉善腾格里开发区公安分局额里斯派出所、阿拉善盟阿拉善右旗查干通格公安检查站、阿拉善盟额济纳旗二号山公安检查站、阿拉善盟额济纳旗G7高速公路黑鹰山公安检查站、阿拉善盟公安局银巴高速长流水公安检查站被内蒙古公安厅授予集体三等功；阿拉善盟公安局治安管理支队被内蒙古公安厅授予集体嘉奖；阿拉善盟公安局情报指挥中心、阿拉善盟公安局国内安全保卫支队、阿拉善盟公安局网络安全保卫支队、阿拉善盟公安局高速支队政工科、阿拉善阿左旗公安局巡防大队、阿拉善阿右旗公安局孟根派出所被内蒙古公安厅授予先进集体称号。

（撰稿：敖特根　编辑：王延吉）

检　察

【概　况】 2019年7月，阿盟检察分院对内设机构进行改革，内设办公室（新闻办公室）、政治部、第一检察部、第二检察部、第三检察部、第四检察部、第五检察部、第六检察部、综合业务部（人民监督员办公室）、检察技术信息部、检务督察部、计划财务装备局、司法警察支队13个机构。政法专项编制44个，工勤编制4个，实有40人。

【刑事检察】 全年，受理各类审查逮捕案件171件306人；批准和决定逮捕216人。受理审查起诉各类刑事案件501件793人。提起公诉448件642人，对普通刑事案件不起诉46人。全年，审结案件468件680人，适用认罪认罚从宽制度审结案件133件174人，适用率为25.58%。履行检察机关在反腐败斗争中的职责，完善监督检查衔接机制，对监察委员会移送职务犯罪案件15件15人，逮捕11件11人，提起公诉11件11人。

【民事检察】 坚持监督与支持并重，对审查认为确有错误的生效民事裁判提请抗诉2件，法院已启动再审程序1件。对审查认为正确的民事裁判，依法不支持监督申请21件，同时耐心细致释法说理，引导服判息诉。对民事案件选择性执行、超范围查封扣押等违法情形提出检察建议5件，对审判程序违法情形提出检察建议10件。开展虚化诉讼专项监督，发现虚假诉讼犯罪线索6件。

【行政检察】 全年，受理行政非诉执行案件2件，提出检察建议2件，均被法院和行政机关采纳。全盟两级四院对行政检察工作精准发力，加强与人民法院、行政机关的沟通，通过依法履行监督职责，既维护司法公正，又监督和促进依法行政，争取双赢多赢共赢。通过借助“外脑”提升检察监督能力，注重发挥专家学者、律师、退休法官、有法律背景的人大代表和政协委员的作用，帮助检察机关办好重大疑难复杂案件、新类型案件。

【公益诉讼检察】 全年，办理公益诉讼案件46件。其中，行政公益诉讼诉前案件42件，行政公益诉讼起诉案件1件，刑事附带民事公益诉讼起诉案件3件。落实盟委、行署两办联合印发的《关于支持检察机关依法开展公益诉讼工作进一步推动法治阿拉善建设的意见》，组织聘任首批27名检察公益诉讼联络员。

【刑事执行检察】 全年，累计驻所检察707天；与在押人员谈话教育396人次；上法制教育课21次；巡视检察286余次；对监管场所安全防范设施检查28次；召开联席会议22次；向公安机关发出书面《纠正违法通知书》21份；向公安局发出《检察建议书》14件。

【未成年人检察】 全面贯彻落实未成年人刑事案件特别诉讼程序，严格落实法律援助、亲情会见、社会调查、犯罪记录封存等未成年人刑事案件特殊制度。充分发挥法治副校长专长作用，通过法治宣讲、模拟法庭、组织学生到法院观摩庭审等方式有针对性地开展法治宣传教育工作。

【控告申诉检察】 全年，共接待来访群众122次137人。处理群众来信28封，受理群众来电11通，全部做到7日内回复，答复率100%。群众来信“7日内程序回复、3个月内办理过程或结果答复”是检察机关破解信访难题的积极探索，秉持“办信就是办案、办信更是办民生”的理念，把办信工作作为“一把手”工程和“全局性”“全院性”工作，切实做到真事真办、实事办实。

【工作创新】 阿盟检察分院与宁夏中卫市院、甘肃省武威市院签订三地检察院《关于建立腾格里沙漠跨区域生态环境和资源保护检察协作机制的意见》，保护腾格里沙漠生态环境和资源达成司法协作共识。

2019年1月7日，阿盟检察分院与阿盟水务局联合印发《阿拉善盟“携手亲四乱　保护母亲河”专项行动实施方案》，对涉及黄河“四乱”的6个线索，均形成专项行动案件线索台账及时上报自治区检察院，阿盟检察分院及时立案并发出诉前检察建议6件。2019年9月，此案件被评为全国公益诉讼精品案件，是内蒙古自治区唯一入选案例。

全盟两级四院积极探索双语办案模式，两级四院均建立以蒙语为主的“双语接访室”，来访人员可自主选择约见双语检察官、采取何种语言文字反映问题和签字。建立全盟检察机关双语人才库，共有20名检察干警纳入人才库，成立双语办案团队8人、翻译团队13人、宣传团队15人，将蒙文蒙语诉讼在检察办案中深度应用。在发挥专业人才作用大力推进蒙汉双语诉讼的同时，在机关晨读中加入蒙语会话学习内容，推动全体检察人员学习蒙语日常用语，更好地服务蒙古族群众。该举措被《检察日报》报道。年内，分院被盟民族团结领导小组确定为全盟民族团结进步示范单位。

（撰稿：曹　霞　王　佳　编辑：王延吉）

法　院

【概　况】 2019年，阿拉善盟中级人民法院（以下简称盟中院）共设正科级内设机构18个，并在其中的3个内设机构分别下设副科级机构。推进司法改革中借鉴先进地区经验，共组建8个审判团队。全院共有编制97个，其中中央政法专项编制93个、工勤编制4个。实占编制88个，其中员额法官32名、法官助理18名、司法行政人员18名、工勤编3名、混编8名（非公务员身份占政法专项编）、司法警察9名。

全盟两级法院全年共受理各类案件11219件（含旧存979件），审结10458件，与上年同比分别上升9.82%和11.98%，审结率93.22%。其中，盟中院受理各类案件1077件（含旧存84件），审结996件，与上年同比分别上升14.93%和17.45%，审结率92.47%。

【扫黑除恶】 制定出台涉黑涉恶案件快立快审、线索排查、线索核查、财产处置等一系列制度机制，从严打击黑恶势力。一审审结涉黑涉恶犯罪7件39人，判处罚金74.3万元，罚金到位率64.52%；判决没收违法所得123.29万元，没收到位率56.16%。

【平安建设】 牢固树立总体国家安全观，严厉打击各种危害公共安全、侵犯公民人身、财产权利的各种犯罪。依法公开开庭审理了内蒙古自治区人民检察院锡林郭勒盟分院原党组书记、检察长田某某受贿罪、贪污罪、巨额财产来源不明罪一案，取得良好的法律效果和社会效果。

【民生案件审判】 聚焦民生领域突出矛盾和问题，依法高效审理涉民生案件，审结买卖合同纠纷616件，民间借贷纠纷1189件，机动车交通事故责任赔偿纠纷230件，劳动争议案件107件，维护当事人合法权益。

【巡回审判】 针对阿拉善盟地区地广人稀，交通相对不便，农牧区住户分散等特点，基层法院积极打造“诉讼110”工作模式，将巡回法庭、巡回审判点、基层司法所、人民调解工作站和便民服务联系点连成一线，巡回审判案件747件，促进矛盾就地化解。

【司法救助】 为执行不能、无财产可供执行当事人，特别是弱势群体和生活确有困难的涉案申请执行人59件78人发放救助款78万余元。

【审判执行】 推进“基本解决执行难”工作取得的成果常态化、制度化。两级法院受理执行案件3530件，执结3200件，结案率90.65%。中院执行案件有财产可供执行案件法定期限内执结率97.51%；无财产可供执行案件终结本次执行程序合格率均100%；执行信访办结率100%；执行案件执结率88.41%。

【提质增效】 开展“提质增效年”活动，盟中院紧盯两级法院核心指标，坚持问题导向，不断改进工作方法，推进精细化管理。审判流程节点监控、审判权力运行态势分析、案卷多样评查、四大平台公开、定期定点通报等措施多管齐下，案件质效有了大步提升。

【司法公开】 推进司法公开，完善审判流程、裁判文书、执行信息、庭审直播四大公开平台建设。两级法院在中国裁判文书网公开裁判文书8389篇；通过“12368”短信平台向诉讼参与人公开案件信息7254件，公开率99.94%；在中国执行信息公开网公开执行案件3530件，公开率100%；盟中院在中国庭审公开网直播案件636件。

【司法改革】 畅通审判权力运行渠道，健全完善主审法官会议、院庭长权责清单等制度，改革裁判文书签署机制，推行“谁办案，谁负责”。

【智慧法院】 推进司法体制改革与现代信息技术深度融合，投入使用“云柜”，实现案件材料在当事人、立案工作人员、承办法官之间的智能无缝流转。完善电子卷宗随案同步生成和应用、网上立案、跨域立案信息化应用配置机制，推进“移动微法院”办理跨区域诉讼事项。额济纳旗法院完成阿盟首例跨域立案，推动异地诉讼成本高问题的解决。

【企业服务】 依法服务供给侧结构性改革，以处置“僵尸企业”为重点，到阿拉善高新区，通过企业调研、依托管委会联席讨论、实施风险防控等措施，有效化解泰升及其子公司劳资、社保、工伤补偿等矛盾纠纷，推动企业破产重整。

（撰稿：胡雪琴 编辑：王延吉）

司法行政

【概 况】 2019年，阿拉善盟司法局（以下简称盟司法局）重组后，盟委依法治盟办设在盟司法局，设置秘书科，负责处理盟委依法治盟办日常事务。盟司法局核定政法专项编制30个，领导班子职数4名，局长1名、副局长2名、空缺1名。配备二级调研员3名，四级调研员1名；正科级领导职数12名，副科级领导职数4名，内设办公室、政治警务部、装备财务保障科、普法与依法治理科、律师与法律职业资格管理科、人民参与和促进法治科、公共法律服务管理科、社区矫正管理科、法治调研与督察科、行政执法协调监督科、行政复议与应诉科、依法治盟办秘书科12个科室。

阿拉善盟法律援助中心为盟司法局所属的正科级事业单位。核定事业编制4个，科级领导职数1名（1正），在职3人。

【推进法治政府建设】 制定印发《阿拉善盟贯彻落实〈关于加快推进法治政府建设的实施意见〉方案》《阿拉善盟2019年度法治政府建设工作计划》。以驻在式调研、综合性督察和专项督察等形式，对全面依法治旗（区）工作、法治政府建设推进情况进行督察调研。参与全国法治政府示范创建工作，组织召开法治政府示范创建协调会，向自治区推荐阿左旗政府社会治理工作参与全国法治政府专项示范创建。印发2019年度法治政府建设考核指标，全面开展法治政府建设电子化考核，推进法治政府建设智能化一体平台的推广应用。

【规范公正文明执法】 做好行政执法主体资格合法性审核工作，依法确认第一批盟本级行政执法主体60个。全面推行行政执法“三项制度”（行政执法的公示制度、行政执法全过程的记录制度、重大执法决定的法制审核制度）改革，制定《阿拉善盟推行行政执法公示制度、执法全过程记录制度、重大执法决定法制审核制度实施方案》，举办行政执法“三项制度”工作暨普法骨干培训班。组织召开全盟行政执法“三项制度”暨法治政府信息化建设协调会议，开展法治政府建设智能化一体平台应用培训，制定印发《全盟行政执法“三项制度”暨法治政府信息化建设工作实施方案》，有序推进行政执法“三项制度”的落实。全面落实行政执法日常检查监督机制和定期通报制度，完成全盟执法人员信息与自治区执法平台对接录入工作。开展行政执法人员资格审核认证工作，全盟共有行政执法资格无变动人员2129人，需变更1038人，需清理368人，需申领783人。持续推进“放管服”改革证明事项清理工作，盟本级保留证明事项有74项，取消证明事项有11项。强化行政复议和应诉工作，印发《关于进一步加强行政机关负责人出庭应诉工作的通知》，办理2018年度结转的行政复议案件1件，办理盟行署新收行政复议案件5件。开展行政复议法实施20周年宣传活动，面向社会选聘行政复议和行政应诉专家，组织开展行政复议进公共法律服务平台工作。

【推进法治宣传教育】 公职人员学法工作。联合盟委组织部、宣传部、盟人力资源和社会保障局制定印发《全盟领导干部任前法律知识考试实施办法》，组织开展首次领导干部任前法律知识考试。全年组织领导干部参加宪法专题讲座6次，新任职领导干部开展宪法宣誓活动12次。

在线学法。2019年全盟国家工作人员网络在线学法工作考试共有681家单位15870个有效账号报名参加全年3个季度考试，考试参学率、参考率均居全区各盟市前列。

落实普法责任制。年初制定下发《2019年度全盟普法依法治理工作要点》，制定《重点时间节点普法责任清单》，设置32项内容新颖、责任主体明确的普法项目。

学习宣传习近平新时代中国特色社会主义法治思想。以“宪法宣传周”活动为契机，集中开展2019年宪法宣传周启动仪式、宪法法律知识竞赛、网络答题、“我与宪法”微视频投票评选等活动。围绕三大攻坚战和人民群众密切相关的领域，共开展大型集中宣传活动165场次，“法治乌兰牧骑”文艺演出82场次，宪法法律“六进”（进机关、进乡村、进社区、进学校、进企业、进单位）活动541次，在中央、自治区、盟各级媒体刊载法治宣传信息232条。

【推进法律服务民生】 开展律师助力脱贫攻坚专项行动，组织开展律师为民营企业“法治体检”活动、律师送法律服务进校园活动。推进律师制度改革，开展刑事案件律师辩护全覆盖工作，建立刑事辩护律师资源库。开展律师调解试点工作，与法院联合制定印发《关于开展律师调解试点工作的实施意见》，62名律师参与律师调解工作。完善律师执业权利保障机制。与盟检察分院、盟律师协会联合转发《内蒙古自治区人民检察院　内蒙古自治区司法厅　内蒙古自治区律师协会关于印发进一步保障律师执业权利的意见》，与盟中院共同推进开展律师调查令试点工作。截至2019年底，全盟律师担任133家单位的法律顾问，代理各类案件2850件、同比增长43%。不断完善盟、旗、苏木镇（街道）、嘎查村（社区）四级公共法律服务平台体系建设，全盟4个公共法律服务中心、30个苏木镇、4个街道办、250个嘎查村（社区）的公共法律服务工作站、室全部建成。进一步扩大法律援助覆盖面，盟劳动人事仲裁院法律援助工作站挂牌成立，全盟共办理法律援助案件1336件，完成目标任务的121.3%，为农牧民工讨薪138万元，解答各类法律咨询3865人次。进一步规范公证和司法鉴定业务，制定印发《关于进一步加强公证行业服务和促进民营企业发展的实施方案》。截至年底，共办理司法鉴定案件270件、办理公证业务5044件，同期增长33%。完成2019年国家统一法律职业资格考试考务工作，实现考试考务工作“零差错”。全盟参加考试281人，通过71人，通关率25.3%，同比增长10.6%，创历史新高。

【推进维护社会稳定】 扫黑除恶专项斗争。将扫黑除恶法治宣传教育与“七五”普法、责任落实制相结合，组织各级司法行政机关通过多种方式广泛开展宣传活动，共举办专题讲座47场，发放宣传资料8万余份，参与群众113609人次；创作扫黑除恶节目25个，开展专项演出82场。组织召开扫黑除恶案件辩护代理工作座谈会和行业恳谈会，建立健全律师办理涉及扫黑除恶案件情况的请示报告等制度。阿盟共有94名律师参与代理涉黑涉恶案件42起。

“枫桥经验”落实。制定印发《坚持发展“枫桥经验”实现矛盾不上交三年行动实施方案》《阿拉善盟关于开展“大排查、早调解、护稳定、迎国庆”专项活动的通知》。2019年，全盟共有调委会333个、调解员1392人，全盟司法行政机关共排查各类矛盾纠纷2206件，调解成功2205件，成功率达 99.9%，排查矛盾纠纷 649 次，预防纠纷 178 件。

基层综合治理。构建共防共建共治社会协作机制，与盟公安局联合印发《关于加强基层公安派出所和司法所共防共建共治协作机制 创新基层社会治理工作的实施方案》，全盟 34 个基层司法所与公安派出所建立共建协作机制。

人民陪审员选任。拓宽人民群众参与司法渠道。全盟 147 名人民陪审员经同级人大常委会任命并颁发任命书，正式上任。

2019 年获中央和国家级表彰奖励集体一览表

表 5

单位或地区	所获荣誉	受何部门表彰奖励
额济纳旗司法局达来呼布司法所	全国先进司法所	司法部（2019-01-30）
阿拉善左旗司法局额鲁特司法所	全国模范司法所	司法部（2019-01-30）
阿拉善右旗	“七五”普法中期先进旗县	司法厅（2019-11-06）
阿拉善左旗	“七五”普法中期先进集体	司法厅（2019-11-06）

2019 年受国家级表彰奖励个人一览表

表 6

姓名	单位及职务	所获荣誉	受何部门表彰奖励
叶淑华	阿拉善右旗司法局巴丹吉林司法所所长	全国模范司法所所长	司法部（2019-01-30）

2019 年国家统一法律职业资格考试工作表现突出个人一览表

表 7

姓名	单位及职务	所获荣誉	受何部门表彰奖励
李海	盟司法局律师与法律职业资格管理科科员	先进个人	司法部

受自治区级表彰奖励的先进集体一览表

表 8

单位或地区	所获荣誉	受何部门表彰奖励
盟司法局	普法宣传工作突出奖	司法厅（2019-05-26）
盟司法局	法治文艺作品征集二等奖	司法厅（2019-12-18）
阿拉善盟	宪法宣传暨全民普法网上答题活动优秀组织奖	司法厅（2019-12-18）
阿拉善右旗司法局	记功嘉奖集体	司法厅（2019-06-05）
阿拉善盟公共法律服务中心	标准化建设示范单位	司法厅（2019-09-10）
阿拉善左旗社区矫正中心	标准化建设示范单位	司法厅（2019-09-10）

受自治区级表彰奖励的先进个人一览表

表 9

姓名	单位及职务	所获荣誉	受何部门表彰奖励
杨强大	阿拉善左旗司法局额尔克哈什哈司法所长	先进个人	司法厅（2019-06-05）

（撰稿：黄玉梅　编辑：王延吉）

边境管理支队

【概　况】 2019 年 1 月 1 日，按照中共中央《深化党和国家机构改革方案》，公安边防部队不再列武警部队序列，全部退出现役，阿拉善盟公安边防支队集体转制改隶新组建的国家移民管理局，正式更名为阿拉善边境管理支队。

年内，支队党委立足移民管理新事业，贯彻落实移民局、总站两级党委（扩大）会议精神，按照“构建三个体系、锻造一支队伍”奋斗目标，紧跟总站“走前列、创一流”三年规划，围绕“三转三建设”工作思路，团结和带领全盟民警攻坚克难、锐意进取，整体工作呈现出齐头并进、蓬勃发展的良好势头。

【政治工作】 以“不忘初心、牢记使命”主题教育为主线，通过党委正、副书记带头讲党课，党委中心组理论学习 15 次、专题民主生活会 2 次，党委成员先后 30 余次深入基层调研督导，深刻检视在关心基层、服务群众方面的问题 9 类 19 个，立行立改问题 28 个。开展向“公安楷模”赵永前学习活动，民警乌其尔参与冬季运动会火炬传递，阿拉腾乔吉受邀参加庆祝中华人民共和国成立 70 周年阅兵观礼。年内，在各级媒体刊发稿件 310 余篇，支队“居边护边”堡垒户尼玛母子接续守边事迹在央视大篇幅专题报道，算井子边境派出所典型事迹见诸新华网、《人民日报》、《中国日报》等媒体，引起社会各界强烈反响。1 个集体、1 名个人分别被国家移民管理局记集体、个人二等功，1 个集体被公安厅记集体三等功，算井子边境派出所当选 2019“中国网事·感动内蒙古人物”，并入选 2019 年自治区十佳法治人物。建立困难党员帮扶机制，组织开展“爱心互助，传递温暖”等 3 次爱心捐款活动，筹集善款 40 余万元。走访协调解决 2 名家属就业、3 名家属调动，以及 10 名民警子女就学问题。

【业务工作】 推动出台《阿拉善盟新时代加强党政军警民合力强边固防实施方案》，支队、大队主要领导进入新组建的同级边防委员会。加强对外警务合作，与蒙古国古尔班特斯警察分局联合开展“6·26”国际禁毒普法宣传活动。以中蒙边境线和京新高速沿线为管控重点，军警民联合对边境线开展 16 次全线联合巡逻，清查一线生产作业点 23 处，修补损毁铁丝网 30 余千米。

【维稳创安】 年内，共接处警 579 起，立刑事案件 12 起、破获 6 起，立治安案件 219 起、查处 202 起，打击处理违法犯罪嫌疑人 221 人，化解矛盾纠纷 104 起，抓获在逃人员 15 人，查获三级涉恐人员 1 名，收缴枪支 8 把、子弹 1716 发、炸弹 1 枚、雷管 47 枚、导火索 50 米、管制器具 140 把。开展扫黑除恶、“靖边”、缉枪治爆、打击“黄赌毒”等 10 余项专项行动，采取不打招呼异地用警的方式开展“震慑”“猎豹”等治安突击检查行动 5 次，完成 10 余项大型安保任务。黑鹰山等 4 个边境检查站严格落实 24 小时双向查缉，刚性落实进出边境地区人员车辆“三必查”要求，京新高速沿线8个服务区警务室24小时派遣警力驻守，累计查验车辆32.5万辆次、人员44.8万人次。全力铲除“三非”外国人（未经合法手续在中国非法就业、非法入境和非法居留的所有外国人）生存土壤，使用“外管通”App核查外国人8756人，查处未按规定申办住宿登记手续外国人52起52人，查处“三非”外国人25起30人。查处吸毒案件9起12人，查获毒品4109.2克，毒品案件查破数和毒品收缴量均创历史新高，特别是9月30日，额济纳旗方向一次性查获毒品3920克，抓获贩卖毒品嫌疑人2人，有力打击和震慑了边境涉毒违法犯罪活动。

【立体化管控】 在阿左旗乌力吉、额济纳旗赛汉陶来2个二线检查站组建应急处突分队，成功举办阿拉善2019“猎鹰3号”反恐处突实战演练；加强一线执法装备配备，有效支撑基层一线开展查控查缉。38个居边护边堡垒户辐射和带动80余个群防组织，依托“居边护边堡垒户巡逻管理系统”，组织堡垒户开展边境巡逻600余次，巡逻里程7.7万千米；打造规范化建设示范户7户，配发一批沙滩摩托车等装备，支队“居边护边堡垒户”工程被评为2019年自治区“十大法治事件”，总站边境管理工作座谈会暨阿拉善盟立体化边境防控体系建设观摩会推荐支队经验做法。

【从优待警】 支队按照全年经费的30%为基层办实事、解难事，支出70万元用于9个基层单位排水、电路、门厅、供暖等基础设施改造，支出145万元为6个基层单位及支队机关建设拼装地板运动场，支出210万元为7个基层单位更换新型采暖锅炉，支出112万元，对机关地下车库及排水管网进行升级改造。支出投入40.6万元专项经费，结合驻地区域性疾病和威胁民警健康的有关因素，为全体民警精心设定体检项目和方案，组织175名民警职工进行健康体检。

（撰稿：赵晴川　编辑：王延吉）

策克出入境边防检查站

【概　况】 2019年1月1日，部队改革，策克边防检查站全体官兵退出现役，集体转隶到国家移民管理局，正处级建制，全称更改为“中华人民共和国策克出入境边防检查站”，隶属于内蒙古出入境边防检查总站，为口岸出入境查验和监管部门，属中央事权单位。

【领导体系建设】 立足新形势下反恐维稳任务需要，探索警地一体化管控新模式，在安全管控、群防群治和处突维稳等多个方面同驻地党委政府、海关等职能部门签订长效协作机制，反恐应急指挥体系建设作用发挥明显，“党委政府领导、边检机关主导、协作单位支援”的口岸管控领导体系的四梁八柱初见雏形。

树立全程查缉理念，协调海关和公安机关等查验职能单位，打破“单打一”查控模式，在智能卡口、查验结果和数据共享等方面实现无缝对接，以扫黑除恶专项行动为抓手，刚性落实“三个百分百”查验措施，高标准、高质量完成新中国成立70周年庆典安保、中共十九届四中全会、国际胡杨节等重大安保任务，共查处违法违规案件32起、32人，查获管制刀具71把，宝石原材料10千克，走私废金属200余千克，走私冻品300千克。

【改革兴警举措】 紧跟国家“一带一路”倡议和自治区“向北开放”战略，突出“科学配置、优化结构、挖掘潜力”，先后2次调整勤务运行方案，重塑勤务组排，构建联合勤务模式，单警日出勤率下降50%，出入境通关效率提升30%。完善PDT超短波通信系统，购置对讲机、执法记录仪和警务宝典，配强单警装备550余件，全面整合“出入境数据库信息、非法出入境案件信息、社会资源信息”，智能分析和比对核查实现数据全网共享、设备全网贯通。推动“放管服”改革向更深层次、更高水平前进，加强与各涉外企业的沟通联系，先后召开企业座谈会3次，组织走访调研10余次，走访服务对象达800余人次，征集意见建议6条，针对群众诉求，主动靠前服务，以备案信息为依托配套打造“跨境运输司机动态数据库”和“跨境运输司机征信体系”，全面完善诚信通关备案和预检制度，车辆验证时间缩短至20秒。全面抓实中国公民专用通道、自助通关、紧急救助和绿色专用通道等便利查验措施。服务中外游客30万人次，接受求助咨询1500余人次，发放宣传折页、画册1200余份，问卷调查1000余份，出入境旅客满意率达100%。为中、蒙两国政府间代表团提供通关便利10余次、为两国公民提供紧急救助服务20余次，“策克模式”经验做法被各级媒体广泛报道。截至12月底，共检查验放出入境人员32万人次，交通工具25万辆次，货物1100万吨，连续四年完成“千万吨”过货边防检查任务。连续九年被阿拉善盟盟委、行署和额济纳旗委、政府表彰为“口岸工作先进集体”，1人被表彰为“口岸工作先进个人”。

【政治宣传工作】 结合安保维稳和改革攻坚任务实际，始终坚持高标准对标对表，全面强化检视排查和整改落实。组织开展“党员什么样”“新时代新作为”等主题讨论活动。突出红色基因传承和改革强警宣讲，深挖驻地教育资源优势，以“航天精神”“奉献精神”“胡杨精神”为主题，探索出3条“策克特色”实践党课教育专线。围绕服务、管控重点环节，充分运用“学习强国”App、抖音、微信公众号等新媒体，擦亮戈壁卫士、胡杨精神等宣传品牌，助力经济腾飞的创新服务举措被各大媒体报道，外网累计发布推文170余篇、视频8篇。自主拍摄制作的音乐短片《风中的铭刻》《金色胡杨的纪念》，相继在人民网、内蒙古新闻网、中国警察网络电视台等多家媒体刊发，发布当天成为热门微博日榜第一名，累计点击量超过1万余次。投入5万元联合驻地军分区、海关建设“扶贫牧场”。年内，苏泊淖尔苏木牧民实现家庭增收1.5万元，与驻地中小学、蒙医院和口岸联检等单位确定了5个方面15项常态协作内容，召开联席会议4次，开展联建活动6次，构建了“资源共享、优势互补、警地双赢”的良好格局。

【能力建设】 开展肃清工作和集中警示教育5次，对重点部门、重点岗位、重点人员开展风险排查3次，开展手机、网络安全和保密安全检查20余次，召开专题学习会3次，连续27年未发生安全责任事故、违法违纪问题。紧贴“走前列、创一流”新形势，立足运行机制这一抓手，打造标准严格、创新高效的队伍运行机制体系。全面推进全警大练兵工作，抓实“集中轮训”“专题培训”和间隙化“微课教育”，主动对接总站“网络夜校”，开设“胡杨警校”，以“一个实训中心+四个实训点”的架构实现轮岗培训的集中化、系统化，累计开展各类专题培训200余课时，同时建立以能力素质和工作业绩为主要依据的评级体系，活化多个层次“一对一”帮带网络，实施专业人才培养储备计划，通过基层锻炼、机关践学、参观见学、网络自主选修教学等方式，建立完善“业务培训、考核奖评、轮岗交流”三项制度，构建了基地化、网络化、实践化的新型教育格局。

（撰稿：刘建平　编辑：王延吉）

乌力吉出入境边防检查站

【概　况】乌力吉口岸位于阿拉善左旗乌力吉苏木西北边陲，对应蒙古国查干德勒乌拉公路口岸。口岸跨境过境点坐标在中蒙边界634号界标西侧1042米处，距北侧边境线约500米，距巴彦浩特450千米，距临策铁路80千米，距临哈高速公路65千米。乌力吉口岸是国家“一带一路”和自治区“向北开放”的重要节点，地理位置和区位优势明显，是距宁夏、甘肃、陕西、青海最近的一个口岸，是“东出华北、南接川渝、西连中亚、北通俄蒙”最便捷的国际物流通道。与乌力吉口岸相邻的蒙古国南戈壁省，矿产资源十分丰富，乌力吉口岸的开放为开发蒙古国资源提供了最佳出口通道，也为邻近省市的特色农产品、日用品出口蒙古国、俄罗斯提供了一条便捷的通道。为充分发挥乌力吉口岸的开放优势，将其打造成为集过货通关、商贸物流和旅游休闲等功能一体的双边性常年开放公路客货运输口岸，实施乌力吉口岸基础设施项目共计20项，总投资17.77亿元。

乌力吉出入境边防检查站前身为乌力吉边防检查站，2016年1月31日，国务院下发批复，同意乌力吉公路口岸对外开放，并批准成立“中华人民共和国乌力吉边防检查站”，为现役正团级建制，隶属于内蒙古公安边防总队领导。2018年12月25日，根据国家机构改革调整方案，公安边防部队全部退出现役，转隶国家移民管理局。2019年1月1日，“乌力吉边防检查站”正式改为“乌力吉出入境边防检查站”（以下简称边检站），正处级，隶属于内蒙古出入境边防检查总站，由国家移民管理局垂直领导、直接组织实施、统一提供保障。

主要职责是维护国家主权和乌力吉口岸出入境秩序，对出入境人员及其行李物品、交通运输工具及其载运的货物实施边防检查，并执行主管机关赋予的和其他法律、行政法规规定的任务。

【思想政治工作】年内，边检站以开展“践行新使命、忠诚保大庆”主题实践活动和“不忘初心、牢记使命”主题教育活动为载体，坚持政治建警、改革强警、从严治警、从优待警，共开展书记讲堂、教育骨干授课、专题党课20余场次。以“践行新使命、忠诚保大庆”实践活动为载体，部署开展“改革教育、携手发展”家属座谈会，“重温光辉历史，弘扬边防精神”主题党日活动，“履行新使命、青春展新貌”纪念活动，开展“青春之我、砥砺前行”野外拉练。举行“大手拉小手”关爱助学活动，发放助学金2万余元。开展“党心警心连民心　真爱关爱助脱贫”“爱心互助、传递温暖”捐款活动，助力脱贫攻坚，彰显边检作为。

【边检业务】与口岸建设指挥部多次对接口岸综合勤务楼、联检区建设方案，提出具体修改意见。建立完善“日学、周考、月评”培训机制，建设“模拟实战验放”场地，自主研发“学习强警”学习平台，采取“集中培训、外出轮训、助勤交流、以老带新、个人自学、考核评比”等形式，开展业务培训。

开展国庆70周年安保维稳专项行动，着眼反恐实战需求，购置单警装备，按照专兼结合的方式，坚持实战标准，强化专业处突力量建设，制定完善8类处突预案，针对口岸常遇问题、突发情况处置，开展处突、反恐、防暴等实战技能培训和防冲闯关、防暴力行凶等联合处突演练。加强与属地公安国内安全保卫、国家安全、海关、外事等部门的协作配合，建立互助协作机制，定期举行联席会议交流研讨，实现资源共享，优势互补，进一步整合作战力量，形成工作合力。

【队伍管理】探索新体制下队伍管理教育新模式，

努力建设一支与转隶后身份相适应、职业精神相匹配、职业素养相一致的“四化”高素质队伍。强化民警以制度促规范、按制度抓落实的理念，狠抓“两个规定”和“两法三令”学习，确保民警对法规制度入脑入心，将纪律要求转化为行动自觉。探索部队优良传统与公安机关人民警察条令相融合的队伍管理新模式，出台《行政管理规定》《改革过渡期新警管理规定》，引入钉钉管理软件，结合《移民管理局内务规定》统一规范内务设置和民警一日生活、办公秩序，定期开展警容风纪、正规化检查，督促民警时刻保持良好形象。坚持以全警实战大练兵为契机，建立“日训、月测”基础体能和警务实战训练机制，出台民警学业深造、资格认证考试细则，年内 1 名民警考入地方在职研究生、8 名民警完成本专科函授，6 名民警报考学历提升，3 名民警到入伍前所在地方大学进行复学，29 名民警通过基本级执法资格考试。

（撰稿：米　鑫　编辑：王延吉）

军　事

中国人民解放军内蒙古阿拉善军分区

【概　况】 中国人民解放军内蒙古阿拉善军分区（以下简称军分区）成立于1980年10月。1986年，遵照中共中央、国务院、中央军委《关于县（市）人民武装部改归地方建制有关问题的通知》，全盟所辖三旗人民武装部改归地方建制；1996年，全盟所辖三旗人民武装部收归军队建制。2017年，军分区机关及所辖的部（分）队重新进行调整，辖阿拉善左旗、阿拉善右旗和额济纳旗3个人民武装部，主要担负国防动员、兵役征集、国防教育、国防设施保护、双拥工作等职能。

【思想政治建设】 各级党委严格落实理论学习制度，持续跟进学习习近平主席发表的每一篇重要讲话、提出的每一个重大战略思想，重点突出习近平在内蒙古考察重要讲话、中共十九届四中全会、中央军委基层建设会议精神，特别是习近平新时代中国特色社会主义思想和习近平强军思想的集中学习，做到第一时间传达领会、第一时间讨论消化。坚持以“两项主题教育”统筹抓好年度重要教育，开展第二批“不忘初心、牢记使命”主题教育，开展“十二个一”配合学习活动，逐级逐人建立问题整改台账，高标准召开专题民主生活会；持续抓好“传承红色基因、担当强军重任”主题教育，完成了军区赋予的第一专题全区集中授课任务。强化党管武装原则，协调召开盟委议军会议，研究提交驻军单位建设12个方面的困难问题。

【国防动员和后备力量建设】 探索搭建国防动员潜力数据平台建设，逐级开展业务培训，组织5次军地推进会和集中会审。推进民兵调整改革，军地联合部署、合力推进，完成民兵信息登记录入工作。执行廉洁征兵规定，深入、广泛宣传征兵，创新开展“双了解、双服务”活动，100%完成当年的征兵任务，大学生占比全区排名第三。创新推进全民国防教育，利用全民国防教育日、国情教育活动、主题教育调研等时机和平台，分区领导带头进入党政机关、企业厂矿、基层社区、高等院校开展国防教育10余场。

【军民共建】 军分区积极参与地方扶贫攻坚战，开展精准扶贫调研，联合驻地军警部队出资成立“民兵示范养殖基地”，有效带动22户贫困户，未来5年平均收益可达4.6万元；各级帮扶的1个苏木8个嘎查139户贫困户全部实现稳固脱贫。接续开展治沙植树暨国情教育，连续19年第23次开展国情教育和植树治沙“大会战”活动，2019年，被自治区表彰为“感动内蒙古人物—先进集体”。

【部队风气和基层建设】 各级结合集中理论学习教育，第一时间组织全体官兵、职工学习上级各类违规违纪问题通报，利用党委会、支部会和党小组会进行讨论交流，警钟常敲，镜鉴常省，强势传导正风肃纪反腐高压态势。完成接受军委巡视任务，作为唯一一家接受军委巡视组全面巡视的军分区，得到巡视组的充分肯定。聚力抓好审计移交和巡视巡察反馈问题整改，减存遏增工作扎实有效。贯彻落实《关于加强新时代基层人民武装部建设的意见》及配套细则，开展全盟专武干部集训，逐人进行资格鉴定并装入档案，并为全盟35个基层人武部分别拨款，提升基层人武部建设水平。以军委国动部安全大检查为牵引，围绕违规饮酒、网络贷款、安全保密等话题，自下而上深入开展防范化解重大风险研讨活动。

【综合保障能力建设】 严格落实预算编报、逐级审批、分析报告等制度，有效杜绝“跑冒滴漏”、无预算、超预算开支等问题。规范固定资产管理，清理清点各类场所相关物资器材，科学合理定位置放，补充完善登记统计工作，精准建立“三本账”（财务账、资产账和装备账），实现精细化正规化管理。为基层办实事，协调地方政府支持人武部建设，在各旗化债压力较大的情况下，额济纳旗党委拿出专款用于人武部民兵应急库和公寓住房综合楼建设；鉴于人武部经费紧张的实际，军分区还拨款用于阿右旗人武部办公楼综合整治建设；机关高标准完成综合训练场配套建设、公寓房综合整治、办公楼暖气窗户换新、招待所装修、家属院停车场修建等零星工程，有效改善官兵训练生活环境。编实配齐民武库警卫保管力量，配套升级安防设施，刚性落实住库值班、检查巡查等制度。全年，车辆运行、武器弹药管理安全无事故。

【荣 誉】 2019年，阿拉善右旗人民武装部被内蒙古军区表彰为“抓基层建设先进单位”“战备训练先进单位”“征兵工作先进单位”；额济纳旗人民武装部被内蒙古军区表彰为“安全管理工作先进”单位；阿拉善左旗人民武装部被内蒙古军区表彰为“保障工作先进”单位。

军分区动员处科级正职参谋海格日图被军委庆祝中华人民共和国成立70周年阅兵联合指挥部授予“国庆阅兵勋章”，并立个人三等功1次；军分区政治工作处正营职干事刘海被军委国防动员部表彰为“干部转业工作先进个人”；阿右旗人武部副部长徐博荣被《中国民兵》评为“优秀特约通讯员”；军分区动员处副营职参谋孙建文被自治区政府征兵办公室表彰为“征兵工作先进个人”；盟教育体育局教学研究室教员王伟果、李思甜，被自治区国防教育办公室表彰为“优秀国防教育教员”；阿拉善职业技术学院学生刘娜在自治区“爱我国防”大学生演讲比赛中获“优秀奖”。

（撰稿：海格日图 编辑：王延吉）

武警阿拉善支队

【概 况】 中国人民武装警察部队阿拉善支队主要担负阿拉善盟所属看守所武装看守勤务和驻地处突、反恐等任务。

2019年，支队贯彻习近平强军思想，紧紧围绕为新中国成立70周年营造安全稳定环境这条任务主线，坚持抓学习强引领、抓练兵谋打赢、抓基层厚底蕴、抓保障提质效、抓班子正风气，全面建设稳中向好、整体提升，实现了再创先进支队的既定目标。

【思想政治工作】 认真学习十九届四中全会和中央军委基层建设会议精神，突出学好《习近平新时代中国特色社会主义思想学习纲要》《习近平强军思想学习纲要》，统筹推进两项主题教育，探索形成教育“五步法”和深化教育效果的“手机+134”学习系列平台。开展“双百”微课、理论服务走基层活动。推报“十佳军嫂”候选人位列武警部队第20名，额济纳中队被武警部队评为“书香中队”。精心组织新中国成立70周年“强军风采”系列文化活动，举办“我和祖国共成长”演讲比赛、强军杯足球赛、书画摄影赛，3个作品受到总队表彰。跟进做好实战化训练宣传报道，年内省级以上媒体刊稿16篇。投入4万元支持额济纳旗苏泊淖尔苏木“军民共建、产业扶贫”项目，走访慰问34户贫困户，开展为贫困大学生捐资助学活动。

【基础建设】 贯彻落实武警部队党委1号文件精神，坚持“三会一线”制度，严格落实总队党委“九个严控”，推行“五限”管用措施，通过解散多个微信工作群，取消合并各类组织机构，压减各类软件登记，给基层留足自主抓建时间。持续开展暖心惠兵工程，为特困官兵发放救济金，干部、士官休假率达到100%，以召开议军会议为契机，深入推进随军家属就业、子女入托入学等现实困难的解决，官兵幸福感认同感归属感明显增强。额济纳中队被武警部队表彰为先进中队、阿拉善右中队被总队表彰为先进中队、额济纳中队被总队评为“正规化执勤优秀单位”。2019年，支队被内蒙古自治区总队表彰为基层建设先进支队。

【从严治军】 持续抓好条令年、“治违法、严纪律”专项整治、士官队伍“六查六治”等活动，以“八个规范”为主要内容，采取警示教育、实地督查、随机抽查等方式，加强重要时期、重点时段、重大问题安全管理；以“百日安全竞赛”和翻安全计时牌活动为抓手，牢牢守住“六个不能出”的安全底线，支队连续10年实现“四无”，被武警部队表彰为“安全工作先进单位”。

【后勤保障】 树牢为战指向，建强“一组五队”，及时修订完善各类保障预案，分别与超市、交通战备办公室、中石油等12家单位建立完善代储代供代运机制。坚持财力物力向基层倾斜，为基层购置学习桌椅、衣柜等生活设施，改造淋浴室、更换门窗地面等基础设施。完成营区绿化、营门道路、楼体保温改造等工程建设。扎实开展送技术、送医疗、送服务下基层活动，安装网上远程会诊系统，官兵凭保障卡享受解放军第942、943医院门诊住院医疗服务，定期为官兵、家属体检。

【正风肃纪】 坚决贯彻军委主席负责制，持续抓好民主集中制学习教育，抓好中央军委党建会议下篇文章，贯彻武警部队《政治能力训练三十条》，组织党支部书记和党小组长培训，解决“四个不纯”“七个弱化”问题，部队新风正气持续上扬。

（撰稿：许永星　编辑：王延吉）

农牧林水

农牧业

【概　况】 2019年，根据机构改革相关要求，将盟委农工部职责、盟发改委农业投资项目、盟财政局农业综合开发项目、盟国土局农田整治项目、盟水务局农田水利建设项目等职能划入，向盟林业和草原局划出草原监督管理职能。2019年1月18日，阿拉善盟农牧局正式挂牌成立，局机关核定行政编制24个（领导职数1正3副，科级职数12正3副），工勤编制4个。内设办公室、财务审计科、兽医与防疫科、农畜产品质量安全监管科、农村牧区社会事业促进科、农业管理科、畜牧业管理科、产业发展科、农牧业综合开发科、科技教育科、市场与信息化科、机关党建办公室12个科室。下属9个二级事业单位，包括畜牧研究所（骆驼科学研究所）1个准处级单位，动物卫生监督所、畜牧兽医工作站（动物疫病预防控制中心、种畜禽质量监督检验站、畜禽屠宰技术中心）、农业技术推广中心（饲料草种监督检验站、植保植检站、农牧场服务站、水产技术推广站、种子服务站、耕地质量保护监测中心）、农牧业经营管理站、农牧业机械管理总站（农牧业机械监理所）、农牧业综合行政执法支队、农畜产品质量安全监督管理中心（农畜产品质量检测中心）、农牧区信息调研服务中心8个科级单位。

【种植业】 全盟种植业继续实施“压粮、扩经、增草”结构调整。完成农作物播种面积47.09万亩，其中粮食作物23.4万亩，经济作物15.82万亩，优质饲草7.87万亩。继续实施耕地轮作制度试点5万亩，完成玉米生产功能区划定20.9万亩，并通过自治区验收。筹备建设以滴灌为主的高效节水工程9.9万亩，其中地膜减量和节水农业2万亩、高标准农田建设7.9万亩，项目区将全面推行标准化建设和水价综合改革。开展农业“四控”行动，完成测土配方施肥技术推广13万亩，水肥一体化推广28万亩，推广使用有机肥6万亩，绿色防控面积10.5万亩，专业化统防统治10万亩，全盟化肥使用量1.78万吨、同比减少0.5%，农药使用量控制在100.46吨、与上年基本持平，秸秆综合利用率达到90%以上。全盟农机总动力达27.9万千瓦，农业机械化综合水平达到87%。

【畜牧业】 牧业年度牲畜总头数110万头（只），同比减少10.51%。阿拉善驼奶业发展迅速，发展养驼专业合作社35家，龙头企业3家，奶站52个，挤驼奶户400户，带动骆驼散养户900余户、农牧民从业人员达2500人，全盟骆驼乳年产值达到1.6亿元。驼奶正式纳入《内蒙古自治区人民政府推进奶业振兴的实施意见》扶持范围。绒细度在14.5微米以下的白绒山羊数量稳步增长，阿拉善优质绒毛标的物首次通过国家拍卖公司在京交会参拍，优质优价绒毛体系基本建立。“阿杜肉羊”品种命名验收工作有序推进，鉴定达标种羊0.7万只。以圣牧高科为龙头的牛奶年生产量超过10万吨，奶牛“两病”净化创建1.6万头，认定“数字牧场”1个。完成36项畜牧业标准制定。全盟创建奶牛、肉牛、肉羊和生猪标准化规模场分别为6个、6个、6个和4个，饲养量分别达到1.55万头、0.8万头、1.85万只和0.7万头。全盟33个规模养殖场深入推进畜禽粪污资源化利用，综合利用率达到80%以上，规模养殖场粪污处理设施装备配套率达到95%，大型规模场配套达100%。成功举办第四届“阿拉善·白中白”绒山羊种羊评比大会和第七届（2019）中国骆驼产业发展大会。

【农畜产品质量安全】 制定实施《2019年农畜产品质量安全监管能力提升行动计划》，推进农畜水产品生产、储藏、运输各环节质量安全监督检测和监管执法，配合农业农村部完成抽检样品114批次，配合自治区农牧厅完成对阿盟的抽检样品161批次，完成速测筛查5619批次，完成例行定量监测抽检任务784批次、合格率达99.6%。开展旗区质检机构“双认证”工作，对阿右旗农畜产品检测站开展结对帮扶，在人员培训、能力提升等方面进行培训，推动两个标准化苏木镇站正常检测工作。筹措资金457万元，建设阿拉善盟农畜产品安全监管及溯源平台，并与自治区农畜产品质量安全信息追溯平台进行对接。推进“三品一标”农畜产品认证备案工作，新申报无公害农产品企业9家24个产品，绿色食品企业3家11个产品，地理标志农产品1家协会2个产品。全盟有效期内无公害农畜产品122个、绿色食品43个、有机产品6个、地理标志农产品6个。

【惠农惠牧政策保障】 全盟争取上级财政惠农惠牧资金7.47亿元，其中中央资金7.04亿元，自治区资金0.43亿元，实施项目31个。实施新一轮草原生态保护补奖政策，下拨年度资金55804万元，广开农牧民增收致富的渠道。落实农机购置补贴政策，接受申请补贴资金987.83万元（含2018年结余资金7.83万元），中央和自治区补助资金结算率达100%。全盟流转耕地8.42万亩，培育盟级以上农牧业产业化龙头企业53家，登记注册合作社共有843家，规范化建设合作社共有268家（其中国家级示范社17家、自治区级示范社15家、盟市级示范社82家、旗县级示范社154家），落实扶持合作社发展项目资金210万元、扶持合作社7个，全年新注册家庭农牧场280家，评定各级示范家庭农牧场10家。

【农牧业改革】 开展集体产权制度改革，全盟199个嘎查村全部完成农村牧区集体资产清产核资；151个嘎查村已完成成员身份认定，确认成员21139人；2个嘎查村完成股权设置，1个嘎查村完成注册登记。开展农牧业经营体制改革，实施农牧业生产经营主体能力提升行动，引导新型经营主体规范化发展，开展农民专业合作社“空壳社”专项清理，列入市监部门经营异常名录合作社143家，自愿注销合作社94家，评定各级专业合作社示范社25个，建设合作社联合社3个，新认定家庭农牧场280户，评定各级示范家庭农牧场107户，培育农业生产托管服务组织2个，合作社、社会化服务组织服务带动农牧户1.51万户、贫困户0.13万户，新增托管服务面积1.3万亩。

【畜牧研究】 阿拉善白绒山羊及双峰驼养殖加工标准化示范区建设。《国家白绒山羊及双峰驼养殖与加工标准化示范区》项目是第九批国家农业标准化示范区项目，项目建设时间为2017—2019年，共三年，并于2016年底启动实施。2019年按照项目工作安排，建立和完善阿拉善白绒山羊及双峰驼产业标准化体系框架，制定了《阿拉善白绒山羊养殖加工标准综合体框图》《阿拉善双峰驼养殖加工标准综合体框图》；开展白绒山羊及双峰驼养殖加工相关标准制定工作，收集整理相关标准清单112项，完成35项（绒山羊21项、骆驼14项）标准的编写工作，并将收集整理的标准编印成《阿拉善白绒山羊适用标准汇编》《阿拉善双峰驼适用标准汇编》发放给牧户、合作社、企业参照使用；开展标准化宣传和技术指导，通过采取标准化培训、技术指导、观摩交流、媒体宣传等多种形式，树立生产加工各个环节的标准化理念。11月14日，《阿拉善盟白绒山羊及双峰驼养殖与加工标准化示范区项目》以98分通过第九批国家农业标准化示范区项目验收组考核验收。

双峰驼研究。骆驼胚胎移植项目。该项目由内蒙古骆驼研究院与盟畜牧研究所合作开展，于2018年11月启动实施。项目主要通过移植高产奶量骆驼胚胎，提高骆驼产奶量，缓解本地骆驼奶源供应不足的状况。为保证项目顺利进行，2019年1月，邀请伊朗德黑兰大学兽医学院生物系负责人阿米尔博士开展骆驼胚胎移植方面的培训、制定技术方案、选择供体骆驼和受体骆驼，邀请阿联酋骆驼研究中心穆罕默德博士、澳大利亚的何牧仁博士开展骆驼胚胎移植工作。该项目于3月份对11峰受体骆驼进行了胚胎移植，加强对疑似怀孕受体骆驼的饲养管理，做好接羔保育准备工作。全盟科技计划项目。承担的“阿拉善双峰驼生鲜乳和绒毛产品标准的制定”和“阿拉善双峰驼舍饲半舍饲饲养配套技术的研究”2个项目，2019年12月顺利通过盟科技局验收。《骆驼丛书》编写工作。完成《骆驼饲养学》《骆驼育种学》的编写、修改工作，已定稿上报。骆驼基地运行情况。基地存栏骆驼226峰，2019年度产羔42只。内蒙古农大、内蒙古骆驼研究院和盟畜牧研究所4个科研项目在基地实施，承担阿右旗阿拉腾敖包镇脱贫攻坚任务18户。骆驼文化博物馆运营情况。全年累计接待观众11.2万人次，其中青少年2.8万余人次，配合各级政府部门完成接待任务451场次，接待各类学生团体参观220批次。

白绒山羊研究。全年完成2862份绒样检测及数据录入，深入核心户开展技术服务20人次，开展技术培训2次，交流观摩1次，经过3年努力，盟畜牧研究所负责的11户核心群全部通过验收。实施国家2018—2019年农牧业重大技术协同推广工作。盟畜牧研究所承担的2018—2019年“绒山羊提质增效重大技术协同推广计划试点”项目，完成母羊—羔羊一体化围产期内营养调控技术测定8次；完成分部位抓绒技术的示范推广11户、2224只，总重量达到982千克；完成337只母羊的同期发情和人工授精母羊的接羔工作，产羔率达到112%；完成228只母羊优质选配技术。2019—2020年协同推广项目进入实施阶段。改善绒山羊饲养方式、羊肉品质、绒品质新技术研究项目。该项目主要通过研究阿拉善不同类型草场上的羊肉品质、脂肪酸指纹特征以及仪器指纹特征等指标，实现对羊肉品质评价、真实性判别和产地来源追溯。2019年，主要采集全盟范围内沙漠、山地、丘陵、戈壁等具有代表性草场羊肉样150份。其中，山羊28只84份、绵羊22只66份；采集草样120份，样品已进入实验室测定分析。“阿拉善白绒山羊质量安全监管溯源系统”项目，完成日常维护、升级和数据审核等工作，协调推进2019年数据录入，审核录入的白绒山羊电子档案1.8万余条，维护、升级系统2次。

科技项目申报。2019年完成9项项目申报。其中，阿拉善盟科技计划储备项目3项，内蒙古自治区关键技术攻关计划项目3项，内蒙古自治区地方标准项目3项。其中，“双峰驼产乳性状的分子遗传标记及应用研究”项目获自治区科技厅立项，是盟畜牧研究所成立以来第一个主持的自治区级项目；“骆驼遗传材料采集与保存技术研究”项目获盟科技计划项目立项。

【土地确权工作】 全盟农村牧区土地承包经营权确权登记颁证工作历经五年时间，于2019年12月顺利通过自治区验收。土地确权工作共涉及三旗两区17个苏木镇90个嘎查村，分别占全盟总数的56.7%和45.5%；实测耕地面积59.78万亩，其中集体所有耕地面积52.89万亩，国有农场耕地面积6.89万亩（巴音毛道国有农场4.04万亩、巴彦陶来国有农场2.85万亩）；全盟共调查农牧户8837户，其中应确权户数6747户，完善土地承包合同6729份，颁发到户土地承包经营权证书6507份、占应确权户96%，签订家庭承包耕地面积19.84万亩，其余土地只做登记不予确权。盟级和阿左旗已建立土地承包信息数据库和土地承包数字信息管理应用平台系统，阿右旗、额济纳旗和腾格里经济技术开发区信息管理系统建设正在筹备中。

【推动实施产业政策】 深化农企利益联结机制，创建认定第一批盟级农牧业产业化联合体17家，申报认定第一批自治区级农牧业产业化联合体13家。17家农牧业产业化联合体通过联结68个合作社发展特色优势产业，辐射带动农户数6579户，成员农户户均增收15407元。稳步推动产业政策项目实施，争取到阿拉善双峰驼优势特色主导产业示范镇建设国家项目资金680万元，在阿左旗巴彦浩特镇计划集中建设驼奶加工、奶源基地、驼绒收储中心等重点项目，总投资达3278.1万元；积极建设田园综合体，完成通古淖尔希尼套海嘎查沙漠旅游小镇广场续建和腰坝滩沙日霍德嘎查乌泽木滩绿化补植、拉设栅栏、民宿改造、花海观光凉亭等工程，建成“阿拉善人家”沙海民宿7户，组织阿左旗、阿右旗分别申报产业强镇、自治区级现代农牧业产业园项目，推荐内蒙古阿拉善苁蓉集团有限责任公司申报国家级重点龙头企业，腾格里额里斯镇乌兰哈达嘎查获2019年度中国美丽休闲乡村称号。

【农牧业执法监管】 推进农牧领域扫黑除恶专项斗争，集中整治农牧行业乱象，共排查出行业治乱线索395条，已全部办结完成。组织开展“大棚房”专项清理整治，排查发现“大棚房”问题1个、另案处理问题2个，并按要求全部整改到位。通过组织开展农资打假百日行动等农牧业执法工作，各级农牧业综合执法机构共出动执法人员1930余人次、车辆195余车次，检查各类经营主体190余次，下发责令改正通知书29份，按照一般程序立案20件、办结20件，罚没款总计101752元。着力做好非洲猪瘟及动物疫病防控，推动非洲猪瘟疫情排查及两项制度落实，全盟未发现非洲猪瘟疫情；全面完成动物疫病春秋集中免疫工作，做到应免尽免。加强农药安全生产全程监管，印发《关于加强全盟农药生产、经营及使用主体全程监管工作的通知》，组织执法人员深入农药生产企业开展安全隐患排查治理专项活动。

【农牧产业】 全盟规模以上农牧业产业化加工企业共开工建设31家、同比增长19.2%，实现销售收入9.8亿元、增加值3.8亿元、利润总额0.97亿元、上缴税金0.28亿元，同比分别增长12.05%、13.7%、11.04%、10.7%。蒙绒羊绒产业园项目完成基础设施建设，具备运行条件；晓鸣百万种鸡项目新建鸡舍16座，累计建成鸡舍24座，引进美国海兰褐祖代鸡5万只，投入资金8000余万元；铭远白绒山羊种业基地建设项目引进意大利诺尔翩雅纳公司，在巴彦浩特镇苏木图嘎查流转土地2万亩，打造企业专属牧场，基础设施建设面积达到5000平方米，投资1000万元；在沙漠之神等龙头企业带动下，全盟驼奶产业发展迅速，特别是阿右旗驼奶日收购量最高达到 1.5 吨，驼奶供给牧户超过 120 户，驼奶收购量同比增长近 100 倍，驼奶供给牧户同比增长近 12 倍；全盟首家集屠宰、精细加工、销售于一体的大型肉业加工企业额济纳旗金胡杨肉业加工厂项目完成基础建设任务，9 月投产运营，总投资达到 3200 万元。

农牧业产业化重点企业及产品一览表

表 10

序号	企业名称	主要产品
1	内蒙古沙漠驼妈妈实业有限公司	沙漠之神纯骆驼奶
		沙漠之神全脂驼奶粉、儿童驼奶粉
		沙漠之神驼奶片
		沙漠之神驼奶皂、驼奶宝宝皂
2	阿拉善盟大漠魂特产商贸有限责任公司	大漠魂风干驼肉、驼板筋、驼蹄筋
		大漠魂免洗锁阳丝、活体锁阳片、肉苁蓉切片、肉苁蓉条、泡酒料、黑枸杞、红枸杞、蒙古扁桃、野生沙棘、甘草等
3	阿拉善盟吴文龙清真食品有限责任公司	吴文龙风干牛肉、驼肉、驼肚、驼掌、驼蹄筋、牛板筋、羊蹄、羊杂等
4	阿拉善盟明昇食品饮料有限公司	梅汤
5	阿拉善左旗腾格里绿滩生态牧民专业合作社	绿野沙葱
6	内蒙古漠北草原食品有限公司	漠北驼肉罐头、香菇驼肉酱
7	阿拉善盟进来看商务有限公司销售公司	胡杨女人风干牛肉、原味奶豆、炒米奶茶、驼奶奶茶
8	阿拉善左旗驼中王绒毛制品有限责任公司	驼中王围巾、披肩、方巾、大衣、马夹、开背心等
9	中国内蒙古阿拉善沙漠王绒毛有限责任公司	沙漠王披肩、围巾、绒裤、新成品被、袜子、护膝、鞋垫、手套等
10	内蒙古阿拉善左旗莱芙尔绒毛制品有限责任公司	莱芙尔驼绒围巾、披肩、绒裤等
11	阿拉善左旗巴音木仁苏木农源种植专业合作社	君蓉瓜子
12	内蒙古金沙葡萄酒业销售有限公司	沙恩系列葡萄酒
13	内蒙古曼德拉沙产业开发有限公司	精品苁蓉切片
14	内蒙古宝勒德文冠果科技有限公司	文冠茶礼盒
15	阿拉善尚容源生物科技有限公司	花标万果干红、普洱茶饼、黑枸杞礼盒、苁蓉普洱茶桶

（撰稿：朝鲁蒙　编辑：王延吉）

林业和草原

【概　况】 2019 年全盟机构改革中，阿拉善盟林业局更名为阿拉善盟林业和草原局（以下简称盟林草局），内设办公室（党建办公室）、治沙造林科、规划财务科、森林资源管理科、野生动植物和自然保护地管理科、草原监督管理科、执法监督和改革发展科 7 个职能科室。局机关下属 11 个二级单位，即森林公安局、盟林业治沙研究所、航空护林站、林木种苗站、林业工作站、森林病虫害防治检疫站、生态公益林管理站、沙漠世界地质公园管理局（2019年转隶）、草原监督管理所（2019年转隶）、草原站（2019年转隶）、沙产业发展规划中心（2019年转隶）。

【造林绿化】 2019年，完成营造林任务221.7万亩（人工造林153.3万亩、飞播造林28万亩、封沙育林7万亩、退化林分修复33.4万亩），完成年度计划任务的168.59%。争取到位自治区以上项目37个，资金92576万元（其中中央专项资金83673万元、自治区专项资金8903万元）。

【重点区域绿化】 完成重点区域绿化12.27万亩，完成计划任务的336.16%，完成投资9512.10万元。其中，结合“乡村振兴”总体部署及乡村绿化美化行动，重点推进全盟29个嘎查精品示范村建设及城镇周边、农田林网、公共空间、庭院等绿化美化任务93158.7亩（增加乡村生态绿量67168.5亩、提升乡村绿化质量25990.2亩）。完成义务植树95万株。

【林沙产业基地建设】 完成梭梭人工种植146万亩；接种肉苁蓉7.79万亩，年产肉苁蓉1600吨；接种锁阳0.13万亩，年产锁阳2000吨以上；种植黑果枸杞、沙漠葡萄等精品林果0.81万亩；在阿左旗、阿右旗和额济纳旗三旗各建设了规模为1万亩的沙产业示范基地。2019年底，全盟从事沙产业的规模企业39家，种植养殖专业合作社823家，已研发出60余种沙产品。

【森林草原防火】 严格执行森林防火日查日报制度，加强野外火源管控，贺兰山国家级自然保护区管理局26套管护站安防监控系统完成调试投入使用。贺兰山国家级保护区管理局、阿左旗科林业和草原局正在实施贺兰山高风险区火灾综合治理项目，建设内容包括安装1套视频监控终端、9套高清防火监控、1处视频会议系统、8套通信基站台，购置10台防火车辆和防扑火设备等。额济纳旗林业和草原局、胡杨林保护区管理局、阿右旗林业和草原局正在履行招投标手续，预计2020年起实施高风险区火灾综合治理项目。盟航空护林站项目建设采购特种车辆5台、公务用车2台，根据现有人员情况积极开展业务培训并参加北方航空护林总站飞行观察员考试，1人取得三级飞行观察员资质。贺兰山保护区管理局与盟、旗森林防火协防单位及宁夏贺兰山自然保护区对口站点开展联防协查。内蒙古、宁夏贺兰山国家级自然保护区护林防火第三十次联防会议在内蒙古贺兰山国家级自然保护区管理局召开。全盟70年未发生森林火灾事故。

【有害生物防治】 林业有害生物有效防治面积108.87万亩；实施产地苗木检疫0.5333万亩，产地检疫率100%；调运检疫苗木9823.24万株，复检苗木8184.5666万株，种子147.71吨，板材2475立方米，原木33417根，光缆盘260个。森林保险投保面积679.855万亩，理赔案件47起，理赔资金2367.85万元。为配合森林保险查勘、理赔及灾后防治，与林工站合作制定《阿拉善盟林业有害生物发生及成灾标准》，指导全盟林业有害生物防控和森林保险工作。

【生态效益补偿】 2019年，国家级公益林在全面完成落界工作的基础上再次提标扩面，新增国家级公益林生态效益补偿面积281.74万亩，补偿面积增加到2571.23万亩，集体个人所有的国家级公益林再次提标1元，达到16元/亩，生态效益补偿资金达到36710万元。生态效益补偿惠及全盟30个苏木（镇）108个嘎查，6491户16916人，人均受益1.8万元。依托生态效益补偿制度，全盟共聘用护林员3083名，人均工资2.3万元，其中贫困护林员121人，享受生态效益补偿建档立卡贫困户共635户1718人。

【资源保护和林业执法】 全盟各级森林公安和草原监督管理机构共查处各类违法案件448起，其中查处刑事案件8起（已侦办结束3起），查处各类行政案件440起（已查结425起），处罚243人次。强化候鸟等野生动物保护执法和疫源疫病监测防控工作；全面落实中央环保草原专项督察和自治区党委巡视反馈问题整改。未履行审核手续征占用草原问题整改台账396项，已完成整改394项，整改率99.49%；矿山企业非法占用草原261家，已完成整改244家，整改率93.49%。开展“绿卫2019”森林草原执法专项行动，严厉打击各类破坏森林和草原资源的违建别墅、高尔夫球场、豪华墓地、矿产开发以及私搭乱建蒙古包等违法行为。

【林业改革】 国有林场改革全面完成，通过国家、自治区验收。全盟11个国有林场、治沙站全部定性为公益一类事业单位，重新核定机构设置和人员编制211个，人员和机构经费纳入旗区财政预算，实现全额拨款。国有林场在职职工按规定全部纳入相应的社会保险范围，购买了“五险一金”，做到应保尽保。深化集体林权制度改革，全盟共登记成立了家庭林场265户，经营面积69万亩；林业专业合作社48个，总经营面积273万亩；阿拉善苁蓉集团、华洪生态科技、曼德拉沙产业开发有限公司等3家企业被国家林业和草原局遴选为第四批国家林下经济示范基地。

【林业科技推广】 开展中央财政补助资金林草科技推广项目“沙冬青优良种源区种子繁育及人工造林推广示范”项目和阿拉善盟应用技术研究与开发资金计划项目“胡杨（雄株）嫁接技术实验研究”；承担兰州大学国家重点研发计划“退化草地封育恢复与更新复壮及持续利用技术”子课题“阿拉善荒漠草地划区轮牧技术试验示范”项目，在全盟范围内选择试验点3处；与内蒙古农业大学合作“悬挂式草原灭鼠毒饵喷撒机中试与技术运用示范”和“荒漠区三趾跳鼠种群不育”项目的研究；承担国家下达自治区的“天然草原有毒植物——变异黄芪药剂防效试验”项目；完成林业科技推广项目验收1项，完成科技支撑项目验收1项；新申报科研及推广项目5项，申报阿拉善盟自然科学学术评选论文2篇；发表学术论文4篇。邀请区内外知名科技专家到基层开展技术培训与指导，举办培训班8期，培训基层技术人员、农牧民、护林员等599人次，承办全区草原资源监测培训班，360余人参加培训。完成对农牧民业务宣传和培训6000人次；完成自治区科技成果登记2项；申请实用新型专利1项、发明专利1项。

【草原保护与建设】 组织实施退牧还草工程项目，2018年工程任务如期完成，其中禁（休）牧196万亩，人工饲草地11万亩，舍饲棚圈1141座，毒害草治理5万亩。2019年，完成人工种草16.2万亩，投资3250万元。推动中央环保督察、中央环保督察“回头看”及草原生态环境专项督察反馈意见整改和扫黑除恶专项斗争，督导调研12次，处理草原信访案件6件，整改完成2016年中央环保督察反馈的396项“未履行草原征占用审核手续”案件。“回头看”及草原专项中共性问题完成销号1件，261项“未经草原主管部门审核”的采矿项目已完成整改249项，4家A级以上旅游景区全部完成整改。摸排草原领域2000年以来扫黑除恶专项斗争涉案线索1532起。强化草原依法行政，规范草原征占用审核审批，查处办结行政执法案件220起，审核各类用草原项目162个（其中整改113个、新建49个）。办理各类临时占用草原审批事项94起，收缴征用和临时占用草原植被恢复费4965万元。完成生态保护建设重点工程任务1733.89万亩，其中完成草原保护和建设任务1512.19万亩，超额完成12.19万亩；完成草原建设任务749.89万亩（人工种草159.39万亩、围栏建设476.1万亩、草原改良114.4万亩）、草原保护762.3万亩（草原虫害防治281.8万亩、鼠害防治272.5万亩、毒害草治理208万亩）。积极推动草原生态修复治理工作，确定阿左旗和阿拉善高新技术产业开发区为自治区级生态修复试点旗（区）。

（撰稿：张　晨　编辑：王延吉）

林业治沙研究

【概　况】 阿拉善盟林业治沙研究所（以下简称盟林研所，挂“阿拉善荒漠研究中心”和“阿拉善盟林业调查规划设计队”牌子，隶属盟林草局）是一个集林业科研、技术推广、技术培训与林业规划设计为一体的基层科研所，是全盟唯一的为林业生态建设提供科技支撑的林业治沙科研机构。承担林业行业各类大、中、小型项目规划、可行性研究报告、实施方案、作业设计等的编制工作，以及林业治沙技术研究与林业科研成果的推广应用、地方林业标准制定，开展林学、园艺学、生物多样性保护、森林资源监测、荒漠化普查、防治荒漠化、沙产业开发应用研究及技术推广等工作。内设办公室、治沙研究室、试验站3个科室。核定编制22个，其中管理岗位6名、专业技术岗位14名、工勤人员2名。在职职工25名。

2019年，共开展科研课题4项，科技推广示范项目2项，科技支撑服务项目多项，新申报自治区、盟科技研发项目2项。内蒙古阿拉善吉兰泰荒漠生态系统定位观测研究站建设项目可行性研究报告获得国家林业和草原局批复，完成初步设计编制等前期准备工作。申报林业生态定位站监测运行补助项目1项。争取国家级专家服务基地生态和产业专家服务基层项目1项。举办各类培训班4期，培训专业技术人员和农牧民600余人次。协助中国野生植物保护协会、中国中药协会承办第十届国际肉苁蓉暨沙生药用植物学术研讨会，参会人员300余人。参加第25个世界防治荒漠化与干旱日纪念大会暨防沙治沙人才培养与科技进步国际研讨会，展示交流阿拉善盟荒漠化防治及生态保护建设成果和经验。为全盟林业和草原生态保护建设重点工程项目编制各类规划设计文本100余项，为重点工程项目的实施做好科技支撑和服务工作。

【科研项目开展情况】 荒漠绿洲、盐碱湖区沙害防治人工植被恢复与建立技术研究项目。该项目为国家重点研发计划“典型脆弱生态修复与保护研究”的重点专项子课题，起止年限2016年7月至2020年6月，实施地点为雅布赖盐湖地区。2019年按照项目计划书进度要求，开展荒漠绿洲、盐碱湖区风沙流活动规律的观测研究，对400亩试验样地5种灌木树种进行抗逆性试验，观测记载试验数据，统计分析试验结果，收集气象、水文等相关资料，撰写相关报告，为课题鉴定验收做准备。

阿拉善肉苁蓉产量测定及指纹图谱产地识别研究项目。该项目为内蒙古自治区科技创新引导计划项目，主要研究内容为调查摸清阿拉善地区肉苁蓉的分布和产量，分析研究阿拉善荒漠肉苁蓉和其他肉苁蓉产区的成分差异、品质差别、药用价值等。2019年度对新疆、青海、宁夏、甘肃等肉苁蓉分布区肉苁蓉种类、规模、加工销售情况进行考察，采集春秋试验样品300余份，初步完成荒漠肉苁蓉、管花肉苁蓉、盐生肉苁蓉、沙苁蓉苯乙醇苷类功效成分的检测。

巴丹吉林沙漠退化植被修复技术集成与示范研究项目。为“巴丹吉林沙漠脆弱环境形成机理及安全保障体系”建立的子项目。主要研究内容是对巴丹吉林沙漠东缘退化植被修复技术和防护体系构建试验示范，研发抗旱、耐盐优良植物材料筛选与快速扩繁技术、沙地灌丛植被恢复重建技术、沙漠边缘乔灌草防护体系建设技术。本年度对现有防风固沙技术进行组装、配套，建立沙漠周边退化植被修复模式和防护技术体系，开展外业调查、监测和收集资料等工作。完成1000亩示范区建设，白刺、柽柳扦插育苗试验，采集耐盐耐旱植物繁殖材料20余种，并与甘肃农业大学生理实验室建立协作关系，各项试验有序开展。

阿拉善人工种植梭梭林对生态环境影响研究项目。主要研究内容为人工种植梭梭林前后，林地动态变化、生物多样性变化、土壤理化性质及水分条件变化等情况，揭示人工种植梭梭林对生态环境的影响，构建人工种植梭梭林数据库，形成人工梭梭林评估体系，为生态保护建设和梭梭肉苁蓉产业发展提供指导依据。本年度已安装调试监测设备，完成试验样地布设等工作。

【荒漠生态系统定位观测研究站建设情况】 完成《内蒙古吉兰泰荒漠生态系统定位观测研究站运行补助项目2019年合同书》签订工作，2019年运行经费已顺利下达；完成内蒙古阿拉善吉兰泰荒漠生态系统定位观测研究站自评估工作；《内蒙古吉兰泰荒漠生态系统定位观测研究站项目可行性研究报告》获得国家林业和草原局批复，批复资金472万元。委托国家林业和草原局规划院完成初步设计，由自治区林业和草原局评审通过后报国家林业和草原局备案。

【科技推广示范】 梭梭优树种子园营建技术推广示范项目。为2018年中央财政林业科技推广示范项目，资金100万元，地点在格林滩试验基地。完成梭梭优树种子育苗4亩，举办梭梭优树种子园营建技术培训班，培训农牧民、涉林企业及专业技术人员100余人次。并通过自治区林业和草原局发展改革科技处组织的专家中期验收，得到良好评价。秋季完成500亩梭梭优树种子园定植、节水灌溉设施、管护等工作。

荒漠肉苁蓉优质高产种子繁育技术推广与示范项目。为2019年中央财政林业科技推广示范重点项目，资金300万元，地点在宏魁苁蓉集团基地。2019年度完成项目合同审定，实施方案编制，地块落实、种子、苗木的储备等前期工作，举办培训班1期，培训相关人员120余人。

【科技支撑服务】 邀请中科院西北生态环境资源研究院、西北高原生物研究院专家教授举办以科研项目申报、立项、论文撰写、专利申请为内容的专题培训班，培训科技人员、涉林企业、基层专业技术人员100余人次。举办“国家万名专家服务基层行动计划——阿拉善白刺锁阳种植技术服务项目”培训班，邀请国内锁阳研究领域知名专家开展锁阳接种、管理以及产业发展学术讲座及现场指导，培训农牧民300人次。协助中国野生植物保护协会、中国中药协会承办第十届国际肉苁蓉暨沙生药用植物学术研讨会，参会人员300余人。组织人员参加世界防治荒漠化与干旱日纪念大会暨防沙治沙人才培养与科技进步国际研讨会，展示交流阿拉善盟荒漠化防治及生态保护建设成果和经验。参加阿拉善右旗人民政府主办的荒漠肉苁蓉产业绿色发展研讨会，实地考察调研沙产业基地建设和产业发展情况。组织开展阿拉善SEE—蚂蚁森林2019年梭梭种植项目检查验收工作；阿拉善左旗、额济纳旗沙化封禁保护区监测；阿拉善盟国家级公益林监测及综合效益评价工作。

【项目申报及储备】 新申报自治区、盟科技研发项目2项。其中，“内蒙古西部荒漠区特色沙生植物资源开发利用与沙产业发展模式集成”项目通过自治区科技厅项目评审；“白刺属植物人工繁育技术及锁阳接种特性研究”为自治区科技创新引导项目，通过阿拉善盟科技局项目评审。

【科研成果及荣誉】“荒漠肉苁蓉优质高产种子繁育技术”研究成果入选国家林业和草原局林草科技推广示范项目成果库；2 名科技人员分别获得 2019 年度“321 人才工程”第一、二层次人选；1 名少数民族专业技术人员被选入“内蒙古少数民族专业技术人才特殊培养计划”，进入高校和科研院所进行培养。

（撰稿：白　莹、谢宗才　编辑：王延吉）

阿拉善沙漠世界地质公园

【概　况】阿拉善沙漠地质公园既是中国国家地质公园又是联合国教科文组织世界地质公园（截至 2019 年底，为全球唯一的沙漠世界地质公园）。阿拉善沙漠世界地质公园范围以全盟 27 万平方千米划定，其中阿拉善沙漠国家地质公园规划面积为 630.37 平方千米，根据景观资源的类型和分布特征，公园划分为 3 个园区及 10 个景区，即巴丹吉林园区（巴丹吉林沙漠景区、额日布盖峡谷景区、海森楚鲁风蚀地貌景区、曼德拉山岩画景区）、腾格里园区（敖伦布拉格峡谷景区、通湖景区和月亮湖景区）和居延海园区（黑城文化遗存景区、胡杨林景区、居延海景区），分别位于阿拉善右旗、阿拉善左旗、额济纳旗境内。公园内地质遗迹类型多样，具有完整性、典型性和唯一性等特点和极高的美学价值、科学研究价值，是研究沙漠形成、发展、演化的天然博物馆，更是保护人类生态环境的教科书。资源类型主要有沙漠、沙山、沙漠湖泊、山体、河流、戈壁、湿地、峡谷、风蚀地貌、古生物、林草、古城遗址等。

阿拉善沙漠地质公园于 2004 年 11 月批准为自治区级地质公园，2005 年 9 月晋升为国家级地质公园，2007 年 9 月国家地质公园揭碑开园，2009 年 8 月获评世界级地质公园，2011 年 9 月举办世界地质公园揭碑开园活动；按照联合国教科文组织世界地质公园每四年接受一次中期评估检查的相关规定，阿拉善沙漠世界地质公园分别于 2013 年和 2017 年接受了联合国教科文组织的中期评估检查，并顺利通过。

【管理机构】2006 年 4 月，经自治区编委批准成立阿拉善沙漠国家地质公园管理局，为阿拉善盟国土资源局所属副处级事业单位。2008 年 10 月管理机构被纳入参照公务员法管理序列；2010 年 9 月更名为阿拉善沙漠世界地质公园管理局；2016 年 1 月将隶属关系从盟国土资源局调整到盟行署管理，为盟行署相当副处级事业单位；2017 年 4 月盟编委下发文件与盟旅游发展委合署办公。2019 年 3 月按照盟委编委机构改革和人员转隶实施方案的要求，阿拉善沙漠世界地质公园管理局（以下简称地质公园）整建制划归阿拉善盟林业和草原局所属。

根据国家、世界地质公园保护地质遗迹、普及地球科学知识、促进地方经济发展三大建园宗旨，阿拉善沙漠世界地质公园管理局“五定方案”明确提出职能职责为：负责对阿拉善沙漠地质公园的资源保护、开发建设、经营服务、科研科普和浏览活动实施统一监管；负责对地质遗迹进行保护和开发。2019 年，内设办公室、地质遗迹保护科、规划与建设科、科研科普科、网络信息科 5 个正科级职能科室，编制 12 个。实有副处级 1 名，正科级 5 名，副科级 1 名，一级主任科员 2 名（正科级兼任），三级主任科员 2 名，科员 3 名，工作人员中尚有 3 人未纳入参照公务员法管理序列。

2007 年 3 月起，为进一步加强地质公园各园区地质遗迹保护工作力度，相继成立阿拉善沙漠地质公园阿拉善左旗管理局、阿拉善右旗管理局、额济纳旗管理局，分别为各旗国土资源局所属副科级财政全额拨款事业单位，2019 年 3 月起相继划归各旗林业和草原局所属。

【地质遗迹保护】 完成《阿拉善沙漠国家地质公园总体规划》的编制及颁布实施工作并逐级上报备案；编制地质公园“十四五”重点项目计划，内容主要包括科普场馆升级改造、评估准备工作等内容，资金预算共计 6490 万元；编制上报 2020—2022 年地质遗迹保护项目资金分配计划和实施方案；向自治区林业和草原局填报国家重要地质遗迹申报表及相关资料，鉴于巴丹吉林沙漠在地质公园各景区中最具代表性，将巴丹吉林沙漠景区推荐为第一批国家重要地质遗迹；加强园区动态巡查力度，不断完善巡查报告制度，全年不定期开展腾格里园区动态巡查 27 次，建立地质遗迹保护巡查台账，加强园区标识系统的维护，对园区内重点地质遗迹及地质遗迹保护碑、科学解释牌、警示牌等标识系统进行巡查检查；采取翻新、新增、统一模式等多种措施，更新银巴路三关路口、额济纳 G7 高速入口擎天柱板面 4 块，在阿拉善英雄会增设 2 块大型户外宣传牌，对园区内 4 个景区 6 组 18 块沙丘造型景点简介牌、科普长廊 10 块简介牌、24 块不锈钢景点说明牌和 4 块景区说明牌进行维修更换；对巴丹吉林沙漠景区科普栈道及远程监控系统进行升级维护；筹措资金与阿左旗沙产业展览馆合作，在阿左旗沙产业展览馆一楼重新布展建设阿拉善沙漠世界地质公园陈列馆。

【科研科普】 2019 年为迎接第 50 个世界地球日，地质公园组织开展了一系列科普活动。赴通湖景区开展地学科普知识进景区活动。为通湖景区 300 余名员工讲授世界地质公园基本知识，地质遗迹资源保护、沙漠沙生植物及典型地质遗迹等与景区地学旅游内容息息相关的科普知识。在金色胡杨音乐厅举办阿左旗中学生第二届“最美阿拉善——讲述家乡地质公园故事”主题演讲比赛。为全旗八所中学颁发“青少年科普教育合作单位”牌匾。在巴丹吉林沙漠景区举行研学实践教育科普活动 4 次，阿右旗 300 余名、甘肃省金昌市 400 余名中小学师生参加研学实践活动。联合大漠胡杨景区发起“珍爱美丽地球　守护绿色家园”研学系列活动，使中小学生对认识地质公园，保护阿拉善自然资源，推进生态建设更深层次的认识，激发珍惜地球资源、建设美好家园、保护生态环境的社会责任感。开展地学科普知识“五进”宣传活动 5 次，制作宣传条幅 21 条、制作宣传展架 18 块，定制地质公园宣传彩旗 1500 余枚，服务人数达 8000 人次，发放公园科普读物 600 本，宣传折页 1.3 万余份。基本完成《阿拉善沙漠世界地质公园——中小学生野外生存技能指南》研学课程教材编写工作，待征求意见后修改印刷。争取到自治区自然资源厅科普基地补助经费 20 万元，在地质公园博物馆新建科普展厅 1 处。

【交流活动】 应第六届亚太世界地质公园大会组委会的邀请，参加由亚太世界地质公园网络主办在印度尼西亚林贾尼—龙目岛世界地质公园召开第六届亚太世界地质公园大会。组织参加在敦煌举办的中国世界地质公园年会、第五届联合国教科文组织世界地质公园国际培训班。

组织全盟地质公园管理系统 12 人分别赴姊妹公园云南大理苍山、新疆可可托海世界地质公园开展学习交流互访活动。先后有中国神农架、黄冈大别山、中国张家界、中国延庆 4 家世界地质公园赴阿拉善沙漠世界地质公园开展实地考察交流，通过实地考察和交流座谈，分享彼此在地质公园建设与管理方面的成功经验，共同推进地质公园建设管理水平的提升。与中国神农架世界地质公园缔结为友好姊妹公园。与沙特阿拉伯官方代表团在深入交流的基础上，就协助沙特阿拉伯国申报世界地质公园工作中给予技术支持、分享成功经验好的做法等方面达成合作意向，双方计划在继续深入交流的基础上，就地质公园建设与管理、科研科普、宣传推广以及互送旅游团队、地学旅游等更多的领域广泛开展实质性交流活动。

【宣传推广活动】 组织参加由国家林业和草原局、文化和旅游部、江苏省人民政府联合主办的以“绿水青山就是金山银山——江海之约　森林之旅”为主题的“2019 中国森林旅游节”；参加2019 年阿尔山世界地质公园揭碑活动暨地质公园建设与发展研讨会、黄冈大别山世界地质公园揭碑开园暨地质公园与区域经济发展国际座谈会、敦煌世界地质公园揭碑仪式暨 2019 年甘肃省旅游地学与地质公园学术年会；参加国家林业和草原局保护地司在北京举办的“中国地质公园”主题宣传活动，8 家世界地质公园与 2 家国家地质公园在论坛上从案例分析和经验分享方面做报告，阿拉善沙漠世界地质公园以“把资源优势转化为产业优势更好地服务于地方经济发展”为主题向论坛大会交流分享典型案例及管理经验，进一步宣传推介地质公园资源和品牌，不断提升阿拉善沙漠世界地质公园的知名度和影响力；投入 5 万元对阿拉善沙漠世界地质公园门户网站、微信公众平台进行升级改造，按照合同内容设计制作新门户网站的风格、框架结构和基本功能模块，并制作手机版的网站浏览功能；加强信息报送工作，广泛借助报纸、杂志、网络等媒体报送公园建设信息动态资料，扩大对外宣传力度，积极向世界地质公园网络报送中英文信息，共上报动态信息 38 篇，扩大公园网络宣传影响。重新设计制作地质公园 LOGO 样式“U 盘宣传片”1000 套，其内容包含中文、英文、蒙古文宣传片和地质公园中文、蒙古文主题曲，为大力宣传阿拉善沙漠世界地质公园奠定良好基础。

（撰稿：彭　涛　编辑：王延吉）

贺兰山国家级自然保护区

【概　况】 贺兰山是西北地区重要的天然生态屏障，是内蒙古西部最大的天然次生林区，是中国六大生物多样中心，也是中国北方地区唯一的生物多样性中心。内蒙古贺兰山国家级自然保护区位于阿拉善盟阿左旗境内，属贺兰山西坡，是森林生态系统和野生动物类型自然保护区，主要保护对象为青海云杉和野生动植物，保护区面积 67709. 8 公顷，森林面积 58. 2 万亩，森林覆盖率 57. 3%；保护区内动植物资源丰富，有维管束植物 788 种，其中国家重点保护植物 5 种，脊椎动物 352 种，其中属国家一级保护动物 7 种、二级保护动物 51 种。

【管理机构】 2019 年，内蒙古贺兰山国家级自然保护区管理局设有党政办公室、规划财务科、资源林政科、防火办、科教科 5 个职能科室。下设 4 个工作站，28 个管护站。

【森林防火】 严格执行森林防火日查日报制度，加强野外火源管控，保护区 26 套管护站安防监控系统完成调试投入使用。正在实施贺兰山高风险区火灾综合治理项目，建设内容包括安装 1 套视频监控终端，5 套高清防火监控、8 套通信基站台、购置10 台防火车辆和防扑火设备等。与盟、旗森林防火协防单位及宁夏贺兰山自然保护区对口站点开展联防协查。内蒙古、宁夏贺兰山护林防火第三十次联防会议在内蒙古贺兰山国家级自然保护区管理局召开。年内，未发生森林火灾事故。

【森林资源管理】 年内，开展保护区生态环境安全隐患排查整治工作，重点对门洞子、镇木关禁牧区煤矿和三关团部石料厂实施生态环境安全隐患综合整治，实施生态环境治理区飞播种草作业，完成飞播种草1万亩。实施2018年森林生态效益补偿、2018年天然林资源保护工程二期森林管护和2018年“中央财政林业国家级自然保护区补助资金项目”。完成生态环境部等六部委及内蒙古自治区林业和草原局等四厅局联合开展的“绿盾2019”暨自然保护区执法检查工作。

【科研监测】 首次在贺兰山保护区安装松材线虫病监测仪4套，提高对该病虫害的预防警戒；联合北京大学在贺兰山西坡架设小型气象监测仪4台，针对贺兰山森林死亡与火灾风险展开监测与定量评估专项研究；联合东北林业大学对“贺兰山马麝种群数量调查监测与救护”项目实施调查研究，已完成马麝在贺兰山西坡的分布和栖息环境调查并更新分布图，在贺兰山保护区西坡南、北、中段马麝分布范围（栖息地）设定样方9块，悬挂红外线相机81部，对种群数量实施拍摄调查；对贺兰山保护区2.27万亩“烟翅腮扁蜂”虫害进行飞机喷雾、黏虫胶带、悬挂鸟笼等作业方式防治。同时，对6.87万亩青海云杉林异色卷叶蛾危害进行森林保险报案定损；盟级科技项目“内蒙古贺兰山岩羊马鹿种群数量调查与研究”已全部完成。

【重点项目实施】 实施国家“十三五”文化旅游提升工程“内蒙古贺兰山国家森林公园保护利用设施建设项目”，完成国家投资960万元。修建木栈道3800米，建设火险预警监控系统6套，展示用房设施维修440平方米，管理设施维修改造510平方米，制作标志牌、警示牌200块。

【荣　誉】 2019年，段志鸿被国家林业和草原局授予全国森林防火先进个人称号。

（撰稿：袁丽丽　编辑：王延吉）

额济纳胡杨林国家级自然保护区

【概　况】 内蒙古自治区人民政府1992年设立额济纳旗七道桥胡杨林自然保护区，1999年改名为额济纳旗胡杨林自然保护区，2003年1月28日，国务院批准设立内蒙古额济纳胡杨林国家级自然保护区。保护区位于内蒙古自治区阿拉善盟额济纳旗，行政区域隶属巴彦陶来苏木和苏泊淖尔苏木，涉及4个嘎查（村）。保护区西临额济纳旗政府驻地达来呼布镇，东至八道桥，北至策克嘎查永红队，南至昂茨河水闸。保护区总面积26253公顷，其中核心区面积为8774公顷，占总面积的33.4%；缓冲区面积为10018公顷，占总面积的38.2%；实验区面积为7461公顷，占总面积的28.4%。自2003年1月起，保护区的范围、功能区划以及名称没有变化和更改。

【管理机构】 2006年建立额济纳旗胡杨林管理局，隶属额济纳旗人民政府准处级事业单位，2019年2月24日，额济纳旗胡杨林国家级自然保护区管理局（以下简称保护区）开始独立办公，核定事业编制26个，其中处级领导干部1人，科级领导干部10人，截至年底，在职25人。内设办公室、计划财务科、社会事务科、资源保护与科研宣教科、防火监控室，下设七道桥、五苏木2个管理站。主要负责保护区内森林和野生动植物的保护管理，承担着保护区内生态环境保护宣传教育及生态旅游管理等工作。

【保护区建设管理】 日常巡护。主要对保护区内砍伐、放牧、狩猎、捕捞、采药、开垦、烧荒、开矿、采石、挖沙等活动及其他违法违规活动加大巡查管护力度，制定《保护区巡护安排表》，按要求开展保护区日常巡护工作，并做好保护区巡护记录，每星期巡查2~3次以上。

划片管护责任落实。保护区共分3个管片，分别由保护管理与宣教科、社会事务科和五苏木管理站、七道桥管护站负责，实现保护区管护全覆盖。

依法管理。管理局与环保、国土、林业和森林公安协作开展日常执法检查和清理工作，严肃查处保护区内违法违建、毁林开荒、猎捕采挖野生动植物等破坏保护区生物资源的行为。开展以“关注候鸟保护、守护绿色家园”为主题的“爱鸟周”活动，强化公众爱鸟护鸟意识，自觉保护候鸟等野生动物。按照2018年盟环保局等七部门印发的问题清单，对遥感监测疑似问题和核查清单中目标地物开展整改工作。《内蒙古自治区额济纳旗胡杨林保护条例》列入自治区人大审议计划。

保护区建设。编制完成《内蒙古额济纳胡杨林国家级自然保护区总体规划（2018—2027）》，报国家林业局评审待批复。

保护区利用。2000年，额济纳旗举办首届“中国额济纳国际金秋胡杨生态旅游节”，拉开胡杨生态旅游的序幕，2019年举办第二十届旅游节。据统计，2019年10月1日—7日，额济纳旗共接待国内外游客149.42万人次，旅游综合收入12.2亿元。

【森林防火】 成立胡杨林管理局森林草原防火领导小组，并制定森林草原防火工作方案和森林草原防火处置火灾应急预案，结合实际划定重点管理区，严格落实巡查管控责任，明确具体人员分片管理，对保护区内防火工作常调度、常检查；依托保护区云模式物联网监控设施对保护区重点地段进行实时监控；并在春节、清明、劳动节、国庆等重点时节，对保护区重点区域开展走访排查，重点监控和巡护；走访入户，摸清保护区内农牧民生产生活情况，加强防火知识宣传教育；与辖区内苏木、嘎查、旅游企业签订防火责任书，并与阿拉善盟兆通禾天下公司对接防火监控系统视频信息接入事宜。

【合作交流】 加强与北京林业大学、内蒙古大学和中科院寒区旱区环境与工程研究所的交流合作，促成与北京林业大学综合科学考察项目。通过收集额济纳胡杨林保护区范围内的遥感数据、航片和林业小班数据，结合现有的研究资料，分析保护区内胡杨林面积的变化、林分质量、人为与自然干扰驱动下胡杨林景观过程。分析水文动态过程，给水方式、旅游、放牧以及风沙侵移对于胡杨林分布、生长以及根蘖繁殖等生态过程的影响。明确保护区建立以来胡杨林面积变化与保护成效；建立和完善保护区的胡杨林生态本底资料与相关数据库；完善保护区的科研与监测体系。

（撰稿：向　杰　编辑：王延吉）

水　务

【概　况】 阿拉善盟水务局（以下简称盟水务局）内设办公室、规划计划科、建设与管理科、水土保持科、水政水资源科、农牧水利科、河湖科7个科室。核定机关行政编制17个，工勤人员事业编制2个；核定处级领导职数5名，其中局长1名、副局长4名。科级职数8名（7正1副）。

2019年3月29日，盟委办、行署办印发《阿拉善盟水务局职能配置、内设机构和人员编制规定的通知》文件，调整盟水务局职能职责：水资源调查和确权登记管理职责划出到自然资源局；编制水功能区划、排污口设置管理、流域水环境保护职责划出到生态环境局；水旱灾害防治划出到应急管理局；防汛抗旱总指挥部职责划出到应急管理局；农田水利建设项目等管理职责划出到农牧局。

盟水务局下设差额事业单位1个，即阿拉善盟水利规划设计研究院；全额事业单位2个，即阿拉善盟水土保持与水利工程质量中心、阿拉善盟水政监察支队。

自治区派出机构有阿拉善乌海水文水资源勘测局，负责乌海、阿拉善盟两地水文水资源工作。

【水利工程建设】 年度落实中央和自治区水利建设资金1.13亿元，黄河二期防洪工程顺利通过竣工验收并经受较大洪水考验；乌力吉口岸防洪工程超额完成年度建设任务，完成投资3104万元；巴彦浩特镇区城市中水回用调蓄及污水应急缓冲池工程进展顺利，年度完成投资5969万元；策克口岸第二水源地供水工程开工建设，黄河防汛（凌）生态应急调水工程前期工作取得重大进展。

【河湖长制工作】 年初召开全盟河湖长制工作会议，全面安排部署河湖长制工作。2019年，签发总河湖长令2个、河湖长令2个，盟总河湖长先后9次到黄河阿盟段、黑河内蒙古段、居延海开展巡河湖调研工作，全年盟级河湖长巡河湖20次，旗区级河湖长巡河湖246次，苏木镇级河湖长巡河湖1268次，嘎查级河湖长巡河湖2297次，有效落实了河湖长责任；集中开展“清四乱”专项行动，梳理销号“四乱”问题39个；与盟检察院联合印发《阿拉善盟“携手清四乱　保护母亲河”专项行动实施方案》，开展“携手清四乱　保护母亲河”专项行动3次，高新区黄河乌斯太段河道“清四乱”违法建设破坏生态环境案被最高检列为“携手清四乱保护母亲河”专项行动检察公益诉讼十大典型案例；在全区率先完成流域面积在1000平方千米以上的河流、水面面积在1平方千米以上湖泊岸线划定工作；完成三大沙漠湖泊《岸线利用管理保护规划》评审、旗区河道采砂规划编制，为下一步规划河湖管理提供基本依据；通过阿拉善盟广播电视台、《阿拉善日报》积极宣传报道河湖长制工作，额济纳旗配合中央电视台制作并播出专题片《复活的居延海》，全年上报河湖长制工作简报27条、信息100篇。

【水生态保护治理】 地下水超采区综合治理。制定印发《阿拉善盟关于加强地下水生态保护治理实施方案》《阿拉善盟地下水超采区综合治理2019年实施方案》，阿左旗、阿右旗按照“一区一策”要求制定并落实超采区综合治理方案，4个超采井灌区年度灌溉用水总量6113.65万立方米，占年度限制用水总量的95.48%，均未超过年初下达的限制用水总量指标，年内退耕休耕种植面积1.68万亩。阿右旗陈家井超采井灌区治理效果评估报告已通过自治区水利厅审查，阿左旗西滩井灌区地下水超采区治理效果评估报告已报水利厅待审，腰坝滩井灌区和查哈尔滩井灌区评估报告正在编制中，地下水超采区问题已基本具备销号条件。

控制水资源管理“三条红线”。2019年，全盟取用水总量为3.49亿立方米，低于自治区下达取用水总量控制指标，工业增加值用水量较2015年下降61.56%，万元GDP用水总量较2015年下降25.96%，农田灌溉水有效利用系数（测算值为0.642）达到自治区下达目标值，国家重要江河水功能区黑河额济纳旗生态保护区年度水质达标率均达到自治区下达控制指标值；加快农业水价综合改革进程，编制印发《阿拉善盟节水行动方案》，年度实施农业水价综合改革面积13.78万亩，试点旗县阿左旗温都尔勒图镇开始推行农业水价，2019年按照0.03元/立方米不完全水价征收农业水费69万元，各项农业水价机制正在积极推进完善；加强黑河调水工作，当年狼心山监测断面实测下泄流量9.709亿立方米，东居延海年内调入水量4522万立方米，累计灌溉天然林草地110.4万立方米，编制完成《东居延海生态治理与保护规划》。

【社会帮扶】 实施农村牧区饮水安全巩固提升工程和饮水型氟超标改水工程，总投资5319万元，解决农村牧区饮水安全问题人口22995人。全面落实脱贫攻坚“两不愁三保障”饮水安全工作，开展建档立卡贫困人口饮水安全再排查，通过农村牧区改水工程，解决排查出饮水安全问题建档立卡贫困人口379户、936人，基本实现饮水安全“清零达标”；出台印发《阿拉善盟农村牧区饮水安全工程供水管理办法》，全面落实农村牧区饮水安全管理“三个责任”，健全完善农村牧区饮水安全工程运行管理“三项制度”，加快推进农村牧区供水工程水费收缴。为互联互动社区3个贫困户捐助3000元，博爱捐款1.4万元。

【水土保持】 全面梳理2008年起审批的水土保持方案并全部录入信息化管理系统，完成全盟1517个生产建设项目水土保持遥感监管扰动图斑现场复核工作，为项目审批、监督检查、验收等工作实现信息化、图斑化管理奠定基础。结合“放管服”改革工作，严格实行水土保持方案分级审批制度，对11家企业开展生产建设项目水土保持现场监督检查；组织技术审查批复《内蒙古阿拉善右旗阿贵特小流域治理水土保持工程报告》，编制完成《阿拉善盟水土保持规划》《阿拉善盟水土流失重点预防区和重点治理区划分报告》初稿。

【行业建设及监督管理】 年度梳理依申请行政权力21项，确定“只进一扇门”事项21项、“最多跑一次”事项16项，并对1项政务服务事项（生产建设项目水土保持方案审批）进行优化流程；进一步落实“双随机、一公开”机制，完善《随机抽查项目清单》《检查对象名录库》并实行动态管理；全面做好盟直管辖企业取水情况核查、全盟取水许可核发情况督查、企业水土保持项目建设情况督查等工作，年度开展各类行政执法13次；进一步加大政务公开，将行政权力清单和行政许可、行政处罚“双公示”清单在单位网站进行公开，加强单位网站、公众微信号管理运行，年度在门户网站发布信息128条，网上办理服务事项32件，微信推送信息13期，公开“三公经费”情况2次，聚焦河湖管理、水利工程建设等七项重点领域开展综合治理、围绕“破网打伞”“治理乱象”2项重点任务履职尽责，结合全盟水利行业特点，深入水利施工现场、用水户等开展专项整治摸排19次，摸排整改线索39条。

（撰稿：杨　晶、马晓慧　编辑：王延吉）

黄河灌溉

【概　况】 2000年8月，阿拉善盟孪井滩水电管理局整体下划归阿左旗人民政府管辖，2006年，因孪井滩灌区用电管理职责全部移交阿盟电业局管辖，孪井滩水电管理局更名为“阿拉善黄河高扬程灌溉管理局”，2009年阿拉善黄河高扬程灌溉管理局整体移交孪井滩生态移民示范区管理委员会。2013年11月起，阿拉善腾格里经济技术开发区成立后，为腾格里经济技术开发区所属二级事业单位。内设办公室、财务科、工程科、调度中心、灌溉管理中心、泵站管理中心、供水站、水政科、防汛抗旱办9个科室。核定事业编制140个，其中副处级领导职数3名，科级领导职数14名（7正7副）。实有职工169人，其中在编人员145人。

全年一泵站累计提水5453.81万立方米，泵站能源单耗3673千瓦时/吨·米，渠系水利用率93.1%。其中，农业灌溉用水3994.6万立方米、工业供水1203万立方米，有效保障8.55万亩农田灌溉用水和园区生产用水。

【水利工程】 总投资993.55万元的2019年381户牧区储水窖工程预计2020年1月底完工。总投资5201.28万元的孪井滩扬水灌区2.4万亩节水改造工程已完成总工程量的80%。总投资237万元的饮水型氟超标地方病防治工程和总投资 198 万元的农村牧区饮水安全水质检测中心建设工程已按政府采购程序办理，预计 2020 年 1 月底完工。全年累计投入 81.32 万元完成扬黄工程输水渠系、机电设备、信息化系统、高压输电线路等春季检修保养工作，确保设备安全运行。

【水资源管理】 全年征收水土保持补偿费 243.42 万元、水资源税 405.59 万元。审批取水许可 24 户，解决饮水困难农牧民人畜饮水问题。完成企业水土保持自主验收审查备案工作、水土保持行政审批工作和购买黄河水指标水资源论证报告审查工作；完成 3 家企业水资源计量设施验收；实现园区 15 家企业水资源信息化管理平台在线监测。

【防汛抗旱】 严格落实汛期 24 小时值班制度，加强与农牧、气象等部门信息互通；加强防汛抗旱知识宣传，提高综合减灾能力。拨付 40 万元特大防汛抗旱费全部用于两镇农业节水设施维修和防洪堤的新建，全年未出现重大灾情。

【河长制】 全年累计开展开发区级、镇级、嘎查级巡河 128 次，开发区河湖长办公室巡查、督查 7 次。下达河湖长督办令 3 份，完成新井沟内采石场违堆、滑石沟内非法采砂、岸边居民自建土坝、企业违建彩钢房及违堆石英砂弃矿渣 5 项整改销号。完成《河湖岸线管理保护利用规划》成果标注和《河湖采砂规划报告》技术审查。

【安全生产】 完善优化应急预案，做好应急物资储备，把安全生产责任落实到每个环节。组织开展危险化学品安全综合治理、安全知识业务培训和“防风险保平安迎大庆”消防安全执法检查专项行动，并不定期开展机电设备及水工建筑物安全生产大检查，全年无安全生产事故发生。

【脱贫攻坚饮水安全】 全面排查建档立卡贫困人口饮水安全状况。完成 5 个监测点的水样采集检测和分散户水质现场评价工作，水质和饮水现状基本达标。千人以上集中供水水质实行按月送检。实施 566 户饮水型氟超标地方病防治工程和农村牧区饮水安全水质检测中心工程。

（撰稿：吴晓红、陈　亮　编辑：王延吉）

工　业

工业和信息化管理

【概　况】 阿拉善盟工业和信息化局是全盟工业和信息化工作主管部门，是原盟经济和信息化委员会剥离煤炭行业管理相关职能后，成立的正处级行政机关，主要承担全盟工业经济运行态势监测分析、工业和信息化发展规划编制和实施、推进工业结构调整和优化升级、推动工业化和信息化融合等职责。机关内设办公室、经济运行科、投资规划科（履行《禁止化学武器公约》工作领导小组办公室职责）、企业发展与工业节能科、行业管理科（盐业民爆信息化科）、工业园区科6个科室，下设二级事业单位阿盟中小企业公共服务中心和节能监测中心。机关核定行政编制14个。其中局长1名，副局长3名；科级领导职数8名（7正1副）。

2019年，全盟工业增加值占全盟GDP的60%以上，建有阿拉善高新技术产业开发区、腾格里经济技术开发区、策克口岸经济开发区3个自治区级工业园区，其中阿拉善高新技术产业开发区完成全盟工业总产值的80%以上。有工业企业1257户（规模以上企业116户），分为煤炭开采和洗选业，黑色金属冶炼及压延加工业，化学原料和化学制品制造业，石油、煤炭及其他燃料加工业，非金属矿采选业，电力、热力生产和供应业6大行业，2019年各行业增加值同比分别增长45.3%、118.4%、20.3%、23.9%、-194.2%、35%。主要生产焦炭、PVC、烧碱、金属钠、靛蓝等130余种工业产品，已形成煤化工、盐化工和精细化工3类数十条优势特色产业链条，并依托区域产业基础，逐步进行拓展、延伸。

【工业经济指标】 全盟规模以上工业增加值同比增长10%，高于全国4.3个百分点，高于全区增速3.9个百分点，位列全区第5位。实现工业税收30.4亿元，同比增长38.7%。工业用电量、销售成品油量、工业天然气用量同比增长16.8%、6.1%、14.4%；铁路货运量同比降低6.1%。12月末，全盟116户规模以上企业中，生产企业107户，占规模以上企业的92.24%，比上年同期高5.9个百分点。全年规上企业开工率基本保持在90%以上，维持较高生产态势。调度的26种亿元以上主要工业产品产量增幅逾六成，其中焦炭、靛蓝、金属钠、糊树脂均保持两位数增长。

【工业重点项目】 2019年，全盟实施投资额亿元以上的工业重点项目33项，总投资231亿元，当年计划完成投资61.3亿元，同比增长72%。年内，32个项目开复工建设，开复工率97%，开工率较上年增长10%；完成投资42.3亿元，较上年增长16%；投资额超上年全年实际投资额近7亿元，完成年度计划70%；内蒙古世杰化工有限公司农药原药及中间体项目、内蒙古星汉氟都有限公司无水氟化钾项目等 17 个项目开始试生产或具备试生产条件。

【工业园区发展】 阿拉善高新技术产业开发区、腾格里经济技术开发区和策克口岸经济开发区 3 个工业园区，共入驻工业企业 205 户，其中规模以上工业企业 69 户，从数人员 2.5 万人。实现工业总产值 335 亿元，同比增长 19.8%，主营业务收入 393.5 亿元，同比增长 18.6%，利润 23.19 亿元，同比增长 14.1%。2019 年，工业园区基础设施建设共投入资金 8 亿元，主要用于园区公路、给排水、污水处理、供热管网、园区绿化等基础设施配套建设。年内争取到自治区工业园区发展专项资金 2525 万元，用于阿拉善高新技术产业开发区巴音敖包工业园蒸汽管网工程建设和腾格里经济技术开发区葡萄墩片区集中供热项目建设。2019 年 5 月 19 日，阿拉善高新技术产业开发区完成园区升级扩区工作，面积由原来的 10 平方千米调整为 54.5 平方千米，极大提升高新区产业发展土地资源供给能力。

【中小企业发展】 强化问题导向，多措并举解决中小企业融资难、服务体系不健全、知名度不高、质量品牌建设效果不好等问题。组织开展政金企对接活动 2 次，成功签约融资项目 19 个，签约金额 32.1 亿元；为 19 户小微企业提供助保金贷款 9984 万元；组织 3 家融资担保机构申报并获得自治区小微企业融资担保降费奖补资金共 884 万元；培育推荐内蒙古信通科技发展有限公司评选成为自治区级中小企业公共示范平台；组织 50 户企业进入自治区“专精特新”中小企业培育库培育；组织 4 户企业参加中国国际中小企业博览会；印发《2019 年阿拉善盟工业质量品牌建设工作的实施方案》，组织中盐、兰太 2 家企业申报成为行业内质量标杆企业，全方位推进中小企业持续健康发展。

【工业节能技改】 全面推进绿色制造体系建设，开展绿色工厂、绿色园区、绿色产品试点创建工作，兰太实业公司成功申报国家级绿色工厂创建示范企业。组织相关旗区、企业共 42 户企业 80 余人参加自治区绿色制造体系建设推进培训班，聘请专家详细讲解《自治区绿色制造体系建设实施方案》的主要内容，完成对阿盟 10 户企业的节能诊断服务，持续强化对旗区、企业绿色制造体系建设工作的监督、指导和推进力度。做好工业项目节能审查，共开展工业项目节能审查 19 项，其中审核批复 14 项、初审上报待自治区批复 5 项，从源头上杜绝能源浪费，提高能源利用效率。对年耗能 1 万吨标煤以上的重点耗能企业定期开展节能监察，督促企业对淘汰落后的设备工艺进行整改升级。对 13 户企业开展国家重大工业节能专项检查，落实国家、自治区能耗总量和强度“双控”目标要求，未发现超标现象。

【信息化建设】 “两化融合”纵深推进，有 40 余户企业注册内蒙古工业云平台并开展工控安全、票据贴现等相关业务。有 47 户规模以上企业完成协同办公、企业资源管理、人力资源管理等系统信息化单项覆盖，27 户企业部分信息化系统起步实施，信息化技术已不同程度应用到企业中。中盐、兰太 2 户企业进入信息化系统集成提升阶段。全盟有 48 户企业开展两化融合对标诊断，有 10 户用电企业电能在线监测平台投入运行，3 户企业建成能源管控中心。中盐吉兰泰盐化集团被评为全国工业领域电力需求侧管理示范企业，中盐氯碱成功申报为阿盟首家工业控制系统信息安全公共服务试点示范企业。

【民营经济发展】 全盟民营经济发展整体呈现稳中有进、稳中向好的态势。工业用电量、销售成品油量、工业天然气用量等先行指标增长较为稳定，分别同比增长 16.8%、6.1%、14.4%；规模以上工业生产态势平稳，12 月末，全盟 116 户规模以上企业中，生产企业 107 户，占规模以上企业的 92.24%，比上年同期高 5.9 个百分点。全年规模以上企业开工率基本保持在 90%以上，维持较高生产态势。主要工业产品产量增势良好。全盟调度的 26 种亿元以上主要工业产品产量增幅逾六成，其中焦炭、靛蓝、金属钠、糊树脂均保持两位数增长。全年累计减轻企业负担 13.82 亿元。同时，11 月末，规模以上工业实现营业收入、利润总额同比增长 14%、22.3%。规模以上工业企业资产负债率同比降低 3.2 个百分点，连续 11 个月实现同比下降，全盟民营经济高质量发展逐步显现。

2019 年全盟规模以上工业企业一览表

表 11

旗区	序号	企业名称	旗区	序号	企业名称
阿拉善左旗	1	国电阿拉善左旗光伏发电有限公司 *	阿拉善左旗	27	阿拉善盟富泉焦化有限责任公司
	2	中盐吉兰泰盐化集团有限公司 *		28	阿拉善盟鑫磊源矿业有限公司
	3	阿拉善左旗查汉池盐业有限责任公司	阿拉善右旗	1	内蒙古雅布赖盐化集团有限公司 *
	4	阿拉善福泉煤炭有限责任公司		2	内蒙古雅布赖化工有限公司
	5	阿拉善左旗珠拉黄金开发有限责任公司		3	内蒙古太西煤集团常山煤业有限公司
	6	阿拉善左旗北方和平化工有限公司		4	内蒙古洁源风能发电有限公司
	7	阿左旗城市给排水公司 *		5	阿拉善盟双欣矿业开发有限责任公司
	8	阿拉善盟晟辉能源技术有限责任公司		6	内蒙古雅布赖兴亚化工有限公司
	9	内蒙古阿拉善银星风力发电有限公司 *		7	内蒙古太西煤集团常山多元合金有限公司
	10	内蒙古哈伦能源有限责任公司		8	内蒙古祁泰化学有限公司
	11	阿拉善盟永峰煤炭有限责任公司		9	内蒙古南龙化学有限公司
	12	阿拉善盟科兴炭业有限责任公司 *		10	阿拉善右旗金鑫矿产开发有限责任公司
	13	内蒙古宁发矿业有限责任公司		11	阿拉善右旗联化科技有限公司
	14	内蒙古松塔水泥有限责任公司		12	内蒙古宇晨润医药科技有限公司
	15	内蒙古庆华集团阿拉善百灵煤炭有限责任公司	额济纳旗	1	内蒙古庆华集团额济纳旗庆华矿业科技有限责任公司
	16	内蒙古太西煤集团兴泰煤化有限责任公司		2	额济纳旗鹏飞矿业有限责任公司
	17	阿拉善左旗嘉利绒毛有限责任公司		3	额济纳旗圆通矿业有限责任公司
	18	阿拉善左旗瀛海建材有限责任公司		4	内蒙古庆华集团新能光伏有限责任公司
	19	内蒙古太西煤集团兰山煤业有限责任公司		5	内蒙古额济纳旗庆华马克那林苏海特商贸有限责任公司
	20	阿拉善左旗国电鑫阳光伏发电有限公司 *		6	额济纳锦达煤业有限责任公司
	21	内蒙古哈伦新能源发展有限责任公司		7	阿拉善盟天风新能源发展有限责任公司
	22	内蒙古哈纳斯风力发电有限公司		8	内蒙古华星煤业有限公司
	23	国电阿拉善左旗第二光伏发电有限公司 *	高新区	1	阿拉善经济开发区中宝燃气发展有限公司
	24	阿拉善盟锋威光电有限公司		2	内蒙古诚信永安化工有限公司
	25	阿拉善左旗国电光伏发电有限公司 *			
	26	阿拉善盟天华煤炭有限责任公司			

续表 11

旗区	序号	企业名称	旗区	序号	企业名称
高新区	3	内蒙古庆华集团乌斯太能源化工有限公司	高新区	36	内蒙古瑞信化工有限责任公司
	4	内蒙古庆华集团乌斯太精细化工有限公司		37	阿拉善经济开发区权诚煤炭有限责任公司
	5	大唐阿拉善经济开发区光伏发电有限公司 *		38	内蒙古金沙葡萄酒业股份有限公司
	6	内蒙古三聚家景新能源有限公司		39	阿拉善盟兰峰化工有限责任公司
	7	阿拉善盟吉盐化建材有限公司 *		40	阿拉善盟泰泽冶金炉料有限公司
	8	阿拉善盟盛世水务有限责任公司		41	阿拉善达康硅业有限公司
	9	中盐吉兰泰氯碱化工有限公司 *		42	阿拉善盟金双牛化工有限公司
	10	阿拉善盟运通实业发展有限责任公司		43	阿拉善盟瑞钢联实业发展有限责任公司
	11	阿拉善经济开发区污水处理有限责任公司 *		44	内蒙古兰太钠业有限责任公司 *
	12	内蒙古紫光化工有限责任公司		45	阿拉善瑞镁联有限公司
	13	阿拉善盟利源煤炭有限责任公司		46	阿拉善盟青吾煤炭有限责任公司
	14	内蒙古兰太实业股份有限公司 *		47	内蒙古东南天成煤业有限责任公司
	15	阿拉善盟星大铁合金有限公司		48	内蒙古灵圣作物科技有限公司
	16	内蒙古达康实业股份有限公司		49	内蒙古五新化工有限公司
	17	阿拉善左旗天源煤炭有限责任公司		50	内蒙古金玖汇能源有限公司
	18	内蒙古晨宏力化工集团有限责任公司		51	内蒙古世杰化工有限公司
	19	内蒙古庆华集团庆华煤化有限责任公司		52	内蒙古中盛科技营销有限公司
	20	内蒙古阿拉善盟瑞德煤焦化有限公司		53	内蒙古宏泰创科供应链管理股份有限公司
	21	阿拉善盟金圳冶炼有限责任公司		54	内蒙古兄弟化工有限公司
	22	内蒙古泰兴泰丰化工有限公司	示范区	1	内蒙古庆华集团腾格里煤化有限公司
	23	内蒙古瑞达泰丰化工有限责任公司		2	内蒙古利元科技有限公司
	24	阿拉善达康三四氯乙烯有限公司		3	中节能阿拉善盟太阳能发电有限公司 *
	25	内蒙古圣氏化学有限公司		4	内蒙古锦洋化学工业有限公司
	26	内蒙古凯旋消毒制品有限公司		5	内蒙古金石镁业有限公司
	27	内蒙古金友化工有限责任公司		6	内蒙古新亚化工有限公司
	28	内蒙古佳醛化工科技有限公司		7	阿拉善左旗恒盛化工有限责任公司
	29	阿拉善经济开发区惜禾化工有限责任公司		8	内蒙古润辉生物科技有限公司
	30	内蒙古宝穗医药化工有限公司		9	阿拉善左旗旻顺化工有限责任公司
	31	中盐吉兰泰高分子材料有限公司 *		10	阿拉善左旗中坚资源综合利用有限责任公司
	32	阿拉善盟太西沪蒙焦化有限责任公司		11	内蒙古津盟化工有限公司
	33	加能供应链（内蒙古）有限公司		12	阿拉善盟申华砂业有限公司
	34	内蒙古鼎冠实业有限公司		13	内蒙古国能天然气股份有限公司
	35	内蒙古润丰新能源有限公司		14	阿拉善北控新能源有限公司

说明：阿左旗 2018 年规上企业 27 户，截至 2019 年 11 月规上企业 28 户；阿右旗 2018 年规上企业 11 户，截至 2019 年 9 月规上企业 10 户，截至 2019 年 11 月规上企业 12 户；额济纳旗 2018 年规上企业 7 户，截至 2019 年 11 月规上企业 8 户；高新区 2018 年规上企业 38 户，截至 2019 年 11 月规上企业 53 户，截至 2019 年 12 月规上企业 54 户；示范区 2018 年规上企

业12户，截至2019年11月规上企业14户；截至2019年12月全盟共有116户规上工业企业（国企用*标注），与2019年9月相比，新增规上名单企业4户

（撰稿：刘 齐 裴耀武 编辑：王延吉）

电 力

【概 况】 阿拉善电业局的前身是巴彦浩特发电厂，成立于1953年10月。历经巴彦浩特发电厂、阿左旗供电所、阿左旗供电局、阿左旗电业局、阿左旗农电局、阿拉善盟电业管理局、内蒙古阿拉善电力有限责任公司和内蒙古阿拉善电业局的历史演变。2000年7月8日成为内蒙古电力公司管理的全资子公司，2003年1月由阿拉善电力有限责任公司更名为阿拉善电业局，转为分公司运作。

阿拉善电业局有机关职能处室16个，局本部挂靠单位7个，生产辅助部门1个，基层生产营销单位18个，下设独立核算多经公司。2019年新增带电作业中心。

局机关职能管理部门16个，即办公室、党委工作处、计划发展处、市场营销处、生产技术处、安全质量监察处、工程建设处、配网建设办公室、财务资产处、人力资源处、企业管理处、审计处、组织干部处、纪检监察处、工会、团委。

挂靠机关处室机构7个，即培训中心、离退休管理中心、新闻文化中心、营销管控中心、企业协会、政研会、电机协会。

生产辅助单位1个，即物资管理处。

生产营销单位18个，即调度处、变电运行处、修试管理处、输电管理处、信息通信处、大用户管理处、稽查处、计量中心、客户服务中心、抄表中心、巴彦浩特供电分局、阿拉善右旗供电分局、额济纳供电分局、吉兰泰供电分局、乌素图供电分局、腾格里供电分局、乌力吉供电分局、配电带电作业中心。

多经单位6个，即电力实业总公司、金圳电力勘察设计公司、金圳电力安装工程公司、技经中心、物资供应公司、机关事务中心。其中，金圳电力勘察设计公司和金圳电力安装工程公司均为独立企业法人。

截至2019年底，阿拉善电业局有在册职工1334人，初始学历在大专及以上职工人数为1060人，占职工总数79.46%；按职业技能等级分：高级工及以上413人，中级及初级工451人；按专业技术资格等级分：高级及中级职称251人，初级工730人；既有专业技术资格又有技能等级人数739人。

根据内蒙古电力公司规范整合机构文件要求，局下设副总师编制5~6个，实有4人；机关管理处室中层干部编制31个，实有24人；二级单位（不含多经）中层干部编制57个，实有53人；物资处中层干部编制2个，实有1人；配网中心中层干部编制2个，实有2人；一、二、三级技师和一、二、三级工程师编制各13个，聘用23人。

全网拥有220千伏及以下电压等级的变电站共84座，变电总容量5601.95兆伏安。220千伏及以下输电线路126条，总长度6368.237千米。10千伏配电线路179条，总长度5666.3千米。全盟范围内拥有火电、风电、光伏及低温余热发电厂共计38座，发电容量3055.6兆伏安。全网形成500千伏吉兰泰站至500千伏定远营站为支撑的主电源通道，以及500千伏祥泰站至220千伏阿拉腾敖包站的第二电源通道，地区电网基本形成两横一纵供电结构，地区电网得到全面优化，供电可靠性大幅提高，同时为新能源送出奠定了坚实的基础。

【主要生产经营指标】 售电量完成83.24亿千瓦时，完成年初计划指标（78亿千瓦时）的106.72%，同比增长20.74%。平均电价为31.387元/万千瓦时，高于计划指标0.193元/万千瓦时。电费回收率为99.95%。市场占有率为81.74%，同比升高2.45%。综合线损率为1.34%，低于计划指标0.64个百分点。供电可靠率为99.9086%，高于计划指标0.0022个百分点。电压合格率为98.439%，高于计划指标0.639个百分点。

【电力工程建设项目】 2019年，阿拉善电业局承建电网基建工程6项，其中220千伏2项、110千伏2项、35千伏2项。计划投产6项，截至2019年底，完成投资1.46亿元，投产2项，结算7项。全年主网工程未发生安全、质量事件。在此期间，按时完成了6项主网结转工程的复工建设；竣工投产庆华集团额济纳旗2×50兆瓦机组送出工程等5项工程。厢根达来110千伏输变电工程、海尔根呼热35千伏输变电工程、敖伦布拉格镇35千伏输变电工程于年底竣工投产，宗别立220千伏输变电工程计划在2020年年初投产；苏宏图220千伏输变电等7项工程完成结算工作。

阿拉善电业局全力推进扶贫项目建设，2019年度承建主网工程扶贫项目3项，总投资13627万元。积极与地方政府、林业、草原相关单位对接，完成工程前期工作。在实施建设中，筹得善款2万元，帮助阿左旗宗别立镇嘎勒布斯太嘎查牧民重建房屋。

阿拉善电业局以阿拉腾敖包220千伏输变电创优工程为施工样板，组织宗别立220千伏输变电工程、厢根达来110千伏输变电工程等4项新建工程的参建单位到阿拉腾敖包开闭站参观学习，提前谋划苏宏图220千伏输变电工程创优工作。苏宏图220千伏输变电工程获评“内蒙古自治区优质样板工程”，并申报“内蒙古安装之星”。

【电网供电保障】 完成500千伏吉兰太站一级风险点改造工程，涉及阿拉善地区电网的一级风险点得以全面消除。完成各类保电任务260余次。

2019年，重点针对巴音敖包工业园区供电紧张问题，阿拉善电业局开展实物资产调拨，将35千伏查干敖包变电站容量为10000千伏安的2号主变，搬迁改造至为巴音敖包工业园区供电的35千伏苏海图变电站。改造后的35千伏苏海图变电站1号、2号变压器容量完全满足地区负荷的接带要求，为园区内企业发展，以及增量配电业务的推进提供保障。

【供电服务】 2019年，提升阿拉善电业局客户服务意识，投诉事件同比下降57%。各供电分局全面推行台区客户经理制，全盟3961个台区配置台区经理113人。全年投资512万元，改善营业场所环境，额济纳B级厅装修项目和策克C级厅、巴丹吉林B级厅建设项目顺利落地。主动对接政府、服务客户，全年累计新增负荷18万千伏安。完成自治区重点项目聚实能源的送电工作。启动“三零”服务，完成小微企业接电40余户。互联网+服务效果明显，离柜缴费率达到85.9%，同比增长8%，线上报装154户、同城异地报装9户。

严格执行周期性用电检查制度，执行重大安全用电隐患向盟安委办、工信局上报制度。与地方政府联动，督办用户安全用电隐患整改工作。组织开展高危化工企业、飞机场、医院、煤矿等用电高危企业安全用电专项检查，检查客户127户，发现安全用电隐患368条，下达《用电检查结果通知书》104份。

【精准扶贫】 2019年，阿拉善电业局探索建立长效扶贫脱贫机制，以电网升级为脱贫攻坚提供稳定可靠的电力支撑，以产业帮扶推动“造血式”可持续发展。与盟能源局、扶贫办对接，确定符合通网电贫困户 6 户，于 11 月中旬完工通电。8 月，阿右旗贫困旗县农网升级改造工程全部完工，解决当地供电环境薄弱问题，满足农、牧民生产生活用电需求。

【荣　誉】 2019 年，阿拉善电业局获评中国企业全媒体传播体系构建与品牌传播优秀单位、中国企业文化与品牌传播优秀公众号、第十四届中电传媒杯暨 2018 年度“中国电力新闻奖（影视）”二等奖，以及“中国最美供电所”称号。

阿拉善电业局获内蒙古自治区“安全生产月”“安全生产万里行”先进单位称号，获得质量科技成果一等奖（2 项）。刘佳获全区优秀共青团干部称号；马鹏获第三届内蒙古青年创新创业创优标兵称号。

阿拉善电业局获评阿拉善盟党委系统信息工作优秀推进单位、全盟民族团结进步创建活动示范单位；额济纳供电分局获评全盟文明单位；吉兰泰供电分局获评全盟文明单位标兵；调度处调度班获评阿拉善盟工人先锋号；信息通信处获全盟第一届网络安全技术比赛优秀奖；额济纳供电分局黑鹰山供电所获“感动阿拉善集体”称号；阿拉善电业局修试管理处继电保护一班、阿拉善电业局巴音分局腰坝供电所、阿拉善电业局额济纳供电分局达来呼布镇运维班获评全盟青年安全生产示范岗。焦洁琼获全盟党委系统优秀信息工作组织者称号；曹晏宁获全盟优秀党务工作者称号；曹晏宁获“最美阿拉善女性”称号；苏日嘎拉图获“最美基层干部”称号；塔娜获“最美志愿者”称号；邓世忠获“最美退役军人”称号；史利冬、白茂楠、赵苑廷获评阿拉善盟青年岗位能手；史利冬、白茂楠、赵苑廷获评阿拉善盟青年技术能手。

（撰稿：李惠霞　编辑：王延吉）

综合经济管理

发展改革

【概　况】 阿拉善盟发展和改革委员会（以下简称盟发改委）是行署综合经济管理部门，承担全盟经济社会发展中长期规划和年度发展计划编制、推进产业结构调整及对外开放、投资管理、重大项目建设、物价监管、粮食管理、物资储备、区域经济合作等职能职责。设经济信息中心（参照公务员法管理）、价格服务中心、社会信用管理中心3个二级单位。

2019年机构改革后，机关内设17个职能科室。核定委机关及二级单位行政编制31个，事业编制18个，工勤编制5个；核定处级领导职数6名（1正5副），盟发改委机关及下属单位科级领导职数共24名（20正4副）。实有处级领导6名，其中主任1名、副主任5名，处级非领导3名。截至2020年3月，盟发改委机关及二级单位科级领导实配20名（12正8副），实有在职在岗人员共45人（公务员26人，参公6人，事业8人，工勤5人）。

【宏观经济管理】 印发《阿拉善盟2018年国民经济和社会发展计划执行情况与2019年国民经济和社会发展计划安排情况的报告》。加强经济运行监测分析，认真研判经济发展走势，为盟委、行署提供决策依据。2019年，全盟地区生产总值完成295.3亿元，同比增长5.9%；一般公共预算收入完成28.7亿元，同比增长18.3%；城乡500万元以上固定资产投资同比增长0.4%；社会消费品零售总额87亿元，同比增长5%；城乡常住居民人均可支配收入为42983元和21753元，分别同比增长6.4%和9.6%。

《阿拉善盟"十三五"推进基本公共服务均等化规划》报请行署和盟委审议通过后印发执行。编写完成《内蒙古阿拉善盟国际经贸新通道规划》，上报自治区发改委，拟召开评审会进一步研审后上报国家发改委。

启动全盟"十四五"规划编制工作。盟行署下发《关于印发〈阿拉善盟"十四五"规划编制工作方案〉的通知》，对前期课题研究和各项规划编制的工作任务作全面部署。成立"十四五"规划编制工作领导小组，总体负责和指导规划编制工作。明确36个重大课题研究和规划编制任务（重大课题4个、重点课题15个、一般课题17个），由相关部门分别承担完成。明确规划编制体系，由总体规划、空间规划、专项规划和区域规划组成。明确规划编制时间节点，第一阶段：从2019年8月至年底，为前期重大课题研究、规划基本发展思路形成、重大支撑项目筛选阶段；第二阶段：从

2020年初至8月底，为规划框架起草和各方面规划思路、目标、措施、项目衔接阶段；第三阶段：从2020年9月至2021年上半年，为“十四五”规划纲要编制、印制阶段。做好与国家、自治区“十三五”规划的衔接，《阿拉善盟关于拟纳入国家“十四五”规划重大工程项目、重大政策措施、重大改革举措的报告》向自治区发改委相关处室作了专题汇报和对接。

编制完成《阿拉善盟关于促进民营经济高质量发展若干措施》并由盟委、行署印发执行。

【项目管理】 项目前期工作。全盟实施重大前期项目6大类40个，计划投资2760亿元。截至2019年底，1个项目已开工，4个项目已备案，9个项目编制完成可研，7个项目正在编制可研，8个项目规划已编制完成，4个项目进行规划设计编制阶段，7个项目开展前期规划论证工作。在重大在建项目基础上，储备筛选出一批具备申报条件的项目。发改部门在国家重大项目库中共储备债券项目163个，总投资398亿元，2020年专项债券资金需求204亿元。

争取项目资金。2019年共争取中央、自治区预算内投资项目76个，资金4.52亿元。其中项目前期费1420万元，为重点项目开展前期工作提供资金保障。

重点项目建设。落实盟级领导干部包联重点企业、重点项目工作机制，切实帮助企业解决实际困难，指导、督促、推动重点项目落地开工。2019年，全盟112个重点项目已开工105个，开工率93.8%，完成投资134.5亿元，完成年计划的68.5%。其中列入自治区级重大项目11个，总投资167.4亿元，年度计划投资35.5亿元，完成投资34.3亿元，完成年计划的97%，进度高于上年同期27个百分点。

项目储备。围绕补短板、调结构、惠民生，依托国家重大建设项目库，抓好政府投资项目储备录入工作，截至2019年底，全盟共储备项目715个，项目总投资1820亿元。

项目审批。出台全盟发改系统项目审批“十条准则”和“权限划分”，进一步明确盟级、旗区审批权限，盟本级仅保留自治区规定需要由盟级和委托盟级办理的事项，审批、核准类项目压缩到3个工作日，备案类压缩到1个工作日。全面推行投资项目在线审批监管平台，在网上实行“一站式”服务，出台《审批立项“一张网”方案》，让办事群众“进一扇门、找一个人、跑一次腿”。截至2019年底，全盟在线审批平台办件量达到664件，总投资905亿元。盟发改委办件量为36项（包括审批12项、核准4项、备案19项、节能审查1项），总投资额57.8亿元。下放到旗（区）审批项目达到95%。

【重点产业发展】 园区循环化改造。制定《阿拉善盟园区循环化改造行动计划》，确定阿拉善高新技术产业开发区为实施园区循环化改造的园区。《阿拉善高新技术产业开发区循环化改造实施方案》初稿已经专家组评审，待审批实施。

现代服务业发展。积极争取自治区服务业集聚区和自治区大众创业万众创新示范基地认定。争取国家自治区服务业引导资金1600万元。编制起草《阿拉善盟2018年服务业发展情况汇报》《阿拉善盟双创示范基地建设情况汇报》。

新能源产业发展。组织上海庙至山东输电通道配套可再生能源基地阿拉善盟区域1600兆瓦风电基地优选工作，确定4家建设企业，协助开展前期工作，并于2019年11月29日全部完成项目核准。

【区域交流合作】 主动融入“一带一路”建设、西部大开发，深化同蒙古国等国家和国内发达地区的交流合作，发展外向型经济，加快推动建设服务丝绸之路经济带和中俄蒙经济走廊的重要国际大通道。编制实施方案争取自治区批复额济纳自治区级重点开发开放试验区，加快推进肉类指定监管场地和跨境铁路建设。高起点高标准推进乌力吉口岸基本建设，力争早日通关过货。

与银川市、榆林市等13个毗邻盟市签订基础设施建设、商务经贸、文化旅游、大气污染防治、创新发展5个合作框架协议。争取国家利用外资支持乌兰布和黄河生态治理项目资金1.5亿欧元。

推进黄河流域生态保护和高质量发展工作。组织开展阿盟沿黄地区生态环境和发展现状调查研究，形成《关于阿拉善盟黄河流域生态保护和高质量发展机遇和挑战的探讨》调研报告。盟发改委协调相关部门编制《阿拉善盟推进沿黄地区生态保护和高质量发展实施方案》，将各项具体工作落实到部门和旗区。同步谋划上报94个重大工程，其中生态工程15个、水利工程15个、文化旅游工程11个、基础设施工程8个、高质量发展工程45个，用以支撑阿盟黄河流域的生态保护和高质量发展。

【绿色发展】 节能降碳工作。开展节能和碳排放目标考核的自评工作，完成2018年度单位国内生产总值二氧化碳排放降低目标责任考核工作，自评自查报告及印证材料均上报自治区审查。针对阿盟能耗“双控”工作的严峻形势，加强调查研究，及时向盟行署上报“全盟能耗‘双控’工作落实的总体情况”，认真分析能耗管理存在的问题，提出相应对策建议。研究编制《阿拉善盟进一步加强能耗总量和强度“双控”工作实施方案》。

生态项目资金。截至2019年底，共争取到中央、自治区预算内生态建设投资28914万元。其中，森林资源培育专项15980万元，农村牧区饮水安全巩固提升工程3838万元，现代农牧业支撑体系建设495万元，退牧还草专项8601万元。

【物价监管】 价格监测预警。加强重要商品、服务价格的日常监测和重大节日监测，及时反映市场价格动态，维护市场价格稳定。严格按照规定的品种、数量、规格，完成325种商品和服务价格的测报工作。2019年，居民消费价格较上年同期上涨1.8%。

成本调查监审。完成自治区下达的土种绵羊、山羊、小麦、玉米直报和常规调查工作；完成农户存粮、农资购买两项专项调查任务。完成阿左旗城市供水价格、哈伦能源管道燃气入户安装价格、额济纳旗3个国家AAAA级旅游景区门票价格、达来呼布镇城市供水价格、策克口岸如意永晖公司仓储费和铁路专用线使用费成本监审工作。完成鹿鸣草原（贺兰草原）停车场和观光车收费、策克口岸铁路运输价格、策克口岸集中供热价格、口岸监管区8家封闭式仓储大棚和1座冷库租赁价格成本调查工作。

涉案、涉税、涉纪财物价格认定。截至2019年底，全盟共受理纪委、公安、国土、海关、扫黑办等部门提出协助涉案物品价格认定115件，标的金额4103.61万元。

【粮食安全】 完成十年一度的全国粮食大清查工作。抓好粮食储备管理，保障粮食存储安全，做好粮食安全责任制考核、储备粮管理轮换、军粮供应管理工作。完善“优质粮食工程”实施方案，确定6个“优质粮食工程”项目推进实施或开展前期工作，共计投资3700多万元，争取到国家和自治区相关补贴资金879万元支持项目实施。

【物资储备】 2019年下半年，应急物资储备和管理职能正式从民政部门划转至发改部门，全面承接应急储备物资的收储、轮换和日常管理职责。盟发改委定期开展常规检查，确保监控、消防等设备运行正常，储备物资完好有序。制定值班人员岗位职责，完善各项规章制度，逐步规范应急储备物资出入库程序，立足防大疫、抢大险、抗大灾，把各项工作做实做细，确保灾情来临时，拿得出、用得上，全面提升物资储备的保障能力。

【社会信用】 守信联合激励和失信联合惩戒制度不断完善，转发各领域联合奖惩合作备忘录13份，上报自治区劳动保障红名单47家、黑名单2家，税务机关A级纳税红名单20家。“双公示”上报和信用修复工作有序推进，截至2019年底，各旗区、各部门向“信用内蒙古”双公示系统累计报送“双公示”信息33936条。盟级公共信用信息平台于2018年8月初投入使用。“信用阿拉善”门户网站上线运行。

（撰稿：袁布鲁格　编辑：王延吉）

审　计

【概　况】 2019年，盟编制委员会核定阿盟审计局编制总数44个，其中公务员编制32个、全额事业编制8个、工勤编4个。在编41人，其中公务员29人、事业8人、工勤4人。设局长1名，副局长2名，总审计师1名（副处级），经济责任审计工作联席会议办公室主任1名（副处级）；科级领导职数17名（13正4副）。内设审计委员会办公室秘书科、办公室、法制审理科、财政税务审计科、行政事业审计科、企业审计科、社会保障审计科、固定资产投资审计科、农牧业审计科、金融外资审计科、经济责任审计科、电子数据审计科、自然资源和生态环境审计科13个科室以及审计信息化科研中心1个二级事业单位。

2019年，全盟共审计和审计调查单位84个，审计查出主要问题金额370466万元。其中，违规金额38555万元，管理不规范金额331910万元；核减工程投资额30143万元；移送有关部门处理事项9件；审计提出建议174条；提交审计专题、综合性报告和审计信息313篇，被采用44篇次。

【国家重大政策措施落实情况跟踪审计】 组织全盟审计机关完成了一季度“减税降费情况专项审计”，三季度“加快城市基础设施重大项目建设情况审计”及第四季度落实稳就业政策措施情况审计。

【财政审计】 组织完成了2018年盟本级财政预算执行情况审计，对盟本级11个单位进行预算执行审计，根据资金情况延伸审计6个相关单位；开展对阿左旗2017—2018年度财政决算情况审计。

【经济责任审计】 完成盟本级11名领导干部及旗（区）的2名副处级领导干部履行经济责任情况进行审计。

【领导干部自然资源资产（任中）审计】 组织实施了对阿拉善左旗农牧局（原农牧业局）局长任期履行自然资源资产（草原资源）责任审计和审计调查。

【固定资产投资审计】 完成阿拉善盟蒙医医院新建综合业务大楼跟踪审计项目、盟民政局社会养老院装修改造工程预算执行情况审计，阿拉善盟2013年度山洪灾害防治费非工程措施补充完善项目及山洪灾害信息系统集成实施服务项目预算执行情况审计和审计调查，巴彦浩特市政道路改造街景提升工程及配套附属工程预算执行情况审计和审计调查项目。

【民生项目和专项资金审计】 开展对阿拉善左旗2018年和2019年9月底政府化解地方政府债务审计调查，对阿左旗和阿右旗2016—2017年扶贫资金审计整改落实情况“回头看”和扶贫项目绩效和管理情况审计；组织全盟审计机关开展减税降费情况专项审计、清理拖欠民营企业中小企业账款专项审计及保障性安居工程资金投入和使用绩效审计；全盟体育彩票分配管理使用情况专项审计。

【交办任务】 完成对阿拉善盟行署驻京办事处财务收支情况的审计调查，完成组织部交办全盟党建经费分配、管理、使用情况的审计。

【内部审计】 推进内部审计职业化建设，组织全盟各内审单位的审计人员 94 人次参加由自治区内部审计师协会举办的“内部审计后续教育”等培训班；内蒙古自治区审计厅、内蒙古自治区内部审计协会授予阿盟中盐集团公司审计监察部李宝军为全区内审先进个人，授予阿盟交通运输局审计科为全区内审先进集体；积极组织参加内蒙古自治区审计管理中心、内蒙古自治区内部审计协会论文研讨，阿盟各内部审计机构报送的 4 篇论文分获二、三等奖。

（撰稿：胡　杰　编辑：王延吉）

统　计

【概　述】 2019 年，全盟经济总体平稳，主要经济指标运行在合理区间。初步核算，全年全盟地区生产总值 295.3 亿元，按第四次全国经济普查修订数据后的同口径可比价计算，比上年增长 5.9%。分产业看：第一产业增加值 14.2 亿元，同比增长 2.4%；第二产业增加值 163.4 亿元，同比增长 7.7%；第三产业增加值 117.7 亿元，同比增长 3.8%。三次产业结构比为 4.8∶55.3∶39.9。第一、二、三产业对生产总值增长的贡献率分别为 2.0%、71.7%和 26.3%；规模以上工业增加值同比增长 10.0%；城乡 500 万元以上固定资产投资同比增长 0.4%；社会消费品零售总额 87 亿元，同比增长 5.0%。

【第四次全国经济普查】 2019 年，完成第四次全国经济普查，完成经济普查的单位清查登记、复查、数据审核、验收、上报、汇总评估、普查公报发布等各阶段工作。截至年底进入普查年鉴的撰写和数据资料开发应用阶段。

【统计服务】 加大对民营经济、规模以上工业战略性新兴产业、工业企业经济效益等监测力度，按月形成专题分析。围绕国民经济运行情况、推动高质量发展、全面建成小康社会等方面集智攻关，开展专题分析研究，全年共编发多篇要情专报、统计信息、调研报告等统计资料。组织召开全盟经济运行新闻发布会，及时全面解读经济运行数据，回应社会关切。按时发行《阿拉善盟统计月报》《统计公报》《领导干部手册》等统计刊物。编印发放《庆祝建国 70 周年之阿拉善盟建盟以来经济社会发展成就》资料册。

【统计改革创新】 配合自治区统计局开展地区生产总值统一核算改革工作，分季度对各旗区地区生产总值进行统一核算，同时加强了对第三产业的运行监测。完成全盟自然资源实物量变动表基础数据的收集工作。按照生态优先、绿色发展、注重民生、聚焦短板，体现差异化的原则，编制完成符合阿拉善盟实际的《全面建成小康社会差异化统计监测指标体系》。

【统计法治建设】 制定多个规范性文件，全面规范统计执法行为。拓宽举报渠道，建立举报台账，进一步加强对统计严重失信企业公示和联合惩戒力度。建立统计从业人员信用档案、统计失信企业信息公示平台，以及乡镇、企业统计人员信息库。组织召开2019年全盟统计年报会暨法制工作会议。多层次、多渠道开展统计普法活动，持续推动统计法律法规进企业、进党校。

【社情民意调查】 2019年，高质量完成多项调查，民意调查热线“12340”的品牌效应和社会公众知晓率有较大提高，切实发挥民众与党和政府沟通桥梁的作用。

【人民生活】 全年全盟全体居民人均可支配收入38483元，同比增长7.3%。城镇常住居民人均可支配收入42983元，同比增长6.4%。从主要收入构成看，工资性收入26573元；经营净收入9315元；财产净收入2341元；转移净收入4754元。农村牧区常住居民人均可支配收入21753元，同比增长9.6%。从主要收入构成看，工资性收入3223元；经营净收入8909元；财产净收入1237元；转移净收入8384元。全年全盟全体居民人均消费支出27750元，同比增长5.4%。城镇常住居民人均消费支出30233元，同比增长4.1%。农村牧区常住居民人均消费支出18301元，同比增长8.4%。城镇恩格尔系数25.0%，农村牧区恩格尔系数25.6%。

（撰稿：尚　斌　编辑：王延吉）

统计调查

【概　况】 国家统计局阿拉善调查队成立于2006年11月，是国家统计局派出机构。国家统计局阿拉善调查队既是政府统计调查机构，也是统计执法机构，依法独立行使统计调查、统计监督的职权，独立向国家国统计局、国家统计局内蒙古调查总队上报调查结果，并对上报的调查资料的真实性负责。主要工作任务包括：完成国家统计局布置的各项统计调查任务；协助地方统计局完成重大国情国力普查任务；组织指导地方调查队的有关业务工作；依法查处其组织实施的统计调查中发生的统计违法行为；受国家统计局内蒙古调查总队委托，协助管理所在行政区域内国家统计局县级调查队的有关工作；开展统计信息化工作；负责调查队机关党的建设、纪检监察和干部管理工作；完成国家统计局和国家统计局内蒙古调查总队交办的其他事项；在高质量完成国家统计局布置的各项统计调查任务的前提下，按照上级国家调查队布置或批准后完成有关地方统计调查任务。

2019年3月，根据《国家统计局关于内蒙古地区国家统计局市县级调查队“三定规定”调整方案的批复》，调整国家统计局拉善调查队职能配置内设机构和人员编制，设办公室、综合科、农村调查科、住户调查科、专项调查科、价格调查科6个职能科室，人员编制17个。

【常规调查项目】 2019年，组织开展阿拉善盟住户收支与生活状况调查。2019年阿拉善盟全体居民人均可支配收入38483元、同比增长7.3%，全体居民人均消费支出27750元、同比增长5.4%；城镇常住居民人均可支配收入42983元、同比增长6.4%，城镇常住居民人均消费支出30233元、同比增长4.1%；农村牧区常住居民人均可支配收入21753元、同比增长9.6%，农村牧区常住居民人均消费支出18301元、同比增长8.4%。开展粮食作物生产情况统计调查、主要畜禽监测调查、农产品价格调查和农产品中间消耗调查。经国家统计局内蒙古调查总队反馈，2019年全盟粮食作物播种面积15930.00公顷，粮食作物总产量132557.01吨。组织开展月度劳动力调查、采购经理调查、新设立小微企业及个体经营户跟踪调查和网购调查。

组织开展流通和消费价格统计调查、工业生产者价格调查。2019年，阿拉善盟居民消费价格指数、商品零售价格指数、农业生产资料价格指数分别是 101.8%、101.0%、100.9%。

【专项调查项目】 2019 年 9 月，国家统计局阿拉善调查队受阿拉善盟财政局委托，在阿拉善左旗、阿拉善右旗、额济纳旗、阿拉善经济开发区和腾格里经济技术开发区开展阿拉善盟法治财政建设工作考核社会调查。

【服务工作】 全年共撰写上报分析和信息 133 篇，包括《调查与研究》69 篇、《调查信息》50 篇，《调查专报》4 篇、重复采用累积 255 篇次。其中，国家统计局单篇采用 11 篇，内蒙古自治区两办单篇采用 10 篇，《中国信息报》采用 2 篇，《中国国情国力》采用 1 篇，国家统计局内蒙古调查总队采用 116 篇，阿拉善盟委、行署两办采用 49 篇。上报的要点信息由内蒙古调查总队汇总上报后，经国家领导批示 1 篇，国家统计局及省部级领导批示 7 篇，中办国办采用 4 篇，国家统计局采用 13 篇，《每日调查》《上报两办》采用 7 篇，自治区两办采用 34 篇。

（撰稿：王晓荣　编辑：王延吉）

市场监督管理

【概　况】 2019 年 1 月，阿拉善盟市场监督管理局（以下简称盟市场监管局）由原阿拉善盟市场监督管理局、原阿拉善盟食品药品监督管理局合并重新组建而成，正处级建制，属盟行署工作部门，同时整合属原发改委承担的价格监督检查、原科技局承担的知识产权监管和原商务局承担的经营者反垄断执法职能。机构加挂阿拉善盟知识产权局牌子。

盟市场监管局职能为：负责全盟市场综合监督管理；负责全盟市场主体统一登记注册；负责组织和指导市场监管综合执法工作；负责反垄断统一执法；负责监督管理全盟市场秩序；负责全盟宏观质量管理；负责全盟产品质量安全监督管理；负责全盟特种设备安全监督管理；负责全盟食品安全监督管理综合协调；负责全盟食品安全监督管理；负责药品（含中药、蒙药等民族药）、医疗器械和化妆品安全监督管理；负责统一管理全盟计量工作；负责统一管理和指导全盟标准化工作；负责统一管理检验检测工作；负责统一管理、监督和综合协调全盟认证认可工作；负责全盟知识产权创造、运用、保护、管理和服务工作；指导全盟各旗区市场监督管理部门开展小微企业、个体工商户、专业市场的党建工作；指导全盟各地非公有制经济组织团建工作；负责全盟市场监督管理科技和信息化建设、新闻宣传等工作。

机关内设办公室、综合规划与新闻宣传科、法规科、执法稽查科、行政审批登记注册科、信用监督管理科、消费环境建设指导科、价格监督检查和反不正当竞争科、网络交易监督管理科、广告监督管理科、质量发展与检验检测监管科、产品质量安全监督管理科、食品药品安全协调科、食品生产安全监督管理科、食品流通安全监督管理科、餐饮服务监管科、特种设备安全监察科、计量科、标准化科、知识产权发展保护科、药品化妆品监督管理科、医疗器械监督管理科、人事科、机关党建办公室，共计 24 个科室。核定行政编制 59 个，工勤编制 7 个。

下设 7 个事业单位：盟产品质量计量检验所（副处级），核定人员编制 22 个；盟市场监督管理局信息中心（2019 年 9 月更名为盟 12315 投诉举报指挥中心），核定人员编制 9 个；盟消费者协会，核定人员编制 3 个；盟个体劳动者和私营企业管理协会，核定人员编制 3 个；盟食品药品检验研究中心，核定人员编制 19 个，同工同酬 15 个；盟食品药品稽查执法支队，核定人员编制 10 个，同工同酬 5 个；盟信息化和药品不良反应监测中心，核定人员编制4个。

【产品质量监管】 编制《阿盟重点工业产品质量安全监管目录（2019年版）》，对在册32家获证企业、64个获证产品开展全覆盖监督检查，发现隐患问题26项，已全部整改。对液化石油气、车用汽油、车用柴油、车用尿素4类产品开展23个批次产品质量监督抽查，配合自治区完成235批次产品质量监督抽查。全年，共出具检验结果248个批次，其中合格226个批次，合格率为91.13%。

【食品药品监督管理】 推进食品流通、生产、餐饮3个环节综合治理，全盟食品流通和生产经营者风险分级评定率分别为25%和100%，餐饮单位量化分级率为94.12%；餐饮“明厨亮灶”率为90.9%，其中学校、托幼机构食堂“明厨亮灶”和电子监管覆盖率达到100%。创建“4D”餐饮单位36家，“五化”管理模式餐饮示范街3条；完成27次重大活动食品安全保障任务。

开展药品生产质量提升专项整治，对药品零售和使用环节、执业药师“挂证”行为、九类常用医疗器械、无菌和植入性医疗器械进行检查执法和综合整治，对药械市场主体检查覆盖率达到100%。全年共检查主体773户次。

【消费维权】 调整完善全盟消保工作局际联席会议制度，初步实现投诉举报“五线整合”。2019年，共接待来电来人咨询5900人次，受理消费者投诉482件，争议金额74.27万元，为消费者挽回损失24.17万元；受理举报67件，办结率86.56%。

【专项整治检查】 落实自治区“衣食住行”四大领域专项整治，结合实际部署六类专项整治行动。2019年，全系统共查办各类违法案件319件，罚没款160.8万元。

“衣食住行”四大领域市场秩序专项整治行动。全年，共检查市场主体1672户次，对儿童服装、学生校服及絮棉制品，乳肉制品和农牧区食品，房地产广告和重点建材产品，汽车销售维修四类市场进行集中整治。

重点领域市场秩序专项整治行动。开展整治保健品市场乱象百日行动，3起案件入选全区典型案例。开展明码标价、殡葬收费及不正当竞争、口岸收费、涉企收费、旅游市场价格等领域价格监督检查。深化“双打”专项工作，共查办31件，没收侵权假冒物品633件。深入开展“网剑”行动、格式合同、野生动物、拍卖行业等领域执法检查。

环保生态领域专项执法。报废注销3台列入改造、淘汰计划的承压燃煤锅炉，开展散煤、成品油、车用尿素市场和环境监测计量器具专项整治。

扫黑除恶专项斗争。2019年，全系统将重点梳理出突出性行业乱点线索全部处理完毕。对照中央督导组反馈意见，认领问题13个，制定43项措施，全面整改落实。

【标准化工作】 “标准化+畜牧业”白绒山羊及双峰驼养殖加工标准化国家级项目、通湖草原国家级服务业标准化试点项目、自治区级肉苁蓉种植加工标准化示范区项目顺利通过验收。其余试点项目加快推进。

【计量工作】 2019年，对重点民生领域542户主体3778台计量器具进行检查，完善定量包装生产企业和产品基础数据库，“阿盟计量器具备案管理系统”上线运行。

【认证认可与检验检测监管】 以阿盟综合经济工作领导小组质量强盟专项工作协调办公室名义制定印发《加强质量认证体系建设 促进全面质量管理的分工方案》。加大对认证认可与检验检测机构的监管力度，共检查认证活动95次，检查质量管理体系认证获证企业18家，有机产品认证获证企业5家，检查流通领域强制性认证产品经销商14家，检查检验检测机构12家。全盟共有有效认证证书306张。其中，管理体系认证证书235张，服务认证证书6张，自愿性工业产品认证9张，食品农产品认证56张；全盟共有检验检测机构35家，涉及食品、农畜、林草、特种设备、建筑工程等多个领域，技术支撑能力进一步提升。

【质量强盟战略】 盟委、行署印发《关于开展质量提升行动的实施方案》，行署办出台《盟长质量奖管理意见》，形成全年共4季度全盟产品质量状况分析报告。牵头组织召开质量强盟成员单位联席会，印发《2019年质量强盟工作要点》，梳理2019年质量强盟重点工作。联合质量强盟工作成员单位开展“质量月”“质量开放日”“电梯宣传周”“有机产品认证宣传周”“世界认可日”等宣传教育活动。配合自治区开展“服务百家企业高质量发展行动”。

【知识产权发展战略】 2019年，全盟专利申请量313件，全盟专利授权量182件，全盟有效发明专利量为60件，每万人发明专利拥有量2.5件，超过全区2.19件的平均水平。截至2019年末，全盟商标申请量851件，注册量824件，全盟有效注册商标总数达到3240件，较上年同期增长30.6%，全盟拥有中国驰名商标1件，中国地理标志证明商标5件。

【商事制度改革】 截至12月31日，全盟月均增长市场主体501户，共计新增6016户。全盟在册市场主体总数首次突破3万户，达到31218户，注册资金1477.5亿元。其中民营经济29904户，注册资金1000.01亿元。持续推进“多证合一”“无纸全程电子化及无介质电子营业执照”改革，牵头压缩企业开办时间，简化食品生产、药品和医疗器械企业审批环节。与5家银行启动政银战略合作。

信用监管体系建设。截至12月末，全盟累计有80个部门通过协同监管平台完善“一单两库”。全盟各级各部门执行525项“双随机”抽查任务，检查市场主体6129户；16个部门执行35项跨部门“双随机”抽查任务，检查市场主体121户。全盟共有9564户次市场主体因失信行为被列入经营异常名录，有336户企业被列入严重违法失信企业名单，共有1408户市场主体进行信用修复。

【股权出质和动产抵押】 2019年，全盟共办理动产抵押215件，帮助企业实现融资59.66亿元；办理股权出质业务121件，出质股权77.75亿元，被担保债权189.00亿元。

【荣　誉】 阿拉善盟市场监督管理局广告监督管理科陶巴图获得全国个私协会系统先进工作者称号；阿拉善盟市场监督管理局法规科李秀庆获得全国“七五”普法中期先进个人称号；阿拉善盟信息化与药品不良反应监测中心获得2018年度全区药品不良反应监测工作先进集体称号；阿拉善盟信息化与药品不良反应监测中心李惠玲获得2018年度全区药品不良反应监测工作先进个人称号。

阿拉善盟知名品牌一览表

表 12

序号	品牌/商标	产品服务类别	注册人/品牌所有人	类型
1	兰山	1（活性炭）	内蒙古太西煤集团股份有限公司	中国驰名商标
2	阿拉善肉苁蓉	5（肉苁蓉）	阿拉善左旗苁蓉行业协会	地理标志
3	阿拉善锁阳	5（锁阳）	阿拉善左旗苁蓉行业协会	地理标志
4	阿拉善双峰驼绒	22（驼绒）	阿拉善驼绒协会	地理标志
5	阿拉善白绒山羊绒	22（羊绒）	阿拉善白绒山羊协会	地理标志
6	阿拉善玉雕	14（玉雕）	阿拉善盟珠宝玉石行业协会	地理标志

（撰稿：赵亚博　编辑：王延吉）

城乡建设　环境保护

住房和城乡建设

【概　况】 2019年机构改革中，阿拉善盟住房和城乡建设局（以下简称盟住建局）加挂阿拉善盟人民防空办公室牌子。主要职责是贯彻落实党中央关于住房和城乡建设、人民防空工作的方针政策和自治区党委、盟委相关决策部署。内设办公室、财务审计科、政策法规与行政审批科、房地产市场监管与住房保障科、物业管理科、建筑市场监管科、工程质量安全监管科、城市建设管理科、村镇建设科、人防指挥通信科、人防重要目标防护科和机关党建办公室12个职能科（室）。核定行政编制25个，其中处级领导职数5名（1正4副）；科级职数13名（12正1副），另核定工勤人员编制3个。下设住房公积金管理中心（准处级）、城市执法监督管理局（参公）、建筑节能监督管理中心、建设工程造价管理站、室内环境检测服务中心、人防指挥信息保障中心、公用人防工程维护中心7个局属二级单位。共核定事业编制93个。

【城镇建设与管理】 重点项目建设。12项盟级城镇重点建设项目工程全部开工，年度计划投资18.9亿元，实施天一壹号公馆、天和人家等项目，完成投资15.3亿元，完成年度计划投资额的80.7%。

基础设施建设。2019年12月30日，住房和城乡建设部对阿左旗拟命名“国家园林县城”进行公示。实施阿左旗餐厨垃圾与市政污泥联合处理厂、再生水储存利用工程、阿右旗污水处理厂提标改造、额济纳旗污水处理厂扩建等项目，全盟城镇用水普及率98.5%、城镇燃气普及率91%、城镇生活污水处理率92%、城镇生活垃圾无害化处理率98.5%、城镇建城区绿地率35.2%、城镇道路机械化清扫率60%。

垃圾分类和公厕建设。盟住建局牵头组织开展“全盟生活垃圾分类启动仪式”，开展“垃圾分类，人人有责”“垃圾分类，从我做起”“小手拉大手”等主题活动，提请盟行署印发《阿拉善盟城镇生活垃圾分类工作实施意见》。督促各旗区严格落实《阿拉善盟厕所建设管理三年实施方案》，2019年计划新建改建的31座城镇厕所，开工26座。

艺术城市建设。2019年10月，巴彦浩特从全国150多个小镇中脱颖而出，成功入选全国“首届十佳小镇美学榜样”。12月30日，阿拉善“一带一路”国际雕塑公园主题雕塑展成功开幕，从近千件投稿作品中精选出国内外艺术作品60件展出，同时评选40件优秀小样永久收藏。

城市管理。完成城市管理执法机构组建、执法人员统一着装和住建领域行政处罚权集中行使等重点任务。运用“疏堵结合”理念，推行示范街、严管街、规范街、严控街“四类”街道管理标准，强化对“八乱”行为及噪音污染、油烟污染、流动摊贩等影响城市容貌环境违章行为的规范管理。2019年全年共立案查处违法案件343件，结案326件；罚没70.97万元，拆除违法建筑1.22万平方米。

【村镇建设】 在危房改造方面，中央巡视反馈意见涉及的6项问题及自治区脱贫攻坚成效考核指出的4项问题全部完成整改。组织完成全盟4000户建档立卡贫困户的住房安全再核查工作。在农牧区生活垃圾整治方面，争取到自治区小城镇和农牧区生活垃圾治理项目奖补资金600万元。全盟199个嘎查村有161个嘎查村生活垃圾实现集中收集转运，农牧区生活垃圾运行管理长效机制逐步形成。在“厕所革命”方面，争取到补助资金404万元，1347户牧区户厕改造任务全部开工建设，竣工1218户，竣工率90.4%。

【建筑业管理】 工程建设项目审批制度改革。印发《阿拉善盟工程建设项目审批制度改革工作实施方案》，建立联席会议制度，制定完善配套制度33项，优化审批流程，将工程建设项目审批流程划分为立项用地规划许可、工程建设许可、施工许可、竣工验收4个阶段。将全盟工程建设项目分为政府投资审批类、社会投资备案类、社会投资核准类3个类别，按类别分别制订流程图及清单，各审批部门进一步精简审批事项和申请材料，合并办理各类事项，下放审批事项，转变管理方式、调整审批时序等措施优化流程；精简各类审批事项7项，合并办理事项4项。设立“一个窗口”提供综合服务，制定公布4个阶段“标准化办事指南”和“一张表单”整合申报材料。水、气、暖、通信公用服务企业入驻政务服务大厅并提供“一站式”服务，实行“综合窗口受理、集成审批、一个窗口出件”工作模式。2019年12月30日，在国家规定期限内，实现工程建设项目审批管理系统与自治区、国家成功对接，全盟工程建设项目审批管理平台初步搭建完成，将工程建设项目审批事项全部纳入，实现网上审批、并联审批。将建设工程项目审批时限压缩至100个工作日之内。2019年，盟本级共办结各类审批事项240余件，办结率和群众满意度均达到100%。

建筑市场管理。开展“招投标规范年”工程建设领域专业技术人员职业资格“挂证”等专项治理工作，审核招标项目37项，完成招标34项。查实、处罚违法违规行为2起，罚款40.6万元。修订完善《阿拉善盟建筑市场信用管理办法》，对2018年存在不良行为的30家建筑施工企业及34名执业人员进行信用惩戒。全面推动落实实名制、分账管理、银行代发工资等制度，从源头上治理拖欠农民工工资问题。累计发布《工程造价信息》5期，2019年建筑业总产值（含税）达18.96亿元，实现建筑业增加值5.4亿元。

工程质量、安全生产及消防监管。以燃气安全、施工现场消防、危险性较大的分部分项工程治理、遏制重特大事故风险防控等专项治理工作为切入点，开展盟级检查3次，对35项房屋建筑市政工程项目、18家预拌混凝土企业、1家建筑材料检测试验中心进行检查，拆除存在安全隐患塔吊2台，全盟房屋建筑市政工程领域未发生重大质量和安全生产事故。完成室内环境污染检测工作16户，其中居民住宅家装室内环境15户、公共建筑室内环境检测1户。联合消防部门审查项目27项、验收2项；已受理消防设计审查119项，完成审查100项，消防改革工作顺利推进。

建筑节能。加强新建建筑节能监管，从规划、设计、审图、施工、检测、监理、验收等各环节加强建筑节能的监督管理，确保新建建筑执行节能设计标准。大力发展绿色建筑，审查绿色建筑39项、15.8万平方米。积极推广应用新技术、新材料、新工艺，2019年新增新型建筑材料、产品登记3项。对全盟公共建筑节能改造情况进行摸底调查，完成68栋90.95万平方米建筑的能耗统计和数据采集，5家锅炉房（热电厂）的集中供热信息统计。

【保障性住房】 全盟城镇棚户区改造2724套，开工率100%，完成拆迁面积22.4万平方米，完成投资7.5亿元。分配已建成5435套（政府投资）公租房中的4918套，分配率达90.5%。发放公租房租赁补贴90户，其中新增34户。发放盟直机关事业单位离退休人员一次性住房补贴147.5万元。

【房地产市场监管】 发布《全盟房地产形势分析报告》2期、《巴彦浩特房地产调研报告》1期，为全盟房地产健康平稳发展提供决策依据。全盟在建开发房地产项目33项，建筑面积120.7万平方米，其中住宅92.6万平方米、非住宅28.1万平方米。

【房地产历史遗留问题处理】 提请盟行署发布《阿拉善盟行政公署办公室关于妥善解决城镇国有土地上房屋权属登记等历史遗留问题的实施意见》，按月调度督促各旗区、各部门加快工作进程。全盟存在遗留问题的17032套房屋已解决8661套，解决率50.9%。

【物业管理】 截至2019年末，全盟共有住宅小区270个（含独栋、统建和公寓式住宅）约990万平方米，实施物业服务（含准物业服务）管理的小区达到227个，物业管理覆盖率达97.2%（按管理小区个数计算为84%）。全盟成立业主委员会比例达到59%，住宅专项维修资金归集总额1.7亿元。2019年，盟住建局正式设立物业管理科；全盟共创建5个智慧小区和17个物业管理模范小区；组织实施2019年老旧小区改造项目18个、21.3万平方米，计划总投资7353万元，申请到2019年中央补助支持老旧小区改造资金5039.3万元，完成投资1488万元，改造比例达到存量的30%以上；有15个项目评评自治区优秀物业管理项目；物业服务企业基层工会和物业工会联合会成立，将物业协会党支部纳入盟住建局党支部管理。

【人民防空】 人防系统腐败问题专项治理有序推进，重点聚焦第一阶段7项工作任务和第二阶段5项工作任务，全面排查2013年至2019年10月全盟人防系统工作情况，共查摆出10个问题，分项目建立整改台账。完成平战结合收入收缴、专项资金规范使用、固定资产清查审计、债权债务认定以及工程报建审批方面5个问题的整改工作，关于人防工程未批未建项目、易地建设费收缴、项目建设管理、项目竣工验收以及人口疏散基地项目建设方面的5个问题正在积极推进落实。全盟新开工建设人防工程平稳推进，购置移动指挥平台车辆1辆、移动指挥设备4套，收缴防空地下室易地建设，添置人防警报器。

【住房公积金管理】 2019年，全盟新增缴存单位132家，新开户职工3971人，归集住房公积金7.7亿元，完成年度目标的137.6%，累计归集总额75.8亿元，归集余额28亿元；为5499名职工提取住房公积金6亿元，完成年度目标的109.6%，累计提取47.8亿元；发放住房公积金贷款1547笔4.2亿元，完成年度目标的104.5%，累计发放贷款3.2万笔56.6亿元、贷款余额16.2亿元。

【荣　誉】 阿盟住房和城乡建设局获全区节约型公共机构示范单位称号；白敏杰获全区人防训练比武

竞赛机关干部宣教、法制专业组第二名。

（撰稿：刘　斌　编辑：王延吉）

环境保护

【概　况】 2019年机构改革中，阿拉善盟环境保护局更名为阿拉善盟生态环境局（以下简称盟生态环境局），正处级建制，受自治区生态环境厅和盟行署双重管理，内设办公室、生态环境执法督察办公室、人事科、科技监测科、自然生态保护科、大气环境科、水生态环境科、土壤生态环境科、行政审批与排放管理科、机关党建办公室10个科级机构。盟生态环境局所属旗县区分局共5个，为正科级派出机构，承担本地区生态环境相关工作，分别为盟生态环境阿左旗分局、阿右旗分局、额济纳旗分局、乌斯太分局、腾格里分局。全盟生态环境系统事业单位共12个（参公3个、事业9个），核定科级领导职数17名（4正13副）。其中，盟生态环境局直属事业单位4个，分别是盟环境监察支队（参公）、盟生态环境监测监控站、盟环境影响评估中心、盟环境保护宣传教育中心。

【主要污染物减排】 完成水主要污染物减排项目10个，预计净减化学需氧量50吨、氨氮5吨，预计可完成净减化学需氧量35吨、氨氮1吨的年度减排任务。完成大气减排项目17个，预计削减二氧化硫3935吨、氮氧化物2348吨，可完成两项指标双降500吨的目标任务。

【大气污染防治】 出台《阿拉善盟打赢蓝天保卫战三年行动计划实施方案》《阿拉善盟“散乱污”工业企业综合整治专项行动责任分解清单》等一系列工作方案，推动各项工作有序实施。年内计划实施大气污染防治攻坚战项目46个，完成41个，完成率89.1%。截至2019年12月31日，巴彦浩特空气质量有效监测天数365天，优良天数337天，优良天数比例92.3%，较2018年同期上升3.8个百分点，超指标完成2019年度优良天数84.1%的目标任务。完成全盟“散乱污”工业企业摸查工作，共排查出“散乱污”工业企业3家。完成全盟37家化工、制药等重点行业挥发性有机物在产企业挥发性有机物综合整治。完成全盟44家企业的工业炉窑排查工作，确定4家企业作为2020年工业炉窑治理重点。开展柴油货车专项整治工作。

【水污染防治】 年内，计划实施水污染防治攻坚战项目40个，已全部完成，完成率100%。完成“十大”行业废水排查治理，黄河（阿拉善段）和额济纳河各断面水质均稳定在Ⅲ类标准，集中式饮用水水源水质达到自治区下达的指标范围，全盟无劣Ⅴ类水体和黑臭水体。强化饮用水水源地规范化和达标建设，完成2018年度、2019年度各级饮用水水源地系统填报及环境质量评估工作。对现有城镇污水处理设施升级改造，建成区污水处理率达89%。

【土壤污染防治】 年内，计划实施土壤污染防治攻坚战项目8个，已全部完成，完成率100%。完成重点行业企业用地土壤污染状况调查信息采集和风险筛查，全面启动初步采样调查。完成土壤环境质量国控点位布设任务。开展农用地详查和重点行业企业用地调查，建立污染地块名录并网上进行公示，结合土地利用及风险情况开展风险管控或治理与修复。中盐吉兰泰盐化危化品固体废物综合治理项目和新蒙西危废处置中心建成投用。

【环境督察】 2016年、2018年认领中央环保督察组反馈自治区共性问题30项，整改落实销号22项，8项正在按序时进度推进，销号率73.3%。其中，2016年认领共性问题15项，12项公示销号，销号率80%；2018年认领中央环境保护督察“回头看”及草原生态环境问题专项督察反馈15项共性问题，10项公示销号，销号率66.7%。自治区生态环境厅对阿拉善高新区大气污染强化督查转办的134个问题，完成整改132个，其余2个问题正在整改当中。自治区党委督查室暗访阿盟腾格里地区提出的3项需重点关注的事项和3个方面的针对性建议，细化为33条切实可行的整改措施，进一步明确整改责任部门、责任人和整改时限，持续推进整改落实。

【区域环境问题整治】 推进乌海及周边地区环境综合整治，全力推动和保障千亿元工业园区建设，完成焦化、水泥、钢铁、电石等特别排放限值改造、基础设施建设、物料堆场全封闭等项目14个。认真抓好腾格里环境问题整改落实，生态环境部挂牌的22家企业32个环境问题以及约谈的24家企业42个问题全部整改完毕。腾格里旧工业废弃地及芒硝湖修复治理工作进入第三阶段，初步设计方案通过专家评审并开始实施。

制定贺兰山地区生态环境隐患集中整治攻坚战实施方案，强力推进贺兰山地区生态环境综合治理，组织开展为期60天的防范化解重大风险生态环境、安全隐患、城乡人居环境整治，需整治的12个版块中，9个完成整改并销号，其余3个完成整改待销号。策克口岸扬尘治理工作，投入3.8亿元建成原煤大棚16座，在建大棚8座，计划投资3.2亿元，开展露天煤炭清理整治，11家企业监管区露天煤炭全部清理完毕，总削减露天堆存煤炭74.8万吨。累计投入10400万元，对38.8万平方米的运煤车辆候检区停车场和4.57千米的运煤通道进行硬化，有效降低扬尘污染。

【机构改革和队伍建设】 盟生态环境局于2019年1月18日组建并挂牌成立。改革后的生态环境局内设科室由原有的7个增至10个，直属事业单位除环境监测站上划至厅直管理外，其余4个全部保留，上收并设置分局5个，策克分局正在报请盟委审批中，批准后将实现旗县及自治区级以上开发区分局设置全覆盖。改革后全系统共计核编143个，其中行政编制43个、事业编制92个、工勤编制8个。完成人员上划转隶和科级干部选拔任用工作，并在全区率先完成旗区生态环境保护委员会设置。

【营商环境优化建设】 审批事项整体入驻阿拉善政务服务大厅集中办理，深入推进“一网、一门、一次”改革，方便广大办事群众。精简办事流程，压缩审批时限，开辟环评审批“绿色通道”。将阿拉善高新区审批权限下放至当地政务服务局，享有盟级审批管理权限。2019年112个全盟重点建设项目，完成环评审批87项。

【环境执法监管建设】 严厉打击环境违法行为，对环境违法行为零容忍，依法监督企业严格履行主体责任、落实环保措施，完善环保监察执法管理制度。全年共查处环境违法案件80件，共处罚款794.8万元。共受理环境信访案件75件，办结70件，其余正在办理中，按时办结率100%。

【环境责任制度建设】 研究制定《全盟生态文明建设考核目标体系》，全面实行约谈和责任追究制度。建立盟级领导对口包联和常态化检查整治机制，按年度开展生态环境隐患排查整治活动。

【荣 誉】 2019年4月，生态环境部通报表扬王治国为蓝天保卫战表现突出人员；薛晓兵获2019—2020年重点地区大气污染防治强化督查先进个人称号。

（撰稿：潘多斌 王 芳 编辑：王延吉）

自然资源管理

【概　况】 2019年机构改革中，阿拉善盟自然资源局（以下简称盟自然资源局）于2019年1月18日挂牌成立，撤销原阿拉善盟国土资源局。划入盟住房和城乡规划建设局的城乡规划管理职责，盟水务局、林业局的水资源、森林、湿地等资源调查和确权登记管理职责，盟发改委的组织编制主体功能区规划职责。划出农田整治项目到盟农牧局，地质灾害防治职责到应急管理局，监督防止地下水污染职责到生态环境局。盟自然资源局主要职能为：落实中央关于统一行使全民所有自然资源资产所有者职责，统一行使所有国土空间用途管制和生态保护修复职责的要求，发挥国土空间规划的管控作用，为保护和合理开发利用自然资源提供科学指引。进一步加强自然资源的保护和合理开发利用，建立健全源头保护和全过程修复治理相结合的工作机制，实现整体保护、系统修复、综合治理。创新激励约束并举的制度措施，推进自然资源节约集约利用。进一步精简下放有关行政审批事项、强化监管力度，充分发挥市场对资源配置的决定性作用，强化自然资源管理规则、标准、制度的约束性作用，推进自然资源确权登记和评估的便民高效。

盟自然资源局机关内设办公室、人事财务科、法规与监察科、国土空间规划科、自然资源调查监测与确权登记科、国土空间用途管制与耕地保护、国土空间生态修复科、自然资源开发利用与所有者权益科、测绘与科技信息科、矿产资源勘查开发监督管理与行政审批科机关、党建办公室11个职能科室。下设8个二级事业单位，分别为盟土地收购储备中心、盟国土资源执法监察支队、盟国土资源勘测规划院（挂内蒙古土地调查规划院阿拉善分院牌子）、盟地质矿产调查院（挂盟地质环境监测院牌子）、盟地质勘查基金中心（挂盟地质勘查项目管理办公室、盟国土资源信息中心牌子）、盟不动产登记中心、盟城市规划中心、盟城乡规划建设档案馆。

局机关核定编制22个，其中行政编制19个、工勤编制3个。

【非税收益】 2019年，全盟各类自然资源收益3.5763亿元。其中土地收益2.9664亿元，矿业权收益0.6099亿元。

【国土空间规划】 2019年，完成拟划定生态保护红线的自查评估，调整完善划定成果。本次生态红线调整划定，申请调出面积为28420.95平方千米，调入面积为14958.79平方千米，全盟生态保护红线划定面积为137759.36平方千米，占全盟国土面积57.63%。启动阿盟国土空间规划编制工作，成立全盟国土空间规划编制工作领导小组，制定《阿拉善盟国土空问总体规划（2020—2035年）编制工作方案》及《阿拉善盟国土空间开发保护现状评估工作实施方案》，制定《阿拉善盟国土空间规划设计任务书（2020—2035年）》。完成阿盟国土空间规划编制项目招标，确定黑龙江华睿智慧国土科技开发股份有限公司为编制单位。制定《阿拉善盟村庄规划编制方案》，完成全盟村庄规划编制摸底调查。召开盟国土空间规划委员会全体会议1次，盟国土空间委员会办公室规划项目审查会3次，审查规划建设项目43项。

【国土资源管理】 阿盟新增建设用地计划指标550公顷（农用地394公顷、未利用地156公顷）、存量建设用地盘活计划指标111.68公顷。受理上报新增建设用地报件73个，申请用地面积2231.4050公顷。累计供应各类国有建设用地231宗，面积693.6969公顷，其中基础设施类建设用地供应占比26%、工业用地供应占比69.02%，用地结构主要产业发展用地为主。累计处置闲置土地 48 宗，面积 467.2042 公顷；累计消化批而未供土地 131.3113 公顷。为符合政策规定的 5 家企业以差别化政策供应工业用地 9 宗 90.5561 公顷，为企业节约用地成本近 3600 万元。完成巴彦浩特 39.0133 平方千米商业、住宅用地，37.7104 平方千米工业用地城市地价动态监测工作，针对不同用途，建立标定地价体系。收储入库土地 512.9137 公顷，储备土地资产价值为 51697.86 万元。协助乌兰布和生态沙产业示范区成功申报土地储备专项债券 4000 万元。

【农业耕地保护】 开展永久基本农田储备区划定，并通过自治区专家评审论证，已上报国家审核确认。全盟拟划定永久基本农田储备区 429.9279 公顷，均为水浇地，坡度均 ≤ 2°。其中，阿左旗 324.9896 公顷，阿右旗 39.7425 公顷，额济纳旗 65.1958 公顷。完成阿左旗巴彦木仁苏木补充耕地项目、阿左旗巴彦浩特镇格林布楞滩补充耕地项目核查。结合第三次国土调查初步成果，对全盟永久基本农田划定情况进行核实和制定整改补划方案。

【第三次国土调查】 成立全盟第三次国土调查领导小组，并设立办公室。完成全盟 75 万个调查图斑的内业矢量化和判读，建立土地调查基础数据库。全盟第三次国土调查成果于 9 月 17 日全部通过国家核查，并提交土地利用现状调查数据库成果。乡镇抽查合格率为 100%，全面检查完成率为 100%。三旗乡镇抽查差错率和全图斑检查差错率均在国家允许的范围内。

【矿产资源管理】 开展矿业权信息公示核查，完成探矿权公示 385 个，公示率 98.98%；采矿权公示 203 个，公示率 97.13%，未履行公示的 10 个矿业权经核实后列入异常名录。组织对全盟建筑用砂、建筑用石料、砖瓦用黏土等第三类矿产矿业权出让收益基准价进行测算，形成测算结果并进行充分论证、审核，制定阿盟建筑用砂、建筑用石料、砖瓦用黏土等第三类矿产矿业权出让收益基准价，经自治区人民政府批准于 9 月 5 日公布实施。

【地质矿产勘查开发】 协调内蒙古自治区地质调查院组织编制《额济纳北山地区地质勘查工作方案》。结合额济纳北山地区地质工作实际，选定 7 个勘查区块，组织勘查单位编制《可行性研究报告》并上报自治区自然资源厅、财政厅申请入库。引导部分地勘单位在全面分析研究地质矿产等资料基础上，筛选成矿条件有利的区块进行申报。

【矿山地质环境整治】 制定《阿拉善盟自然保护区内矿业权和工业企业退出联合验收方案》，经盟行署同意，于 11 月 18 日由盟自然资源、工信、财政、生态环境、林草 5 部门联合印发执行。积极指导 9 家矿山完成绿色矿山升级改造，并全部通过第三方评估。和屯池湖盐矿、阿左旗珠拉金矿、额济纳旗老硐沟金矿列入国家级绿色矿山名录。完成 15 家分期治理到期矿山治理验收，治理验收面积 0.7323 平方千米，企业累计投入治理资金 1007.5 万元。完成 105 家矿山企业阶段性治理验收，治理面积 12.5868 平方千米，企业累计投入治理资金 8301.36 万元。完成 179 家矿山企业矿山地质环境恢复治理保证金返还，累计返还资金 1.8086 亿元，返还率 97.45%。171 家矿山企业建立矿山地质环境治理恢复基金 1.04 亿元，基金账户建立率达到 95.5%。开展在期矿山、探矿权、历史遗留废弃无主矿山治理、废弃地损毁治理、土地复垦排查，发现问题 234 项。

与盟气象局签订《地质灾害气象风险预警合作协议》，在信息交换和共享、开展预报会商、预警效益评估、科普宣传等方面强化联席合作。编制

《阿拉善盟2019年地质灾害防治方案》，严格落实汛前地质灾害隐患排查及汛中巡查工作。开展地质灾害隐患点排查、巡查30余次，排查出各类隐患40多处，对隐患点进行登记造册、形成台账，落实防灾责任人、监测人，对隐患点进行整改，及时消除隐患。

【测绘管理】 完成全盟基础测绘项目筛选申报工作，共筛选出12个测绘地理信息项目上报自治区自然资源厅。

【不动产登记管理】 全面完成全盟2个国有农场1598宗、面积15.1696万亩农垦国有土地使用权确权登记发证工作，并向自治区汇交农垦国有土地使用权权籍调查数据库和不动产登记数据库。完成全盟16818宗、面积742.81公顷“房地一体”的农村牧区宅基地和354宗、面积53.54公顷的集体建设用地使用权外业调查、权籍测量、数据库建设和质量检查，并全部纳入不动产登记基础信息平台，登记发证3606宗，面积796.35公顷。编制完成阿盟常用不动产登记类型审核用语指导意见，包括8个登记大类、22个常用登记小类、72个具体登记类型的初审、复审、核定环节审核用语。

【执法监察】 充分利用矿山动态检测、执法监察动态巡查、土地例行督察、双公示等措施，全面维护良好的国土资源管理秩序。全盟共受理“12336”违法举报线索19起，全部按时办结。盟本级开展动态巡查10次；旗县级开展动态巡查2043次，累计制止违法行为次数70次，现场下达各类法律文书72份；立案查处自然资源领域各类违法案件35起，罚款金额117.878万元。其中，查处土地类违法案件20起，涉及土地面积612.61亩，没收违法建筑物2994平方米，收回土地面积0.18公顷，收缴罚没款61.1029万元；查处矿产类违法案件15起，收缴罚没款56.7751万元，移送司法机关4人并判刑。开展扫黑除恶专项工作，对近三年全盟自然资源系统408个案卷（土地案卷174个、矿产案卷156个）进行全面排查，同时对自然资源系统7类黑恶势力犯罪及其“保护伞”线索进行集中分析研判。对土地、矿产领域开展综合整治，共排查出64个乱象问题，已完成整改5个。开展“大棚房”排查治理，排查问题1个，占地面积65.6平方米，超标面积36.6平方米，已完成整改。开展违建别墅问题的排查，认定违建别墅问题1个，其他类违法问题2个，正在整改。

（撰稿：沈　璐　编辑：王延吉）

能源管理

【概　况】 2019年1月，根据阿拉善盟机构改革方案，将盟发改委、盟工信局有关能源职责整合，组建盟能源局。根据《中共阿拉善盟委员会办公室、阿拉善盟行政公署办公室印发〈阿拉善盟能源局职能配置、内设机构和人员编制规定〉的通知》，盟能源局主要负责研究提出全盟现代能源经济发展战略和政策建议，拟订并组织实施能源发展规划和计划；贯彻落实自治区有关能源方面的地方性法规、规章；推进能源体制改革，组织拟订有关改革方案，协调能源发展和改革中的重大问题；承担全盟煤炭、电力、石油、天然气、新能源和可再生能源，以及炼油、煤制燃料和燃料乙醇等行业的管理，拟定产业政策；按规定权限审批、核准、备案、审核转报全盟能源固定资产投资项目；指导协调农村牧区能源发展工作。

阿拉善盟能源局为行署工作部门（正处级），核定行政编制10个、工勤编制2个。内设办公室、电力新能源科、综合规划油气科、煤炭科、安全生产监督科，人员从盟发改委、工信局、人防办、食药监局调配转隶。将盟工信局所属二级事业单位盟煤矿瓦斯远程监控中心整建制划转，为盟能源局二级事业单位，核定事业编制 14 个。

【能源产业体系及运行】 截至 2019 年底，全盟共有能源类企业 66 家，在全盟工业总产值占比 15%，规模集群效应初步显现，运行情况总体呈现稳中有进态势。

电力及新能源。全盟火电企业 7 家、新能源已并网发电企业 32 家，建成新能源装机 170. 56 万千瓦，其中风电装机容量 100. 06 万千瓦，光伏装机容量 70. 5 万千瓦。2019 年新增风电装机 35 万千瓦，光伏装机 5 万千瓦，火电装机 169. 1 万千瓦。1—12 月，电力生产企业累计发电量 125. 5 亿千瓦时，同比增长 13%。其中，火电累计发电量 98. 5 亿千瓦时，同比增长 13. 81%；风电发电量 17. 1 亿千瓦时，同比增长 36. 3%；光伏发电量 9. 94 亿千瓦时，同比下降 9. 06%。

煤炭。截至年底，全盟有煤矿 29 个，总产能 1995 万吨，其中正常生产煤矿 6 个，采空区灾害治理项目 6 个。1—12 月，累计生产原煤 719 万吨，同比增长 11%。其中，无烟煤 495 万吨，同比增长 18%；烟煤 225 万吨，同比下降 1. 4%。策克口岸进口原煤 1200 万吨，同比下降 8%。

原油及天然气。截至年底，全盟有油气企业 4 家 6 个勘探单位，油气勘探区块 26 个，累计钻井 119 口，有工业油流 42 口。1—12 月，完成钻井 21 口，生产原油 3. 63 万吨，同比增长 83%；天然气 75 万立方米，同比增长 100%。

【能源重点项目】 1—12 月，全盟 11 个能源重点建设项目开工 9 个，开工率 81. 8%；完成投资 27. 21 亿元，完成年度计划的 56. 1%。国电投阿左旗 40 兆瓦、中节能腾格里三期 10 兆瓦 2 个光伏项目和中铝宁夏新能源 200 兆瓦、大红新能源 100 兆瓦、北控腾格里 50 兆瓦 3 个风电项目全部完成并网发电。中石化中原油田额济纳旗务桃亥油气勘探开发项目完成整体联机调试工作，天然气制 LNG 项目完成建设，即将运行。

中石油华北油田与相关旗区、企业签订战略合作协议，油气综合利用工作取得历史性突破；阿拉善盟—上海庙 1600 兆瓦风电基地项目 4 家中标单位已完成项目核准，计划 2021 年底前并网发电；蒙电入湘、蒙电入苏重要电力外送项目有实质性进展；已确定分散式风电 35 兆瓦指标项目业主。

【光伏扶贫】 总投资 6844 万元的阿拉善盟晟浩 10 兆瓦光伏扶贫项目于 2018 年 12 月 18 日并网发电，2019 年 12 月，自治区能源局委托第三方机构对项目进行验收核查，并出具验收报告，项目实现帮扶贫困人口 367 人。按期完成贫困户生活用电“清零达标”任务，建档立卡贫困户中 3 户新能源户用供电系统容量不达标、2 户常住地未通电贫困户已全部安装或更换 600 瓦以上新能源户用供电系统；6 户具备接入电网贫困户已接通网电。

【供给侧结构性改革】 2019 年，全盟关闭退出煤矿 2 个，淘汰落后产能 60 万吨。阿拉善高新区巴音敖包工业园区增量配电业务改革试点项目已成立注册配售电公司，正在开展配电区域划分工作。

【安全生产】 全年组织煤矿从业人员安全培训 1742 人次、特种作业人员培训 113 人次；全年累计开展安全大检查 12 次，共发现问题隐患 151 条，已全部完成整改。煤炭、电力、油气长输管道年内未发生重大安全生产责任事故。

（撰稿：杨慧忠　编辑：王延吉）

交通　邮政　通信

交通运输

【概　况】 阿拉善盟交通运输局负责全盟综合交通运输体系规划协调，全盟交通运输市场监督管理和全盟公路水路建设市场监督管理。承担全盟重点公路建设、农村公路建设、运输场站建设、工程质量监督、公路养护管理、公路水路运输、路政管理、交通战备、公路通行费征收管理等工作。内设办公室、人事教育科、安全法规科、规划科、建设管理科、公路科（交通战备科）、运输服务科、财务科 8 个科室。核定行政编制 21 个，其中局长 1 名，副局长 3 名，科级职数 12 名（9 正 3 副）。下辖盟公路运输维护中心、盟交通综合执法局、盟交通运输综合服务保障中心、盟交通建设工程质量鉴定中心、盟农村牧区公路服务中心 5 个直属事业单位，行业指导盟公路路政执法监察支队、盟邮政管理局。

【重点公路】 全年新改建公路里程 1442 千米，其中国省干线 1052 千米、农村牧区公路 390 千米。全年完成投资 22.9 亿元，其中重点公路项目 20.2 亿元，农村公路项目 2.7 亿元。截至 2019 年底，全盟公路总里程达到 10858 千米，黑色路面里程达到 8948 千米。

【公路养护】 投入 7500 万元，实施养护大中修工程 2 个 110 千米，完成水毁防治工程 3 个 346 千米。处治路面病害 3.5 万平方米，修补路面裂缝 172 万延米，整修边坡 125 万平方米。如期完成 16 条 2747 千米国省干线路网命名及编号调整工作，更新标志牌 452 块、里程碑和百米桩 1.1 万个，形成标识清晰、视认方便的路网标识体系。全盟国省干线优良路率提升至 72.8%。

【道路运输】 推进运输结构调整，运输企业调整合并为 995 家，营运车辆达到 1.3 万台。查验通关车辆 13.4 万台次，策克口岸全年进出口货运量 1240 万吨。开展“定制客运”试点，在巴彦浩特至银川班线投入小型客车 26 辆。巴彦浩特出租车实行计程计价收费，市场运营秩序明显规范。

【安全生产】 开展安全生产大检查等专项行动，派出检查组 139 个，出动检察人员 495 人次，检查企业 613 家次，排查整改隐患 765 条，道路运输安全形势平稳可控。加强公路隐患治理和风险管控，施划标线 1.8 万平方米，更新安全标志标牌 1600 余块，封闭非法道口 11 处，公路安全通行能力稳步提升。组织开展各类应急演练 25 次。

【法治建设】 轮训执法人员 240 余人，推动干部职工提高法治思维能力。实行权责清单动态调整机制，认领行政权力 18 项，取消行政许可 3 项，确认行政权力 615 项，达到“三级五同”标准。推进规范公正文明执法，加大“双随机一公开”监管措施的应用，随机选派执法人员 351 人次，检查企业 175 家，公开行政许可和处罚信息 144 条。

【工程质量监督】 落实四级质量保障体系，综合运用进度控制、资金监督和信用管理等措施。抽查原材料和实体质量 5.1 万处（点），合格率达到 99%。雅布赖至山丹一级公路、策克口岸至达来呼布一级公路、通古淖尔至哈什哈三级公路竣工验收质量评定为优良工程。

【脱贫攻坚】 推进“四好农村路”建设，新增苏木镇、建制嘎查村通硬化路工程 2 个 46.4 千米，完成畅返不畅和窄路面拓宽改造等工程 31 个 343.6 千米，实施养护工程和安防工程 20 个 402 千米，新增乡村客运候车厅 4 个，农牧民群众安全便捷出行条件明显改善。开展“四好农村路”创建，推进养护机制改革，各旗区均建成“四好农村路”示范路，额济纳旗获自治区级示范县称号。截至 2019 年底，全盟农村公路里程突破 6000 千米，提前一年实现所有苏木镇和建制嘎查村通硬化路、通客车目标。

【污染防治】 扩大新能源车辆应用，清洁能源货车比例超过 30%，出租车油改气率达到 90%，巴彦浩特、达来呼布营运公交车均更换为纯电动车。推进绿色公路示范工程建设，强化施工作业扬尘防治，环境保护及水土保持得到有效落实。加大“四新技术”应用力度，路面养护废旧材料回收率达到 98%，汽车维修企业环保处理设备配备率超过 80%。

（撰稿：韩瑞君 编辑：王延吉）

交通综合执法

【概 况】 阿拉善盟交通综合执法局于 2019 年 10 月由路政、运管、海事 3 家单位合并组建成立。承担宣传贯彻执行国家、自治区有关公路路政管理、道路运政管理、海事管理、水路运输管理等方面的法律、法规、规章和政策；承担全盟交通综合执法领域的所有行政监督检查、行政处罚、行政强制、行政应诉和安全生产监督管理等工作；承担全盟道路旅客运输、道路（危险）货物运输、国际道路运输、机动车维修、机动车驾驶培训、客货运站（场）及相关运输服务业、水上交通等领域的具体事务。本级行政权力共有 445 项，其中行政处罚 385 项，行政强制 30 项，行政监督检查 29 项，行政裁决 1 项。盟交通综合执法局人员由原盟运管处划入 126 人、盟公路管理局路政支队划入 138 人、盟地方海事局划入 4 人构成，共 268 人。

盟交通综合执法局负责监管的道路运输企业有 800 户，其中旅客运输企业 3 户、汽车客运站 7 户、涉外运输企业 2 户、货运企业 123 户、机动车维修企业 659 户、驾驶员培训机构 6 户；全盟户籍营运车辆 11901 辆，其中普通货车 10990 辆、危货车辆 810 辆、营运客车 101 辆。

负责管理的国省干线、边防线和 BOT 收费公路总里程 3063 千米，其中包括阿盟公路管理局管养的国省干线公路 2193 千米，边防公路 707 千米，共计 2900 千米；九泰龙管养的巴吉一级 BOT 收费公路 103 千米；阿左旗城投公司管养的 S218 线乌银公路巴音至银川段 60 千米。主要管理的公路有 9 条，总里程 2106 千米。

水路运输方面主要有 85 千米黄河通航水域，吉兰泰盐湖、月亮湖、万泉湖、居延海等封闭 C 级航区，3 道渡口，2 座浮桥，运营的各类船舶 70 艘。全盟现有涉水企业 10 家，持证船员近 150 人，可通航里程近200千米。

【为民服务】 2019年，盟交通综合执法局为解决道路客运服务质量和服务水平不高的问题，经过多次市场调研和广泛征询客运企业和相关管理部门意见，规划11条客运班线试行定制客运。集中开展路域环境专项整治行动，加大公路、建筑控制区、安全保护区的安全隐患排查力度，有效解决扰乱路域环境秩序、影响公路通行安全的问题。规范行政许可办理，推进经营许可转为备案管理，开展“一站式”“全程式”服务，推动行政许可的规范化、科学化、制度化、流程化。2019年，受理涉路工程行政许可21项，办结15项，收取补偿费65.6万元；办理货运车辆经营许可506辆，普货运输企业经营许可19家，从业人员资格证726人；备案二类维修企业4家，三类维修企业216家；取消4.5吨以下普通货物运输车辆“道路运输证”5154辆。

规范汽修市场，不断加大维修市场管理力度，打击使用假冒伪劣配件、超越经营范围等违规行为，提高维修企业服务质量。2019年，共受理消费者维修质量投诉19起，办结19起，满意率达到100%。推进汽车电子健康档案系统建设，21家一、二类维修企业全部与内蒙古自治区维修检测服务网对接。

全面推进全盟道路普通货运车辆年检（安全技术检验）、年审（综合性能检测）依法合并，实现“两检合一”工作。阿盟4家检测企业全部实现“一次上线、一次检测、一次收费”的要求，并与内蒙古自治区汽车维修检测服务网联网，按规定上传检测数据及检测照片，实现自治区内异地检测结果互认。

【规范道路运输执法】 治理整顿客运行业。通过开展专项行动、加大路检路查力度、排查整治网络平台信息等措施，打击非法营运车辆。2019年，共查处旅游班车未按约定线路行驶案件9起、非法营运车辆81辆，处罚金额累计达44.7万元，非法营运情况明显减少。

排查整治货运行业。2019年，查处货运车辆超越经营范围案件5起，分别处以3万元罚款；对7家企业存在的未履行企业安全生产主体责任、动态监控失控、车辆超速等行为，分别给予3万元左右的行政处罚；行政中心处罚未按规定审验营运车辆124辆，收缴罚没款13.58万元；参与处置国际货运车辆扰乱口岸通关秩序1起，对2家涉事企业下达整改通知书并约谈涉事驾驶员。查处阿盟安达货物运输有限公司违法从事危险货物运输经营、依法给予457196.19元行政处罚的案件。

全面清理整顿驾培行业。实行出租车从业人员持证上岗，组织全盟范围内330名出租车驾驶员从业资格考试，其中276名通过考试取得从业资格。进一步规范驾驶员培训机构管理工作，治理整顿培训行业乱象，开展培训机构质量信誉考核，依法注销3家不符合经营条件的驾校。

【规范公路行政执法】 坚持24小时不间断执法，打击恶意超限、闯卡、绕卡、驳载等违法行为，遏制违法超限运输车辆行驶公路，超限治理工作取得显著成效。2019年，投入执法人员3万余人次，累计检测货运车辆67万余辆，查处违法超限车辆3847辆，口头警告处罚3733辆，处罚并消除违法状态114辆，超限率控制在3%以内。

开展路域环境和平交道口专项整治行动，全面排查整治涉路违法行为。2019年，出动公路巡查车辆1280台次，投入巡查力量2420余人次，巡查里程达35万余千米；依法查处路政赔偿案件37起，挽回路产损失33.5万元，“五率”指标均达到100%；整治污染公路施工车辆25辆，拆除非公路标识标牌31块，清理路肩、公路用地堆放物

293处，封闭非法、临时道口12处，清理建筑控制区违法建筑物、构筑物1处，辖区公路及公路用地范围内无乱堆乱放、无新增乱开道口现象，建筑控制区内无新增违章建筑及设施。

【规范水路运输执法】 开展线索排查和信访案件回头看，按照属地管理的原则敦促地方交通主管部门与涉水企业签订承诺书和责任书，实施综合治理。

加强行业督导，加大企业新购船舶未及时申办登记检验等违法经营乱象的执法力度，重点管控各渡口、码头、浮桥、航行水域。2019年，封停游船11艘，下达禁航令2条。

【防范化解重大风险】 落实主体责任。督促运输企业履行“三关一监督”（严把运输经营者市场准入关；严把营运车辆技术关；严把客运驾驶员资格关；严格按照客运车辆经营路线，利用GPS监控客运车辆，严禁超员，严禁超速，搞好汽车客运公司安全监督）职责，加强长途客运、旅游包车、农村客运、客运站场等的安全管理。加强人员密集场所的消防安全管理，严格落实进站检查、出站查验，严禁“三品”（危险品、易燃易爆品和毒害品）进站上车，将“三不进站、六不出站”（无关车辆不进站，无关人员不进站，危险品不进站；超载客车不出站，安全例检不合格客车不出站，驾驶员资格不符合要求不出站，客车证件不齐全不出站，出站登记表未经审核签字不出站，乘客和驾驶员不系安全带不出站）和“安全承诺”、“84220”（客运驾驶人24小时累计驾驶时间不超过8小时，日间连续驾驶不超过4小时，夜间连续驾驶不超过2小时，每次停车休息时间不少于20分钟）、实名购票及加强反恐安保措施等制度落到实处。督促运输企业通过车辆动态监控管理平台，加强对驾驶员行驶安全的监控力度，联合公安、应急等部门，严厉查处“三超一疲劳”（超速、超员、超载和疲劳驾驶）等违法违规行为。落实道路运输经营者车辆技术管理主体责任，将运输车辆的技术管理情况纳入运输企业质量信誉考核和诚信管理体系，对不符合规定的车辆不配发道路运输证，保证车辆技术状况良好。

危货运输安全监管。会同有关部门，全面排查整治常压液体危险货物运输罐车未按要求配备安全附件、罐体壁厚不达标情况，强化剧毒化学品、爆炸品、放射性物品等高危货物道路运输管理。联合收费站、公路管养等部门，全面排查整治高速公路收费站、服务区危险货物运输车辆聚集风险隐患，强化高速公路服务区停车管理。重点检查动态监控及驾驶员、押运员从业资格和教育培训管理情况，督促企业严防超载、超速和疲劳驾驶等违法违规行为。2019年，根据《道路危险货物运输管理规定》，对11家危险货物道路运输企业停车场上、下半年均进行逐一检查。对危险货物道路运输企业停车场不符合要求，未封闭并设立明显标志，妨碍居民生活和威胁公共安全，未配备相应的安全防护、环境防护和消防防护设备等隐患问题，下发《安全生产整改通知书》，责令危险货物道路运输企业立即进行整改。截至年底，停车场隐患问题已经整改完毕，完成8家危险货物道路运输企业安全生产标准化二级评定。

客货运车辆动态监管。2019年，阿盟有3家客运企业共96辆营运客车，11家危货运输企业共412辆危货运输车辆，全部安装使用北斗卫星定位装置，并有各自的监控平台，由专职人员进行实时监控。各运输企业对“两客一危”车辆进行安装或升级改造原有智能视频监控装置，对疲劳驾驶、行车接打手机、吸烟等重点不安全驾驶行为进行预警和提醒，进一步规范驾驶员操作行为，及时消除安全隐患，确保行车安全。

安全生产专项活动。2019年，共培训考核驾驶员4000余人。9月开始对全盟“两客一危”运输企业重大风险进行摸排，摸排风险点5个，全部按要求整改，“两客一危”运输企业全部建立安全生产重大风险清单、重大隐患台账。全盟运输行业重点围绕客运场站、营运客车、危货运输企业、危货车辆及站场等道路运输系统消防安全重点部位，6—9月开展消防专项排查活动，全力防范化解重大安全风险，遏制群死群伤火灾事故。9月开始，开展为期2个月的包车客运领域打非治违专项整治行动，专项整治行动中依法查处违法从事包车运输经营行为9起。

打非治违和隐患排查。开展打非治违和隐患排查专项行动，重点治理客运班线和客流集中区域、黑车聚集区域、经营者反映强烈的班线和场所，有力促进全盟道路运输领域安全生产形势持续稳定好转。2019年，出动执法人员450人次，深入运输企业组织开展安全生产大检查10次，检查运输企业290家次，排查并整改262条隐患问题。

反恐安保和行业应急处置演练。2019年，阿盟范围内道路运输企业组织开展应急演练活动62次，参加演练人数1929余人，参加演练单位89余家。通过演练，全行业应急反应、应急处置水平均有提高。

【污染防治攻坚战】 传播绿色低碳交通运输发展理念，宣传推广应用新技术、新工艺、新能源，营造绿色低碳的良好社会环境。全盟一、二类维修企业全部与有资质的废油回收企业签订废油回收协议，做到统一回收处理，以减少废油对环境造成的污染。持续开展柴油货车污染治理行动，全面实施机动车排放检验与强制维修制度（I/M），降低在用运营货车机动车污染排放。

（撰稿：赵建忠　编辑：王延吉）

公路养护

【概　况】 阿拉善盟公路管理局（以下简称盟公路管理局）是负责全盟境内国省干线和边防公路养护与管理工作，兼营公路工程、公路监理、酒店餐饮的差额拨款事业单位，是事业单位中有企业职工、企业中有事业单位职工的混合体。

管理体制属于条块结合管理模式，即盟公路管理局行政管理隶属于阿盟交通运输局，业务受内蒙古自治区公路局、盟交通运输局双重领导；生产指标由自治区公路局下达考核，事业经费由自治区公路局计划列拨，劳动人事及干部任免权归地方管理。全部经费由自治区公路局下拨的公路养护专项资金和盟财政返还的路政罚没款两部分组成，主要用于养路与养人。

内设11个职能科室，下设6个公路养护管理工区、2个边防公路机械化养护队、1个路政管理支队、1个交通科教中心、3个直属企业，养护管理工区（边养队）下设17个固定养护站，路政支队下设7个路政大队、5个超限检测站。

2019年，管养公路14条2900千米，其中普通干线公路8条2193千米（其中收费公路4条334.8千米），边防公路6条707千米。

【日常养护】 保持路肩边坡稳定平整，边沟畅通，排水顺畅，线外整洁。清扫路面706.5万平方米，整修路肩边坡124.8万平方米，清理边沟、落石1.5万立方米，清理沿线垃圾1500千米，清除杂草23万米。加大预防性养护，利用春季养护有利时机，开展路面灌缝坑槽修补等工作。共完成路面灌缝122.6万延米；贴缝49.1万延米，修补沥青路面坑槽2.45万平方米，处理拥包、车辙等路面病害1.06万平方米。做好绿化、美化工作，投入80万元实施公路绿化及养护站点庭院美化绿化，共植树 877 棵、种植花卉 13.2 万株，摆设花坛 6 万株，修剪中央隔离带花草 3.8 万平方米，修剪沿线树木 414 棵，管护植被 0.4 万平方米。

【应急保障】 应急管理。完善《干线公路应急指挥机制》《公路交通突发事件应急预案》《公路桥梁安全事故责任追究机制》《公路危桥应急预案》等各类预案，补充完善应急保障及交通战备物资储备，储备养护材料物资安全设施共 531 万元。年内，共有效应对雪阻、沙阻、水毁灾害 19 次，清理路面积雪 1350 万平方米，清理公路积沙 10.9 万立方米，修复水毁路基 12.7 万立方米、路面 5942 平方米、护坡 5678 立方米，并投资 366 万元用于灾后专项水毁治理工程。

国防交通专业保障队伍建设与管理。完成 1 个公路抢修保障中队（6 个分队）与 1 个边防公路养护保障中队（2 个分队）的交通专业保障队伍整编工作，整组保障人员 394 人、机械设备 248 台。中心配合上级完成交通战备保障任务 10 余次，出动保障人员 150 余人次，车辆 75 余台次。

应急反应演练。检验应急预案的科学性、实用性和可操作性，组织开展应急演练 8 次，参与演练人员 240 人，不断提升应急保障人员的素质和能力。

【公路服务】 累计清理桥梁伸缩缝 3800 米，疏通涵洞 108 道。以公路桥涵隐患排查为重点，加强公路桥涵的监测力度，细化桥梁档案管理，落实桥梁监管责任。完成 4 座 3 类桥和 7 道涵洞的维修加固工程。

全面排查、开展公路交通安全设施的增设、刷新、维修工作，共施划公路标线 18396 平方米，更换、新增安全标志标牌 1501 块，更换粉刷、增设警示桩 120 根，更换波形护栏、防眩网 3105 米，更换隔离栅 2894 米，更换防撞护栏 310 块，更新安全标志 132 块。

【养护专项工程】 2019 年，盟公路管理局计划实施公路灾害防治、公路安全生命防护工程等专项工程 11 项，完成施工图设计及财务审计。共投入建安费 1062 万元。盟公路管理局共承担 2545 千米国省干线路网命名及编号调整工程任务，7 月底基本完工。完成新增及更换标志牌 594 处，新增里程牌 2870 块，新增百米桩 10778 块；更换反光膜 991 处 3542 平方米，更换标志牌 51 处，更换里程牌反光膜 67 处 45 平方米；拆除原有标志牌 481 块，拆除里程牌 2794 块，拆除百米桩 7369 处。

【公路建设管理】 完成养护大中修工程 2 项，水毁恢复工程 1 项，完成投资 7548 万元。其中，完成 2018 年养护大中修工程续建项目省道 218 乌银线 K0～K135 段路面预防性养护工程 54.8 千米，2019 年养护大中修工程省道 218 乌中公路 K86+200～K142+400 段路面预防性养护工程 56.2 千米；完成省道 218 乌中公路、省道 311 武额公路阿盟段、省道 315 清民公路水毁恢复工程。

【安全生产】 全年共召开安全生产专题会议 52 次，开展安全生产专项检查 8 次。在年初组织开展全员安全培训的基础上，结合各单位工作实际，对外聘人员及特殊岗位人员进行各类安全生产教育培训 19 次。加强隐患排查整治工作，在全局范围内深入开展“安全生产大检查”、“安全生产月”、“防风险保平安迎大庆”消防安全生产专项检查、安全生产风险防控和隐患排查治理百日行动、“重大隐患清零”等专项活动，开展隐患排查 12 次，排查各类隐患及问题 146 条，并对排查出的各类安全隐患和问题，逐一建档，明确整改措施和完成时限，确保责任到人、整改到位。

（撰稿：张晓庆 编辑：王延吉）

铁路航空管理

【概　况】 2017 年 4 月 21 日，盟机构编制委员会下发《关于机构设立的通知》，将原盟铁路建设领导小组办公室和盟民用航空管理中心，合并成立阿拉善盟铁路航空管理中心，为盟行署办所属的副处级事业单位，内设办公室、铁路科、民航科 3 个职能科室。核定事业编制 11 个，副处级职数 1 名，科级职数 5 名正职（班子 2 名，内设科室 3 名）。

截至 2019 年底，全盟铁路总里程达到 1691 千米。全盟铁路路网密度为 62.6 千米/万平方千米，电气化率为 6.5%，复线率为 3.1%。全盟铁路货运量 1206.03 万吨，同比下降 6.1%。其中，铁路白货运量 48.38 万吨，同比下降 14.8%；铁路黑货运量 1157.65 万吨，同比下降 5.7%。

阿拉善 3 个通勤机场于 2013 年 12 月 17 日正式通航，先后开通盟外前往呼和浩特、包头、鄂尔多斯、巴彦淖尔、天津、西安、兰州、重庆、银川、中卫、敦煌、嘉峪关等地航线航班。2019 年，阿拉善 3 个机场共保障运输飞行 5770 架次，同比下降 16.7%；完成旅客吞吐量 191099 人次，同比下降 4.3%；航班平均客座率 50.9%，同比增长 5.8%。

【巴彦浩特至银川铁路项目】 线路全长约 115 千米，投资概算 69 亿元，建设工期四年。项目建成后将开通运营巴润别立和巴彦浩特 2 个火车站。2019 年 4 月，配合中国国家铁路集团鉴定中心完成巴银铁路初步设计方案预审查工作；7 月底，完成新建巴银铁路阿盟境内土地综合开发框架协议和征地拆迁包干框架协议签订。9 月，配合国家发改委委托中铁第四勘察设计院会同国家铁路局、中国国家铁路集团等相关部门，再次对巴彦浩特至银川铁路线进行现场勘察和审查评估；12 月 20 日，正式获得国家发改委审批立项。

【阿左旗通勤机场升级支线机场项目】 为解决阿左旗机场等级低，可保障机型相对单一，可用机型偏少，航班正常率较低等问题，以提升机场整体保障能力为目标，启动阿左旗通勤机场升级支线机场项目。该项目匡算投资 5.4 亿元，资金来源除申请中央预算内投资和民航发展基金补助外，内蒙古自治区计划安排财政资金 6000 万元，其余资金将由阿盟安排财政资金解决。升级后的阿左旗机场为国内民用运输机场，飞行区等级为 4C 级，适用机型为 A320、B737 系列飞机和 MA60、CRJ900 等国内各类支线飞机。

截至年底，中国民用航空局出具行业审查意见，同意实施阿左旗通勤机场升级为支线机场项目；自治区政府出具项目资金承诺函；经公开招投标确定项目可研、总体规划修编及飞行程序编制的设计单位，开展编制工作；11 月 1 日，自治区政府将项目预可研报告上报中央军委和国务院等待核准。

【额济纳旗至酒泉铁路项目】 2019 年 3 月，完成酒泉至东风南站段的可研报告批复工作，于 6 月 30 日开工建设。中心委托设计院完成“东风南站至额济纳站”段的方案研究并上报中国国家铁路集团，下一步启动东风南站至额济纳站段推进工作。

【乌力吉口岸至苏宏图铁路项目】 乌力吉至苏宏图铁路项目在列入自治区和国家各级各类规划后，2017 年 6 月完成可研报告编制和评审验收工作。2019 年，委托第三方完成乌力吉口岸南下沿线运量调查报告编制工作。

【管理和服务】 委托中国民航科学技术研究院负责

编制《阿拉善盟民航“十三五”及中长期规划》，并于2019年8月底完成评审论证。2019年9月，盟行署与内蒙古民航机场集团续签《阿拉善盟通勤机场委托经营管理协议》，协议对委托期限、委托费用、机场运营补贴资金进行详细核算，重新修订。通过优化航线航班、调整航班时刻、调整客票销售政策及推出促销产品，举办阿拉善盟航空旅游产品推介会等方式，以提高客座率及航班收益，减轻航线补贴资金压力，每月航线补贴资金平均约为1000万元。对阿拉善机场飞行程序进行修订并进行模拟机验证，使用修订后的飞行程序，三旗机场平均每月可缩短空中飞行时间约1940分钟，减少航线补贴约97万元，全年预计可为盟旗财政节约资金1164万元。继续推行福利机票项目，对符合条件的阿拉善居民实行每年1~2次的免费乘机。据初步统计，2019年1—12月利用空余座位为阿拉善居民提供免费乘机724人次，为群众节约出行成本约30余万元。

协调铁路相关部门对策克口岸和吉兰泰地区的铁路运价下调40%和30%，并降低策克口岸的铁路物流园区装卸服务费。

（撰稿：黄　浦　编辑：王延吉）

民航运输

【概　况】 阿拉善三旗机场于2012年8月开工建设，2013年12月17日正式通航运营。内蒙古阿拉善民航机场有限责任公司成立于2013年7月，下辖阿左旗巴彦浩特机场、阿右旗巴丹吉林机场、额济纳旗桃来机场3个机场。2016年，阿左旗巴彦浩特机场实施飞行区改造工程，实现机场综合保障能力的提升，结束了新舟60单一机型运营，开启了喷气式飞机在国内通勤机场公共商业运行的新时代。

【运行情况】 2019年，阿拉善机场公司共保障运输起降5770架次，完成旅客吞吐量191099人次，其中阿左旗机场完成旅客吞吐量156042人次、阿右旗机场完成旅客吞吐量13508人次、额济纳旗机场完成旅客吞吐量21549人次。2019年，共有2家航空公司参与运营阿拉善航空市场，分别是华夏航空公司和幸福航空公司，分别以CRJ900和MA60飞机作为运力机型，共运营航线6条，分别为阿左旗—包头—天津、西安—阿左旗—额济纳旗、重庆—阿左旗—呼和浩特、阿左旗—阿右旗、阿左旗—呼和浩特、阿左旗—乌海—鄂尔多斯，盟外通航城市达到7个。

（撰稿：周　媛　编辑：王延吉）

邮政管理

【概　况】 阿拉善盟邮政管理局成立于2012年，内设行业管理科和办公室2个科室，核定编制8个。主要负责贯彻执行国家关于邮政业管理的法律法规、方针政策和邮政服务标准；研究拟定全盟邮政发展规划；监督管理全盟邮政、快递市场以及邮政普遍服务和机要通信等特殊服务的实施；负责行业安全生产监管、统计等工作。2019年，全盟普遍服务营业网点共39处，品牌快递共有11家，快递服务营业网点61个，备案末端网点139处。

【行业经济发展指标】 2019年，全盟邮政行业业务收入（不包括邮政储蓄银行直接营业收入）完成6534.42万元，同比减少0.70%；业务总量完成5095.73万元，同比增长10.16%。全盟快递服务企业业务量完成101.83万件，同比减少5.81%；业务收入完成3130.07万元，同比增长10.30%。

【普遍服务和特殊服务】 巩固建制村直通邮成果，开展建制村直通邮“回头看”检查和分类监督管理工作，推进村邮站建设，全盟村邮站牌匾及专用投递箱配备安装率100%。丰富邮政综合服务平台服务内容，深化警邮合作、税邮合作、政邮合作，推广“线上办理+线下寄递”服务模式，助力“不见面”审批，3处邮政营业场所代办公安交管业务，12处邮政营业场所代理税务业务，2处政务服务大厅开办邮政业务。推进“警民邮路”共建，全盟13个边境派出所和2个边境检查站全部开展警邮合作。加大“一市一品”精品项目培育力度，鼓励培育“电商+寄递”扶贫项目，打造“一市一品”精品项目3个，分别是土特产（苁蓉、锁阳）、“胡杨晓蜜”蜜瓜项目和冷鲜肉项目，进城配送量约157.3吨，交易额约1036.8万元，带动邮政包裹业务量约1.9万件，带动邮政包裹业务收入约113.2万元。2019年，阿盟邮政管理局共开展各类邮政监督检查348人次，检查邮政营业场所46处次，其中双随机抽取并检查邮政普遍服务网点4处次，检查乡镇普遍服务网点20处次。下达普服责令改正通知书1份，机要责令改正通知书8份。

【市场监管】 推动“快递下乡”工程换挡升级，乡镇快递服务实现100%全覆盖，提升行业服务“三农”能力。推动快递末端综合服务平台建设，引导企业投放智能快件箱1125格口，助力解决末端投递“最后一千米”难题。持续推进网点标准化建设，城市自营化网点标准化率达到100%。开展末端网点备案工作，全面清理末端违规收费问题。改善投递车辆通行环境，因地制宜出台政策，规范快递投递车辆通行管理，发放号牌142块。推进行业绿色发展，督导企业提升电子运单使用率达到99.65%，积极推进包装减量化，企业循环中转袋使用率达到83%，营业网点包装回收箱设置率达到61.79%。强化行业安全监管和应急保障，实行寄递安全综合治理，开展联合检查、联防联控和综治考评，坚持抓紧三项制度不放松。压实企业安全生产主体责任，组织开展各类安全生产培训，制定出台《阿拉善盟快递企业履行安全生产主体责任管理办法》。2019年，共受理分支机构设立、撤销、变更审批32次，出动检查172人次，“双随机”检查网点48处，下发《责令改正通知书》32份，约谈企业负责人5人次，实施行政处罚5起，处理消费者申诉14起，用户满意度100%。

（撰稿：谢欣宇　编辑：王延吉）

中国邮政集团公司阿拉善盟分公司

【概　况】 2019年，阿盟邮政分公司辖2个旗分公司、10个机关部门、2个直属单位。有员工242人，其中合同制员工169人，占70%；劳务工30人，占12%；业务承揽人员41人，占17%；内部退养人员2人，占1%。截至2019年底，全盟邮政业务总收入完成3383.60万元，全员劳动生产率达到14万元/人。全盟有邮政普遍服务网点39处，其中自办网点13处、委代办网点26处，收费的便民服务站41处，邮乐购站点5处，邮路总长12036千米，环形段道7307千米。邮政普遍服务网点实现苏木镇全覆盖，全盟198个嘎查实现直接通邮。

【金融业务】 全年新增综合资产1.38亿元，其中新增余额6718.84万元、新增保费5712万元。

【寄递业务】 组织“夏季会战”“旺季决战”活动，抓好冷鲜肉寄递、电商直播客户、哈密瓜助农等项目，全年实现收入803.36万元，同比增长12.24%，继续保持增量增收的局面。

【增值业务】 主动应对市场变化和政策调整影响，探索双代、简易险等业务发展新模式，全年实现收入85.89万元。

【函件业务】 实现收入141.5万元；阿右旗分公司利用旅游宣传契机，一次性开发朋友圈广告10万元。报刊业务在力保大收订的基础上，加大续补订和文创产品营销力度，深挖政务市场，实现收入286万元，完成全年预算目标。

【集邮业务】 生肖贺岁实现收入35.67万元，《财富大典》实现收入74.32万元，“5·20玫瑰花”项目实现收入36.37万元。

【农村电商】 额济纳旗分公司通过线上平台助力“胡杨晓蜜”销售，实现寄递6250件，被邮政管理部门评为扶贫助农先进单位；阿右旗分公司通过邮乐网推广驼肉系列产品，实现销售160余件。

【旺季营销】 2020年度报刊大收订在全区率先完成任务目标，寄递业务在“旺季决战”竞赛中超额完成奋斗目标，获得全区“旺季决战突出贡献单位”称号。

【普遍服务】 将建制村直接通邮指标纳入各旗分公司、营业局的年度绩效考核，制定实施《阿盟邮政普遍服务和特殊服务补贴与运营管理挂钩管理办法》，全盟新增30名建制村投递人员，增加环形段道57条，加大投入提升普遍服务网点运营能力，采取扫码投递等形式保证建制村投递质量，普服营业网点正常运营率达到100%，建制村投递到达率稳定在95%以上。开展普遍服务达标集中整治专项活动，检查发现问题357个，整改落实297个，整改率达83%。机要通信实现全年安全无事故。

探索建立“边境管理+邮政服务”模式，在额济纳旗算井子、温图高勒边境派出所设立“警邮合作”邮政综合服务站，保障党报党刊和包裹邮件的时限，方便边防干警和附近农牧民。优化调整网运作业组织和邮路运行时间，区内互寄邮件全盟提速24个小时，乌斯太出口邮件时限提前24个小时，实现《人民日报》《内蒙古日报》盟级党政机关和阿左旗当日见报，阿右旗、额济纳旗次日见报。

开展压降平信丢失率专项活动、“铁腕治理除顽疾”专项行动和包裹快递投递服务百日专项整治活动，查处对服务工作不重视的问题2个，清查监督检查工作走过场问题1个、敷衍整改的问题3个，全年下发各类业务违规通报12份，处罚相关违规操作人员173人，虚假信息录入、邮件积压延误等问题得到有效治理。

（撰稿：林　荣　编辑：王延吉）

中国铁塔股份有限公司阿拉善盟分公司

【概　况】 中国铁塔股份有限公司阿拉善盟分公司（以下简称分公司）设综合部、财务部、通信发展部、运行维护部、行业拓展部5个部门，有员工26人。

分公司的经营范围为铁塔建设、维护、运营；基站机房、电源、空调等配套设施和室内分布系统的建设、维护、运营及基站设备的维护。依托中国铁塔电力保障运营经验、专业化维护能力和可视、可管、可控的智能监控系统，向社会提供备电、发电、换电、售电等多元化能源业务及塔体广告、传输专线及多种第三方设备，为客户提供从数据采集、回传、汇总到分析及应用的端到端的“一揽子”服务。

【市场经营】 2019年全年累计实现营业收入3880.09万元，较2018年同期增长1.96%。其中“一体”业务收入3774.91万元，较上年同期增长率为0.19%；“两翼”业务收入合计105.18万元，占2019年全年营业收入的2.71%。

【承接需求】 2019年共获取需求270个，需求同比增幅34%，截至12月底，塔类租户（含微站）1332户，较上年增长48个；站址数达943个，较上年增长30个。2019年累计获取室分需求23个，覆盖面积31.91万平方米。

【质量维护】 持续加强网络保障能力，2019年各项服务指标均达到运营商规定水平，其中月平均断电退服时长1.79分钟，月平均断电退服率2.41%，月发电及时率96.84%。坚持利益客户，全力协助三家电信企业降本增效。通过严控续签涨幅，2019年移动传导站平均每租户场租较上年降低9.69元。扎实推进站址用电转改直工作，规范发电费管理流程，牵头推动降低标准电价。2019年，直供电电价同比下降13%，转供电电价同比下降9%，通过强化维护费稽核检查，规范代维考核等工作，维护成本占收比较上年下降5.23个百分点。

（撰稿：石晓静　编辑：王延吉）

中国移动

【概　况】 阿拉善移动通信分公司（以下简称分公司）内设综合部、财务部、人力资源部、市场部、网络部、工程建设部、集团客户部、客户响应中心、渠道运营中心、党委办公室（党群工作部）、工会和纪检监察室12个职能部室，下设巴彦浩特、阿右旗、额济纳旗、吉兰泰、乌斯太及腾格里6个旗区（镇）分公司。其中共分设4个中心和38个班组建制室。2019年，分公司建设投资金额达0.94亿元，纳税额达345万元。完成阿盟首批5G站点的勘察，并开通20个5G站点。

【市场经营】 累计新增份额逾40.00%，存量客户收入保有率同比提升逾11.00%，重点客户保拓率超107.00%。4G网络客户净增逾1.5万户，流量份额超50%。

【信息化建设】 以实现阿拉善盟云网融合为发展方向，推动阿拉善政务云项目落地实施，该项目获2019年中国移动通信集团“百家标杆”奖、全区垂直行业一等奖。借助“智慧阿拉善”建设契机，中标建设乌斯太工业云项目，项目获全区垂直行业组织奖。

【客户服务】 不断加强巡店、考核和业务驻店培训，实现渠道合作积极性和用户业务办理满意度双提升。强化服务协同，加大不知情定制治理，不断完善服务管理机制，通过开展领先工程、阳光行动、削峰行动，客户满意度持续改善。政企客户、营业厅满意度分别较年初改善4%和5.5%，4G客户、家庭宽带客户满意度保持平稳，全年升级投诉下降40%，不知情投诉下降62%，行风纠风考核指标未超管控值。

【网络运维】 持续开展网络结构优化，多频网、FDD/TDD混合组网策略进一步完善。落实核心网指标提升专项攻关活动，VoLTE端到端网络接通率达到99%。物联网质量不断优化，NB-IoT覆盖率超95%。开展超大汇聚节点整治、综合业务接入区优化整治、管道断点整治等工作，PTN成环率高于95%，网络安全性能明显提升。着力提升故障隐患发现能力和重要故障精准定位能力，未发生通信网络重大故障及网络安全事件。

【工程建设】 2G基站达650余个，4G基站达1500余个，蜂窝物联网NB-IoT站达120余个，本地网光缆总长超19500皮长千米，干线总长超1000皮长千米，城域网管道总长超650管程千米。电信普遍服务完成30个4G基站建设，解决了28个偏远地区行政村的4G信号覆盖，助力全盟扶贫工作。

【网络管控】 分公司累计开展网络安全漏洞扫描50余次，有效杜绝网络安全风险。参加网络安全宣传活动，累计发放网络安全宣传材料3000余份。完成公安部统一部署的灵雀2019护网行动、自治区通管局网络与信息安全检查、网信办2019年全盟网络与信息安全专项检查，以及阿左旗公安局信息安全等级保护监督检查等工作，全年无重大安全事件发生。

【宽带建设】 家庭宽带市场份额超50%，家庭增值业务收入逾150万元，同比增幅120%。宽带电视实现内容领先，魔百和付费客户转化率超55%。

（撰稿：张　强　编辑：王延吉）

中国联通

【概　况】 阿盟联通公司辖额济纳旗分公司、阿右旗分公司、吉兰泰营业部、乌斯太营业部。主要向用户提供固网通信、移网通信、互联网及数据通信等业务。全盟设有6个乡镇支局，4个自有营业厅，9支专业队伍，6大类通信维护单元，有从业人员358人，其中合同制333人，劳务派遣25人。

【建维效能】 全年完成投资1014.75万元，4G基站45个、5G基站6套，扩容616个扇区，完成16个小区的宽带接入和改造。交付宽带端口10466个；完成57个政企单位接入工程完成短延工程150个，节省施工费31.7万元，实现企业员工双受益；与电信开通竞合站50套替换退网2G基站20个，激发流量523TB；通过基站拉远、铁塔整合退租、引入自然冷源降温、安装新风设备等措施压降成本180万元，运维成本下降6.59%，成本占收比21.52%，同比改善1.14%。

【客户服务】 围绕“三个一切”的服务理念，优化流程，提高问题解决率，通过总结提炼风险客户案例、建立投诉专业户名单库、一对一跟踪服务，做好客情关系维系、压降投申诉，阿盟联通本着“以客户体验为中心”“以客户满意为目标”的服务理念，贯穿于每个岗位。以客户体验为引领，为网络、业务提供客户感知数据，协助网络、业务部门将有限资源向影响客户感知和有效益的领域聚焦，助力低成本差异化；通过NPS、满意度测评、投诉等大数据，向市场一线提供商机，助力高质量发展。

（撰稿：崔雨杉　编辑：王延吉）

中国电信

【概　况】 中国电信集团有限公司阿拉善分公司（以下简称分公司）成立于2003年2月，6月开始运营。2019年精简机构，设置7个职能部门、1个营业部和3个分公司，分别为综合办公室（工会）、市场部、网络部、财务部、党群工作部、政企客户部、渠道运营部和阿左旗营业部及乌斯太、阿右旗、额济纳旗分公司。2019年共有渠道网点42家，其中自有门店7家、专营门店11家、开放门店20家、店中商4家。

2019年，阿拉善分公司聚焦推进云网融合、DICT、物联网等新兴业务，开展互联网+模式。政企业务特色产品涉及“智慧医疗”“智慧社区”“智慧金矿”“智慧交通”“智慧工地”“智慧校园”等多个领域，较上年同期增长3.33%。探索新的管理模式，精简机构，扎实有效地贯彻执行中国电信划小承包与倒三角服务支撑体系建设工作；优化考核体系转向落实承包责任制，体现承包经营的价值导向；梳理权力清单、优化流程并举，切实为一线赋权，为一线减负、松绑，加快完善倒三角支撑体系，通过划小承包的一系列举措，激发员工活力，提升员工得利水平。

【无线网络建设】 2019年，阿拉善本地网共有室外LTE基站较上年增长29个，在阿左旗、阿右旗、额济纳旗以及乌斯太地区城区的网络平均覆盖率达到98%以上。同时新增扩容4G无线基站扇区110个，提升用户使用中国电信4G无线网络的品质，为阿拉善职业技术学院阿左旗校区投资200万元建设室内分布系统1套，全面有效地保障校园的4G网络的覆盖，同时也为下一步校园5G室内覆盖奠定了良好的基础。

【光宽带小区建设】 2019年，分公司共有宽带FTTH端口数量近4.9万个，包括旗县在内市区的覆盖率在88%以上。

【基础承载网建设】 分公司通过与广电网络公司合作，利用广电网络公司国家普遍服务建设的通信基础资源，投资150万元新建吉兰泰镇至敖伦布拉格镇中继光缆，提升了中国电信阿拉善分公司在阿拉善北部区域的4G网络覆盖能力。

【提速降费】 精准扶持、加快中小企业发展，为中小企业网络开展提速降费工作，标准宽带已提速至100兆，互联网专线50兆以下提速至50兆带宽，50兆~100兆提速至100兆带宽。下半年推出超大流量5G套餐，满足流量高的用户需求；用户线上可以订购香港/澳门包天流量包。陆续清理下线套餐和附属销售品，进一步优化资费规则，减少办理条件，2019年在全渠道推出低门槛、简单阶梯计价、越用越便宜的“无忧卡”套餐。

【携号转网网络及系统建设与调试】 按内蒙古分公司统一部署进行携号转网测试工作，已具备并正式受理“携号转网”业务。

【电信普遍服务】 逐步推进阿拉善乡镇农村的4G网络覆盖，2019年阿盟新增4G基站30个，主要覆盖矿区、乡镇。截至年底，全盟共有4G宏基站248个。

（撰稿：柴　瑛　编辑：王延吉）

商 贸

商 务

【概　况】 阿拉善盟商务局（以下简称盟商务局）主要职责为商贸流通、对外贸易、国际经济合作、外商投资等13项工作。2019年3月机构改革后，局机关内设办公室、市场体系建设科、市场运行和消费促进科、对外贸易科、对外投资和经济合作科5个科室。核定行政编制10个，工勤编2个，在职12人。

2019年，全盟社会消费品零售总额累计实现87.2亿元，同比增长5.0%。据海关统计，全年全盟进出口总额48亿元，同比增长-5.9%，其中出口6.3亿元，同比增长-1.5%，进口41.8亿元，同比增长-6.5%。全年实际利用外资136.42万美元，增幅79.5%。争取专项资金1086.4万元。其中外经贸发展专项资金298.4万元，内贸流通项目资金788万元。

【商贸流通】 投资建成智慧社区运营中心1个、老年日间照料服务中心3个，开展家政、配送、缴费、医疗等便民服务。每一天便利超市开设连锁店26家，采取线上订货、线下配送的模式发展新业态。开元、天盛、万象城等商贸企业增设本地农畜产品专柜，开展会员推送、微信促销，推广销售盟内农副产品。额济纳旗蒙元综合服务有限责任公司获批农畜产品供应链项目建设资金550万元，推动农商互联。新引进“高色”等11个连锁、品牌企业入驻阿盟大型商场开设专营店。额济纳旗首家新零售电商平台运用互联网信息技术、通过线上与线下的深度融合、创新零售商业模式，成为集购物、消费体验、信息传递、社交传播为一体的全新生态链新零售电商平台。

【商贸物流】 顺风、“三通一达”等13家快递物流企业落户阿盟，建立快递网点68个。年内新增快递网点6个，新建快递园区1处，全盟首个标准化分拣处理中心在该园区建成并投入使用。邮政、顺丰、联辉物流购置标准化托盘152个，加快全盟商贸物流标准化建设进度。策克口岸进口肉类指定监管区建成并通过验收，冷链查验和存储一体化设施、冷库制冷设施设备完备。邮政、申通、韵达等快递企业也开通了冷链配送业务。

【电商产业】 建成阿右旗、额济纳旗电商运营中心、乌斯太e生活公共服务中心、腾格里电商运营服务中心。盟内各电商服务站点（斑马驿站、浩悦微信公众号等）与国内知名电商平台合作，开展阿盟特色产品、时令农产品预定活动。年内新设立内蒙古拍石文化科技有限公司，依托互联网开展软件和互联网信息技术服务以及广告、会展、文化服务等经营活动。协调邮政部门，引导快递公司启动“胡杨小蜜 邮政助农”和“居延蜜瓜 顺丰助力”项目，通过电商平台开展前期预售和日常销售，助力蜜瓜销售近4万单、370余吨，带动当地产值240万元。制定印发《脱贫攻坚专项巡视反馈意见整改方案》《电商脱贫攻坚“清零达标”实施方案》，在各旗区开展电商扶贫、普法宣讲、调研等工作。面向旗区、贫困户、农牧民、大学生开展电商、家政服务培训。依托实体企业和旗区电子商务运营中心，对接淘宝、京东等电商平台，推广销售农牧区特色产品，带动贫困户增收脱贫。协助举办腾格里经济技术开发区首届乡村美食节，推广地方特色产品。

【市场运行新举措】 拨付促进内贸流通发展专项资金217万元到各旗区，举办节庆促销活动10次，累计销售总额4080万元。组织市场运行监测和消费升级培训班，旗区、企业共60余人参加。会同市监、科技等部门联合开展农牧区假冒伪劣食品、节日市场、安全生产、单用途商业预付卡、猪肉保供、扫黑除恶、防范化解对美贸易斗争等排查、检查。开展二手车、典当、拍卖等行业管理，落实涉及加油站、典当企业的督查反馈问题整改工作。与发改等部门研究拟定《猪肉市场保障供应情况及储备实施方案》。

【外贸进出口】 2019年，阿盟外贸增速放缓，进出口总额和进口额低于全区平均增速。据海关统计，1—11月，全盟进出口总额45.4亿元，同比增长3.1%，排全区第5位。其中出口5.8亿元，增长3.7%，排全区第6位；进口39.6亿元，增长3.0%，进口增速低于全区8.3个百分点，排全区第8位。

【助力外贸发展】 依托“放管服”改革推进和《中华人民共和国外商投资法》实施，抓实外商投资准入前国民待遇加负面清单管理制度，开展外商投资企业商务备案和注册登记“一口办理”等业务。帮助13家盟内小微出口企业完成出口信用保险投保，争取外经贸发展项目资金293万元，第二届进博会补贴资金5.4万元，使阿盟30家企业受益，新备案进出口企业80家。

2019年，阿盟利用外资同比增幅79.5%。组织企业参加“进博会”“广交会”“加博会”“中俄博览会”“厦洽会”，以及在上海、广州举办的“内蒙古味道”产品展洽等商品展洽活动。阿盟企业在第二届进博会累计意向成交511.8万美元，折合人民币3581万元。

（撰稿：姚德胜 编辑：王延吉）

贸易促进和招商引资

【概 况】 阿拉善盟招商局成立于2013年11月，2016年5月更名为贸易促进局，2016年12月，更名为阿拉善盟贸易促进会（以下简称盟贸促会），2019年11月升格为正处级单位，是盟委领导、行署联系的群团组织。内设综合科、对外经济贸易促进科、项目规划管理科、商事法律服务和展览科4个职能科室。核定事业编制11个，其中管理人员7名、专业技术人员3名、工勤技术人员1名。

【展会展览】 组织阿盟40家企业参加2019首届内蒙古香港绿色农畜产品推介会、2019第四届乌兰巴托·中国内蒙古商品展览会两个境外大型展洽会；主办2019北京世园会阿拉善盟暨额济纳旗主题活动日，承办阿拉善盟2019年招商引资秋季集中签约仪式、2019年额济纳·中蒙（国际）商品展洽会暨中蒙观赏石宝玉石文化旅游节、第二届沙博会沙产业项目招商引资推介对接会，组织参加

2019“一乡一品”国际商品博览会暨第四届全国民族地区发展大会、四川省内蒙古商会阿拉善分会成立推介会等6个境内大型展洽会；组织企业参加常规展洽会12次、推荐企业竞选内蒙古国际商会、内蒙古展览业协会会内职务，累计销售额达3000多万元、参展人次达10万多人次。自治区贸促会分别为2019额济纳中蒙商品展洽会、第三届沙产业博览会拨付专项资金150万元、100万元。

【商法服务】 共办理非优惠原产地证319份，出口金额3186.31万美元（FOB）；办理优惠产地证52份，出口金额538.15万美元（FOB）。办理ATA单证册10份，核销16份。据中国电子口岸ATA管理系统统计，阿盟ATA单证册签证量同比增长900%，在中国贸促会授权的73家签证机构中名列第二。回复印度驻华大使馆关于内蒙古兰太钠业有限责任公司与印度MATRU CHEMICALS公司在进行国际贸易中遭遇网络诈骗案件进展情况。

【招商引资】 2019年，全盟共签约项目83个，协议引资额1528.68亿元，当年开工项目30个，协议引资额161.5亿元。实施招商引资项目111项，引进国内（区外）资金到位93.4亿元，按可比口径计算，同比增长21.2%，引进区外到位资金82.1亿元，同比增长51%，在全区名列第二。其中阿左旗落地项目4个，总投资44亿元；阿右旗落地项目3个，总投资14.2亿元；额济纳旗落地项目5个，总投资12.4亿元；阿拉善高新技术开发区落地项目13个，总投资81.3亿元；腾格里经济技术开发区落地项目5个，总投资9.6亿元。

（撰稿：杨 芳 编辑：王延吉）

海 关

【概 况】 额济纳海关内设办公室、综合业务科、监管一科、监管二科、监管三科、监管四科6个科室，在编关员59人。额济纳海关缉私分局是隶属于呼和浩特海关缉私局的正处级机构，下设办公室、缉私科、法制科3个科室，在编警员10人。额济纳海关辖区范围为阿拉善盟额济纳旗全境，辖区面积11.46万平方千米。所辖策克口岸为中、蒙双边性常年开放口岸，位于中、蒙边境572号界碑附近，2009年1月12日实现常年开放，主要监管商品为进口原煤。

【海关监管】 建立“科技监管+数据分析+人工研判”监管体系，H986使用效能不断提升；金关二期智能卡口系统不断完善，以集报清单推广使用为切入点，在全国陆路口岸率先推行陆路监管作业模式改革，四进四出智能卡口顺利完成切换；“提前申报、卡口验放”新模式投入运行，公路口岸通道卡口智能化水平跻身全国前列；运用视频监控+GPS等建立智能化物流监控体系；实现中、蒙载货清单电子化传输；共监管进出境人员37.46万人次，同比增长2%；监管进出境运输工具27.55万辆次，同比减少7%；监管进出口货物1230.41万吨，同比减少13%。接受硫化钠、二甲基二硫等危险化学品出境申请11774吨；接受出境危包申请共120380件。接受精致工业盐出境申请120吨。退运氟超标煤炭共13批次、348车，总重3.38万吨。查处1起擅自销售未经检验煤炭事件。

【检疫防线】 建立“通道监管+预防演练+联防联控”等重大动植物疫情立体化防控体系，加强非洲猪瘟、鼠疫等疫情防控工作，查获并退运含猪肉成分的肉肠12.2千克；开展禽流感、马铃薯甲虫、鼠疫、蜱虫监测工作，采集蜱虫500只，捕获老鼠90只，均未发现异常情况。

【综合治税】 加强与稽查、关税、缉私、风险等部门的联系配合，加强涉税风险信息共享；发挥后续涉税稽（核）查作用及企业主动披露落实力度，引导企业主动披露运保费低报情事；推动电子支付达到 100%全覆盖、“单一窗口”申报率达到 100%；实现税收入库 7.61 亿元，其中关税 1.33 亿元、进口环节税 6.28 亿元；征收行邮税 19 票，共计 30502 元。

【打击走私】 开展扫黑除恶专项斗争、“国门利剑 2019”联合专项行动、打击洋垃圾走私“蓝天 2019”专项行动、打击“冻品”走私专项行动，严厉打击象牙等濒危物种及其制品走私、农产品走私、涉枪涉毒走私。共侦办刑事案件 3 起，行政案件 40 起，涉案货物主要有驼掌、羊肉、马肠衣、戈壁石、香烟等，案值 8.17 万元，涉税 1.9 万元，罚没收入 0.44 万元。核查额济纳旗公安局扫黑办转交的涉嫌走私线索 1 条，将收到的 2 条涉黑涉恶线索移交策克口岸管委会扫黑办处置。

【提效降费】 采取申报模式改革、流程再造、按日核对放行信息、每周例会等 8 项措施，及时反馈和解决可能影响通关效率的要素和情事，压缩整体通关时间；规定内部办理时限，进出口收发货人注册备案实现当日办结；煤炭实验室顺利通过评审开展进口煤炭法定检验业务，检验时间由 15 天缩短至 4.75 天，压缩检验时间 66%。进口整体通关时间为 16.74 小时，出口整体通关时间为 1.22 小时。2019 年，策克口岸海关监管环节已无收费项目。

【荣　誉】 2019 年，自治区党委宣传部表彰额济纳海关为全区学雷锋活动示范点；自治区直属机关工委表彰额济纳海关监管一科党支部为区直机关先进基层党组织；自治区党委表彰额济纳海关党总支为内蒙古自治区先进基层党组织；额济纳海关获得共青团内蒙古自治区委员会、内蒙古自治区创建青年文明号活动组织委员会表彰的 2017—2018 年度自治区级青年文明号；额济纳海关一级执法员王淑雅获得共青团内蒙古自治区委员会表彰的全区优秀共青团员称号。

（撰稿：刘　彦、屈　尧　编辑：王延吉）

石油供应

【概　况】 中国石油内蒙古阿拉善销售分公司（以下简称分公司）隶属于中国石油内蒙古销售公司，属国有控股企业。以成品油销售为主营业务。机关内设人事综合服务部、财务资产管理部、市场营销运作部、质安工信保障部、党群事务工作部 5 个部室和客服中心、运维中心、配送中心 3 个服务中心。市场营销运作部下设驻宁炼和驻玉炼 2 个驻炼厂办事处。下辖 4 个零售片区。全盟系统内运营加油站 48 座。有职工 443 人。

【生产经营】 超额完成油品销量任务，全年累计销售成品油 19.03 万吨。推进店面优化升级，强化油卡非润一体化营销，实现非油收入和毛利双增目标。

【网络建设】 完成 1 座加油站的收购并改扩建、1 座加油站的改扩建和 9 座加油站防渗改造。通过自主建设和合作建设等方式，在多个苏木镇设置橇装加油站，解决了当地农牧民用油困难。

【安全环保】 通过两级公司 HSE 体系审核和开展春、冬季安全大检查及 HSE 体系审核自查，对发现的问题进行落实整改。在自治区石化院质量抽检中，5 个批次油样全部合格。2 座加油站获得内蒙古自治区“质量诚信加油站”称号。

（撰稿：寇世欣　编辑：王延吉）

烟草专卖

【概　况】 内蒙古自治区阿拉善盟烟草专卖局（内蒙古自治区烟草公司阿拉善盟公司）下辖阿左旗、阿右旗、额济纳旗3个旗级烟草专卖局（卷烟营销部）和乌斯太烟草专卖分局、东风场区烟草专卖分局（卷烟批发部）；机关内设党建群团科、综合办公室、企业管理办公室、人事科、财务管理科、纪检监察科、审计科（派驻办）、安全科、专卖管理科、营销中心、物流中心、内部专卖管监督理科12个职能部门。在阿盟辖区内履行烟草专卖行政管理和烟草专营2种职能。截至年底，有从业人员99人，全盟持证卷烟零售户1377户。

【经济运行】 经济运行质量和效益稳步提升，保持稳中向好的总体态势。实现工挂税利9264万元，超额完成15万元。

【规范运作】 突出重点，推进审计监督，完成捐赠、“三大攻坚战”落实情况跟踪等9个自主实施项目。依法行政，深化法治烟草建设，审查合同33份、招标文件3份、规章制度32件，废止规章制度22件；组织法律培训12期、对外法制宣传21次。

【安全保障】 落实国家局、自治区局安全生产会议精神，围绕全区行业“1234”安全管理工作要求，制定安全生产责任清单，将责任逐一分解落实到每个岗位、每位员工。围绕行业构建一体化“数字烟草”的总体要求，推进安全管理信息化建设。落实安全源头防范和风险防控，强化卷烟仓储等重点部位的安全管控，开展各项安全检查和隐患排查治理，年内自治区局检查和盟局各类自查中提出整改建议86条，整改完毕84条，其余2条正在整改中，实现全年交通安全责任零事故，重大责任零事故，重大信息安全责任零事故。

【公益事业】 全盟烟草行业共捐赠17.128万元，用于各项社会公益活动。其中，向腾格里经济技术开发区孪井滩学校和幼儿园捐赠15万元，帮助改善教学基础设施。

（撰稿：曾雪娇　编辑：王延吉）

供销合作

【概　况】 阿拉善盟供销合作社为参照公务员法管理事业单位。内设办公室、财务科、业务科、农村牧区经济组织指导科4个职能科室。编制12个，在职11人。本级社有企业6个。

【主要经济指标完成情况】 2019年，实现销售总额54166万元，较上年同期增长3.61%；利润总额2107万元，较上年同期增长4.36%；总资产50067万元，较上年同期增长9.32%；所有者权益（资产减负债）35393万元，较上年同期增长7.79%。

【参与实施乡村振兴战略】 按照实施乡村振兴战略的总要求，发挥组织体系健全、经营服务网点众多、熟悉农村牧区、了解农牧民、连接城乡的独特优势，积极培育农牧业产业化龙头企业和领办、创办农牧民专业合作社，提升农牧业社会化服务层次和水平，引导小农牧户与现代农牧业发展有机衔接。发挥供销合作社经营服务网络健全，产业类别和经营主体众多的优势，打造产业融合发展的新载体新模式，构建供销合作社农村牧区一、二、三产业融合发展新体系。以阿左旗温都尔勒图镇漫水滩绿色粮油原料生产加工基地作为经验复制推广联系点，鼓励按照“龙头企业+合作社+基地+农户”的模式，推进一、二、三产业融合发展。

【综合改革】 编制“新农村现代流通服务网络工程”（2020—2025 年）规划。2019 年，争取综合改革资金 66 万元。拓展为农服务领域，“车轮上的供销社”先进经验在系统内外获得赞誉。

【农资经营网络建设】 打造乡村绿色生态服务体系，参与农村牧区人居环境整治行动，推进化肥农药使用量负增长，引导系统农资企业提高化肥和农药利用率，扩大新型肥料的销售。系统内农资经营网点 17 个，覆盖全盟主要农区。2019 年，累计销售各类化肥 10338 吨，同比减少 29 吨。受用肥结构调整的影响，新兴肥料销售增长，有机肥销售 1184 吨，同比增长 13.2%；传统肥料销售 9154 吨，同比下降 9.8%。化学农药类销售 11.2 吨，较上年同期下降 0.14 吨。

【农畜产品流通】 开展农村牧区假冒伪劣食品专项整治活动，助力构建农村安全优质食品供应体。2019 年，全系统农畜产品购进 29445.71 万元，同比增长 16.03%；销售 21714.38 万元，同比下降 19.38%。组织收购“白中白”羊绒 30 吨，收购额 1080 万元。

【日用品经营网点建设】 充分发挥各旗日用消费品配送中心作用，利用互联网、便民连锁超市、流动服务车的形式，为农牧民提供日用消费品及生产物资，实现线上线下服务。日用消费品配送网点达 147 个，覆盖 102 个嘎查，受益农牧民 2.8 万余人。

【再生资源回收利用网络建设】 培育再生资源龙头企业，建设再生资源回收利用体系，参与农牧业生产废弃物资回收利用。2019 年，全系统再生资源销售额 19327 万元，同比增长 26.5%。以农膜和农药包装物回收为切入点，在阿左旗巴润别立镇、查哈尔滩和额济纳旗达来呼布镇等有条件的基层社、农资经营网点开展废弃包装物集中回收。

【农村牧区电子商务网络建设】 全力打造“地标性沙漠农畜产品上行+苍天圣地旅游服务模式”。线上对接全国总社“供销 e 家”平台，线下依托“供销 e 家”电商体验店和新建的 1000 平方米仓储物流中心，加快“前台多样化、后台一体化”电商模式，全力打造全盟供销 e 家一张网。在额济纳旗建成基层电商综合服务网点 1 个，订购“乡村第三屏”系统 24 套。把“供销 e 家”为农牧民综合服务延伸到农村牧区最前沿，成为供销系统服务“三农三牧”和解决“最后一公里”问题的有力抓手。开展电商扶贫，在阿右旗供销社电商服务中心和阿左旗“供销 e 家”电商体验店设置扶贫专柜，在“供销 e 家”网站设立扶贫专区，推广贫困地区特色农畜产品。

【基层组织】 对全盟 9 个已建薄弱基层供销社按照五有（有牌子、有班子、有队伍、有办公场所、有经营服务项目）标准进行规范建设，组织上报自治区级标杆社 1 个。推进全盟供销合作社系统农牧民专业合作社规范健康发展，结合国家和自治区开展的农民专业合作社“空壳社”专项清理行动，对因经营不善停止运行的 7 个专业合作社进行清理。截至年末，全盟系统内专业合作社共有 38 个。对运行良好专业的合作社积极引导扶持，发展农资供应、农畜产品购销、种植、养殖、加工及旅游等产业，打造合作社特色产品品牌，组织上报自治区示范社 3 个。推进综合服务社建设，开展星级社创建工作。2019 年，综合服务社增加 4 个，共有 38 个，全部达到星级社标准，组织上报五星级综合服务社 3 个。支持综合服务社开展农资供应、农畜产品收购、日用消费品经营、农村合作金融等社会化服务，提升综合服务能力。

【社有企业】 推进社有企业改革发展，落实社有资产出资人代表职责，进一步规范社有资产的监管工作。充分发挥系统内龙头企业作用，助农增收。截至2019年末，全系统共有社有企业18个，全资、控股、参股企业占企业总数的77.8%。瑞禾公司按照“龙头企业+合作社+基地+农户”的模式打造绿色农畜产品的种植、加工基地，初步形成产业融合发展格局。

【荣 誉】 12月11日，额济纳旗供销合作社获中华合作时报社、中华全国供销合作总社共同授予的“金扁担改革贡献奖”称号。

（撰稿：王 黎 编辑：王延吉）

财政　税务

财　政

【概　况】 阿拉善盟财政局（以下简称盟财政局）是盟行政公署负责财政收支、预算编制、政府非税收入管理、行政事业单位资产管理以及执行国家、自治区和盟委、行署财税政策等工作的综合经济部门。2019 年 3 月 25 日，设立中国共产党阿拉善盟财政局（国有资产监督管理委员会）委员会，撤销盟财政局党组。

2019 年，局机关有在职干部职工 72 人，离退休干部 40 人，内设办公室、党建办公室、预算科、国库科、债务管理科、行政政法科、教科文科、社保科、农牧业科、绩效管理和监督科、综合科、自然资源和生态环境科、资产管理科、条法税政科、政府采购科、会计科、金融外经科、经济建设科；设有机关党建办公室，负责机关（系统党工委、机关党委、党总支、党支部）及所属事业单位的基层党组织建设工作，承担党风廉政建设、反腐败工作、意识形态、宣传思想文化工作以及统战、群团工作，指导所监管企业的党建工作。局属二级单位 5 个：阿拉善盟财政信息科研中心，事业单位，编制 7 个，科级职数 1 正 1 副；阿拉善盟财政资产管理中心，事业单位，编制 7 个，科级职数 1 正 1 副；阿拉善盟财政投资评审和绩效监督中心，事业单位，编制 7 个，科级职数 1 正 1 副；阿拉善盟社会保障资金管理中心，事业单位，编制 5 个，科级职数 1 正；阿拉善盟国库收付中心，参公单位，编制 11 个，科级职数 1 正 2 副。

【财政收支】 2019 年，全盟地方财政总收入累计完成 57.35 亿元，同比增加 10.06 亿元，增长 21.3%。其中，全盟一般公共预算收入累计完成 28.74 亿元，完成年初预算的 103.2%，同比增长 18.3%，增幅位列全区第二位。一般公共预算收入中税收收入占比 76.9%。

2019 年，全盟一般公共预算支出首次突破百亿元，完成 112.1 亿元，同比增长 14.6%，不断调整和优化财政支出结构，集中财力保障“三保”、三大攻坚战、重点项目建设等重点支出。

【财政调控】 围绕高质量发展目标，发挥财政宏观调控职能作用，通过“增”“稳”“减”激活微观经济活力。“增”的方面，大力争取上级资金，强化投资拉动。争取各类转移支付资金 73.28 亿元，同比增加 14.05 亿元，增长 23.72%，支持补短板稳投资。“稳”的方面，拨付就业补助资金 0.9 亿元，对各类就业困难群体分类施策，通过职业技能培训、求职补贴、就业见习补贴、创业担保贷款贴息等多种方式促进就业创业，提高政策实施的精准度和覆盖面。“减”的方面，2019 年，全盟累计减税降费 8.1 亿元，其中减税 6.9 亿元，降社保费

1.2亿元，分别占到全口径税收收入和社保费收入的13.4%和7.2%，直接降低企业税费成本，提升企业盈利水平。

【部门节支】 坚持“保工资、保运转、保基本民生”的根本原则，做到有保有压，严格控制超出财力范围的项目，硬化预算约束。在一般性支出管理方面，印发《关于贯彻落实过紧日子要求 加强和规范预算管理的通知》，从严压减一般性支出，严控“三公”经费。2019年，全盟一般性支出7.36亿元，同比下降21.1%；“三公”经费支出0.51亿元，同比下降10.6%。在暂付款消化方面，坚持底线思维，印发《关于进一步严格地方财政暂付性款项管理的通知》，严格控制增量、逐步消化存量，2019年，统筹消化暂付款18.37亿元；当年新增暂付款严控在同级财政一般公共预算和政府性基金预算支出之和的5%以内，近10年盟本级首次实现没有新增暂付款。在政府采购方面，以规范采购行为为重点，压缩政府采购规模，提高资金节约率。2019年，全盟政府采购预算规模16.99亿元，较上年压缩8.88亿元，通过政府采购实际支出15.85亿元，较上年减少9.66亿元，节约资金1.14亿元，资金节约率达6.7%。

【民生资金保障】 1月14日，盟民政局会同盟财政局联合下发紧急通知，确定一次性生活补贴的范围和标准。补贴范围是特困供养人员、孤儿、事实无人抚养儿童、中华人民共和国成立前入党老党员、城乡低保对象及当年享受过医疗和临时救助的城乡低保边缘家庭。补贴标准是特困供养人员、孤儿、事实无人抚养儿童每人1500元；中华人民共和国成立前老党员每人3000元；城乡低保家庭中重病、重残人员每人2000元，其他人员每人1000元；低保边缘家庭中重病、重残家庭每户3000元，其他家庭1500元。截至1月18日，全盟共为困难群众发放一次性生活补贴资金340.75万元。其中，特困供养人员107人，发放资金16.05万元；孤儿12人，发放资金1.8万元；事实无人抚养儿童12人，发放资金1.8万元；中华人民共和国成立前老党员1人，发放资金0.3万元；城乡低保家庭中重病、重残人员492人，发放资金98.4万元，其他人员1579人，发放资金157.9万元；低保边缘家庭中重病、重残家庭108户，发放资金32.4万元，其他家庭214户，发放资金32.1万元。

全力兜牢“三保”底线，全年民生支出占一般公共预算支出比重达75.3%。落实就业补助资金0.6亿元，支持高校毕业生、零就业家庭等重点人群稳定就业。落实各类教育资金8.79亿元，完善统一城乡义务教育经费保障机制，提升职业教育和普通高中办学水平；专题调研巴彦浩特地区幼儿入公办园难的问题，向盟委、行署建言献策。拨付财政困难群众救助补助资金0.33亿元，提升城市和农村牧区特困人员基本生活供养标准，最大限度保障困难群体基本需求。拨付资金2.04亿元，支持全盟保障性安居工程建设、老旧小区改造、厕所革命等，改善群众居住条件。

【财政基础管理】 优化绩效管理。全盟选取61个2018年预算项目进行绩效评价，强化绩效评价结果在预算编制中的反馈和应用，将绩效目标审核作为项目支出预算的前置条件，对纳入绩效考核的项目全部进行绩效目标审核。2018年，阿盟绩效管理工作在全区综合考核中获得第二名。

加强投资评审。全盟完成财政性投资评审项目1355个，评审项目总投资55.2亿元，审定投资48.6亿元，审减不合理投资6.6亿元，综合审减率达11.9%。

税政工作。推进税式支出统计评估，落实税收优惠政策，支持全盟产业结构调整，落实税收地方立法调研和税政改革成效分析，2019年，阿盟税式支出统计工作被评为全区优秀。

预决算公开。统一时间、方式和内容，公开全盟各级政府“四本预算”，督促全盟除涉密单位外的306个部门公开2019年度部门预算，319个一级预算单位公开2018年度部门决算。

【财政改革】 调整完善体制机制。盟行署印发《阿拉善盟基本公共服务领域盟与旗区共同财政事权和支出责任划分改革实施方案》，推进盟与旗区在义务教育公用经费保障、基本公共卫生服务等10个方面财权事权改革，理顺盟与旗区财权事权关系。

财政管理改革。印发《全面实施预算绩效管理的实施意见》，推动建立全方位、全过程、全覆盖的绩效管理体系。

国库集中支付电子化建设。有效提高工作效率和资金安全性；推进“互联网+交易服务”改革，构建全盟一体化公共资源交易体系；稳步实现政府会计制度改革，统一预算会计制度，解决原制度体系各自独立、口径不一问题。

【国有资产监督管理】 国有资产使用效率。出台盟本级行政事业单位国有资产配置标准，按照效率优先、资源共享、经济适用、保障急需、严控增量的原则，促进行政事业单位资产科学合理配置，推动建立资产共享共用机制；明确国有资产处置范围、处置方式、处置程序及权限等要求，依法依规处理资产，全年处置和报废国有资产5567宗，账面价值5015.38万元，实现处置收入505万元并上缴国库。

国有企业考核机制。将资产负债率纳入国有企业年度经营业绩考核范围，将降杠杆、减负债成效作为企业考核评价重要内容，有效降低企业举债风险；参考全区国企负责人综合考核评价系数并结合阿盟实际，调整盟直属国有企业负责人薪酬考核办法，负责人薪酬直接与企业效益挂钩，激励负责人提高企业经营业绩，做大做强企业。

国有企业市场化运营。盟交通投资有限公司与盟云峰道桥有限责任公司、盟公路工程有限责任公司采用混合所有制形式购买阿右旗树贵盐湖；盟矿产能源投资有限公司通过出让股权方式，对阿右旗石窝子3区探矿权开展合作勘查，稳妥有序开展混合所有制改革和股权多元化。

【会计事务】 会计专业资格考试。2019年度，全国会计专业技术初级资格考试阿盟考区共报名1408人，同比增长16.8%，完成缴费1353人，打印准考证1091人。全盟共设1个考点，安排了8个批次考试，参加考试863人，比上年增长24.5%，按打印准考证人数计算出考率为79%，考试合格145人，合格率16.8%。比上年提高了1.5个百分点。2019年度，全国会计专业技术中级资格考试阿盟考区共报名参加的考生480人，其中中级会计实务433人，参加考试198人，缺考235人，出考率为45.7%；财务管理377人，参加考试162人，缺考215人，出考率为43%；经济法442人，参加考试205人，缺考237人，出考率为46.4%。综合参考率为45%。比上年提高2.68个百分点。考试合格24人，合格率13%。

明确旗（区）代理记账资格审批监管权限。按照属地管理原则，将阿拉善高新技术产业开发区、腾格里经济技术开发区、乌兰布和生态沙产业示范区的代理记账执业资格审批权限交由阿左旗管理，有效解决三区在民政部无行政区划代码，从而无法登陆全国代理记账管理系统进行资格审批的问题。

加强对代理记账机构的监管力度。盟财政局（国资委）组织所属各旗区财政局开展代理记账机构审核和网上备案工作。截至2019年末，阿盟各旗区财政部门共审批代理记账机构17家，其中阿左旗 11 家、额济纳旗 2 家、阿右旗 1 家、阿拉善经济开发区 2 家、腾格里经济经济技术开发区 1 家，会计从业人员共计 63 人，为全盟 387 家中小企业提供代理记账服务。

会计人员信息采集。盟财政局（国资委）印发《阿拉善盟财政局关于开展全区会计人员信息采集的通知》，通过各种媒体、信息平台发布信息采集公告，最大范围告知广大财务人员按期进行采集。截至 2019 年末，阿盟共采集会计人员信息 3963 条。

珠心算比赛。2019 年 8 月 12—14 日，阿盟选拔 3 名选手在乌兰察布市参加内蒙古第十二届珠心算比赛，取得学生 B 组团体第三名和个人第三名的成绩；阿左旗第一幼儿园老师曹秀珍获得优秀教练奖。

【国有企业】 盟本级所属国有企业分为直属国有企业和部门管理的国有企业 2 类。截至 2019 年末，全盟共有 55 家国有企业（不含子公司，下同），盟本级 20 家国有企业，各旗区 35 家国有企业。盟直属国有企业 6 家，分别是：盟基础设施建设投资经营有限公司、盟文化旅游投资有限公司、盟矿产能源有限公司、盟交通投资有限公司、盟水务投资有限公司，盟金融发展有限公司。上述直属国有企业均由盟行署授权盟财政局（国资委）履行出资人职责管理。部门管理企业 14 家，除环境保护科学研究所外，其他均为交通部门所属企业。2019 年，全盟 55 家国有企业资产总额 539.25 亿元，国有资本权益总额 255.18 亿元。盟本级 20 家国有企业，资产总额 189.34 亿元，国有资本权益总额 75.1 亿元。

【荣　誉】 11 月 22 日，自治区财政厅通报 2018 年度盟（市）财政部门预算绩效管理工作考核情况，阿盟以综合考核得分第二名的成绩获评优秀。

（撰稿：张　浩　编辑：王延吉）

税　务

【概　况】 于 2018 年 7 月，原阿拉善盟国家税务局和原阿拉善盟地方税务局合并成立国家税务总局阿拉善盟税务局，2018 年国税地税征管体制改革后，承接原阿拉善盟国家税务局和原阿拉善盟地方税务局的全部业务工作。主要负责阿拉善盟范围内 16 个税种、6 个费种、7 项政府基金的征收管理工作。国家税务总局阿拉善盟税务局有内设机构、事业单位 22 个、派出机构 3 个，所属（下辖）税务机构 5 个、税务分局（所）16 个，共管理各类纳税人 31499 户。全盟税务系统共有正式在编干部职工 675 人，公务员 650 人、事业人员 6 人、工勤 19 人。

【减税降费】 实施大规模减税降费政策，是 2019 年党中央、国务院根据国际国内经济发展形势做出的重大政策。2019 年前 11 个月，全盟累计新增减税降费 8.1 亿元，其中减税 6.9 亿元、降费 1.2 亿元，分别占到税收收入和社保费收入的 13.4%、7.2%。特别是民营经济全年累计获得减税 4.7 亿元，占全部新增减税的 68.1%，民营企业受惠面超过 96%，民营经济成为政策落地受益最大的群体。统计数据显示，前 10 个月全盟规模以上工业企业主营业务收入同比增长 16%，利润总额同比增长 14.1%，企业经营成本明显下降，减税降费激发市场活力，改善营商环境的效应初步显现。

【税费收入】 2019 年，全盟税务系统组织各项税费收入 715494 万元，同比增收 132021 万元，增长 22.6%。其中，税收收入 515892 万元，同比增收 89300 万元，增长 20.9%；社会保险费收入 165530 万元，同比增收 31028 万元，增长 23.1%；非税收入完成 20508 万元，同比增长 4584 万元，增长

28.8%；其他收入13564万元，同比增收7109万元，同比增长110.1%。此外，海关代征完成62842万元，同比下降12.8%。出口退税2769万元，同比下降131.3%。

按自治区口径：全盟税务系统中央级收入完成209138万元，同比增收37564万元，增长21.9%，地方级收入完成306754万元，同比增收51736万元，增长20.3%。

按地方政府口径：地方一般公共预算收入完成231860万元，同比增收33525万元，增长16.9%，完成盟行署下达全年公共预算收入目标（22.7亿元）的102.1%，超收4860万元，占全盟一般公共预算收入的比重为80.6%。

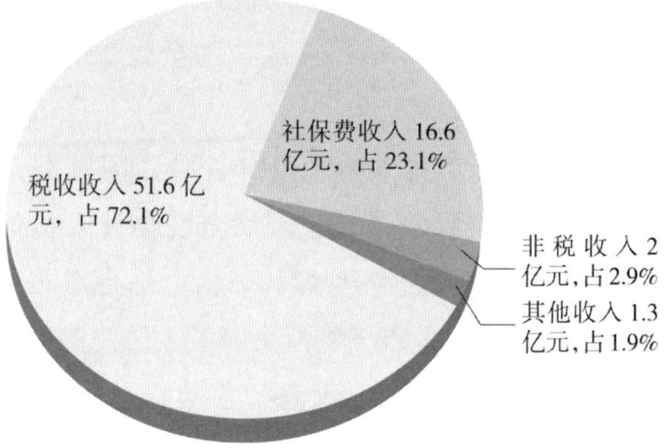

图1 2019年税务系统各项收入完成情况图

2019年12月税（费）种组织收入情况表

表13 单位：万元、%

收入项目	本月			累计			
	本月入库数	同比增长额	同比增长率	累计入库数	同比增长额	同比增长率	占合计项比
税费收入（含海关代征）	64016	19559	44.0	778336	122822	18.7	0.0
税收收入（含海关代征）	41830	17224	70.0	578734	80101	16.1	0.0
一、税务部门组织税费收入	60357	23558	64.0	715494	132021	22.6	100.0
（一）税务部门组织税收收入	38171	21223	125.2	515892	89300	20.9	72.1
其中：中央级收入	14490	8325	135.0	209138	37564	21.9	40.5
地方级收入	23681	12898	119.6	306754	51736	20.3	59.5
1. 国内增值税	22062	13148	147.5	266943	45493	20.5	51.7
2. 国内消费税	243	23	10.5	4980	168	3.5	1.0
3. 企业所得税	1918	2114	0.0	85688	38562	81.8	16.6
4. 个人所得税	1731	-152	-8.1	16619	-13192	-44.3	3.2
5. 资源税	5207	4468	604.6	49583	13447	37.2	9.6
6. 城镇土地使用	1623	431	36.2	14695	-7199	-32.9	2.8
7. 城市维护建设税	1102	125	12.8	13247	1031	8.4	2.6
8. 印花税	530	-53	-9.1	5113	62	1.2	1.0
9. 土地增值税	897	706	369.6	5538	1870	51.0	1.1
10. 房产税	377	-159	-29.7	11491	-311	-2.6	2.2
11. 车船税	447	-35	-7.3	4489	-160	-3.4	0.9
12. 车辆购置税	1008	541	115.8	8765	392	4.7	1.7

续表 13

收入项目	本 月			累 计			
	本月入库数	同比增长额	同比增长率	累计入库数	同比增长额	同比增长率	占合计项比
13. 烟叶税	0	0	0.0	0	0	0.0	0.0
14. 耕地占用税	434	-382	-46.8	13730	6612	92.9	2.7
15. 契税	556	426	327.7	5407	1090	25.2	1.0
16. 环境保护税	-4	-3	0.0	8997	3798	73.1	1.7
17. 其他税收	40	25	166.7	607	-2363	-79.6	0.1
（二）社会保险费收入合计	18497	1699	10.1	165530	31028	23.1	23.1
1. 企业职工基本养老保险费	8508	514	6.4	67522	1250	1.9	40.8
2. 城乡居民基本养老保险费	467	215	85.3	1964	-31	-1.6	1.2
3. 机关事业单位基本养老保险费	3407	203	6.3	38450	24830	182.3	23.2
4. 职工基本医疗保险费	4546	733	19.2	45322	4073	9.9	27.4
5. 城乡居民基本医疗保险费	664	91	15.9	2487	326	15.1	1.5
6. 失业保险费	421	64	17.9	4033	527	15.0	2.4
7. 工伤保险费	313	-160	-33.8	4070	-145	-3.4	2.5
8. 生育保险费	171	39	29.5	1682	198	13.3	1.0
9. 其他社会保险费	0	0	0.0	0	0	0.0	0.0
（三）非税收入合计	2113	296	16.3	20508	4584	28.8	2.9
1. 教育费附加	653	-106	-14.0	7611	458	6.4	37.1
2. 地方教育附加	594	264	80.0	4130	1314	46.7	20.1
3. 文化事业建设费	0	0	0.0	36	7	24.1	0.2
4. 税务部门罚没收入	10	-22	-68.8	164	-132	-44.6	0.8
5. 残疾人就业保障金	14	-160	-92.0	1919	439	29.7	9.4
6. 水利建设基金	842	320	61.3	6648	2835	74.4	32.4
7. 废弃电器电子产品处理基金	0	0	0.0	0	0	0.0	0.0
8. 大中型水库移民后期扶持基金	0	0	0.0	0	0	0.0	0.0
9. 可再生能源发展基金	0	0	0.0	0	0	0.0	0.0
10. 陆上石油矿区使用费	0	0	0.0	0	0	0.0	0.0
11. 煤炭价格调节基金	0	0	0.0	0	-337	0.0	0.0
12. 其他	0	0	0.0	0	0	0.0	0.0
（四）其他收入合计	1576	340	27.5	13564	7109	110.1	1.9
1. 工会经费收入	444	64	16.8	4657	713	18.1	34.3
2. 职业年金	1132	276	32.2	8907	6396	254.7	65.7
二、海关代征进口税收	3659	-3999	-52.2	62842	-9199	-12.8	0.0
（一）增值税	3659	-3999	-52.2	62842	-9199	-12.8	0.0

续表 13

收入项目	本月			累计			
	本月入库数	同比增长额	同比增长率	累计入库数	同比增长额	同比增长率	占合计项比
（二）消费税	0	0	0.0	0	0	0.0	0.0
出口退税	-168	-5	3.1	-2769	-1572	131.3	0.0
1. 退增值税	-168	-5	3.1	-2769	-1572	131.3	0.0
2. 退消费税	0	0	0.0	0	0	0.0	0.0

说明：税务部门组织税费收入和税务部门组织税收收入不含海关代征，未扣减出口退税

2019 年 12 月地方一般公共预算收入情况表

表 14　　单位：万元、%

收入项目	本月			累计			
	本月入库数	同比增长额	同比增长率	累计入库数	同比增长额	同比增长率	占合计项比
地方一般公共预算收入	17480	7622	77.3	231860	33525	16.9	100.0
一、税收收入	16636	7841	89.2	221092	32736	17.4	95.4
1. 国内增值税（35%）	7742	4625	148.4	93449	15943	20.6	42.3
2. 企业所得税（30%）	576	634	0.0	25530	11405	80.7	11.5
3. 个人所得税（30%）	519	-48	-8.5	4987	-3957	-44.2	2.3
4. 资源税（35%）	1822	1563	603.5	17355	4708	37.2	7.8
5. 城镇土地使用税（100%）	1623	431	36.2	14695	-7199	-32.9	6.6
6. 城市维护建设税（100%）	1102	125	12.8	13247	1031	8.4	6.0
7. 印花税（100%）	530	-53	-9.1	5113	62	1.2	2.3
8. 土地增值税（100%）	897	706	369.6	5538	1870	51.0	2.5
9. 房产税（100%）	377	-159	-29.7	11491	-311	-2.6	5.2
10. 车船税（100%）	447	-35	-7.3	4489	-160	-3.4	2.0
11. 烟叶税	0	0	0.0	0	0	0.0	0.0
12. 耕地占用税（100%）	434	-382	-46.8	13730	6612	92.9	6.2
13. 契税（100%）	556	426	327.7	5407	1090	25.2	2.4
14. 环境保护税（65%）	-3	-1	0.0	5849	2470	73.1	2.6
15. 其他税收（35%）	14	9	180.0	212	-828	-79.6	0.1
二、非税收入	844	-219	-20.6	10768	789	7.9	4.6
1. 教育费附加（100%）	653	-106	-14.0	7611	458	6.4	70.7
2. 地方教育附加（30%）	177	77	77.0	1238	393	46.5	11.5
3. 文化事业建设费	0	0	0.0	0	0	0.0	0.0
4. 税务部门罚没收入	0	-30	0.0	0	-201	0.0	0.0
5. 残疾人就业保障金（100%）	14	-160	-92.0	1919	476	33.0	17.8
6. 水利建设基金	0	0	0.0	0	0	0.0	0.0

续表 14

收入项目	本月			累计			
	本月入库数	同比增长额	同比增长率	累计入库数	同比增长额	同比增长率	占合计项比
7. 陆上石油矿区使用费	0	0	0.0	0	0	0.0	0.0
8. 煤炭价格调节基金（100%）	0	0	0.0	0	-337	0.0	0.0

说明：表中（）中所注比例为各税费种地方一般公共预算收入分成（包括盟市、旗县、乡镇）比例，其他税收为营业税

【税费收入特点】 减税降费政策落地，税收增速“高开低走”，增幅排名位居全区第3位。从全区看，阿拉善盟税收收入增速20.9%，高于全区平均增速（8.8%）12.1个百分点，增速仅慢于兴安盟（38.6%）、乌海市（28.0%），列全区各盟市第3位。

深化增值税改革对第二产业税收影响突出。制造业税收快速增长，第三产业多个行业税收出现负增长，公共管理、社会保障和社会组织减收明显。2019年，第二产业税收收入增长35.8%，比上年同期提高20个百分点。第三产业税收完成158433万元，下降2.9%。

减税对税收增收影响较大，主体税种增幅明显回落。2019年，受深化增值税改革和《促进民营企业经济高质量发展若干措施》等政策影响，国内增值税完成266943万元，增长20.5%，比2018年同期回落2.8个百分点；个人所得税受两步改革叠加影响完成16619万元，下降44.3%，比2018年同期回落65.4个百分点；财产行为税中的房产税、土地使用税受小微企业普惠性减税和民营企业减税政策影响，分别完成11491万元、14695万元，下降2.6%、32.9%，连续两年呈下降态势；耕地占用税在清缴历年京新高速公路临时占用耕地税的拉动下，完成13730万元，增收6612万元。

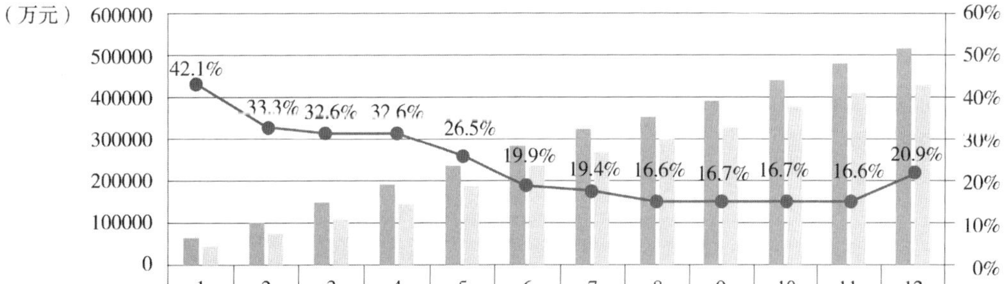

	1	2	3	4	5	6	7	8	9	10	11	12
2019年税收收入（万元）	64620	98988	14483	18681	23240	27810	32226	34926	38563	43872	47772	51589
2018年税收收入（万元）	45498	74276	10922	14084	18366	23197	26981	29957	33057	37585	40964	42659
同比增长（%）	42.1	33.3	32.6	32.6	26.5	19.9	19.4	16.6	16.7	16.7	16.6	20.9

图2 2019年税收收入统计图（累计数）

经济开发区税收收入增速快于三个旗县地区。高新技术开发区、孪井滩示范区分别完成税收163680万元和7519万元，增长63.2%和30.2%，增速明显高于三个旗县（阿左旗4.7%、阿右旗

11.8%和额济纳旗8.5%）。

社会保险费收入规持续扩大。2019年，社会保险费收入持续保持两位数增长，完成165530万元，增长23.1%，收入规模较上年增加31028万元，各月累计增速保持在两位数以上。

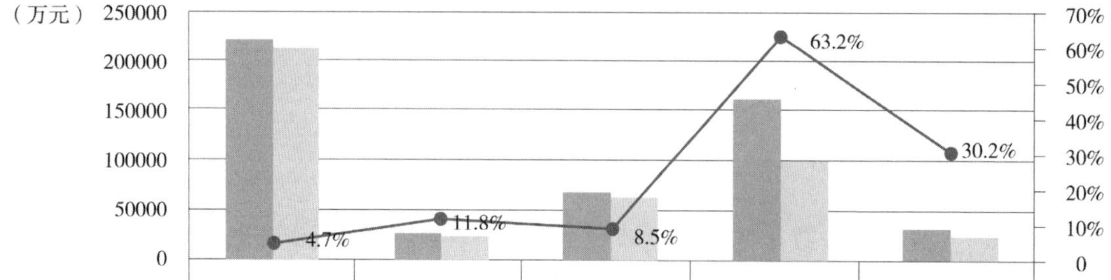

	阿左旗税务局	阿右旗税务局	额济纳旗税务局	高新技术开发局税务局	李井滩示范区税务局
2019年税收收入（万元）	222912	27258	69635	163680	32407
2018年税收收入（万元）	212847	24391	64152	100314	24888
同比增长（%）	4.7	11.8	8.5	63.2	30.2

2019 税收收入　2018 税收收入　● 增幅

图3　2019年全盟税收收入分征单位完成情况对比图

非税收入、其他收入均保持增长。2019年，非税收入、其他收入均实现增长，分别增收4584万元和7109万元，增长28.8%和110.1%。其中，残疾人就业保障金因本年征期收尾和新增核实管户影响，同比增收439万元，增长29.7%，工会经费和职业年金分别完成4657万元和8907万元，同比增收713万元和6396万元，增长18.1%和254.7%。

减税效应带动经济增长。2019年，全盟新增减税降费8.1亿元，其中，新增减税6.9亿元，新增降社保费1.2亿元，分别占到税收收入和社保费收入的13.4%和7.2%。民营经济累计获得减税4.7亿元，占全部新增减税的68.1%，成为政策落地受益最大的群体。统计数据显示，1—10月，全盟规模以上工业企业主营业务收入同比增长16.0%，利润总额同比增长14.1%，减税降费进一步降低了企业税费成本，巩固了供给侧结构性改革成本成效，直接提升了企业盈利水平，带动经济增长。

【税收法治】 全面推进依法行政，严格规范税收执法。成立依法行政相关领导小组和工作委员会，推进规范重大行政决策程序，提高决策质量和实效。全面推行“三项制度”，优化税务执法方式，进一步规范税收执法事前、事中、事后各环节的程序要求，强化税收规范性文件的合法性、合规性和公平竞争审查及备案工作。规范重大税务案件审理，2019年达到重大案件标准的案件8件，审理终结8件。全面推行法律顾问制度，统筹推进公职律师制度，规避法律风险，严格依法行政。对税务人员、纳税人、青少年等不同群体，开展不同形式有针对性的学习培训，已办理各类培训33次，4100人次参加。结合典型案例组织干部到法庭旁听案件审理4次。扎实开展法律“六进”系列活动。在乡村开展法律知识有奖竞答，在社区开展社保条例等法律宣传8场次，在企业开展减税降费等法律法规培训及座谈会18场次，在机关开展个人所得税及相关税收政策培训4次，在学校开展税法辅导进校园咨询活动 13 次。

【税收政策落实】 截至年底，共为 3 万户纳税人减免税款财产行为税 14251 万元，其中普惠性减免税政策减税 2014 万元，促进民营经济发展减免税 6685 万元，其他政策减免 5552 万元。

在货物和劳务税方面，截至 2019 年 12 月 31 日，全盟享受小微企业免征增值税政策的纳税人 985 户，免征增值税 1452 万元。按照纳税人选择由增值税一般纳税人转登记为小规模纳税人的有 161 户。自 2019 年 4 月起深化增值税改革政策实施以来，共有 2377 户纳税人实现减税，覆盖 97% 的一般纳税人，累计净减税 32598 万元。截至 2019 年 12 月 31 日，因调整增值税税率政策为 2214 户一般纳税人减税，累计减税 32351 万元；因深化增值税改革配套措施累计减税 455 万元。

在所得税方面，支持西部大开发、高新技术、小微企业和改善民生的良好发展，截至 2019 年 12 月底，全盟共计减免企业所得税 3.23 亿元、个人所得税 9782 万元。

在出口退税方面，截至 2019 年 12 月底，全盟共有 12 户企业累计申报、审核、办理退（免）税额 2767 万元，其中退税额 1762 万元，免抵调库 1005 万元。同比增加 1562 万元，增幅约 130%。

【税政管理】 严格落实消费税各项政策，加强行业基础管理，对烟草、白酒行业加强日常管理；对金银首饰、电池涂料行业进行全面梳理；对成品油企业重点监控，对全盟范围内的成品油生产企业和经销企业经营资质、生产流程、设备装置、成品油发票的使用情况等进行初步规范。进行《中华人民共和国车辆购置税法》专题培训和宣传，继续落实新能源汽车免税政策、挂车减税等车辆购置税税收优惠政策。加强对增值税抵扣凭证的审核检查，通过增值税防伪税控比对认证失控发票，防范增值税发票风险。加强对新登记一般纳税人和存在风险一般纳税人在发票领用方面的严格控管，并对新办小型商贸企业和 D 级纳税人实行辅导期管理。进一步加强发票领、用、存、销管理。

2019 年度，盟税务局共计管辖企业所得税管户 7464 户，应参加企业所得税汇算清缴户数 6064 户，汇算面为 100%。企业所得税核定征收管理方面，截至 2019 年 12 月 15 日，盟国税局共管辖企业所得税核定征收企业 1114 户，占企业所得税总管户的 14.86%，均符合核定征收相关规定进行管理，未发生违规实行核定征收，错误适用应税所得率等问题。分岗分责做好地方税费改革立法各项工作，开展《中华人民共和国耕地占用税法》、契税立法前期调研，为立法工作提供修改意见。在落实减税降费政策的同时，狠抓到期优惠政策及环保税、煤炭资源税税率变动等政策的落实，做到该减的减，该征的征。

【税收风险管理】 风险识别分析。建立大数据应用指挥中心，实现业务集中会诊、需求全面反馈，有效解决“任务多头下、数据多处跑、口径不统一”的问题。依托各业务系统，实时筛选税收数据，为业务部门提供有效的数据服务，全年筛选提取各类数据 230 余万条，识别风险疑点 929 条，风险识别命中率保持 100%。采取预应对核实疑点 125 户，形成盟级风险任务 46 户；2019 年，共向稽查部门推送高风险疑点 27 户次，经查实存在虚开增值税发票风险 17 户次，涉及开票金额共计 1.85 亿元；对总局、区局下发的风险任务进行递进分析 48 户次。

风险任务统筹管理。2019 年，共接收、统筹并推送各项风险任务 4595 户次，对总局、区局下发的 10 个单户任务风险指标进行分析研判，共扫描排除风险疑点 237 条，有效避免单户风险进一步扩大，改善纳税人申报数据质量。

风险应对成效。截至年底，全盟风险应对成效总计11311万元，风险管理成效贡献率2.27%。数据管理成效显著。全区共提取金税三期（以下简称“金三”）系统问题数据19批次684条，阿盟仅5条，数据质量良好，居全区前列。共完成来自各部门数据应用需求25批次，累计提取各类数据796640条，形成数据表62张，为各业务管理部门提供有效的数据服务。实现数据扎口管理。按要求统筹数据核实工作11批次，发布通知7次，整合或减并数据处理任务2批次，逐步形成上下一体的数据处理、核查、反馈工作模式。

执法入户工作。对各部门执法入户情况进行备案，定期对规范执法入户情况和工作成效进行汇总通报。年内，开展入户检查103户，包括税务稽查49户，其他风险核查54户。

大数据和“一体化”管理。以大数据应用指挥中心为核心，集中统筹风险、数据、业务等工作，建立“一个中心，三个集中”工作机制，强化聚合协同效应，提升分工协作效能，实现税务“一体化”管理新模式，有效加强风险、数据、业务问题的统筹管理，畅通盟局与基层局实时沟通交流渠道，统一处理业务问题。年内，共组织召开业务例会10次，参会人员超350人次，收集解决基层各类业务问题55条，统筹召开各类专项会议6次，与基层讨论数据业务10批次。

综合治税工作。利用“阿拉善盟综合治税平台”，加强与生态环境局、自然资源局、水务局、住房与城乡建设局等部门的联系，提取相关数据43613条。

【纳税服务】 开展以“新税务·新服务”为主题的“便民办税春风行动”，2019年全年共推出12项28条便民办税服务措施。建立多元化办税渠道，与邮政部门合作，便利发票领取配送，推行增值税电子发票，实现“线上申领、线上分配”，减少发票领用时间。大力推广电子税务局，开展自然人电子发票互联网代开试点，拓展网上办税功能，实现纳税人主要涉税业务“一网通办”，全年纳税人通过电子税务局办理纳税申报260741笔，申报率达到95%以上。税服务平台的推广运用走在自治区前列，通过群直播培训纳税人3328人次，企业激活率达到91%。开展深化“放管服”改革百日提升活动，编写涉税常见业务办税指南，全力推行办税事项“最多跑一次”清单，实现70%以上涉税事项一次办结。实施同城通办，打破办税服务的区域限制，通过数据信息互通、前台后台贯通、内部外部联通，使纳税人可以在同一城区自主选择办税服务厅办理涉税业务。加强纳税人权益保护，制定《纳税服务投诉工作机制》和《提升纳税人满意度任务清单》，明确盟旗两级税务部门责任，从政策规范落实、便捷办税服务、持续规范执法、增强廉洁自律等4个方面，采取14条措施畅通纳税人投诉处理渠道。全年受理区局转办“12366”工单141笔，意见建议6条，投诉6笔，已全部办结，进一步优化营商环境。

【征收管理】 截至2019年12月31日，全盟税务系统共有管户31499户，比上年增长21.98%，其中，企业8308户、个体22330户、行政事业单位、社会团体等其他管户861户。

【税务稽查】 截至2019年12月31日，稽查部门组织各类检查查补入库税款、滞纳金、罚款共计5038.35万元。其中立案检查46户，查补入库1781.38万元；组织纳税人自查16户，自查入库3256.97万元。

完成本级重点税源企业和重点行业“双随机”工作。全年通过“双随机平台”抽取立案检查企业10户，催缴入库以前年度欠缴税费收入629.12万元。查结上级部门移交3户涉税企业案件，查补入库税（费）款、滞纳金146.8万元。

开展打击虚开骗税两年专项行动。立案检查企业18户，涉及发票2438份，金额23694.35万元，税额3188.28万元，查补税款及滞纳金1535.25万元。向公安机关移交8起案件，公安机关已逮捕犯罪嫌疑人4人，网上追逃1人，投案自首1人。协查工作有序开展。向下游受票方税务机关发出委托协查函19件，涉及增值税发票1022份，金额9988.43万元，税额988.15万元，选票准确率为100%。

依法治税成效。2019年通过“双随机平台”抽取立案检查企业10户，并通过办税厅、内网及门户网站进行公开公示。年内公布符合条件的税收“黑名单”企业9户。进一步推进税警协作，年内召开全盟税警联席会议2次，四部门双打工作视频会议2次，推动形成四部门尤其是“税务+公安”有效合作的新格局。

【国际税收管理】 开展“税收服务‘一带一路’宣传活动”，做好政策宣传和辅导，密切关注境内关联交易和跨境关联交易，加强关联申报审核，健全“管理、服务、调查”反避税防控体系。积极完善“走出去”企业基础信息，做到数据准确、底数清楚。截至2019年12月10日，阿盟共有“走出去”企业6户，对外投资国均为蒙古国，主要集中在策克口岸地区，以煤炭进口企业为主。

【大企业税收】 大企业纳税服务。组织全盟税务系统大企业纳税遵从与税务执法风险培训班，召开“减税降费 共享共治”税企交流座谈会，签订《税收遵从协议》，开展减税降费、税收优惠等最新政策的专题培训。贯彻落实税务机关首席联络员制度。为总部在本地的千户集团及扩围企业、自治区级列名企业和盟市级列名企业建立分户式档案，实现“一户一档一策”，制定《阿拉善盟税务局第一税务分局大企业一户一档一策管理办法》。

大企业风险管理。完成风险分析应对户数80户（其中通过风险预评排除疑点纳税人29户），全年分析应对税款5835万元（其中入库税款及滞纳金3181万元，暂应对完成未入库税款2654万元），调减增值税留抵税额2.86万元，调增应纳税所得额7906万元。按月开展大企业直报附报快报工作。参与完成全区煤炭行业风险指标模型的建设工作，盟税务局局风险指标模型建设工作小组建立的24个指标模型得到自治区局领导的高度评价。顺利完成全区风电行业风险指引工作。编撰全区《风力发电行业税收风险分析指引》和《行业税收风险防控手册》。抽调23人次配合区局大企业局完成调研、指标模型先行先试、大企业平台建设等12项工作。

【税收信息化建设】 金税三期运维。完成核心征管软件、防伪税控、增值税发票管理系统2.0版、增值税发票电子抵账系统的运维工作。

数据支撑。为局内各单位、部门提供数据抽取、分析、统计66次。应用数据对全盟自助办税终端进行全面调查分析，对在用的26台自助办税终端进行规范。

“TI税务智能管理平台”建设。成国地税收入数据并轨与管户数据比对工作。推出税收管理员、征管数据质量板块，加快报表平台建设，完成日常报表数据化生成26张。将盟税务局TI税务智能管理平台陆续整合开发到全区大数据平台之上。截至年底，初步完成收入、管户、纳服、法制、税收管理员5个桌面板块的适应性移植开发，以及收入、管户、纳服3个管理大屏的技术性升级开发。

推广微信办税排队预约。以云端服务为纳税人提供便捷服务，完成微信办税排队小程序的开发并在阿左旗政务大厅、阿左旗24小时自助办税厅、阿右旗办税厅、额济纳旗办税厅部署，解决办税大厅的堵点。自该小程序上线以来，累计22968人次的纳税人通过该小程序叫号办理大厅业务，其中微信预约2629人，微信排队20339人。

推广“诺尔红”石材管理平台。“诺尔红”石材管理平台已覆盖诺尔公地区全部25家花岗岩采矿企业、41个矿口，登记承运户534人/户，运输车辆568台，覆盖吉兰太地区石材加工企业39户，行业用户总计387人。年度计量矿山企业出货36569单，销售石材1236410.5吨。

推动普及互联网电子发票平台。以技术驱动纳税服务手段升级，协同百旺公司开发点下户代开平台，完成阿左旗、阿右旗、额济纳旗等5个地区局端税控设备的调试与集中配置工作，制作系统操作手册，在“金三”系统新建特定征收部门、代开“金三”账号并进行关联设置，完成代开发票61张。

【绩效管理】 精心编制，及时优化7.0版绩效指标。落实区局相关减负要求，指标优化完善后共20项、51个考点，较年初下发的指标减少14项、23个考点，减幅达41%。制发《区局考评盟市局半年时间节点监控表》，及时督促各部门按时完成绩效指标，按期保质完成考评任务。

稳妥推进数字人事扩围上线工作。按照区局统一部署和要求，完成信息核对、数据修改、权限配置、宣传动员、系统初始化等数字人事扩围前准备工作，制定下发实施方案，7月1日，阿盟税务系统数字人事正式扩围上线。

【督察内审】 年内对5个基层征管局开展税收执法督察（两个录入系统），对一个基层税务局开展内部财务审计。完成日常税收执法督察。发现8类18个问题，涉1606户次纳税人，涉税金额109.38万元。开展减税降费工作督察督导工作，对辖区内36家从事涉税服务中介机构借减税降费服务巧立名目乱收费情况排查整治督察。对风险内控管理平台减税降费317条疑点数据中无法联系和放弃减免的21户纳税人41条涉税数据全部进行复查、督察督办。将扫黑除恶线索内部排查与“一案双查”管党治党工作结合进行，对6户扫黑除恶疑点线索进行了内部执法排查工作，对稽查移交3户重大案件启动专案督察。

对内部控制监督平台数据进行清理，认真核对新系统初始化信息并按时完成系统并库初始化及测试工作。通过内控管理系统内指标进行远程督察。从内控平台筛选可运行77个指标，通过案头分析，选取11个指标疑点数据进行应对。已确认过错数555户次，已整改242户次，补缴税费1942283.89元，加收滞纳金163305.26元，退税1739.25元。运用内控风险防御系统（RED系统）风险预警功能，做好事前事中风险防范。已推送操作业务事前提醒5407次，错误操作阻断事中风险266次，系统推送事后风险985条，办结率达100%。

【荣　誉】 1人获得全区税务系统优秀共产党员称号，1人获得全区税务系统优秀党务工作者称号，1个支部获得全区税务系统先进基层党组织称号。全系统获得盟级以上集体荣誉16项27个单位，其中国家级2项2个单位、自治区级9项15个单位、盟级4项10个单位；全系统获得盟级以上个人荣誉21项146人次，其中国家级4项6人次，自治区级10项60人次。

（撰稿：胡开礼　编辑：王延吉）

金　融

中国人民银行

【概　况】 中国人民银行阿拉善盟中心支行（以下简称阿盟中心支行）隶属于中国人民银行天津分行和中国人民银行呼和浩特中心支行管辖。阿盟中心支行内设办公室（党委办公室）、货币信贷管理科、金融稳定科（反洗钱）、调查统计科、会计财务科、支付结算科、科技科、货币金银科、国库科、内审科、人事科（党委组织部）、征信管理科、外汇管理科、宣传群工部、纪委监察室、保卫科16个科室（部门），下设阿拉善右旗支行和额济纳旗支行。在职员工170人。

2019年12月末，全盟人民币各项存款余额386.62亿元，同比增长9.06%；人民币各项贷款余额367.49亿元，同比降低2.57%。全盟金融运行总体平稳。

【金融支持】 把做好金融精准扶贫特别是金融支持产业扶贫工作作为守初心、担使命的重要载体，按照“精准扶贫、精准脱贫”的基本方略，全力推动金融支持产业扶贫工作提质增效。截至12月末，扶贫再贷款余额2.7亿元，年累放3.7亿元。运用扶贫再贷款引导法人金融机构支持农牧民专业合作社、农牧业产业化龙头企业和其他涉农企业49家，支持农户（含已脱贫人口）228户，撬动3家法人机构发放涉农领域贷款62.92亿元。将金融支持产业扶贫作为工作主要着力点，重点在提升产业扶贫成效上下功夫，做好“两权”及“活体牲畜”抵押贷款工作。12月末，耕地抵押累放259笔，金额6516万元；草牧场抵押累放208笔，金额2781万元；活体牲畜抵押牛、育肥牛6458头，贷款余额7355万元；骆驼2562峰，贷款余额708.03万元。落实结对帮扶责任，帮扶额济纳旗哈日布日格德音乌拉镇守土固边的牧民打筒井一口2万元，全行干部职工自发为38户牧民捐款2万元用于购买抗旱饲草料。

【金融安全与稳定】 关注重点领域、重点地区的金融风险，建立问题机构名单制度，对资本充足率低于2%的问题投保机构持续开展早期纠正工作。牵头妥善应对金融风险突发事件，顺利完成辖内3家银行业金融机构大额债权转让与收购工作。自5月24日，人民银行、银保监会联合接管包商银行以来，包商银行阿拉善分行各项业务经营正常，营业网点秩序井然。密切关注辖区金融机构流动性状况，及时依法提供必要的流动性支持。截至12月末，全盟银行业不良贷款余额21.5亿元，不良贷款率5.85%，较年初下降7.43个百分点；地方法人金融机构不良贷款余额5.45亿元，不良贷款率

3.7%，较年初下降1.56个百分点。完成2018年度金融稳定报告，开展全盟金融机构综合评价工作。推动辖区反洗钱协调机制建设，开展2018年度反洗钱分类评级工作。

【外汇管理与服务】 落实外汇管理改革政策，持续促进贸易投资自由化便利化，推进地区外汇市场良好发展。推进跨境资本流动“宏观审慎+微观监管”两位一体管理机制，防范跨境资本流动风险，维护外汇市场稳定。优化窗口服务，促进外汇管理政务服务规范化。稳步推进跨境人民币业务持续健康发展。截至12月末，阿盟外汇收支总额67408.54万美元，上年同期69205.99万美元，同比下降2.6%。全盟跨境人民币业务收付合计26.9599亿元，收支相抵净支出为25.6021亿元，支出占比97.48%。

【金融服务与管理】 持续改善农牧区支付环境，开展农村支付产品创新和服务推广，全盟共有助农金融服务点32个，办理取款、转账、汇款、消费等支付业务。金融科技建设扎实推进。货币发行管理能力进一步增强，确保辖区现金供应。国库资金安全运行，辖区电子缴税率为98.46%。完成盟本级和阿左旗国库集中支付电子化上线和相关配套制度制定工作。持续完善征信体系建设，开展信用村、信用户创建活动，推动农村牧区信用体系建设；开展征信“千企万户”纾困行活动；推进信用与融资的有效对接，纾困中小企业融资难、融资贵问题。截至12月末，完成小微企业纾困任务191户，授信贷款总额119142.05万元。个体工商户完成纾困464户，授信贷款总额19898.09万元。推动金融征信服务“放管服”工作，于10月8日在阿盟政务服务大厅正式开通征信报告自助查询服务，实现全区首家在政务服务大厅开通个人信用报告自助查询服务。

（撰稿：邱　黎　编辑：王延吉）

银行保险业监督管理

【概　况】 阿拉善银保监分局（以下简称分局）主要负责对阿盟辖内银行保险业金融机构业务活动进行监督管理。分局内设办公室、统计信息与风险监测科、普惠金融科、大型银行监管科、中小商业银行监管科、保险机构监管科、人事科、纪委办8个职能科室，下辖额济纳、阿右旗2个监管组。在编人员39人。

【市场乱象整治】 全年共对辖内6家银行业机构开展现场检查，发现问题37个、涉及金额49.24亿元，提出监管意见101条，督导机构自查问责393人次，经济处罚276.19万元。

【信用风险化解】 资产质量进一步夯实，各银行业机构逾贷比均控制在100%以内。不良贷款处置力度进一步加大，不良贷款余额和占比大幅下降，不良贷款余额较年初下降28.61亿元，不良率下降7.33个百分点，降至5.85%。

【高风险农村合作社处置】 按照“一社一策”“专人盯防”“精准打击”的原则，落实《阿拉善盟高风险农村合作金融机构三年处置规划（2018—2020年）》，明确职责，分解细化工作措施，按季考核。加强与地方政府和自治区联社对接和沟通，争取地方政府和自治区联社支持和参与，加快高风险机构处置的步伐。辖内2家高风险社，1家提前一年实现摘帽；1家实现盈利，平稳运行，不良贷款余额下降0.84亿元，不良率下降11个百分点。积极稳妥做好包商银行接管工作，依规做好农村中小金融机构同业兑付工作，尽可能保全3家农小机构同业资金安全。

【大额风险管控】 提升集中度风险管控水平，制定压降计划，降低客户授信集中度，防范系统性风险。对同业客户超比例的机构，要求其按照三年过渡期各时段指标要求，逐步调整业务模式，分散同业资产，逐步达标；对关联客户超比例问题，要求制定风险暴露大额贷款三年压降规划；对贷款集中度超比例机构，要求其制定压降计划，限时整改。全盟农村中小金融机构全年压降贷款集中度超比例客户 5 户，金额 2.29 亿元，成效较为明显。

【交叉性金融风险管控】 严控同业风险，要求各机构加强交易对手和同业资金的管理，落实存放同业不出省，在实施名单制管理的基础上实行交易承诺制，并加强业务合规性检查，确保存放同业合规，不存在其他指定用途。全盟农村中小金融机构存放同业较年初下降 14%，存放同业占资产总额较年初降低 5.5 个百分点。严控投资业务和票据风险，继续实施名单制管理，明确除阿拉善农商行外其他农小机构不得开办各类投资业务以及票据承兑汇票业务，阿拉善农商行只可投资标准化理财产品，非标理财和票据承兑汇票业务只降不增，到期必须收回。年末，阿拉善农商行签发银行承兑汇票余额较年初减少 0.99 亿元，下降 28%。

【严防流动性风险】 要求各机构严格执行《商业银行流动性风险管理管理办法》，督促农合机构与自治区联社签订流动性支持协议，2 家村镇银行与发起行签订流动性支持协议，提高整体流动性支持能力。指导机构每季度开展一次流动性压力测试，每年开展一次流动性风险应急演练。建立头寸监测制度，做到高风险社五天监测，其他机构按旬监测。全盟农村中小金融机构流动性比例均高于 27%预警指标。

【保险业监管】 通过逐一摸排，形成要素齐全的机构概览，并组织开展车险乱象整治工作，及时采取监管措施，有效树立监管权威。

【重点项目支持】 推动银行保险业机构盘活存量，优化增量，加大信贷资金供给，持续支持重点领域、重大项目和重要在建工程。支持盟内确定的旗区供热、供水、电力建设、棚户区改造以及旅游、医疗卫生等重点建设项目 35 个，项目贷款余额达 95.12 亿元。

【金融服务】 年末，农村中小金融机构全部完成普惠性小微企业“两增”目标，非法人机构小微企业信贷计划完成率 307.19%，缓解小微企业融资难融资贵问题。农、林、牧、渔业贷款较年初增长 1.4%，高于各项贷款增速 3.91 个百分点。持续助力打好脱贫攻坚战，发放扶贫小额信贷余额 0.14 亿元，支持建档立卡贫困户 438 户。小微企业贷款平均利率降低 0.06 个百分点，全年累计为企业减免利息、评估、登记等费用 0.22 亿元。

【农村中小金融机构改革】 全方位推进农村中小金融机构内控合规建设，督促农村中小金融机构将党的领导与公司治理有效对接。规范和提升农村中小金融机构公司治理。针对 2 家联社“两会一层”不健全问题，向内蒙古自治区联社发出监管意见。年内，2 家高风险社“两会一层”配备齐全。推进农小机构股权托管，阿左旗方大村镇银行与内蒙古股权交易中心签订托管协议，确权工作有序推进。积极向内蒙古银保监局申报“多县一行”试点。针对阿左旗黄河村镇银行资本充足率触发预警问题，向发起行吉林敦化农村商业银行下发补充资本的监管意见，要求其切实履行发起行职责，加快补充资本。

【银行保险业服务和监管】 现场检查。全年开展现场检查14项，发现违规问题95个，涉及违规金额69.79亿元。针对发现的违规问题，督促机构严肃内部问责，共问责责任人403人次，处罚金额277.09万元。

非现场监管。督促中行召开债委会会议及主要债权行研讨会议，推进太西煤集团风险化解；加强数据质量管理，针对个别机构未完成小微企业信贷计划问题，约谈主要负责人并下发监管意见；针对2018年非现场报表迟报、错报情况，下达非现场监管报表事项警告单。加强非现场监管报表审核与监测分析等工作，完成监管报告及汇总报告。做到按月监测普惠型小微企业贷款投放和信贷计划完成情况，按季监测重点项目信贷投放、政府债务风险等，非现场监管质效不断提升。

EAST系统科技赋能功能。设计运用EAST模型31个，核实问题金额185.17万元，首次使用EAST系统核实保险机构7.42万元疑点问题金额。

消费者权益保护。分局全年共处理消费者投诉咨询事项19件，同比下降68%。

【荣　誉】 分局被银保监会授予“全国金融模范职工之家”称号。

（撰稿：张菊梅　编辑：王延吉）

工商银行

【概　况】 2019年，中国工商银行股份有限公司阿拉善盟分行（以下简称工行盟分行）内设办公室、人力资源部、个人金融业务部、对公金融业务部、普惠金融事业部、信贷与投资管理部、运行管理部、内控合规部、金融科技部9个部室，直属中心3个，即银行卡中心、实物管理中心、财务管理中心。辖属支行7家，分布于盟内三旗一区。设立于阿左旗的支行有巴彦浩特新城支行、巴彦浩特城西支行、巴彦浩特新浩特支行和东城财富广场支行；同时在阿右旗、额济纳旗阿拉善高新技术开发区分别设立1个分行。全行共有在职员工256人。

【支持盟内重点企业】 2019年，工行盟分行先后与盟行署、阿拉善高新技术产业开发区、腾格里开发区签订战略合作协议，与园区内重点企业签订合作意向书。在煤炭企业普遍存在市场恶化、周转困难的不利局面下，对隆昌煤矿、鑫钰煤炭2家企业在压降部分贷款本金的情况下，办理贷款展期，助力企业正常经营。同时，为辖内有贷户完成年度评级授信工作，共完成评级客户18户，授信客户15户；为中盐集团新增授信；为中盐集团、中盐氯碱、兰太实业等企业发放7笔流动资金贷款；为内蒙古公路交通投资发展有限公司办理融资再安排5笔；为阿盟盛世水务公司发放1笔流动资金贷款；为巴音新能源投放银团贷款。

【惠普金融发展】 2019年，按照央行定向降准普惠口径统计贷款较年初增长1939万元，完成全年任务的193.39%；按照银监普惠口径统计贷款较年初增长4140万元，完成全年任务的414%，当年新发放贷款不良率为零。

【履行金融精准扶贫责任】 2019年，工行盟分行完成阿盟融资担保有限公司准入的相关工作。为提升金融精准扶贫工作开展进度，收集阿盟腾格里经济开发区多户存档立卡贫困户合作社及个体工商户资料，拟通过信贷资金支持，帮助实现精准脱贫。

（撰稿：苗　元　编辑：王延吉）

中国银行

【概　况】 中国银行股份有限公司巴彦浩特分行（以下简称中国银行巴彦浩特分行）属于中国银行内蒙古自治区分行领导，内设综合管理部（含办公室、人力资源、党务工作、工会、安全保卫、后勤服务)、财务管理部、公司金融部、个人金融部、渠道与运营管理部、风险管理部、监察部、不良清收办公室、营业部9个部门;银行卡中心、普惠金融服务中心和信息科技中心3个业务中心。辖支行8家(含营业部),其中巴彦浩特镇设6个支行,分别为营业部、贺兰山支行、额鲁特支行、东城支行、和硕特支行、土尔扈特支行;乌斯太镇、额济纳旗分别各设1个支行。全行在岗员工153人。

【业务发展】 截至2019年12月,中国银行巴彦浩特分行人民币一般性存款时点余额32亿元,日均余额30亿元;外币一般性存款时点余额470万美元,外币一般性存款日均余额824万美元;人民币各项贷款时点余额为26.06亿元;非利息净收入2758万元。

【化解不良资产风险】 2019年,共计核销不良贷款本金15.1亿元,不良风险防控工作取得明显成效,不良贷款余额和不良贷款率实现"双降",确保合规经营。

(撰稿:彭钰娟 编辑:王延吉)

农业银行

【概 况】 中国农业银行股份有限公司阿拉善分行(以下简称农行阿盟分行)辖属机构11个,其中一级支行6个,即阿左旗支行、阿右旗支行、额济纳旗支行、巴彦浩特支行、乌斯太支行;二级支行6个,即吉兰太支行、通和支行、安居支行、新浩特支行、民生支行、源盛支行;机关内设14个部门,即公司业务部、个人金融部、计划财会部、运营管理部、风险部、个人信贷部、信用卡中心、科技与产品管理部、办公室、人力资源部、纪委办公室、内控与法律合规部、安全保卫部,现金中心。全行共有员工245人。

【资金筹集】 全年以"春天行动""激情仲夏""赢在金秋"三大活动为抓手,强化存款营销,继续保持同业竞争优势。截至年末,各项存款、各项贷款余额分别为58.37亿元、67.71亿元。

【信贷支持】 支持重点项目重点企业发展。2019年,支持基础设施建设、产业转型升级和旅游等重点项目、重点客户,全行信贷结构持续优化,年内,投放阿左旗棚户区改造项目贷款3亿元、腾格里水务一般固定资产贷款0.43亿元,投放兰太、中盐等企业短期流动资金贷款11.51亿元。年末,全行各项贷款增加2.45亿元。

支持民营小微企业发展。全面畅通小微企业线上线下融资渠道。年内,普惠金融贷款较年初增加4866万元,完成监管口径、央行口径普惠金融贷款"两增两控"目标。同时,引进自治区农担、鼎新2家担保公司,方案项下投放贷款18笔、金额5820万元,新增民族医院等26户小微企业。截至年末,农行阿盟分行民营企业贷款194260.9万元,占法人贷款35.05%;户数58户,占比为82.86%。在支持个体工商户方面,开展"金融支持妇女发展行动计划""金融支持青年创业行动计划"专项助业行动。与15名女企业家达成意向,累计投向妇女主体贷款512户,金额3564万元;确定团银推荐支持客户226户,发放217户、贷款金额9314万元。

个贷投放。加大"随薪贷"、"网捷贷"、农民进城"安家贷"等特色产品营销,通过线上和线下协同作业方式,带动城镇经营消费。12月末,全行城镇零售个人贷款余额41322万元,为四大行存量市场份额第一位。响应国家及地方"去库存"政策,通过与住建局部门沟通,配合开展阿左旗棚户区改造资金监管工作，较好地为拆迁户提供个人住房贷款和其他金融服务。

【服务“三农”】 脱贫攻坚金融支持。全覆盖走访全盟建档立卡贫困户1376户，授信484户、授信金额1509万元，用信客户379户、贷款金额1116万元。

精准扶贫产业金融支持。年末，全行产业扶贫贷款投放33300万元，通过与中盐、兰太、华祥农产品三家企业签订三方合作协议，带动精准扶贫建档立卡贫困户16人。

支持“三农三牧”业务。年末，全行农户贷款余额达36875万元，较年初增加2846万元，其中“惠农e贷”余额达19649万元，较年初增加12600万元，农户贷款覆盖嘎查190个，覆盖率达97.49%，农户贷款客户渗透率达45.54%。

【经营效益】 截至年末，分别实现主营业务收入、拨备前利润、拨备后利润、净利润、中间业务收入24750万元、17285万元、3541万元、2441万元、5036万元。

【基础管理】 稳步推进“双基管理深化年”活动，开展“三化三无”“三化三铁”“三化三达标”创建，全面推进“三线一网格”管理，内控评价等级为二类A级，外汇等级考核结果达到A级。坚决打好防范化解重大风险攻坚战，落实重点企业信用风险化解。在“控新”方面，做实潜在风险客户名单制管理，对重点客户风险客户实施风险化解。2019年，通过“再融资”“期限调整”“品种调整”“利率下调”等措施对暂时出现经营困难的客户化解信用风险；在“降旧”方面，在全行开展不良资产清收处置攻坚战，全力推进不良贷款企业核销、清收工作，全力维护地方金融稳定。

（撰稿：黄彦军　编辑：王延吉）

农业发展银行

【概　况】 2019年，中国农业发展银行阿拉善盟分行（以下简称农发行阿盟分行）内设办公室、客户业务部、信贷与风险管理部、计划财会部、信息科技部5个部门。全行在册员工41人，在岗员工24人。

【金融扶贫】 通过粮食收储、旅游扶贫和城乡一体化建设等信贷产品，支持贫困地区脱贫，实现精准发力。截至年末，扶贫贷款余额2.41亿元，占全行贷款11.30%，较年初增加2.31亿元，完成区分行下达的扶贫任务164%。

【粮油信贷业务】 全力支持粮油储备业务，推进市场化收购。截至年末，粮油收储贷款余额2.78亿元，累计投放贷款4281万元，累计收回贷款6142万元。中央储备及轮换、国家临储贷款余额1.74亿元，累计投放贷款905万元；地方储备及轮换贷款余额8358万元，累计投放贷款1376万元；商品粮收购贷款余额2000万元，累计投放贷款2000万元。

按照“去库存”和粮食轮换要求，完成国家临储玉米价差亏损挂账和588万千克地方储备玉米、540万千克地方储备小麦的轮换工作。支持市场化收购，向粮油购销公司发放2000万元玉米收购扶贫贷款。

【小微企业信贷投放】 2019年，农发行阿盟分行坚持“政策导向、示范引领、择优支持、风险可控”的要求，严格执行民营小微企业金融扶持政策，迅速营销，快速推进，向小微企业发放其他畜牧业短期扶贫贷款600万元。

【中长期项目金融支持】 发放额济纳旗 1.4 亿元林业资源开发与保护中长期扶贫贷款，扫除林业贷款的空白点。完成阿拉善高新技术开发区 9800 万元生态环境建设与保护中长期贷款投放工作，不仅为服务内蒙古地区生态优先、绿色发展和实现农发行业务转型发展做出贡献，同时也为农发行阿盟分行业务发展打开新的突破口。

【基础设施贷款】 截至年末，支持棚改项目 4 笔，贷款余额 10.79 亿元；支持集中供热项目 1 笔，贷款余额 7500 万元。

【贷款风险防控】 2019 年，阿盟地区整体经济形势下滑，个别企业因项目收益未按预期实现，加之地方财力匮乏，导致还本付息困难，本息收回均在逾期 60 天内完成。为缓释贷款风险，农发行阿盟分行提前谋划布局，综合运用还款计划调整和展期等手段，帮助企业暂渡难关。

（撰稿：张 萍 编辑：王延吉）

建设银行

【概 况】 2005 年，阿拉善经济开发区设立建设银行乌斯太支行，归乌海分行管辖；2011 年，巴彦浩特镇设立阿拉善支行，归乌海分行管辖；2015 年末，乌斯太支行并入阿拉善支行，建设银行阿拉善支行恢复二级分行独立建制，管辖权由乌海分行交由建设银行内蒙古区分行直属。建设银行阿拉善支行本部设在阿盟巴彦浩特镇，设有 3 个部门：个人金融部、公司业务部、综合管理部。阿拉善支行下辖 2 个营业网点，分别为营业部和乌斯太支行。另设离行式自助 3 个。截至 2019 年底，建设银行阿拉善支行在岗人员 46 人，其中副处级领导 1 人、正科级领导 3 人。

【对公金融业务】 存款余额 7.49 亿元，较年初新增 0.88 亿元；完成区分行计划的 123%。贷款余额 36.2 亿元，较年初减少 8.4 亿元，主要是核销贷款、压缩高经济资本客户占用及回收小微企业贷款，贷款结构逐步优化。年末不良贷款余额 3.44 亿元，较年初减少 5.68 亿元，贷款不良率由年初的 20.46%，下降为 9.55%，实现不良贷款额和不良贷款率双降。国际结售汇业务量 372.94 万美元，国际收支业务量共计 361.92 万美元。国际收支客户新增 5 户，对公外汇账户新增 2 户，跨境 e+新增 1 户。

【个人金融业务】 个人存款时点余额 2.96 亿元，新增 536 万元，完成计划的 10.7%。

【小微企业金融服务】 发放小微企业贷款 1997 万元，完成区分行下达目标的 133.12%。

【包商银行托管】 向包商银行汇总提交指导监督工作底稿 4 份，针对风险分类、押品管理等方面提出建议；对印章、财务事项、授信放款等事项进行监督审批；协同包商银行规范财务管理，提升降本增效的意识和能力；对包商银行风险苗头高度重视，及时反馈托管组；重点围绕抓存款、压不良，督促经营计划的完成，督促落实综合进攻计划。

（撰稿：张 燕 编辑：王延吉）

保险行业协会

【概 况】 2019 年，全盟辖区产、寿险主体共 16 家（含 1 家县支公司），按月进行数据统计的主体 16 家，共实现保费收入 12.43 亿元，比上年同期增加 0.9 亿元，同比增长 7.80%。

9 家财产险公司保费收入 4.88 亿元，比上年同期增加 0.49 亿元，同比增长 11.26%，占行业保费收入的39.28%，其中车险收入2.92亿元，非车险收入1.96亿元。非车险收入中，企财险保费收入2863.30万元，家财险保费收入67.87万元，货运险保费收入393.78万元，工程险保费收入332.20万元，信用险保费收入104.57万元，保证险保费收入14.15万元，意外险保费收入1465.38万元，责任险保费收入2955.05万元，健康险保费收入2224.71万元，农险保费收入9164.42万元，其他保费收入40.66万元。

参与数据统计的7家人身险公司保费收入7.55亿元，比上年同期增加0.41亿元，同比增长5.67%，占行业保费收入的60.72%，人身险保费收入中个险业务、团险业务和银邮代理业务保费收入分别达到6.8亿元、0.12亿元和0.63亿元。

2019年，全盟产险和寿险累计支付赔款和给付3.12亿元，比上年同期增加0.2亿元，同比增长6.91%。其中财产险公司赔款支出2.18亿元，比上年同期增加0.24亿元，同比增长12.38%，占总赔付支出的69.71%；人身险公司给付支出0.95亿元，比上年同期减少380.69万元，同比减少3.87%，占总赔付支出的30.29%。

【协会工作】 2019年，协会组织辖区内9家财产险公司召开5次财产险公司总经理峰会。协会通过组织轮值检查、市场票决、明察暗访、鼓励公司相互监督举报等方式，督促会员公司不触碰监管红线，严格执行“报行合一”，使阿盟车险市场乱象得到有效遏制。

协会组织辖区内7家人身险公司召开3次人身险公司总经理峰会，对业务员返佣、恶意挖角、销售误导、同业诋毁等问题进行风险提示，出台《人身险自媒体保险营销宣传行为专项工作微信群工作机制（试行）》《阿拉善人身险市场票决评价办法（试行）》。通过以上措施强化人身险公司合规经营，维护消费者的合法权益，促进人身险市场持续健康发展。

2019年阿盟财产险公司机构业务发展情况表

表15

机构	保费收入	赔付支出	市场份额
人保财险	26659.02万元	12578.71万元	21.45%
中华联合财险	12715.23万元	4889.34万元	10.23%
大地财险	3544.15万元	1521.50万元	2.85%
阳光财险	663.08万元	463.90万元	0.53%
太平洋财险	1726.44万元	515.48万元	1.39%
中国人寿财险	1585.62万元	812.01万元	1.28%
安邦财险	19.29万元	14.82万元	0.002%
平安财险	1564.6万元	789.49万元	1.26%
安华农险	341.10万元	167.45万元	0.27%

2019 年阿盟人身险公司机构业务发展情况表

表 16

机构	保费收入	赔付支出	市场份额
中国人寿	20693.59 万元	3520.05 万元（其中满期给付 1666.83 万元）	16.65%
泰康人寿	20386.77 万元	2759.72 万元（其中赔款支出 783.69 万元，满期给付 4.84 万元，年金给付 1968.65 万元）	16.40%
新华人寿	4787.78 万元	441.95 万元（其中赔款支出 28.07 万元，年金给付 179.74 万元）	3.85%
合众人寿	5458.54 万元	628.70 万元（其中赔款支出 35.36 万元，死伤医疗给付 101.29 万元，年金给付 492.05 万元）	4.39%
富德生命人寿	3954.79 万元	285.26 万元（其中满期给付 180.72 万元）	3.18%
华夏人寿	16980.75 万元	1611.35 万元（其中赔款支出 80.47 万元，年金给付 1137.11 万元）	13.66%
平安人寿	3196.16 万元	202.71 万元	2.57%

（撰稿：郭 钰 编辑：王延吉）

中国人寿保险

【概　况】 中国人寿保险股份有限公司阿拉善分公司（以下简称中国人寿阿拉善分公司）下设阿左旗支公司、吉兰泰支公司、额济纳旗营销服务部、阿右旗营销服务部、乌斯太营销服务部 5 个机构，营销人员 800 余名。

【经营状况】 2019 年，中国人寿阿拉善分公司实现累计保费收入 20693.59 万元，同比增长 0.73%。新单保费收入 4748.32 万元，其中期交首年保费完成 3262.58 万元，同比增长 1.93%，占首年保费比重 68.71%；续期保费收入 15945.27 万元，占总保费比重 77.05%，下降 1.47%。赔付累计 3520.05 万元，同比下降 22.6%。

【理赔服务】 推出微信理赔新型服务功能，为理赔客户提供更为便捷的网络报案、申请、查询入口，确保公司后援部门对客户提出的报案、申请实现快速响应，对于符合预设条件的理赔申请实现快速赔付。进一步推出“重疾优先赔”“重疾一日赔”服务，提供一个工作日内完成理赔处理的理赔服务。小额线上申请理赔实现“秒付”。

（撰稿：米燕军 编辑：王延吉）

人保财险

【概　况】 中国人民财产保险股份有限公司阿拉善分公司（以下简称人保财险阿盟分公司）下设阿右旗支公司、额济纳旗支公司、吉兰泰支公司、阿拉善高新技术开发区营销服务部、巴彦浩特营销服务部、腾格里经济开发区营销服务部、敖伦布拉格营销服务部、策克口岸营销服务部、阿盟分公司营销服务部 9 个分支机构。为提高公司对农牧区保险业务的服务能力和服务效率，公司在全盟共设有 19 个“三农”保险服务站、97 个“三农”保险服务点，销售网络覆盖全盟主要镇、乡、苏木、嘎查。

【业务发展】 2019 年，公司累计实现保费收入 2.67

亿元，同比增速为 12.78%，全险种市场份额达到 54.65%，实现利润 2542.57 万元，年末综合赔付率 52.69%，综合成本率 89.99%，上缴各类税金 3087.14 万元（其中代收车船税 2048.43 万元）。

政策性农险业务。2019 年，公司政策性农业保险保费收入为 3685.02 万元，承保面积为 57.18 万亩，牲畜 7.15 万头，受益农户 6280 户次，为全盟种植业、养殖业承担了 73704.61 亿元的风险保障额。2019 年度赔付支出为 2267.39 万元，受益农户为 6145 户次。

城乡居民大病保险。成功中标 2018—2020 年阿盟城乡居民大病补充保险项目。2019 年保费收入 1204 万元，覆盖全盟城乡居民 11.07 万人，补偿 1106 人次，赔款支出 1159.71 万元（其中补偿贫困人口 163 人次，补偿金额 42.34 万元，享受政策倾斜赔付金额 8 万元）。

【经营管理】 2019 年，阿盟分公司累计实现车险保费收入 1.59 亿元，同比增速 14.07%，高于市场 0.9 个百分点；自家车增速 9.23%，超市场增速 2.95 个百分点；实现商业非车险保费收入 5791.14 万元，同比增速 13.46%，业务增速保持与市场同步；科技理赔减损金额 109.94 万元；稽查减损 648.85 万元；低碳修复减损金额 244.83 万元。全险种理赔周期 5.82 天，居全区第四；理赔案件结案率 95.87%，排名全区第五。

【荣　誉】 阿盟分公司获全区人保系统综合经营管理一等奖、超额利润奖、家自车份额提升二等奖、新车份额提升二等奖、理赔管控三等奖、线上化推广三等奖、手机销售二等奖。额济纳旗支公司、车商业务部获“支公司业务发展金奖”；阿右旗支公司获“支公司业务发展银奖”；额旗支公司和巴镇营销部、车商业务部获“支公司利润贡献奖”。

（撰稿：王文娟　编辑：王延吉）

科 技

科 技

【概 况】 阿拉善盟科学技术局（以下简称盟科技局）是主管全盟科技工作的盟行政公署工作部门。2019年机构改革中，把盟人力资源和社会保障局的外国专家管理职责划入盟科技局，盟科技局承担的沙产业办公室职责划入盟林草局、专利管理职责划入盟市监局。机关内设：办公室、科技管理科、科技规划资源配置与成果转化科、高新技术与农业社会科技科4个职能科室。下设盟科技信息研究所、盟技术创新服务所2个二级事业单位。局机关原有行政编制13个，在机构改革中，重新核定行政编制10个，工勤编制3个；实有行政编制工作人员11名，工勤编制工作人员3名。

【科技创新平台载体建设】 2019年，新增各类科技创新平台载体20家，其中高新技术企业由上年的12家增至19家，增幅达58.3%；新增自治区级企业研发中心3家、科技特派员工作站2家、科技型中小企业2家；盟级企业研发中心2家、农牧业特色科技产业基地3家、科技创新联盟1家。组织2家孵化园通过自治区复核，首家国家科技创新平台国家烟气脱硫工程技术研究中心揭牌成立。申报科普示范基地2家、院士专家工作站1家。

【沙产业创新创业大赛】 出台《阿拉善盟强化实施创新驱动发展战略进一步推进大众创业万众创新深入发展的实施方案》。全力推动沙产业大赛正式列入国赛序列，成功举办第八届中国创新创业大赛沙产业大赛和沙产业高峰论坛，共有19个省市区153个企业参赛，阿盟14个参赛企业获得奖项；邀请6位专家学者作主旨演讲，并开展以沙产业创新发展为主题的圆桌论坛。中央电视台等20余家主流媒体跟踪报道，刊发新闻稿件50余条。人民网内蒙古频道等媒体制作专题宣传报道，受到社会各界广泛关注。全国沙产业创新创业大赛品牌正式确立，为沙产业发展搭建起集聚高端技术、集中专家经验、深化交流合作的重要平台，实现全国性沙产业技术、人才、资金等要素的整合聚集，向全国乃至全世界宣介推广沙产业，营造阿盟创新创业的浓厚氛围，推动科技创新事业的发展。

【科技计划项目管理】 科技项目资金。向国家、自治区推报各类关键技术研究开发、科技成果转化、平台载体建设等重点领域科技计划项目95项，其中“高盐高有机物废水空气能低温蒸发技术成果熟化及500吨/天产业化项目”等45项科研项目，获国家和自治区科技计划资金支持2689.4万元。

盟级科技计划项目管理。征集储备项目70项，经筛选、专家网上评审、专题会议研究，完成19个项目立项工作，安排经费500万元。

项目验收。开展2013—2016年盟级应用技术研究与开发资金项目验收工作，分为5类项目，完成项目验收。组织各旗区企业准备自治区级科技项目验收资料，按期提交报科技厅审核。推进“中药肉苁蓉大品种开发与产业化”“巴丹吉林沙漠脆弱环境形成机理及安全保障体系”重大项目实施，各项研究进展顺利，年度指标基本完成。

【科技成果转化】 科技成果转化项目。盟科技局组织推报自治区科技成果转化项目53项，其中“骆驼绒纤维精梳纺纱关键技术研发与产业化项目”等16个项目争取到资金支持1700万元，鼓励和支持企业进一步挖掘产品潜力、改进工艺流程，推进科技成果转化。

科技成果申报登记。推报的“煤焦油加氢工业示范项目”成果获2018年度自治区科学技术进步二等奖；向自治区推荐2019年科学技术奖申报奖项7个；登记自治区科技成果27项，同比增长68.75%。

技术合同认定。阿盟技术合同认定登记项目数、技术合同总金额以及技术交易额较上年有较大增幅。依托“阿盟技术交易成果转化平台”，0元转让21项专利技术。登记技术交易合同26项，其中14个项目争取到自治区技术交易后补助资金支持62.4万元，较上年增长21.4%。

【科技合作和人才引进】 沙产业创新创业大赛正式列入国赛序列，持续推动高新区升级工作。承办“第十届国际肉苁蓉暨沙生药用植物学术研讨会”，推动肉苁蓉产业健康发展；推进院地、院企科技合作，引导企业与区内外科研院所、高校在重点领域开展科技合作，引导金宝利格公司与西安交通大学在石墨研发方面签订合作协议。通过争取国家、自治区项目，引荐中科院、北京大学等科研院所与企业对接，全面推动院企、校企合作，柔性引进各类人才50人以上，打造特色专业人才队伍和创新创业团队。推荐的2人被授予2019年度“内蒙古自治区突出贡献专家”称号，3人入选为“自治区新世纪321人才工程”。做好外国专家管理工作，为2名到阿盟B类人才办理来华工作延期许可，为4名B类人才办理来华工作许可。申报外专科研项目1项，选派5名中小学英语教师参加培训，为每位教师资助培训费2980元。

【科技扶贫】 农牧业科技创新平台建设。重新修订《阿拉善盟农牧业特色科技产业化基地认定管理办法》和《阿拉善盟农牧业科技园区认定管理办法》，大力发展骆驼、白绒山羊等特色产业，园区基地产业带动成效显著。

科技特派员创业行动。选派102名科技特派员推广农牧业先进适用技术，覆盖全盟26个苏木镇，服务对象达14000余户。

“三区”人才专项计划。选派41名科技人员到农牧区生产一线，开展技术试验示范，引导科技成果转化，助力全盟脱贫攻坚行动。

利用“12396”移动信息服务平台。注册农牧民用户3000人，推送各类信息569条，帮助农牧民解答疑难问题56条，发布供求信息70条。

对口帮扶。继续推进自治区重大专项、科技扶贫项目等实施，发挥专家团队对发展沙产业、提高农牧民技能、促进增产增收等方面的作用。争取到蚂蚁森林梭梭种植项目资金308.75万元，为发展沙产业、壮大集体经济奠定基础。

【科技服务与宣传】 引导企业落实减免税政策，为企业研发费用加计扣除项目减免税300万元。做好科技统计工作，组织8家科研院所，填报科学研究与技术服务调查表。组织开展科技周、科技工作者日、“弘扬乌兰牧骑精神，到人民中间去”科技服务等活动，开展科技政策宣传、科普宣传活动，发放宣传单和科普书籍等22700余份，展出防震减灾、气象知识、反邪教知识等各类展板275余块，居民群众11950人参与活动，培训农牧民1100人次。参加“内蒙古科普讲解大赛”，3名选手分别获一等奖、三等奖和优秀奖，阿盟科技局被评为科普讲解大赛优秀组织奖。

（撰稿：闫晓娟 编辑：王延吉）

地震监测

【概 况】 阿拉善盟地震局（以下简称盟地震局）为副处级参照公务员法管理全额拨款事业单位。内设办公室、地震监测预报和震害防御中心2个科室，领导班子为1正2副。2019年机构改革中，盟地震局隶属关系由盟行政公署办公室整体转入盟应急管理局，转入后领导职数、人员结构、内设机构均保持不变。盟地震局编制15个，实有15人，其中处级干部2人，科级干部6人。盟地震局属地方地震工作部门，主要承担地震监测预报、震情速报和防震减灾知识宣传等职能，负责全盟及邻区的地震监测任务，并对区域内地震活动和震情趋势进行研究分析，提出未来一年地震趋势分析意见。共有3个测震项目，6个前兆项目，地震监测台网覆盖三旗。

【地震监测预报】 完善监测台网运维制度，制定《阿拉善盟地震局网络安全管理制度》《阿拉善盟地震局信息安全管理制度》，修订完善《地震监测预报与震害防御中心保密制度》。继续开展预警台站建设，保障监测预警工作顺利开展。

【台网维护】 为保证测震和前兆监测台网的连续性和可靠性，2019年共进行10多次观测设备的野外维护工作，保障全盟测震台网和前兆台网的正常运行。前兆台网数据除阿左旗水位水温因数据采集器故障出现一次断记外，其他监测设备运行正常，前兆台网数据入库率为99.5587%，测震台网数据入库率达97%以上。协助自治区地震局监测中心完成阿盟3个强震台设备维护工作，强震台全年运行正常。

数据处理。巴彦浩特地震台密切监测全盟及周边地区的地震活动，严格按照设备操作规范收集数据，按时完成所有地震观测项目的数据处理工作。加强地震监测值班，严格落实值班责任制，多次启动地震应急处置机制，及时掌握小震活动和前兆数据实时变化情况，全年共分析处理地震事件421次，并对所有前兆异常数据进行复核处理，排除干扰因素，确定异常数据的可靠性和真实性，为分析预报提供保障。

分析预报。按照《阿拉善盟地震局震情会商制度改革方案》，按时召开周（月）会商，对一周（月）地震活动情况和前兆数据进行讨论、分析、研究，提出一周（月）内的地震趋势意见，及时向盟委、行署有关领导和内蒙古自治区地震局通报，为决策提供服务，全年完成周会商51期，月会商12期，紧急会商8期。按照年度会商安排，组织专业技术人员对全盟地震活动和前兆数据变化情况进行认真分析研判，编制完成《阿拉善及周边地区2019年年中地震趋势研究报告》和《阿拉善及周边地区2020年度地震趋势研究报告》，为下一年度地震趋势发展提供科学依据。制定《2019年度阿拉善盟地震局震情跟踪工作方案》，对地震前兆异常采取分析研判、紧密跟踪、注重实效的方法进行科学处理，并派专业技术人员于4月和10月分别参加“蒙宁协作区震情跟踪工作会议”，汇报本单位震情跟踪工作情况并进行大会交流，形成《蒙宁协作区震情趋势判定意见》。

震情安保。按照防震减灾工作服务社会、服务经济建设的要求，盟地震局把防范地震风险作为工作重点，全力做好高考、国庆和国家重要会议期间等重要时点的地震安保工作，做好地震应急值班工作，实行领导带班和紧急值班制度，震时全员上岗，分工负责，保证地震应急处置的及时性和准确性。

地震预警项目建设。2019 年，全区地震预警项目已进入土建阶段，盟地震局配合自治区地震局完成 6 个基本台站台址勘选和土建工作，完成 3 个基准台观测基础改造任务，为 2020 年设备安装、系统调试奠定了基础。

【地震应急处置】 2019 年 5 月 12 日 5 时，阿右旗阿拉腾超格苏木发生里氏 4.0 级地震。地震发生 10 分钟后，盟地震局地震应急值班人员迅速将震情信息上报盟委、行署和应急管理局，并向各相关单位发出《地震简报》，通报地震三要素。立即启动《阿拉善盟地震局地震应急预案》，成立 3 个应急小组，各小组人员迅速进入应急工作程序，按照职责分工开展余震监测、灾害信息报送、地震灾害调查。地震灾害调查组由局领导带队迅速赶赴 800 千米外的震中区开展地震现场工作，对震中区 50 千米范围内的住户进行入户调查或排查，共调查 10 多户居民，形成专题报告上报内蒙古自治区地震局。

【地震科普宣传】 在 5 月 6 日至 12 日防灾减灾宣传周期间开展形式多样的防震减灾传，进一步推动防震减灾知识进校园、进社区、进机关、进企业、进牧区活动。5 月 12 日，在巴彦浩特多功能体育场开展防震减灾科普知识宣传活动，现场设置展板、发放宣传材料，并向公众讲解防震减灾知识，共发放《防震减灾知识》《地震应急避险手册》《地震是怎么回事》《地震科普知识读本》等宣传材料。积极开展“送书”下乡活动，9 月向扶贫帮扶点阿右旗阿拉腾敖包镇赠送《地震知识》《地震应急安全手册》等科普知识宣传材料，向广大农牧民宣传防震减灾、应急避险知识。

（撰稿：刘岩峰　编辑：王延吉）

气　象

【概　况】 阿拉善盟气象局内设办公室、业务管理科（政策法规科挂靠）、计划财务科和人事监察科 4 个职能科室。直属事业单位 5 个，即盟气象台（盟人工影响天气与气象灾害防御指挥部办公室、盟气候生态环境评估中心挂靠）、盟气象灾害防御中心（盟雷电灾害防御中心挂靠）、盟气象技术装备保障与信息中心、盟气象局财务核算中心（盟气象局机关服务中心挂靠）、盟气象行政执法队。辖旗（区）机构规格为正科级的气象局（站）9 个。其中，额济纳旗气象局、巴彦诺尔公气象站、拐子湖气象站为国家基准气候站；阿左旗气象局、阿右旗气象局、吉兰泰气象站为国家基本气象站；阿拉善经济开发区气象局、孪井滩国家气象观测站和雅布赖气象站为国家一般气象站。孪井滩国家观测气象站加挂孪井滩国家农业气象一级站的牌子。

经阿盟机构编制委员会批准设置，由阿盟气象局管理的地方机构有 3 个，分别是阿盟人工影响天气与气象灾害防御指挥部办公室、阿盟雷电灾害防御中心、阿盟气候生态环境评估中心。

全盟气象系统核定人员编制 216 个。其中盟气象局机关公务员 22 名，三旗一区气象局参公管理编制 16 个。全盟气象业务系统事业编制 178 个。盟气象局设局长 1 名，副局长 2 名，纪检组长 1 名，处级非领导职务 1 名。机关内设科级领导职数 8 名，科级非领导职数按照国家公务员制度管理的有关规定设置（4 名）。直属事业单位的科级领导职数 15 名。三旗一区气象局参公管理机构及事业单位的科级领导职数 16 名，科级非领导职数按照国家公务员制度管理的有关规定设置（3 名）。苏木（镇）级气象站设科级领导职数 12 名。

【气 温】 2019年阿盟年平均气温8.5℃（诺日公）至10.7℃（达来呼布），与常年同期相比，乌斯太、孪井滩属正常，其余各站偏高1℃；与2018年相比，达来呼布、巴丹吉林偏高1℃，其余各站持平。年极端最低气温-27.8℃，2019年12月30日出现在诺日公；极端最高气温为40.6℃，2019年7月26日出现在拐子湖，年内极端最高、最低气温均未突破历史极值。

夏季高温天气少，强度弱，仅出现一次大范围高温天气，尤其是7月气温偏低1℃~2℃。

10月至12月冷空气活动频繁，出现3次寒潮天气，其中12月降水偏多，全盟平均降水量位列1981年以来第2位。

【降 水】 2019年全盟各站降水量为32.0毫米（达来呼布）至268.0毫米（巴彦浩特），与常年同期相比，拐子湖偏多2倍（较常年偏多99.8毫米，下同），巴彦浩特、诺日公偏多3~4成（43.7~59.8毫米），乌斯太偏少3成（49.2毫米），其余各站属正常。与2018年同期相比，拐子湖偏多1倍（较上年偏多76.9毫米，下同），诺日公、雅布赖偏多3~5成（25.6~45.6毫米），巴彦浩特、巴丹吉林持平，其余各站偏低3~7成（51.9~257.7毫米）。单日最大降水量52.7毫米，2019年6月22日出现在拐子湖。

【日 照】 2019年全盟各站日照时数2739.9小时（巴彦浩特）至3634.5小时（诺日公），与常年同期相比，诺日公偏多401.5小时，巴彦浩特偏少320.2小时，其余地区属正常；与上年同期相比，诺日公、吉兰泰分别偏多575.5小时、563.1小时，其余各站持平。

【大 风】 2019年全盟各站大风日数为7天（巴彦浩特）至49天（拐子湖），与常年同期相比，吉兰泰属正常，乌斯太、雅布赖分别偏多11天、17天，达来呼布、诺日公分别偏少13天、24天，其余各站偏少2~10天；与上年同期相比，拐子湖持平，乌斯太、孪井滩、诺日公偏少2~5天，其余各站偏多2~8天。

【沙 尘】 2019年全盟各站扬沙日数为13天（乌斯太）至121天（拐子湖），与常年同期相比，诺日公偏少3天，雅布赖、吉兰泰偏少11~40天，拐子湖偏多54天，达来呼布偏多13天，其余地区偏多1~7天；与上年同期相比达来呼布、吉兰泰偏少1~2天，拐子湖、诺日公偏多1~3天，其余各站偏多6~14天。

2019年孪井滩未出现沙尘暴，达来呼布、拐子湖均出现8天沙尘暴，其余各站出现1~5天，较常年同期相比，乌斯太属正常，达来呼布偏多1天，拐子湖偏少15天，其余各站偏少1~6天；与上年同期相比孪井滩、拐子湖持平，巴丹吉林、吉兰泰偏少1~2天，其余各站偏多1~4天。

2019年春季大风、沙尘天气频发，共出现8次大范围大风、沙尘天气，4次达沙尘暴，其中5月14日拐子湖出现特强沙尘暴，最小能见度仅49米。

【霜】 终霜冻日期：雅布赖终霜冻出现在4月1日，巴彦浩特出现在5月20日，其余各站终霜冻出现在4月10日至5月12日，孪井滩偏早6天，其余各站偏晚4~13天。

初霜冻日期：巴彦浩特、诺日公、乌斯太、孪井滩出现在10月7日，其余各站初霜冻出现在10月15日至18日，巴彦浩特、诺日公、达来呼布偏晚5~15天，乌斯太偏早3天，其余各站偏早17~23天。

无霜期：本年度无霜期是指上一年度终霜日与本年度初霜日之间的日数，2019年全盟各站无霜期日数在140~200天之间。

2019 年全盟各站终霜、初霜日期及无霜期日数一览表

表 17

项目 站名	达来呼布	拐子湖	诺日公	吉兰泰	乌斯太	巴彦浩特	李井滩	雅布赖	巴丹吉林
终霜日期（日/月）	12/5	10/4	12/5	14/4	30/4	20/5	11/4	1/4	10/4
初霜日期（日/月）	15/10	15/10	7/10	16/10	7/10	7/10	7/10	18/10	16/10
无霜期（天）	156	188	148	185	160	140	179	200	189

【气象防灾减灾救灾】 加强监测预警，增强分析研判，有效应对全年出现的寒潮、大范围大风沙尘、暴雨、高温等 29 次高影响天气过程，启动应急响应 1 次，全年发布公众天气预报 3408 期，决策服务产品 100 期，专业专项气象服务产品 101 期，蒙语气象服务产品 22 期，各类预警信号 112 期，发送决策手机气象短信 230 条，发布 12121 天气预报 627 期、电子显示屏预报 1516 期。与阿盟人民广播电台《天气资讯》节目连线 94 次，发布灾情公报 17 期，充分发挥“发令枪”“消息树”作用，最大限度减轻人民群众生命和财产损失。

【气象服务】 重大社会活动气象保障服务。多渠道开展“气象+旅游”信息宣传，助力地方特色旅游业发展，先后完成全区乌兰牧骑艺术节、越野 e 族阿拉善英雄会、额济纳国际金秋胡杨生态旅游节等重大活动气象保障服务。1 人被评为全国气象工作先进个人，2 名职工被评为全区重大气象服务先进个人。

助力乡村振兴。完成农牧业气象服务规范本地化修订。春播秋收、接羔保育等农牧业生产关键期制作各类为农为牧气象服务产品 96 期。

专业气象服务。拓展交通服务领域，开展临策铁路气象服务。拓展风电光伏专业气象服务领域，新签光伏电站服务合同 2 家、续签 4 家。加强与盟发改委、公路交通部门沟通，积极推进气候可行性论证服务。继续加强与特检所合作，共签署防雷检测合同 201 份。

生态文明气象服务。推进内蒙古自治区荒漠生态气象中心工作，荒漠生态治理融合发展新模式获全区气象部门创新工作特等奖。加强局局合作、局所合作、局校合作，打造政产学研相融合的荒漠生态发展新模式，与中国气象局乌鲁木齐沙漠气象研究所、阿拉善 SEE、甘肃省治沙研究所、兰州大学、南京信息工程大学等单位高校合作，共建科研平台、共享科研成果，促进人才交流与培养。进一步完善监测站网布局，建成荒漠生态气象自动观测站 4 套。

人工影响天气工作。开展贺兰山生态保护区常态化作业，推进人工影响天气向生态修复型转变。盟气象局与军分区沟通，解决了三旗人工增雨弹药存储问题；强化跨区域飞机增雨合作；与兰空及鼎新航管中心签订航空管制协议。全年飞机增雨作业 9 架次，地面火箭、烟炉作业 123 点次。

【气象现代化建设】 预报业务现代化。依托内蒙古一体化预报平台，短临天气监测和中短期预报准确率不断提升，灾害性天气预警信号准确率达到 75%，强对流天气预警提前量达 55 分钟。在全区天气预报职工职业技能比赛中，2 人获个人全能三等奖、团体获第三名，创下历史最好成绩。

综合观测业务现代化。推广应用气象观测质量管理体系建设、地面观测业务标准化、气象观测数据格式标准化工作。地面气象观测自动化稳步推

进，酸雨、日照实现自动观测。建成雷电观测站 2 个，升级改造区域站 2 个，重建雨量站 1 个。

气象信息现代化。完成全盟气象资料汇交，规范开展对部门内外的数据提供和应用工作。规范化使用地理信息数据，完善网络安全制度和业务流程，全盟实现内外网物理隔离。

台站建设现代化。额济纳旗气象局山洪业务平台配套设施建设项目完成工程竣工验收并投入使用。阿左旗气象局地震灾后恢复重建项目、孪井滩站综合改善建设项目、吉兰泰站供热改造项目通过项目验收。额济纳旗探空业务用房建设项目、拐子湖站基础设施维修项目、阿右旗气象局业务用房配套基础设施建设项目获立项批复。

【气象科技创新成果及科普宣传】 在区局立项青年基金项目 1 项；全盟自筹资金开展科研项目 14 项；组织进行 13 项科研项目验收，其中 8 项科研项目顺利通过。科技人员在国家级或省级期刊上发表科技论文 56 篇。阿拉善气象科普馆先后被中国气象局、自治区评为“科普教育基地”，全年接待社会各参观 5000 余人次。参加第四届全区气象科普讲解大赛，1 名职工获优秀讲解三等奖，单位获优秀组织奖。

【荣　誉】 1 名职工获“庆祝中华人民共和国成立 70 周年”纪念章，并代表内蒙古自治区气象局参加新中国气象事业 70 周年座谈会。

（撰稿：陈龙梅　编辑：王延吉）

教育　体育

教　育

【概　况】 全盟共有各级各类学校、幼儿园67所。其中，幼儿园29所（公办16所，民办13所），在园幼儿8077人（公办园幼儿4982人，民办园幼儿3095人）；小学17所，在校生11925人；初中12所，在校生5627人；普通高中5所（完全中学3所，高级中学2所），在校生3990人；职业中学2所，在校生1080人；特殊教育学校1所，在校生60人；高等教育1所，在校生4384人（含电大开放教育）。各级各类学校在校生35143人。全盟共有教职工4296人，其中专任教师3534人。

阿拉善盟教育体育局（以下简称盟教体局）有直属学校2所，即阿拉善盟第一中学、阿拉善蒙古族完全中学；直属单位7个，即盟招生考试中心、盟教学研究室、盟电化教育馆、盟学生资助管理中心、盟全民健身服务中心、盟体育运动管理中心、盟体育彩票管理中心。

盟教体局机关内设办公室、机关党建办公室（2019年9月30日设立）、人事与师资培训科、发展规划与财务科、基础教育科、民族教育科、职业教育与成人教育科、教育督导科（盟教育督导委员会办公室）、体育与学校卫生艺术科、校园安全管理科10个科室。盟教体局核定机关行政编制21个，处级领导职数5名（1正4副），其中局长1名、副局长3名、总督学1名（副处级）；科级领导职数13名（10正3副）。工勤编制3个。

【学前教育】 执行公办幼儿园生均公用经费基准定额和普惠性民办幼儿园补助政策，多渠道增加普惠性学前教育资源供给。对全盟幼儿园“小学化”专项治理情况进行摸排整改，纠正幼儿园“小学化”倾向。阿左旗吉兰泰幼儿园被认定为自治区示范幼儿园。2019年，全盟学前三年毛入园率达96.6%。

【义务教育】 组织召开全盟基础教育工作推进会，贯彻落实全区基础教育工作推进会精神。全盟义务教育学校全部完成《义务教育学校管理标准》自评工作，自评、核查达标率达到100%。2019年，全盟义务教育巩固率达99%。

【高中教育】 执行普通高中生均公用经费基准定额政策。确定阿盟一中为自治区普通高中选课走班试点学校，阿左旗高级中学列为全区普通高中优质特色多样化发展创建项目。建立“高中学科教研基地”，盟级教研员到普通高中学校，指导学校全面实施新课程方案和课程标准，通过开展示范课、听评课、集体备课、辅导课等，着力提升普通高中教育教学研究水平。2019年，高考汉授生600分以上人数27人，相比2018年增加12人；高考蒙授生400分以上45人，相比2018年增加10人，均创历史新高。1名学生被北京大学录取，打破阿盟12年来无学生被北大、清华录取的记录。2019年，全盟高中阶段毛入学率达96%。

【特殊教育】 新建特殊教育资源教室，进一步完善特殊教育教师待遇保障机制。特殊教育学校教师岗位津贴由25%提高到30%；印发《关于进一步保障适龄残疾儿童少年接受教育的通知》，以各旗区、学校为主，重点开展建档立卡、登记评估、教育安置等工作，落实“一人一案”，努力让每个适龄残疾儿童少年享有公平而有质量的教育。

【民族教育】 贯彻落实《阿拉善盟关于加快发展民族教育实施意见》，全面落实民族教育各项政策。印发《盟直教体系统创建“全国民族团结进步示范盟”工作分工方案》，全盟各级各类学校按照不同学龄段，有针对性地开展民族团结进步教育活动。依托“游牧文化教育体验基地”“卫拉特蒙古族文化传承基地”等场所，开展民族传统文化教育、民族团结教育。

【职业教育】 加大职业院校招生就业宣传，稳定职业教育招生规模，盟教体局结合职业教育活动周对全盟初中毕业生及其家长2000余人开展职业教育宣传工作。

【民办教育】 开展校外培训机构专项治理“回头看”活动，坚持日常监管与专项整治相结合。利用街道、社区网格化管理优势，联合街道、社区分片分组开展摸底排查工作，取缔33所无证校外培训机构，进一步巩固前期校外培训机构综合治理成果。

【素质教育】 在全盟中小学校开展“爱祖国担大任做新人”“扣好人生第一粒扣子”等主题活动和“新时代好少年”“三好学生”评选等活动，塑造学生良好道德品行。召开“加强学校思政课建设推动教育高质量发展”座谈会，举办全盟高中骨干教师、教研员思想政治教育培训班，开展新时代中小学思想政治理论课“特色示范课”创建活动，评选出盟级“特色示范课堂”19节。举办巴彦浩特地区庆“六一”万名学生文艺展演活动、“庆祝中华人民共和国成立70周年·阿拉善盟庆祝第35个教师节文艺汇演”等活动，创建23所全国、16所自治区青少年校园足球特色学校、幼儿园；4所全国青少年校园篮球特色学校、21所自治区篮排球、田径、美育特色学校，学生体质健康水平和人文素养逐步提升。

【教育信息化】 启动“同频互动课堂”建设项目，建成阿拉善盟级“同频互动课堂”管理平台，实现全盟各级学校同频互动录播教室的统一管控、有序安排。将资金重点投入在城镇优秀学校和农村牧区薄弱学校，为随时随地开展远程实时教学提供便利，进一步发挥“同频互动课堂”在促进教育公平中的优势。为全盟各级各类学校在阿盟教育资源管理平台上开通4399个教师空间、24904个学生空间，为实现人人皆学、处处能学、时时可学的育人环境提供支撑。

【教师队伍建设】 体制改革。2019年9月，盟委、行署出台《关于全面深化新时代教师队伍建设改革的实施方案》（以下简称《实施方案》）。《实施方案》从全面加强师德师风建设、建设高素质教师队伍、深化教师管理综合改革、营造尊师重教社会氛围等方面提出一系列举措，为打造党和人民满意的高素质专业化创新型教师队伍，加快教育现代化，推动全盟教育高质量可持续发展提供政策支撑。

教育引才。旗（区）教育行政部门结合实际通过“绿色通道”引进教育紧缺人才134名；落实盟委组织部开展的高学历引才工作，引进高学历教育人才16人，阿盟一中引进陕西师范大学公费师范生1名。全盟招聘特岗教师11名，及时补充农牧区紧缺学科教师。12月，盟教体局带领各旗教体局负责人及全盟部分中学校长、专家等在内蒙古师范大学举办引进教育紧缺人才专场招聘会，招聘教育人才20人。

教师培训。通过实施“国培计划”和盟、旗（区）教育行政部门和学校三级联动培训，对全盟中小学校（园）长和教师的进行分类、分层、分岗培训，进一步细化培训项目，扩大教师培训覆盖面，共培训校长、教师1500人次。

职称评聘。2019年，全盟评审通过正高级教师3人、高级教师44人、一级教师19人。聘任高级教师25名，中级教师127名，有效缓解职称评聘矛盾。

评选表彰。盟委、行署召开全盟教育大会，指明全盟教育工作方向。评选全盟第十一批小学教学能手41人、第八批幼儿园教学能手15人；表彰50名优秀教师、教育工作者；1名老师获得“全国优秀教师”称号，1名老师获得“全国模范教师”称号。

【教育投入】 盟教体局争取专项资金2.01亿元，同比增加5.25%，全盟各级各类学校办学条件得到改善。组织实施阿盟一中、盟蒙中、阿拉善经济开发区中学、阿左旗第五小学、阿左旗七幼、阿右旗蒙幼等10所学校、幼儿园新建或改扩建项目。投资2300万元建设阿左旗第一实验小学、阿左旗第八小学、阿左旗蒙古族小学、巴润别立学校体育活动室。结合巴彦浩特城镇棚户区改造，争取新增教育用地14.78万平方米，拟用于阿左旗第一实验小学等8所学校改扩建，推动巴彦浩特镇区中小学校办学条件升级。

【教育督导】 组织开展幼儿园办园行为督导评估工作，旗区督导评估率达100%。开展旗区义务教育均衡发展复查工作，加强对学校教育教学的督查，重点检查师生返校、教材使用、后勤保障等情况，并下发督导评估通报。

【规范办学行为】 规范招生考试工作。召开全盟中考及高中录取工作视频会，进一步做好和规范中小学招生入学工作，杜绝起始年级出现“择校热”“大班额”现象。

规范教学类App使用。在全盟各级教育行政部门、各中小学开展全面排查和清理工作，建立学习类App进校园备案审查制度。

规范高考成绩使用和宣传。严格执行教育部“十项严禁”和自治区教育厅《关于进一步规范高考成绩使用和相关宣传工作的通知》，强化中高考成绩管理和使用。

规范普通高中学籍管理。举办全盟征兵政治考核工作教体系统业务培训视频会。依托普通高中学籍管理职能，对征兵、消防员招录进行普通高中学历资格审核。完成普通高中录取新生学籍注册工作，严禁出现人籍分离、空挂学籍、学籍造假等现象，杜绝为违规跨区域招收和违规转学的学生办理学籍转接现象。

【校园安全】 盟教体局对全盟67所学校开展检查80余次，整改隐患50余项，切实消除校园安全隐患。截至2019年底，全盟中小学校周边200米内已无网吧、电子游戏厅等娱乐场所，无非法行医诊所，无恐怖、迷信、低俗玩具、文具和出版物销售。通过家校通、发放致家长的一封信等方式，对学生和家长进行安全警示性教育。对校园安全管理人员进行业务知识和管理技能培训，共培训100余人。全盟各中小学、幼儿园全部安装防冲撞设施并配备保安人员。各中小学、幼儿园全部通过消防验收，合格率达100%，全部配备安全饮用水设备，学校食堂量化等级全部达到A级。

【教育扶贫工作】 实施控辍保学动态监测机制，准确掌握建档立卡贫困家庭义务教育阶段子女就学情况，重点监测建档立卡贫困家庭学生辍学情况，动态管理344名建档立卡贫困家庭学生，确保全盟无一名学生因贫辍学。落实学前教育到研究生教育阶段各项资助政策，落实资助金6884.6万元，惠及学生3.1万人次。

【荣　誉】 阿盟代表队获得“2019年中国（保亭）少数民族广场舞大赛”一等奖；阿左旗蒙古族第一幼儿园苏布德获“第十三届宋庆龄幼儿教育奖”；阿盟一中丁武仁老师获得“全国优秀教师”称号；阿拉善蒙古族完全中学王海东老师获得“全国模范教师”称号。

（撰稿：武晓春　编辑：王延吉）

·职业技术教育·

【概　况】 阿拉善职业技术学院（以下简称学院）下设党政办公室、组织统战人事处、党群工作部、计划财务处、教务处、学生工作处、招生就业处、后勤保卫处、科研与技术服务处、图文信息中心、化工工程系、机电工程系、医疗护理系、通用航空系、经济管理系、艺术系、基础部、继续教育部、体育教学部、培训部20个办处系部。

学院有教职工402人，教授4人，副高职称105人，硕士学位教师31人，在读博士2人，在读硕士2人，双师素质教师110人。在校生5797人，其中全日制在校生2739人（其中高职生1360人、中职生991人、技校388人），电大及成人教育在籍本、专科学生2858人［开放教育2787人，奥鹏教育（现代远程教育）71人］。学院总占地面积642亩（其中乌斯太校区475亩、巴彦浩特校区167亩），教学楼、综合实验实训楼、体育馆、图书馆、学生公寓楼等基本设施齐全，校外实习实训基地30多家。

【教学工作】 教育教学质量。学院开设高职专业22个，中职专业25个。启动“课程思政”改革，制定学院《关于加强和改进新时代思想政治教学工作方案》《“课程思政”教学改革实施方案》。继续深化课程建设与改革，建成院级合格课程10门，院级优质课程12门，2门课程立项建设自治区在线开放课程。组织系部修订人才培养方案28个。选派师生参加自治区3个高职项目的学生技能竞赛，获内蒙古第二届“福思特”杯大学生财税职业技能竞赛团体二等奖1项；开展学院第五届学生职业技能大赛，有699名学生参与18个项目的竞赛，学生参与率达41%，获奖率19%。79名高职毕业生参加河套学院专升本选拔考试，17人被正式录取。

竞技体育。2019年组队参加自治区柔道、现代五项、自由跤、拳击、跆拳道、田径等青少年锦标赛，获得金牌1枚、银牌17枚、铜牌13枚；参加自治区第十一届大学生运动会羽毛球比赛，获得男单第二名、混双第三名；参加“盟长杯”足球联赛，获得第五名；现代五项、“主席杯”足球赛分别荣获全国、自治区级“体育道德风尚奖”；4人次获得自治区“优秀教练员”称号。

成人教育。采取“工学结合、因需施教、分段集中、统一培养”的模式开展成人教学。本专科共开设课程270门，其中218门课程实现网上教学及完成作业功能；完善《加强开放教育教务管理实施细则》《关于进一步加强考试管理、严肃考风考纪的实施意见》，为教务管理提供保障；2名教师被评为内蒙古电大优秀教务工作者，1名教师在内蒙古电大第二届教学策略大赛中取得第二名的成绩，1名教师被评为内蒙古电大招生工作优秀个人。2019年电大成人学历教育招生510人，其中本科269人、专科216人、奥鹏教育25人。“电大书屋”项目稳步推进，在阿左旗和阿拉善高新技术产业开发区两个社区举行“电大书屋”挂牌仪式，4个“电大书屋”获批，发放1.2万余册书本到社区和学校。加入“全国社区教育数字化学习联盟”，建立覆盖城乡、开放便捷的国家级社区教育数字化学习公共服务体系，实现专业社区教育信息资源和环境的开放与共享。选派6名教师到巴彦浩特地区各街道办和社区开展工作，举办全区社区工作人员培训班、首届巴彦浩特地区社区气排球比赛、硬笔书法培训班，推动社区教育工作的开展。

教师队伍建设。开展学院第四批“双师素质”教师的申报认定工作，评选认定“双师素质教师”4人；开展“教学名师、骨干教师”展示课活动，25名教师进行说课展示；加大教师培训力度，参加区级中高职骨干教师培训8个专业14人次，参加各级各类中高职教师培训55人次；专任教师校本培训完成率达95%；2名教师分别在全区中职教师教学能力比赛和全区第十一届高等院校青年教师教学技能比赛中获三等奖两项。

社会培训。完成各类培训鉴定126期15961人次，其中培训部完成培训和鉴定110期13802人次（包括企业安全生产培训35期3476人次，建设行业员工技能培训15期629人次，就业创业培训16期687人次，专技人员专业科目继续教育培训21期6654人次，其他培训7期1329人次，职业技能鉴定16期1027人次），完成培训鉴定和创收目标任务的138%和172.1%。举办蒙语培训、普通话培训和测试共计14期2049人次，举办新型学徒制学历培训班2期110人次。

【教育教学科研】 2019年向教育厅申请项目22项，立项13项，结题3项；院级结题项目12项；2名教师入选为内蒙古自治区教育厅科技专家库。

【招生、就业工作】 2019年录取全日制学生1478人，其中普通高职录取学生879人，五年制高职、中职、技校录取学生519人，2020级预科学生80人；安置就业768人，就业率93.1%。其中高职毕业学生447人，就业392人，就业率87.7%；中职毕业学生378人，就业（包括升学）376人，就业率99%。

2019年，学院与深联公务航空有限公司、广东通航网飞机租赁有限公司、阿左旗文化旅游开发有限公司、内蒙古圣创文化发展有限公司等6家企事业事业单位建立合作关系。与广东东莞蜜蜂航空科技公司合作成立“通用航空系”。开展校校联合办学，继续与包头铁道职业学院、卓资县职业中学、内蒙古电大中专学校、宁夏中卫职业学校、隆德职业中学等就“3+2”、“3+3”中高职衔接开展合作办学，扩大生源。同时，在河南省、克什克腾旗蒙中、乌丹二中、林东中学、鄂托克前旗民族职业中学新建立新的生源基地。

【教育资助】 完成高职、中职助学金评审发放工作。1人获高职国家奖学金0.8万元，43人获国家励志奖学金获奖，共计21.5万元；1人获中职国家奖学金0.6万元；发放国家助学金共发放823人次，196.74万元；开展学院奖助学金评审，获奖受助人数254人，22.34万元。评审国家助学金1298人次，共计104.425万元；享受国家免学费、免教材费2172人次，共计307.275万元；寄宿生住宿费1146人次，共计54.45万元。

（撰稿：张彦蓉　编辑：王延吉）

体　育

【群众体育】 继续实施体育场馆免费或低收费开放政策，公开场馆开放信息，接受社会监督，提升公共体育场馆管理服务水平。阿盟萨吾尔登健身操在2019年中国（保亭）少数民族广场舞大赛中获一等奖。举办“西部地区网球英雄会”邀请赛、“文明进万家，新春文明行”阿盟冬季篮球联赛、网球比赛、迎“五一”门球赛、阿盟第四届体育大会等各项赛事活动70余项，参与人数达10余万人次，全民健身活动得到广泛开展。

【竞技体育】 举办第十四届全国冬季运动会火炬传递阿拉善站启动仪式，充分展示阿盟体育发展成就及人文自然特色。举办2019中国·额济纳骆驼文化那达慕大会，共有6000余峰骆驼参加赛驼、乘驼射箭等18项比赛。在2019年自治区青少年锦标赛上，阿盟代表队获得1金17银13铜的成绩。截至12月末，体彩销售量达1.88亿元，同比增长8.76%。

文化传媒

文化　旅游　广电

【概　况】 2019 年，在机构改革中，将原盟旅游发展委员会的职责和原盟文化新闻出版广电局的文化、广播电视管理等职责整合，组建盟文化旅游广电局，加挂阿拉善盟文物局牌子。

将新闻出版、电影管理职能职责划转至盟委宣传部，将原盟旅发委 3 人、原盟文广局 2 人划转至盟委宣传部工作，原盟旅发委 1 人划转至盟网信办工作，盟文旅广局 1 人划转至盟巡察办工作，原盟旅发委 4 人（不含处级干部 3 人）、原盟文广局 14 人（不含处级干部 3 人）划转至盟文旅广电局工作，将盟旅游和文化综合行政执法局隶属关系由盟行署整建制调整到盟文化旅游广电局，将盟旅游信息中心、盟旅游产业发展研究中心隶属关系由原旅游发展委员会整建制调整到盟文化旅游广电局。

机构改革后，盟文化旅游广电局内设：办公室、财务审计科、公共服务科、艺术科、宣传科、文化遗产科、资源与产业发展科、市场管理科、广电传媒科、机关党建办公室 10 个科室。下属盟旅游和文化综合行政执法局（处级参公事业单位）、盟广播电视传输发射中心台、盟文物局（盟居延遗址保护中心）、阿拉善博物馆、盟图书馆、盟群众艺术馆（盟非物质文化遗产保护中心）、盟民族歌舞团（阿拉善乌兰牧骑）、盟广播电视监测台、盟旅游信息中心、盟旅游产业发展研究中心 10 个事业单位。局党组管理本系统内 10 个党支部（包括 782 电台、新华书店 2 家单位党支部）。

全系统核定编制 372 个（含 71 名编制外管理职数），实有在编人员 336 人（含 55 名编制外管理人员）。其中局机关编制 24 个（不包括派驻纪检组长），实有在编人员 22 人；局属单位编制 348 个（含 71 名编制外管理职数），实有在编人员 314 人（含 55 名编制外管理人员）。

【文物博物】 2019 年，盟文化旅游广电局制定出台《阿拉善岩画保护管理办法》《阿拉善盟长城保护管理办法》和《完善全盟特色博物馆体系建设的实施意见》。组织举办阿盟文物建筑与博物馆消防安全培训班和考古发掘与遗址保护培训班，参训人数 110 余人。破获额济纳旗“1·28”盗掘古文化遗址案，追回文物 95 件套，抓获犯罪嫌疑人 8 人。在全区首创利用广电微波传输线路，建立远程视频监控传输系统，对巴彦浩特岩画实现实时监控。下达黑城安防工程和曼德拉山岩画安防工程文物保护资金 1137 万元。阿拉善博物馆馆藏纸质文物保护修复项目和数字化保护及展示项目获立项批复。居延遗址总体保护规划、考古遗址公园规划完成修编。完成居延遗址、定远营等重点文保单位的保护、数字化、安防消防项目申报。“居延遗址K749北城墙保护修缮工程”获国家文物局批准立项。配合自治区文物局，完成《阿拉善盟黄河文化保护传承弘扬发展总体规划》编制。组织举办2019西部岩画资源保护与研究学术研讨会暨第五次理事会和居延遗址学术研讨会，推动岩画保护和国家考古遗址公园建设工作。2019年度国家艺术基金资助项目“岩画与居延汉简艺术展”受邀参加第九届两岸汉字艺术节，并在内蒙古美术馆、内蒙古博物院、宁夏博物馆展出。“阿拉善蒙古族民族民俗文物精品展”在江苏泰州、浙江义乌、浙江舟山、江苏海安、江苏苏州等地展出。阿拉善博物馆“美在阿拉善——魅力岩画”被评为全区博物馆青少年教育优秀案例。

【公共图书馆、文化馆、博物馆】 2019年，盟图书馆采购图书4409册，接受赠书1954册，新办借阅证751张，到馆读者总计120647人次，书刊文献外借18034人次，书刊文献外借29487册次，电子图书借阅机下载量达8182册，24小时自助图书馆借阅量615册。新建流动图书服务点4个，流动图书服务点总数达到61个。面向基层赠送图书1848册，为残疾人送书上门80册。结合世界读书日、寒暑假等节假日，围绕新中国成立70周年等重要节点，开展“阿拉善文化讲堂”“故事会”“文化沙龙”等品牌文化活动179场次，接待参观、实践活动7次，累计参与读者9100余人次。

盟群众艺术馆开展各类文化惠民活动10次，举办大型展览展示2场，消夏文艺晚会25场，第八届内蒙古自治区乌兰牧骑艺术节文艺会演26场、文化惠民演出16场、大型比赛6场，共计85场，参与人数约61211人次。组团参加“舞动北疆”全区第二届广场舞大赛，获大赛二等奖和优秀组织奖；在全区第十六届蒙古族服装服饰艺术节获银奖，被选为开幕式展示队伍之一；在全区第二届合唱艺术节中获优秀奖和优秀组织奖。

阿拉善博物馆举办各类展览21次，举办“文物沙龙”等主题活动44次，接待游客超过15万人次。“阿拉善蒙古族民族民俗文物精品展”先后走进江苏泰州、浙江义乌、浙江舟山、江苏海安、江苏苏州等地展出5次。完成“阿拉善博物馆数字化保护及展示项目”和“阿拉善博物馆馆藏纸质文物保护修复方案”前期工作，进入实施阶段。

【非物质文化遗产保护】 制定出台《阿拉善盟非物质文化遗产保护管理办法》，建立阿拉善音乐资料数据库、阿拉善非遗资料数据库，举办2019年度全盟非遗传承人研修培训班。推荐的非遗项目沙力搏尔式摔跤成功入选国家级非物质文化遗产代表性项目优秀保护实践案例（全国共遴选50个优秀保护实践案例），成为全区唯一入选项目；和硕特民歌、萨吾尔登、马鬃绕线堆绣唐卡列入国家级非遗代表名录，17人入选第六批自治区级非遗传承人名录；公布第六批20个盟级非遗项目。在第十四届越野e族阿拉善英雄会、第八届亚太地区沙漠挑战赛等重大活动期间组织开展多种形式的非遗展示活动。在呼和浩特白塔机场举办“走近苍天般的阿拉善”文化旅游宣传图片展和非遗产品展；参加“2019年首届内蒙古旅游商品大赛”，现场展示阿拉善特色非遗项目和文创产品。

【广播电视】 完成广播电视“固边工程”建设，新建扩建22个台站，东风航天城、边防连队、戍边群众得以收听收看阿盟自办节目。在全盟范围开展公共视听载体播放视听节目专项排查、移动数字电视清理整顿和庆祝新中国成立70周年期间广告监管工作，未发现违规情况；持续开展治理卫星电视广播地面接收设施、加大境外卫星电视管理工作和开展打击“黑广播”专项工作，拆除非法境外卫星电视广播地面接收设施28套；全面落实安全播出管理责任，先后完成元旦、春节、两会及庆祝新中国成立70周年等重要保障期的广播电视安全播出工作，全盟广播电视安全传输与播出工作实现零停播。

【社会文化】 2019年，举办各类群众文化活动1724场次，参与人数156万人次，组织举办成人钢琴、蒙汉文书法、成人国画等培训覆盖近15000人次。盟图书馆全民阅读志愿服务推广活动和盟博物馆志愿者服务队，获评2019年度全区优秀文化志愿服务项目和志愿队。全盟15个苏木乡镇综合文化站列入自治区第二次评估定级上等级文化站名单；在大漠奇石文化产业园、额济纳旗乌兰格日勒嘎查新建图书馆分馆4个，在阿左旗吉兰泰镇、银根苏木新建文化馆分馆6个；建设旅游厕所27座，完成投资1400万元，申请旅游厕所专项资金97万元，用于补贴14座旅游厕所建设。实施“鸿雁悦读”计划，以“新华书店+图书馆”为主的合作模式，让持卡读者在就近的新华书店或图书馆享受“你荐书、我买单”的服务功能，所选图书最终直接流通为阿盟图书馆的馆藏，为广大读者解决阅读“最后一公里”问题。

【文化艺术】 乌兰牧骑。承办第八届内蒙古自治区乌兰牧骑艺术节，其间举办开幕式、文艺会演、深入基层演出、“一专多能”比赛、新时代乌兰牧骑创新与发展研讨会、新时代乌兰牧骑摄影电影展、第十届阿拉善文化旅游节、闭幕式8项活动，区内外22支乌兰牧骑近1100名队员参加，参与群众超过18万人次，央视、人民网、腾讯等150余家新闻媒体对艺术节进行宣传报道。艺术节中，阿拉善乌兰牧骑获特别奖，阿左旗、阿右旗、额济纳旗乌兰牧骑分别获得2项会演金奖和1项会演银奖。此外，还获得创作、表演、“一专多能”等单项奖24个，取得历届最好成绩。着力改善乌兰牧骑基础设施条件，为阿拉善乌兰牧骑、额济纳旗乌兰牧骑争取流动舞台车各1辆；阿右旗乌兰牧骑业务用房扩建项目列入自治区预算内基本建设投资计划，项目主体工程完工，完成投资450万元。

文艺创作。围绕庆祝新中国成立70周年等重要时间节点，编制2019年乌兰牧骑文艺创作计划。组织实施舞台艺术精品工程，继续打磨提升话剧《东风呼啸起》。继续编创蒙古剧《东方故土》；新创提升歌曲《乌兰牧骑誓言》、舞蹈《驼乡的喜悦》、小品《七十年的等待》等124个文艺节目。话剧《东风呼啸起》被评为2019年度自治区舞台艺术精品剧目，获得扶持资金100万元，实现阿盟在该项目扶持中零的突破。蒙古剧《搏克·夏力宾》、舞蹈《传承》入选内蒙古自治区第十四届精神文明建设“五个一工程”奖。舞蹈《美》等作品在第三届中国·国际蒙古舞蹈艺术展演等赛事评选活动中获各类奖项38项。

文化惠民演出。举办“守望相助好家园”2019春节联欢晚会，开展“不忘初心 扎根草原——全区乌兰牧骑交流演出月”等活动。组织阿左旗、阿右旗乌兰牧骑赴呼参加全区优秀乌兰牧骑展演。与盟委宣传部、文明办等13个部门联合开展“弘扬乌兰牧骑精神 到人民中间去”综合服务活动。全盟乌兰牧骑结合“百团千场进基层”、“草原文艺天天演”等活动，开展惠民演出579场，受益群众达25万人次。

【文化产业】 全盟有文化产业开发运营单位68家，其中文化骨干、小微企业35家，新闻出版相关企业28家，影院5家。举办第四届全盟文创产品设计大赛，继续打造“阿拉善礼物”文创品牌，320件文创产品投入市场，累计销售38万元。阿盟文创产业发展有限责任公司设计生产的“同舟共济”——鎏金骨瓷套装和岩画金胎杯获内蒙古首届文化创意旅游商品大赛银奖。通湖景区篝火演艺晚会《神游通湖》、沙漠实景剧《腾格里传奇》成为西北地区大型实景剧品牌，实现常态化演出，全年演出350场，接待游客27万人次。《王府盛宴》《奇石交响音乐会》《和硕特婚俗》等“苍天般的阿拉善”系列驻场演出市场反馈较好。

【旅游产业】 2019年，全盟有旅游产业运营开发单位150家，其中A级景区29家，旅行社37家，星级宾馆21家（其中四星级4家），星级乡村旅游接待户101家（其中五星级6家）。全盟星级饭店、社会宾馆、民宿等住宿设施共有床位4万余张，共接待国内外游客2260万人次，旅游总收入210亿元，同比分别增长17.2%和20.3%。其中国内过夜游客796.3万人次，收入160亿元，同比分别增长18.2%和21.8%；入境游游客15.3万人次，收入6亿元，同比分别增长24.8%和24.5%；一日游游客1448.5万人次，收入44亿元，同比分别增长16.6%和15.8%。从旅游季节来看，旺季（4—10月）游客2047.7万人次，占90.6%，淡季游客212.7万人次，占9.4%。旅游接待高峰为9月25日至10月25日，共接待国内外游客823.97万人次，旅游总收入65.08亿元。分别占全年游客接待总数的36.5%和旅游总收入的31%。从客源地来看，四川、重庆、陕西、甘肃、宁夏、河北、山西、河南、北京等地是阿盟的主要客源地。从出行方式来看，自驾游游客占到90%以上。

【文化旅游市场管理】 2019年，出动执法人员3456人次，执法车辆260次，检查文化旅游经营场所1143家次，开展专项活动20余次，下发安全隐患整改通知56份，立案18起，办结14起。对全盟景区、星级酒店、娱乐场所等人员聚集场所消防安全、防火防盗、文明旅游、环境整治以及旅游餐饮场所食品安全等进行拉网式检查。受理旅游和文化市场投诉39起，受理和办结率100%。持续推进全国旅游监管平台的应用，实现旅行社和导游政务服务“一网通办”和“四个全覆盖”。

【景区建设】 2019年，额济纳胡杨林景区成功获评国家AAAAA级旅游景区，实现阿盟AAAAA级旅游景区“零”的突破。额济纳居延海景区、策克口岸旅游区获批为国家AAA级旅游景区。配合自治区完成高A级景区和全盟AA级旅游景区复核工作。2019年，全盟有AAAAA级旅游景区1家，AAAA级旅游景区12家，AAA级旅游景区4家，AA级旅游景区12家。

【宣传营销】 盟文化旅游广电局整合利用传统媒体、互联网新媒体、旅游展览和主题推广等营销资源，打造“苍天般的阿拉善”旅游品牌形象。统一使用阿拉善城市标志，在阿左旗机场LED大屏投放各旗区、越野e族阿拉善英雄会、亚沙赛以及全盟文化旅游宣传片；统筹策划“周游阿拉善”“阿拉善文化旅游季”相关活动；设计推出“迎春赏花大漠休闲”“秘境腾格里风情廊道”“邂逅苍天般的阿拉善”等文旅融合精品旅游线路。阿拉善斑斓14味、冰雪胡杨、骆驼那达慕等入选2019内蒙古冬季十大精品线路；在公共服务场所累计投放文旅宣传品20余种近百万册（支）；“十一”黄金周期间与联通、移动合作推送入境关怀短信130余万条；政务网站、微信平台完成改版上线工作，2019年共发布各类旅游动态信息1243条。

【智慧旅游】 建设完成阿左旗通勤机场60平方米LED显示大屏，阿盟智慧旅游中心220英寸显示大屏，以及旅游数据中心、旅游产业监测平台（运维）、旅游运行数据分析系统、智慧旅游行业管理平台、720°实景旅游体验平台等6大智慧旅游项目建设。顺利完成国家旅游产业运行监测与应急指挥平台AAAA级旅游景区数据对接工作，依托阿拉善智慧旅游建设运营项目，全盟10家AAAA级旅游景区视频信号全部接入国家旅游产业运行监测与应急指挥平台，接入率83%。

【文化旅游节庆活动】 成功举办第十届阿拉善文化旅游节、第十四届越野e族阿拉善英雄会、第八届亚太地区商学院沙漠挑战赛、2019·中国阿拉善（BCI）国际盆栽雅石精品展暨第15届阿拉善赏石文化旅游节、2019·国际巴丹吉林沙漠文化旅游节（那达慕大会）、2019中国·额济纳第二十届国际金秋胡杨生态旅游节、“内蒙古味道·阿拉善斑斓14味”发布与品鉴会等品牌节庆赛事活动，节庆赛事活动成为旅游热点，文化旅游节庆活动带动效应突出。

【文化旅游重点项目】 盟文化旅游广电局重点监控全盟文化旅游千万元以上重点项目16个，计划总投资12.25亿元。全年完成投资7.36亿元，完成年度投资额的60.1%。争取到国家、自治区文化旅游广电文物等项目31个，争取各类发展基金、专项资金、补助资金共计8161.83万元，用于乌兰牧骑文艺惠民演出、自治区广电节目覆盖运行维护、非物质文化遗产保护、图书馆和博物馆免费开放等，促进全盟文化旅游各项事业发展。

（撰稿：邱作隆 编辑：王延吉）

旅游和文化综合行政执法

【概 况】 阿拉善盟旅游和文化综合行政执法局为盟行署直属的具有独立行政执法主体资格的参照公务员管理的事业单位。2019年机构改革中，将所承担的旅游文化体育综合行政执法职能划转至盟文旅广局承担，设为盟文旅广局所属的二级事业单位。

局内设办公室、法制宣教科、执法一队、执法二队、执法三队，核定事业编制24个，处级领导职数1正3副，科级职数5正2副，统一行使全盟文化、文物、新闻出版、版权、广播影视、网络文化、旅游、体育等领域综合执法职能。

【文化旅游市场综合行政执法】 2019年度，共出动执法人员3456人次，检查文化旅游经营场所1143家次，开展专项活动20余次，下发安全隐患整改通知56份，立案18起，办结14起（其中检查旅游经营场所331家次，旅游类案件5起）。

对全盟涉及意识形态的213家文化旅游市场经营场所进行检查，开展“清源”“净网”“护苗”“秋风”“固边”等五大专项行动，集中销毁侵权盗版及淫秽色情图书、音像制品及非法出版物共16932件。

开展民族宗教类出版物市场及民族宗教用品专项检查行动，查办典型案件，共收缴宗教类非法出版物5110册、光盘1805盘、磁带7盘、播放器2台。

开展9次境外卫星接收设备检查，涉及非法安装境外电视接收设备用户28家均已现场拆除。

开展广播电视传输领域安全、影院安全放映等进行专项检查，检查影院5家。对第十四届“越野e族”阿拉善英雄会开幕式文艺晚会、颁奖晚会办理的《内蒙古自治区营业性演出准予许可决定》进行核验，对宁夏唤希文化传媒有限公司举办的第14届阿拉善英雄会猛兽独行音乐节、2019梦想之城电子音乐节、海市蜃楼·视觉盛宴共12场次进行全程监管。

开展旅游业务、安全生产和市场秩序专项整治，出动检查人员140人次，检查旅游企业35家，其中旅行社19家，景区8家，星级饭店8家。对2家旅居养老院进行法律法规宣讲，对2家培训机构组织的“研学游”“夏令营”等旅游活动进行监管。

加强体育市场监管，出动执法人员16人次，对巴彦浩特地区4家游泳场馆进行专项执法检查。

落实文物市场监管责任，联合对定远营奇石长廊、大漠奇石产业园、海洋公司奇石城、凤凰奇石市场进行文物专项执法检查，及时禁止15家奇石商铺存在的仿石器出售行为。加强网络市场安全监管，开展3期网络安全预警通报，对网吧净网先锋监控软件嵌入广告等问题进行专项清理整顿。

【规范执法】 组织开展法律宣传活动8次。统筹举报投诉受理，2019年共受理旅游和文化市场投诉39起（其中文化市场投诉5起，旅游市场投诉案件34起），做到案件受理率100%，办结率100%。推进执法规范化建设，开展执法全过程记录2次。部署练兵比武活动，举办“2019年全盟旅游、文化综合行政执法人员业务暨以案施训培训班”，全盟执法骨干50余人参加培训。

（撰稿：马能杰　编辑：王延吉）

阿拉善日报社

【概　况】 阿拉善日报社属全额拨款正处级公益二类事业单位。核定人员编制67个。截至2019年12月31日，报社实有在职职工105人。其中全额拨款事业编人员66名，自收自支人员9名，同工同酬人员18名，离岗返岗人员2名。阿拉善报业传媒有限责任公司有政府购买公共服务人员10名。处级职数3名，科级职数10正8副。实有处级领导干部5名（正处级2名，副处级3名），科级干部16名（正科级干部9名，副科级干部7名）。内设总编室、蒙文新闻部、汉文新闻部、蒙文专刊副刊部、汉文专刊副刊部、记者部、新媒体中心、评论策划部、办公室、社会事务发展部10个部室。

【新闻宣传】 重大主题宣传。阿拉善日报社紧紧围绕习近平新时代中国特色社会主义思想、全国两会、盟委（扩大）会议、脱贫攻坚、乡村振兴、生态文明、新中国成立70周年、扫黑除恶专项斗争、“不忘初心、牢记使命”主题教育等重大主题宣传任务，开设《牢记习近平总书记嘱托　生态优先　绿色发展》《在习近平新时代中国特色社会主义思想指引下——新时代、新作为、新篇章》《推动经济高质量发展调研行》《聚焦两会》《贯彻落实盟委（扩大）会议精神·学习总动员》《打赢精准脱贫攻坚战——决战一线》《新时代农牧民素质提升》《壮丽70年 奋斗新时代》《驼乡儿女唱祖国》《扫黑除恶　建设平安阿拉善》《身边的初心使命》《主题教育整改进行时》等40余个专题专栏。特别是“壮丽70年　奋斗新时代”大型主题采访活动，充分展示新中国成立70年来的光辉历程、伟大成就、宝贵经验，充分展示中共十八大以来的历史性变革和成就，唱响礼赞新中国、奋斗新时代的昂扬旋律。截至2019年12月31日，《阿拉善日报》蒙、汉文报共刊登稿件9534篇（幅），其中汉文6330篇（幅），蒙古文3204篇（幅）。

外宣展示和传播。阿拉善日报社加强与各旗区融媒体联动，强化与自治区“草原云”平台的联系合作，形成纵向联动、横向互动的外宣传播新格局。截至12月31日，阿拉善日报社在《内蒙古日报》发稿410篇（幅），其中汉文195篇，图片79幅，蒙古文72篇，图片64幅；在人民网蒙文版发稿6条，新华网蒙文版发稿2条；中国蒙古语广播CNR发稿1条；中国新闻网客户端发稿1条，中国城市报1篇，图片5幅；同时，“内蒙古日报”微信公众号《新闻早点到》栏目、“今日头条”、腾讯企鹅号等多个平台经常性转载转发报社新媒体平台稿件。

民生关注。依托《阿拉善日报·周末》、微信矩阵、手机客户端，聚焦社会热点，关注百姓故事，创新呈现方式，对百姓关注的教育、医疗、食品安全、社会治安等民生热点问题加大报道反映力度，开设《祖国好　家乡美》《庆祝新中国成立70周年·那些年那些事儿》《岁月》等专栏专版，推出“2019，阿拉善这些民生项目件件与你有关”专题，推出《关注》栏目，聚焦《中华人民共和国电子商务法》落地阿拉善、巴彦浩特旧衣回收箱、减税降费政策、保健市场、保险市场、“五毛食品”、垃圾处理费征收、广场电动玩具车安全等热门话题开展报道和讨论，受到读者广泛关注和参与。

思想引领。凡涉及重大主题评论全部转载转发新华社和《人民日报》《内蒙古日报》评论员文章。截至12月末，转载《人民日报》评论员文章40篇，转载《内蒙古日报》评论员文章10余篇；刊发本报评论员文章10余篇；在《阿拉善日报·周末》《你说我说》栏目刊发多篇民生类评论文章。

【融媒体建设】 新闻队伍建设。抓好采编人员业务培训，组织采编人员外出培训交流近40次，培训70余人次；社内开展业务培训研讨10余次，培训600余人次。广泛吸纳高学历、有潜质的年轻人入党，建立把业务骨干发展成党员，把党员发展成业务骨干的“双培养”机制，发挥党员在新闻宣传中的带头作用，写精品新闻，出优质稿件，不断提升《阿拉善日报》及旗下新媒体的影响力、传播力、引导力、公信力。按照习近平总书记提出的宣传思想干部要增强“脚力、眼力、脑力、笔力”的要求，制定《增强“四力”教育实践工作方案》，以庆祝新中国成立70周年重大主题宣传为主线，组织采编人员深入基层，深入实际，深入群众，采写有温度、带露珠的新闻。以蒙、汉文纸、网、微全媒体平台为载体，采取蹲点式、行进式、回访式采访调研方式，全员出动、全媒采集、全平台呈现，精心策划组织“农牧区行”“生态行”等大型采访活动，打造形成脱贫攻坚、乡村振兴、产业发展、经济高质量发展、生态建设等多组大型系列报道。先后10余次组织蒙、汉文记者30多名，深入腾格里经济技术开发区、巴彦诺尔公苏木、阿拉腾敖包镇、塔木素布拉格苏木等基层地区，集中采访50多天，刊发一线稿件110多篇、图片165幅、视频50多个。

“移动优先”发展策略。阿拉善日报社从优化组织构架、提升新媒体传播质效等方面入手，将视觉部并入记者部，将《阿拉善日报·周末》并入汉文专刊副刊部，整合新媒体平台编辑力量，使采集端、生产端、发布端发挥出最大效用，积极发展各种互动式、服务式、体验式新闻信息服务，让主流价值观借助移动传播，扩大主流价值影响力版图，实现新闻传播的全方位覆盖、全天候延伸、多领域拓展。2019年，阿拉善日报社蒙汉新媒体平台共刊发稿件7090篇（幅）。其中，蒙文新媒体刊发稿件1960篇（幅），点击量累计达387.7万余次；汉文新媒体刊发稿件5130篇，总点击量累计达353万多次；制作视频53个，点击量40万余次；进行现场直播35场，点击量50万多次。

【报纸经营管理】 2019年，《阿拉善日报》（蒙、汉文版）印刷质量在全区报纸质量评比中继续保持中上水平。全年报纸发行量共9500份，其中汉文报8500份，蒙文报1000份。按照盟委巡察反馈意见及整改工作相关要求，对阿拉善报业传媒公司组织架构、经营管理等进行重组，实行产权明晰、权责分明、科学管理、激励和约束相结合的内部管理机制，使之建立起符合现代企业制度、合法合规合纪运营的体制机制，推动公司治理更加规范、科学。同时积极探索新业态、新传播方式，拓宽营收渠道，扩大受众覆盖面，推动媒体融合不断向纵深发展。

（撰稿：薛　瑞　编辑：王延吉）

广播电视

【概　况】阿拉善盟广播电视台为盟委直属正处级事业单位，归口盟委宣传部管理，阿拉善盟文化广播电影电视局对阿拉善盟广播电视台履行行业监管职责。内设办公室、人力资源中心、总编室、汉语新闻中心、蒙语新闻中心、民生节目中心、汉语广播节目中心、蒙语节目中心、汉语电视节目中心、文化交流中心、技术网络中心、播控中心、新媒体中心13个部室，核定编制165个，其中处级职数2正4副，科级职数13正15副。核定同工同酬人员50名，购买社会化服务人员20名。

阿拉善盟广播电视台承担着宣传党的主张，弘扬社会正气，通达社情民意，引导社会热点，疏导公众情绪，做好舆论监督的职能职责。广播现开办蒙汉两套综合节目，通过中星6B卫星传送，覆盖亚太53个国家和地区。电视现开办新闻综合和经济生活两个频道，通过无线传输及本行政区域的有线网传输覆盖阿拉善盟行政区域。自办节目涉及新闻时政、舆论监督、社教娱乐、生活服务等内容。新媒体方面，通过阿拉善盟广播电视网、阿拉善盟广播电视台官方微信、微博、网络电台及新华社“阿拉善发布”手机客户端进行发布。

【新闻宣传】习近平新时代中国特色社会主义思想主题宣传。开设《在习近平新时代中国特色社会主义思想指引下——新时代新作为新篇章》栏目，组织一线采编人员到农村牧区、厂矿企业、机关社区等，宣传报道全盟各族干部群众不忘初心、砥砺奋进，以实际行动贯彻落实中共十九大精神的具体举措，通过广播电视和新媒体平台广泛推送，广播电视栏目全年共播出贯彻习近平新时代中国特色社会主义思想相关新闻报道940余条。

庆祝新中国成立70周年宣传报道。开设《壮丽70年　奋斗新时代》《我和我的祖国》《70年改革赞歌》等15个专栏，展示新中国成立70年来的光辉历程、伟大成就、宝贵经验和中共十八大以来的历史性变革和成就，深入挖掘普通个人、家庭与共和国同成长、共命运的情感脉络和生动故事，反映70年来国家发展、社会进步给人民群众带来的获得感、幸福感、安全感。蒙汉语广播电视播出新闻893条，广播电视栏目331期，制作快闪《草原赞歌唱祖国》1条，微视频《书香阿拉善　颂扬70年》等相关微视频35条；制作播出公益广告56条11968次，播出历史文献纪录片《新中国第一》17期，定期循环播出第七批中国梦歌曲20首。

“不忘初心　牢记使命”主题教育宣传报道。开设《不忘初心　牢记使命》《倡议我响应志愿我行动》《整改进行时》专栏、播放公益广告、制作片头片花等多种方式，加大对开展主题教育的宣传报道力度，累计播出新闻685条，广播电视栏目60期，新媒体各平台共发布相关内容618条，在新闻综合频道、经济生活频道播出《开门纳谏直通车》公告6次/天、在电视连续剧中插播游动字幕公告30次/天，播出关于“不忘初心　牢记使命”主题公益广告《最美奋斗者》《时代楷模张富清》等20余条1970余次，制作蒙汉双语《不忘初心　牢记使命》宣传片9条，为主题教育开展营造良好舆论氛围。

扫黑除恶专项斗争宣传报道。广播电视节目开设《扫黑除恶　创建平安》《中央扫黑除恶督导在内蒙古》等专题专栏，及时转播自治区媒体有关报道。对接盟政法委，安排记者到各旗区开展采制扫黑除恶工作相关新闻，邀请相关部门负责人走进演播厅、座客直播间进行现场交流，进行政策解读和案例分析。推出扫黑除恶原创漫画，加深人民群众对扫黑除恶工作的认识，完成《聚焦政治站位　强化责任担当　坚决打赢扫黑除恶专项斗争攻坚战》等专题片拍摄。制作播出《有黑必扫　有恶必除》《有“伞”必打》等公益广告、标语，在新闻综合频道、经济生活频道全天不间断滚动播出《中央扫黑除恶第15督导组公告》游动字幕，提升广大群众对扫黑除恶专项斗争的知晓度和参与度。

宣传贯彻盟委（扩大）会议精神的具体举措。开设《奋进正当时》栏目，综合运用会议报道、会后采访、本台评论等形式宣传会议精神，通过人物访谈、专家解读等方式，阐释阿盟经济社会发展目标任务重点，制作《一图观政》图文产品，帮助受众领会盟委（扩大）会议精神，蒙汉语广播电视栏目聚焦全盟各地各部门深入贯彻落实盟委（扩大）会议精神，全力做好“六个提升”和十个方面重点工作，播出《解放思想 突破重点 实现经济高质量发展新跨越》《办好民生实事 增进百姓福祉》等重点报道，集中反映全盟经济建设稳步推进、民生福祉显著提高、脱贫攻坚富有成效、绿色发展深入人心的具体举措，全年共采制播发盟委（扩大）会议新闻报道1100余条。

打赢精准脱贫攻坚战宣传报道。组织一线采编人员深入农村牧区，挖掘扶贫一线发生的鲜活故事，集中反映阿盟在打赢脱贫攻坚战中的具体举措和取得成效；邀请专家解读扶贫政策，提升政策知晓率；对基层脱贫攻坚典型人物、典型事迹的进行宣传报道，发挥典型的引领示范作用，推动全社会学典型、用典型，帮助自身发展。播出《党建引领提升服务水平 产业兴旺力促脱贫攻坚》《特色沙产业让贫困农牧民走上绿色致富路》等689条相关新闻报道，栏目80期，新媒体各平台共发布相关内容340余条。

【宣传推广】 配合内蒙古广播电视台“祖国我是你的骄傲”全媒体行动，实现与内蒙古广播电视台并机直播、同频共振；协调配合中蒙媒体联合采访走进阿拉善活动；针对学习强国、今日头条等平台的发布特点，策划系列短视频，对阿盟主题内容进行广泛推送。

全年在国家级媒体播出蒙、汉语广播电视新闻109条，节目47期；在自治区级媒体播出蒙汉语广播电视新闻1047条，节目126期；在学习强国、今日头条、内蒙古新闻网等新媒体平台推送新闻1036条；汉语广播完成城市互联对播节目52期。

【宣传质量提升工作】 推进节目流程再造。加强新闻宣传调度，建立了以台长、总编辑为总策划、总指挥，各宣传部室负责人分工负责，蒙、汉语新闻中心为主、其他栏目为辅的新闻调度、舆论引导及新闻评审为一体的新闻指挥中心和工作流程。将融媒体作品纳入绩效考核中，针对不同媒体产品进行分类细化评分，鼓励编采播多出精品、精办节目；制定节目评审制度，对自办节目听评审评实施常态化管理，按季度做好节目推优和监听监看工作。制定出台“移动优先”发布实施工作细则，实现了重大主题新闻新媒体提前发布；加大网络直播力度，对“第十届阿拉善文化旅游节开幕式”“北疆英模事迹巡回报告会”等活动进行全程直播；策划推出《我和我的祖国》快闪、系列快闪《草原赞歌唱祖国》，微视频《白发寻亲：半个世纪的等待》《记者节 一起来认识我们》等作品。

宣传阵地管理。建立由党组、党总支、党支部、工青妇组织为基层单位的意识形态网格管理队伍，全面推进落实意识形态责任制“管理网格化”，进一步规范干部职工微博微信管理。严格执行“三审制”“重播重审制”和“重大稿件送审制”，规范稿件播发流程，发挥通达社情民意、引导社会热点、疏导公众情绪的作用，加大公益和商业广告的政治审查，统筹编排弘扬主旋律的广播电视节目播出。

安全播出能力建设。顺利通过迎接新中国成立70周年全国广播电视行业安全大检查。新闻综合频道从5月开始，每天早晨7点开始播出中华人民共和国国歌，完成庆祝中华人民共和国成立70周年阅兵式、群众游行及群众联欢活动的转播任务，获得内蒙古自治区庆祝新中国成立70周年广播电视安全播出先进集体称号。截至12月30日，广播电视均实现了年内停播率0秒/百小时。争取到国家广电总局批复同意阿拉善盟广播电视台新闻综合频道、经济生活频道高标清同播，根据设备配置情况，对原有系统进行升级改造，增加经济生活频道高清播出设备，争取到公共文化项目资金90万元，用于广播电视安全播出和网络安全保障提升改造工程，实现新闻综合频道、经济生活频道高标清同播。

（撰稿：罗 卿 编辑王延吉）

文 联

【概 况】 阿拉善盟文学艺术界联合会（以下简称盟文联），内设综合办公室，挂组联部牌子。2018年增设《阿拉善文学》编辑部，为正科级事业单位。有在职人员9名，其中主席1名、副主席2名。所属有18个协会（学会），会员4000多人。

【阿拉善盟文联第三次代表大会】 2019年12月26—27日，盟文联召开阿盟文联第三次代表大会。大会选举产生新一届盟文联领导班子。额宝勒德当选盟文联主席；范晓钟、刘金蓉当选盟文联副主席；恩克哈达、乌兰巴特尔、色·哈斯巴根、李鹏飞、杜克勤、傲云、付有祥、莫日根巴特尔、巴图朝鲁当选盟文联副主席。

【文学艺术活动】 盟文联围绕庆祝新中国成立70周年主题，全年共举办“七人书法展”“李海霞个人画展”“女子书画展”“蒙古族刺绣展”“庆祝新中国成立70周年·夕阳红老艺术家书法作品展”“纳仁摄影作品展”“亮丽北疆——庆祝新中国成立70周年内蒙古美术名家作品展”“翰墨同辉——书法大赛作品展”“扫黑除恶专题书法作展”“‘金戈’杯全盟首届中小学生蒙文书法大赛及作品展”“‘红心永向党，书写新时代’纪念建党98周年‘人保财险’杯全盟蒙汉文书法大赛暨作品展”“庆祝新中国成立七十周年·刘光斌美术作品展”“‘永葆军人本色、建功新时代’首届全盟退役军人美术书法摄影展和军事题材连环画收藏展”“中国成立70周年——‘相约阿拉善’邹立颖师生写生作品展”“庆祝中华人民共和国成立70周年‘亮丽内蒙古·苍天般的阿拉善’摄影家色·哈斯巴根作品展”“庆祝新中国成立70周年阿拉善第八届书法临帖展及百米长卷”“‘礼赞新中国、光影抒情怀’庆祝新中国成立70周年阿拉善摄影作品展”“左巴图别立格美术书法毡画展”“沈旭兵个人油画作品展”“庆祝新中国成立70周年·阿拉善70名知名作家作品展”“写生阿拉善展”等20余次展览。盟收藏协会推出“庆祝新中国成立70周年·光辉榜样、辉煌历程”徽章专题展、“扫黑除恶共建平安”主题收藏展等10次专题展览。举办全盟第二届“翰墨·驼乡情”群众文化艺术作品展、第三届“马兰杯”文学摄影作品大赛；组织文艺工作者开展“法治乌兰牧骑”文艺创作采风活动，创作推出《阿拉善司法之歌》《沙海红柳》《亮剑——扫黑除恶歌》等一批扫黑除恶题材；举办全盟首届“胡树旗”杯短篇小说大赛颁奖典礼和庆祝新中国成立70周年“双百首”阿拉善长调民歌学唱传承活动。

【作品出版及获奖情况】 推出“文艺阿拉善”系列丛书《盛开的冬青花》等蒙汉文作品集10部；《阿拉善大漠百佳摄影坐标图》在北京世园会展示；青年诗人白爱青诗集《日常的河流》（汉蒙文对照版本）出版；额济纳旗作协完成《额济纳旗

蒙中的历史》编纂并交付出版排版；盟作协会员宝音巴图、赞德来、恩克哈达、乌日苏力其、达布希拉图获全国第二届“策克”杯文学大赛奖，其中宝音巴图获金奖。舞蹈《高依乐》获庆祝中华人民共和国成立70周年——“舞动北疆”全区第二届广场舞大赛二等奖和优秀组织奖。在庆祝新中国成立70周年“我和我的祖国”全区摄影展上，包尔夫的作品《飞天之梦》获金奖；吴英凯的作品《银雪红驼》获银奖；吉亚太的《腾格里沙漠天鹅湖》和特木尔扣的《贺兰山广宗寺》2部作品分获优秀奖；巴图巴根作品《丰碑》获中国著名优秀摄影师第四届经典作品巡礼特等奖，在首届中国著名/优秀摄影师评选及新时代摄影论坛中获中国优秀摄影师奖；聂尧声作品《背蒙古包大赛》在第二届全国金谷银行杯摄影大赛中获三等奖；吉亚太作品《大漠羊群》获2019年21届中国艺术摄影大赛优秀奖；作品《贺兰山雪景》和《腾格里沙漠天鹅湖》获庆祝新中国成立70周年“我和我的祖国”全区摄影展优秀奖。

【文艺研讨培训】 举办“庆祝《多彩的阿拉善》首发暨创作研讨会”，30余位诗人及学者参加会议；举办阿拉善年轻作家作品研讨会，文学评论家达·巴图、策·朝鲁门、额尔敦哈达以及知名诗人索·额尔登等40余位专家学者和诗人参加会议。承办“我们的中国梦”——文化进万家内蒙古文联文艺志愿者服务书法家小分队走进阿拉善活动，邀请3位自治区书法家为全盟50多位书法爱好者普及书法知识，传授技法欣赏，点评临创作品。举办巴图敖其尔、宝勒尔、布和作品艺术风格研讨会；举办“庆祝《多彩的阿拉善》首发暨创作研讨会”。

【展览活动阵地建设】 年初，在巴彦浩特体育场，先后为袁少华、张鹏程等8位艺术爱好者争取到创作室；为美术、书法等6个协会解决会员活动场所。建设近1000平方米的美术书法展厅、400平方米的摄影展厅、200平方米民族皮画传承展厅，并全部投入使用。

【文化交流】 在呼和浩特蒙古城启动的“金戈文化系列活动”中，阿盟赠送的70余幅蒙文书法作品集中亮相；在呼和浩特举办庆祝中华人民共和国成立70周年“亮丽内蒙古·苍天般的阿拉善”摄影家色·哈斯巴根作品展；举办阿拉善盟·六安市书法交流联展；与腾格里开发区等地区和部门先后举办“腾格里·大漠桃花诗会”“阿拉善第十一届诗歌那达慕”创作采风活动；组织书法爱好者在阿左旗巴润别立镇开展“不忘初心、牢记使命”主题教育“送文化下基层”文艺志愿服务活动，将现场创作的40余幅书法作品赠予巴润别立镇；组织文艺工作者到神仙山哨所等进行慰问演出。

【人才培养】 举办阿拉善民歌、陶布秀尔、江格尔、火布思、四胡、萨吾尔登舞蹈、蒙古筝以及美术书法等培训班，累计培养各类学员10000余人。

（撰稿：李沁光　编辑：王延吉）

医疗卫生

卫生健康管理

【概　况】 2019年1月19日，阿拉善盟卫生健康委员会正式挂牌成立。阿拉善盟卫生健康委员会（以下简称盟卫健委），为盟行政公署工作部门，加挂盟蒙中医药管理局、盟爱国卫生运动委员会办公室牌子。主要职责是：贯彻执行国家、自治区卫生健康法律法规和方针政策，统筹规划卫生健康资源配置，协调推进深化医药卫生体制改革，制定并组织落实疾病预防控制规划以及严重危害人民健康公共卫生问题的干预措施，组织实施国家免疫规划，负责卫生应急工作；协调落实应对人口老龄化政策措施；组织实施国家药物政策和基本药物制度，组织开展食品安全风险监测评估；负责职责范围内的公共卫生的监督管理；负责传染病防治监督，监督实施医疗机构、医疗服务行业管理办法；负责计划生育管理和服务工作；保障和促进蒙医药中医药的改革发展与对外交流合作等。盟卫健委内设10个科室，核定行政编制19个，辖盟中心医院、盟蒙医医院、盟疾控中心、盟卫生计生综合监督执法局、盟中心血站、盟妇幼保健计划生育服务中心、盟计划生育协会7个直属单位。

【健康阿拉善建设】 以《健康阿拉善“2030”实施方案》为指导，将健康阿拉善建设融入全盟各领域改革发展工作中，启动实施五大领域20项重点工程、45项行动计划。全面梳理《“健康内蒙古”行动实施方案》17项重点行动计划，与健康阿拉善建设进行有效衔接，加强战略谋划，统筹安排部署、监测考核，基本建立覆盖盟、旗、苏木镇（街道）的健康促进工作网络。基本公共卫生服务能力稳步提高，基本公共卫生服务项目补助增至人均69元，主要健康指标不断改善，孕产妇死亡率连续11年为零，婴儿死亡率2.86‰，连续多年优于国家、自治区平均水平。爱国卫生运动有序开展，额济纳旗国家卫生县城、阿左旗宗别立镇国家卫生苏木镇创建顺利通过国家技术评估，阿左旗通过国家卫生县城复审。以建设区域人口健康信息平台为重点，启动“智慧健康阿拉善”信息化平台项目建设。阿拉善荒漠肉苁蓉获得国家卫生健康委、市场监督管理总局批准作为食药物质开展生产经营试点工作。

【医药卫生体制改革】 启动建立健全现代医院管理制度试点工作，4家试点医院全面推进16项重点任务落实，9家公立医院完成章程制定工作，2家三级公立医院绩效考核工作全面落实。薪酬制度改革试点由1家扩大至4家。阿右旗旗级公立医院取消“收支两条线”管理模式，旗人民医院实现财政差额拨款管理，旗蒙医医院实现财政全额拨款管理。全盟10家公立医院书记、院长开展“讲医改、见行动、出成效”活动，共46人次主讲，开展院内宣讲39场次，院外互讲9场次，区域巡讲2场次。全盟各医联体全年选派专家89人次下基层服务，义诊42次，学术讲座20期。基层医疗卫生机构诊疗量较上年提升，达14万人次，旗域就诊率达50.48%。全面执行国家、自治区组织药品集中采购和使用试点扩围药品招采政策，落实降价抗癌药进医院，公立医院全部取消耗材加成。印发《关于阿拉善盟改革完善医疗卫生行业综合监管制度工作方案》，落实“双随机一公开”监管制度，启动实施“互联网+监管”系统，强化综合监管，实施医疗乱象等六大专项整治行动，共整治15起医疗乱象。

【健康扶贫攻坚战】 以落实中央脱贫攻坚专项巡视反馈问题整改工作为契机，立足于“基本医疗有保障”，不断强化组织领导，全力打好健康扶贫攻坚战。纳入集中救治范围的大病患者救治率达100%，实现应治尽治；常住贫困人口慢病签约服务实现应签尽签；全面完成22个卫生院、13个卫生室“清零达标”专项行动任务，实现医疗卫生机构“三个一”、医疗技术人员“三合格”、医疗服务能力“三条线”目标。优化医疗保障政策，实施大病重病兜底保障和常见病多发病合理保障的“分段报销”政策，基本医保、大病保险、医疗救助覆盖全部贫困人口。

【重大疾病防控和卫生应急工作】 妥善处置额济纳旗“4·4”突发公共卫生事件人感染H7N9禽流感疫情，综合防控措施有效落实，流调人员在24小时内完成初步调查分析、实验室检测等工作，专家组到高危现场，识别可能感染来源，采集可能染疫的环境和死禽标本，为后续病原学检测结果确定发挥了重要作用，保障了疫情的规范科学果断处置。落实人间鼠疫疫情各项防控措施，盟委、行署成立鼠疫防控应急领导小组，迅速建立“三道防线”，全面开展灭鼠灭蚤工作，严格规范医疗机构发热门诊管理，设立体温检测点，有效构筑进京出蒙“防火墙”。及时妥善处置“5·8”登革热、“5·13”疟疾、“5·20”学校结核病、“7·9”水痘、手足口聚集性病例。布病、结核病患者诊疗工作进一步加强，“三位一体”防控模式基本建立。阿左旗开展社会心理服务体系建设试点。自治区级慢病示范旗实现全覆盖。免疫规划信息管理系统上线运行，实现疫苗全程可追溯，全盟儿童基础免疫接种率达到95%以上。完成学校卫生各项工作，实施尘肺病防治攻坚行动。完成新中国成立70周年庆祝活动等大型节庆活动应急保障。盟、旗水质检测能力分别达到106项、42项。

【医疗服务】 盟专业医疗质量控制中心达到11个，质控工作有效推开，继续实施改善医疗服务行动计划，启动实施“医疗质量提升年活动”，加大抗菌药物及重点药品临床应用监控和管理力度，血液安全和用血管理得到加强。远程医疗系统覆盖盟内13家医疗机构。开展“优质服务基层行”活动，利用线上线下多种方式对基层医务人员开展培训，组织实施岗位“大练兵、大比武”，基层卫生服务能力持续提升。2019年，盟中心医院荣获第五届MKM中国药师职业技能大赛全国总决赛季军；在全区妇幼健康职工职业技能比赛中阿盟获个人一等奖2个、二等奖2个、优秀奖6个和团体二等奖，2名选手获得全区五一劳动奖章；在第二届全区护理行业职工职业技能比赛中，分别荣获儿科护理组一等奖、外科护理组二等奖、内科护理组二等奖以及其他各护理项目组三等奖的好成绩，1名参赛选手获得全区五一劳动奖章；在全区青年医师知识与技能竞赛活动中，获1个个人二等奖和团体三等奖。

【蒙中医药事业】 推进政策落实、服务能力提升、学科培育等十项专项行动，盟蒙医医院荣获自治区蒙医中医名院、“模范医院”称号。盟蒙医医院“五疗科”确定为自治区临床重点专科，盟蒙医医院“治未病”、阿左旗蒙中医院“中医疼痛”“蒙医疗术”确定为自治区特色优势重点专科。阿左旗蒙中医院顺利通过二级甲等民族医院复审。建成35家基层医疗机构蒙医馆中医馆。开展“中医中药中国行·蒙医蒙药内蒙古行”宣传活动3次。《阿拉善盟蒙医药三百年史记》《阿拉善药用植物彩色图谱》分获中国民族医药学会学术著作一等奖和三等奖，《阿拉善地区蒙古族女性宫颈病变的调查分析》获中国民族医药学会科学技术三等奖，《阿拉善特色蒙药制剂规范（1）》等4个著作获中国民族医药协会民族著作三等奖，“阿拉善山沉香培育种植基地建设”等4个项目获中国民族医药协会科学技术进步三等奖。

【人口发展和妇幼健康】 落实母婴安全五项制度，持续推进危重孕产妇和危重新生儿救治中心建设，完成阿左旗妇幼保健院产前筛查、新生儿疾病筛查中心和19处公共场所母婴设施建设。强化出生缺陷防治综合质量控制，婚检率、产前筛查率、新生儿疾病筛查率分别达到80.99%、90.27%和98.94%。做好特殊家庭关怀，将伤残、死亡家庭扶助标准分别提高80元和110元。20户计划生育特殊家庭领取一次性扶助金2万元，88人领取1500元/月的生活扶助金。全盟二级以上医疗机构建立计划生育特殊家庭就医绿色通道，特殊家庭医生签约履约率100%。

【法治、宣传和人才工作】 推进法治政府建设、“互联网+政务服务”等工作，确定并公示权力清单611项。加强综合监督，开展儿童近视康复治疗市场、疫苗规范、学校和生活饮用水卫生等专项整治行动，行政处罚各类案件33起罚款7.7万元。推荐评选自治区级月度人物最美医生最美护士7人，草原健康卫士1人。评选表彰全盟最美医生最美护士10人、感动阿拉善人物1人。成功举办全盟卫生健康系统庆祝中国共产党成立98周年·新中国成立70周年文艺汇演和卫生健康事业发展成就展。实施人才强卫战略，面向全国占编引进38名专业技术人才，其中研究生2人；额济纳旗在全盟率先落实公立医院人员总量控制备案制管理办法，公开招录编制备案制管理人员84人。落实住院医师规范化培训，完成农牧区免费订单定向医学生工作，2015—2019年阿盟共接受订单定向免费医学生43人，全部占编安置。

（撰稿：张嘉龙　编辑：王延吉）

医疗保障

【概　况】 2019年1月13日，阿拉善盟医疗保障局（以下简称盟医保局）正式组建，为盟行署工作部门。盟医疗保健局机关核定行政编制10个。设局长1名，副局长3名；科级领导职数5名（4正1副）。内设办公室、待遇保障科、医药价格和服务管理科、规划财务与基金监管科4个科室。主要承担全盟城镇职工和城乡居民的基本医疗保险、生育保险、医疗救助以及药品医疗服务价格管理、药品招采职能。下属2个二级事业单位，即阿拉善盟医疗保险管理中心、阿拉善盟医疗保障监督检查中心。

2019年，全盟参保人数201429人（城镇职工90664人，城乡居民110765人），同比增长4.82%。城镇职工医保收入46227万元（比上年同期增加4161万元，增长9.8%，其中统筹基金26671万元、个人账户17895万元、大病1661万元），支出33204

万元（比上年同期增加1114万元，增长3.4%），当期结余13024万元（其中统筹基金10014万元、个人账户2293万元、大病717万元），累计结余74000万元（其中统筹基金39289万元、个人账户26672万元、大病8039万元），可支付能力28个月。城乡居民医保收入10338万元，比上年同期增加2619万元，增长33.9%；支出为8596万元，当期结余1742万元，累计结余6998万元，可支付能力9.7个月。

职工生育保险收入1689万元，支出1669万元，当期结余20万元，累计结余644万元。

阿拉善盟医疗救助四级财政配套资金640万元（盟、旗两级财政无配套资金），人均配套资金31.5元。当期支出333.7万元，当期结余306.3万元，当期结余率47.86%，历年滚存结余1265万元。

【医疗保险】 城乡居民大病保险。全盟城乡居民大病保险和意外伤害由中国人保财险承保，保费总金额捆绑使用，大病保险起付标准统一为14000元，采取分段确定补偿比例。2019项目年度，基本医保二次补偿享受待遇223人次，享受大病保险待遇人员医疗总费用1526万元，基本医保基金支付753万元，大病保险基金支付174万元，政策内报销比例78%。无责意外伤害享受待遇331人次，医疗总费用593万元，商保支付314万元。

启用医疗系统结算。2019年6月18日，印发《关于盟本级保健人员门诊医疗费用启用医疗保险系统结算的通知》，规定副盟级以上公务员、具有正高级技术职称的人员、有突出贡献享受国务院、自治区政府特殊津贴的中青年专家（上述均含退休人员）等，在盟内定点医疗机构（阿盟中心医院、阿盟蒙医医院、阿左旗蒙中医院、阿左旗妇幼保健院）发生的门诊费用报销起付线为300元，支付比例为95%，年度最高支付限额4000元，发生的门诊费用年度支付，结余不累计。保健人员持社会保障卡在定点医院门诊刷卡就医，系统自动结算。

医疗保险缴费时间和缴费标准。为完善阿盟医疗保险基金支出结构，将阿盟城乡居民基本医疗保险缴费时间由6月至12月调整为9月至次年2月，与自治区城乡居民基本医疗保险缴费时间保持一致。同时将阿盟城乡居民基本医疗保险缴费标准由200元调整为260元。

基本医疗（生育）保险缴费基数。2019年5月1日起，阿盟城镇职工基本医疗（生育）保险缴费基数统一按自治区城镇单位就业人员平均工资为统一基数，确定城镇职工基本医疗（生育）保险缴费的上下限，并同时停止使用阿盟社平工资为缴费基数。2019年，盟社平均工资为6797元/人·月，同期自治区城镇单位就业人员平均工资为5257元/人·月，通过基数调整，每年可为阿盟企业减负2500万元。

制定《阿拉善盟完善城乡居民高血压、糖尿病门诊用药保障机制实施细则》。明确保障对象、用药范围、确定自治区推荐使用的69种城乡居民高血压糖尿病门诊用药支付标准，实现待遇支付。2019年享受总人数1084人次，政策内费用报销11.46万元，报销比例58%，切实减轻城乡居民高血压糖尿病患者门诊用药费用负担。

【生育保险】 2019年7月5日，由阿盟医保局牵头，盟人力资源和社会保障局、财政局、税务局，以及盟人力资源和社会保障局社保中心、数据中心和盟医保中心共同参与进行生育保险移交工作。

按照《关于贯彻落实〈国务院办公厅关于全面推进生育保险和职工基本医疗保险合并实施的意见〉的通知》要求，2019年10月25日印发《阿拉善盟生育保险和城镇职工基本医疗保险合并实施细则》，定于2020年1月1日起实施，实施细则遵循“保留险种、保障待遇、统一管理、降低成本”

总体思路，明确“参保登记统一、基金征缴和管理统一、医疗服务管理统一、经办和信息服务统一”，“确保职工生育保障待遇不变、制度的可持续性”等政策措施。

【医疗救助】 待遇落实。截至2019年12月末，全盟累计实施医疗救助2662人次，住院救助471人次，支出资金250.64万元；门诊救助124人次，支出资金32.57万元。

医保扶贫。2019年，全盟1350户2780名建档立卡贫困人员，全部参加基本医疗保险，个人缴费部分每人260元由各旗财政全额补助。年内，建档立卡贫困人口大病起付线降低50%，分段报销比例每段提高5%，不低于65%，不设封顶线，并根据《阿拉善盟行政公署办公室关于印发阿拉善盟建档立卡贫困患者健康扶贫先诊疗后付费“一站式”结算方案的通知》文件精神，建档立卡贫困人员在旗区贫困定点医院主要实行“先诊疗后付费”和“一站式服务、一窗口办理、一单制结算”，通过“一站式服务”结算的建档立卡贫困人员896人次，住院费用总额710万元，个人自付比例10%左右。

【医药价格和医疗服务管理】 推进落实医疗服务项目规范和价格（2018年修订版）。2019年12月7日0时起，全盟54家医疗机构全面取消医用耗材加成，成功完成系统目录切换，2018收费项目为12大类8543项，扩展项6006项，共计14549项。与2012版相比新增项目18项，删除678项，调整987项。其中下调价格项目513项，上调价格项目357项。对自治区调整的20项医疗服务项目价格、67项诊疗项目等级、44项医用耗材收费等级进行调整维护；以规范高值医用耗材使用管理为目标，对可单独收费一次性医用耗材标准库中不符合2018修订版项目价格规定的2484条医用耗材进行了集中清理；开展对各旗区医保局和全盟二级以上医疗机构的广泛宣传培训；完善推进机制，建立应急机制，协同推进，确保2018年目录更新工作稳妥、有效落地实施。

医保支付标准及医保资金使用。建立医保经办机构与医疗机构间“结余留用、合理超支分担”的激励和风险分担机制，引导医疗机构合理用药，减轻群众医药费用负担，自2019年6月1日起与自治区同步执行头孢唑林、氯化钠和葡萄糖第一批医保支付标准试点品种，实施范围为全盟医保定点公立医疗机构，医保支付标准按自治区规定的规格型号和支付标准执行。结算方式主要是医疗机构使用价格低于支付标准的药品，患者按实际价格支付；医疗机构使用价格高于支付标准的药品，患者按医保支付标准支付，超出医保支付标准的部分由医疗机构自付。盟医保局将医疗保险药品支付标准维护进入医保信息系统，完善定点医疗机构服务协议，按规定做好与定点医疗机构的费用结算工作。2019年6至10月，医保支付试点品种采购量为20.07万瓶/支，采购金额为63.07万元，2018年采购数量为22.97万瓶/支，采购金额为88.50万元，与上年同期相比采购数量减少2.9万瓶/支，采购量降幅为12.63%，采购金额减少23.43万元，降幅为26.47%。医保结算资金较上年同期25.44万元。数据显示，阿盟医疗机构既没有留用医保资金也没有超支分担部分，医保基金结算和采购金额基本持平。

医保支付方式改革及医疗资源配置。全面推行医保支付方式改革，形成总额预算管理下的以按病种付费为主，按人头、按床日付费等多种付费方式并存的多元化支付模式。不断扩大医保付费病种范围，合理确定病种付费标准，推动病种付费、费用结算工作，加强病种付费协议管理。盟域范围内医疗机构全部实行协议管理，签订相关的医疗服务协议和支付方式改革协议。城乡居民普通门诊统筹实行按人头付费，与乌海市精神卫生中心签订协议，重性精神病实行按床日付费。在充分测算前三年各类疾病平均住院费用的基础上，各医疗机构结合实际，遴选医疗费用较为稳定、治疗方法相对成熟、疗效确切、个体差异较小的150个病种，与医保经办机构签订单病种付费协议，实行按病种收费和医保付费统筹管理。2019年1—11月，全盟签订协议病种数为150种，实际结算病种数57种，实际结算1664人次，退出率不超出自治区规定的20%。按病种付费住院总费用880.58万元，其中按病种付费统筹基金支出总额512.94万元，个人支出369.14万元。

异地就医结算。简化异地就医备案手续，实行服务柜台、电话、App、医疗机构等多种方式备案。盟本级参保人员在盟中心医院、盟蒙医医院、阿左旗蒙中医院直接办理转院及备案手续。“阿左旗医疗保险管理中心”微信公众号可提供在线备案功能。2019年，全年异地就医住院直接结算，备案9826人次（城镇职工6874人次、城乡居民2952人次），直接结算9128人次（职工6743人次、城乡居民2385人次），支付9706万元（职工7579万元、城乡居民2127万元）。将阿盟医疗机构推荐纳入全国跨省异地就医定点机构，已开通跨省异地就医直接结算定点医院10家，零售药店5家，为其他统筹区参保人员在盟就医结算提供便利。为方便全盟参保人员及异地定居人员购药结算，阿盟与银川、乌海等周边地区29家零售药店签订2019年度定点医药机构服务协议，阿盟参保人员在两地定点医药机构购药可直接刷卡结算，享受与盟内定点医药机构相同待遇。

协议管理。2019年，按照属地管理原则，由各级医保经办机构与统筹区内275家定点医药机构签订《2019年度基本医疗保险定点医疗机构服务协议》，其中二级以上公立医疗机构10家，基层医疗机构39家，社会办医医疗机构62家；单体零售药店55家，连锁药店109家。

【医保基金管理】 为进一步做好基金监管工作，打击欺诈骗保、维护基金安全，在全区医保系统率先成立阿拉善盟医疗保障监督检查中心，为工作开展提供了组织保障。

打击欺诈骗保行为。综合运用智能监控、飞行检查等方式，按照属地管理原则由各旗区对所有协议定点医药机构实现监督检查全覆盖。相继查出15家医疗机构不同程度存在超范围经营、未及时办理出院手续产生不合理费用、套取医保基金以及病历书写不规范、病程记录不完整、处方书写不完整等问题；发现1起定点药店诱导参保人员购买化妆品行为；复查大额医疗费用票据210份，未发现参保人员骗取、套取医保基金的行为。截至12月末，共处理违规医疗机构15家，其中约谈限期整改9家、暂停服务4家、解除协议2家、拒付违规费用总计41964.22元。处理违规零售药店1家，终止服务协议12个月，拒付违规费用2958元。

医保基金专项治理自查。随机抽取阿左旗范围内21家定点医药机构。针对公立医院，通过调取阿左旗蒙中医院2017—2019年病历、查阅医院相关数据档案，查处存在不合理用药、超限制用药、过度用药、过度治疗等违规行为。针对定点药店，通过调取药品出入库、销售数据及进销存台账，查处个别药店存在药品出入库及销售数据不符等问题。针对社会办医医疗机构，通过调取其药品出入库及销售数据、门诊日志，查处刷卡未录入明细、处方与结算单无法对应、药品标签价格与系统内价格不符、刷卡记录与门诊日志不符以及过度治疗等问题。

自治区交办工作。2019年，共收到国家和自治区医疗保障局移交投诉案件2起，盟医保局授权局监督检查中心会同阿左旗人力资源和社会保障局、阿拉善经济开发区社保局，对投诉内容进行核查，并将核查内容及时上报自治区医保局。

举报投诉渠道。在盟医保局监督检查中心设立举报投诉电话，建立台账用于详细记录投诉举报内容，明确专人负责，严格遵守举报保密机制，保障举报人合法权益。同时将全盟的举报投诉渠道在微信公众平台和定点医药机构张贴公示。年内未接到投诉举报线索。

（撰稿：王　东　编辑：王延吉）

疾病预防与控制

【概　况】 阿盟疾病预防控制中心（以下简称中心），于2003年成立，是集疾病预防控制、地方病防治、结核病防治、健康教育为一体的机构，为盟卫生健康委所属准处级全额拨款事业单位。核定人员编制38个，其中行政后勤人员5人、卫生专业技术人员33人。内设综合科、流行病科、卫生监测科、慢性病防治科、地方病防治科、布病防治科、中心检验室、性病艾滋病科等8个科室（盟编办核定），因工作需要内设健康教育科、质量管理科、体检科3个科室，共11个科室。

【传染病防治】 2019年，全盟无甲类传染病疫情报告，乙丙类传染病共报告计20种，计1354例，发病率为549.96/10万，发病数与上年同期相比上升1.04%。发病率居前五位的是：流行性感冒、乙肝、手足口病、梅毒、肺结核。全盟累计接收处理传染病自动预警信息92条，涉及三旗，响应率100%。全盟传染病诊疗机构网络正常运行率100%，传染病及时报告率99.91%，及时审核率99.79%，重卡率为0，有效证件号完整率99.81%，综合率99.90%。开展手足口病、流感和SARS、人禽流感及不明原因肺炎等重点传染病的监测工作，全盟各医疗机构共报告手足口病260例，发病数较上年同期下降10.34%；完成手足口病毒核酸检测标本共206份，阳性203份。流感哨点医院共报告7188例流感样病例，采集标本781份进行流感病毒核酸检测，阳性247份；同时，开展病毒分离培养实验，分离出毒株34株；检测禽流感环境标本170份，其中阳性24份。4月份，额济纳旗发生人感染H7N9禽流感确诊病例1例，疫情得到有效处置。其间，全盟开展流感样病例强化监测和禽流感职业暴露扩大监测，共采集医流感样病例60份、职业暴露环境标本90份，均未检出H7阳性标本。

【突发公共卫生事件】 年内，盟疾控中心对各项应急预案进行修订完善，预案的操作性和实用性进一步提高，截至12月底，已形成各类预案24项；共投入140万元补充更新应急物资，卫生应急物资储备达到《内蒙古自治区卫生应急基本物资装备储备目录》的80%以上。安排专人负责突发公共卫生事件及疫情信息监测，及时发现异常信息，年内，已规范处置额济纳旗人感染H7N9禽流感疫情、阿左旗输入性登革热疫情、输入性恶性疟疫情，1起流感样病例暴发疫情、4起手足口病聚集性病例，有效控制疫情扩散。

【免疫规划】 全盟各级疾控中心、预防接种单位疫苗出入库均实行网络化管理，并启用免疫规划信息管理系统，保证对疫苗储存、运输的实时温度监控和儿童预防接种信息的全程追溯。全盟常规免疫监测系统运转正常，免疫规划疫苗接种率巩固在95%以上。开展疑似预防接种异常反应监测工作，全盟共报告疑似预防接种异常反应75例，其中阿左旗58例，阿右旗8例，额济纳旗9例；经诊断，一般反应55例、异常反应16例、偶合症3例，待定1例（卡介苗）。推广落实免疫规划疫苗预防接种异常反应商业保险工作，年内已开展实施商业保险报销。开展疫苗针对性疾病的监测工作，全盟共报告疑似麻疹风疹病例8例，其中阿左旗7例，额济纳旗1例；风疹确诊病例3例，其余均为排除病例，排除病例发病率2.02/10万；未报告急性弛缓性麻痹病例。在全盟范围内开展了1～4岁儿童麻风联合疫苗查漏补种工作，共设置固定接种点23个，全盟应接种儿童数1317人，实际接种453人，接种率34.40%。

【结核病防治】 启动实施国家遏制结核病行动计划。全盟初诊结核病患者986人，完成目标任务的127%；并且全部进行免费筛查，达到人口的2.5‰的目标要求。病原学阳性患者的密切接触者筛查191人，完成目标任务的106%。全盟定点医院、基层医疗卫生机构、疾控机构报告肺结核患者和疑似肺结核患者的总体追踪到位率为96.9%，达到全盟总体到位率95%以上的要求。对2018年全盟登记的127例肺结核患者，治愈及完成疗程107例，治疗成功率90%。开展耐多药结核病防控工作专项行动，2019年全盟应筛查耐多药肺结核病高危人群18例，筛查15例，筛查率83.3%；对40例新病原学阳性患者，开展耐药筛查35例，筛查率为87.5%；阿盟结核病耐多药患者共有2人，其中1名纳入阿盟耐多药结核病防控项目实施治疗，另1名患者本人拒绝治疗，未纳入。全盟共对20466名学生、8782名65岁以上老年人和3158名糖尿病患者进行了结核病筛查，均未筛查出活动性肺结核患者。

【艾滋病、性病防治】 全盟共对高危人群2133人进行艾滋病抗体筛查和梅毒检测，结果均为阴性。盟、各旗疾控中心（VCT）共接待艾滋病自愿咨询人员1572人次并进行艾滋病抗体筛查，其中确认阳性1例，完成率为104%。全人群艾滋病筛查检测29921人，检测率为12%。新发感染检测3例，其中2例为新发感染，新发感染检测完成率200%。全盟按现住址共管理29例感染者及病人，随访检测93.1%；配偶检测7人，检测率100%；符合治疗条件的感染者和病人接受抗病毒治疗比例为93.1%，治疗成功率为90.48%。全力实施好艾滋病攻坚行动“六大工程”；推广高危人群“互联网+”防治模式，年内完成了高校尿液自检设备的安装并投入使用。按照《全国性病监测方案》的要求，开展性病、丙肝日常监测工作。

【慢性病防治】 开展死因监测工作，全盟3个死因监测点共报告死亡病例967例，死因监测网络报告全覆盖，推算死亡报告率为3.8‰。开展慢阻肺监测工作，阿左旗共完成问卷筛查600人，置换29人，置换率4.3%；肺功能监测571人，对疑似慢阻肺人员54人进一步拍摄X光片42张；571例肺功能监测者数据全部通过省级专家审核，质量控制符合国家要求，阿盟慢阻肺监测工作已全部完成。启动了国家心脑血管高危项目工作，截至12月底，已初筛3271人。持续开展全民健康生活方式活动，各旗（区）均成立了健康教育巡讲团，针对重点领域、问题和人群开展多部门联合的健康巡讲和宣传活动。截至2019年底，全盟共培养健康生活方式指导员222人，创建无烟环境141个，建设健康主题公园等健康支持性环境29个，建成健康机关、健康社区等96个。

【地方病防治】 落实地方病防治专项三年攻坚工作，开展消除地方病危害行动。全盟8～10岁儿童甲状腺肿大率和尿碘中位数、孕妇碘盐覆盖率和尿碘中位数等主要技术指标均达到国家碘缺乏病消除标准，全盟总体上处于持续消除碘缺乏病状态。开展农牧区改水现状和水氟、水砷含量、居民饮茶型氟中毒调查，及地方性氟中毒、砷中毒病区居民病情调查；共对农牧区3273人进行布病高危筛查，血清学检测2315份，经检测阳性17例。加强现症病人救治救助工作，全盟共设立地方病定点医院3

家，建立氟骨症、砷中毒确诊患者健康档案164人；对网络报告确诊的50例布病病人开展流行病学调查，并督促、指导布病病人积极规范治疗。

【鼠疫防控】 共监测捕鼠159只、蚤99匹，经检测均为阴性。自内蒙古自治区发现人间鼠疫疫情后，盟疾控中心立即启动鼠疫防控应急预案，和周边省市疾控中心建立联防联控制度，中心实施24小时应急值班制度；紧急补充储备应急物资、加强人员培训；严格执行疫情“零报告”“日报告”“发热病人排查日报告”“监测日报告”制度。盟疾控中心对全盟三旗两区鼠疫防控工作进行现场指导；高效规范处置1例急热待查病人，共排查密切接触者15人。

【职业病防治】 全年，共对428名职业危害作业场所职工进行职业健康体检；对211名尘肺病人进行随访；调查收集全盟94家企业工作场所职业病危害因素的监测资料和153家企业的职业病危害申报资料；完成自治区试点县（阿左旗）小微企业200名粉尘作业工人的尘肺病主动监测任务。组织召开职业病诊断会议，对41名申请者进行诊断，其中诊断职业病27人、升级诊断4人。

【包虫病防治】 全盟共调查2280人，未发现包虫病病例；家畜调查500头，未发现阳性病例；采集有主犬粪147份，对犬棘球蚴绦虫感染情况进行调查，未发现阳性；犬驱虫1600次；发放调查问卷300份、健康教育宣传资料5000份。开展包虫病等重点寄生虫防治规划中期评估工作，完成评估自评报告、数据库录入上报工作。

【学校卫生】 年内，摸清全盟66所托幼机构、学校校医配备情况，其中有56所学校配备专职校医；制定下发《阿盟疾控中心关于加强学校卫生工作的通知》，成立阿盟疾控中心学校卫生工作领导小组，并完成2019年全盟学校学生常见病和健康影响因素监测、干预工作。

【卫生监测】 生活饮用水水质监测。完成枯水期和丰水期的水质检测307份，合格219份，合格率为71.34%。复核三旗疾控送检水样102份，三旗都达到国家生活饮用水最低检测31项指标的要求。

空气污染对人群健康影响监测。收集2018年巴彦浩特地区空气质量等多项数据，并录入上报自治区疾控中心。

“防辐射”卫生工作。完成全盟职业性放射性疾病监测与职业健康风险评估项目工作；对5家监测点医院和10家非医疗单位的射线装置、放射工作人员个人剂量、职业健康检查进行监测。

食品安全风险监测和食源性疾病监测。截至12月底，共抽检蔬菜、蛋类、乳制品、熟肉制品、桶装饮用水等样品190份，并对其化学污染物、食源性致病菌等进行检测；阿盟食源性疾病监测点医共23家，共监测报告食源性疾病病例817例。

【黑热病、病媒生物监测】 年内，额济纳旗完成黑热病媒介监测工作；并在额济纳旗达镇周边地区、马鬃山苏木、巴彦陶来苏木开展蜱监测工作。

【预防性体检和委托性检验】 全年，共对2745名服务行业从业人员进行预防性健康体检。完成盟卫生综合监督执法局委托检验公共用品253份，检测项目包括细菌总数、大肠菌群和金黄色葡萄球菌的检测。

【健康扶贫】 认真实施健康扶贫防病行动，年内，对全盟2019年建卡贫困人口3909人，全部进行结核病筛查，筛查率100%；全盟脱贫攻坚农村牧区饮用水水质监测93份，任务全部完成。

【健康教育】 利用重大卫生日开展健康教育集中宣传活动48次，共发放宣传材料20000余份、悬挂横幅50条、展出宣传展板126块，接受宣传咨询人数5000余人次。组织“健康巡讲专家库”专家，开展“一周两月”万场健康素养巡讲、“六进”健康教育知识讲座30场次；组织各旗（区）疾控中心在全盟38所中小学校开展学生常见病专题讲座，学校覆盖率达100%。健康促进场所创建医疗机构覆盖率达100%。加大新媒体对疾病预防控制知识的宣传，年内，共在阿拉善电视台播放公益广告328频次，做客阿拉善广播电台阳光91.0的《卫生与健康》栏目5次，在《大众健康》栏目刊登疾病防治知识24期，开通阿拉善盟疾控中心微信公众号和订阅号，紧紧围绕中心重点工作和群众健康需求开展宣传。经监测，全盟居民健康素养水平达18.6%，符合国家和自治区要求。

【质量管理】 加强实验室质量管理工作。年初，对第五版质量手册和程序文件进行改版，并依据管理体系文件加强对人员、仪器设备、试剂耗材、检验方法、环境条件、检验过程的全面管理。定期对有关标准规范等技术文件进行整理、收集，每季度对使用的标准检验方法进行查新，确保中心所用标准检验方法现行有效，年内共查新58个标准检验方法。加强仪器设备管理，年内对中心28台件设备进行检定校准。开展实验室质量控制工作，按照年度质控计划，采取绘制质控图、加标回收、比对试验和重复试验等方法，对检测工作进行质量控制；中心实验室参加国家疾控中心组织的盐碘、水砷、HIV确证等10个项目的能力考核及自治区疾控中心组织的流感、手足口病、T淋巴细胞CD4和艾滋病新发感染的考核。三旗疾控中心参加国家尿碘外质控考核，考核结果全部合格。

【队伍建设】 在中心内举办专业技术业务讲座14期；共有82人次参加上级举办的各类专业技术培训会议56期。投入培训费10万余元。中心先后举办全盟结核病防治、地方病防治专项三年攻坚行动、健康促进与教育、鼠疫检验等业务培训班，对各旗区疾控中心负责人及相关业务人员150余人进行培训；采取现场培训的方式分别对各旗疾控中心专业技术人员实验室水质检测能力资质认证和食品检测能力、鼠疫检测能力进行培训。中心鼠疫防控专业人员到阿拉善高新开发区对相关单位、医疗机构45人开展鼠疫防控知识集中培训；通过视频培训方式对全盟各级疾控中心30人开展鼠疫防控知识、流行病学调查等相关内容的培训。盟疾控中心举行全盟人间鼠疫疫情处置桌面推演，40余人参加演练。举行阿盟疾控中心实验室危化品泄露和生物安全应急演练，中心14人参加演练。

【基础能力建设】 启动完成阿盟“国家致病菌识别网”项目建设工作。中心艾滋病确证实验室首次开展“艾滋病病毒1型新发感染检测”和“尿液中艾滋病病毒检测”“病毒载量检测”技术，填补阿盟以上三项检测工作的空白。通过积极建设，盟疾控中心实验室具备流感病毒分离（鸡胚法）、鼠疫PCR检测和布鲁氏菌分离培养、血清学、ELISA检测的能力；各旗疾控中心具备布鲁氏菌病初筛检测能力。继续加强生活饮用水资质认定工作，中心实验室生活饮用水扩项通过自治区市监局审核批准，生活饮用水卫生指标106项全部通过自治区计量认证，中心认证项目增加至209项。三旗疾控中心如期完成尿碘实验室建设并通过自治区验收，2019年参加国家碘缺乏病实验室尿碘外质控考核，考核结果全部合格。

（撰稿：康瑞霞　编辑：王延吉）

阿拉善盟中心医院

【概　况】 阿拉善盟中心医院（以下简称中心医院）是一所集医疗、教学、科研、120急救、传染病防治和精神卫生为一体的盟市级三级综合医院。

中心医院占地面积11.99万平方米，建筑面积3.4万平方米，绿化面积达6.95万平方米。可开放床位500张，实际开放床位345张。设有临床科室22个，医技科室9个，管理科室17个。医院核定人员总量544人，其中编制370个，备案制额度174个。副处级领导职数2名，科级职数18正1副。2019年在职职工584人，其中在编职工353人，同工同酬71人，编外管理5人，临聘职工155人。卫生计生专业技术人员475人，其中高级职称182人、中级职称78人、初级职称215人。

中心医院“以健康阿拉善”为引领，主动参与城市公立医院综合改革，推进“智慧医院”“平安医院”“健康促进医院”建设，牵头组建阿拉善盟中心医院医疗集团，积极构建分级诊疗制度，围绕“五大医学中心”建设，成立全盟医学检验与病理诊断中心、心电生理远程诊断中心，建立上联区内外大型三甲医院、下联苏木镇卫生院的远程医学平台，先后与多个区内外三甲医院建立医联体的协作关系。

【医疗业务】 2019年，门急诊（不含体检）21.07万人次，同比增长9.44%，全年出院病例6657人次，同比增长0.91%。医疗收入10793.08万元，同比增加678.97万元，增幅6.71%。其中医疗服务性收入3178.15万元，占医疗收入的29.45%，同比下降1.35%。药品收入3681.06万元，同比增加555.40万元，药占比34.11%，增幅3.20%，主要增长原因是门诊药品收入增加，净增484.28万元，且以慢性病患者开药为主；百元医疗收入（不含药品收入）中消耗的卫生材料费用为22.59元，同比减少7.51元。

【学科建设】 中心医院遴选的心血管内科、康复医学科、眼科、检验科、信息科被评为盟级重点学科。建立院内科研课题和科技研发基金，申报盟自然科学优秀论文19篇。

【医改工作】 分级诊疗建设。落实医疗集团牵头单位责任，与第三方医学检验机构合作共建区域检验病理中心，并通过信息系统对接和标本物流管理，为辖区内各级医疗卫生机构提供委托检验服务，累计接收标本1810例。在社区卫生服务中心设立专家门诊每周坐诊；安排高年资护理人员驻点4个社区卫生服务中心。通过派驻管理、业务专家帮助吉兰泰医院提升管理水平，开展新技术、新业务，共下派专家150人次，累计服务时间1200天。完成与自治区远程会诊中心的系统对接，实现与自治区其他医疗机构和盟内8家医疗机构的远程会诊。建设远程心电诊断中心，院内实现临床科室和救护车车载移动心电远程诊断，区域内与接入18家医疗机构，提供实时远程心电诊断。与盟蒙医医院医疗集团签署合作协议，实现在全盟各级医疗机构间专家资源的纵向横向流动。根据患者需要随时邀请宁夏医科大学总医院、宁夏回族自治区人民医院专家指导手术、疑难病例会诊。加入西安交大感染性疾病专科联盟。

公立医院改革。2019年12月7日0时起全面执行自治区2018版医疗服务项目价格，全面取消医用耗材加成。配合盟旗医保部门推进按病种付费为主的支付制度改革，签订150个按病种支付协议。按病种付费病例1932人次，占出院病例29.02%。落实公立医院绩效考核要求，完成病案首页数据对接和2016年以来的数据上传，开展55项考核指标的对比分析。成立改革运营管理部，加强医院管理运营和推进改革政策落实。

【改善医疗服务行动计划】 推广多学科诊疗模式，推进五大中心建设，开展无痛诊疗；推广使用居民电子健康码，累计发放电子健康码3.4万张、使用16.99万人次。加强医院信息化建设，完成二期建设项目15个（共23个），移动护理系统在心血管内科、呼吸内科、骨外科病区上线试运行。参加国家卫健委电子病历分级评价，评定等级为3级。

【医疗质量管理】 重新修订印发《医疗质量安全核心制度实施细则及释义（2019版）》和《应急预案与处置流程》。将核心制度学习纳入医院继续医学教育学习计划。制定医疗质量考核办法细则，确定医疗质量安全监测的关键性指标监测分析，围术期死亡率0，手术重返率0，完成临床路径病例3695例，占出院病例55.50%，同比增长10.95%。完成第三、四周期医师定期考核工作；统一病案首页、疾病编码、手术编码。组织开展病案首页质控培训，每科室指定病案质控员，对科室病案首页进行回顾质控，确保首页数据质量。在18项核心制度及应急预案全面修订的基础上，通过健全制度流程规范各类事项40多个。开展“三基三严”全员培训，强化医疗急救技术培训和突发事件应急处置演练，承担阿拉善职业技术学院护理、康复等教学工作。

【公共卫生服务】 免疫规划执行情况。全年，共接种各类疫苗12024人次，其中Ⅰ类疫苗接种8613人次，Ⅱ类疫苗接种3411人次。完成2012年以来医院管辖3942名儿童接种信息录入工作。开设犬伤门诊，进一步规范狂犬病预防和暴露后处置，接种狂犬病人免疫球蛋白649支，狂犬疫苗781支。

传染病防控。上报传染病病例760例，传染病报告率、报告及时率均达到100%。开展传染病及鼠疫防控相关知识培训9次，人感染禽流感应急演练1次，鼠疫防控应急演练1次。流感样病例监测7044次，采样781例，确诊上报流感病例248例。与阿左旗疾控中心对接，完成艾滋病患者治疗管理交接工作。免费筛查疑似肺结核789人，确诊59人，其中涂阳患者22例，筛查密切接触者144例。为有效应对鼠疫疫情，利用自治区下拨的10万元防控资金购买药品耗材，自筹资金购置187万元急需设备，提升传染病诊疗能力。

严重精神障碍患者管理。全盟报告精神障碍患者共1045人，报告患病率4.21‰，规范管理率93.88%，面访率95.22%，体检率32.25%，服药率95.41%，规律服药率74.45%，精神分裂症服药率93.26%，规律服药率69.95%。为各旗区、苏木镇400余名患者免费送药，发放品金额8万余元。

死因监测。全年上报监测病例146例。

妇幼保健。管理产妇393人，免费产检224人，免费婚检7对，产前疾病筛查259人，新生儿疾病筛查393人。叶酸发放138人、496瓶。加强出生医学证明管理，出生证废证率0.55%。全年无孕产妇和新生儿死亡病例。

食源性疾病监测。全年，完成食源性疾病监测报告病例106例。

【信息化建设】 中心医院自2015年底开始启动“智慧医院”新一轮信息化建设工作，历时5年的建设，完成集成平台系统架构搭建工作并与医院信息系统（HIS）、电子病历（EMR）、实验室信息管理系统（LIS）、影像归档与通信系统（PACS）等核心系统进行交互工作；“动态心电、静息心电、动态血压”三合一远程诊断中心，临床科室及急救中心、救护车均配备移动式心电检查仪，利用4G方式实时向远程心电中心传输数据，并进行实时诊断，2019年中心医院心电诊断中心已向上联通银川市第一人民医院，向下对接阿拉善右旗人民医院开展远程心电诊断服务；与自治区远程医疗平台进行对接；完成与金域医学外送项目的接口建设；完成微信公众服务号、支付宝生活号，"12320"预约平台，自助服务终端等服务方式，通过移动终端等方式提供预约就诊、支付、结算、就诊提醒、结果查询等便捷服务；实现"120"车辆定位和车载视频实时传输；实现身份证、医保卡、就诊卡、银行卡的多卡合一身份认证功能；电子健康码在同机构内实现数据共享；实现公共区域免费互联网全覆盖。

【健康扶贫】 中心医院突出重点地区、重点人群、重点病种，制定针对性帮扶措施。为贫困患者提供"一站式"结算服务。制定25个大病诊疗方案和临床路径，对有能力诊疗的白内障、心肌梗死、终末期肾病、慢性阻塞性肺气肿等病种纳入医院临床路径系统加强质量控制。全年，共收治贫困住院患者158人次，门诊慢病服务贫困患者288人次，血液透析贫困患者9人。组织开展三级医院结对帮扶贫困旗县医院工作，选派1名业务骨干挂职吉兰泰医院副院长。落实6家苏木镇卫生院帮扶任务，6个党支部各包干1个卫生院，支部联合组团深入各苏木镇卫生院开展义诊、健康体检等，带动对口支援卫生院发展业务。对银根苏木建档立卡贫困户在本院住院治疗者按每人每次2000元标准进行减免。为36名苏木基层干部免费体检，人均减免体检费1000元。为银根苏木召开那达慕大会资助1万元。

【托管盟残疾人康复服务中心】 根据阿拉善盟行署2016年第七次常务会议精神，阿拉善盟残疾人康复服务中心（以下简称康复中心）采取阿拉善盟残疾人联合会+阿拉善盟中心医院+外地资源的运营模式，2017年2月医院与盟残联签订托管协议，派管理团队托管，挂"阿拉善盟残疾人康复服务中心"与"阿拉善盟中心医院康复医学中心"两块牌子。康复中心实有人员45名，核定事业编制6个，盟中心医院派驻运营管理团队3名；公开考录编制备案管理人员36名。康复中心占地面积1.73万平方米，建筑面积8335.2平方米，为隶属于盟残联的正科级公益一类事业单位，具有独立法人资格，按照医疗康复、教育康复、托养服务，职业康复、社区康复、辅助器具适配等6项业务，设有4个功能区，可开放床位80张，主要开展医疗康复、教育康复、社区康复和辅助器具适配服务4方面的业务。

【荣　誉】 药剂师团队获中国药师职业技能大赛全国总决赛季军；护理团队有8人分获全区第二届护理行业职业技能比赛一、二、三等奖，1人被授予自治区五一劳动奖章。

（撰稿：侍文君、季　芳　编辑：王延吉）

蒙医医院

【概　况】 阿拉善盟蒙医医院（以下简称蒙医医院）是阿盟唯一一所以蒙医药为主、蒙西医结合，集蒙医医疗、科研、教学、蒙药制剂为一体的三级甲蒙医医院。医院占地面积31000平方米，建筑面积30586.42平方米。编制床位300张，开放床位207张，设有23个临床科室、6个病区、9个医技科室和22个行政职能科室。

2019年，蒙医医院医疗收入3747.9万元，与上年同期相比增长18.09%。门诊收入较上年同期增长23.48%，住院收入较上年同期增长13.44%。医疗服务收入1394.57万元，与上年同期相比增长16.65%，占比下降0.46%。药品收入1270.24万元，其中不含中蒙药饮片药品收入899.78万元，药占比（不含中蒙药饮片）24.01%，与上年同期相比增长1.73%；院内制剂收入347.12万元，较上年同期下降 4.58%；销售国家基本药物 835.22 万元，基药占比 65.59%。百元医疗收入（不含药品收入）中消耗卫生材料费用 21.99 元，与上年同期相比下降 1.22 元。门诊接诊 95420 人次，与上年同期相比增长 22.92%；门诊次均费用 192.23 元，与上年同期相比降低 0.84 元。住院人次 3155 人次，较上年同期增长 10.01%；出院人次 3148 人次，较上年同期增长 8.93%；手术例数 756 人次，较上年同期增长 47.08%；住院次均费用 6158.03 元，增长 4.12%；床位使用率 64.84%，较上年同期增长 4.63%；平均住院日 8.67 天，同比减少 0.39 天。

【医疗改革】 药品耗材领域改革。严格实行零差价销售，药品让利 121.19 万元，蒙医医院网购率达 94.8%；“两票制”达到 96.5%，呈上升趋势。加强对抗菌药物、毒麻药品、辅助用药的合理使用监管，住院患者抗菌药物使用强度为 17.98DDD（≤40DDD），住院患者抗菌药物使用率为 33.04%（≤60%），I 类切口手术患者预防使用抗菌药物比例为 38.71%（≤30%）；门诊患者抗菌药物处方比例为 3.02%（≤20%），急诊患者抗菌药物处方比例为 11.22%（≤40%）。接受抗菌药物治疗的住院患者抗菌药物使用前微生物检验样本送检率 67.26%，门诊民族药处方比例为 70.18%。全年共点评蒙药处方 1200 张，西药处方 3003 张，病历 989 份。

按病种付费医保支付方式改革。年内，按病种付费结算病种 55 个 479 例。

临床路径开展情况。有 6 个临床科室开展 22 个病种临床路径管理工作，年内临床路径出院患者 480 例，较 2018 年增加 102 例。

分级诊疗。与盟中心医院医疗集团及区内外 4 家医疗机构签订医疗联合体合作协议，强化疑难重症诊疗能力。加入乌海市蒙中医院沙疗专科联盟和宁夏回族自治区糖尿病专科联盟，强化优势病种诊疗能力。

【公共卫生服务】 年内上报手足口病监测 54 例、法定传染病 130 例、食源性疾病监测 81 例，未发生重大医院感染事件，无漏报、迟报和瞒报；接种各类疫苗 2343 剂次，报告疑似预防接种异常反应 4 例；完成辖区 0~6 周岁 885 名儿童基本信息录入；全年，接生新生儿 469 人，剖宫产率 49%，首次签发出生医学证明 469 张，无孕产妇、婴儿死亡发生，无废证。

【科室建设】 申报自治区蒙医中医临床重点专科 1 项，治未病中心被确定为“内蒙古自治区第二批蒙医特色优势重点专科”。同时为治未病中心申报双锅汤疗法、四骨汤疗法等 7 个新项目。为康复科配备生物反馈治疗仪、吞咽障碍治疗仪等价值 40 万元的康复设备和 6 名工作人员，制定建设蒙医特色康复示范中心方案。

【蒙医药服务】 蒙医医院已完成蒙文处方系统与蒙文电子病历系统上线工作，“阳光病房”、居民电子健康码正式投入使用。与内蒙古国际蒙医医院、银川市第一人民医院搭建远程会诊、影像平台，建立起以覆盖下辖 6 家基层医疗机构的医联体远程医疗协同网络。年内，共开展远程课程教育 45 次，手机直播课程培训讲座 26 次，远程视频会议 8 次，远程会诊 1051 次。

邀请区内外三甲医院五疗、骨科、康复专家到蒙医医院进行业务指导，与蒙古国国立大学国际蒙医学院签订医疗、教学、科研交流合作协议，邀请其 3 名教授到蒙医医院开展蒙医药学术交流与带教工作。

对医院经验方、经典方、科研方及需要再注册的内药制字制剂逐步进行备案。编写完成《八省区暨内蒙古常用蒙药方剂》(阿拉善册)。《阿拉善特色蒙药制剂规范》(第二册)已完成70余品种科学实验、正文起草工作及蒙文翻译工作。在原合作调剂使用蒙医医院制剂的13家医疗机构基础上，与阿拉善左旗巴润别立中心卫生院等3家基层医疗机构签订《蒙药制剂调剂使用合同协议》，年内共调剂使用蒙医医院制剂50次，销售总额33万元。

制定阿拉善右旗蒙医医院具体帮扶方案，向受援单位派出挂职副院长、护士长各1名，组织相关专家进行对口帮扶，年内共组织调研2次，派出专家坐诊9人次，连续服务54天，开展现场授课5次，查房4次，义诊、入户服务各1次，门诊214人，收住入院15人，提升受援单位临床专科服务能力与重点专科建设能力。

【蒙医药临床优势培育】 申报自治区蒙医中医临床重点专科1项，治未病中心被确定为“内蒙古自治区第二批蒙医特色优势重点专科”。同时为治未病中心申报双锅汤疗法、四骨汤疗法等7项新项目。为康复科配备生物反馈治疗仪、吞咽障碍治疗仪等价值40万元的康复设备和6名工作人员，制定建设蒙医特色康复示范中心方案。

【蒙医药文化传承】 参与蒙医药《古代经典名方》目录遴选，使用蒙、藏、汉三种文字编写《八省市自治区及内蒙古常用蒙药方剂》(阿拉善册)，根据功效，遴选收录63类1347种蒙药方剂。制定医院《蒙医药中医药健康惠民周活动方案》。通过微信公众号推送等方式，对蒙医药健康普及进行宣传报道。开展以“弘扬蒙医中医，服务人民健康”为主题的蒙医药文化大型宣传、义诊、适宜技术推广活动。

【蒙医药科研创新】 年内，获中国民族医药协会科技进步奖、学术著作奖8项、中国民族医药学会科技进步奖、学术著作奖3项，申报国家、自治区、盟级科技重大专项、储备、自然基金项目、各类奖项10项、国家发明专利4项、阿拉善盟非物质文化遗产2项。进行驼乡蒙药商标信息变更与山沉香地理标志证明商标注册申请。科研项目“蒙药特格希德格奇(糖尿乐)治疗糖尿病的作用机制与临床疗效成果转化项目研究”获批自治区科技成果转化专项资金100万元。“蒙药扶正膏治疗白细胞减少症的临床疗效及应用研究”项目获得全盟应用技术研究与开发资金15万元。“阿拉善盟药用植物资源普查及彩色图谱整理研究”等2项自治区科技计划项目正在验收，已完成成果登记。应用天津迦妮生物科技有限公司羊胎盘酶解技术，研发新蒙药制剂“扶正膏”，已正式投入临床使用。对传统蒙药“查日邦-1汤”的基本药效与剂型进行创新改良，同时对吉祥安坤丸等5种蒙成药包装盒进行重新设计制作，提升患者使用感受。组织阿拉善左旗蒙中医院、阿拉善右旗蒙医医院申报2019年度“生态环境、民族医药”等领域自治区科技重大专项“高品质蒙药材中药材规模化种植技术体系研究与示范”项目。

【健康扶贫】 对建档立卡贫困户，推行先诊疗后付费，慢性管理“一站式”结算等服务。年内，共组织下乡义诊20次，为1500名群众提供价值约28万元的免费体检。共开展慰问活动3次，下乡义诊2次，组织召开、参加扶贫推进会议3次，组织摸底调查、爱心募捐、资金援助、消费扶贫各1次，解决就业人数10名，帮扶资金投入11.648万元。阿左旗银根苏木卫生院作为对口支援贫困苏木镇卫生院，享受医疗集团成员单位待遇。同时为银根苏木68名慢性病患者进行电话随访，随时解决患者提出的问题。

(撰稿：马　涛　编辑：王延吉)

社会管理

人力资源和社会保障管理

【概　况】 阿拉善盟人力资源和社会保障局（以下简称盟人社局）承担着全盟就业培训、事业单位人员管理、人力资源开发、工资收入分配、城乡社会保险、构建和谐劳动关系、依法开展劳动保障监察和劳动人事争议仲裁等方面的工作。内设：办公室、就业促进科、事业单位人事管理科、专业技术人员管理科、工资福利科、职业能力建设与鉴定科、养老工伤保险科、基金资金监管科、法制和调解仲裁科（信访科）、劳动关系科、机关党建办公室11个机构。处级领导职数4名（1正3副），其中局长1名，副局长3名；科级领导职数13名（11正2副）。另核定工勤人员事业编制4个。

【就业创业】 出台《关于做好当前和今后一个时期促进就业工作的实施意见》《关于进一步促进就业工作的若干意见》等，健全完善促进就业的联动机制。

全面落实“高校毕业生基层成长计划”，统筹做好转移农牧民和困难群体就业创业工作，高校毕业生就业创业1427人，完成目标任务的121.96%。农牧民转移就业3034人，完成目标任务的101.13%。零就业家庭和零转移家庭始终保持动态清零。发放援企稳岗补贴811.01万元，为各类就业困难人员发放岗位、社保补贴共计6114.15万元。

持续推进“创业内蒙古行动计划”，积极推进创业园暨孵化基地建设，打造国家级创业孵化示范基地1家，自治区级示范性创业园2家，盟市级示范性创业园8家，评定阿盟名师带徒工作室12家，拨付补助资金60万元。技能培训稳定岗位。组织开展各类职业培训班56期，培训2113人，完成目标任务的153.1%，共为1755人发放培训补贴227.55万元。组织开展职业技能鉴定1614人，组织阿盟技工学校招生46人。发放创业担保贷款5844万元（扶持创业478人、带动就业1102人），完成目标任务的224.76%。突出高校毕业生、失业人员、退役军人、残疾人等重点群体，组织开展举办“春风行动”“春暖行动”“民营企业招聘周”等现场和网络招聘会9场，参会企业488家次，提供岗位6754个次，初步达成就业意向1740人次。2019年，全盟完成城镇新增就业5024人，完成目标任务的200.96%。城镇登记失业率为2.83%，控制在自治区下达的4.5%目标以内，位居全区前列，就业局势保持总体稳定。

【社会保障】 全面落实“全民参保计划”，制定养老保险扩面专项行动实施方案，以非公经济组织、农民工和灵活就业人员为扩面重点，扩大参保覆盖面。全盟城镇职工养老保险参保人数90812人、失业保险参保人数45446人、城乡居民社会养老保险参保人数51340人、工伤保险参保58368人，完成目标任务的103.43%、100.1%、102.68%、101.82%。社会保险待遇水平稳步提高，通过增加政府补贴等措施，努力提高各项保险待遇水平，全盟企业退休职工养老金、机关事业单位退休职工养老金、城乡居民养老保险，人均养老金分别提高到3009.62元/人·月、5412元/人·月、403元/人·月。全面落实企业职工养老保险和工伤保险降费率政策，切实降低企业用工成本，为1265家企业减少保险费合计1.05亿元。完成机关事业单位养老保险清算工作，养老金实现社会化发放。

【人事人才】 健全完善人才培养、评选政策体系，制定出台分类推进人才评价机制改革的实施意见、职称改革工作安排意见和企业新型学徒制工作实施方案等。全面落实人才分类评价意见，深化职称制度改革，推进公立医院人事制度改革，规范事业单位公开招聘程序。2019年，培养高层次人才694人（其中高技能人才312人），引进急需人才761人（其中高层次人才544人），超额完成了目标任务。加强人才平台建设，定期发布全盟人才需求白皮书、蓝皮书，有针对性地实施重点人才项目引领支持计划，加快人才孵化体系建设，促进人才与产业、行业有机结合。依托继续教育基地开展专业技术人员继续教育培训，培训专业技术人才11050人。通过利用蒙宁陕甘人才平台、举办人才招聘洽谈会，采取区域人才信息资源共享等方式，为538家用工单位提供岗位10441个次，达成就业意向2592人次。

【劳动关系】 创新劳动关系协调机制，强化劳动监察执法力度，严格落实工资支付12项保障制度，通过"1+N+X"制度体系，多层次保障农牧民工合法权益。2019年欠薪类案件数、人数、金额同比下降64%、68%和64%。全盟劳动人事争议仲裁案件结案率达94.7%，终局裁决率达44.0%，争议调解成功率达71.3%，均高于自治区目标任务要求。建立健全劳动关系形势研判、风险监测预警和应急处置机制，实施劳动关系"和谐同行"能力提升行动，推进劳动保障领域信用体系建设，稳步推进"互联网+调解仲裁"工作，不断提升调解仲裁规范化、标准化、专业化、信息化建设水平。实施根治欠薪行动，严格落实工资支付保障制度、"黑名单"公布惩戒等制度，建立健全欠薪零容忍制度体系，联动相关部门，打击非法转包、分包导致欠薪等案件，在建工程项目实现农牧民工工资基本无拖欠目标。

【精准扶贫】 采取因地制宜、因户施策的帮扶方式，以"摸底数、搭平台、强技能、助资金、优政策"等措施，帮扶有劳动能力和就业意愿的贫困对象实现脱贫。

就业扶贫。对建档立卡3084名贫困人员开展"精准识别、精准管理、精准维护"，逐户摸底、逐人登记。补贴0.98万元，培训贫困对象13人，实现技能就业。发放创业担保贷款125万元，帮扶16名贫困对象创业就业。发放岗位补贴20.66万元，就业援助17名贫困对象，公益性岗位安置就业。搭建企业就业平台，延伸就业服务，帮扶38名贫困对象实现稳定就业。

社保扶贫。社保兜底政策范围内实现"建档立卡贫困户、低保户、残疾人"三类人群合并享受政策待遇，将低保特困人员全部纳入政府代缴范围，应代缴3010人，代缴率100%。将达到60周岁未领取基本养老保险待遇的1143人，纳入城乡居民基本养老保险范围，并按月足额发放待遇，贫困人员实现应保尽保。

（撰稿：张春阳　编辑：王延吉）

·就业服务·

【概　况】 阿拉善盟就业中心核定编制15个，其中核定处级副职1名、科级正职10名。内设办公室、社区就业科、失业保险科、就业培训科、创业就业科、农牧民工管理科、职业介绍中心7个科室。2019年，实有干部职工15人，其中副处级干部1人、科级干部10人（正科级8人、非领导职务2人）、科员4人，高级技师1人。

【社区就业】 全盟城镇新增就业5024人，完成目标任务的200.96%，其中城镇失业人员再就业1025人，完成目标任务的146.43%，就业困难人员就业537人，完成目标任务的107.4%。城镇登记失业率2.83%，低于控制目标4%的1.17个百分点。

【失业保险】 失业保险参保45603人，完成目标任务的100.45%；征缴失业保险金4048.93万元，完成目标任务的176.04%；为1113名享受失业保险待遇人员发放失业保险金1058.57万元、医疗补助金154.07万元、取暖补贴26.8万元、临时价格补贴7.78万元。

【就业培训】 全盟城镇就业技能培训727人，完成目标任务的111.85%；农牧区劳动力转移技能培训224人，完成目标任务的112%；创业培训436人，完成目标任务的124.57%。

【创业就业】 全盟举办创业培训17期，培训436人，完成自治区350人工作目标任务的124.57%；参加培训率97.89%，培训后创业成功276人，创业成功率63%；创业带动就业岗位750个，创业带动就业比为1∶2.72。全年为478人发放创业担保贷款5844万元，完成自治区2600万元目标任务的224.77%，创业担保贷款获得率达到98%，扶持478人成功创业，带动1102人实现稳定就业，贷款回收率达到98%以上。

【农牧民工转移就业】 全盟实现农牧区转移就业3034人，完成自治区3000人工作目标任务的101.13%。其中转移6个月以上2434人，完成自治区2000人目标的121.7%。

【落实就业政策】 结合贯彻落实自治区《关于做好当前和今后一段时期就业创业工作的实施意见》《内蒙古自治区职业技能提升行动实施方案》，盟行署制定下发《阿拉善盟关于做好当前和今后一个时期促进就业工作的实施意见》；结合贯彻落实《内蒙古自治区职业技能提升行动实施方案》，盟就业中心配合主管局提出阿盟贯彻落实意见并转发执行。

全面落实培训补贴“先垫后补”“直补个人”政策，不断健全定点培训机构淘汰退出机制，严格培训开班申请、过程监督和结业鉴定考核制度，依托“劳动就业核心系统”，规范培训机构资格申请、学员实名制信息管理、补贴资金发放等工作流程，对培训过程全面监管，进一步提高整体培训质量。集成落实创业扶持政策，确保符合条件的创业者和企业应享尽享，切实提高劳动者就业创业获得感和满意度。提高创业担保贷款额度，将个人申请额度从10万元提高到15万元，小微企业申请额度从200万元提高到300万元。在落实各项促就业创业和精准扶贫政策的同时，重点对涉及各类就业困难人员、重点帮扶对象的政策落实主动筛查、宣讲、兑现政策，尽可能将国家、自治区及盟委、行署各项政策落到实处，让服务对象享受政策红利。

【专项行动】 实施失业保险援企稳岗“护航行动”和技能提升“展翅行动”。年初，共为2018年度

136家符合发放标准的企业发放稳岗补贴416.65万元。协助主管局积极会同财政、工信、发改委等部门，制定经营困难且恢复有望企业的认定标准和审核办法，为3户符合条件企业发放补贴178.78万元。2019年，为169户享受普惠制稳岗返还补贴企业返还632.23万元。共为122名参保职工发放职业技能补贴14.35万元；与4家企业的108名企业员工签订企业新型学徒制培养协议，从职业技能提升行动专账资金中预支企业新型学徒制培训补贴64.8万元。为467人开展职业技能提升培训，从职业技能提升行动专账资金中拨付培训补贴资金58.04万元。

【困难群众就业安置】 举办专场招聘会16场，提供岗位10432个次，达成就业意向2592人次。对就业困难人员实施动态管理，为3949名就业困难人员发放社会保险补贴2960.74万元。认真落实失业人员待遇调标政策，为1113名享受失业保险待遇人员发放失业保险金1058.57万元、医疗补助金154.07万元、取暖补贴26.8万元、临时价格补贴7.78万元；为4名符合条件稳定创业高校毕业生发放一次性创业补贴2万元；安置16名贫困劳动者到公益性岗位就业，发放公益性岗位补贴17.49万元；为符合条件的16名建档立卡贫困劳动者发放创业担保贷款125万元，帮助他们实现创业；报请主管局审定2户就业扶贫基地安置建档立卡贫困劳动力享受一次性奖补、社保补贴、以工代训资金31.27万元，待审批后拨付。

【创业基地评比】 开展2019年度盟市及创业园及孵化基地评选工作并报主管局审批。2019年，全盟国家级示范性创业园1家（2019年4月，阿拉善右旗创业园暨孵化基地评为国家级示范性创业园），自治区级示范性创业园2家，盟市级示范性创业园8家；入选为自治区级创业示范店共12户，盟市级创业示范店共50户；高校毕业生创业品牌3户；四众创业平台9家；入选“2017内蒙古最美创客”2家。

【脱贫攻坚】 准确标识核查，精准对象实名制。依托扶贫信息平台强化数据比对工作，在2018年精准识别的基础上，对扶贫对象进行入户摸底，动态调整，对建档立卡2764名贫困人员进行“精准识别、精准管理、精准维护”，对他们的就业状况、创业意愿和培训需求等情况逐户走访、逐人摸底、逐一登记，并做好与统计报表数据的衔接。

积极落实“就业指导、岗位安置、就业培训、自主创业”等措施，全力做好帮扶工作。结合开展“就业援助月”“春风行动”“春暖行动及民营企业招聘月”活动为契机，为贫困家庭发放蒙汉文就业政策宣传册，实现贫困家庭蒙汉文就业政策全覆盖，开展“政策”“岗位”双到位服务，扩大就业创业政策知晓率，帮助38人在企业实现稳定就业。按照“就地就近，方便群众”的原则，安置17名贫困劳动者到公益性岗位就业，发放公益性岗位补贴20.66万元。落实创业贷款扶持政策，2019年1—12月，全盟共为符合条件的16名建档立卡贫困劳动者发放创业担保贷款125万元，帮助他们实现创业。

2019年，盟就业中心按照《2018年脱贫攻坚成效考核指出问题整改方案》和《阿拉善盟2019年技能扶贫工作方案》要求，突出底数精准，以“信息核实”为基础，以“技能培训”为抓手，找准技能扶贫的切入点和支撑点，通过入户走访、电话回访、建档立卡等形式，摸清贫困劳动力培训需求，根据他们提出的“培训菜单”，协调培训机构开展一对一精准对接，使贫困劳动力学到真正需要的技术。2019年，对有培训需求的贫困劳动力中220人开展母婴护理、家政服务、美容美甲培训、文冠果种植、唐卡制作、驼产业、创业培训等职业培训，发放培训补贴 14.21 万元。

【数据录入】 录入全盟城乡就业人数 140459 人，其中城镇就业人数 104937 人，农牧区就业人数 35522 人。农牧民劳动力资源信息应录入 42000 人，已录入 39188 人。

（撰稿：王　铎　编辑：王延吉）

·社会保险·

【概　况】 阿拉善盟社会保险事业管理局于 2019 年 4 月 1 日更名为阿拉善盟社会保险中心（以下简称盟社保中心），内设办公室、规划财务科、综合信息服务科、稽核审计科、待遇审付科、城乡居民养老保险科、机关事业单位养老保险科 6 科 1 室，定编 20 个，核定科级职数 9 个。共有干部职工 22 人，其中副处级 1 人、正科级 9 人、主任科员 1 人、副主任科员 2 人。

截至 2019 年 12 月 31 日，全盟养老、工伤和城乡居民养老保险总参保人数达 20.05 万人，基金累计结余 7.48 亿元。

【养老保险】 全盟参加城镇职工养老保险的人数达 90812 人（含机关事业单位参保人员 27675 人），另供养遗属 524 人，征缴养老保险费 152093 万元，当期为 32322 名机关企事业单位退休人员发放养老金 203909 万元，基金累计结余 48397 万元，其中机关事业基金结余 21803 万元、企业基金结余 26594 万元。2019 年盟本级共转出养老保险关系 1280 人，其中省内盟外转移 124 人，转移省外 84 人；接续养老保险个人账户 848 人，省内盟外转入接续 223 人，省外转入 64 人；登录“全国基本养老保险参保待遇状态比对查询系统”，改正阿盟的错误数据及公安等部门未及时更新的数据。

【工伤保险】 参加工伤保险职工人数达 58368 人，其中农民工 17509 人；当年征收工伤保险费 4041 万元，享受待遇人数为 465 人，全年累计支付工伤保险金 3393 万元，累计结余 7510 万元。

【城乡居民养老保险】 全盟参加城乡居民养老保险人数达 51340 人，参保率为 100%。其中 12896 名城乡居民享受了待遇，月人均养老金达到 404 元，累计发放养老金 6160 万元，累计基金收入 8684 万元，累计结余 18899 万元。

【离退休人员养老金】 离退休人员养老金按时足额发放率达 100%，享受养老保险待遇的离退休人员 32322 人（不含企业遗属 524 人），其中本期新增企业退休人员 1303 人。当期共发放养老金 203909 万元，其中发放企业遗属生活费 676 万元，社会化发放率为 100%。

【社会保险待遇调整】 2019 年 7 月对全盟机关、企事业单位 2018 年 12 月 31 日前办理退休（退职）手续的退休人员进行了养老金调整。为 21481 名企业退休人员月人均增加养老金 150.46 元，月人均养老金达到 3009.62 元；为 10098 名机关事业单位退休人员人均增资 200.95 元/月，月人均养老金达到 5412 元。

2019 年 12 月，为 82 名工伤职工和遗属调整伤残津贴、生活护理费，为 28 名工亡职工供养亲属调整抚恤金。伤残津贴月人均增资 321.00 元，调整后月人均待遇水平达到 3549.45 元；生活护理费月人均增资 154.44 元，调整后月人均待遇水平达到 1579.56 元；供养亲属抚恤金月人均增资 148.62 元，调整后月人均待遇水平达到 1723.91 元。

【下调社保费率】 为了在经济下行的大环境下，降低企业生产成本，促进实体经济平稳健康发展，盟社保中心开展社保费率下调工作。2019 年，全盟企业养老保险完成1434户单位费率下调，全年减收社保费8542.46万元；全盟机事业单位养老保险完成790户单位费率下调，全年减收社保费4045万元；全盟工伤保险完成1686户单位费率下调，全年减收社保费312.39万元，3项社会保险全年共减收1.29亿元，涉及单位2224户，惠及职工58490人。

【农牧民养老保险】 自2004年起，三旗一区先后启动农牧民养老保险制度。在运行的15年期间得到2.9万名农牧民的肯定。但由于阿盟农牧民养老保险一直游离于国家社会保险制度之外，统筹层次低，抗风险能力弱，可持续性差，大部分旗区已出现收不抵支现象。如不尽快实现并轨，这部分人的待遇未来将无法保障，各旗区财政将会背负沉重负担。自2019年初，盟社保中心多次向自治区汇报反映此问题，获得自治区的支持。2019年8月、10月分别邀请自治区社保局到阿盟现场指导并轨工作。12月中旬盟人社局与盟旗社保部门与自治区社保局进行工作对接，自治区社保局对阿盟各旗区的实施方案给予现场指导。

【便民服务】 为降低群众办事成本，提高社保经办信息化水平，给群众提供规范、高效、便捷、满意的经办服务，打通经办服务"最后一千米"，盟社保中心争取自治区先行先试"一网通办"。中心已初步拟订《阿拉善盟智慧社保建设方案》，经人社局党组研究同意推进。

2019年，盟社保中心响应国家、自治区和盟委、行署提出的"优化营商环境，方便群众办事"号召，先后取消了工亡职工生活来源、在校学生就读、参保人员户籍关系转移、离退休人员死亡等6项证明。

为方便离退休人员足不出户办理确认手续，盟社保中心开通App进行资格确认，引导离退休人员通过内蒙古"12333"App进行网上确认。对因行动不便、年龄较大、有病有残等特殊原因无法实现App自主确认的盟内离退休人员，主动预约上门服务。截至年底，对全盟32322名退休人员，524名遗属进行资格确认。其中盟本级6966人，认证率达到99%。

【机关事业单位养老保险】 2019年，全盟790户单位清算工作全部完成，转入正常核定，实现由社保经办支付待遇，机关事业单位养老保险制度改革落地。全盟全年共核定790户、210792人次机关事业单位养老保险费合计37435.2万元、职业年金合计18365万元，其中盟本级全年共核定191户、63600人次机关事业单位养老保险费合计11642万元、职业年金合计5519.5万元。

【养老保险扩面】 针对年初自治区下达的全民参保计划扩面专项行动目标任务，成立养老保险扩面专项行动领导小组，负责统筹推进全盟全民参保计划扩面专项行动工作。截至年底，全区全民参保计划扩面专项行动平均扩面进度为83.1%，阿盟扩面进度为100%，位列全区第一。

【档案管理】 采取统一拆封、统一登记、统一管理，防止文件材料的散失。2019年底，盟直共有档案5639份，其中退休人员档案3513份、文书档案1153份、财务档案凭证577盒、征缴核定档案218册、养老保险支付待遇类52册、工伤保险待遇支付类18册、社会保险管理类108册。

（撰稿：侍梅林　编辑：王延吉）

·劳动保障监察·

【概　况】 阿拉善盟劳动保障监察支队（参公事业单位）成立于2003年9月，隶属盟人力资源和社会保障局，核定科级领导职数2名，在职人员6

名，经费实行财政全额拨款。内设综合办公室、财务室、案件受理室。主要职责：负责宣传国家劳动和社会保险政策、劳动保障法律、法规、规章；受盟人力资源和社会保障局委托按权限对各类用人单位和就业服务机构遵守劳动和社会保障法律法规情况进行监督检查，并负责案件的调查处理；依法维护用人单位和劳动者的合法权益。

【劳动监察执法】 围绕工资保证金缴纳、劳动合同签订、实名制管理、专用账户管理、银行卡发放、施工过程结算、维权信息公示等10项制度落实落细，逐一明确责任，划好界限，盟、旗（区）层级联动，开展“拉网式”大排查、大清理、大根治，查制度落实，查宣传上墙，查案件处理。全年上报自治区案件处理报表12份。制定《2019年用人单位劳动用工情况日常巡查实施方案》，突出源头治理，将网上举报投诉平台、劳动用工监督平台作为根治欠薪行动的重要载体，实现全盟在建工程项目和实名制管理的全覆盖。2019年组织季节性检查3次，11月配合全盟根治欠薪冬季专项行动，重点针对招用农牧民工较多的劳动密集型加工制造等行业开展多领域、多方面、多渠道的立体督查。2019年共接待投诉案件136起，涉及人员约1413人次，涉及拖欠工资报酬金额约2473.5万元。其中调解处理或现场解答解决127起，涉及劳动者697人次，涉及金额1480.2万元，立案受理投诉案件9起，结案9起，涉及劳动者716人次，依法追发拖欠工资报酬金额约993.3万元。“双随机一公开”检查企业62家，未发现非法用工情况。上级督办的案件7起，结案7起，全年结案率100%。

【劳动用工信息采集】 将用人单位信息采集工作作为管理工作重点，依托拖欠农牧民工工资网上举报投诉联动平台管理系统，劳动保障专管员对网格内的用人单位劳动保障信息进行采集和录入，截至6月底已完成用人单位信息更新工作。共对340家盟直企业进行用工书面审查，采集用人单位基本信息340次。

（撰稿：董　彦　编辑：王延吉）

·人才管理·

【人才交流】 2019年，全盟共报到登记应届高校生1080名，其中实现就业896人，就业率达87.41%；全盟组织高校毕业生就业见习60人，见习期满签约录用30人，完成目标任务的100%；全盟面向中小企业和非公有制储备高校毕业生100人，完成目标任务的100%；累计发放公益性岗位补贴6.82万元，中小企业人才储备补贴62.55万元，对2018年度就业见习期满考核合格的16名见习生发放补贴资金7.62万元；全盟共托管高校生及流动人员档案10984份，2019年新转入1641份（含往届生）；在全盟范围内开展2019年优势特色产业、重点行业急需紧缺人才统计工作，编制发布《阿拉善盟人才开发指引》；全面落实就业优先战略，积极帮助未就业高校毕业生实现就业。协同各级就业服务部门同步开展人才招聘交流活动3次，累计提供7189岗位次，参会企业549家次，初步达成就业意向1667人次。

【高校生创业就业】 全盟举办高校毕业生创业培训3期，培训80人，完成目标任务的100%；支持高校毕业生创业100人，完成目标任务的100%；实现人才市场就业700人，完成目标任务的100%；为2018年度36名培训人员发放创业培训补贴资金4.66万元。

【人事考试】 专业技术资格考试。共完成国家及自治区等各类专业技术资格考试报名、审核、缴费等工作39项（考生4235人）。承担组织专业技术资格考试9项（考生2267人），其中一级建造师执业资格考试169人、二级建造师执业资格考试482人、一级造价工程师职业资格考试169人、二级造价师考试236人、统计专业技术资格考试33人、审计专业技术资格考试38人、执业药师资格考试273人、初、中级经济专业技术资格考试627人、高级经济师240人。

内蒙古自治区公务员考录、自治区法检系统聘用制书记员考试及基层项目考试工作。承担组织内蒙古自治区党政群机关和参照公务员法管理单位2019年考试录用公务员和工作人员笔试工作（考生768人）。完成内蒙古自治区法院系统、检察系统聘用制书记员过渡考试及聘用制书记员笔试工作3次，累计考场数86个（考生2528人）。协助盟中级人民法院、盟检察院分别开展内蒙古法检系统聘用制书记员过渡考试及聘用聘用制书记员考试计算机速录测试及面试工作3次（考生302人）。承担2019年内蒙古自治区公开招募高校毕业生服务基层考试阿盟考区考试工作（考生538人）。

引才考试。协助阿拉善盟委组织部完成阿拉善盟2019年度高学历引才招聘考试的信息发布、笔试考务及面试工作（参加笔试人数158人，参加面试人数129人），以及阿左旗教体局2019年度阿左旗引进急需教育人才引才考试（考生897人）、阿拉善职业技术学院2019年度引进高层次急需紧缺人才考试（考生12人）信息发布工作，2019年腾格里经济技术开发区引进教育紧缺人才考试（考生413人）、李井滩生态移民示范区公安分局2019年面向社会招聘政府专职消防员和面向社会招聘警务辅助人员考试（考生413人）信息发布工作，盟卫生健康委员会2019年度引进医疗卫生急需紧缺人才招聘的信息发布，额济纳旗教育系统引进急需人才考务工作，公安系统关于新疆喀什地区岳普湖县公开招聘公安事业编干部工作人员的公告发布工作。

（撰稿：黄福廷　编辑：王延吉）

·社会保障数据管理·

【概　况】 阿拉善盟社会保障数据管理中心2011年成立，核定编制8个，正科级职数1名，专业技术岗6个，工勤岗1个。中心内设办公室、系统管理部、网络管理部、社保卡管理部、公共服务平台管理部、12333电话咨询服务中心。承担人力资源社会保障信息化建设总体规划、标准规范、信息网络安全、绩效评估、技术培训等工作；承担人力资源和社会保障数据库的建设、管理、维护、接口的建设、管理和维护工作；承担社会保障卡的规划、制作及发放的组织管理工作；承担“12333”电话咨询服务、办公自动化、视频会议、公众短信、电子邮件、自助终端等公共服务平台的建设、管理和维护等工作。

【网络建设及系统应用】 优化自治区—盟（市）—旗（区）人社信息化工程主干网络，对全盟金保专网和互联网设备进行优化配置，切换金保专网备用线路，并对互联接入设备路由器、核心交换机进行升级，保障专线网络和互联网线路的安全运行。全盟连接两定机构418所，社区42个，业务经办单位28个。信息安全体系建设工作。定期完成系统备份、数据库优化、安全防护软件升级、病毒库更新、信息安全检查等工作。全年巡检48次，排查隐患4起。

加强自治区统一信息系统应用工作，就业子系统入库10.77万人；劳动关系子系统中劳动用工备案登记1880家用人单位，网上劳动用工备案4.68万人；劳动保障监察两网化信息系统录入用人单位信息1883户；社会保险信息系统入库24.94万人，实现全盟范围内地区、人群和功能的全覆盖；城乡居民养老保险信息系统全覆盖、入库5.7万人；全盟使用社会保险网上申报和查询系统共计1101家用人单位；通过需求管理系统处理各类需求5692

条，其中社会保险信息系统 4388 条、城乡居民养老保险信息系统 237 条、社会保障卡系统 482 条、劳动就业系统 68 条、机关事业单位养老保险信息系统 462 条、异地就医管理系统 55 条。

2019 年 5 月，制定办公设施和通用设备的技术规范指导，依据相关规定开展政府采购，实施施工技术监督等工作，建成阿拉善盟标准无纸化培训考试基地。共承接各类考试 13 次、各类培训 15 次，共计近 5000 人次使用。

【“人社云平台”建设应用】 探索以社会保障“一卡通”为目标的公共服务创新之路，建立覆盖城乡、惠及全民线上线下相结合的“内蒙古 12333”一体化服务平台。在全盟大力推广“内蒙古 12333”门户网站、“内蒙古 12333”手机客户端、微信平台等“人社云平台”应用，推进全盟线上“一站式”服务建设。网站共发布信息 2635 条，点击量为 797 万人次；5 个统筹地区均开通微信公众服务平台，服务订阅量为共计 21705 人次，共发布各类信息 1924 条。更新阿拉善盟 12333 电话咨询服务信息库，设置人工坐席 3 个（其中安排蒙汉双语服务人员 2 名），年度“12333”电话呼入量为 3.5 万次，本地坐席接听量为 8260 次。制定《阿拉善盟“互联网+智慧人社”2020 行动计划实施意见》，为加快推动实施“互联网+智慧人社”建设工作，稳步推进信息共享和业务协同发展，提供政策技术保障。

【社保卡发放和应用】 按照《人力资源和社会保障部办公厅关于压缩制发周期优化社会保障卡管理服务的通知》和《关于规范社会保障卡制发流程的通知》，协调合作银行和卡商缩短制卡时间，增强群众认知度和满意度。2019 年全盟社会保障卡制发卡任务为 19.5 万张，已经制作完成 19.73 万张，完成目标任务的 101.2%。按照“完整、正确、统一、及时、安全”的要求，统筹推进社会保障卡发放和应用工作。全盟共设社保卡服务网点 41 个，其中农业银行设立社会保障卡服务网点 12 个，布放即时补换卡设备 5 台、POS 机 564 台、自动存取款机具 42 台，设立助农点 774 个；农村商业银行设立社会保障卡服务网点 29 个，布放即时补换卡设备 3 台、POS 机 1145 台、自动存取款机具 66 台，设立助农点 34 个。

（撰稿：周黎斐　编辑：王延吉）

民　政

【概　况】 2019 年，盟民政局承担的救灾、医疗保障、双拥优抚安置、老龄、军休所及救灾物资储备库管理等职责全部划转至相应部门。划出行政编制人员 3 名、参公身份人员 2 人、事业编制人员 13 名，划入事业编制人员 2 名。机构改革后，阿拉善盟民政局内设办公室、规划财务监察科、社会救助科、基层政权建设和社区治理科、社会事务和儿童福利科、养老服务和慈善社工科、民间组织管理和区划地名科和机关党建办。核定行政编制 16 个，工勤编制 2 个。辖盟救助服务站、盟社会福利院、盟福利彩票发行中心和盟居民家庭经济状况核对中心 4 个正科级事业单位。

【困难群众生活保障】 开展对丧失劳动能力贫困人口救助兜底保障未覆盖“清零达标”专项行动，对建档立卡贫困人口纳入低保保障情况开展全面排查。将 354 名符合条件的建档立卡贫困人口纳入低保，3 名建档立卡贫困人口纳入特困人员救助供养，为 177 名享受低保的贫困人口中的未成年人、老年人、重度残疾人、重病患者，按照当地低保保障标准的 10% 提高补助水平，共发放保障资金 15.3 万元，1 名贫困人口享受“渐退帮扶政策”，7 名靠家庭供养且无法单独立户的成年无业建档立卡重度残疾人按单人户纳入农村牧区低保范围。建立了低保兜底保障联席会议制度，实现部门间数据共享。举办全盟社会救助及脱贫攻坚兜底保障业务培训班。

城乡低保标准分别达到月人均878元和年人均8078元，增幅9%和8%；城乡特困人员基本生活标准达到月人均1959元和年人均15120元，增幅8%；部分或完全丧失生活自理能力护理人员补贴标准提高到440元和1144元；“文革‘三民’”人员生活补助标准提高到1198元，增幅6.4%。2019年，共发放低保、特困人员供养、残疾人两项补贴和高龄津贴等保障资金3072.96万元。

统筹各项救助政策，保障困难群众的基本生活。落实特困人员救助供养制度，完善家庭经济状况核对机制，与公安、税务等部门签订数据互查协议，实现与自治区—盟—旗三级家庭经济状况核对平台的互联互通，确保“逢救必核”。政府购买社会救助服务有序推进，盟级与三旗财政共配套资金81万元。建立防范“脱保”“人情保”“关系保”长效机制，低保对象两榜公示制度和近亲属备案制落实到位，贫困老年人、残疾人、儿童等特殊群体“漏保”问题得到解决，对收入超标的低保对象及时进行清退，追缴财政补贴“一卡通”违规社会救助资金40442元。

【养老服务业和社会福利事业发展】 投入政府购买居家养老服务补贴资金23.66万元，2380人受益。投入46.43万元为3.1万名具有阿盟户籍、年满60周岁（含）以上老年人购买意外伤害保险，为8家养老机构购买养老机构责任保险4.7万元，为56名养老护理员购买养老护理员意外伤害保险0.94万元。继续推进养老服务质量建设专项行动，全盟8家养老机构实现服务质量规范达标。完成4养老机构备案工作。组织实施全区“光明行”社会公益活动，为7名民政服务对象做了白内障患者复明手术。每季度对农村牧区留守、空巢老年人进行探访，将符合低保等条件的农村牧区留守老年人全部纳入补助范围，做到应补尽补。

【基层政权和社会治理】 开展行业领域扫黑除恶专项斗争，重点对涉黑涉恶人员操纵村民委员会选举、插手村级公共事务、垄断农村牧区资源、侵占集体资产等行为进行打击和查处。指导各嘎查村健全监督组织，完善规章制度，完成村规民约和居民公约修订工作。农村牧区社区建设试点达到105个，占全盟嘎查村数的52%。组织120多名社区工作人员参加了民政厅、教育厅及内蒙古广播电视大学（内蒙古城乡社区大学）举办的社区工作人员专题培训班。阿左旗健康花园社区协商等4个案例入选自治区民政厅优秀案例集册。嘎查村群众性自治组织特别法人信用代码的赋码工作全部完成。

【社会事务服务管理】 各旗（区）婚姻档案补录工作和全盟婚姻登记机关规范化建设自查整改工作全部完成，2019年办理婚姻登记3641对。清明祭祀安全有序，对公墓以外私建“住宅式”墓地、活人墓以及在自然保护区、公共绿地等地非法建设墓地进行统计，对全盟殡葬领域存在的突出问题进行全面排查整治，阿左旗红山公墓殡仪馆正常投入运营，保证群众殡葬服务基本需要。留守儿童防辍保学、临时监护、生活救助等政策全部落实。生活无着流浪乞讨人员救助工作不断加强，全年救助223人次。盟福利院、盟救助站分别开展“媒体开放日活动”，促进社会积极参与。

【社会组织和区划地名工作】 新登记成立14家盟直社会组织，对85家盟直社会组织进行了年检。动员社会组织参与脱贫攻坚工作，阿拉善SEE生态协会、阿拉善银行协会等为贫困户提供了2万余元的生产生活补助。坚持以开展创建“六个好”

社会组织党组织为抓手，推进社会组织党建工作“两个覆盖”提质增效。编写《中华人民共和国标准地名词典》，完成阿拉善盟及各旗新版行政区划地图样图编制，《阿拉善盟地名志》编纂工作进入修改完善阶段。巴彦淖尔市与阿拉善盟行政区域界线联检工作顺利完成。

（撰稿：李 玲 编辑：王延吉）

残 联

【概 况】 阿拉善盟残疾人联合会（以下简称盟残联）是由残疾人及其亲友和残疾人工作者组成的人民团体。是中国残疾人联合会的地方组织，主要职能和任务是代表全盟各类残疾人的共同利益，宣传贯彻《中华人民共和国残疾人保障法》，维护残疾人的合法权益；团结教育残疾人，全心全意为残疾人服务；承担行署委托的任务，管理残疾人事务，开展残疾人工作，动员社会力量，发展残疾人事业。

盟残联参照公务员法管理，正处级建制，内设办公室、康宣部、教就部3个部室，其中办公室挂组维部牌子，群团事业编制10个。下设盟残疾人康复服务中心和盟残疾人就业服务中心2个科级事业单位。

【残联改革】 2019年3月，正式启动盟残联改革工作，9月印发《阿拉善盟残疾人联合会改革方案》，从优化残联组织工作职能、选优配强残疾人干部队伍、全面提升残联组织服务水平、创新残疾人工作方式、加强残疾人工作领导等5个方面提出18项务实管用的改革措施。

【脱贫攻坚】 2019年，全盟1156名建档立卡贫困残疾人全部脱贫。659名残疾人纳入最低生活保障，874名重度残疾人和27名轻度残疾人纳入城乡居民养老保险政府代缴。为647名贫困残疾人发放困难生活补贴56.89万元，为1969名一、二级重度残疾人发放护理补贴181.43万元。投入4.42万元，为2062名残疾人缴纳意外伤害保险。筹措3.1万元资金帮扶23名建档立卡贫困残疾人家庭。投入资金7.11万元，助推吉兰泰镇脱贫攻坚工作。

【精准康复】《阿拉善盟残疾儿童康复救助制度实施细则》，经行署常务会议研究通过并印发实施。救助0~7岁儿童12名，救助中央彩票公益金项目儿童19名。全年投入52.9万元，服务残疾人1318人，康复服务的比例达91.2%。完成42.2万元的辅助器具采购工作，为858名残疾人提供辅助器具适配服务，辅具适配服务率93.5%，在阿右旗开展基本辅助器具适配补贴制度试点工作，按贫困程度和收入情况给予适配补贴。投入10.9万元为10名听障患者量身定制全数字耳道式助听器。与全盟5150名残疾人签约并开展服务。推动解决康复中心第二批19名招录人员和9名公益性岗位人员上岗问题。组织旗区残疾人工作者参加2019中国国际福祉博览会暨中国国际康复博览会。

【就 业】 盟残联与人社局联合举办“2019年就业援助月”活动，帮助3名残疾失业人员实现就业，300名残疾人享受专项扶持政策。为全盟13家符合条件的用人单位争取到项目扶持资金22万元，发放培训资金13.4万元，对918名残疾人进行就业培训，实名制录入率100%，全年新增就业66人。申请单设盟级残疾人劳动就业中心，已获批复，全年共年审按比例就业残疾人职工422人，征收入库残保金1905万元。投入23万元在阿右旗新建残疾人辅助性就业机构建设任务1个，为阿左旗志成残疾人辅助性就业中心发放运行补贴23.1万元。推荐上报非物质文化遗产项目残疾人培训基地2家，非物质文化遗产项目残疾人工匠4人。推动盲人就业，全盟注册运营的保健按摩机构14家，盲人医疗按摩机构2家，从业保健按摩师17人，医疗按摩师4人。

【教　育】 为接收16名残疾儿童的学前教育机构补贴资金0.8万元。与阿拉善广播电视大学合作，制定残疾人学历教育招生简章，7名有学历教育需求的残疾人及时享受到就学优惠政策。开展大学生救助活动，协助统战部门继续实施“泛海助学行动”，为68名残疾大学新生及残疾家庭大学新生争取补贴。为2名参加高考并被普通高校录取的残疾大学新生发放助学补贴0.2万元。2019年。全盟无残疾人学生和残疾人家庭学生辍学情况。

【托　养】 阿右旗残疾人康复托养中心项目于2019年3月开工建设，建筑面积1.02万平方米，进入装修阶段。阿左旗残疾人托养服务中心建筑面积2480平方米，年内建成，可为30名残疾人提供托养床位服务。额济纳旗托养中心已开展项目选址工作。补贴资金30万元，新建阿左旗南环街道办“残疾人温馨家园”1个并投入使用，实现全盟4个街道办“温馨家园”全覆盖。实施“阳光家园计划”，为阿右旗和额济纳旗50名智力、精神和重度肢体残疾人发放居家托养补贴资金7.5万元，有效减轻残疾人家庭托养负担。通过政府购买居家养老助残服务的方式，为阿右旗巴丹吉林镇183名一、二级重度残疾人提供助残便民服务，每人补贴460元。

【宣传和文化体育】 举办“爱耳日”“爱眼日”“全国助残日”“残疾预防日”等重要节点宣传活动，多种宣传方式报道残疾人积极向上的精神风貌。开展文化进家庭“五个一”活动，将长期在家的贫困、重度残疾人带出家门，帮助其享受文化生活。为参加全区第五届残疾人运动会的21名运动员和6名教练员争取到行署奖励资金81.65万元。盟残联选送的“民族大团结唐卡”和根雕作品入选全国首届残疾人文化艺术博览会并顺利参展。举办第四届中国残疾人冰雪运动季系列活动，完成全区残疾人社会体育指导员培训班工作。

【组织建设与维权】 举办全盟残联系统综合业务培训班，110多名基层残疾人工作者接受培训。年内，对所有残疾人证满10年和目测评定的持证人员进行重新医疗鉴定，清理审核残人证6561本，其中注销593本，在清理审核的基础上，全年共换发、新办残疾人证4156本。专门协会开展帮扶慰问、观看公益电影、盲人讲电影、年会等活动17次，成立“生命之歌”助残公益网阿拉善分站，举办手工制品培训班。完成残疾人基本服务状况和需求信息数据动态更新工作，全年共调查残疾人8254人，入户采集和App采集率均达到97.8%。发放残疾人机动轮椅车燃油补贴32.9万元，1264名残疾人受益。投入35万元，为全盟150户重度贫困残疾人家庭实施无障碍改造。全年共接到残疾人来信来访5例，均得到有效解决。“12385”残疾人服务热线与“12349”并网运行，大幅扩展热线功能，全年接听残疾人电话783个，主动呼出电话6671个，残疾人满意率100%。

【主要活动】 盟残联与盟直机关工委联合组织开展“唱响自强不息歌、弘扬爱心助残情”主题党日活动，组织1000余名党员干部走进志成辅助性就业机构，义购产品2700余件3万余元，扶持34名残疾人稳定就业增收。组织开展“不忘初心　残疾人温馨家园观摩”活动，100余人参加观摩体验。联合盟团委、盟人保财险公司和盟烟草公司，为阿左旗吉兰泰镇25名建档立卡残疾人免费发放辅具25件，组织吉兰泰镇24名贫困家庭的学生，参观阿拉善博物馆、科技馆、定远营，并捐赠图书、文具等价值共 1.3 万元。举办“爱的滋润”助残公益项目捐赠活动，为 8 家单位和 300 余名残疾人发放爱心物品 250 余箱，价值 5 万元。

（撰稿：裴国重　编辑：王延吉）

红十字会

【概　况】 阿拉善盟红十字会为正处级参公管理的事业单位，内设办公室、监事会秘书科、组织宣传筹资科、备灾救灾应急救护培训中心 3 个科室 1 个中心，核定编制 9 个。2019 年，经盟委批准，党组成员由 2 人增至 4 人，配备副处级实职专职副监事长 1 名，实有在职人员 9 人。

【“三救”工作】 备灾救灾。2019 年，全盟各级红十字会累计储备备灾资金 315.19 万元；全面启用灾害管理系统，实现备灾物资、救灾工作信息化管理，提高及时应对灾害的能力；选派骨干队员参加自治区红十字会 2019 年赈济救援队演练。

社会救助。全盟各级红十字会开展“红十字博爱送万家”送温暖活动、“善行（心）助困”“善行（心）助老”“善行（心）助医”活动、“小天使”基金、“天使阳光”基金等品牌活动，共发放救助金 94.94 万元，约 3000 人受益；启动实施 2019 年全区“光明行”社会公益活动走进阿拉善暨“一带一路·光明行”蒙古国行动额济纳站活动，全年累计筛查眼病患者 1072 人，免费实施白内障复明手术 69 例，其中为蒙古国筛查眼病患者 240 人，免费实施白内障复明手术 21 例，盟内筛查眼病患者 832 人，为贫困白内障患者免费实施复明手术 48 例，对 222 名学生（幼儿）进行青少年眼健康免费筛查。争取中国红十字基金会的“小天使”、“天使阳光”基金 9 万元，救助贫困白血病、先天性心脏病患儿 3 人；定制发放“驼乡情防跌爱心包”和“红丝带健康爱心包”各 200 个。

应急救护培训。全盟建成应急救护角 5 个，应急救护点 4 个，深入机关、学校、企业、社区和农牧区等行业和部门开展应急救护培训工作，培训救护员 1426 人，普及性培训 5823 人，组织参加了第三届全区红十字应急救护大赛。

【“三献”工作】 在红十字博爱周期间，全盟各级红十字会积极开展无偿献血、造血干细胞和遗体器官捐献知识宣传，完成造血干细胞血样采集 38 人份任务。对 2018 年 54 名造血干细胞捐献志愿者进行回访，完成 2013—2016 年入库志愿者回访 179 人；组织 15 名红十字会干部递交人体器官捐献志愿书。

【公信力建设】 贯彻落实自治区红十字会、审计厅联合下发的《关于加强红十字会捐赠款物管理审计工作的意见》，严格落实旗区红十字会捐赠款物年度审计备案制度。制定《内部审计制度》和《“博爱一日捐”善款管理办法》；将 2019 年确定为“工作质量提升年”“作风建设加强年”和“人道文化传播年”，向社会征集代表阿盟红十字会形象的 IP 卡通标志——“红驼儿”。对各旗区红十字会 2018 年各类资金的管理使用情况进行审查，无违规违纪现象发生。

【筹资募捐】 全盟各级红十字会共接收“博爱一日捐”善款 432.6 万元。

【基层组织建设】 指导各旗区红十字会在巩固基层组织“五进”“六有”成果的同时，结合“博爱家园”项目的实施，建立完善服务型基层组织，开展“三救”、“三献”、宣传、筹资、志愿服务活动，传播人道精神，巩固壮大红十字会群众基础、社会基础；选派优秀教师参加自治区红十字会举办的红十字青少年人道教育师资培训班；新创建阿拉善职业技术学院、阿左旗蒙古族学校、阿左旗第四中学和额济纳旗蒙古族学校4所红十字示范校；申报阿左旗第四中学“博爱校医室”1所；全盟有红十字志愿者服务队21支，志愿者493名，注册志愿者129名。

【理事会议】 3月15日，召开阿拉善盟红十字会第三届理事会第七次会议暨党风廉政建设会议、工作会议，会上听取并审议通过2018年工作报告、盟红十字会本级捐赠款物收支情况报告，更换部分理事、常务理事、副会长、会长，通报2018年工作目标考核情况，安排部署2019年工作任务。

（撰稿：王继军　姜　华　编辑：王延吉）

退役军人事务

【概　况】 2019年1月，成立阿拉善盟退役军人事务局，为盟行署的职能部门。主要职责是：贯彻落实退役军人工作的法律法规和政策规定，组织实施有关退役军人思想政治、管理保障和安置优抚等工作的落实；褒扬彰显退役军人为党、国家和人民牺牲奉献的精神风范和价值导向；负责军队转业干部、复员干部、离退休干部、退役士兵的移交安置工作和自主择业退役军人服务管理、待遇保障工作；组织开展退役军人教育培训、优待抚恤等；指导各旗区拥军优属工作；负责烈士及退役军人荣誉奖励、军人公墓维护以及纪念活动等；配合做好指导退役军人党建工作；组织开展退役军人权益维护和有关人员的帮扶援助工作等。内设办公室、思想政治和权益维护科、移交安置管理科、就业创业科、拥军优抚和褒扬纪念科5个科室，核定行政编制10个，其中局长1名、副局长2名、科级领导职数5名（5正）、核定工勤人员2个。

下设盟退役军人服务中心（2019年3月成立）、盟军队离休退休干部休养所（2019年3月整体从盟民政局划转）2个正科级事业单位。盟退役军人服务中心主要承担退役军人就业创业扶持、优抚帮扶、走访慰问、权益保障等工作；协助局机关做好退役军人行政关系、组织关系、供给关系转接和档案移交工作；协助局机关做好军属、烈属、伤病残军人、带病返乡退役军人服务等事务性工作；协助局机关开展退役军人和其他优抚对象信息数据采集、录入、登记工作和资料、数据的汇总分析等工作；负责提供就业创业服务和政策咨询，承办自主就业退役军人招聘会、推介会、就业论坛等展会，协助开展职业教育和技能培训工作，搭建就业创业、困难退役军人军属帮扶援助平台；承担全盟退役军人信息系统建设相关技术性工作。核定事业编制10个，其中科级领导职数2名（1正1副）。

盟军队离休退休干部休养所主要职责是：军休干部服务管理职责，落实军休干部的政治待遇和生活待遇，维护军休干部的合法权益。核定事业编制14个，其中科级领导职数2名（1正1副）。

【体制机制建设】 成立盟委退役军人事务工作领导小组、盟拥军优属拥政爱民工作领导小组和盟退役军人暨随军家属就业安置专项工作组；制定领导小组工作规则和办公室工作规则；各旗（区）相应成立党委牵头的领导小组。全盟退役军人事务局4个、退役军人服务中心6个、军休所1个，苏木镇（街道）服务站37个，嘎查村（社区）服务站57个，企业服务站18个。2019年10月，盟退役军人事务局被内蒙古自治区党委退役军人事务工作领导小组办公室、内蒙古自治区党委组织部、内蒙古自治区人力资源和社会保障厅、内蒙古自治区退役军人事务厅、内蒙古军区政治工作局评为内蒙古自治区退役军人工作模范单位。

【退役军人工作】 举行百名退役军人向党宣誓主题党日、退役军人书画摄影展等活动，举办退役军人适应性培训班和巴彦木仁苏木退役军人产业发展学习观摩活动，开展退役军人就业创业调研摸底和退役军人建档立卡登记工作，开通退役军人就业创业招聘服务信息平台，建立宝日乌拉爱国主义教育基地，设置“阿拉善退役军人”微信公众号，制作退役军人政策法规宣传读本。年内，下达拨付优抚对象生活补助资金 631.92 万元，医疗补助资金 80.59 万元；为部分义务兵家庭发放优待金 521.76 万元，为自主就业退役士兵发放地方一次性经济补助 729.28 万元；评选退役军人就业创业示范基地（点）；整理归档退役军人档案；采集退役军人及其他优抚对象信息，登记退役军人建档立卡信息；制作并发放口袋书、工具书等蒙汉语宣传资料 17 类；发布各类信息和政策知识 271 条。

【双拥共建】 举办“八一”军地座谈会、“永葆军人情，奋进新时代”双拥工作晚会，评选表彰“最美退役军人”“双拥工作先进单位”“双拥工作先进个人”等模范典型。全面落实军休干部政治待遇和生活待遇，建立困难退役军人帮扶援助机制。年内，共走访慰问驻地部队和退役军人，投入慰问经费 286.84 万元；分别与 4 家银行、1 家通信公司、1 家医院、阿拉善职业技术学院签订拥军优抚合作协议；全额发放军休干部工资 1109 万元，报销军休干部医疗费 7 万元；接收来电来访咨询政策及相关事宜 240 余次；受理信访案件 24 件，办结 22 件。

（撰稿：韩　毅　编辑：王延吉）

旗 区

阿拉善左旗

【概　况】 阿拉善左旗（以下简称阿左旗）地处于内蒙古自治区西部，东接巴彦淖尔市磴口县、乌拉特后旗，乌海市；东南与宁夏石嘴山市、银川市、青铜峡市、平罗县相望；南连甘肃景泰县、古浪县，宁夏中卫市、中宁县；西连甘肃武威市、民勤县，阿拉善右旗；北与蒙古国接壤，国境线长188.28千米。

阿左旗地势东南高、西北低，平均海拔800~1500米，最高海拔3556米。南北长495千米，东西宽214千米。可利用草场4.6万平方千米，主要为荒漠、半荒漠草原。沙漠面积3.4万平方千米，主要是腾格里、乌兰布和两大沙漠。阿左旗属温带荒漠干旱区，为典型的大陆型气候，以风沙大、干旱少雨、日照充足、蒸发强烈为主要特点。年降雨量80~220毫米，年蒸发量2900~3300毫米。日照时间3316小时，年平均气温7.2℃，无霜期120~180天。

全旗总面积80412平方千米，户籍人口146041人，男女性别比为99.4（以女性为100）。辖4个街道、9个镇、6个苏木，由蒙古、汉、回、满、朝鲜、达斡尔等多民族和谐共处，少数民族人口占总人口的34.2%，是一个以蒙古族为主体、汉族居多数的少数民族聚居的边境旗。

2019年，初步核算，按不变价计算阿左旗生产总值增长6.5%。其中，第一产业增加值增长2.5%；第二产业增加值增长8.9%；第三产业增加值增长2.9%。三次产业比例为4.1∶61.3∶34.6。

一般公共预算收入122390万元，同比下降31.6%。城镇常住居民人均可支配收入42669.0元，同比增长6.4%；农牧区常住居民人均可支配收入20865.0元，同比增长9.6%。城镇常住居民人均生活费支出30012.0元，同比增长4.1%；农牧区常住居民人均生活费支出17868.0元，同比增8.3%。

【脱贫攻坚】 中央、自治区巡视反馈问题全部整改，十项“清零达标”任务全面完成，各项扶贫政策精准落实，全旗贫困户已实现脱贫。开展扶贫资产清查和监管工作。投入扶贫资金6227万元，扎实推进52个产业扶贫项目，诺日公养殖基地、银根产业扶贫孵化基地等项目带动增收作用明显。加大行业扶贫力度，住房安全、饮水安全进一步提升，扶贫公益性岗位效果初显，发放教育扶贫、金融扶贫等资金2044万元，贫困人口住院费用报销比例达90%以上，脱贫成效更加稳固。

【污染防治】 中央环保督察及“回头看”反馈问题有效整改。持续加强4个自然保护区、6个重点地区环境治理和常态化监管。内蒙古宁夏、内蒙古甘肃边界区域治理责任进一步落实。43 个污染防治攻坚项目全面完成，全国第二次污染源普查实现数据定库。开展“绿盾”行动，启动首例环保公益诉讼。贺兰山生态修复项目进展顺利，花岗岩矿山“一矿权一采口”整合封闭稳步实施，板材加工园污染防治设施全面改造提升。河道“四乱”问题清零达标。规模化养殖场畜禽粪污实现资源化利用，农业面源污染得到有效控制。地下水超采完成年度治理目标任务，较上年节水 785.7 万立方米。巴彦浩特扬尘污染、餐饮油烟、“散乱污”整治成效明显，优良天数达到 325 天，较上年度提升 15.2%。

【项目建设】 围绕“巩固、增强、提升、畅通”方针，深化供给侧结构性改革。三次产业 GDP 占比为 8∶41∶51。75 个重点项目完成投资 81.2 亿元，争取中央、自治区预算内资金 11.1 亿元。加大招商引资和项目落地力度，新签约项目 18 个，清洁能源、装备制造等项目到位资金 12.5 亿元。初步形成多点支撑、多业并举、多元发展的产业格局。

【农牧业】 全旗总播面积 28 万亩，绿色有机小麦、道地药材、优质牧草等种植面积 10 万亩，0.9 万亩高标准农田开工建设，井灌区节水灌溉实现全覆盖。“任小米”“丰茂德”等有机农产品发展态势良好。持续推进农牧业产业化发展，阿杜肉羊等 9 个特色产业联合体、白绒山羊优势区不断发展壮大。全力打造双峰驼等全国地理标识认证品牌。白绒山羊存栏 28.5 万只、双峰驼存栏 4.2 万峰、蒙古黄牛存栏 1.9 万头。嘉利绒毛与国际服饰品牌建立专属牧场，羊绒优质优价收储机制继续完善。农牧业新型经营主体进一步规范，年销售 500 万元以上农畜产品加工企业达 26 家，完成销售收入 8.8 亿元。

【工业经济】 培育工业经济新的增长点，敖伦布拉格新兴产业基地规划通过评审，华北油田吉泰分公司完成勘探钻井 80 眼，日产原油 201 吨。金宝利格石墨矿采选加工、160 万千瓦风力发电等项目扎实推进。启动巴音敖包阿左旗飞地经济园，加快推进间苯二酚、特种石墨等项目。巩固煤炭去产能成果。支持重点企业规范生产、健康运行，全年销售煤炭 508.9 万吨、花岗岩 123.1 万吨、原盐 113 万吨、纯碱 23.7 万吨、售电 44 亿千瓦时。规上工业增加值增长 17.4%，产销率达到 89%，工业经济发展动能进一步增强。

【生态产业】 完善沙产业健康科技创业园基础设施，新增入园企业 4 家。加大科技支撑和人才引进力度，组建沙产业开发管理有限公司，成功举办第八届中国创新创业大赛沙产业大赛、第二届沙产业创新博览会暨沙产业创新高峰论坛，全国 19 个省、区、市 153 家企业参赛，189 家企业 1300 余款产品参展，沙产业创新创业大赛被纳入国赛序列，阿拉善生态产业知名度进一步提升。

【文化旅游】 完成梦想沙漠汽车航空乐园、敖伦布拉格景区运营主体移交工作。实施九湖源旅游景区、仿古地毯传习所等 5 个项目。建成文旅产业孵化基地，入驻企业 11 家。成功举办第八届内蒙古自治区乌兰牧骑艺术节、2019 年阿拉善玉·观赏石文化节暨交易博览会、第 14 届阿拉善英雄会、“追寻革命先辈足迹、传承红色文化基因”等大型文化旅游活动。全年接待游客 857 万人次，实现旅游收入 78 亿元，同比分别增长 21.5%和 21.9%。

【生态安全】 上报生态红线面积 4.67 万平方千米。积极争取新增用地指标，加大批而未供土地、闲置土地盘活力度，全年供应土地 159.6 公顷，出让收入 9638 万元。高质量完成第三次国土调查，精准查清自然资源家底，为全旗经济可持续发展提供基础支撑。认真落实公益林生态效益补偿、草原补奖和退牧还草等政策。实施人工造林 39.3 万亩、飞播造林 22 万亩、重点区域绿化 2.5 万亩、义务植树 50 万株，人工种草 12 万亩。开展贺兰山国家级自然保护区和国家森林公园确界立标工作。自然保护区内 6 个探矿权依法退出，69 家矿山企业完成环境整治和生态修复，5 家绿色矿山企业通过第三方评估验收。深入开展“大棚房”、违建别墅清查、生态环境问题大排查大整治工作。加大农牧区生态管理综合行政执法力度，规范林地草原征占用，严厉打击偷牧、超牧、偷挖盗采和违法违规取水等行为，受理行政案件 333 起，给予行政处罚 555 万元，追缴水资源费、水土保持补偿费 1367.8 万元。

【基础设施建设】 持续推进阿左旗通勤机场升级支线项目，通勤机场航站楼完成扩建，乌力吉口岸通用机场、巴银铁路等项目进展顺利。实施 S315 巴彦浩特至特莫图、“畅返不畅”、通村公路等项目 40 个，全旗嘎查村“双通”目标基本实现。加强电网建设，完成厢根达来 110 千伏、敖伦布拉格镇 35 千伏等 5 个电力工程。阿拉善黄河防洪（凌）生态应急调水工程扎实推进。全旗行政嘎查村宽带网络信号质量不断提升。基础设施短板进一步补齐。

【城乡建管】 全盟在阿左旗召开“城市精细化管理暨棚户区改造现场观摩会”。国家园林县城通过专家组实地验收。实施市政道路、老旧小区改造、“公厕革命”等重点项目 18 个。新建停车场 1.8 万平方米。完成一中、锡林路周边和蒙校东侧等 13 个区域征收改造，征拆房屋 2951 套 24 万平方米。腾格里小区回迁安置 1005 套。巴彦浩特中水回用调蓄池项目进展顺利。累计铺设燃气管道 275 千米，新增天然气用户 3468 户，集中供热住宅小区达到 192 个。提升改造“口袋公园”5 座，城区绿化覆盖率达到 39.6%。推行垃圾分类试点工作。发挥“1+9”联动机制，积极推进网格化管理，城市管理智能化水平不断提高。

【乡村振兴】 实施乡村振兴战略，统筹推进产业发展、环境整治等各项工作。希尼套海、乌泽木滩等 5 个乡村振兴示范点引领作用成效显著。加快乡村旅游、民宿经济发展，全旗嘎查村集体经济积累全部达到 5 万元以上。投入 2514.5 万元，实施农村牧区人居环境整治三年行动，闪蒸矿化炉、垃圾转运车等设施投入使用。新建改造农牧区户厕 1182 户。

【深化改革】 启动经济和生态文明体制改革 41 项，形成成果 22 项。优化政府职能配置，高质量完成政府机构改革。全面落实“放管服”改革要求，梳理公布旗级权责清单 6071 项，办理量达 95 万件，按时办结率和群众满意率不断提升。清理“僵尸企业”78 家。深化农村牧区集体产权制度改革，完成 114 个嘎查村清产核资认定工作，全盟首家嘎查村集体股份经济合作社登记注册。开展国资国企改革，成立内蒙古西部开源矿能公司，理顺国企经营管理体制，推动国有资本做强做优做大。

【营商环境】 全面落实支持民营经济高质量发展 26 条、减税降费等政策。新增市场主体 3599 户，减免税费 2.1 亿元。持续推进电子商务发展，形成“圣创优选”等 6 个特色品牌。14 家企业进入“专精特新”中小企业培育库。加大“助保贷”融资扶持力度，发放小微企业贷款 4800 万元。申报新能源等项目资金 554.6 万元。

【开放合作】 乌力吉口岸联检大楼、联检通关服务一体化等工程主体完工，蒙方联检区基础设施援建项目动工建设，向北开放进程加快。完成出口创汇1337.8万美元。主动融入呼包银榆经济区、陇海兰新经济带，基础设施互联互通不断提升。加大与阿拉善高新技术开发区合作力度，签订石油加工销售合作协议，天然气综合利用、陆港铁路等合作项目有序推进，区域合作共赢发展再添新动力。

【改善民生】 全年民生支出23.05亿元，占一般公共预算支出的73.85%。教学触摸一体机、天然气入户、老旧巷道改造、物业质量提升等十件民生实事有效落实。社会保障水平全面提升，养老、医疗、失业保险等基本实现应保尽保，全年征缴医保基金1.8亿元，城镇职工基本养老保险单位缴费比例降至16%，城乡居民人均养老水平位居全区第三。就业形势持续向好，城镇新增就业1624人，农牧民转移就业1810人，城镇登记失业率控制在2.9%。连续15年提高最低生活保障标准，残疾人“两项补贴”发放到位。新增3家公建民营养老机构。依法追回劳动报酬、经济补偿金2006.8万元，劳动者合法权益得到维护。

【社会事业】 持续实施人才强旗战略，引进研究生38名，多渠道引进教育人才100余名。教育基础设施全面提升，新增教育用地14.8万平方米，新建第五小学、蒙古族实验小学乌力吉教学点，续建第七幼儿园、蒙古族小学体育活动室等9项工程。完成新一轮校园长竞聘、教育质量综合评价等系列改革任务。医疗卫生服务能力提档升级，稳步推进公立医院改革，国家卫生县城通过复审，实施蒙中医院现代管理制度国家试点，医联体、远程医疗建设取得明显成效。老百姓看病就医更加方便，跨省异地就医直接结算1.1万人次，支付4276万元。持续加强基层文化服务，举办各类群众性文化活动747场，基层慰问演出149场次，完成“草原之旅”全区自行车联赛等活动。

【社会治理】 服务党群一体化改革，学习借鉴北京平谷、浙江诸暨等地先进社会治理经验，推行“1+8+N”运作模式，进一步整合资源、制定清单、下沉力量。强化矛盾纠纷“一站式”管理、“一窗式”办结，调处纠纷1060件，化解信访案件523起。健全完善群防群治、联防联控工作机制，打造守土戍边驿站，草原“都贵楞”“守土戍边堡垒户”等作用充分发挥。

【扫黑除恶】 中央第十五督导组下发三类线索33条全部办结，打击黑恶势力8个，抓获犯罪嫌疑人61人，查封、扣押、冻结涉案资产1.4亿元。制定出台历史遗留问题整改方案，完成乱象问题整改1686条。

【安全基础】 全面落实党的民族宗教政策，开展民族团结进步示范创建，一线边民补助标准提高50%，依法取缔非法宗教活动点4处，南梁上清真寺安全隐患等问题得到有效整改。“七五”普法成效显著。强化安全生产责任落实，矿山、危化、学校、水源地、交通运输、森林草原防火等重点领域实现常态化监管。持续开展质量强旗工作，食品安全监管和市场管理水平不断提高。开展防汛抗旱减灾、“非洲猪瘟”、鼠疫防控等工作，综合应急处置和保障能力进一步提升。

【法治建设】 研究处理各类审议意见，全年办理人大、政协议案、提案和意见建议75件，办复率100%。推行行政执法“三项制度”和法治政府信息化建设，重大项目、公共资源配置、社会公益事业等全程公示，加大政务督查力度，绩效考核作用得到充分发挥。推动法治宣传教育和公共法律服务工作创新发展，依法治旗取得新成效。

【作风建设】 开展“不忘初心、牢记使命”主题教育，以检视问题整改推动政风转变，解决一批事关群众切身利益的问题。认真落实“一线工作法”，大力倡导重实干重实绩、敢担当善作为的作风，各项重大决策、重点工作、重要事项压茬推进。严格执行中央八项规定及其实施细则精神，财政一般支出、“三公”经费比2018年执行数分别压减20.02%和30.32%。

【廉政建设】 落实全面从严治党主体责任和“一岗双责”，持续加强意识形态工作，做好队伍教育管理和日常监督，拒腐防变堤坝不断筑牢。国务院大督查、自治区党委巡视、盟级督查反馈问题整改取得阶段性成果。深化廉政风险防控，加大公共资金、国有资产、国有资源监管力度，坚决查处违规违法行为，政府公信力、执行力、落实力不断增强。

【建章立制】 2019年3月7日，阿左旗人民政府印发《阿拉善左旗财政支出绩效评价管理办法》。2019年5月8日，阿左旗人民政府印发《阿拉善左旗人民政府工作规则》。2019年11月26日，阿左旗人民政府印发《阿拉善左旗林业自然资源类自治区级自然保护区监督管理制度》。2019年6月28日，阿左旗人民政府办公室印发《阿拉善左旗公安警务辅助人员管理实施细则》。2019年10月9日，阿左旗人民政府办公室印发《阿左旗“房地一体”的农村牧区宅基地、集体建设用地确权登记工作中有关问题的指导意见》。2019年12月9日，阿左旗人民政府印发《阿拉善左旗农村牧区饮水安全工程运行管理实施细则》。2019年12月12日，阿左旗人民政府办公室印发《关于建立健全治理拖欠农牧民工工资问题长效机制的通知》。

【机构改革】 2019年机构改革后，阿左旗共设置党政机构37个。党委机构10个，其中纪检监察机关1个、工作机关9个；政府机构27个。

【荣 誉】 2月，阿左旗公安局新华街派出所获共青团中央颁发的“2017—2018年度全国青年文明号”称号。

4月，环城南路社区卫生服务中心高全洪，阿左旗疾控中心魏霞、李伟文、王新荣获得中国疾病预防控制中心慢性非传染性疾病预防控制中心授予的“2014—2015年中国居民慢性阻塞性肺疾病监测工作先进个人”称号。

8月，阿左旗巴彦诺尔公中心卫生院沈丹凤获白求恩精神研究会和中国医师协会颁发的“2019年第三届白求恩式好医生”称号。

9月，阿左旗科学技术和林业草原局周永明获国家林业和草原局颁发的“全国生态建设突出贡献先进个人”称号。阿左旗科学技术和林业草原局刘春林获中国农林水利气象工会全国委员会颁发的第四届“中国林业产业突出贡献奖”称号。

10月16日，阿左旗公安局董海获公安部颁发的“70周年大庆安保维稳工作成绩突出个人”称号。

12月，阿左旗疾控中心马战军获中国疾病预防控制中心农村改水技术指导中心授予的“全国农村饮用水卫生监测十年工作成绩突出个人”称号。内蒙古贺兰山国家级自然保护区段志鸿获国家林业和草原局颁发的“2016—2018全国森林防火工作先进个人”称号。阿左旗教研中心何润花获全国保护母亲河行动领导小组颁发的“第九届母亲河奖‘绿色卫士’奖”称号。阿左旗科学技术协会获中国科学技术协会办公厅颁发的“2019年全国科普日活动优秀组织单位”称号。

年内，阿左旗发改委获国家发展和改革委员会价格监测中心颁发的“2018—2019年度全国价格监测工作先进单位”称号。

（撰稿：聂 锐 编辑：王延吉）

阿拉善右旗

【概　况】 阿拉善右旗（以下简称阿右旗）位于内蒙古自治区西部，阿盟西南部，龙首山与合黎山北麓。地理位置：北纬 38°38′～42°02′，东经 99°44′～104°38′。东接内蒙古自治区阿左旗、甘肃省民勤县，南邻甘肃省金昌、山丹、张掖、高台、临泽、金塔诸市县，西连内蒙古自治区额济纳旗，北与蒙古国接壤，国境线长 45.25 千米。全旗东西长 415 千米，南北宽 375 千米，总面积 73443 平方千米。2019 年底，辖巴丹吉林、雅布赖、阿拉腾敖包 3 个镇，曼德拉、阿拉腾朝格、塔木素布拉格、巴彦高勒 4 个苏木。全旗总人口 25050 人。其中，女性 12763 人，非农业人口 15998 人，分别占总人口的 50.95%、63.86%。0～17 岁 3505 人，18～34 岁 5476 人，35～59 岁 11321 人，60 岁及以上 4748 人。人口自然增长率 4‰。

全旗土地面积 715.15 万公顷。地势南高北低。在山地与沙漠之间有戈壁、丘陵、滩地纵横交错，其中沙漠占 46.6%、山地占 6.5%、丘陵占 33.4%、戈壁滩地占 13.5%。世界上海拔最高的沙峰——必鲁图沙峰，海拔 1611.009 米。属暖温带荒漠干旱区。年平均气温 9.5℃。年平均降水量 113.6 毫米，年平均蒸发量 3100 毫米。境内无长年性河流，地表水奇缺。全旗水资源总量 3.9 亿立方米。已发现的矿产资源有 45 个矿种 145 处矿产地。野生植物分属 63 科、226 属、436 种。盛产肉苁蓉、锁阳、甘草、麻黄等名贵药材。有国家一类野生保护动物 3 种，二类保护动物 4 种。热能、光能、风能等资源丰富。森林覆盖率 7.6%。

2019 年，全旗地区生产总值同比增长 8.2%。第一产业增加值、第二产业增加值、第三产业增加值同比分别增长 2%、10.1%、8.4%。

全旗财政总收入完成 30519 万元，同比增长 13.1%。其中，一般公共预算收入完成 17054 万元（含上划盟级部分），同比增长 13.8%。财政总支出完成 141479 万元，同比增长 4.13%。其中，一般公共预算支出完成 133113 万元，同比增长 14.49%。

【农牧业】 2019 年，阿右旗推进“压粮、扩经、增草”行动，全旗总播种面积 626.2 公顷，总产量 5169 吨。2019 年 6 月末，全旗牲畜总头数 18.16 万头（只）。其中，能繁殖母畜 8.33 万头（只），种公畜 3223 头（只），良种牲畜 15.37 万头（只）；骆驼 4.85 万峰。其中，能繁殖母畜 1.75 万峰，种公畜 1009 峰，良种牲畜 4.09 万峰。山羊 8.79 万只。其中，能繁殖母畜 4.42 万只，种公畜 1142 只，良种牲畜 7.97 万只。绵羊 4.16 万只。其中，能繁殖母畜 2.02 万只，良种牲畜 3.14 万只。全旗有标准化驼圈 161 座，有标准化奶源基地 12 个。2019 年，在阿盟第四届“苍天圣地·白中白”绒山羊种羊评比大会上，阿右旗选送参赛的 26 只绒山羊（种公羊 16 只、种母羊 10 只），获得 12 个奖项。开展绒山羊胚胎移植、人工授精等技术，建有种羊繁育场 2 个，人工授精点 6 个，育种核心群 32 个。实施新一轮草原补奖工作，草原补奖面积 7129.92 万亩。其中，禁牧面积 2682.27 万亩，草畜平衡面积 4447.65 万亩。政策惠及 7 个苏木镇 40 个嘎查 1.18 万人，发放补奖资金 1.23 亿元。

【沙产业】 在阿拉腾朝格苏木瑙滚布拉格嘎查建成 1 万亩沙产业示范基地，接种肉苁蓉 9193.5 亩，接种锁阳 835 亩。在塔木素布拉格苏木布日都嘎查投资 70 万元建设 3500 亩人工接种肉苁蓉示范基地。在雅布赖管理站苗圃基地培育梭梭、沙冬青等 6 个乡土品种，总面积 40 亩。在雅布赖治沙站国家梭梭良种基地新增良种示范林 1000 亩，对 1500 亩母树林进行补植。

【林　业】 完成人工造林36万亩、飞播造林3万亩、2017年补播造林6万亩、2018年补播2.43万亩、封沙育林2万亩、2017—2018年森林保险旱灾补植补造任务1.69万亩、义务植树15万株。完成重点区域绿化1.55万亩，总投资3868.3万元。申报乡村绿化美化行动精品示范村18个，为各苏木（镇）、嘎查提供各类绿化苗木35.76万株。投资57.8万元完成2个嘎查的防护林浇水等抚育工作。完成各类林业有害生物防治面积19.3万亩，检疫梭梭、国槐、沙枣等苗木及花灌木4427.5万株。全旗实施产地检疫135亩（梭梭），复检种子88吨。

阿右旗纳入中央财政补偿的重点公益林面积849.91万亩，公益林生态效益补偿实施项目总投资13359万元。全旗公益林森林生态效益补偿享受政策人员5282人，发放国家级公益林森林生态效益补偿性资金1.11亿元。

【水　利】 全旗用水总量3483万立方米，其中工业用水量82万立方米，生活用水量111万立方米，生态环境用水量838万立方米，农业灌溉用水量2198万立方米，林业、牲畜用水量240万立方米，城镇公共用水量14万立方米。全旗建成集中式供水工程38处，其中千人以上集中供水工程3处，千人以下集中供水工程35处。有水库7座208.04万立方米，塘坝6处21.42万立方米，引水管道34处414.24千米，排污管道30.33千米，建防洪工程7处38.12千米，机电井572眼（农业灌溉井495眼，供水井77眼），筒井及人力井2053眼，家庭草库伦274处。

【工　业】 全旗有规模以上企业12户，工业总产值10.43亿元，同比增长46.3%；工业增加值2.31亿元，同比增长31.9%（可比）。主要产品：硅铁（折合含硅75%）1.89万吨、铁精矿9.5万吨、生产原煤153.9万吨、原盐20.9万吨、深加工盐2.35万吨、硫化碱3.2万吨、风力发电量25344万千瓦时。全年累计售电量11572万千瓦时，同比增长16.4%。

【城镇建设】 完成棚改房屋征收安置501套，投资1.12亿元。全年完成城镇重点建设项目8项，总投资3.34亿元。完成棚户区改造配套基础设施建设项目小区硬化面积2.2万平方米、绿化面积1.9万平方米，小区监控及门禁2套，供热管网3.4千米，给水管网3.4千米，排水管网1.7千米。完成巴丹吉林镇生态修复东湖建设项目。完成汽修物流仓储二期工程。全年签署商品房合同297套，面积2.97万平方米。其中，住宅134套，面积1.51万平方米；非住宅163套，面积1.46万平方米。全旗有保障性住房1059套。其中，廉租房801套，公租房208套，经济适用房50套。全旗缴存住房公积金单位275个，缴存4467人。全年归集住房公积金6192.72万元，办理提取住房公积金2093笔，提取金额5205.51万元。

【环境保护】 落实生态红线边界及面积45325平方千米，占国土总面积的63.39%。生态环境职责落实年度实绩考核权重提高到6%。申请到中央、自治区环保专项资金200万元。完成二氧化硫、氮氧化物、氨氮减排指标任务。审批各类建设项目36个。其中，环境影响报告表4项，环境影响登记表32项。

【交通电信】 公路总里程1878.79千米。其中，二级公路97.59千米，三级公路499.55千米，四级公路1281.65千米；县道711.75千米，乡道547.36千米，村道619.78千米。各苏木镇驻地、人口聚集点、旅游景区景点通水泥路或小油路。

2019年底，阿右旗85%的宽带用户为IPTV

（网络电视）用户，全旗宽带用户实现100%光纤接入。实现4G信号全覆盖。

【商　业】 全社会消费品零售总额8.76亿元，同比增长5%。批发业销售额4426.5万元，同比增长9.6%。零售业销售额11.7亿元，同比增长4.8%。住宿业营业额1696.5万元，同比增长8.9%。餐饮业营业额3.38亿元，同比增长9.7%。

【旅游业】 编制完成《阿拉善右旗旅游业发展总体规划暨全域旅游规划》《曼德拉—拜兴高勒旅游建设规划》，开展旅游执法检查22次，处理旅游投诉案件2起。建成阿右旗智慧旅游综合指挥调度中心。全年接待游客200.84万人次，同比增长25.4%；旅游收入21.9亿元，同比增长24%。

【金　融】 2019年底，全旗金融机构人民币各项存款余额22.67亿元，同比增长0.40%。其中，住户存款11.83亿元，同比增长8.50%。全旗金融机构人民币各项贷款余额6.45亿元，同比增长7.02%。其中，住户贷款3.94亿元，同比增长41.98%。

【科　技】 启动实施巴丹吉林沙漠脆弱环境形成机理及安全保障体系，总投资700万元。争取到自治区科技成果转化项目2项100万元，盟级科技计划项目5项80万元。组织申报盟级科技储备项目18项。

【教　育】 2019年底，全旗有教育事业单位13个。有完全小学4所（蒙语授课1所），普通完全中学、蒙语授课初级中学、职业技术教育中心、青少年校外活动中心、教研室、教育考试中心、学生资助服务中心各1所，幼儿园2所。有在校学生和幼儿2163人（蒙语授课443人），其中高中382人（职业高中57人）、初中408人（蒙语授课81人）、小学822人（蒙语授课205人）、幼儿551人（蒙语授课157人）。有在职教职工416人，其中专任教师346人，教辅工勤人员41人，另有教研员13人，招生考试人员6名，学生资助服务人员3名，校外教师7人。全旗小学、初中适龄儿童入学率、巩固率100%。

【文　化】 举办消夏演出22场次，开展文艺下乡惠民演出129场。举办2019年“绿书签行动”系列宣传活动启动仪式暨侵权盗版及非法出版物集中销毁活动。开展文化市场联合检查7次，检查各类经营场所582家次。举办“不忘初心　牢记使命——内蒙古乌兰牧骑60周年图片展”。举办“辉煌70年　奋进新时代”书法、绘画、摄影展览，收集56人102幅作品。朝格宝音等4人被批准为自治区级传承人，蒙古族马具制作、阿拉善蒙古族乌叉习俗、喀尔喀民歌（扩展）、沙力搏尔摔跤（扩展）等4项遗产被批准为盟级第六批文化遗产名录。有国家级非物质文化遗产项目代表性传承人1人，自治区级代表性传承人21人。

【卫　生】 2019年底，全旗有医疗卫生健康单位53个。其中，旗直机构5个，苏木镇卫生院8所，嘎查卫生室40个。社会办医6个。卫生健康工作人员219人。其中，专业技术人员200人。各级医疗机构开放床位数136张，每千人拥有病床5张。建立电子健康档案24067人。辖区内65岁及以上常住居民2905人，接受健康管理65岁以上老年人2260人、高血压2775人、糖尿病63人、结核18人、重性精神疾病患者137人。基础免疫六苗接种率，卡介苗、乙肝疫苗及时率均达自治区标准。全年，出生人口195人，人口出生率7.21‰。

【体　育】 2019年底，全旗有体育场地199个，其中综合文体中心1座、体育馆6个、小运动场3个、田径场3个、足球场地14个、篮球场45个、排球场29个、室外门球场4个、赛驼场1个、健身步道7个、汽车营地4个。全旗体育场面积52.17万平方米。举办2019第三届巴丹吉林“珠峰大会”、第八届马背文化节、阿右旗第二届体育大会。协助完成2019丝绸之路国际汽车拉力赛阿右旗赛段工作，组队参加2019年度全盟“陇源杯”沙力博尔搏克冠军赛等。

【社会保障】 2019年底，全旗有城镇职工基本养老保险参保9564人，收入3101万元。城乡居民养老保险参保7500人，享受待遇2000人，参保缴费5500人。退牧还草和公益林项目区参保农牧民6723人，养老保险收入3218万元。工伤保险参保5600人，征收基金287万元。失业保险参保3453人，基金收入302.36万元。职工生育保险参保5045人，收入122万元，同比增长23.77%；支出145万元，同比增长20.69%；结余188万元。全旗发放社会保障卡1.9万张。企业退休（职）人员调整养老金受益人2848名，人均每月增资130.11元，企业退休（职）人员人均每月基本养老金2522.11元；机关、事业单位退休（职）人员调整养老金受益人1706名，人均每月增资190元。全旗城镇新增就业660人。城镇登记失业率控制在3.49%以内。

【人民生活】 2019年，全体常住居民人均可支配收入39440元，同比增长7.2%；全体常住居民人均生活消费支出28440元，同比增长5.6%。城镇常住居民人均可支配收入43824元，同比增长6.3%；城镇常住居民人均生活消费支出30824元，同比增长4.1%。农村牧区常住居民人均可支配收入23890元，同比增长9.3%；农村牧区常住居民人均生活消费支出19129元，同比增长8.7%。

【党的建设】 2019年，阿右旗坚持以“四个一”（一周一学习、一月一讲坛、一季度一活动、一年一提高）机制为抓手，全面推进“六学”（自主领悟学、集中研讨学、专家辅导学、及时跟进学、典型引领学、警示教育学）模式，通过开通“阳光之声”、设立“网络夜校”、开展分组学习、配送小书包等方式，实现学习教育全覆盖无死角。组织党员通过“学习强国”App、网络、电视等媒介，及时跟进学习习近平总书记最新讲话精神及中共十九届四中全会精神。建立8支宣讲队，分赴基层一线宣讲480场次。全旗各级党组织召开中心组学习421次，举办读书班221个班次，开展辅导讲座196场次，党课讲授414次，集中学习928次。

以“1121”工作机制为切入点，开展“四听三问一提”活动，征求到意见建议84条，形成调研成果49篇。召开调研成果交流会，分析研判，指导实践。总结发布整改成果13期39条。全旗各级党组织梳理出问题1098条，整改完成960条，完成率87.4%。上级党组织巡视巡察反馈问题88条，整改86条；专项整治问题54条，整改52条；通过“开门纳谏听民意”渠道征集问题175条，整改155条。

实施“基层党建全面进步”工程。实施城市基层党建“大联盟”行动，开展“党建+”公益服务、互助共享、文体娱乐、平安治理等6类“基础联盟活动”，初步形成“党建引领一核多元”的基层治理新模式。建立发展党员“红黄蓝”三色预警机制。启动扶持壮大嘎查集体经济“两年攻坚”行动，实施富民党建“三链”工程，建立产业党支部13个，嘎查党支部书记、“党员中心户”领办合作社12家，实体化运作的27家农牧民专业合作社实现党的组织和工作全覆盖。抽调专业技术人员成立“智囊团”，为8个贫困嘎查123名贫困户选派12名产业指导员。打造“党建微家”品牌，组织召开“党建+金融”工作座谈会。构建形成

“一苏木一特色、多嘎查多品牌”产业格局。开展嘎查党组织“达标创优”工程，落实嘎查党组织“十星级”管理机制，建立由1名旗处级领导、1名组工干部、1名苏木镇党委书记、1名嘎查“第一书记”定点包联一个软弱涣散党组织的“411”联动机制。推进“党支部+党员中心户+党小组”网格化组织模式建设，建立“党员中心户”38家、党小组42个。开展先进典型选树宣传工作。

制定《阿拉善右旗干部政治表现考察办法（试行）》，建立“六个一”可视化干部考察工具，对年内交流重用、调任、提任的49名科级领导干部建立政治素质考察档案。完善干部管理体制，制定旗委管理科级领导干部职务名称表，建立全旗干部表彰奖励和违纪违法信息库，入库集体85个、个人740人、信息2868条。制定《阿拉善右旗科级领导干部任前公示暂行办法》《阿拉善右旗实名推荐科级领导干部人选暂行办法》，采取党组织推荐、他人举荐、个人自荐相结合、定向推荐与非定向推荐相结合、集中推荐与平时推荐相结合等方式，拓宽用人视野和选才渠道。印发《关于进一步改善基层苏木镇工作人员工作和生活待遇的措施》，对为基层干部职工购买意外保险、体检、培训等事项提出具体解决措施。制定《阿右旗公务员职务与职级并行制度实施方案》。建立“三卡一库”临界预警监督管理机制，发出预警卡10张，其中“一级预警卡”4张、“二级预警卡”2张、“三级预警卡”4张，10名预警对象作出书面回复并进行整改。开通干部监督举报“绿色通道”，建立专人值守和举报电话受理等工作制度。举办阿右旗科级领导干部配偶廉洁教育培训班，培训46人。开展因私出国（境）管理专项整治工作。建立出国（境）证件集中管理制度。

制定《2018—2022年干部教育培训规划》，举办扫黑除恶专项斗争、“不忘初心、牢记使命”主题教育、“生态优先、绿色发展，推动旗域经济高质量发展”、学习宣传贯彻党的十九届四中全会精神等专题讲座15期，培训党员干部4428人次。举办2019年度全旗干部教育主体班8次，承接自治区讲堂6期，承接“阿拉善干部大讲堂”9期。举办“2019年度干部自主选学培训班”2期。举办“抓党建促脱贫”驼产业发展专题培训班2期。全年引进研究生17名、选调生12名、卫生领域6人、教育领域7人。

落实意识形态工作“两个分工方案”和“一个责任清单”，开展“意识形态工作责任制基层落实年”活动，制定防范化解意识形态领域重大风险台账。召开2019年度全旗意识形态工作联席会议。旗委理论学习中心组集体学习13次。组织“学习讲堂”等宣讲150场，受众1.5万人。“漠海书香”理论微信公众号推送理论信息和文章380条篇。召开建设新时代文明实践中心工作会议2次，全旗有3个嘎查被授予自治区文明村镇称号，2个单位被授予自治区文明单位（标兵）称号。

贯彻执行《关于新形势下党内政治生活的若干准则》等党内法规。严把“党风廉政意见回复”关，防止党员干部“带病上岗”“带病提拔”。开展“四官”问题专项整治，查摆“四官”问题880项，整改705项，建立工作制度147个，公开事项279项，排查风险点177个。制定印发《阿拉善右旗2019年“清风干部”评定提档升级工作方案》。全年，查处违反中央八项规定精神问题11起，给予党纪政务处分4人、组织处理8人；查处形式主义官僚主义问题10起，给予党纪政务处分11人、组织处理3人。召开全旗领导干部警示教育大会，开展“一案一警示”活动6次。组织新任职科级干部开展集体廉政谈话2次。处置问题线索73件次，立案30件。给予党纪政务处分27人。开展扫黑除恶专项斗争工作，排查2000年以来旗纪委处置的问题线索。处置涉黑涉恶问题线索6件，立案5件，给予党纪政务处分6人。

【扫黑除恶专项斗争】 阿右旗落实“五级书记抓扫黑”责任机制，旗委政府召开旗委常委会、政府常务会、扫黑除恶领导小组会议30次。推行扫黑除恶“1121”工作机制，29名旗级领导、40个部门、98名选派干部下沉49个社区（嘎查），定点压责，推动扫黑除恶专项斗争。制定《阿拉善右旗扫黑除恶重点行业专项治理行动方案》，成立专项治理小组6个，开展行业部门综合治理工作。

【脱贫攻坚】 阿右旗于2018年7月经内蒙古自治区人民政府批准退出贫困旗县序列。建立“1121”长期包联工作机制，即1名旗处级领导干部、1个旗直部门、2名驻村工作队干部（旗级选派）、共同包联1个嘎查，包联机制覆盖全旗40个嘎查。组织实施扶贫资金项目19个，投入资金1609.27万元。2019年底，全国建档立卡系统内阿右旗建档立卡贫困人口为422户1031人，其中脱贫享受政策15户30人（含线下已脱贫不再享受政策5户12人），脱贫不享受政策407户1001人。无新增和返贫人口。

【机构改革】 2019年机构改革后，阿右旗共设置党政机构35个，空留1个机构限额，比改革前增加3个；挂牌机构29个，比改革前增加16个。核定党政机构行政编制487个，核定党政群机构科级领导职数187名（56正131副），比改革前增加20名（正科减少7名、副科增加27名）。

【防范化解重大风险】 2019年，全旗共化解地方政府债务28735万元。其中，化解政府隐性债务28606万元。清理政府拖欠民营企业中小企业账款11776万元。化解“十个全覆盖”10项工程外直接相关项目债务681万元，化解完成“十个全覆盖”10项工程外直接相关项目工程类全部债务。

【荣　誉】 10月，阿右旗查干通格公安检查站被公安部记集体一等功一次；11月28日，阿右旗人民法院被全国妇女联合会授予“全国维护妇女儿童权益先进集体”称号；11月，阿右旗被全国普法办授予“全国‘七五’普法中期先进旗县”称号。

2019年，中共阿右旗党委办公室被内蒙古自治区党委授予“2018年度信息调研工作先进单位”；巴丹吉林镇阳光社区被内蒙古自治区党委组织部授予“自治区级党员远程教育示范点”；阿右旗人民武装部被内蒙古军区授予“2019年度抓建基层先进单位”“2019年度军事训练先进单位”“2019年度征兵工作先进单位”；阿右旗人民检察院、阿右旗税务局分别被内蒙古自治区精神文明建设委员会授予“第九届自治区文明单位标兵”；巴丹吉林镇阿日毛道嘎查、阿拉腾朝格苏木查干通格嘎查、塔木素布拉格苏木格日勒图嘎查被内蒙古自治区精神文明建设委员会授予“第六届自治区文明村镇”称号。

（撰稿：图　娅、李首蓉　编辑：王延吉）

额济纳旗

【概　况】 额济纳旗地处中国北部边疆，位于内蒙古自治区最西端。地理坐标为北纬39°52′20～42°47′20，东经97°10′23～103°7′15。东与内蒙古自治区阿右旗接壤，南、西与甘肃省酒泉市相连，北与蒙古国交界，辖区内国境线全长507.14千米。旗境东西最长488.59千米，南北最宽324.22千米，总面积114606平方千米。额济纳旗人民政府所在地——达来呼布镇坐落于旗境中北部纳林河与鄂木讷河之间，是全旗政治、经济、文化中心和对外开放窗口。额济纳旗是以蒙古族为主体，汉族居多数的多民族聚居边境牧业旗。截至2019年，全旗辖3个镇、6个苏木、20个嘎查（村）以及7个城镇社区，常住人口 3.2 万人。

2019 年，额济纳旗地区生产总值预计同比增长 5%；全社会固定资产投资预计同比增长 7.7%；一般公共预算收入完成 3.7 亿元，同比增长 16%；社会消费品零售总额预计完成 15.7 亿元，同比增长 7%；城镇常住居民人均可支配收入预计完成 44352 元，同比增长 7.5%；农村牧区常住居民人均可支配收入预计完成 25235 元，同比增长 9%。

【农牧业】 全旗农作物总播面积稳控在 6 万亩，牲畜存栏头数稳定在 10 万头（只）。探索建立精品林果实验示范基地，逐步实现生态效益与经济效益的双赢。积极培育农牧业产业化联合体 3 家，实现营收 1.4 亿元。“额济纳蜜瓜”“胡杨女人”“居延红”等优质农畜产品品牌逐步产生示范带动效应。成功承办第七届中国骆驼产业发展大会，化肥农药减量增效成果明显，动物疫病防控措施得力，农牧业生产安全稳定。

【林　业】 2019 年，额济纳旗林业用地面积达 2034.82 万亩，森林面积（乔灌）729.72 万亩，其中乔木林 40.85 万亩、灌木林 688.87 万亩，疏林地 9.21 万亩，未成林造林地 29.66 万亩，宜林地 1247.44 万亩，苗圃地 0.02 万亩，无立木林地 18.33 万亩，其他林地 0.45 万亩。全旗公益林总面积 2029.16 万亩，补偿面积 654.21 万亩，年补偿基金总额 6531.95 万元。全年完成林业有害生物防治面积 39.9522 万亩，无公害防治面积 38.41 万亩，完成林业有害生物防治作业面积 40.9522 万亩，无公害防治作业面积 39.41 万亩。监测鸟类种类由 2018 年的 87 种增加到 95 种，鸟类总数突破 6 万多只。

【水　利】 2019 年，严格落实水利部批复的《黑河干流 2018—2019 年度水量调度方案》，沿河两岸及过水地区周边的植被得到滋养，东河、西河尾闾套尔茨、敖包图、一号山周边（敖包图芒坑）等绿洲边缘地区濒临消失的植被和草场得到抢救性保护，40 年未得到灌溉的脆弱草场得到有效补给，国家级胡杨林自然保护区得到充分灌溉。东居延海水域面积达到 42 平方千米，库容 9500 万立方米。天鹅湖及沫浓湖共补水 8750 万立方米。投资 1008 万元，实施完成 2019 年农村饮水安全工程，受益人口 5455 人。投资 330 万元，实施完成额济纳旗 2019 年灌溉饲草料地建设项目，新增高效节水灌溉农田面积 2763 亩。维修养护沿河各苏木镇病险渠道 1.05 千米、护岸 300 米、各类水闸 55 座。

【工　业】 预计完成工业总产值 23.6 亿元，同比增长 1.2%。庆华 2×50 兆瓦热电联产项目复工建设，政企合作 5 万吨 LNG 项目建成投产，北山成矿带地质勘查被自治区列为重点勘查项目。小狐狸山磁铁矿、灰石山铌多金属矿、三道明水铜锌矿等地勘项目取得重大突破，红柳大泉煤矿、招金集团梭梭井多金属矿、汇联公司硅石矿等资源整合取得实质性进展。油气勘探前景乐观，新增控制石油地质储量 1136 万吨、天然气地质储量 19.4 亿立方米。叠加放大资源要素优势，与阿拉善高新区签署“飞地经济”战略合作框架协议。

【第三产业】 投资 2 亿元，按照 AAAAA 级标准继续完善各景区基础设施，景区品质不断提升。全域旅游示范区建设通过自治区初评，胡杨林景区成功创建 AAAAA 级景区，居延海景区、策克口岸国际文化旅游区晋升 AAA 级景区。创新举办世界园艺博览会·额济纳主题日、居延遗址国际学术论坛、内蒙古味道发布与品鉴会等节会活动，持续打造“环胡杨林”自行车邀请赛、马拉松赛等品牌赛事，额济纳知名度和影响力不断扩大。完善乡村旅游基础设施，打造农垦主题公园，大力发展庭院经济，农牧民分享旅游红利377万元。2019年游客达810万人次，同比增长15%；实现旅游综合收入78亿元，同比增长14%。在旅游业的引领带动下，交通物流、餐饮住宿、商贸流通等服务业持续火热。邮政、顺丰等平台线上线下共同发力，电商销售蜜瓜、冷鲜肉等150吨。

【交　通】 2019年，完成公路货运量762.45万吨、客运量55万人次，铁路货运量628.33万吨、客运量12.28万人次，航空旅客吞吐量2.15万人次。

【社会发展】 2019年，额济纳旗统筹生态保护建设，全面落实草原生态补奖政策和森林生态效益补偿制度，继续实施重点生态建设工程，生态环境持续优化；启动实施达镇污水处理厂扩建、棚户区改造、景观绿化等市政建设工程，实施“一事一议”、扶贫开发、兴边富民等项目48项，完成农村饮水安全、农网改造等工程，强化公路建管运护，城乡建管协同并进，基础设施不断完善，城乡环境明显改善；深化“放管服”改革，全面推行“证照分离”，深入推进“互联网+政务服务”建设，改革创新成效显著；招商引资取得新成效，签约项目13项，协议引资77.6亿元，发展活力持续增强；民生领域投入持续加大，城乡居民养老金待遇人均提高10%，企业退休人员养老金实现“十五连涨”，社会保障更加有力；统筹推进法治政府建设，社会治理不断创新，积极支持服务国防建设，军政军民关系更加融洽。

【城镇建设】 投资1.5亿元，启动达镇污水处理厂扩建工程，新建市政道路1143米、燃气管网1600米，改造供热管网5600米，修复路灯电缆1.7万米，更换路灯光源1460套，对镇区11条道路的十字节点及部分人行道口实施无障碍改造。投资530万元，打造节点绿化景观1处、生态街巷3处，新增绿化面积1.3万平方米。投资2.3亿元，实施棚改113户，续建房地产项目13个，新增建筑面积16.4万平方米，解决215户居民办理不动产登记手续历史遗留问题。深入开展城镇精细化管理和物业管理服务质量提升年活动，新增环卫设施445项，一店多牌、占道经营、私搭乱建等行为得到有效遏制。农村牧区人居环境整治有序推进，改造户厕335座，建成矿化闪蒸炉3个、垃圾收集站3处，美丽乡村建设成果丰硕。创城工作成效显著，额济纳旗获评自治区文明城市，赛汉陶来苏木、巴彦陶来苏木、吉日嘎朗图嘎查获评自治区文明村镇，国家卫生县城创建通过评审验收。

【基础设施建设】 国道331线敖干德力格至路井段公路和国边防公路开工建设，完成投资6.4亿元；国道213线达来呼布至东风航天城段公路完成招投标。投资6141万元，强化农村公路建管运护，新建公路46.4千米，维修养护69.2千米，额济纳旗获评自治区级“四好农村路”示范旗。投资1008万元，完成农村饮水安全工程，惠及农牧民244户。投资2982万元，完成农网改造等工程25项，供电保障和服务水平全面提升。继续落实网络提速降费政策，新建、升级通信基站83座，铺设光缆723千米，通信质量进一步提高。

【教　育】 投资4082万元，启动第二幼儿园、公共体育场、全民健身中心建设，完成旗小学教学综合楼建设和校舍维修改造，采购教学设备1500套。师资力量大幅增强，招聘引进教师57人，外出培训88批144人次。2019年，全旗高考成绩创历史新高，本科上线率较上年提高7.5%。义务教育均衡发展通过盟级评估复查，国家三类城市汉语言文字工作通过自治区评估验收。

【文化事业】 加大文物和非物质文化遗产保护，投资1500万元，实施黑城遗址、大同城遗址保护利用和抢险加固工程。举办中华人民共和国成立70周年系列庆祝活动，成功举办“十四冬”火炬传递活动，全民健身和文化惠民活动深入开展，旗乌兰牧骑在全区第八届乌兰牧骑艺术节获8个奖项。

【医疗卫生】 投资5400万元，购置医疗设备26套，建成蒙（中）医馆6个。强化医疗卫生人才队伍建设，签订定向免费医学生27人，招聘引进医疗卫生紧缺人才62人。健全完善联防联控机制，投资643万元，开展病媒生物预防控制工作，有效防控禽流感、鼠疫等疫情传播，全力保障人民群众健康和公共卫生安全。

【生态环境】 全面落实草原生态补奖政策和森林生态效益补偿制度，发放各类补奖资金1.5亿元。继续实施重点生态建设工程，完成草原建设213万亩、人工造林70万亩、林草有害生物防治204万亩。全面落实“河湖长制”，年度调水9.7亿立方米，灌溉草牧场110.4万亩。投资120万元，建成居延海水质自动监测站，额济纳河各断面水质均稳定在Ⅲ类标准。落实最严格水资源管理制度，封停机电井18眼。制定湿地生态保护和水资源管理办法，组建湿地保护执法大队，不断强化湿地保护管理。着力解决环保突出问题，中央环保督察反馈的14项问题全部整改完成，污染防治取得阶段性成效。

【改革创新】 深化“放管服”改革，投资2500万元，新建额济纳市民中心并投入使用，企业和群众办事更加便捷。推进“互联网+政务服务”建设，启用全区一体化在线政务服务平台，全旗604项行政权力和公共服务事项实现集中办理，网办事项达480项。全面推行“证照分离”，进一步扩大“四办”事项覆盖面，办件时限提速50%以上，新增市场主体1007户。理顺城市管理权责关系，完成城市管理综合执法体制改革。落实减税降费政策，清理规范涉企收费行为，为企业减负1.3亿元。

【对外开放】 抢抓国家推动新一轮高水平对外开放新机遇，编制上报《额济纳自治区级重点开发开放试验区实施方案》，加快构筑全方位“大开放”格局。投资8.8亿元，实施智慧口岸平台、文化旅游广场、道路街景改造、第二水源地、环保棚仓建设等项目，建成“六进四出”运煤通道，进口肉类指定口岸通过海关总署验收。2019年，预计进出口货物1240万吨，同比下降12%。中、蒙国际商品展洽会规模、水平实现新突破，跨境旅游合作迈出新步伐，双边交流、互利合作再上新台阶。招商引资取得新成效，签约项目13项，协议引资77.6亿元。

【社会保障】 2019年，全旗民生领域投入11.9亿元，占公共财政预算支出的76.7%，年初承诺的民生实事有效落实。建立健全脱贫攻坚长效机制，强化建档立卡贫困户动态管理，无新增、返贫人员。坚持创业带动就业，发放创业担保贷款1086万元，城镇新增就业258人，农牧民转移就业559人，高校毕业生稳定就业312名。全面落实全民参保计划，城乡居民养老金待遇人均提高10%，企业退休人员养老金实现“十五连涨”。推进医保支付方式改革，更大范围实现异地就医直接结算。社会救助力度持续加大，全年发放各类救助金300余万元，筑牢民生底线。

【社会治理】 做好“七五”普法工作，统筹推进法治政府建设。全面开展行业治乱排查整治，严厉打击黑恶势力违法犯罪，扫黑除恶专项斗争取得阶段性成果。投资1870万元，启动“平安城市”三期工程和黑鹰山、二号山公安检查站标准化建设，稳步提高守土戍边、管边控边能力。开展矛盾纠纷排查，加大治欠保支力度，社会大局和谐稳定。严格落实安全生产责任，加强风险防控和隐患治理，安全生产形势持续向好。健全守信联合激励和失信联合惩戒机制，大力规范市场经济秩序，食品药品安全风险防控扎实有效。不断改善社区办公环境，纳林高勒社区办公大楼建成投用；稳定社区队伍，采用政府购买服务方式解决28名工作人员待遇，社区治理水平进一步提高。全面落实党的民族政策，规范使用蒙古语言文字，铸牢中华民族共同体意识，额济纳旗获“全国民族团结进步示范区”称号，东风镇获“全国民族团结进步模范集体”称号，吉日嘎朗图嘎查获“中国少数民族特色村寨”称号。

【党的建设】 2019年，在盟委的坚强领导下，以习近平新时代中国特色社会主义思想为指导，深入贯彻落实中共中央关于党的建设新要求，以提升党的建设质量为统领，推动全旗党的建设工作取得新成效。召开旗委常委会研究党建相关工作12次，专题研究党建工作1次，召开党建领导小组例会2次，领导小组办公室会议2次。抓实抓好“不忘初心、牢记使命”主题教育，及时成立主题教育领导小组，召开旗委常委会议专题研究推进主题教育，通过专题辅导、集中研讨、革命传统教育、警示教育等活动切实使广大党员领导干部学深悟透习近平新时代中国特色社会主义思想。充分利用额济纳的优势资源，不断加强阵地建设，打造以“航天精神”为主的航天精神党性教育基地及其现场教学点8处。探索推行以旗委办、人大办、政协办、组织部、宣传部、政法委为6个社区“联合党委”牵头单位，全旗73个机关企事业单位和驻社区派出所为成员单位的第一书记、常务书记、轮值书记制度。进一步加强抓软弱涣散党组织整顿和嘎查干部教育管理，召开整顿软弱涣散党组织专题座谈会27次，访谈嘎查“两委”成员和党员群众194人次，有力有效抓实软弱涣散党组织整顿工作。扎实做好干部选拔，推进各层次干部跨部门、跨系统、跨行业交流，实行干部轮岗和交流任职，实现横向互联，共调整干部3批次266人。

2019年额济纳旗各单位和个人获奖情况表

表18

单位名称或姓名	获奖项目	授予机关
额济纳旗	全国民族团结进步示范区	国家民族事务委员会
额济纳旗	内蒙古自治区第三批“四好农村路”示范旗县	内蒙古交通运输厅 内蒙古自治区党委农牧办 内蒙古自治区发展和改革委 内蒙古自治区财政厅 内蒙古自治区扶贫办
旗委保密机要局	全国保密工作先进集体	人力资源和社会保障部 国家保密局
旗委保密机要局	全区保密工作先进集体	自治区党委组织部 自治区人力资源和社会保障厅 自治区党委保密委办公室 自治区国家保密局

续表 18

单位名称或姓名	获奖项目	授予机关
东风镇	全国民族团结进步模范集体	中华人民共和国国务院
额济纳旗人民医院	内蒙古自治区医师协会 2018 年优秀会员单位	内蒙古自治区医师协会
额济纳旗司法局 达来呼布司法所	全国先进司法所	司法部
高殿宏（疾控预防中心）	内蒙古自治区结核病防治知识传播行动优秀个人	内蒙古自治区卫生健康委员会
高殿宏（疾控预防中心）	内蒙古自治区好医生	内蒙古自治区卫生健康委员会
查申其木格（疾控预防中心）	内蒙古自治区结核病防控工作先进个人	内蒙古自治区卫生健康委员会
曹爱平额济纳旗人民医院	改革开放 40 周年我看医院在发展征文活动三等奖	内蒙古自治区医院协会
苏泊淖尔路社区	残疾人之家	内蒙古自治区残疾人工作委员会
居延路社区	内蒙古自治区老年人体育文化工作先进集体	内蒙古老年人体育协会
吉日嘎朗图路社区	自治区党员干部现代远程教育示范点	自治区党委组织部
韩红芳（达来呼布镇）	全区优秀共青团干部	共青团内蒙古自治区委员会
阿云嘎	2019 年度全区农村牧区青年致富带头人	自治区团委
王　丽	2019 年度内蒙古自治区优秀科普信息员	内蒙古自治区科学技术协会
那生毕力格	全区农村牧区青年致富带头人	自治区团委
胡杨女人之家 家庭牧场	自治区五星级 乡村（牧区）接待户	自治区文化旅游厅
文都苏	全区农村牧区青年致富带头人	自治区团委

（撰稿：张克锋、富海江、高兴利　编辑：王延吉）

阿拉善高新技术产业开发区

【概　况】 阿拉善高新技术产业开发区始建于 1997 年，是阿盟最早建立的自治区级重点工业开发区。园区由起初的工业经济小区，逐步发展成为自治区十强工业开发区、高新技术产业开发区。2018 年乌斯太镇获批自治区首批经济发达镇改革试点。截至 2019 年，规划控制面积 54.5 平方千米，建成区面积 50 平方千米，总人口 3 万余人，共入驻各类企业 1228 户，其中工业企业 187 户，规模以上工业企业 55 户，主要工业产品 120 余种，构建起以盐化工、煤化工、精细化工和战略性新兴产业为主导的循环经济格局。高新区所辖乌斯太镇，总面积 1809 平方千米，有 2 个嘎查，2 个社区。高新区总人口 3 万余人，户籍人口 2991 人，其中农牧民 192 户 651 人，转移转产农牧民 592 人，城镇化率达 99.8%，基本实现城乡一体化。2019 年 5 月，自治区人民政府批准阿拉善经济开发区更名为阿拉善高新技术产业开发区。2019 年 8 月自治区人民政府批复《阿拉善盟乌斯太镇深入推进经济发达镇行政管理体制改革试点实施方案》。11 月，经盟委编制委员会第七次会议研究同意，批复阿拉善高新区机构设置。内设党政机构共 16 个，辖苏木镇 1 个（乌斯太镇）。事业单位共 21 个。

【经济指标】 2019 年，高新区地区生产总值达到

110.42亿元，占全盟37.4%，同比增长9.0%，排全盟第一位；工业增加值75.72亿元，占全盟比重55.5%，同比增长9.4%，规模以上工业增加值同比增长11.9%，排全盟第四位。固定资产投资达到44亿元，占全盟比重48.4%，同比增长42.8%，排全盟第二位。社会消费品零售总额达到4.54亿元，同比增长4.6%；城乡常住居民人均可支配收入分别达到42669元、20865元，同比增长6.4%、9.6%。园区营业收入达到350亿元，其中工业营业收入270亿元。工业总产值达到263亿元，其中规模以上工业总产值达到243亿元。财政总收入完成16.91亿元，同比增长55.62%；公共财政预算收入完成7.53亿元，同比增长35.54%；财政总支出完成7.93亿元，同比增长17.14%；公共财政预算支出完成6.46亿元，同比增长20.59%。

【项目建设】 坚持把重点项目作为促进产业结构调整的重要抓手，加快构建多元发展、多极支撑的现代产业体系。总投资111.2亿元的40个重点建设项目全部开复工，完成投资39.91亿元，完成年计划投资100%，项目考核综合指标居全盟第一。其中，22个重点工业项目完成投资32亿元，完成年内计划102%；兄弟化工2万吨靛蓝、世杰化工农药原药及中间体等15个项目建成投产或具备试生产条件。

【产业转型升级】 盐化工产业。持续巩固“金属钠、高纯钠、氯酸钠”为龙头的产业集群，打造“世界钠都”，为全球重要的盐化工生产基地。金属钠产能提升至13.5万吨，产品占有全球70%以上的市场份额。中盐4万吨糊树脂、瑞信2万吨金属钠建成投产。

煤化工产业。加快向低碳、绿色转型，重点发展化工新材料、煤基精细化学品、碳材料等现代煤化工产品，20万吨费托合成蜡现代煤化工项目投产运行。

精细化工产业。瞄准医药、农药等细分领域，打造“中国西部农药医药创新示范基地”和“世界靛蓝之都”。靛蓝产能达到8.5万吨，占全球份额的90%以上。世杰农药原药及中间体，兄弟化工、信泰华精细化学品已建成投产。中高化工原药中间体、灵圣农用化学品、扬帆医药中间体、齐晖原料药中间体项目正在加快推进。

新兴产业。发展新能源、新材料、石油及天然气化工产业。中石油华北油田分公司吉兰泰油田勘探开发一体化项目已与阿左旗签订框架协议。巴音敖包工业园区天然气主体管道已铺设完成；灵圣作物科技有限公司背压式发电机组一期已完成设备调试工作；阿盟平泰2×10兆瓦分散式风电项目正在进行场区便道施工；高科新能源15兆瓦分散式风电项目已取得建设指标，正在开展前期工作。

【招商引资】 重点对接洽谈太西沪蒙新材料产业基地、浩华高性能液晶材料基地、幸源电子化学品系列及医药中间体新材料系列等18个项目。总投资389亿元的川尔9.7万吨植物生长调节剂等24个项目完成签约。总投资40亿元的犇星农药中间体、中山农药及中间体、沙洲农药及中间体3个项目开工建设；总投资14.5亿元的丰华精细化学品、华鑫10万吨活性炭、融创宜博5000吨数码喷墨电子染料中间体系列3个项目已开始平整场地。截至12月末，完成招商引资到位资金32.97亿元，同比增长56.6%，占全盟35.3%。

【营商环境】 综合配套平台。总投资6.89亿元的基础设施及配套项目全面启动，巴音敖包工业园区垃圾处理场、污水及中水回用管网建设、乌尔图沟防洪及水资源综合利用等生态环境保护项目有序推进；巴音敖包入口景观改造等城市建设项目顺利完工；乌斯太至乌兰布和农村公路实现通车。

科技孵化平台。成立石墨（烯）研发、技术交易成果转化和先进金属材料等研发中心，新能源生态科技馆建成投用。引进消化吸收世界领先技术40项，拥有发明专利38项，实用新型专利132项；国家级高新技术企业增至11家，高新技术产业占园区总产值的38.9%。

金融服务平台。采取搭建银企平台“融”资、促进企业上市“募”资、助力民营经济“增”资三大特色举措，累计为企业融资13.7亿元。推动企业上市，累计21家企业在“新三板”和区域性股权交易市场成功挂牌。设立10亿元重点产业发展基金，支持实体经济做大做强。

人才就业平台。通过赴外招聘、借助中介机构平台、设立工作服务站、举办劳务协作大型招聘会等方式，多渠道、多途径地为企业引进各类所需人才，实现城镇新增就业1634人，同比增长102.2%。高新区被人力资源和社会保障部、全国总工会评为全国模范劳动关系和谐工业园区。

现代物流平台。以“互联网+智慧物流”为突破口，编制全国性现代物流发展规划和铁路物流规划，建立跨地区合作“物流联盟”。成功引进哈伦合众、物泊科技等物流企业，“快成物流”App上线运行，实现营业额1.26亿元。

社会事业平台。总投资2亿元的乌斯太中学、蒙古族幼儿园、档案图书馆、全民健身活动中心等一批民生工程相继建成，特别是通过引进急需人才、政府购买服务方式招聘教师85名，教育教学质量进一步提升。开展千人健步行等群众性体育活动26场次，群众业余文化生活进一步丰富。持续提升医疗卫生服务能力，居民电子健康档案建档率达到100%，国家免疫规划疫苗预防接种率达到95%以上。截至10月末，实现门诊人次30537人次，同比增长20.2%。

【深化改革】 重点领域改革和突破。内蒙古阿拉善高新技术产业开发更名获自治区批复，经济发达镇改革试点全面开展，逐步构建起适应高新区发展需求的新型行政管理体制。推进一体化发展，打破一地一域之限，推进基础设施、产业发展、债务化解等工作。乌斯太至乌兰布和农村公路具备通车条件，通过划转6家企业，示范区化解债务2.09亿元。设立实业投资运营公司和金融投资公司，以及独立的财务核算中心，不断优化国有企业资源配置。推进增量配电业务改革试点工作，注册成立配售电公司，开展配电区域划分工作。推进公务用车制度社会化改革，组建成立漠北汽车租赁公司，有效提升公务出行车辆使用效率和保障服务能力。

“放管服”改革。推进“1330”审批改革，全面推行“不见面审批”、企业投资项目承诺制、投资项目审批代办制、重点项目建设调度制和重点企业包联制。推进一体化在线服务平台建设，全面推行企业项目审批全流程互联网申报和反馈，实现数据在平台畅通流转。全面推行“多证合一、一照一码”登记制度，实现“企业登记电子化”，提高登记效率、优化市场准入环境。梳理权责清单，厘清职责边界，解决多头执法、重复检查等难题，逐步构建完善有力的执法监督体系。构建亲清政商关系，制定落实自治区支持工业高质量发展若干政策管理办法，认真贯彻减税降费政策措施，共减免各项税费3.6亿元，降低企业用电成本2.36亿元。

【区域合作】 以打造“飞地经济园”为契机，成立区域经济合作办公室，划定16平方千米项目落地区域，签订区域经济、能源输送，以及石墨深加工、社会事业发展等方面战略合作框架协议。

【科技创新】 依托内蒙古工业大学所属的石墨（烯）储能与涂料重点实验室的人才和科研优势，合作建立阿盟石墨（烯）研究开发中心，获批盟级研究开发中心；成立阿盟技术交易成果转化中心，依托阿盟创客公司开设技术交易成果转化网络平台，网站正式开通。国家级高新技术企业增至11家，拥有国家级知识产权优势企业1个、院士专家工作站2个、自治区级企业技术中心6个、研究开发中心7个、工程技术研究中心2个、重点实验室2个，自治区众创空间3个，自治区级精细化工高新技术孵化园2家，盟级研究开发中心20个。

【防范化解重大风险】 贯彻落实防范化解债务风险各项政策措施，进行债务清查，严格实行限额管理，化解风险隐患，2019年，高新区限额内地方政府债券本金全部通过债券再融资方式偿还，隐性债务已提前超额完成。多方施策稳定企业债务风险，制定高新区《不良贷款化解工作任务台账》及《重点风险企业脱困发展工作任务台账》，通过核销、重组、清收等措施消化银行业金融机构不良贷款，守住不发生系统性风险底线。

【精准脱贫】 落实“六个精准”“五个一批”工作要求，12户34人建档立卡贫困户实现稳定脱贫，人均收入达到2.5万元。实施乡村振兴战略，引导嘎查集体合作社承接园区绿化养护、市政建设服务工程，农牧民户均分红2000余元。

【污染防治】 全力打好蓝天、碧水、净土保卫战，乌海及周边地区环境综合整治取得实效，巴音敖包污水处理厂已具备通水条件，危废综合处置中心建成投用，工业污水收集率、危废处置率达100%。严抓安全生产责任落实，持续优化“第三方”技术服务，加大隐患排查整改，加快推进封闭式园区管理，安全形势保持持续稳定。

【党的建设】 在农牧区党建方面，落实农牧区“富民党建”“三链”工程要求，采取“支部建在产业链上”“支部建在项目上”“支部建在网络上”等方式，激发支部引领致富活力；全力开展嘎查党建标准化工作，投资2000万元建成的集卫生院、福利院、活动室等功能为一体的嘎查综合服务中心已投用；探索推行“嘎查党支部+党员中心户+合作社”“合作社+集体经济”带动模式，2个嘎查合作社通过承接高新区绿化养护、“一事一议”等工程项目不断壮大嘎查集体经济。在城市基层党建方面，创新推出以“五色融合”党建模式推动互联互动城市党建融合发展，实施红色党建、蓝色治理、绿色志愿、黄色共享、紫色创新，着力构建凝聚多元力量、推动多元联动的城市基层党建融合发展新格局，共有43个机关企事业单位党组织、619名在职党员到社区报到，签订《互联互动共建共享协议书》40份，社区确定需求清单21类，年内为群众解决实际问题96个，组织500余人次在职党员开展志愿服务195次。乌斯太镇玛拉沁社区确定为全盟第一批融合党建示范点。在非公企业党建方面，推行“五字”党员孵化法和“五型”党组织晋级孵化法，加大非公党组织的覆盖和党的工作的覆盖。2019年，将达康党委接转至高新区党工委管辖，新成立瑞达泰丰党委、宝穗医药党支部等非公企业党组织13家，批准成立高新区社会组织党组织5家；监督指导紫光化工、圣氏化学等6家企业按照“六有”标准，评选出一批先进基层党组织、“双强六好”党组织和优秀个人，劳模精神和工匠精神充分发挥。开展“活力党建”工作，创新开展“一三五七”党建工作法，建立“十有”“十清”基本标准，强化机关党务工作标准化、规范化，拓展机关党组织和党员发挥作用途径，引导机关党员做好“三个表率”，创建模范机关。安排30家机关事业单位与46家非公企业开展“结对共建”，实施组织共抓、党员共管、阵地共建、活动共办、发展共谋活动。

【主题教育】 成立主题教育领导小组及其办公室，

由党工委书记任领导小组组长，先后组织召开领导小组会议、办公室会议、工作推进会、指导组培训会议等19次，选派5个处级党员干部指导组，进行全过程、差异化督促指导，推动主题教育走深走实。党工委班子成员封闭式学习1周，党工委及所辖各党组织召开中心组学习305次，开展各类专题讲座83场，集中研讨242次，开展典型教育124次，组织观看警示教育片《初心的蜕化》14场，座谈会86次，讲授党课112次，886名党员参加主题教育测试。

严格落实“四个对照”“四个找一找”要求，收集汇总问题588个，整改完成567个，组织开展3次集中交流研讨，形成高质量调研报告17篇。9名处级领导、75名党组织书记结合高新区改革发展历程、学习调研收获，对习近平新时代中国特色社会主义思想，特别是习近平总书记关于“不忘初心、牢记使命”重要论述的认识体会、存在的差距和不足、指导实践、推动改进工作的思路措施等讲专题党课，促进广大党员干部的学思践悟。组织召开对照党章党规找差距专题会议，集中检视、逐一查摆。党工委领导班子共检视问题10个，已立行立改；班子成员共检视问题107个，整改完成103个，4个正在整改中。

重点围绕稳增长、促改革、调结构、惠民生、防风险、保稳定等工作与11个方面突出问题专项整治相结合，对照整顿重点不设比例、不定指标，应排尽排、应整尽整。共梳理排查11个专项整治重点问题36个，制定并细化整改措施112条，整改完成36个，整改完成率达100%。“开门纳谏”收到企业和群众反映问题21个，征求意见反馈问题25个，完成整改42个，剩余4个问题正在整改中。在高新区门户网站和微信公众平台“整改进行时”专栏发布整改案例10期30个具体整改结果，主动接受群众监督。组织开展“我眼中的优秀共产党员”行进式主题采访；编发工作简报80期、专报59期，及时反映主题教育开展情况，盟委主题教育简报31期反映高新区做法；在各大媒体共报道高新区主题教育情况51次；《内蒙古日报》专版、《阿拉善日报》通版刊登高新区主题教育工作纪实。

【扫黑除恶】 高新区党工委、管委会先后组织召开推进调度会议7次；铲除涉恶团伙2个，破获各类刑事案件7起，抓获涉恶犯罪嫌疑人24人，并对中央督导组交办的6条线索和公安厅转办的2条线索实现“清零”。

【安全生产】 正在推进的安全生产信息化和智慧园区的建设，加快推进乌兰布和与巴音敖包封闭园区建设。“第三方”累计对危险化学品、冶金工贸、电力等重点行业领域开展7轮安全检查，排查隐患7000余项，帮助企业解决安全生产技术难题3300余项。园区41家危化生产企业逐步开发并应用安全生产信息化系统，政府智慧工业云平台正在稳步推进。

【荣　誉】 高新区人社局被人力资源和社会保障部评为全国模范劳动关系和谐工业园区；水务局被最高人民检察院评为“携手清四乱保护母亲河”专项行动检查公益诉讼全国十大典型案例；综合医院被自治区组织部评为全区第二届党员教育微视频创作评审活动“优秀奖”；乌斯太中学被教育部关心下一代工作委员会评为“新时代好少年”主题教育读书活动“我为祖国点赞”示范学校，被内蒙古青少年普法办评为内蒙古青少年普法小记者站；民族幼儿园被自治区教育厅评为自治区足球特色幼儿园，被中央电化教育馆评为第十五届当代杯全国幼儿教师职业技能大赛先进单位，被全国家园共育先进经验推广指导办公室评为全国“家园共育”数字化项目试验幼儿园；税务局被共青团内蒙古自治区委员会评为全区2018年度“五四”红旗团支部。

高新区社会事务局武聪被自治区人力资源和社会保障厅、红十字会评为全区红十字会系统先进个人；市政交通局王莉被自治区总工会评为全区“最美环卫工人”，获得自治区五一劳动奖章。

（撰稿：张 静 编辑：王延吉）

乌兰布和生态沙产业示范区

【概 况】 乌兰布和生态沙产业示范区地处乌兰布和沙漠腹地东缘，紧邻黄河，与乌海市、鄂尔多斯市隔河相望，南接乌海市乌达区，北至巴彦淖尔市磴口县，南北长约100千米，东西宽5~15千米，生态综合治理面积约1000平方千米。2013年11月，阿拉善盟委、行署批准成立乌兰布和生态沙产业示范区党工委、管委会。2014年2月，经自治区人民政府批准为自治区级生态沙产业示范区。托管巴彦木仁苏木，辖6个行政嘎查，1471户3256人。

2019年1月，按照盟委行署的统一部署，以优势互补、区域一体为原则，以基础设施一体化为优先领域，以产业结构优化升级为联动重点，推动与阿拉善高新技术产业开发区一体化发展。截至年底，引进生态治理企业76家，初步形成沙漠葡萄种植及葡萄酒酿造、绿色种植、生态养殖、全域生态旅游、沙产业科技创新的产业格局，已治理沙漠28万亩。

【经济指标】 全年地区生产总值同比增长2.2%；一般公共预算收入同比增长53.12%；民间资产占固定资产投资100%；完成固定资产投资7505万元；农牧民人均可支配收入18632元，同比增长16%；农畜产品加工转化率为50%。

【沙漠综合治理】 继续推进重庆交通大学“沙子土壤化”科研项目的产业化，已完成投资1000万元，改良土壤并中试播种6000亩，试种沙生植物和经济作物达到70种以上，组织召开“力学与沙漠生态环境”交流研讨会，加大沙漠土壤化研究团队科技研发力度，启动技术研究推广工作。蒙草科技实验示范园项目完成投资2500万元，种子加工车间、种子库、智能化温室投用，试验种植阿拉善乡土沙生作物500余亩。引进碳酸钙醇基固沙、超高温好氧生物发酵菌在沙漠环境应用等高新沙漠治理技术3项。组织召开以“菌草技术、生态治理、产业发展”为主题的黄河菌草生态安全屏障建设和菌草新兴产业发展推进会，总结黄河两岸菌草生态安全屏障试点建设经验，进一步推进黄河流域菌草生态治理和菌草绿色产业发展。

【全域生态旅游】 编制“巴彦木仁文旅小镇”规划，启动建设游客服务中心和农畜产品采摘温室大棚，进一步完善渔村的配套服务设施，加快推进四星级旅游民宿申请工作。建设城市之门游客服务中心并配置停车场等基础设施，完成额吉淖尔停车场基础配套设施建设，建设铁人三项训练基地，开展徒步穿越旅游活动，依托示范区户外徒步旅游品牌，引入驼帮文旅、沙海等多家户外旅游公司，提高示范区旅游服务质量和保障水平，重点吸引乌海及周边地区人群周末休闲度假游。共举办大型节庆活动2次。

【乡村振兴】 推动实施晾晒场扶贫项目，整合利用扶贫项目资金50万元，分别为联合、上滩2个贫困嘎查建设晾晒场。推动实施乌兰布和嘎查青储池转运台扶贫项目，为乌兰布和嘎查新建青储池转运台1处。依托高新区市场资源，拓展有机小麦、黄河水稻、鲜食葡萄等特色农产品市场，发展高效节水特色农业。完善“大漠小镇·黄河渔村”服务功能，投资200余万元，征拆黄河码头旧房，引入市场主体建设旅游服务中心。加快联合嘎查田园牧歌综合体项目建设进度，盘活闲置土地、鱼塘等资源，整合社会优势力量参与建设。通过乌兰布和户外嘉年华系列活动，加大巴彦木仁特色农畜产品市场营销力度。实施巴彦木仁苏木1万亩高标准农田整治项目，提高耕地质量，促进农牧民增产增收。实施农村牧区饮水安全提升工程，投入112万元，对水源地水质提升改造，铺设管道5千米，安装净化水设备100套。全力推进“厕所革命”和生活垃圾治理，进一步改善人居环境。统筹教育资源共享，投资新建乌兰布和民族幼儿园，并配套建设学校清真餐厅，与巴彦木仁民族学校合署办公，从高新区择优选派管理人员，并通过社会购买服务方式招聘教师13名，配齐师资力量，妥善解决苏木适龄儿童教育问题。

【扫黑除恶】 针对建筑工程、食品安全、农业设施违法建筑、社会治安等领域摸排出的涉乱线索，开展专项整治行动。针对3个阶段反馈意见查摆6个方面38条问题，全部完成整改任务。

【党的建设】 制定《2019年示范区党工委中心组理论学习安排计划》，按照高新区、示范区一体化发展思路，与高新区共同开展党工委理论中心组学习。严格落实意识形态工作责任制，定期召开党工委会议和工作推进会议，专题研究部署意识形态工作，将意识形态工作纳入示范区各部门考核体系和党建工作责任制考核目标。利用开斋节、古尔邦节等节日开展走访慰问，宣传党的意识形态工作和民族宗教政策。开展“不忘初心、牢记使命”主题教育，开通示范区主题教育“开门纳谏”直通车，召开检视问题专题会，查摆征集问题32个，结合示范区实际制定《示范区主题教育专项整治方案》，明确责任领导、责任部门、整改措施和整改时限，确保整改见实质、见实效，整改完成31项。以提升组织力为重点，突出政治功能，持续加强基层党组织标准化建设，落实嘎查“十星级”管理制度，按照不低于5%的比例，采取嘎查“两委”自评、嘎查党员群众测评、苏木党委初评、示范区综合办公室审定的办法，对6个嘎查党组织进行倒排定星，确定2个嘎查党支部为软弱涣散党组织，建立问题台账，分类施策转化提升。建立处级领导干部联系非公企业制度，示范区4名处级领导联系6家非公企业，选派6名机关干部担任党建指导员，引领示范区非公企业党建工作。加强驻区国有企业党建工作，将盟直国有企业滨河金沙公司主要负责人增补为示范区党工委委员，公司党支部转入示范区。

开展党风廉政建设责任制检查，加大日常监督考核权重，创新“强日常监督、分季度考核、重整改落实、按成效打分”的考核方式，推动“两个责任”落实落细。紧盯“关键少数”，强化党内监督，建立科级干部廉政档案12份，约谈8人次，廉政谈话9人次，开展利用名贵土特产牟取私利问题明察暗访2次。

（撰稿：赵　博　编辑：王延吉）

腾格里经济技术开发区

【概　况】 腾格里经济技术开发区（以下简称开发区）总面积5604平方千米，辖17个嘎查、1个社区，总人口1.4万人，其中农牧业人口9000人，是阿盟20世纪90年代实施“转移发展战略”搬迁安置农牧民的重要基地，先后搬迁安置生态移民1588户5456人，安置国有农牧林场下岗职工1000人，是全盟最大的移民安置地。开发区耕地面积10万亩，乔木林地面积1.3万亩。现有黄河取水指标5611万立方米/年，是自治区唯一的黄河四级扬黄灌溉区。

开发区区位交通优势明显，矿产资源丰富，光热风能资源充足，旅游资源独具特色。2019年有工业企业38家，规模以上工业企业13家，投资过百亿元的项目3个，已初步形成以煤及煤化工、新材料、新能源、现代精细化工为主导产业，农牧业为基础、旅游业为配套的产业发展格局。

腾格里经济技术开发区是自治区人民政府于2013年10月整合原腾格里工业园区和葡萄墩工业园区批准成立的自治区级开发区，内设14个职能部门，下设阿拉善黄河高扬程灌溉管理局，托管嘉尔嘎勒赛汉镇和腾格里额里斯镇。

2019年，地区生产总值同比增长7%，全社会固定资产投资同比增长43%，社会消费品零售总额同比增长4%，城镇常住居民人均可支配收入预计达到31918元，同比增长8%，农村牧区常住居民人均可支配收入预计达到14410元，同比增长8.3%，公共预算收入增长35.5%。财政总收入突破3.5亿元。

【农牧业】 深入实施乡村振兴战略，发展节水、高效、有机、特色精品农业，农牧业总产值达2.48亿元，增长4.7%，节水灌溉面积占总播种面积的76%，培育家庭农牧场、专业大户30户。牲畜存栏头数控制在13万头（只）以内，其中舍饲养殖规模达8万头（只）以上。开展农牧区人居环境整治行动，启动实施“厕所革命”655户、集中填埋生活垃圾1.1万吨、处理生活污水6.5万吨。

【工　业】 培育国家高新技术企业3家（累计4家），产值实现28亿元，占工业总产值的55%；培育自治区研发中心2家，组织实施各类科技项目7项，申请各类技术专利13件；金石镁业等5家企业取得质量管理体系认证。工业企业生产负荷、产能持续增大，用电累计完成3.97亿千瓦时，增长49%。实施重点建设项目43个，完成投资30.7亿元，签约招商引资项目21个，到位资金26亿元，增长51%。

【生态文明】 严格落实禁牧和草畜平衡制度，发放草原补奖和公益林生态效益补偿资金5662万元。实施完成“三北防护林”工程飞播造林项目3万亩、公益林区病虫害防治项目10万亩，森林覆盖率达25.9%。加大园区绿化提升力度，新增绿化面积73万平方米。实行最严格的水资源管理制度，有序推进农业水价综合改革，实施完成节水灌溉工程；园区15家企业实现水资源信息化管理平台在线监测，促进水资源集约化发展。全面落实河（湖）长责任制，累计开展巡河128次，排查整改各类问题5个，河湖“四乱”清理行动取得积极成效。

【旅游和服务业】 推进文化旅游深度融合，着力打造“一日游两省，体验两种文化”的特色旅游，创建“天境腾格里”旅游品牌，全年共接待国内外游客176.7万人次，增长17.8%；实现旅游综合收入9.2亿元，增长16.6%。通湖草原和额里森达来旅游区分别入围国家和自治区服务业标准化示范点项目。现代物流业稳步发展，货运吞吐量完成393万吨，增长16%。新增各类市场主体222户，增长74%。连接中卫柳家庄至葡萄墩铁路延伸线路初步与中卫市达成一致。

【社会民生】 全年累计向民生领域投入财政资金3.58亿元，占财政支出的76%。加大就业再就业扶持力度，城镇新增就业151人，农牧区富余劳动力转移就业154人，发放创业贷款244万元。通过购买社会服务，解决干部职工通勤需求。不断提高教育教学水平，提升办学条件，开展教师培训529人次，中考升学率位居全盟第三位。实施完成孪井滩学校、幼儿园校园文化和安全提升工程，争取各类教育扶持资金2600余万元。继续推进医药卫生体制改革，门诊量同比增长16%。

【深化改革】 研究审议各类重大改革举措7项，确定重点改革任务 63 项，已完成 55 项，完成率 87%，形成成果 43 个。推进机构改革，纪检监察工作委员会和腾格里生态环境分局正式挂牌成立，苏木镇改革工作全面完成。全力推动“放管服”改革，围绕“最多跑一次”工作目标，缩短手续办理时限，全年共审批项目 23 个，备案项目 99 个。开展民族团结创建活动，正在创建全国民族团结进步示范开发区。加强信访矛盾纠纷化解力度，信访化解率达 93%。

【三大攻坚战】 聚焦“两不愁三保障”（“两不愁”即不愁吃、不愁穿，“三保障”即义务教育、基本医疗、住房安全有保障）突出问题，“清零达标”任务全部完成。实施扶贫项目 7 个，带动 121 户建档立卡贫困户稳定增收；全面落实大气、水、土壤污染防治行动计划，投入 1.7 亿元实施完成污染防治项目 7 个，削减二氧化硫 28.8 吨、氮氧化物 11.7 吨。推进芒硝湖场地第三阶段二期生态修复治理工程，持续治理芒硝湖水体。规范转移处置危险废物 418 吨。内蒙古“十个全覆盖”相关工程债务已全部化解，清偿拖欠企业账款 1.84 亿元，争取各类新增债券资金 2.96 亿元。

【党的建设】 开展“不忘初心、牢记使命”主题教育，全年召开各类学习会议 39 次，开展专题研讨 40 余次，到红色基地、廉政基地、生态移民搬迁工程现场教学 3 次，培训党员领导干部 260 人次。党工委班子对照党章党规找差距，检视发现的 34 条问题已全部完成整改。聚焦重点领域和突出问题，开展调研走访 26 次，为群众解决困难问题 11 件。依托学习讲堂、“草原学习轻骑兵”小分队开展“七进”宣讲活动 128 场次，受众近 3400 余人次。不断健全意识形态分析研判机制，举办意识形态工作培训班 3 期。持续加强干部队伍建设，坚持正确选人用人导向，按组织程序调整干部 3 批 45 人，督促指导 5 个单位完成领导干部离任经济事项交接。推荐全区“人民满意的公务员集体” 1 个、“人民满意的公务员” 2 人。

深入推进党风廉政建设，严格落实“两个责任”（党委的主体责任、纪委的监督责任），党工委开展廉政谈话 52 人次，纪工委立案 8 件，给予党纪处分 8 人。严厉打击诬告陷害、恶意举报行为，为 1 名嘎查干部澄清正名。盟委巡察交办的问题及问题线索全部整改办结。贯彻净化政治生态三年行动，集中整治“四官”（昏官、懒官、庸官、贪官）、形式主义、官僚主义，构建四位一体的监督格局，公开透明高效的政务环境逐步形成。

（撰稿：张　静、王浩宇　编辑：王延吉）

策克口岸经济开发区

【概　况】 策克口岸位于额济纳旗境内，距达来呼布镇北 82 千米，中蒙边境 572 界碑附近。1992 年，经内蒙古自治区人民政府批准为季节性开放口岸；2005 年 6 月，国务院批准策克口岸为中蒙双边性常年开放口岸；2009 年 1 月，策克口岸正式实现中蒙双边性常年通关；2012 年 5 月，自治区人民政府批准设立策克口岸经济开发区为自治区级开发区；2014 年 12 月，自治区编办核定策克口岸经济开发区管委会为准处级单位，为额济纳旗委、政府派出机构，核定开发区事业编制 25 个，其中科级领导职数 8 名（4 正 4 副）。旗编委在进行机构改革时将原商务局从口岸办调整至旗经信局，调剂事业编制 3 个至口岸管委会，开发区管委会实有编制 28 个。开发区管委会内设综合办公室、纪工委、口岸事务局、财政局、经济发展局（挂规划建设局、安监局牌子）、社会事务局 6 个机构，额济纳策克口岸国际幼儿园、策克口岸专职消防队 2 个二级单位，永鑫公司、恒友公司、乌斯汉给排水公司、蒙元公司等 4 家国有企业。2015 年成立环保分局、国土分局、公安分局、地税分局等行政管理机构，依法履行监管职责。2016 年 12 月设立策克口岸开发区纪工委，2019 年 6 月设立策克口岸生态环境工作站，2019 年 11 月设立党群工作部、市场监督管理局、综合执法局。截至 2019 年底，策克口岸经济开发区管委会共有干部职工 212 人，其中事业编制人员 24 人，同工同酬 37 人，辅警 16 人，备案制管理人员 8 人，企业聘用 127 人。

【进出口贸易】 2019 年，策克口岸进出口货物总量 1240 万吨，同比下降 12.38%；进出口贸易额 43.7 亿元人民币，同比增长 6.6%；出入境车辆 26.76 万辆次，同比下降 11.83%；出入境人员 34.68 万人次，同比下降 6.75%。税务部门在开发区征收各类税收 4.12 亿元，同比增长 9.41%。海关征收关税 1.32 亿元，同比下降 9.52%，代征增值税 6.28 亿元，同比下降 12.77%。

【重点项目】 2019 年，投资 14.8 亿元实施进口肉类指定监管区、“六进四出”运煤通道改扩建、环保棚仓、智慧口岸、第二水源地、道路绿化、煤炭洗选加工、旅游设施建设等一批强基础、利长远、惠民生的重点项目，年内计划完成 8.85 亿元，已完成投资 6.45 亿元，占年度计划投资的 74.58%。

【生态环保】 将生态建设与保护统筹规划同步进行。投资近 7 亿元，开工建设博源、宁煤、福源天成、蒙裕等 16 座环保棚仓，建成 11 座，对通往各煤炭监管区道路进行绿化隔离，阿拉善路部分街景硬化改造，开展市政环境综合整治，78 万吨露天堆放煤炭全部清理完毕。经过政企的不懈努力，口岸煤尘污染、违规建筑、随意倾倒建筑生活垃圾等现象得到有效遏制，人居环境得到改善。

【对外开放】 主动融入国家“一带一路”和中蒙俄经济走廊建设，抢抓高水平开放机遇，开放基础进一步夯实。完成进口肉类指定口岸建设，进口肉类指定监管区正式获批；煤炭洗选加工项目顺利推进，引进煤炭洗选加工项目 7 项，落地实施 6 项，完成投资 2.5 亿元。建成策克口岸大数据中心、煤炭交易网，核心竞争力进一步增强。策克口岸正式获批国家 AAA 级旅游景区；跨境旅游迈出新步伐，旅游踩点及线路挖掘工作持续推进；举办第三届边民互市贸易，参展商户达 512 户，销售总额 1472.42 万元。

【社会事业】 蒙医医院、消防站、法庭投入运行，国际车站修缮完成。安监、市政管理、应急管理等部门组织机构配备完善。邀请中蒙边民及周边群众参加赛马、射箭、中蒙搏克、摄影等一系列具有民族特色的文化交流活动。

（撰稿：海　棠　编辑：王延吉）

重要企业选介

中盐吉兰泰盐化集团有限公司

【概　况】 中盐吉兰泰盐化集团有限公司，前身为吉兰泰盐场，始建于1953年，1996年完成公司改制，2005年加入中国盐业集团公司，资产总额68.74亿元，员工3500余人。2019年，全年实现营业收入48.7亿元，人均营业收入137.93万元，利润总额5.06亿元，人均利润14.34万元，经济增加值3.97亿元。主要产品产销量：PVC生产41.57万吨，销售42.48万吨；糊树脂生产4.33万吨，销售4.38万吨；烧碱生产36.54万吨，销售36.54万吨；发电19.24亿千瓦时；电石（折300升/千克）生产72.28万吨；纯碱生产29.84万吨，销售29.04万吨；水泥生产9.21万吨；熟料生产68.19万吨。

中盐吉兰泰盐化集团有限公司是一家拥有资源优势、技术优势、管理优势的跨地区、跨行业的大型企业集团，是国家512户、自治区36户重点企业之一，中国轻工企业200强、国家高新技术企业、内蒙古自治区循环经济试点企业，曾获全国文明单位等国家、自治区级多项荣誉称号。内蒙古兰太实业股份有限公司为其控股上市公司。

已建成集“盐化工、能源化工、高分子材料”为一体的循环经济产业链。拥有40万吨/年聚氯乙烯、4万吨/年糊状树脂、36万吨/年烧碱、64万吨/年电石、106万吨/年水泥、33万吨/年纯碱产能，以及1个2×135兆瓦自备电厂。

公司引进吸收日本离子膜电解技术、德国空冷技术、国内领先的密闭式电石炉、微悬浮聚合法生产糊状树脂等生产工艺技术，拥有专利13项，具备较强的核心竞争能力。公司产品畅销全国各地，远销多个国家和地区。

【重点项目建设】 完成年产31万吨聚氯乙烯及7.5万吨烧碱产能置换项目可行性研究报告的编制工作，完成在自治区投资项目在线审批平台项目备案工作；完成220千伏变电站改、扩建项目供电方案编制和专家评审；年产8万吨糊树脂项目二期4万吨工程和糊树脂1万吨技改扩能项目的可研报告等项目获得集团公司立项批复。

根据集团公司的批复，公司年初计划更新技措共计275项，投资金额13339万元，开工项目总体完工率为81%。单独立项项目共计7项，投资19046万元。完成树脂厂新增12台转化器项目，氯乙烯单体的产量和质量明显提升；投资7350万元，完成纯碱厂锅炉超低排放改造项目建设，保障后续生产持续稳定运行；投资4370万元，电石出炉机器人、回转窑石灰项目陆续实施，在进一步降低电石生产成本的同时，有效提升电石出炉的安全生产水平。

推进与南京工业大学的产学研合作；完成氯碱

化工公司国家级高新技术企业再次申报、高分子公司国家级高新技术企业的首次申报并获批；组织召开公司第二届科技大会，对2016—2018年的科技工作进行总结，并对2019—2021年科技发展确定发展目标及计划；申请并获得授权专利35项，完成自治区科学技术成果登记6项，获得政府扶持资金631万元。

【生产管理】 对技术规程和管理制度进行梳理、完善，为生产装置的安全运行提供技术支撑和制度保障。聚氯乙烯（含糊树脂）、烧碱、电石、水泥、熟料产量及发电量同比分别增加4.30%、1.69%、10.80%、0.48%、171.45%、6.17%。

强化工艺管理，优化生产控制，主要产品消耗指标实现明显降低和改善。聚氯乙烯耗电石同比降低9.43千克/吨，电解碱耗交流电同比降低18.52千瓦时/吨，电石耗工艺电同比降低88.03千瓦时/吨。

完成氯碱厂氯化氢合成炉自动化改造、氢压机改造，提升装置的安全性、稳定性和运行效率；完成树脂厂单体脱水二期项目，为稳产高产提供有力保障。

【企业改革】 通过“高管进校园”“企业文化专场宣讲会”等多种形式，深入高等职业院校进行招聘宣传，与内蒙古、宁夏、甘肃优质和特色高等职业院校建立长期合作关系，和集团公司定点扶贫的宜川县、定边县签订就业扶贫合作协议，完成招聘计划。出台《公司人才发展规划》，从人才引进机制、培养开发机制、选拔任用机制、考评激励机制4个方面制定具体措施。以“专家大讲堂”“优秀中青班骨干培训班”等为载体，多层次、全方位展开员工培训；公司被自治区人力资源和社会保障厅确定为全区16家职业技能等级认定试点企业。在争取优惠政策上保落实，阿盟人社局援企稳岗资金196.5万元、财政部中央特困企业专项治理补助资金1465万元、职业技能补贴和名师带徒补贴57.3万元陆续到位。

【市场销售】 灵活施策，加大获利区域市场投放量，糊树脂、纯碱产品全年通过区域调整实现增收340余万元，聚氯乙烯、片碱下半年区域调整比较明显，全年共计实现增收488.6万元；加大优质直销客户开发力度，提升单位产品整体获利能力，聚氯乙烯、纯碱、片碱、糊树脂直销率分别为44.8%、82.18%、47.11%和32.79%，同比分别增加4.61个、1.04个、20.43个和13.55个百分点。

利用商务信息和期货合约价格走势，精准研判市场，针对各产品季节性价格波动的特点，在价格处于波峰时大量销售甚至预售；在价格上行时采用梯度接单，扩大销售额，从波峰向波谷下跌时控制接单量，实现价格从波峰向波谷下跌时和从波谷向波峰抬升时的价格平缓态势，减少价格下跌损失，争取利润的最大化。

全年节约物流费用1753万元。其中在铁路运费优惠政策争取方面，全年兰州铁路局、呼和浩特铁路局批复公司聚氯乙烯、原盐、石灰石享受“一口价”的优惠政策，共节约铁路运费1296万元；在海运方面通过采用分段式发运，节约物流费用384万元；在糊树脂按年招标锁定运价方面，节约费用30.4万元；在公路运输降费方面，通过招投标，短倒至惠农运费节约43万元。

【安全环保】 持续完善“明职责、提能力、强执行”的安全管理机制。推进监测预警系统和应急预案体系建设，保障重大危险源、关键装置、重点部位安全稳定运行。针对专业技术人员能力欠缺的问题，制定全员参数化培训考核实施方案；以班组安全标准化建设为落脚点，持续推动员工形成良好的安全作业习惯。重点开展针对工艺、设备、电仪、消防、“反三违”等专业的专项安全检查和日常安全检查，及时整改，消除事故隐患和风险。完成安全标准化审核换证工作。

完成水泥窑升级改造项目的安全消防设施、职业病防护设施验收。推进实施电石厂石灰石料场、纯碱厂锅炉烟气超低排放升级改造等重点环境治理项目，保障环保达标；持续加强危废管理，确保危废转移符合国家环保要求。

【品牌质量】 制定“从分析结果入手，找准生产过程所凸显问题，拿出改进措施，并逐个解决”的工作方针，以生产单位为主体，联动营销、物资，打通症结，协力促进产品质量提升。将质量管理贯穿生产、经营全过程，加强入场原辅料质量监管，严把产成品出厂关，尤其是在过程控制中，提高检测精准度，为生产工艺的稳定控制提供支持。产品质量得到稳步提升，聚氯乙烯优级品率为99.03%，同比增加3.02%；片碱、糊树脂优一级品率分别为88.89%、97.19%，同比增加5.73%、4.03%；电石发气量292.09升/千克，同比上升0.98升/千克。

【荣　誉】 纯碱厂制碱车间重碱班组获全国工人先锋号称号，质量管理部获全国巾帼文明岗称号，氯碱厂获得阿拉善盟五一劳动奖状。

周杰获第十二届全国石油和化工企业管理创新成果一等奖；王多荣获第十二届全国石油和化工企业管理创新成果一等奖；纯碱厂技术员张建峰获内蒙古自治区五一劳动奖章；氯碱厂姚志国、树脂厂李艳超获阿拉善盟五一劳动奖章；生产设备部维修车间齐建民获“阿拉善盟工匠”称号；纯碱厂谢海波获“阿拉善最美工人”称号；纯碱厂许金娥获“时代北疆亮丽女性”称号；企业管理部王颖获2018年度重点企业信息报送先进个人称号；水泥厂彭佳丽在阿拉善“建国70年、逐梦新时代”主题演讲比赛获二等奖；营销中心张攀在阿拉善高新区“建国70年、逐梦新时代”主题演讲比赛中获三等奖；质量管理部徐晓玲获2019年度阿拉善职业技能竞赛技能一等奖；质量管理部曹颖和唐凯获2019年度阿拉善职业技能竞赛技能二等奖；质量管理部白雪、陈爱妃、刘亚娟获2019年度阿拉善职业技能竞赛技能三等奖。

（撰稿：王　群　编辑：王延吉）

内蒙古兰太实业股份有限公司

【概　况】 内蒙古兰太实业股份有限公司（以下简称兰太实业或兰太公司）成立于1998年，2000年在上海证券交易所挂牌上市，股票代码600328，总部位于内蒙古阿拉善高新技术产业开发区。公司主营业务有制盐、基础化工、精细化工和生物制药四个产业板块。2019年，有在职员工4200余人，资产总额近70亿元，年销售收入达38亿元左右，拥有年产100万吨成品盐生产线；年产150万吨纯碱和5万吨小苏打生产装置；年产6.5万吨金属钠生产装置；国家863计划项目的核级钠生产线；年产16万吨氯酸钠生产线及规模化生物盐藻养殖基地。是国家高新技术企业、中国石油和化工企业500强、中国化工最具发展潜力的上市公司、国家知识产权优势企业、全国五一劳动奖状获奖企业。

2019年，兰太实业以建设“国家盐业公司+优秀化工企业”战略目标为引领，进一步推进公司资源整合优化配置、产业和产品结构调整，强化稳生产、保安全、控风险、降负债、促销售、提质量、增效益等重点工作。

【经营成效】 2019年，兰太实业在各产业板块稳定运行的基础上，主要经济指标再创历史最高水平，纯碱产销规模跨入国内行业前三位，金属钠全球领先优势进一步巩固，其他产业协调发展，结构更加合理，实现资产规模、销售收入“双百亿”、利润总额突破10亿元的跨越。

【生产销售】 2019年，公司主营业务销售收入再创历史新高，基础化工纯碱持续培育优质客户，加大战略合作力度，效益贡献突出；精细化工“两钠”产品国内市场进一步巩固和加强，国际市场成功开发德国赢创公司、美国GAM公司等终端客户，东南亚市场逐步恢复；食用盐按照集团公司“三品战略”要求接受统一调度，保障供给；工业盐在保障公司内部用盐需求的同时，成功开发万吨粉洗盐销售市场；生物医药产品通过实行“渠道、产品、人力”三整合，加强与国内知名药企合作，多元化营销模式正在形成。

【技术创新】 2019年，共取得授权实用新型专利36项；美国杜邦金属锂专有技术1项；钠业公司取得国家高新技术企业的认定，“二级钠提纯回收研究与应用”等5项成果被登记为内蒙古自治区科学技术成果；“电解生产金属锂技术与研究”等科技创新项目分别获得自治区奖励资金支持。“湖盐高效制备工艺及资源高值利用关键技术”项目获中国轻工业联合会科技进步一等奖。“以技术创新改善盐湖品质”项目获第四届全国质量创新大赛技术成果奖。“金属钠电解槽氯气回收项目”获“第一届中盐企业青年创新奖优秀组织奖”。钠业公司“降低金属钠综合电单耗”课题荣获第二届中央企业QC小组成果二等奖。盐业公司液体盐班组和钠业公司整流空压站班组获得“全国轻工业质量信得过班组优秀奖”。参与修订评审《三氯异氰尿酸》《高钙金属钠》2个行业级标准。

【安全环保】 2019年，“全覆盖、零容忍、严执法、重实效”的管理举措和“尽职奖励”“失职追责”的安全绩效激励机制，推进公司安全标准化提标升级。在优化工艺、强化控制、持续改善安全环境标准化建设上，实施精盐分厂环保治理、热动力厂烟气超净排放、氯酸钠含铬盐泥解毒、污水处理公司减量达标、二级钠回收、氯化异氰尿酸废水回收等安全环保改造提升项目，全年公司未发生重大安全生产事故及环境污染事故、事件。

【企业管理】 2019年，公司全面评价公司内部业务管理流程和制度标准的适宜性、有效性和规范性，业务管理流程和制度进一步修订完善。公司顺利通过“环境”“能源”“两化融合”及“知识产权”管理体系认证审核。公司获2019中国石油和化工企业500强（第228名）、基础化学原料制造业百强企业（第54名），内蒙古自治区2019年绿色制造示范企业称号。

【风险管控】 2019年，公司补充流动资金偿还银行贷款，压减公司带息负债，加强对投资、担保、大额资金往来等事项的监控和对子公司的财务指导及管控，按照集团公司“降杠杆、减负债、控风险”工作要求，强化预算引领、盘活存量资产，提升资金使用效率和资金统筹能力，保证资金链安全，降低财务风险。全年，公司带息负债降低率达到历史最低，资产负债率低于化工板块企业资产负债率警戒线10.14个百分点。

【荣　誉】 公司获“2019年度内蒙古自治区优秀外贸企业”称号，公司下属兰太钠业公司被认定为“国家级高新技术企业”，热动力厂“水资源综合利用技术的研究与应用项目”获内蒙古自治区职工优秀技术创新成果一等奖，盐业团总支获得“内蒙古自治区五四红旗团支部”称号，金属钠厂团支部获得“中央企业五四红旗团支部”称号，加工分厂热料班组获得“中央企业青年文明号”等称号，“金属钠厂节能降耗QC小组”获中国质量协会2019年第二届中央企业QC小组成果发表赛二等奖，金属钠电解槽氯气回收处理系统创新技术项目获中盐集团公司第一届中盐企业青年创新奖铜奖，公司获第一届中盐企业青年创新奖优秀组织奖，公司与天津科技大学等单位联合申报的“海湖盐高效制备工艺及资源高值利用关键技术项目”获2018年度中国轻工业联合会科技进步一等奖，公司申报的“以全过程标准化管理为基础的高效管理体系建设与实施”“以创新改善为魂，打造‘四化’标准化班组”等4项具有典型示范和推广价值的管理项目，获得第十二届全国石油和化工企业管理创新成果二等奖3项、三等奖1项，“提质增效及节能环保技术改造项目”获得中国纯碱工业协会2018—2019年度科技进步奖三等奖。

（撰稿：王梨花　编辑：王延吉）

内蒙古太西煤集团股份有限公司

【概　况】 内蒙古太西煤集团系全国煤炭百强企业、全国民营企业500强、内蒙古自治区20户重点煤炭企业、百强工业企业、阿拉善盟的骨干企业、纳税大户企业、出口创汇企业。是集生产、加工、经销进（出口）煤炭及煤化工产品、非煤矿产品、多元合金产品、发电、餐饮、酒店、旅游、自动化控制于一体的跨地区、跨行业的民营股份制企业。集团有子公司、分公司30家，员工1万余人，各类专业技术人员2500多人，截至2019年底，集团总资产已达250亿元。

集团拥有无烟煤、焦煤、长焰煤等煤炭可采储量4.5亿吨，探矿权储量1.2亿吨，设计年产能1140万吨。公司产业布局横跨北京、内蒙古、甘肃、宁夏四省区。旗下设有以400万吨/年太西无烟煤开采、5万吨/年活性炭为龙头，配套3×6兆瓦煤矸石电厂和3000千瓦低浓度煤矿瓦斯发电的兴泰煤化工业园，以30万吨/年硅铁一期10万吨/年项目为龙头，配套60万吨/年煤炭开采、2×50兆瓦热电联产项目的常山多元合金工业园，以额济纳旗策克口岸吞吐能力500万吨/年煤炭贸易为核心的太豪国际物流园，以390万吨/年动力煤开采、300万吨/年焦化一期150万吨/年项目为核心，配套102千米自备铁路和4000亩金昌物流园的甘肃板块循环经济产业链。

公司致力于高品质活性炭产品的研发与生产，以生产销售高端活性炭为突破口，加强与国内外高端客户的合作，先后与美国卡尔岗公司、韩国现代等公司，以及中国深圳水务、宝安水务、上海宝钢集团、广东阿波罗公司等国内龙头企业形成合作伙伴关系；建设创新型企业，积极搭建企业“产学研”深度融合技术创新平台，孵化出原煤炼焦技术等全国首创研发成果。

通过了GB/T 19001—2008质量管理体系、GB/T 24001—2004环境管理体系和GB/T28001—2011职业健康安全管理体系认证。“兰山”牌煤基活性炭被中国商标局认定为中国驰名商标，“兰山”牌太西无烟煤、“兰山”牌煤基活性炭是内蒙古自治区名牌产品，“兰山”牌太西无烟煤被评为全国用户满意产品；2019年集团公司与旗下6家分公司、子公司，通过盟级AAA级标准化良好行为企业与AAA级服务业试点企业确认验收。

【生产经营】 全年共生产（含进口）煤炭693万吨，销售煤炭607万吨；生产焦炭、焦化产品122万吨，销售焦炭焦化产品125万吨；生产碳素、活性炭等无烟煤精深加工产品8.73万吨，销售8.85万吨；生产、销售多元合金1.89万吨；生产及销售混凝土8.76万立方米，实现销售收入54.5亿元，较上年同比增长11%。

【企业科技创新】 企业技术中心是自治区级企业技术中心。2015年初公司的活性炭、煤炭质量、铁合金等3个实验室获得中国合格评定国家认可委员会（CNAS）实验室认可（ISO17025实验室认可）证书，2019年通过CNAS组织的专家外部年度审核。

2019年1月，内蒙古太西煤集团阿拉善盟科兴炭业有限责任公司与国家烟气脱硫工程技术研究中心、四川恒泰环境技术有限责任公司联合组建国家烟气脱硫工程技术研究中心碳材料研究分中心在内蒙古太西煤集团挂牌成立，并进行合作签约仪式，重点对企业烟气脱硫脱硝、挥发性有机物污染控制等大气污染控制和水污染控制技术，碳基吸附和催化材料的开发、低阶煤提质，阶煤地下气化导控技术研究等方面进行合作，截至2019年底正在进行烟气脱硫、脱硝煤基碳材料研究中试样品制作试验过程中。

【企业信息化建设】 2019年，企业搭建完成经济运行分析系统、财务分析系统、视频会议系统、生产日报系统、工程项目管理系统、无人值守系统、设备管理系统、采购、销售等工作平台，对各类数据实时采集，并自动进行统计分析，实现企业生产经营活动的运营自动化、流程规范化、管理简便化。

【荣　誉】 2019年，集团公司获中国能源企业500强第367位、内蒙古民营企业100强第39位；董事长王以廷获得“庆祝中华人民共和国成立70周年”纪念章。

（撰稿：杨红卫　编辑：王延吉）

内蒙古庆华集团

【概　况】 内蒙古庆华集团，是一家集矿产资源采选、煤化工、精细化工、高新技术研发与示范、多金属采选、新能源、国际贸易为一体的能源开发企业，是国家级循环经济先进单位。先后跻身中国民营企业500强、国家百强煤炭企业、2019年内蒙古自治区民营企业100强（第7位）。

内蒙古庆华集团主要拥有800万吨/年洁净煤、420万吨/年焦化、20万吨/年焦炉煤气制甲醇、20万吨/年甲醇制芳烃、66万吨/年煤焦油轻质化、10万吨/年粗苯加氢、20万吨/年己内酰胺、100万吨/年铁矿石采选、1000万吨/年铁路物流等产能。经过近10年的建设发展，集团以“洁净煤—煤化工—精细化工—材料化工—物流产业”为一体的煤化工梯级利用循环经济产业链已基本形成。

2019年，内蒙古庆华集团有限公司与阿拉善盟行署签订乌力吉口岸共同开发建设协议，力争在2020年底达到千万吨级口岸通关条件。同时，已建设完成的20万吨己内酰胺项目即将投产。为内蒙古庆华集团形成两个新的经济增长点。2019年，集团总收入为694817.63万元，上缴税金56838.71万元。

【生产销售】 2019年，生产原煤145.24万吨（其中进口原煤140.57万吨、生产原煤4.67万吨），精煤244.24万吨，中煤12.22万吨，煤泥7.48万吨；焦炭380.42万吨，焦油14.62万吨，粗苯4.64万吨，硫铵3.89万吨；1#轻质煤焦油8.75万吨，2#轻质煤焦油24.6万吨，甲醇18.94万吨；铁精粉34.66万吨；瓦斯发电354.57万千瓦时。

全年销售精煤71.45万吨，中煤14.77万吨，煤泥11.11万吨；焦油14.72万吨，粗苯4.67万吨，硫铵3.87万吨；铁精粉39.88万吨；瓦斯发电325.02万千瓦时。

【重点项目建设】 腾格里己内酰胺项目单条生产线10万吨规模已具备投料生产条件；15万吨锦纶6项目、200吨碳纤维项目、5万吨针状焦项目已开展工程设计、设备招标等前期工作；额旗2×5万千瓦热电联产项目2019年完成投资9200万元，计划2020年3月开工建设；乌力吉口岸援建项目总投资1.146亿元，2019年完成投资2292万元，已完成主要建筑施工图设计，物流监管区及配套铁路项目总投资约18.9亿元，已与中铁建、阿盟行署签订《战略合作协议》，计划2020年全面开工建设。

（撰稿：潘有俊　编辑：王延吉）

盟直国有企业

·阿盟基础设施建设投资经营有限责任公司·

【代建业务项目管理】 阿拉善职业技术学院建设项目。完成新建部分及校区内附属设施工程施工，并顺利交付职业技术学院使用。易地建设的操场及看台、球场工程，已完成操场及周边环路及看台主体结构施工。累计完成投资约2.18亿元。

阿盟疾病预防控制中心疾病防治业务楼建设项目完成非试验区室内装饰装修工程及设施设备安装工程施工。累计完成投资约0.46亿元。

阿盟第一中学建设项目完成行政办公楼、教学楼、实验楼、宿舍楼及学生餐厅主体结构工程85%的工程量。累计完成投资0.93亿元。

阿盟监察委员会留置保障中心建设项目完成综合业务楼六层主体结构工程和留置区的主体结构及二次结构工程施工、训练馆的基础工程施工。累计完成投资约0.37亿元。

【子公司经营管理】 阿盟北方公路工程建设项目有限责任公司完成巴彦浩特镇至巴润别立镇路段养护翻修工程的过水路面防护、防撞护栏工程等遗留工作。根据内蒙古自治区国省道公路路网命名编号调整的要求，更换该路61千米的标识牌、里程碑，达到自治区统一要求。主动承担社会责任，继续减免银巴（银川—巴彦浩特）二级公路沿途14个嘎查农牧民家庭用车通行费。年内，共有1400余户农牧民1200余辆车受益，减免金额约12万元。

阿拉善盟诚泽盐业有限责任公司完成公司制改制和工商变更登记工作，公司名称由“阿拉善盟盐业公司”正式变更为“阿拉善盟诚泽盐业有限责任公司”。申请“食盐定点批发许可证”，完善市场化经营机制，规范食盐定点批发网点工作流程。不断优化盐品市场供应管理，增加盐品供应种类，将企业原售卖的7类盐品增至16类。

阿盟开元实业有限责任公司在开元商厦部分房屋到期的情况下，本着支持本地企业发展的原则，重新签署《房屋租赁合同》，租赁价格较上期增长21%，为公司经济发展奠定基础，做到国有资产保值增值。定期对开元商厦电梯、消防等设施设备进行巡检，确保了商厦安全平稳运行。年内，未发生安全事故。

2019年5月31日，在盟财政局（国资委）的监督下，盟建设投资公司与盟住建局完成了阿盟建设工程检测试验中心、阿左旗泰安建筑施工安全技术服务有限公司账务和资产的清点及移交工作，并对检测试验中心的资质进行重新申报，取得新的资质证书。

·阿盟矿产能源投资（集团）有限公司·

【资源资产化进度】 公司大力推动阿左旗巴彦诺日公地区7宗饰面花岗岩探矿权办理转采手续，地质报告已通过自治区自然资源厅评审备案，资源储量10581万立方米，相关地质资料全部汇交。推动嘉尔格勒赛汉镇大沟、上井北2宗灰岩的矿种变更，依法取得采矿权许可证，多年的遗留问题得以解决，在二级市场公开挂牌实现矿业权收益。通过全资子公司股权转让，引入合作方盘活阿右旗曼德拉石窝子3号饰面花岗岩探矿权，勘查工作正在进行。理顺与民营企业混合所有制发展关系，促使花岗岩项目合作纠纷得到解决，双方按约定履行出资和矿权变更手续。借助全国第三次土地调查，积极协调有关部门对诺日公地区、曼德拉地区共 11 宗花岗岩矿权地类进行调整，为下一步推进资源资产资本化进程奠定坚实基础。

【地质勘查】 银额盆地油气勘查。截至年底，钻井进尺 1971 米，摸清该地区地层构造，为下一步勘查提供依据。天鹅湖一、二区、喜桂图区块分别与民营企业达成合作勘查协议。

北山成矿带金属矿勘查。继续推进额济纳旗珠斯楞地区多金属矿集中勘查，年内累计勘查投入 650 万元，在铜、金矿方面取得较好的勘查成果。与民营企业合作圈定石英砂、多金属矿等靶区，推动矿权进入一级市场，不断增加公司资源储备。

【新能源工作】 配合主管部门推进上海庙—山东特高压 1600 兆瓦风电新能源项目，参与项目前期工作。协调设计单位制定项目竞争优选工作方案，通过招标确定大唐、华能、山能、国电投 4 家投资主体，办理可研、水保、环评、电网接入审查等前期手续。与投资企业协商参与道路硬化、水保环保等基础设施建设。推动分散式风电项目，国顺平泰公司在高新区 20 兆瓦风电项目一期开工建设，北京国合能源公司腾格里开发区 20 兆瓦风电项目完成核准。

·阿拉善盟交通投资有限公司·

【代建公路项目】 2019 年 3 月，受阿拉善高新技术产业开发区委托，阿盟交通投资有限公司实施代建公路项目乌斯太至乌兰布和农村公路，全长 19.15 千米，总投资约 2 亿元，已具备达到通车条件。

【其他业务开展情况】 承建阿拉腾敖包苏木巴音塔拉嘎查岗根诺尔（大漠天池）景区建设。景区进入试营业阶段。2019 年，景区共接待游客 6763 人次，全年无安全责任事故发生，无任何旅游投诉。

开展工业盐购进销售业务。截至 2019 年，共购进销售工业盐 8359.76 吨，实现销售收入 188.65 万元，实现利润约 16.72 万元。

经营管理巴丹神泉实业公司，代理经营销售矿泉水业务。截至 2019 年，共生产 72184 箱，销售 61553 箱。

推进阿盟生态修复工程。截至 2019 年 6 月，完成生态修复 PPP 项目工程产值 150143.28 万元。

推介阿盟旅游产品。子公司苍天神域旅行社在 2019 年 3 月底和 6 月中旬参加西安国际旅游博览会、北京国际旅游博览会，与国内外徒步、户外以及旅游同行交流经验，为准客户设计阿拉善全域旅游产品。

·阿盟文化旅游投资开发有限责任公司·

【重点旅游项目】 越野 e 族阿拉善英雄会项目建设。2019 年，越野 e 族阿拉善英雄会项目回购工作已通过盟行署 2019 年第 7 次常务会议，与阿左旗人民政府、中电智云控股有限公司签订《合作框架协议》，根据协议约定，中电智云公司已支付盟文旅投公司项目款 1.15 亿元。

推进越野 e 族英雄会服务中心运营开发。该项目建设面积约 3.3 公顷，共投资 1850 万元，集会议接待、旅游住宿等服务为一体，2017 年成为自治区成立 70 周年庆祝活动期间代表团考察观摩点，2017—2019 年主要接待盟内外各类政务性接待考察、观摩调研活动，英雄会筹备及召开期间作为现场指挥及会议中心，为英雄会的成功举办提供保障。

策划“阿盟好行—旅游巴士”项目。2019 年，以阿左旗南寺、北寺、英雄会等旅游景点为依托，已设计推出旅游线路 3 条。

举办“西北地区文化旅游产业高峰论坛”。

2019年10月4—6日，借助“第14届越野e族·阿拉善英雄会”举办契机，举办“西北地区文化旅游产业高峰论坛”，甘肃省、陕西省、宁夏回族自治区以及内蒙古自治区呼和浩特市、鄂尔多斯市、乌海市、二连浩特市共11家单位主要负责人及中电智云控股有限公司董事参加此次论坛。论坛就西北地区文化旅游工作各领域、多方位、全产业链深度融合；发展文旅大数据，搭建科技文旅平台以及组建西北文化旅游产业联盟筹备委员会等方面达成共识。

【实业公司创新发展项目】 汽车租赁业务。2019年，运营车辆共计108辆，运营公务用车服务平台1个，经营汽车维修保养中心1家，2019年短期业务较2018年增长172.04%，营业收入625.46万元。

特色旅游文创产品开发。2017年5月，与央美创投公司共同成立阿拉善文创混合所有制公司，开发“苍天之礼”“苍天之艺”“苍天之品”“苍天之行”“苍天之生”五大系列、300余件特色旅游文创产品，获各类设计奖项13项，参加国际国内相关展交会及活动19次；经营专营店1家，签订代销点14个，与盟内及周边10家企业形成供应分销关系；注册阿拉善城市标志、骆驼兄弟标志、苍天般的礼物、苍天般的味道等商标；形成“骆驼兄弟”“曼德拉山岩画”等特色IP［智慧（财产）所有权］。

·阿拉善盟水务投资有限公司·

【巴彦浩特及沿线苏木镇饮水安全工程后续工作】 完成水源地规范化建设网围栏及标识牌新建工程、环境监察能力提升改造项目竣工验收及财务决算审计，完成投资724万元。巴音敖包供水维修项目，完成投资19万元。完成新井供水工程、巴彦浩特及沿线苏木镇饮水安全工程消防自动灭火维修项目，项目总投资68.8万元。实施巴彦浩特及沿线苏木镇饮水安全工程黄河一泵站至北滩110千伏变电站接入系统。项目总投资132万元。乌兰布和生态沙产业示范区管委会与农牧民签订水源地一级保护区68.9525亩及二级保护区5286.63亩土地征收补偿协议。完成水源地保护区土地征收319.1175亩，发放补偿安置资335.5347万元（其中土地征收补偿319.1175万元，青苗补贴资金16.4172万元），就水源地保护区剩余土地权属及地类进行重新梳理。

【巴音敖包供水工程】 与阿拉善高新技术产业开发区就巴彦浩特及沿线苏木镇饮水安全工程向巴音敖包工业园区供水中存在的运行管理、水价及收费等问题达成意向，并于2019年7月11日与乌斯太镇生态绿化供水有限公司签订《巴彦敖包供水工程供水合同》，预计年供水量298万立方米/天。

【社区式直饮水机布放工程】 智联公司于2019年1月8日在阿左旗商会等9个社区布放社区式直饮水机，于1月25日开始试用行，4月1日开始正式运行，并相继在4月、5月、10月、11月开展一系列促销推广活动。

【额济纳旗黑河流域“山水林田湖草沙”生态保护修复工程】 公司与额济纳旗政府、甘肃大禹公司协调沟通，在额济纳旗开展实地调研，并出具《额济纳旗黑河流域“山水林田湖草沙”生态保护修复工程试点项目申报工作方案》。

【阿左旗巴彦浩特镇水务产业链一体化工程】 公司与上海熊猫机械（集团）有限公司、上海威派格智慧水务股份有限公司在解决巴彦浩特城市供水短板及推进阿拉善智慧水务一体化等问题上达成一致，通过多地考察和多家方案对比，形成阿拉善智慧水务一体化初步方案。通过智慧水务一体化建设方案，能够提高居民饮用水质，保障供水安全，加强社区二次供水安全管理，降低供水漏损及产销差等实际问题。

【办理权属证件】 发放巴彦浩特及沿线苏木镇饮水安全工程取水许可证，一、二、四、五泵站土地证已办理，不动产登记证正在办理，三泵站现正在办理草原征占用手续；巴彦浩特新井水源地供水工程取水许可证已办理，现正在办理草原征占用手续。

·阿盟金融发展有限公司·

【担保公司和创投公司】 2019年，担保公司共办理业务58笔，金额总计29181万元。创投公司办理过桥业务19笔，金额8377万元；发放委托贷款5笔，金额1310万元。2家公司合计实现收入842万元，利润总额243万元，上缴税金合计133万元，净利润合计111万元；担保公司2019年末在保企业42户，在保责任余额19201万元。2019年代偿合计2157万元，完成清收回款1003万元，抵债资产388万元。

【股权、产权交易中心】 2019年，产权交易中心累计办理产权交易10宗，成交8宗，累计交易金额10182.2万元；采购业务累计完成4宗，成交3宗，实现采购预算金额36.18万元，最终中标成交金额35.47万元。股权交易中心累计走访企业4次26户，组织12家民营企业参与上市企业投融资路演深圳专场活动，累计开发投资人150人。

【财富苑酒店】 2019年，财富苑酒店共接待会议两次，餐饮住宿共接待380人次，圆满完成全盟副厅以上领导干部“不忘初心、牢记使命”主题教育集中学习班的接待任务。

【金融资产管理公司】 2019年，累计发放委托贷款资金16笔，金额1.152亿元。全年完成各项收入833万元，实现利润708万元，缴纳各项税费152万元，实现净利润386万元。

附　录

阿拉善盟领导干部名录

中国共产党阿拉善盟委员会

书　　记　杨　博（2019 年 12 月离任）
　　　　　万超岐（2019 年 12 月任职）
副 书 记　代　钦（盟长，蒙古族）
　　　　　王旺盛（政法委书记，阿左旗旗委书记，蒙古族）
委　　员　萨仁图雅（统战部部长，女，蒙古族）
　　　　　孙明泉（副盟长，挂职）
　　　　　卢利明（纪委书记、监委主任）
　　　　　黄巴特尔（秘书长，蒙古族）
　　　　　张学增（阿拉善军分区政委）
　　　　　王　良（宣传部部长）
秘 书 长　黄巴特尔（蒙古族）
副秘书长　刘鹏辉　张瑞青
　　　　　吴天军　胡天祥

中共阿拉善盟纪律检查委员会
内蒙古自治区阿拉善盟监察委员会

纪检委书记　卢利明
纪检委副书记　林录明
　　　　　图门那生（蒙古族，2019 年 11 月任职）
　　　　　李巧霞（女）
委　员　付学明　景　荣（女）
　　　　　阿拉腾础鲁（蒙古族，2019 年 12 月离任）
　　　　　徐　靖（2019 年 8 月离任）
　　　　　李军红（2019 年 11 月任职）
监委主任　卢利明
监委副主任　林录明
　　　　　图门那生（蒙古族，2019 年 11 月任职）
　　　　　李巧霞（女）
委　员　付学明
　　　　　阿拉腾础鲁（蒙古族，2018 年 2 月任职）
　　　　　徐　靖（2019 年 11 月离任）
　　　　　张桥文　李军红（2019 年 11 月任职）
　　　　　郭秀英（女，2019 年 3 月任职）

内设机构负责人

组织部部长　香雪琴（女）

宣传部部长　姜冰洁（女）

政策研究法规室主任　（空缺）

案件监督管理室主任　周保平

案件审理室主任　金寿华（回族，2019年2月任职）

信访室主任　樊剑凌

党风政风监督室主任　吴　智

纪检监察干部监督室主任　梁世宏

第一监督检查室主任　刘开龙（2019年2月任职）

第二监督检查室主任　（空缺）

第三监督检查室主任　张会敏（女，2019年2月任职）

第四审查调查室主任　张桥文（2019年2月任职）

第五审查调查室主任　张军华（2019年2月任职）

第六审查调查室主任　张淑霞（女，2019年2月任职）

机关党委副书记　杨其军

中共阿拉善盟委员会办公室

主　　任　刘鹏辉

副 主 任　胡武德

刘尚德（2019年8月任职）

调 研 员　方　萍（女，蒙古族）

副调研员　魏巴依尔（蒙古族）

高劲波

金晓萍（女，蒙古族）

阿拉腾花（女，蒙古族）

盟接待办公室主任　魏治国

盟党政专用通信局局长　王国东

中共阿拉善盟委员会组织部

副 部 长　乌　勒（蒙古族，2019年1月离任）

张虎文（2019年1月任职）

袁永刚（两新党工委书记）

阿拉腾其木格（女，蒙古族）

胡开武

王军美（2019年8月任职）

公务员局局长　胡开武（2019年2月任职）

中共阿拉善盟委员会宣传部

部　　长　王　良

副 部 长　王　辉（蒙古族）

田爱国（兼盟文明办主任）

马克锋（兼盟外宣办主任、盟行署新闻办主任、盟新闻出版版权局局长）

中共阿拉善盟委员会统战部

部　　长　萨仁图雅（女，蒙古族）

副 部 长　宝力道（蒙古族，2019年1月任职）

刘风兰（女）　马新军

纳　青（蒙古族，2019年9月任职）

部务委员　毕　克（蒙古族）

调 研 员　赵凤荣（女，2019年3月退休）

副调研员　陶图雅（女，蒙古族）

杨萨仁（女，蒙古族）

中共阿拉善盟委政法委员会

2019年5月机构改革之前领导名录

书　　记　王旺盛（蒙古族）

副书记、综治办主任　张晶文（2019年1月离任）

副书记、维稳办主任　陶金玉

综治办副主任 张学谦（2008年11月至2019年1月）
防范办副主任 马春霞（女）
维稳办副主任 刘　勇
副调研员 德格吉日夫（蒙古族）
金　花（女，蒙古族）

2019年5月机构改革之后领导名录

书　　记 王旺盛（蒙古族）
常务副书记 革　命（蒙古族，2019年1月任职）
副 书 记 陶金玉
田学文（回族，2019年8月任职）
马春霞（女，2019年1月任职）
副处级干部 刘　勇（2019年1月任职）
金　花（女，蒙古族）
四级调研员 德格吉日夫（蒙古族，2019年6月任职）

中共阿拉善盟委员会政策研究室
（阿拉善盟全面深化改革委员会办公室）

政策研究室主任 胡天祥
政策研究室副主任 陈　海（2019年11月离任）
王西德（兼，2019年2月任职）
张宏伟（2019年11月任职）
全面深化改革委员会主任
黄巴特尔（兼，蒙古族）
全面深化改革委员会常务副主任 胡天祥（兼）
全面深化改革委员会副主任 王西德

中共阿拉善盟委员会网络安全和信息化委员会办公室

主　　任 王齐伟（女，兼任盟互联网信息办公室主任）
副 主 任 巴根那（蒙古族，2019年12月离任）
祁　勇
陈招国（2019年12月任职）

阿拉善盟委机构编制委员会办公室

委员会主任 代　钦（蒙古族，2019年3月离任）
杨　博（2019年3月至12月）
万超岐（2019年12月任职）
委员会副主任 代　钦（蒙古族，2019年3月任职）
靳生瑞（2019年1月离任）
王旺盛（蒙古族，2019年12月离任）
黄巴特尔（蒙古族）
秦　艳（女，2019年1月离任）
委员会委员 王国福　韩义明
魏巧灵（女）
办公室主任 韩义明
办公室副主任 阿拉腾其木格（女，蒙古族，2019年1月离任）
杨　东（2019年1月任职）
曹立军（盟事业单位登记管理局局长）

中国共产党阿拉善盟直属机关工作委员会

书　　记 黄巴特尔（兼，蒙古族）
常务副书记 常文秀
副 书 记 曹海琴（女）　胡兴国
纪工委书记 张彦辉
副调研员 张文斌

中共阿拉善盟委员会巡察工作领导小组办公室

主　　任 段永彬

副 主 任 周 竞（女，蒙古族） 杨 涛
第一巡察组组长 曹学武
第二巡察组组长 齐日麦拉图（蒙古族）
第三巡察组组长 潘玉琴（女，2019年12月离任）
白俊梅（女，2019年12月任职）
第一巡察组副组长 牡 丹（女，蒙古族，2019年2月任职）
第二巡察组副组长 周彦平（2019年12月离任）
郭明生（2019年12月任职）
第三巡察组副组长 哈 达（蒙古族，2019年2月离任）
特古德尔（蒙古族，2019年2月任职）

中共阿拉善盟委员会老干部局

局 长 李 斌（女）
副 局 长 张宪坤（2019年1月离任）
张学谦（2019年1月任职）
李春梅（女，2019年11月任职）
调 研 员 哈 达（蒙古族，2019年8月退休）

阿拉善盟委保密委员会办公室（盟国家保密局）

委员会主任 黄巴特尔（蒙古族）
委员会副主任 王雅生 王国福 邱军玉
刘鹏辉 孟 克（蒙古族）
办公室主任 孟 克（蒙古族）

中共阿拉善盟委党校（行政学院、社会主义学院、内蒙古社科院阿拉善分院）

行政学院第一院长 靳生瑞（2019年2月离任）
社会主义学院院长 萨仁图雅（女，蒙古族）
内蒙古社科院阿拉善分院院长
王 良（2019年10月任职）
党校常务副校长、盟社会主义学院副院长
王高峰（2019年12月离任）
马兆锋（2019年12月任职）
党校副校长、行政学院副院长、内蒙古社科院阿拉善分院副院长 杜 芳（女）
党校副校长、行政学院副院长
李天龙 高建海
校务委员 吴玉环（女，蒙古族，2019年9月任职）

阿拉善日报社

社长、总编 魏义民
副 总 编 娜仁图雅（女，蒙古族）
杨灵涛（回族）
副 社 长 包秀文（女，蒙古族2019年2月任职）
社务会委员 包尔夫（蒙古族）
赵卫国（2019年2月离任）
孙 梅（女，2019年12月离任）

阿拉善盟广播电视台

台 长 张小兵
总 编 辑 章 颖（女）
副 台 长 达布希拉图（蒙古族）
艾尔登花（女，蒙古族）
张子谅（满族）
黄朝林（2019年11月任职）

阿拉善盟档案史志馆

馆 长 尤 春（女，回族）
副调研员 张海鹰 吕拥华

内蒙古自治区人大常委会阿拉善盟工作委员会

主　　任 查斯太（蒙古族）
副 主 任 赵红岩（女，蒙古族）
陈文斌　刘晓东
姚泽元　乌　勒（蒙古族）
秘 书 长 王雅生
副秘书长 袁德才
崔德全（2019年2月任职）
办公室（人事代表选举工作处）主任
王雅生
农牧业工作处（民族侨务外事工作处）处长
王秀琴（女）
财政经济工作处处长 陈巴特尔（蒙古族）
财政经济工作处副处长 邱　伟（女）
社会建设工作处（教科文卫工作处）处长
李　琳（女，蒙古族，2019年11月任职）
社会建设工作处（教科文卫工作处）副处长
敖登格日勒（女，蒙古族）
环境资源城乡建设工作处处长 马德荣
环境资源城乡建设工作处副处长
格日勒图（蒙古族）
监察和司法工作处（法制工作处）处长
任红灵（女）
监察和司法工作处（法制工作处）副处长
王继云（2019年1月任职）

阿拉善盟行政公署

盟　　长 代　钦（蒙古族）
副 盟 长 靳生瑞（蒙古族，2019年1月离任）
孙明泉　徐景春　王维东
秦　艳（女）
斯　琴（女，蒙古族）
贾境文
王　强（2019年12月离任）
秘 书 长 王国福
副秘书长 王海瑛（女）
田宏远（2019年2月离任）
姚玉山（2019年2月离任）
姜庆继（2019年2月任职）
李发荣（2019年2月任职）
石东升（蒙古族，2019年2月任职）
李晋贺（2019年11月任职）

阿拉善盟行政公署办公室

主　　任 王国福（2019年2月兼任）
副 主 任 石东升（蒙古族，2019年2月离任）
刘　凌（2019年2月任职）
甄学泓
副调研员 李祎霞（女）　乔慧莉（女）
周林元（2019年2月离任）
王海英（女，2019年2月离任）
聂玉兰（女，2019年2月离任）
包向红（女）
额日登巴依尔（蒙古族）

阿拉善盟发展和改革委员会

主　　任 罗志铁（蒙古族）
副 主 任 侍明红　王宏伟　张有维
墨孟军（2019年11月任职）
李　健（2019年12月任职）
派驻纪检监察组长
哈　达（蒙古族，2019年2月任职）
调 研 员 姚金荣（女）

副调研员 张玉花（女）

阿拉善盟教育体育局

局　　长 刘志强（2019年2月任职）
派驻纪检监察组长 陈国辉
总 督 学 李雪彬（2019年11月任职）
副 局 长 冯颖尊
嘎拉巴特尔（蒙古族）
南国江（2019年11月任职）
阿拉善盟第一中学校长 吴军元
阿拉善盟第一中学党总支书记 付秀琴（女）
阿拉善蒙古族完全中学校长
罗芒来扣（蒙古族）
阿拉善蒙古族完全中学党总支书记
乌云嘎（女，蒙古族）
阿拉善盟招生考试中心主任 许有军

阿拉善职业技术学院

书　　记 包　金（女，蒙古族）
院　　长 周玉碧
纪委书记 刘孟和吉日格勒（蒙古族）
副 院 长 张　卉　郭翠凤（女）　李有胜
党政办公室主任
唐培忠（2019年11月离任）
李春阳（2019年11月任职）
党政办公室副主任
周焕祥
郝颖亮（蒙古族2019年11月任职）
组织统战人事处处长 张　学
组织统战人事处副处长
南国江（2019年11月离任）
张　琦（女，2019年11月任职）
党群工作部部长
段椿山（2019年11月离任）
张设元（2019年11月任职）
党群工作部副部长 曹海波
学生工作处处长 冯春华
学生工作处副处长 孔祥如（兼团委书记，2019年11月离任）
孟根花（女，蒙古族）
魏林光（2019年11月任职）
计划财务处处长 任广新（蒙古族）
计划财务处副处长 张　进（女）
招生就业处处长 索春利
招生就业处副处长 田泽冬（2019年11月任职）
后勤保卫处处长 杨　辉
后勤保卫处副处长 王福顺　杨　斌
教务处处长 朱卫刚
教务处副处长 郭淑梅（女，蒙古族，2019年11月离任）
朱海燕（女，2019年9月任职）
机电系主任 侍明崎
机电系副主任 胡生忠（2019年11月离任）
付丰祥（2019年11月任职）
化工工程系党总支书记
郭淑梅（女，蒙古族，2019年11月离任）
陈　海（2019年11月任职）
化工工程系副主任 张慧娟（女，2019年11月任职）
黄文庆（2019年11月任职）
医疗护理系党总支书记、副主任
温冬红（女）

医疗护理系副主任 刘世武
经济艺术系党总支书记、副主任
武佳元（2019 年 11 月离任）
经济艺术系主任 孙林春（蒙古族，2019 年 11 月离任）
经济艺术系副主任 乌尼太（女，蒙古族，2019 年 11 月离任）
经济管理系主任 孔祥如（2019 年 11 月任职）
王 婧（女，2019 年 11 月任职）
基础部部长 孙林春（蒙古族，2019 年 11 月任职）
基础部副部长 白志华（女，蒙古族）
岳咏梅（女，蒙古族，2019 年 11 月任职）
继续教育部部长 祁玉江
继续教育部副部长 辛向红（女）
付丰祥（2019 年 11 月离任）
常晓斌（2019 年 11 月任职）
培训部党总支书记 越 磊（2019 年 11 月任职）
培训部部长 阿拉腾阿古拉（蒙古族）
培训部副部长 阿 莉（女，蒙古族）
杨布和（蒙古族，2019 年 1 月任职）
网络信息中心主任 陶晓军
体育教学部部长 图布新达来（兼阿拉善体育运动学校副校长，蒙古族，2019 年 11 月任职）
体育教学部副部长 崔 峰（2019 年 11 月任职）
通用航空系主任 武佳元（2019 年 11 月任职）
通用航空系副主任
胡生忠（2019 年 11 月任职）
科研与技术服务处处长
郭淑梅（女，蒙古族，2019 年 11 月任职）
艺术系党总支书记
乌尼太（女，蒙古族，2019 年 11 月任职）

阿拉善盟科学技术局

局　　长 王柱芳（女）
副 局 长 侯开光（2019 年 11 月离任）
梁守华
王 艳（2019 年 11 月任职）
四级调研员 胡金宝（蒙古族）
柴绍华（2019 年 4 月至 12 月）

阿拉善盟工业和信息化局

党组书记 姚玉山（2019 年 1 月任职）
局　　长 张存光（2019 年 1 月离任）
哈斯巴根（蒙古族，2019 年 1 月任职）
副 局 长 任俊青（2019 年 1 月离任）
贾东海（2019 年 12 月离任）
冯贵廷（2019 年 1 月任职）
任春红（2019 年 12 月任职）
二级调研员 贾东海（2019 年 12 月任职）
四级调研员 高利荣（2019 年 11 月任职）
派驻纪检监察组组长 呼格吉勒图（蒙古族）

阿拉善盟民族事务委员会

主　　任 毕 克（蒙古族）
副 主 任 巴图扎雅（蒙古族）
马金虎（回族）

阿拉善盟公安局

局　　长　贾境文（副盟长，兼，党委书记）
副 局 长　敖巴特尔（蒙古族，党委副书记）
于金华　毛金荣　李晓恩
白国庆（2019年3月任职）
派驻纪检监察组组长
图门那生（蒙古族，2019年11月离任）
周彦平（2019年11月任职）
政治部主任　斯琴塔娜（女，蒙古族）
交警支队支队长　聂清元
交警支队政委　刘　傧（蒙古族）
治安管理支队支队长　关永生
治安管理支队政委　张延让
政治安全保卫支队支队长　姜东文
政治安全保卫支队政委　郭靖斌
刑事侦查支队政委　黄阿拉腾朝鲁（蒙古族）
刑事犯罪侦查支队支队长　吴永河
一级高级警长　王晓春
二级高级警长　傅国华　张国平
乌日斯哈拉（蒙古族）
黄久明（蒙古族）
三级高级警长　王宽平（党委委员）
方新忠　李春江
红卫星（蒙古族）
林辉鹏
吕金虎（2019年3月任职）
四级高级警长　刘彦军　张文斌
副处级侦察员　孟克那庆（蒙古族）
四级调研员　张宏业（2019年11月任职）

阿拉善盟民政局

局　　长　王迎翔
副 局 长　王淑霞（女，2019年11月任职）
张秀清（女）　孙景华
欧春燕（女，2019年11月离任）
调 研 员　柴绍明　关敬东（蒙古族）
陈双全（蒙古族）
副调研员　田玉华（女，2019年3月离任）

阿拉善盟司法局

局　　长　张晶文（2019年1月任职）
副 局 长　胡峰德（2019年12月任职）
叶玉霞（女，蒙古族，2019年11月任职）
二级调研员　柳多荣（2019年6月任职）
薛爱荣（女，2019年12月任职）
许　炜（2019年12月任职）
四级调研员　唐宇天（2019年6月任职）

阿拉善盟财政局（国资委）

局　　长　魏巧灵（女，2019年3月兼盟国有资产监督管理委员会主任）
副 局 长　许福善
林　民（2019年2月离任）
张国清　王玉红（女）
刘风彬（2019年1月任职）
调 研 员　司建国
农业开发办主任　辛　勇（2019年3月退休）

阿拉善盟人力资源和社会保障局

局　　长　达兰太（蒙古族）
派驻纪检监察组长　苏龙嘎（女，蒙古族）
副 局 长　鲍永利（蒙古族，2019年12月转任二级调研员）
马　岩（女，2019年12月转任二级调研员）
张好文（2019年3月任职）
汪　磊（2019年12月任职）

朱占军（2019 年 12 月任职）

盟劳动人事争议调解仲裁委员会办公室主任
张好文

二级调研员 庆格勒巴雅尔（蒙古族，2019 年 12 月任职）

阿拉善盟就业中心主任
刘晓莉（女，蒙古族）

阿拉善盟社会保险事业管理局局长
张祖水（2019 年 2 月离任）

阿拉善盟社会保险中心主任
金　海（蒙古族，2019 年 3 月任职）

阿拉善盟自然资源局

局　　长 白咏昌

副 局 长 李　琳（女，蒙古族，2019 年 11 月离任）
姚　远
李红霞（女，2019 年 3 月任职）

派驻纪检监察组组长 任晓艳（女，蒙古族）

副调研员 黄庭民

盟国土资源执法监察支队队长 安　颖（女）

盟土地收储中心主任 刘怀信

阿拉善盟生态环境局

局　　长 姚雪峰（蒙古族）

派驻纪检组长 哈斯乌拉（蒙古族）

副 局 长 张　涛　边文忠
达布希勒（蒙古族）

四级调研员 刘菊莲（女）

阿拉善盟住房和城乡建设局（人民防空办公室）

局　　长 罗晓春（回族，兼盟人民防空办公室主任）

副 局 长 弓超美（蒙古族，2019 年 11 月转任二级调研员）
敖日格勒（蒙古族，2019 年 2 月任职）
杨利军
郭　锋（2019 年 11 月任职）
王　斌

派驻纪检监察组长 李志清（2019 年 11 月转任三级调研员）

副调研员 刘文科（2019 年 2 月任职，2019 年 6 月转任四级调研员）
杨春霞（女，2019 年 6 月转任四级调研员）

住房公积金中心主任 杨兆新

阿拉善盟交通运输局

局　　长 阿其图（蒙古族）

派驻纪检监察组组长 张　茂

副 局 长 姚书文　王以海
王国良（2019 年 11 月任职）

总工程师 郭　锋（2019 年 11 月离任）

副调研员 王　艳（女，2019 年 11 月离任）

盟交通运输管理处处长
王　成（蒙古族，2019 年 3 月离任）

盟交通综合执法局局长
哈斯巴依尔（蒙古族，2019 年 9 月任职）

盟公路管理局党委书记 李万强

盟公路管理局局长 魏明年

盟公路管理局工会主席 姜国文

盟公路管理局副局长 王聚龙

阿拉善盟水务局

局　　长 李发全

副 局 长 谢　芳（女）
张永明（2019 年 12 月任职）

刘宏民（2019年12月任职）

派驻纪检监察组长 刘东望

副调研员 乔茂云（2019年12月任二级调研员）

李祎斌（2019年12月任四级调研员）

阿拉善黄河高扬程灌溉管理局局长

叶建军（2019年12月离任）

陈 军（2019年12月任职）

阿拉善黄河高扬程灌溉管理局副局长

格日勒达来（蒙古族，2019年12月离任）

陈 军（2019年12月离任）

姜雪峰（2019年12月任职）

周雷文（2019年12月任职）

阿拉善盟农牧局

局　　长 魏雄会

派驻纪检组长 胡金山（蒙古族）

副 局 长 爱 东（蒙古族）

邱胜玉（2019年10月任职）

李希荣（2019年12月任职）

黄培峰（2019年11月离任）

调 研 员 彭 辉（2019年11月退休）

斯琴图（蒙古族，2019年12月任二级调研员）

曹建强（2019年11月任党组成员、三级调研员）

王洪升（2019年6月任四级调研员）

盟畜牧研究所所长 周俊文

阿拉善盟商务局

局　　长 阿拉腾乌拉（蒙古族）

副 局 长 越 磊（2019年10月离任）

姚涛元

曹雨飞（2019年12月任职）

副调研员 张雄鹰（2019年9月离任）

乌 兰（女，蒙古族，2019年11月离任）

二级调研员 侯开光（2019年12月任职）

四级调研员 周林元（2019年11月任职）

阿拉善盟文化旅游广电局

局　　长 孙建军（2019年1月任职）

派驻纪检监察组长 石春梅（女，2019年1月任职）

副 局 长 欧春燕（女，2019年11月任职）

高 冬（2019年1月任职）

包凯峰（蒙古族，2019年11月任职）

曼德尔娃（女，蒙古族，2019年12月任职）

金 杉（蒙古族，2019年1月至12月）

王淑霞（女，2019年1月至11月）

墨孟军（2019年1月至11月）

盟旅游和文化综合行政执法局局长 樊 晋

盟旅游和文化综合行政执法局副局长

段万刚 李红燕（女）

马 里（蒙古族）

阿拉善盟卫生健康委员会

主　　任 黄永明（蒙古族）

副 主 任 李建忠 袁 静

海 霞（女，蒙古族） 李新远

派驻纪检监察组长 张 诚（满族）

二级调研员 李金善

盟疾病预防控制中心主任

吕 锐（女，蒙古族）

盟中心医院党委书记

宾德丽雅（女，蒙古族）

盟中心医院院长 朱有存

盟蒙医医院党委书记 张丽宏

盟蒙医医院院长 杨巴嘎纳（蒙古族）

阿拉善盟退役军人事务局

局　　长 双　喜（蒙古族，2019年1月任职）

副 局 长 于　升（2019年2月任职）

张宪坤（2019年2月任职）

四级调研员 田玉华（女，2019年2月任职）

阿拉善盟应急管理局

局　　长 王　兵（2019年1月任职）

副 局 长 莫日根（蒙古族，2019年1月任职）

曾令光（2019年1月任职）

王　进（2019年1月至11月）

冯永涛（2019年11月任职）

副调研员 李满社（2019年1月至6月）

四级调研员 李满社（2019年6月任职）

阿拉善盟审计局

局　　长 李东亮

副 局 长 王继平（2019年12月离任）

杨信华（女）

巴根那（蒙古族，2019年12月任职）

总审计师 韩　燕（女）

阿盟经济责任审计联席会议办公室主任

王贤惠（2019年11月任职）

副调研员 萨茹拉（女，蒙古族，2019年12月离任）

阿拉善盟外事办公室

主　　任 孟克吉雅（蒙古族，2019年1月任职，兼盟口岸办公室主任）

副 主 任 王翠花（女，蒙古族，2019年1月任职）

吴红梅（女，2019年1月任职）

四级调研员 周林元（2019年1月至12月）

聂玉兰（女，2019年1月任职）

阿拉善盟市场监督管理局

局　　长 达兰太（蒙古族，2019年2月离任）

刘冲霄（2019年2月任职）

副 局 长 谢　峰（女，2019年2月离任）

吴开彦（2019年2月离任）

黄国庆（2019年12月离任）

赵海芳（女，蒙古族，2019年3月离任）

冯贵廷（2019年2月离任）

敖　敦（女，蒙古族）

边文忠（2019年2月离任）

李振森

乌兰图雅（女，蒙古族，2019年12月任职）

知识产权局局长

赵海芳（女，蒙古族，2019年3月任职）

调 研 员 潘玉琴（女，2019年12月任职）

张海峰　李建春

黄国庆（2019年12月任职）

副调研员 狄海兵（蒙古族）

乌达木（蒙古族，2019年11月退休）

崔孟和（蒙古族）

阿拉善盟统计局

党组书记 刘　宏

局　　长 樊　瑛（女）

副 局 长 王　进　黄庭国

王　霞（女，2019年11月任职）

党组成员、三级调研员 田玉萍（女）

一级调研员 刘振光

二级调研员 周生华

三级调研员　沈彦兵（2019 年 12 月退休）

阿拉善盟能源局

局　　长　张存光（2019 年 2 月任职）
副 局 长　任俊青（2019 年 2 月任职）
　　　　　汤奎武（2019 年 2 月任职）
副调研员　侯建梅（女，2019 年 2 月至 9 月）
四级调研员　侯建梅（女，2019 年 9 月任职）

阿拉善盟林业和草原局

局　　长　陈君来
副 局 长　王新民　乔永祥　潘竞军
派驻纪检监察组长　白俊梅（女）
党组成员　郝　俊
党组成员、副调研员　马　涛（女）
调 研 员　孔德荣
副调研员　孙智德
林业治沙研究所所长　孟和巴雅尔（蒙古族）
沙漠世界地质公园管理局局长
　　　　　吴海涛（达斡尔族，2019 年 9 月离任）
　　　　　黄天兵（蒙古族，2019 年 9 月任职）
内蒙古贺兰山国家级自然保护区管理局局长
　　　　　段志鸿
内蒙古额济纳胡杨林国家级自然保护区局长
　　　　　赵红军

阿拉善盟金融工作办公室

主　　任　李曙华
副 主 任　李向南　李祝新
副调研员　李春梅（2019 年 11 月离任）
四级调研员　乌　兰（女，蒙古族，2019 年 11 月任职）

阿拉善盟扶贫开发办公室

主　　任　黄朝宏
派驻纪检监察组组长　杨　琳（女）
副 主 任　李春阳（2019 年 11 月离任）
　　　　　郭光雄（2019 年 11 月任职）
　　　　　左海涛（2019 年 11 月任职）

阿拉善盟医疗保障局

局　　长　王国泽（2019 年 1 月任职）
副 局 长　赵卫国（2019 年 3 月任职）
　　　　　张祖水（2019 年 2 月任职）
　　　　　王海英（女，2019 年 9 月任职）
副调研员　刘金蓉（女，2019 年 2 月至 8 月）

阿拉善盟信访局

局　　长　赵　亮
副 局 长　赵河彦　王　梅（女）
　　　　　侍国元（2019 年 2 月任职）
副调研员　刘　艳（女，蒙古族，2019 年 2 月至 6 月）

阿拉善盟政务服务局

局　　长　王　辉（2019 年 1 月任职）
副 局 长　乌　兰（女，蒙古族，2019 年 2 月任职）
　　　　　陆永生（2019 年 12 月任职）
　　　　　李雪彬（2019 年 2 月至 12 月）
派驻纪检监察组组长
　　　　　李宗创（2019 年 2 月任职）
大数据发展局局长
　　　　　张雄鹰（2019 年 8 月任职）

阿拉善盟供销合作社

主　　任　马能才

副 主 任　秀　荣（女，蒙古族，2019 年 12 月任职）
许明强
二级调研员　周彦明（2019 年 12 月任职）
张有荣（2019 年 12 月至 12 月）

阿拉善盟公共资源交易中心

主　　任　宋晓家
副 主 任　郭志贤　邱志芳（女）

阿拉善盟铁路航空管理中心

主　　任　解伟礴（蒙古族）

阿拉善盟机关事务局

局　　长　梅　武

阿拉善盟地震局

局　　长　张　晖

阿拉善盟无线电管理处

处　　长　徐开君

中国人民政治协商会议阿拉善盟委员会

主　　席　魏国权（蒙古族）
副 主 席　郭秀珍（女）　张志中
孟和朝鲁（蒙古族）　王秋才
张朝和　戈　明（蒙古族）
陈秀芳（女）
秘 书 长　邱军玉
副秘书长　伊拉勒图（蒙古族，2019 年 3 月离任）
乌兰格日勒（女，蒙古族，2019 年 3 月任职）
刘新荣（2019 年 3 月任职）
提案和社会法制委员会主任
闫克强（2019 年 1 月任职）
提案和社会法制委员会副主任　张　莉（女）
经济委员会主任　张有义
经济委员会副主任　嘎拉巴特尔（蒙古族）
人口资源环境委员会主任
刘志玲（女，蒙古族）
人口资源环境委员会副主任
乌兰格日勒（女，蒙古族，2019 年 3 月离任）
伊拉勒图（蒙古族，2019 年 3 月任职）
教科卫体委员会主任　苏龙嘎（女，蒙古族）
教科卫体委员会副主任
娜仁花（女，蒙古族）
民族宗教和港澳台侨外事委员会主任
金　宝（蒙古族）
民族宗教和港澳台侨外事委员会副主任
杨学忠（回族，2019 年 1 月离任）
郭新礼（2019 年 1 月任职）
文化文史学习委员会主任
祁莲香（女，蒙古族）
文化文史学习委员会副主任　马　芳（女）
办公室主任　邱军玉
调 研 员　敖特根（蒙古族，2019 年 11 月退休）
副调研员　柳　俊　赵　虹（女）

民主党派

中国农工民主党阿拉善盟基层委员会

主任委员　王秋才
副主任委员　柴尔智　段玉琴（女）
图布新达来（蒙古族）

秘 书 长　李海霞（女）

九三学社内蒙古自治区委员会直属阿拉善支社

主任委员　李祎霞（女）
副主任委员　樊　瑛（女）
　　岳咏梅（女，蒙古族）
秘 书 长　姜　伟

群众团体

阿拉善盟工会

主　　席　郭秀珍（盟政协副主席，女）
常务副主席　莫日根（蒙古族）
副 主 席　刘明豪　张广怿
　　范永鸿（2019 年 12 月任职）
兼职副主席　张好文　王艳明

共青团阿拉善盟委员会

书　　记　白　菊（女，2019 年 8 月离任）
　　徐　靖（2019 年 8 月任职）
副 书 记　阿荣塔娜（女，蒙古族，2019 年 8 月任职）
　　许　蒙（2019 年 8 月任职）

阿拉善盟妇女联合会

主　　席　娜仁图雅（女，蒙古族）
副 主 席　赵秀萍（女）
　　金　珠（女，蒙古族，2019 年 3 月任职）
四级调研员　高义俊（女）

阿拉善盟科学技术协会

主　　席　刘挨枝（女）
副 主 席　杨延生
　　李　雪（女，蒙古族，2019 年 1 月任职）
二级调研员　张宝平（蒙古族）

阿拉善盟工商业联合会（总商会）

党组书记　刘风兰（女）
主　　席　李　奎
副 主 席　斯　琴（女，蒙古族）
　　周怀军（2019 年 2 月任职）
调 研 员　张智德（2019 年 12 月退休）
副调研员　李祎斌（2019 年 12 月离任）

阿拉善盟文学艺术界联合会

党组书记　额宝勒德（蒙古族）
主　　席　额宝勒德（蒙古族）
副 主 席　范晓钟
　　刘金蓉（女，2019 年 9 月任职）

阿拉善盟红十字会

誉 会 长　杨　博（盟委书记）
名誉副会长　李　钢（盟委副书记）
　　乌　勒（盟人大工委副主任，蒙古族）
　　孟和朝鲁（盟政协副主席，蒙古族）
会　　长　秦　艳（副盟长，女）
常务副会长　姚金荣（女，2019 年 1 月离任）
　　王继军（2019 年 3 月）
专职副会长　张凤梅（女）
　　陶建荣
专职副监事长
　　王　燕（女，2019 年 11 月提名）
副调研员　王玉花（女，2019 年 11 月离任）

阿拉善盟残疾人联合会

党组书记　聂永声

理 事 长 银 花（女，蒙古族）
副理事长 敖 其（蒙古族）
王立萍（女，蒙古族，2019 年 9 月任职）
调 研 员 张建华（蒙古族，2019 年 2 月病逝）
副调研员 吉日木图（蒙古族）

阿拉善盟贸易促进会

会 长 田宏远
副 会 长 白敖特根巴雅尔（蒙古族，2019 年 11 月任职）
孙 敏（女，2019 年 11 月任职）

法检、军事系统

阿拉善盟中级人民法院

院 长 通木尔（蒙古族）
副 院 长 潘学敏 赵建忠 张永旺
马良兴（回族）
纪检组长 布 仁（蒙古族，2019 年 8 月离任）
史九维（2019 年 8 月任职）
政治部主任 刘志宏
副处级审判员 安春雷 袁振文
王玉萍（女） 高 宏
马卫国（回族）
温美蓉（女）

阿拉善盟检察分院

检 察 长 郭文秀
副检察长 甄学钢（2019 年 2 月退休）
白 菊（女，2019 年 8 月任职）
骆文达 陈卫东（蒙古族）
王晓忠
纪检组长 谢 琼（女，蒙古族）
政治部主任、检委会专职委员
钢苏雅拉（蒙古族）
副处级检察员 王晓东 王兴荭（女）
吴建军
赛音巴特尔（蒙古族）
侍明江
副调研员 刘俊义

中国人民解放军内蒙古阿拉善军分区

司 令 员 刘 志（2019 年 4 月任职）
政治委员 张学增
副司令员 李兴江

中国人民武装警察部队阿拉善支队

支 队 长 邵国春
政治委员 包 义
副支队长 王国卿
刘祥增（2019 年 2 月转业）
王艳成（2019 年 2 月任职）
副政治委员 贾 浩（2019 年 11 月离职）
赵 波（蒙古族，2019 年 12 月任职）
参 谋 长 王慧成

条管单位

国家统计局阿拉善调查队

副 队 长 祁海涌（主持工作）
派驻纪检组长 胡宝勒德（蒙古族）
副 队 长 布 和（蒙古族）
二级调研员 潘多高
四级调研员 张 忠

阿拉善盟税务局

局　　长　哈斯巴根（蒙古族）
副 局 长　张　磊　庄光明（蒙古族）
侍明海　张胜利（蒙古族）
李军梅（女）　聂盛元
派驻纪检组长　魏　平
副 局 长　乔　磊（2019年4月离任）
总经济师　李江成
总会计师　李文军
调 研 员　王跟胜
副调研员　石明胜　马新忠　郭建民
稽查局局长　祁世森
第一稽查局局长　丁蒙德

阿拉善盟邮政管理局

局　　长　董振杰
副 局 长　雷　刚

阿拉善盟气象局

局　　长　韩　波（2019年1月任职）
纪检组长　刘志宁
副 局 长　赵劲松

阿拉善盟烟草专卖局（公司）

局长（经理）　孟凡超（蒙古族，2019年6月离任）
王鹏宇（2019年6月至8月）
张健英（2019年8月任职）
调 研 员　孟凡超（2019年6月任职）
陆向阳（2019年9月任职）
王化武（2019年6月任职）
副调研员　图门巴依尔（蒙古族）

中国人民银行阿拉善盟中心支行

行　　长　飞　岭（蒙古族）
副 行 长　苏亚拉图（蒙古族）
孙晓凌　辛超男（女）
工会主任　娜　仁（女，蒙古族）
纪委书记　邓广全
调 研 员　谢玉桂（女）
副调研员　梅　花（女，蒙古族）

阿拉善银保监分局

副 局 长　武志军（2019年5月任职）
丁汉龙（2019年5月任职）
赵玉章（2019年5月任职）
纪委书记　樊德全（2019年5月任职）
一级调研员　高永红（女，2019年5月任职）

阿拉善边境管理支队

支队长　李晓虎
政　委　陈晓睿（2019年9月任职）

阿拉善盟消防救援支队

政治委员　王树军
副支队长　仲高锦
参 谋 长　张　飞
政治处主任　王建新

额济纳海关

关　长　黄卫东
副关长　王公明　高　剑
吴胡日查（蒙古族，2019年5月任职）
缉私分局副局长　伊拉图（蒙古族）

策克出入境边防检查站

站　长　乌云毕力格（蒙古族，2019年9月任职）
政　委　孙　飞（2019年9月任职）
副站长　常　青（蒙古族，2019年9月任职）

中华人民共和国乌力吉出入境边防检查站

站　　长　崔刚军
政治委员　孟黎明

阿拉善盟森林消防大队

大队长　尹训防（一级指挥员）
教导员　寇亮亮（一级指挥员）

中国邮政集团公司阿拉善盟分公司

副总经理　江立新
工会主席、副总经理　何雪白
纪委书记、副总经理　魏建军

阿拉善机场

总 经 理　赵　越
党委书记　邢纪钢
副总经理　孙炳文　杨树云　田种宏
　　　　　魏鹏飞（2019年7月任职）

中国联合网络通信有限公司阿拉善盟分公司

总经理、党委书记　李晓华
纪检组组长　廉亚强（2019年4月任职）
副总经理　吴学宾
　　　　　邱晓辉（2019年3月任职）

阿拉善移动通信分公司

总 经 理　那顺布和（蒙古族）
副总经理　赵建东　康永昌（蒙古族）
　　　　　青　海（蒙古族，2019年5月任职）

中国电信集团有限公司阿拉善分公司

副总经理　吕海东（2019年3月任职）
　　　　　赵湖彦（兼工会主席）
　　　　　王迎春（兼纪委书记）

中国铁塔股份有限公司阿拉善盟分公司

总经理　刘　军

阿拉善电业局

局长、党委副书记　张利生
党委书记、副局长　蒿建中
党委副书记、工会主席　范海涛（蒙古族）
党委委员、副局长　沈永忠　刘鉴钧
　　　　　杨明疆（总工程师）
副 局 长　李希俊
纪委书记　范建喜
副 局 长　继　雅（女，蒙古族）
总会计师　刘旭涛（满族）

中国石油内蒙古阿拉善销售分公司

经　　理　侍明强
纪委书记、工会主席
　　　　　杨俊兵（2019年8月任职）
副 经 理　马　静（女，2019年10月离任）
总会计师　王瑞平（2019年8月离任）
　　　　　石小红（女，2019年8月任职）
副 经 理　相立杰（2019年8月任职）

中国农业发展银行阿拉善盟分行

行　　长　高　巍
副 行 长　张东明　徐洪涛

中国工商银行股份有限公司阿拉善盟分行

行　　长　华沛雄（蒙古族）
纪委书记　卢学礼（2019年5月离任）
　　　　　付　强（2019年5月任职）
副 行 长　罗海民　顾　豪
　　　　　赵海东（蒙古族，2019年5月任职）

中国农业银行股份有限公司阿拉善分行

行　　长　马永兵
副 行 长　马觊政　杨永明
　　　　　魏　静（2019 年 5 月任职）
纪委书记　曹　利

中国银行股份有限公司巴彦浩特分行

行　　长　王文杰
副 行 长　王玉彪　马忠良　李俊明
纪委书记　王铁雷（2019 年 11 月离任）

建设银行阿拉善支行

行　　长　王晓磊（2019 年 1 月离任）
　　　　　夏克继（2019 年 6 月任职）

阿拉善盟保险行业协会

会　　长　朱华荣
副 会 长　孔力生　潘曙霞（女）
监 事 长　张　伟
秘 书 长　潘曙霞（女）

中国人民财产保险股份有限公司阿拉善分公司

总 经 理　张　伟
副总经理　李鹏凯
党委委员　张立宇

中国人寿保险股份有限公司

副总经理　孔利生　邱作云
总经理助理　王进林

旗　区

阿拉善左旗

中共阿拉善左旗委员会

书　　记　王旺盛（蒙古族，2019 年 12 月离任）
副 书 记　戈　明（蒙古族）
　　　　　刘满贵　王利军
常　　委　司建新　巴格那（蒙古族）
　　　　　陈立杰　陈万钧　王国伟
　　　　　严　枫（女）　王多富
　　　　　恩克阿木尔（蒙古族）

阿拉善左旗人大常委会

主　　任　司俊强
副 主 任　尹喜红
　　　　　斯琴格日勒（女，蒙古族）
　　　　　布仁那生（蒙古族）
　　　　　马建民（回族）

阿拉善左旗人民政府

旗　　长　戈　明（蒙古族）
副 旗 长　巴格那（常务副旗长，蒙古族）
　　　　　陈立杰
　　　　　张宏业（2019 年 11 月离任）
　　　　　包　军（蒙古族，2019 年 11 月任职）
　　　　　巴音都仁（蒙古族，2019 年 11 月离任）
　　　　　王国良（2019 年 11 月离任）
　　　　　李锦秀（女）
　　　　　田学明（回族，2019 年 11 月任职）
　　　　　陈韶云（2019 年 11 月任职）
　　　　　胡永宁（2019 年 3 月任职）

政协阿拉善左旗委员会

主　　席　李苏依勒图（蒙古族）
黄布仁别立格（蒙古族）
郭光雄　徐志强

中共阿拉善左旗纪律检查委员会
阿拉善左旗监察委员会

书记、主任　司建新

中共阿拉善左旗委员会办公室

主　　任　陈万钧

中共阿拉善左旗委员会组织部

部　　长　严　枫（女）

中共阿拉善左旗委员会宣传部

部　　长　王多富

中共阿拉善左旗委员会统战部

部　　长　恩克阿木尔（蒙古族）

中共阿拉善左旗委员会政法委

书　　记　王利军

阿拉善左旗人武部

部　　长　王国伟

阿拉善左旗人民法院

院　　长　赵　亮

阿拉善左旗人民检察院

检 察 长　张尚明

阿拉善左旗公安局

局　　长　张宏业（2019月11月离任）
包　军（2019月11月任职）

政　　委　苏　民

乌力吉口岸建设指挥部

副总指挥　林　伟

阿拉善左旗城市综合执法局

局　　长　闫国庆

贺兰山管理局

局　　长　段志鸿

巴音毛道农场

场　　长　查汗扣（蒙古族）

阿拉善右旗

中共阿拉善右旗委员会

书　　记　杨　海

副 书 记　罗志伟（蒙古族，旗长）
马兆锋（2019年12月离任）
杨立耘（2019月12月任职）
伊拉图（蒙古族）

常　　委　杨立耘（2019年12月离任）
白　春（蒙古族，2019年7月离任）
王继军（2019年1月离任）
彭胜利
李发荣（2019年3月离任）
金　珠（女，蒙古族，2019年3月离任）
张光辉（2019年12月任职）
杨卫智　谢方仁　李玉松
杨少春（2019年3月任职）
付元年（2019年3月任职）
王　东（2019年3月任职）

阿拉善右旗人民代表大会常务委员会

主　　任　那顺夫（蒙古族）

副 主 任　庆格勒巴图（蒙古族）
乌仁高娃（女，蒙古族）
许开福　张世社

阿拉善右旗人民政府

旗　　长　罗志伟（蒙古族）

副 旗 长　杨立耘（常务副旗长，2019年12月离任）
张光辉（常务副旗长，2019年12月任职）
王继军（2019年1月离任）
白国庆（2019年3月离任）
图布新（蒙古族）
敖特根其木格（女，蒙古族）

白　春（蒙古族，2019年7月离任）
高　波（2019月3月任职）
康建军（2019年3月任职）
王晓东（2019月12月任职）

政协阿拉善右旗委员会

主　　席　韩林润
副 主 席　淖高其其格（女，蒙古族）
李守福
哈斯楚鲁（蒙古族）
布因敖其尔（蒙古族）

中共阿拉善右旗纪律检查委员会
阿拉善右旗监察委员会

书记、主任　杨卫智（旗委常委）

中共阿拉善右旗委员会办公室

主　　任　李发荣（2019年3月离任）
谢方仁（2019年3月任职）

中共阿拉善右旗委员会组织部

部　　长　金　珠（女，蒙古族，2019年3月离任）
王　东（蒙古族，2019年3月任职）

中共阿拉善右旗委员会宣传部

部　　长　王继军（2019年1月离任）
杨少春（2019年3月任职）

中共阿拉善右旗委员会统战部

部　　长　谢方仁（2019年3月离任）
付元年（2019年3月任职）

中共阿拉善右旗委政法委员会

书　　记　彭胜利

阿拉善右旗人民武装部

政　　委　李玉松
部　　长　庄金库

阿拉善右旗公安局

局　　长　白国庆（2019年3月离任）
高　波（2019年3月任职）
政　　委　孟和巴特尔（蒙古族）

阿拉善右旗人民检察院

检 察 长　盛巍巍

阿拉善右旗人民法院

院　　长　那仁巴特尔（蒙古族）

额济纳旗

中共额济纳旗委员会

书　　记　孟　和（内蒙古自治区人民政府驻东风航天城办事处主任，蒙古族）
副 书 记　王　雄（旗长）　郝世军
常　　委　阿拉腾图雅（女，蒙古族）
谭志刚　布　和（蒙古族）
唐学斌　赵天缘
阿拉腾乌拉（蒙古族）　何　涛
马布仁（蒙古族，2019年8月任职）
黄天兵（蒙古族，2019年8月离任）

额济纳旗人大常委会

主　　任　马西巴图（蒙古族）
副 主 任　王金贵
敖登其木格（女，蒙古族）
陈满达（蒙古族）
曹　兰（女）

额济纳旗人民政府

旗　　长　王　雄
副 旗 长　谭志刚（2019年1月任职）
冯雪梅（女）
杨学忠（回族，2019年1月任职）
刘　军（2019年2月任职）
包塔拉（蒙古族，2019年8月任职）
毛增海（2019年1月至2019年12月）
刘风彬（2019年1月离任）
王钢宝勒德（蒙古族，2019年2月离任）

政协额济纳旗委员会

主　　席　布图格勒其（蒙古族）

副 主 席　雷冬梅（女）

阿拉腾巴根（蒙古族）

康　东　宝力道（蒙古族）

中共额济纳旗纪律检查委员会

额济纳旗监察委员会

书记、主任　赵天缘

中共额济纳旗委员会办公室

主　　任　阿拉腾乌拉（蒙古族）

中共额济纳旗委员会组织部

部　　长　布　和（蒙古族）

中共额济纳旗委员会宣传部

部　　长　谭志刚（2019 年 8 月任职）

马布仁（蒙古族，2019 年 8 月任职）

中共额济纳旗委员会统战部

部　　长　阿拉腾图雅（女，蒙古族）

中共额济纳旗委员会政法委

书　　记　唐学斌

额济纳旗武装部

部　　长　何　涛

额济纳旗人民法院

院　　长　黄额尔登（蒙古族）

额济纳旗人民检察院

检 察 长　张华元

内蒙古自治区人民政府驻东风航天城办事处

主　　任　孟　和

副 主 任　布　和（2019 年 12 月任职）

丁　宁（2019 年 9 月任职）

张设元（2019 月 11 月离任）

陈铁军（2019 年 8 月离任）

黑河额济纳灌域管理局

局　　长　齐金花（女，蒙古族）

河东里市场监督管理分局

局　　长　乌力吉巴依尔（蒙古族，2019 年 11 月任职）

内蒙古额济纳胡杨林国家级自然保护区管理局

局　　长　张海明（2019 年 12 月任职）

内蒙古额济纳胡杨林国家级自然保护区管理局

局　　长　赵红军（2019 年 12 月离任）

张海明（2019 年 12 月任职）

阿拉善高新技术产业开发区

中共阿拉善盟高新技术产业开发区工作委员会

书　　记　孔德贵

副 书 记　林　民（2019 年 1 月任职）

柳仙德（2019 年 2 月任职）

中共阿拉善盟高新技术产业开发区纪律检查委员会

书　　记　刘　跃

内蒙古阿拉善高新技术产业开发区管理委员会

主　　任　林　民（2019 年 1 月任职）

副 主 任　姜庆继（2019 年 2 月离任）

郭新礼（2019 年 2 月离任）

柳仙德（2019 年 2 月离任）

闫吉光（2019 年 2 月任职）

陶丰国（2019 年 2 月任职）

魏国庆（蒙古族，2019 年 11 月任职）

内蒙古阿拉善高新技术产业开发区公安分局

局　　长　张延让

政　　委　郭精斌

乌兰布和生态沙产业示范区

中共阿拉善盟乌兰布和生态沙产业示范区工作委员会

书　　记　刘志强（2019 年 1 月离任）
　　　　　孔德贵（2019 年 1 月任职）
副 书 记　田学文（回族，2019 年 8 月离任）

中共阿拉善盟乌兰布和生态沙产业示范区纪律检查委员会

书　　记　史九维（2019 年 8 离任）
　　　　　莫日根（蒙古族，2019 年 9 月任职）

阿拉善盟乌兰布和生态沙产业示范区管理委员会

主　　任　刘志强（2019 年 2 月离任）
负 责 人　林　民（2019 年 2 月任职）
副 主 任　田学文（回族，2019 年 8 月离任）
　　　　　孙刚德（2019 年 3 月离任）
　　　　　郭伙军（2019 年 3 月任职）

腾格里经济技术开发区

中共阿拉善盟腾格里经济技术开发区工作委员会

书　　记　陈占云（2017 年 10 月任职）
副 书 记　叶建军

中共阿拉善盟腾格里经济技术开发区纪检监察工作委员会

书　　记　魏银光

阿拉善盟腾格里经济技术开发区管理委员会

主　　任　陈占云
副 主 任　额尔登（蒙古族）　郝有海
　　　　　陈　斌

策克口岸经济开发区

党工委书记、管委会主任　牧　仁（蒙古族）
管委会副主任　阿拉腾巴根（2019 年 11 月任职）
　　　　　　　曹卫东（2019 年 11 月任职）
党群部部长　高　磊（2019 年 11 月任职）
纪工委书记　刘光荣（2019 年 12 月任职）
副调研员　唐培敏（2019 年 11 月离任）
　　　　　达布拉干（蒙古族）

重点企业

中盐吉兰泰盐化集团有限公司

总 经 理　周　杰
副总经理　李复乔
党委委员　刘伟国
副总经理、总会计师　张　龙
党委副书记、纪委书记　杨永红（女）
副总经理　李发荣
总经理助理　史俊兰（女）　段三即

内蒙古兰太实业股份有限公司

董 事 长　李德禄
总 经 理　李红卫
副总经理　胡开宝　刘文雄　张朝晖
党委副书记　杨秀林（纪委书记、工会主席）
总会计师　陈云泉
总经理助理　王成军

内蒙古太西煤集团股份有限公司

董 事 长　王以廷
副董事长　王敬华
党委书记　王海霞（女）
总 经 理　石玉东

内蒙古庆华集团

总 经 理　周秀山

副总经理 吴文斌
常务副总经理 陈学伟
副总经理、庆华煤化总经理 胡凤山
副总经理、总会计师 许卫华
副总经理 王　晖
副总经理、庆华马克公司总经理 高　波
副总经理、腾格里项目部副总指挥 张立仁
副总会计师、财务部经理 袁俊霞
副总会计师 哈永新

2019 年阿拉善盟获奖集体和个人

2019 年阿拉善盟获奖集体一览表

表 19

单位	级别	获得荣誉
中盐吉兰泰盐化集团有限公司纯碱厂制碱车间重碱班组	国家级	2019 年全国工人先锋号
内蒙古公安边防总队算井子公安边防派出所		第 21 届中国青年“五四”奖章
阿左旗人民法院团支部		2018 年度全国红旗团支部
阿拉善电业局额济纳旗供电分局变电修试所		2018 年度全国青年安全示范岗
内蒙古能源发电投资集团有限公司乌斯太热电厂运行五值		
阿左旗公安局巴彦浩特镇新华街公安派出所		2017—2018 年度全国青年文明号
内蒙古阿拉善 SEE 生态协会		全国第九届“母亲河奖”“绿色项目”奖
阿右旗人民法院		全国维护妇女儿童权益先进集体
阿拉善盟公安局交通警察支队车辆管理所		全国巾帼文明岗
中盐吉兰泰盐化集团公司质量管理部		
内蒙古瑞达泰丰化工有限责任公司	自治区级	2019 年自治区五一劳动奖状
阿拉善电业局额济纳供电分局黑鹰山供电所		2019 年自治区工人先锋号
阿左旗市容环境卫生管理局生活垃圾无害化处理场		
阿左旗税务局第一税务分局		
内蒙占庆华集团腾格里煤化有限公司电仪车间电工班		
内蒙古顺丰速运有限公司阿拉善分公司运营部		
阿拉善左旗城市公用设施维护局路灯维修所		
阿拉善左旗第六小学		2019 年度内蒙古自治区“优秀少先队集体”
阿拉善左旗第二实验小学少先大队		
阿拉善右旗直属第二完全小学少先大队		
阿拉善经济开发区学校大队		
阿拉善额济纳旗小学六（4）中队		
阿拉善孪井滩学校六（1）中队		
额济纳旗乌兰牧骑舞蹈队		自治区三八红旗集体
阿拉善盟公安局交通警察支队车辆管理所		

续表 19

单位	级别	获得荣誉
阿左旗第二幼儿园	盟级	全盟五一劳动奖状
阿左旗教育体育局		
阿盟派驻乌力吉苏木脱贫攻坚工作队		
国家税务总局阿右旗税务局		
阿右旗供水站		
阿右旗雅布赖镇人民政府		
额济纳旗蒙医医院		
内蒙古诚信永安化工有限公司		
阿拉善左旗腾格里通湖草原旅游有限公司		
内蒙古额济纳旗庆华马克那林苏海特商贸有限责任公司		
中盐吉兰泰盐集团有限公司氯碱厂		
内蒙古兰太钠业有限责任公司		
中共阿拉善盟委党校		
阿左旗驼中王绒毛制品有限责任公司市场部		全盟工人先锋号
阿左旗城市公交有限责任公司 1 路班组		
阿拉善经济开发区市政交通局环卫队		
内蒙古紫光化工有限责任公司 518 车间		
内蒙古圣氏化学股份有限公司检测中心		
内蒙古蒙草阿拉善荒漠生态修复有限公司荒漠生态综合治理研究院		
内蒙古金石镁业有限公司化产车间粗苯班组		
阿盟公路管理局巴彦诺日公公路养护管理工区孟根养护站		
阿拉善电业局调度处调度班		
阿拉善博物馆展陈部		
阿左旗蒙古族学校		全盟三八红旗集体名单
阿左旗巴彦浩特镇妇联		
阿左旗人民法院		
阿右旗税务局		
阿右旗巴彦高勒苏木巴彦高勒嘎查		
额济纳旗达来呼布镇居延路社区		
额济纳旗航空街道办事处		
阿拉善经济开发区乌斯太镇玛拉沁社区		
阿拉善盟中心医院神经内分泌科		
中共阿拉善盟委员会网络安全和信息化领导小组办公室		

续表 19

单位	级别	获得荣誉
阿左旗公安局行政服务大厅	盟级	全盟巾帼文明岗
阿左旗乌兰牧骑		
阿左旗图书馆		
中国电信阿拉善分公司阿左旗营业部土尔扈特南路营业厅		
阿左旗驼中王绒毛制品有限责任公司市场部		
阿左旗丽景物业服务有限责任公司		
阿右旗人民法院诉讼服务中心		
阿右旗雅布赖镇便民服务大厅		
额济纳旗人民检察院检务保障部		
额济纳旗税务局第一分局		
额济纳旗麦穗手工制品专业合作社		
阿拉善高新技术开发区社会保险服务大厅		
阿拉善高新技术乌斯太镇乌兰布和社区		
腾格里经济技术开发区嘉尔嘎勒赛汉镇孪井社区		
阿拉善日报社汉文记者部		
阿盟中心血站		
阿盟教育体育局教学研究室		
阿盟发展和改革委员会价格认证中心		
阿拉善盟公共资源交易中心交易受理科		
阿拉善盟广播电视传输发射中心台巴彦浩特站		
阿拉善博物馆宣教部		
阿拉善职业技术学院医疗护理系		
阿拉善盟蒙医医院蒙医内分泌科		
阿拉善电业局修试管理处高压试验二班		
雅布赖盐化集团有限公司中心化验室		

2019 年阿拉善盟获奖个人一览表

表 20

姓名	单位及职务	级别	获得荣誉
阿拉嘎	阿盟蒙医医院内儿科主任	国家级	2019 年全国五一劳动奖章
何润花	大润志愿者协会创始人		全国第九届“母亲河奖” “绿色卫士”奖
宝　花	阿拉善盟阿右旗曼德拉苏木浩雅日呼都格嘎查牧民		全国三八红旗手
徐彩霞	阿左旗司法局法律援助中心主任		全国维护妇女儿童权益先进个人
李凤梅	内蒙古宇通建设有限责任公司董事长		全国巾帼建功标兵

续表 20

姓名	单位及职务	级别	获得荣誉
敖登其木格	阿拉善盟审计局固定资产投资审计科科长	自治区级	2019 年自治区五一劳动奖章
焦兴利	阿盟盛世水务股份有限公司计量专工、客服中心组长		
贾玉柱	阿盟中心医院综合外科主任		
何　毅	额济纳旗圆通矿业有限责任公司总经理		
刘永明	中国交通建设股份有限公司京新高速临白段阿盟境内 LBAMSG-3 项目总承包管理部总经理		
张建峰	中盐吉兰泰盐化集团有限公司纯碱厂生产技术室工艺员		
阿木尔巴图	额济纳旗庆华马克那林苏海特商贸有限责任公司煤场管理员		
冯煜航	阿左旗敖伦布拉格九年一贯制学校六年级中队小队长		2019 年度内蒙古自治区“优秀少先队员”
张春祥	阿右旗雅布赖完全小学六年级一中队大队委员		
刘　涵	额济纳旗小学六（1）中队少先队副大队长		
周建华	阿左旗教育体育局少先队总辅导员		2019 年度内蒙古自治区“优秀少先队辅导员”
张文菊	阿左旗第六小学大队辅导员		
闫　鹏	阿左旗第九中学大队辅导员		
杨　慧	阿左旗第五中学大队辅导员		
李　慧	阿拉善盟高新技术产业开发区学校大队辅导员		
李逢春	额济纳旗小学少先队志愿音乐（器乐）辅导员		
文都苏	额济纳旗蒙荣文化发展有限公司总经理		2019 年度全区农村牧区青年致富带头人
邓世华	阿左旗温都尔勒图镇塞宇种植专业合作社理事长		
那生毕力格	额济纳旗陶来营地旅游专业合作社负责人		
张　星	阿左旗鸿源水泥艺术围栏厂总经理		
阿云嘎	额济纳旗巴彦陶来乌苏荣贵嘎查牧民		
查　森			“农行杯”第六届“创青春”内蒙古青年创新创业大赛商工组初创成长类金奖
谭远流	广州建筑工程监理有限公司董事长		内蒙古共青团纪念希望工程实施 30 年人物和事迹“希望工程贡献奖”
宝　花	阿右旗曼德拉苏木浩雅日呼都格嘎查牧民		自治区三八红旗手标兵
巴德玛	额济纳旗赛汉陶来苏木赛汉陶来嘎查嘎查达、妇联主席		自治区三八红旗手
马红霞	阿拉善盟丽都万象城商贸有限公司总经理		
田乌云嘎	腾格里经济技术开发区妇工委主任		
吉日嘎拉、新其其格家庭	额济纳旗哈日布日格德音乌拉镇乌兰乌拉嘎查牧民		自治区“最美家庭”标兵户
哈斯格日勒、王权贤家庭	阿左旗温都尔勒图镇赛罕塔拉嘎查牧民		自治区“最美家庭”

续表 20

姓名	单位及职务	级别	获得荣誉
苏龙嘎、图门乌力吉家庭	阿左旗罕乌拉卫生院职工	自治区级	自治区“最美家庭”
乌达木、杨继荣家庭	腾格里经济技术开发区扬黄灌溉管理局职工		
赛丽娜·马雨欧	阿拉善赛娜民族工艺品开发有限公司总经理		自治区北疆亮丽女性
钢　花	阿右旗乌兰牧骑指导员、党支部书记		
许金娥	中盐吉兰泰盐化集团有限公司纯碱厂维修车间仪表班班长		
段学梅	阿左旗市容环境卫生管理局环卫驾驶员	盟级	全盟五一劳动奖章
段广栋	阿左旗城市给排水公司调度主任		
阿拉木斯	阿左旗公安局刑侦大队教导员		
王雅彬	阿左旗第四幼儿园园长		
呼格吉勒	阿盟安栋物业服务有限责任公司董事长		
董永峰	阿左旗市场监督管理局党组成员，温都尔勒图镇温格其太嘎查第一书记		
额尔登础鲁	阿盟老干部活动中心科员，派驻阿左旗敖伦布拉格镇脱贫攻坚工作队队员		
苏雅勒图	阿右旗城市管理综合执法局环卫司机		
孟宪胜	阿右旗供水站安装维修队队长		
张斌忠	阿右旗旗委组织部组织科科长		
马利雄	阿左旗巴彦木仁苏木文体服务中心主任		
张　磊	阿拉善左旗巴彦木仁苏木农牧业服务中心扶贫专干		
叶惠平	阿盟源辉林牧有限公司技术总工		
张海东	内蒙古太豪国际物流有限公司董事长、总经理		
李艳超	中盐吉兰泰盐化集团有限公司树脂厂班组长		
姚志国	中盐吉兰泰盐化集团有限公司氯碱厂工人		
许延强	内蒙古自治区拐子湖气象站股长		
哈斯巴依尔	阿盟职工服务中心负责人		
乌日嘎	阿拉善日报社编辑		
聂秀琴	阿盟中心医院超声影像科副主任		
何秀花	阿盟残疾人康复服务中心主任医师		
吕　锐	阿拉善盟疾病预防控制中心主任		
张　芳	阿拉善宾馆客房部主管		
布和苏和	阿左旗超格图呼热苏木乌兰泉吉嘎查牧民		2019 年度“阿拉善盟向上向善好青年”创新创业好青年
崔振慧	内蒙古振慧文化体育产业有限公司董事长		

续表 20

姓名	单位及职务	级别	获得荣誉
范迎庆	阿拉善盟惠民研究中心综合办公室主任	盟级	2019 年度“阿拉善盟向上向善好青年”爱岗敬业好青年
洪雪伟	阿拉善盟公安局特警支队干警		2019 年度“阿拉善盟向上向善好青年”勤学上进好青年
侯晓萌	阿拉善高新技术开发区乌斯太中学学生		2019 年度“阿拉善盟向上向善好青年”扶贫助困好青年
王　龙	中盐吉兰泰盐化集团电石二车间副主任		2019 年度“阿拉善盟向上向善好青年”诚实守信好青年
金淑凤	阿拉善大润志愿者协会理事长		2019 年度“阿拉善盟向上向善好青年”孝老爱亲好青年
周　丽	阿拉善左旗第八小学教师		2019 年“最美志愿者”
刘晓婷	额济纳旗中学学生		
其丽木格	阿左旗文化旅游开发有限公司团委书记		
孟根塔娜	额济纳供电分局综合管理室主任、团支部书记		
李　晶	西部计划志愿者		
杨存宏	阿拉善大润志愿者协会副理事长		
朱凤利	内蒙古兰太实业股份有限公司盐业公司党群干事兼团总支书记		
阿拉腾萨日	阿左旗南环街道学苑东社区民选副主任		
王　玲	腾格里经济技术开发区团工委副书记		
王铱桓	盟残疾人联合会职工		
张　伟	阿拉善左旗城乡养老（中爱）志愿者协会会长		
景爱香	额济纳旗国有林场退休职工		
魏存广	阿左旗王府街道王府社区牌楼巷党支部书记		
郭玉香	阿左旗新浩特新华影楼总经理		全盟三八红旗手标兵
斯琴格日勒	阿左旗银根苏木妇联主席		
张玉霞	阿左旗巴润别立镇岗格嘎查农民		
额尔登础鲁	阿右旗信访局局长		
刘爱梅	阿右旗妇联主席		
巴依尔其木格	额济纳旗女企业家协会会长、鑫牧源经济发展有限责任公司董事长		
赵红英	额济纳旗教育科学研究所艺术教研员		
张斯莲	阿拉善盟气象台台长		
杜爱霞	阿拉善盟广播电视传输发射中心机房主任		
刘彩霞	内蒙古雅布赖盐化集团有限公司精盐分厂职工		

续表 20

姓名	单位及职务	级别	获得荣誉
甘春兰	阿左旗巴彦浩特镇新华街春兰包行	盟级	全盟三八红旗手
韩秀梅	阿拉善盟好帮手家政服务有限责任公司总经理		
马　麟	阿左旗吉兰泰镇乌达木塔拉嘎查主任兼妇联主席		
聂风花	阿左旗妇联副主席		
乌兰其其格	阿左旗巴彦诺日公苏木伊和布拉格嘎查达		
萨尔娜	阿拉腾蒙医专科医院副院长		
笪会宁	水韵茶艺养生会所负责人		
王雅彬	阿左旗第四幼儿园园长		
魏慧鑫	内蒙古宏魁生物药业有限公司生产部工艺员		
钢　花	阿右旗乌兰牧骑指导员、党支部书记		
王秀云	阿右旗气象局职工		
苏布登	额济纳旗东风镇额很查干嘎查党支部书记		
哈苏依拉	额济纳旗赛汉陶来苏木妇联主席		
哈斯苏布德	额济纳旗人民法院民事审判第一庭庭长		
廖云坤	额济纳旗巴彦陶来苏木昂格茨音陶来嘎查党支部书记、妇联主席		
张凤香	阿拉善经济开发区党群工作部非公党委副书记、组织一科科长		
党丽军	阿拉善高新技术经济开发区乌斯太镇玛拉沁社区妇联执委		
张　旭	腾格里经济技术开发区嘉尔嘎勒赛汉镇妇联主席		
康银花	腾格里经济技术开发区腾格里额里斯镇塔本陶勒盖嘎查牧民		
叶慧平	阿拉善盟源辉林木有限公司总经理		
付小菊	乌兰布和示范区巴彦木仁苏木财政所一卡通专干		
刘娜仁	阿拉善盟食品药品检验研究中心食品科科长		
乌仁套迪	阿拉善盟畜牧研究所畜牧研究室主任高级兽医师		
陶小娟	阿拉善税务稽查局检查一股股长		
杜晓岚	阿拉善电业局财务资产处处长		
胡雪峰	阿拉善盟档案史志局主任科员		
刘鸿燕	阿拉善盟广播电视台汉语新闻中心编辑记者		
朱红艳	阿拉善盟交通运输局办公室主任		
彭　燕	阿拉善盟日报社汉文记者部副主任		
宾德力雅	阿拉善盟中心医院党委书记、副院长		

续表 20

姓名	单位及职务	级别	获得荣誉
宝勒尔	阿盟科技信息研究所所长	盟级	全盟身边“最美女性”
滕　玲	阿盟直属机关党员教育中心助理讲师		
曹晏宁	阿盟电业局修试管理处党支部书记		
李海芳	阿盟一中政教科主任		
徐爱翔	阿拉善日报社记者		
高玉莲	阿盟心连心商贸有限责任公司总经理		
杨立飞	阿右旗公安局刑侦大队教导员		
马慧琴	阿右旗文化旅游市场综合执法大队队长		
布音赛	额济纳旗达来呼布镇党政办主任		
田　蕾	阿拉善高新技术产业开发区兰太实业股份有限公司高纯钠厂厂长、质量管理部部长		
薛　莲	阿左旗发展和改革委员会项目审批室主任		全盟巾帼建功标兵
李海霞	阿左旗青少年学生校外活动中心妇委会主任		
敖登高娃	阿左旗王府街道办乌日斯社区党委书记、主任		
赛丽娜·马雨鸥	阿拉善盟赛娜民族艺术品开发有限公司总经理		
萨茹娜	阿左旗宗别立镇敖登格日勒嘎查牧民		
韩凤花	阿左旗额尔克哈什哈苏木乌日图霍勒嘎查牧民		
张　芳	阿右旗纪委监委宣传部部长		
娜布青花	阿右旗残联康复托养中心康复教师		
李丽丽	阿右旗盛祥连锁超市法人		
史东燕	阿拉善盟住房公积金管理中心额济纳旗管理部主任		
刘　琴	额济纳旗人民医院副院长、主管护师		
孟　惠	额济纳海关监管二科科员		
王　爱	阿拉善电力实业金圳氧气有限责任公司职员		
王丽花	腾格里经济技术开发区嘉尔嘎勒赛汉镇科森嘎查乡村医生		
李　敏	内蒙古金沙苑生态集团有限公司人力资源总监		
陈永玲	策克口岸经济开发区社会事务局副局长		
阿拉腾花	盟委办公室副调研员		
田俊灵	阿拉善盟环境监测站助理工程师		
陆　军	阿拉善盟中心医院妇产科主任医师		
范振华	阿拉善盟税务局机关党委科员		
咏　花	阿拉善盟税务局副主任科员		
彭亚楠	阿拉善银监分局监管一科科员		

续表 20

姓名	单位及职务	级别	获得荣誉
黄生莹、王炳辉家庭	阿左旗南环街道学苑西社区居民	盟级	阿拉善盟“最美家庭”
苏龙嘎、图门乌力吉家庭	阿左旗罕乌拉卫生院职工		
特木尔、苏日娜家庭	阿左旗敖伦布拉格镇和平嘎查牧民		
薛志丽、张有军家庭	中国石油内蒙古阿盟销售分公司职工		
姚鹏、胡玉红家庭	阿左旗纪委监委职工		
胡智德、刘晓芳家庭	阿右旗供水站		
刘军、韦桂霞家庭	阿右旗第一中学		
唐爱红、安克福家庭	阿右旗城市管理综合执法局职工		
乌日图那生、孟克其其格家庭	阿右旗塔木素布拉格苏木格日勒图嘎查牧民		
张莲花、马维荣家庭	阿右旗直属蒙古族完全小学职工		
陈保训、刘旗家庭	额济纳旗巴彦陶来苏木昂格茨音陶来嘎查牧民		
吉日嘎拉、新其其格家庭	额济纳旗哈日布日格德音乌拉镇乌兰乌拉嘎查牧民		
李玉薇、李越龙（儿子）家庭	额济纳旗人民医院职工		
武喜灵、胡芳家庭	额济纳旗国有林场职工		
陈丽梅、邱强玉家庭	阿拉善高新技术经济开发区九年一贯制学校职工		
冯波、罗颖家庭	阿拉善经济开发区乌斯太热电厂职工		
徐桂玲、赵洪声家庭	阿拉善高新技术开发区乌斯太镇玛拉沁社区职工		

续表 20

姓名	单位及职务	级别	获得荣誉
梁保才、吴慧家庭	腾格里经济技术开发区嘉尔嘎勒赛汉镇乌兰恩格嘎查牧民	盟级	阿拉善盟“最美家庭”
萨仁高娃、斯琴别立格家庭	腾格里经济技术开发区腾格里额里斯镇特莫乌拉嘎查牧民		
乌达木、杨继荣家庭	腾格里经济技术开发区扬黄灌溉管理局职工		
李学成、吴秀花家庭	乌兰布和示范区巴彦木仁苏木巴彦套海嘎查牧民		
马新武、田凤英家庭	乌兰布和示范区巴彦木仁苏木上滩嘎查牧民		
杨继恒、李雪华家庭	盟委办职工		
爱茹娜、庆格勒家庭	阿盟接待办职工		
杨小军、赵燕家庭	阿盟统计局职工		

阿拉善盟 2019 年国民经济和社会发展统计公报

2019 年，在盟委、行署的坚强领导下，全盟上下认真贯彻落实盟委、行署的决策部署，坚持稳中求进工作总基调，坚持新发展理念，坚持以供给侧结构性改革为主线，积极推动高质量发展，扎实做好稳就业、稳金融、稳外贸、稳外资、稳投资、稳预期工作。全盟经济社会持续发展，经济运行总体平稳，各项社会事业发展质量逐步提升，为全面建成小康社会奠定了坚实基础。

一、综合

初步核算，全年全盟地区生产总值 295.3 亿元，按第四次全国经济普查修订数据后的同口径可比价计算，比上年增长 5.9%。分产业看：第一产业增加值 14.2 亿元，同比增长 2.4%；第二产业增加值 163.4 亿元，同比增长 7.7%；第三产业增加值 117.7 亿元，同比增长 3.8%。三次产业结构比为 4.8：55.3：39.9。第一、二、三产业对生产总值增长的贡献率分别为 2.0%、71.7%和 26.3%。人均生产总值达到 118101 元，比上年增长 5.3%。

年末全盟常住人口为 25.07 万人，比上年增加 0.13 万人。其中，城镇人口为 19.84 万人，乡村人口为 5.23 万人；常住人口城镇化率达 79.12%，比上年提高 0.69 个百分点。男性人口 13.35 万人，女性人口 11.72 万人。全年出生人口为 0.24 万人，出生率为9.51‰；死亡人口为0.11万人，死亡率为4.31‰；人口自然增长率为5.2‰。

2019年末阿拉善盟人口及其构成

表1

指标	年末数（万人）	比重（%）
全盟总人口	25.07	100
其中：城镇	19.84	79.14
乡村	5.23	20.86
其中：男性	13.35	53.25
女性	11.72	46.75

预计年末全盟城镇非私营单位从业人员61881人。全年新增就业5024人；新增再就业人数为1025人。年末城镇登记失业率2.8%。

全年全盟居民消费价格同比上涨1.8%。从类别看，八大类消费品价格指数呈“六涨两降”态势。分别是：食品烟酒类上涨4.0%；衣着类下降0.6%；居住类上涨2.5%；生活用品及服务上涨0.3%；交通通信类下降1.9%；教育文化和娱乐上涨0.3%；医疗保健上涨1.2%；其他用品和服务上涨0.2%；工业生产者出厂价格上涨2.1%；工业品价格指数同比上涨0.9%；商品零售价格指数同比上涨1.0%；农业生产资料价格指数同比上涨0.9%。

2019年居民消费价格比上年涨跌幅度

表2

指 标	指数（%）	比上年上涨（%）
居民消费价格指数	101.8	1.8
食品烟酒	104.0	4.0
其中：粮食	100.1	0.1
鲜菜	98.8	-1.2
畜肉类	115.8	15.8
水产品	96.1	-3.9
蛋类	104.7	4.7

续表2

指 标	指数（%）	比上年上涨（%）
鲜瓜果	96.5	-3.5
衣着	99.4	-0.6
居住	102.5	2.5
生活用品及服务	100.3	0.3
交通和通信	98.1	-1.9
教育文化和娱乐	100.3	0.3
医疗保健	101.2	1.2
其他用品和服务	100.2	0.2

供给侧结构性改革深入推进。全年退出煤炭产能60万吨。年末商品房待售面积22.9万平方米，比上年末下降3.92%。其中，待售1-3年面积4.6万平方米，比上年末下降33.9%。年末规模以上工业企业资产负债率73.5%，比上年下降1.4个百分点。全年规模以上工业企业每百元主营业务收入中的成本为82.3元，比上年增加0.79元。全年制造业投资占固定资产投资总额的比重为26.2%，比上年提高6.1个百分点；工业技改投资占全部工业投资的比重为9.1%，其中，制造业技改投资占制造业投资比重为13.1%。信息传输、软件和信息技术服务业投资比上年下降85.4%。

新动能持续发展。全年规模以上工业中，非煤产业增加值比上年增长7.1%，制造业增加值增长61.1%，占规模以上工业的比重为62.8%。规模以上工业战略性新兴产业增加值比上年下降2.5%。全年石墨及碳素制品产量增长3.3%，新能源发电增加值占电力生产行业比重为55.6%。

脱贫攻坚成效显著。2019年，全盟共安排下达各级各类财政专项扶贫资金9157.45万元，主要用于扶持贫困旗区推动扶贫产业发展，解决“两不愁三保障”突出问题和引导贫困人口扩大增收渠道等方面，全盟扶贫对象动态管理系统中共有建档立卡贫困人口3944户9587人（其中：标注稳定脱贫2850户7412人；正常脱贫1094户2175

人；无未脱贫、返贫人口），“旗摘帽、村退出、户脱贫”的工作质效得到进一步巩固提升。

二、农牧业

预计全年农作物总播种面积8.2万公顷，比上年下降0.5%。其中，粮食作物播种面积1.6万公顷，下降6.3%；经济作物播种面积6.6万公顷，增长1.0%。粮食总产量13.3万吨，下降8.3%；油料产量1.1万吨，增长21.2%；蔬菜产量8.7万吨，增长76.0%；棉花产量105.7吨，增长0.2%；水果（含果用瓜）产量5093.4吨，增长442.2%。

全年四肉总产量11101吨，比上年下降3.47%。其中，猪肉产量2073吨，增长63.61%；牛肉产量1975吨，增长105.52%；羊肉产量6924吨，下降24.76%；禽肉产量128吨，增长%。85.51；禽蛋产量931吨，增长18.3%。牛奶产量109777吨，增长5.06%。全盟牧业年度牲畜存栏头数达106.0万头（只），比上年增长14.8%；牲畜总增头数3.4万头（只），总增率达3.4%。牧业年度良种牲畜总头数59.5万头（只），良种牲畜比重56.1%。成功举办第四届“阿拉善·白中白”绒山羊种羊评比大会，绒毛细度与去年相比，成年公羊绒毛细度下降了0.27微米，母羊绒毛细度下降了0.20微米。

年末全盟农牧业机械总动力27.9万千瓦，比上年同口径增长2.0%；综合机械化水平达到87.0%。

2019年主要农畜产品产量

表3

产品名称	单位	2019年	同比增长（%）
粮食	吨	132557.0	-8.3
小麦	吨	5187.8	53.2
玉米	吨	125814.8	-10.4
薯类	吨	125.3	229.7
甜菜	吨	33.0	-66.7
水果（含果用瓜）	吨	4336.0	38.1
蔬菜	吨	87276.0	76.0
牛奶	吨	109777.0	5.1
绵羊毛	吨	402.9	69.6
山羊绒	吨	150.3	18.4
四肉总产量	吨	11101.0	-3.5
猪肉	吨	2073.0	63.6
牛肉	吨	1975.0	105.5
羊肉	吨	6924.0	-24.8
牧业年度牲畜存栏	万头、万只	106.0	14.8
大牲畜（万头）	万头	18.8	9.2
羊（万只）	万只	85.6	1.6
猪（万头）	万头	1.7	42.0

三、工业和建筑业

全年全部工业增加值比上年增长9.7%，其中，规模以上工业增加值增长10.0%。在规模以上工业企业中，分经济类型看，国有控股企业增加值下降6.6%；股份制企业增加值增长8.2%；外商及港澳台投资企业增加值增长304.2%。分门类看，采矿业增长-41.2%，制造业增长61.1%，电力、热力、燃气及水的生产和供应业增长19.9%。在规模以上工业企业中，轻工业增加值下降6.3%；重工业增加值增长10.3%。

从规模以上工业主要产品产量看，全盟原盐产量达113.5万吨，同比下降4.9%；铁矿石原矿产量达1.9万吨，同比下降73.5%；盐酸产量达12.3万吨，同比下降20.5%；水泥产量达58.5万吨，同比下降2.6%。

主要工业产品产量及增速

表 4

产品	单位	1—12 月	同比增长（%）
铁矿石原矿	万吨	1.9	-73.5
铁矿石成品矿	万吨	33.7	-11.5
原盐	万吨	113.5	-4.9
食用盐	万吨	1.5	8.5
饮料酒	千升	219.1	-53.0
盐酸	万吨	12.3	-20.5
烧碱	万吨	46.3	2.3
电石	万吨	72.3	10.9
精甲醇	万吨	17.9	-9.2
初级形态塑料	万吨	56.1	4.8
化学试剂	万吨	1.2	-13.0
活性炭	万吨	2.8	-1.1
塑料制品	万吨	0.6	1.4
水泥	万吨	58.5	-2.6
硅酸盐水泥熟料	万吨	196.7	78.1
石墨及碳素制品	万吨	6.0	3.3
铁合金	万吨	26.9	51.4
黄金	千克	748.4	-28.8
自来水生产量	万立方米	3525.3	7.5

全年规模以上工业企业实现主营业务收入比上年增长 13.0%；利润总额增长 58.3%。亏损企业亏损额同比下降 15.9%。全年规模以上工业企业产品销售率 98.6%。

全年建筑业增加值同比下降 1.5%。全年资质内建筑企业 36 个，比上年增加 7 家。完成建筑业总产值 15.9 亿元，同比增长 27.6%。签订的合同额 25.3 亿元，同比增长 17.4%。本年新签订的合同额 15.5 亿元，同比增长 36.3%。施工企业房屋建筑施工面积 439564 平方米，下降 38.9%；竣工房屋面积 239530 平方米，增长 139%。

四、固定资产投资

全年城乡 500 万元以上固定资产投资额同比增长 0.4%。其中：第一产业投资额同比下降 60.8%；第二产业投资额同比增长 49.7%；第三产业投资额同比下降 31.4%。民间投资同比下降 2.3%；基础设施投资同比下降 17.6%。全年施工项目个数 358 个，同比增长 14.4%，新开工项目 198 个，同比下降 12.8%；投产项目数为 102 个。

全年房地产开发投资额 13.1 亿元，同比增长 67.4%。新建项目投资同比下降 4.8%；扩建项目同比下降 41.3%；改建和技术改造投资同比增长 20.3%。商品房销售面积 2008.2 万平方米，基本与上年持平；商品房销售额 1243.9 亿元，增长 11.7%。

分行业固定资产投资增速表

表 5

行业	同比增长（%）
农林牧渔业	-57.2
采矿业	65.4
制造业	31
电力、燃气及水的生产和供应业	61.3
批发和零售业	101.3
交通运输、仓储和邮政业	-33
住宿和餐饮业	-90.4
信息传输、软件和信息技术服务业	-85.4
房地产业	25.4
租赁和商务服务业	0.5
科学研究和技术服务业	-97.6
水利、环境和公共设施管理业	-44.5
居民服务修理和其他服务业	-58.2
教育	238.9
卫生和社会工作	-77.6
文化、体育和娱乐业	-81.9
公共管理、社会保障和社会组织	101.6

五、国内贸易

全年社会消费品零售总额87亿元，同比增长5.0%。其中：全盟城镇消费市场零售额77.2亿元，同比增长5.1%，乡村消费市场零售额9.8亿元，同比增长4.0%。限额以上社会消费品零售额24.39亿元，同比下降1.1%。

批发业商品销售额99.25亿元，同比增长9.5%；零售业商品销售额120.1亿元，同比增长4.7%；住宿业营业额7.17亿元，同比增长9.1%；餐饮业营业额30.61亿元，同比增长9.6%。

2019年社会消费品零售总额增长速度

表6

指标	总量（亿元）	同比增长（%）
社会消费品零售总额	87.0	5.0
城镇	77.2	5.1
乡村	9.8	4.0

在限额以上单位商品零售额中，食品类零售额同比增长40.1%，饮料类同比增长118.8%，烟酒类同比增长98.4%，服装、鞋帽、针纺织品类同比下降24.1%，化妆品类同比增长49.7%，金银珠宝类同比下降145.3%，日用品类同比增长143.7%，家用电器和音响器材类同比下降24.4%，中西药品类同比下降2.1%，文化办公用品类同比增长23.1%。

六、对外经济

全盟进出口总额48.0亿元，同比下降5.9%，其中：进口额41.8亿元，同比下降6.5%，出口额6.3亿元，同比下降1.5%。

海关进出口分项表

表7

指标	单位	1—12月	同比增长（%）
进出口总额	亿元	48.0	-5.9
进口额	亿元	41.8	-6.5
出口额	亿元	6.3	-1.5

全年实际利用外商直接投资额136.42万美元，比上年增加79.5%。年内全盟在市场监管部门注册的外商投资企业2家。

七、交通、邮电和旅游业

全年完成货物运输总量7096.1万吨，比上年增长2.7%。完成货物运输周转量323.2亿吨千米，同比增长72.1%。

各种运输方式完成货物运输量、周转量及增速

表8

指标	单位	1-12月	同比增长（%）
货物运输总量	万吨	7096.1	2.7
铁路	万吨	1206.0	-6.1
公路	万吨	5890.1	4.7
民航	万吨	—	—
货物运输周转量	亿吨千米	323.2	72.1
铁路	亿吨千米	203.9	-6.1
公路	亿吨千米	119.3	3.4

全年完成旅客运输总量66.5万人，比上年下降5.3%。完成旅客运输周转量12.7亿人千米。

各种运输方式完成旅客运输量、周转量及增速

表9

指标	单位	2019年	同比增长（%）
旅客运输总量	万人	66.5	-5.3
铁路	万人	11.8	10.3
公路	万人	35.6	-10.2

续表 9

指标	单位	2019 年	同比增长（%）
民航	万人	19.1	-4.3
旅客运输周转量	亿人千米	12.8	—
铁路	亿人千米	1.3	10.8
公路	亿人千米	1.4	-11.8
民航	亿人千米	10.1	—

年末全盟机动车保有量达 91622 辆，同比增长 6.6%；其中，本年新注册汽车 5589 辆。年末个人汽车保有量 74290 辆，同比增长 1.5%；机动车驾驶员拥有量达 128088 人，同比增长 3.0%。

全年邮政业务总量累计完成 5095.7 万元，同比增长 10.2%。邮政函件业务累计完成 2.0 万件，同比下降 37.0%；包裹业务累计完成 0.2 万件，同比增长 50.0%；快递业务 101.8 万件，同比下降 5.8%。全年完成电信业务总量（按 2015 年不变价）159735.2 万元。年末全盟 GSM 基站数 1377 个，下降 8.7%；本地固定电话用户 19768 户，增长 1.4%；移动电话用户 325120 户，下降 13.7%。固定及移动电话用户总数达 344888 户。互联网用户 94545 户。

全年接待国内外游客 2260.0 万人次，同比增长 17.2%。其中，国内过夜游客 796.3 万人次，同比增长 18.2%；入境游游客 15.3 万人次，同比增长 24.8%；一日游游客 1448.5 万人次，同比增长 16.6%。实现旅游收入 210.2 亿元，同比增长 20.3%。其中，国内过夜游客 160.0 亿元，同比增长 21.8%；入境游游客 6.0 亿元，同比增长 24.5%；一日游游客 44.0 亿元，同比增长 15.8%。

八、财政、金融和保险

全年完成地方财政总收入 57.4 亿元，同比增长 21.3%。其中：一般公共预算收入 28.7 亿元，同比增长 18.3%；其中，上划中央税收 20.0 亿元，同比增长 22.8%；上划自治区税收 8.6 亿元，同比增长 28.5%。一般公共预算支出完成 112.1 亿元，同比增长 14.6%。全盟财政用于民生方面支出达 84.2 亿元，占一般公共预算支出的 75.0%。分项目看，教育支出完成 8.8 亿元，同比下降 7.8%；科学技术支出完成 0.7 亿元，同比下降 0.1%；文化旅游体育与传媒支出完成 3.2 亿元，同比下降 15.6%；社会保障与就业支出完成 8.1 亿元，同比下降 15.0%；卫生健康支出完成 5.4 亿元，同比下降 2.0%；住房保障支出完成 3.4 亿元，同比下降 5.0%。

年末全盟金融机构人民币存款余额 386.6 亿元，比年初增加 32.0 亿元，同比增长 9.1%。其中，住户存款余额 235.7 亿元，比年初增加 25.8 亿元；非金融企业存款余额 78.8 亿元，比年初增加 5.5 亿元。年末全盟金融机构人民币贷款余额 367.5 亿元，比年初减少 12.2 亿元，同比下降 2.6%。其中，住户贷款余额 85.2 亿元，比年初增加 5.2 亿元；非金融企业及机关团体贷款余额 282.3 亿元，比年初减少 17.4 亿元。

年末全盟保险机构共有 16 家。全年保险业实现保费收入 12.4 亿元，比上年增长 7.8%。人身保险实现保费收入 7.6 亿元，同比增长 5.7%；财产保险实现保费收入 4.9 亿元，同比增长 11.3%。保险业累计赔付支出 3.1 亿元，增长 6.9%，其中：财产保险业务累计赔付 2.2 亿元；人身保险累计赔付 0.95 亿元。

九、人民生活和社会保障

全年全盟全体居民人均可支配收入 38483 元，同比增长 7.3%。城镇常住居民人均可支配收入 42983 元，同比增长 6.4%。从主要收入构成看，工资性收入 26573 元；经营净收入 9315 元；财产净收入 2341 元；转移净收入 4754 元。农村牧区常住居民人均可支配收入 21753 元，同比增长 9.6%。

从主要收入构成看，工资性收入3223元；经营净收入8909元；财产净收入1237元；转移净收入8384元。全年全盟全体居民人均消费支出27750元，同比增长5.4%。城镇常住居民人均消费支出30233元，同比增长4.1%。农村牧区常住居民人均消费支出18301元，同比增长8.4%。城镇恩格尔系数25.0%，农村牧区恩格尔系数25.6%。

2019年全盟城镇常住居民人均消费支出分项情况

表10

名称	单位	支出
食品烟酒	元	7557
衣着	元	3006
居住	元	4577
生活用品及服务	元	1718
交通通信	元	6427
教育文化娱乐	元	3655
医疗保健	元	2274
其他用品和服务	元	1019

2019年全盟农村牧区常住居民人均消费支出分项情况

表11

名称	单位	支出
食品烟酒	元	4688
衣着	元	1064
居住	元	2950
生活用品及服务	元	950
交通通信	元	4666
教育文化娱乐	元	1683
医疗保健	元	1973
其他用品和服务	元	327

年末全盟参加城镇职工基本养老保险参保人数90812人，其中：企业职工参保41290人，保险基金收入66711万元，保险基金支出80739万元。参加城乡居民养老保险人数51340人，保险基金收入1964万元，保险基金支出6263万元。参加工伤保险人数58368人，保险基金收入4041万元，保险基金支出4378万元。参加生育保险人数60461人，共征收生育保险费1689万元，发放生育保险费1669万元。年末参加基本医疗保险人数201429人。其中，参加职工基本医疗保险人数90664人。参加城乡居民基本医疗保险人数110765人。

十、教育、科学技术和文化体育

年末全盟共有各级各类学校67所；全年招收学生9785人；在校学生35143人；预计毕业学生9562人。年末有高中教育学校7所，全年招收学生1706人；在校学生5070人；预计毕业学生1718人。年末有初中12所，全年招收学生1974人；在校学生5627人；预计毕业学生1757人。年末有小学17所，招收学生2285人；在校学生11925人；预计毕业学生1916人。全盟有学前教育学校29所，招收学生2595人，在校学生8077人，预计毕业学生3113人。2019年全盟学前教育三年毛入园率96.6%，九年义务教育巩固率99%，高中阶段教育毛入学率96%。

全年专利申请367件，授权259件；其中发明专利申请48件，发明专利授权7件，每万人发明专利拥有量2.56件。共争取国家、自治区科技项目45项，获资金支持2689.4万元；年内新认定国家高新技术企业14家；盟级企业研发中心2家、农牧业特色化产业基地3家。

年末全盟有艺术表演团体（事业）4个，其中：乌兰牧骑4个；现拥有文化馆4座（包括盟群众艺术馆1个，旗文化馆3个），公共图书馆4座，已注册博物馆6座。广播综合人口覆盖率96.7%。有线电视用户2.8万户。

全年我盟运动员在5个运动大项中获得1个金牌，17个银牌，13个铜牌。

十一、卫生和社会服务

年末全盟共有卫生和计划生育技术服务机构336个，其中：医院19个，基层卫生医疗机构305个；专业公共卫生机构11个；其他卫生机构1个。全盟卫生机构核定编制床位数1682个，实有床位数1434个。在岗职工3120人，其中：卫生技术人员2429人。

年末全盟城镇拥有社区老年人日间照料中心31个，养老机构8个，其中：公办养老机构3个，床位202张，入住人数66人；公建民营养老机构5个。床位479张，入住人数247人。年末全盟共有1459人享受城市居民最低生活保障，595人享受农村居民最低生活保障。

十二、资源、环境

全年造林面积88665公顷。其中：人工造林面积66000公顷，飞播造林面积18666公顷，退化林修复面积3999公顷。全年完成天然林资源保护工程造林面积25998公顷，完成重点防护林工程造林面积27334公顷，年末实有封山（沙）育林面积4666公顷。年末全盟森林面积212.5万公顷，有林地面积6.4万公顷，灌木林地206.1万公顷。全盟森林覆盖率8.01%。

全盟确定的自然保护区9个。其中，国家级自然保护区2个，自治区级自然保护区6个，旗级自然保护区1个。自然保护区面积318.1万公顷。其中，国家级自然保护区面积9.4万公顷；自治区级自然保护区面积302.1万公顷；旗级自然保护区面积6.7万公顷。

全年全盟国有建设用地供应总量974.8公顷，同比下降38.4%。其中，工矿仓储用地691.9公顷，同比增长120.0%；房地产用地16.8公顷，同比增长67.1%；基础设施用地196.7公顷，同比下降83.6%。

全年水资源总量22.3亿立方米。全年总用水量13.2亿立方米，同比增长0.4%。其中，生活用水增长16.1%，工业用水增长4.3%，农业用水下降2.0%（包括林牧渔畜用水），生态补水增长0.5%（黑河生态补水）。万元国内生产总值用水量85.1立方米（按2015年不变价格折算），同比下降0.8%。万元工业增加值用水量17.3立方米（按2015年不变价格折算），同比下降5.2%。

全盟年平均气温为9.9℃，年降水量在32.0毫米（达来呼布）~268.0毫米（巴彦浩特）之间。全年巴彦浩特环境空气质量有效监测天数为365天，优良天数337天，空气达标率92.3%。

全年规模以上工业综合能源消费量增长10.1%，其中，化学原料和化学制品制造业增长16.4%，非金属矿物制品业增长78.6%，黑色金属冶炼和压延加工业增长37.0%，有色金属冶炼和压延加工业下降25.9%，电力、热力生产和供应业增长29.3%。

注释：

［1］本公报中数据均为初步统计数。部分数据因四舍五入的原因，存在总计与分项合计不等的情况。

［2］生产总值、各产业增加值和人均生产总值绝对数按现价计算，增长速度按不变价格计算。

［3］农产品生产者价格是指农产品生产者直接出售其产品时的价格。

［4］居住类价格包括租赁房房租、住房保养维修及管理、水电燃料等价格。

［5］工业战略性新兴产业包括节能环保产业，新一代信息技术产业，生物产业，高端装备制造产业，新能源产业，新材料产业，新能源汽车产业等七大产业中的工业相关行业。

［6］工业技术改造投资是指工业企业利用新技术、新工艺、新设备、新材料对现有设施、工艺条件及生产服务等进行改造提升，实现内涵式

发展的投资活动。

［7］民间固定资产投资是指具有集体、私营、个人性质的内资企事业单位以及由其控股（包括绝对控股和相对控股）的企业单位建造或购置固定资产的投资。

［8］房地产业投资除房地产开发投资外，还包括建设单位自建房屋以及物业管理、中介服务和其他房地产投资。

［9］互联网宽带用户是指报告期末在电信企业登记注册，通过xDSL、FTTx+LAN、FTTH/O以及其他宽带接入方式和普通专线接入公众互联网的用户。

［10］移动互联网用户是指报告期末在计费系统拥有使用信息，占用3G或4G网络资源的在网用户。

［11］原保险保费收入是指保险企业确认的原保险合同保费收入。

［12］规模以上工业综合能源消费量口径按当量值计算。主要耗能工业企业是指年综合能源消费量1万吨标准煤及以上的规模以上工业企业。

资料来源：

本公报中城镇新增就业、新增再就业、登记失业率数据来自就业局；价格指数、人民生活、粮食作物播种面积、粮食产量、猪牛羊禽肉产量、禽蛋产量、牛奶产量、猪牛羊存栏数据来自国家统计局阿拉善调查队；农牧业机械总动力数据来自农牧局；对外贸易、实际利用外资来自商务局；客货运量、客货运周转量数据来自交通运输局、铁航中心；民用汽车数来自公安局；电信数、电话数、移动互联网数分别来自阿拉善盟移动公司、联通公司、电信公司；邮政业务量、快递业务量来自邮政管理局；艺术表演团体、文化馆、公共图书馆、博物馆、旅游、电视广播覆盖率、用户数数据来自文化旅游广电局；财政数据来自财政局；金融数据来自人民银行阿拉善中心支行、金融办；保险数据来自金融办、保险业协会；医疗保障数据来自医疗保障局；教育机构数、学生数、入学率、体育数来自教育体育局；科技项目数、资金数来自科学技术局；专利数据来自市场监督管理局；医疗卫生数据来自卫生健康委员会；社区服务设施数、福利机构、最低生活保障来自民政局；林业数据来自林业和草原局；自然保护区个数及面积来自生态环境局。其他数据均来自统计局。

阿拉善盟环境状况公报

（2019年度）

根据《中华人民共和国环境保护法》、《中华人民共和国政府信息公开条例》，经阿拉善盟行政公署同意，现将《阿拉善盟环境状况公报（2019年度）》予以发布。

阿拉善盟生态环境局

2020年6月2日

2019年以来，阿拉善盟认真贯彻落实党的十九大、十九届四中全会精神和习近平考察内蒙古重要讲话精神，坚决贯彻习近平生态文明思想，牢固树立绿水青山就是金山银山的理念，大力实施“蓝天碧水净土”行动，积极推进污染防治攻坚战，全盟生态环境保护工作取得明显成效。

一、环境空气质量

（一）城市环境空气

盟府所在地巴彦浩特镇城区共设置3个环境空气质量自动监测点，均为国控点；额济纳旗达来呼布镇和阿拉善右旗巴丹吉林镇各设置1个环境空气质量自动监测点，均为区控点；5个站点均用于评价所在城市环境空气质量。阿拉善高新技术产业开发区共设置4个环境空气质量自动监测点，用于所在区域污染物监控。各站点监测频次为24小时连续监测；监测指标为二氧化硫、二氧化氮、可吸入颗粒物（PM_{10}）、细颗粒物（$PM_{2.5}$）、一氧化碳、臭氧6项。

1. 国控点城市环境空气

2019年巴彦浩特镇二氧化硫、二氧化氮、可吸入颗粒物、细颗粒物年平均浓度分别为9、10、56、27微克/立方米，均满足《环境空气质量标准》（GB 3095—2012）二级标准限值。与上年相比，二氧化硫和二氧化氮年平均浓度与上年持平；可吸入颗粒物和细颗粒物年平均浓度分别下降26.3%和12.9%。空气中二氧化硫、二氧化氮、可吸入颗粒物、细颗粒物、一氧化碳、臭氧六项污染物特定百分位浓度均满足《环境空气质量标准》（GB 3095—2012）二级标准限值。2019年，巴彦浩特镇环境空气质量综合评价为达标。

巴彦浩特镇空气质量有效监测天数365天；优良天数337天，超标天数28天，达标率为92.3%。

2. 旗县城市环境空气

阿拉善右旗：2019年二氧化硫、二氧化氮、可吸入颗粒物、细颗粒物年平均浓度分别为11、11、79、26微克/立方米。可吸入颗粒物年平均浓度超过《环境空气质量标准》（GB 3095—2012）二级标准限值0.13倍，其余三项污染物均满足二级标准限值。二氧化硫、二氧化氮、一氧化碳、臭氧、细颗粒物特定百分位浓度均满足《环境空气质量标准》（GB 3095—2012）二级标准限值，可吸入颗粒物特定百分位浓度超过二级标准限值0.55倍。2019年，阿拉善右旗环境空气质量综合评价为不达标，主要是可吸入颗粒物不达标所致。

阿拉善右旗空气质量有效监测天数354天；优良天数316天，超标天数38天，达标率为89.3%。

额济纳旗：2019年二氧化硫、二氧化氮、可吸入颗粒物、细颗粒物年平均浓度为8、9、79、26微克/立方米。二氧化硫、二氧化氮、细颗粒物年平均浓度均满足《环境空气质量标准》（GB 3095—2012）二级标准限值，可吸入颗粒物年平均浓度超标0.13倍。与上年相比，二氧化硫、可吸入颗粒物、细颗粒物年平均浓度均不同程度下降，二氧化氮年平均浓度上升。二氧化硫、二氧化氮、细颗粒物、一氧化碳、臭氧的特定百分位浓度均满足《环境空气质量标准》（GB 3095—2012）二级标准限值，可吸入颗粒物特定百分位浓度超标0.88倍。2019年，额济纳旗环境空气质量综合评价为不达标，主要是可吸入颗粒物不达标所致。

额济纳旗空气质量有效监测天数356天；优良天数321天，超标天数35天，达标率为90.2%。

3. 污染监控点环境空气质量

阿拉善高新技术产业开发区二氧化硫、二氧化氮、可吸入颗粒物、细颗粒物年平均浓度分别为48、28、108、40微克/立方米。可吸入颗粒物和细颗粒物年平均浓度分别超过《环境空气质量标准》（GB 3095—2012）二级标准限值0.54倍和0.14倍，其余两项污染物均满足二级标准限值。二氧化硫、二氧化氮、一氧化碳、臭氧特定百分位浓度均满足《环境空气质量标准》（GB 3095—2012）二级标准限值，可吸入颗粒物、细颗粒物特定百分位浓度分别超过二级标准限值0.54倍、0.07倍。2019年，阿拉善高新技术产业开发区环境空气质量综合评价为不达标，主要是可吸入颗粒物和细颗粒物不达标所致。

阿拉善高新技术产业开发区空气质量有效监测天数 365 天；优良天数 310 天，超标天数 55 天，达标率为 84.9%。环境空气质量组成见图 1-6。

（二）降尘及硫酸盐化速率

巴彦浩特镇降尘量年均值为 8.05 吨/平方公里·月，降尘量在 4.5~9.8 吨/平方千米·月之间。各测点降尘量的峰值出现在巴彦浩特镇沙尘天气多发时段，如 4 月、5 月。与上年相比，巴彦浩特镇降尘量年均值下降 2.95 吨/平方千米·月，下降了 26.8%。

巴彦浩特镇硫酸盐化速率年均值为 0.07SO_3毫克/100 平方厘米·碱片·日，硫酸盐化速率含量在 0.05~0.18SO_3毫克/100 平方厘米·碱片·日之间（见表 1）。时间上各测点硫酸盐化速率在采暖期检出频次明显高于非采暖期；空间上，位于城市中心地带，人口密集，商业繁华，交通稠密的东关新村（混合区）、怡和小区（居住区）、旗公安局（文教区）的硫酸盐化速率检出频次高于清洁区，交通越稠密、人口越密集、商业越繁华的测点，其硫酸盐化速率检出频次越高。

与上年相比，巴彦浩特镇硫酸盐化速率年均值下降 0.02SO_3毫克/100 平方厘米·碱片·日，下降 22.2%。

2019 年巴彦浩特镇硫酸盐化速率监测结果

表 1　　单位：SO_3毫克/100 平方厘米·碱片·天

统计结果	哈拉坞	东关新村	怡和小区	旗公安局
均值	0.06	0.08	0.08	0.07
最大值	0.08	0.18	0.13	0.11
最小值	0.05L	0.05	0.05	0.05L
全年检出次数	5	12	12	6
采暖期检出频次	4	7	7	5
非采暖期检出频次	1	5	5	1

（三）沙尘天气

2019 年，巴彦浩特镇、巴丹吉林镇，达来呼布镇累计发生沙尘天气时间分别为 369 小时、496 小时、562 小时，与上年相比，累计沙尘天气发生时间均减少，发生强度和污染程度均有所增加。全盟可吸入颗粒物最大浓度值超标倍数超过 10 倍的沙尘天气发生次数有 16 次，全年最大浓度值发生在阿拉善右旗，可吸入颗粒物监测值为 4.859 毫克/立方米，超标 31.4 倍，发生时间在 5 月 14 日 21 时；次之发生在额济纳旗，可吸入颗粒物监测值为 4.029 毫克/立方米，超标 25.9 倍，发生时间在 5 月 4 日 6 时。

二、降水

2019 年巴彦浩特镇降水监测共采集降水样品 21 个，单个降水 pH 值在 7.08~8.16 之间，无酸雨污染出现。

三、地表水环境

（一）黄河乌斯太断面

黄河乌斯太断面水质各指标年均值均达到Ⅲ类及以上标准限值要求，达标率 100%，总体水质优。与上年相比，水质类别无明显变化，连续稳定保持优。

（二）额济纳河断面

额济纳河王家庄断面、五一大桥断面、额济纳桥断面水质年均值均达到Ⅲ类及以上标准限值要求，达标率 100%，总体水质优。与上年相比，水质类别均无明显变化，连续稳定保持优。

（三）居延海（东）断面

居延海（东）断面水质生化需氧量和化学需氧量 2 项指标年均值出现超标，分别达到Ⅳ类和Ⅴ类限值，超标倍数分别为 0.20 倍和 0.60 倍，其余指标年均值均达到Ⅲ类标准限值要求。总体水质中度污染，水体营养状态为中营养。与上年相比，水质未发生明显变化。水质超标与居延海（东）为额济纳河尾闾湖有关。

四、集中式饮用水水源地水质

阿拉善盟共有5个地市级集中式生活饮用水水源地，分别为：哈拉坞水源地、水磨沟水源地、新井水源地、西滩二水源水源地、巴彦浩特及沿线苏木镇饮用水水源地；2个县级城镇集中式生活饮用水水源地，分别为：阿拉善右旗南板洼水源地、额济纳旗二号山水源地。西滩二水源水源地作为备用水源地，全年未供水未监测。

2019年巴彦浩特镇开展监测的4个集中式饮用水源地取水量总达标率为90.0%，较上年下降0.6个百分点。4个水源地水质综合类别均达到Ⅲ类水质，水质状况总体良好，保持稳定。其中，地表水水源地取水量达标率为100%，与上年相比无变化；地下水水源地取水量达标率为86.9%，较上年提高8.3个百分点，未百分百达标，主要是新井水源地氯化物和巴彦浩特及沿线苏木镇饮用水水源地硫酸盐及氯化物因本底高出现轻微超标所致。

阿拉善盟旗县级两个水源地水质均超标，超标原因均为超标因子本底偏高所致。阿拉善右旗南板洼水源地溶解性总固体、硫酸盐、氯化物、氟化物4项出现超标，水质综合类别为Ⅴ类，Ⅴ类指标为硫酸盐、氯化物和氟化物；与上年相比，水质无明显变化。额济纳旗二号山水源地硫酸盐超标，水质综合类别为Ⅳ类，Ⅳ类指标为硫酸盐；与上年相比，水质无明显变化。旗县级水源地水质保持稳定。

五、城市声环境质量

（一）道路交通噪声

巴彦浩特镇城市道路交通噪声昼间平均等效声级64.8分贝，较上年增加2.6分贝，总体评价为一级好；与上年相比，无明显变化。

（二）区域环境噪声

巴彦浩特镇的102个区域噪声监测网格点昼间噪声平均等效声级为51.9分贝，较上年升高1.1分贝；昼间环境噪声总体水平为二级较好，与上年相比，无明显变化。

（三）功能区环境噪声

巴彦浩特镇功能区昼间平均等效声级为49.4分贝，较上年下降0.5分贝；夜间平均等效声级为43.6分贝，较上年升高0.4分贝。全年功能区噪声监测点次达标率为99.0%，较上年下降0.1个百分点。各功能区监测点次达标状况详见表2。

2019年巴彦浩特镇各功能区监测点次达标率统计

表2

统计项目	一类区（居民、机关、文教区）		二类区（居住、商业、工业混合区）		三类区（工业区）		四类区（交通干线道路两侧）	
	昼间	夜间	昼间	夜间	昼间	夜间	昼间	夜间
监测点次	128	64	192	96	64	32	128	64
达标点次	127	62	191	95	64	32	127	62
达标率（%）	99.2	96.9	99.5	99.0	100	100	99.2	96.9

六、农村环境质量

2019年农村环境质量调查对阿拉善左旗塔日阿图嘎查进行了监测，按照县域评价结果如下：

（一）环境空气质量

塔日阿图嘎查环境空气二氧化硫、二氧化氮、可吸入颗粒物、细颗粒物年均浓度分别为13、20、46、26微克/立方米，均满足《环境空气质量标准》（GB 3095-2012）二级标准限值。

全年优良天数比例100%，与上年同期相比，全年优良天数比例未发生变化。

（二）地下水质量

塔日阿图嘎查饮用水水质未出现超标项目，水质为Ⅲ类，水质指数为60，水质良好，水质达标率为75%。

与上年相比，水质类别由Ⅳ类提高至Ⅲ类。改善原因为水源地不同供水井水质差异导致。

（三）土壤质量

阿左旗塔日阿图嘎查土壤环境综合评价为Ⅰ级，达标率为100%，土壤环境质量指数为100。

（四）农村县域环境质量状况

阿左旗塔日阿图嘎查农村环境状况指数为92，农村环境状况为优，与上年环境状况相比明显变好，主要是环境空气质量和饮用水质量有所提高。

（五）农村县域生态环境质量

2019年阿左旗生物丰度指数22.535，植被覆盖指数为15.667，水网密度指数0.584，土地胁迫指数15.739，人类干扰指数98.764，县域生态质量指数26.846，生态状况属于较差级。

与上年相比，阿拉善左旗水网密度、生物丰度指数无变化，植被覆盖指数和土地胁迫指数略有增加，人类干扰指数略微下降，生态状况指数增加了0.620，小于1，表明全旗生态质量虽无明显变化，但总体有好转趋势。

（六）农村环境质量综合评价

2019年阿拉善左旗农村环境质量综合指数为65.94，农村环境综合状况评价为良。

与上年相比，阿拉善左旗农村环境质量综合状况显著变化，明显变好，主要原因为2019年塔日阿图嘎查环境空气质量、饮用水质量、阿左旗县域生态环境质量不同程度提高。

七、生态环境质量

2019年阿拉善荒漠植被总体比较稳定，植被状况存在局部好转和变差情况。

从地面监测点位分析，植被好转点位数略多于变差点位。与上年相比，21个监测点中植被状况明显好转点位数3个，占监测点位总数的14%；植被状况略微好转点位数4个，占监测点位总数的19%，无明显变化的点位数10个，占监测点位总数的48%；植被状况略微变差点位数4个，占监测点位总数的19%。

从遥感监测分析，2019年全盟植被状况略微好于上一年，植被覆盖指数增加量为0.38。三旗植被状况均好于上一年，阿左旗、阿拉善右旗、额济纳旗植被覆盖指数增加量分别为0.15、0.92和0.15。

八、土壤环境质量

阿拉善盟土壤环境质量监测的7个国控点位未出现超标点位，达标率100%，污染等级评价为清洁无污染，11项污染物指标监测结果远低于标准中的风险值。20个区控点位8个监测区域，涉及采矿区、污染源企业、旅游文化活动区周边和耕地等4个类型，其中19个点位土壤环境质量均为清洁无污染，土壤污染风险较低；1个点位出现镉超标，属轻微污染。经调查，超标点位土壤周边未发现污水排放和废渣等，超标原因待查。

九、辐射环境质量

阿拉善盟γ辐射空气吸收剂量率和γ辐射累积剂量监测结果未见异常。环境电磁辐射综合场强监测均远低于《电磁环境控制限值》（GB 8702—2014）中12伏/米的公众曝露控制限值要求，与上年相比处于同一水平。

盟委书记在2019年盟委（扩大）会议上的讲话

杨 博

（2019年1月7日）

这次会议的主要任务是，全面贯彻落实中央经济工作会议精神、自治区党委十届八次全会暨全区经济工作会议精神，总结去年工作，部署今年任务。

一、认真总结工作，把握发展大势，切实增强推动阿拉善经济高质量发展的责任感和使命感

过去的一年，在以习近平同志为核心的党中央的坚强领导下，全盟上下坚持以习近平新时代中国特色社会主义思想为指导，认真贯彻党的十九大和十九届二中、三中全会精神，全面落实中央、自治区决策部署，统筹推进“五位一体”总体布局，协调推进“四个全面”战略布局，紧紧围绕推动经济高质量发展，扎实工作、开拓进取，各方面工作都取得了新进展新成效。

一是“两个维护”更加坚定。我们始终把“两个维护”作为加强党的政治建设的首要任务，深入学习贯彻习近平新时代中国特色社会主义思想和党的十九大精神，对习近平总书记重要讲话、重要指示精神，对党中央和自治区党委重要会议精神、重大决策部署，通过多种形式，及时传达学习，教育引导广大党员干部主动对标对表，及时纠偏补差，推动学习教育往深里走、往实里走、往心里走；采取成立专班、制订方案、定期调度、督查考核等举措，推动贯彻落实工作体现到实际行动中、实现到具体事项上，确保在阿拉善落地生根、开花结果，全盟上下“四个意识”更加增强，“四个自信”更加坚定，坚决维护习近平总书记的核心地位，坚决维护党中央权威和集中统一领导，始终在思想上政治上行动上同以习近平同志为核心的党中央保持高度一致。

二是经济发展稳中有进。我们坚定不移抓好发展第一要务，坚持稳中求进工作总基调，全面贯彻新发展理念，深化供给侧结构性改革，全力推动经济平稳增长、提质增效。三大攻坚战开局良好，政府年度化解债务目标任务圆满完成，所有建档立卡贫困户全部脱贫，阿左旗和阿右旗脱贫摘帽。改革开放全面深化，形成改革制度成果151项，策克口岸过货量持续增长，乌力吉口岸加快建设，阿拉善国际陆港通关验收，招商引资成效明显，项目建设实现新的突破。产业结构调整取得新进展，农牧业现代化稳步推进，工业转型升级步伐加快，文化旅游、沙产业等产业蓬勃发展，消费和贸易持续增长，科技支撑能力增强。基础设施建设加快推进，乡村振兴战略稳步实施，城乡宜居环境不断改善。预计全年地区生产总值增长7.5%，社会消费品零售总额增长8%，一般公共预算收入增长11.8%。

三是生态环境持续好转。我们坚决贯彻习近平生态文明思想，积极践行绿水青山就是金山银山理念，坚定不移推进生态环境保护建设。退牧还草等生态项目深入实施，重点区域绿化面积扩大。腾格里环境污染整治、贺兰山地区生态环境治理、胡杨林保护区退耕、矿山地质环境治理等成效显著。中央、自治区环保督察反馈意见年度整改任务全部完

成，中央环保督察“回头看”反馈意见中没有我盟具体整改问题。黑河分配水量中我盟占比接近50%，西居延海过水面积50平方千米，干涸600多年的黑河古河道通水浸润，天蓝、地绿、水清、沙净的阿拉善成为令人向往的地方。

四是文化事业繁荣发展。我们坚决贯彻全国全区宣传思想工作会议精神，切实做好举旗帜、聚民心、育新人、兴文化、展形象工作。牢牢掌握意识形态工作领导权，强化责任落实、阵地管理、舆论管控和正面引导，全盟凝聚力和向心力显著增强。社会主义核心价值观广泛弘扬，群众性精神文明创建活动深入开展，全国文明城市创建扎实推进。乌兰牧骑事业蓬勃发展，文化惠民受益面扩大。举办了庆祝改革开放40周年系列文化活动和“胡杨魂航天情中国梦”图片展、“美在阿拉善”岩画展等活动，推出《东风呼啸起》等一批精品力作，中央媒体广泛报道了越野e族阿拉善英雄会、第二届全国沙产业创新创业大赛等活动，“苍天般的阿拉善”知名度和美誉度进一步提高。

五是社会大局和谐稳定。我们认真践行以人民为中心的发展思想，不断满足人民日益增长的美好生活需要，预计城乡居民人均可支配收入分别增长7.3%和8.5%。城乡新增就业目标任务超额完成，农民工工资发放有效保障。百姓安居工程深入实施，城乡居民住房条件进一步改善。社会保障体系不断健全，养老、医疗等保障标准保持全区前列。教育事业全面发展，普通高考创历史最好成绩。健康阿拉善建设深入推进，医疗卫生水平不断提高。创建全国民族团结进步示范盟活动扎实开展，宗教事务依法从严规范管理，爱国统一战线巩固发展。群团组织桥梁纽带作用有效发挥。双拥共建成果丰硕，军民融合深度发展，承接军事基地社会事业取得突破性进展。平安阿拉善建设深入推进，扫黑除恶专项斗争扎实开展，信访总量、刑事案件、治安案件、安全生产事故明显下降，民族团结、社会稳定、边疆安宁的良好局面进一步巩固发展。

六是从严治党纵深推进。我们坚决贯彻新时代党的建设总要求，全力推动从严治党各项任务落到实处。“两学一做”学习教育常态化制度化扎实推进，“北疆先锋”工程深入实施，“五边行动”等做法得到自治区充分肯定，嘎查村、社区“两委”换届圆满完成，党支部书记、主任“一肩挑”比例分别达到41%和75%。坚持以新时期好干部标准选人用人，干部队伍结构不断优化，全盟处级干部中“80后”、全日制国民教育本科以上学历、少数民族和女干部分别占3.6%、22.2%、33.7%和22%。深入推进党风廉政建设，扎实开展专项整治行动，切实打好净化基层政治生态四个“组合拳”，加大巡察和派驻监督力度，以正风肃纪惩恶的坚忍执着营造风清气正的政治生态。查处违反中央八项规定精神问题22起，问责处理25人；查处形式主义、官僚主义“十种表现”问题35件，处理104人；查处“雁过拔毛”式腐败问题36件，处理83人；查处扶贫领域腐败和作风问题21件，处理74人；党纪政务立案204件，处分197人。

过去的一年，全盟工作取得来之不易的成绩，这是习近平新时代中国特色社会主义思想科学指引的结果，是自治区党委政府亲切关怀、大力支持的结果，是全盟上下团结拼搏、实干苦干的结果。在此，我代表盟委，向全盟各级党组织和广大党员干部群众，向所有为阿拉善改革发展做出贡献的同志们、朋友们，表示衷心的感谢！

正确研判当前形势，准确把握发展大势，是做好阿拉善一切工作的重要前提。我们既要看到我国经济运行稳中有变、变中有忧，外部环境复杂严峻，经济依然面临下行压力；也要善于从长期大势认清前景，认识到“我国发展仍处在并将长期处于重要战略机遇期”的重大判断没有变，经济发展长期向好的基本面没有变；更要看到阿拉善发展面临诸多宝贵机遇和利好因素，全面用好中央加快经济结构优化升级带来的新机遇、提升科技创新能力带来的新机遇、深化改革开放带来的新机遇、加快绿色发展带来的新机遇、参与全球经济治理体系带来的新机遇，准确用好中央继续实施积极的财政政策、稳健的货币政策、就业优先政策和中央、自治区扩大有效投资、支持能源经济发展、加大重大项目和补短板力度等利好政策。同时，我们还要从长期大势认识当前形势，从全局看局部，从未来看当下。要深刻认识到，阿拉善经济发展稳中有进的态势是好的，新兴产业发展前景是好的，影响高质量发展的结构性问题正在逐步解决，支撑高质量发展的条件正在不断改善，推动高质量发展的动能正在孕育积蓄，更为可贵的是全盟党员干部队伍精神状态是好的，渗透在广大干部群众骨血里的阿拉善精神，永远是我们做好工作、推动发展的精神力量和动力源泉。只要我们善于在“形”与“势”的变化中坚定信心，在“危”与“机”的转换中把握机遇，在“稳”与“进”的统一中积极作为，以强烈的政治责任感和历史使命感，脚踏实地做好改革发展工作，坚定不移办好自己的事情，阿拉善经济高质量发展一定会实现新跨越。

二、大力解放思想，凝聚智慧力量，形成推动阿拉善经济高质量发展的强大合力

解放思想、实事求是、与时俱进、求真务实是党的思想路线。改革开放40年的伟大实践充分证明，只有思想的大解放，才有改革开放的大突破、经济社会的大发展。邓小平同志指出：“一个党，一个国家，一个民族，如果一切从本本出发，思想僵化，迷信盛行，那它就不能前进，它的生机就停止了，就要亡党亡国。”习近平总书记强调：“要跟上时代前进步伐，就不能身体已进入21世纪，而脑袋还停留在过去。”当前，阿拉善发展处于转方式调结构的攻坚期，有不少硬仗要打。越是任务艰巨，越需要我们大力解放思想、更新观念，坚决破除传统思维定式，坚决破除条条框框限制，坚决破除狭隘地域局限，以思想上的“破冰”促进行动上的“突围”，以观念的领先促进发展的超越。

第一，大力解放思想，必须在学深悟透习近平新时代中国特色社会主义思想上下功夫。思想是行动的先导，理论是实践的指南。解放思想如果缺乏科学理论指导，就会“盲人骑瞎马，夜半临深池”。习近平新时代中国特色社会主义思想是马克思主义中国化的最新成果，是全党全国人民为实现中华民族伟大复兴而奋斗的领航灯塔。我们解放思想，必须坚定不移用习近平新时代中国特色社会主义思想武装头脑、指导实践、推动工作，按照学懂弄通做实的要求，深刻把握这一重大思想的科学体系、精神实质和实践要求，深刻把握贯穿其中的马克思主义立场观点方法，切实把思想统一到习近平新时代中国特色社会主义思想和党的十九大精神上来，统一到习近平总书记对内蒙古重要讲话和重要指示精神上来，统一到全面贯彻“三个扎实”“四个着力”“五个结合”等重要要求上来，不分心、不走神、不偏离，系统学、跟进学、联系实际学，更好地用以指导解决改造客观世界和主观世界的实际问题。

第二，大力解放思想，必须在充分发挥阿拉善比较优势上下功夫。习近平总书记指出：“解放思想是解放和发展社会生产力、解放和增强社会活力的总开关；解放思想，解放和增强社会活力，是为了更好解放和发展社会生产力。”阿拉善是一个资源优势、区位条件和发展潜力都比较突出的地方，我们必须发掘比较优势，尽快转化为现实生产力，决不能捧着金碗要饭吃。我们拥有丰富的资源优势，矿产资源和风光资源富集，旅游资源、航天资源和沙生植物资源独特，民族文化特色鲜明，历史文化悠久厚重，尤其是阿拉善成矿条件好、找矿潜力大，全盟83%的国土面积还没有做过地质详查。我们拥有优越的区位条件，阿拉善地处呼包银榆经济区和陇海兰新经济带的交汇处，有策克、乌力吉两个国家级陆路口岸，对外接壤蒙古国五个矿产资源富集省，对内辐射陕甘宁蒙青五省区，随着京新高速开通和巴银高铁、乌力吉—巴彦浩特—中卫铁路、额酒铁路、213 公路等项目建设，阿拉善的区位优势更加凸显。我们拥有巨大的发展潜力，现代煤化工、盐化工、精细化工等优势特色产业潜能尚未释放，文化旅游、沙产业等新兴产业正在兴起，清洁能源、口岸物流等优势尚未转化为经济优势。如此等等，不一而足。我们解放思想，必须要充分发挥阿拉善的比较优势、良好基础和有利条件，抓住用好重大战略机遇期，以宽广视野、创新思维，拿出举措、干成项目、打开局面、再创辉煌。

第三，大力解放思想，必须在着眼解决阿拉善现实问题上下功夫。习近平总书记强调："解放思想不是脱离国情的异想天开，也不是闭门造车的主观想象，更不是毫无章法的莽撞蛮干，解放思想的目的在于更好实事求是。"这为新时代解放思想指明了方向。我们必须清醒看到，阿拉善在经济发展上存在一些亟待解决的问题，传统产业链条不长，新兴产业发育不足，新旧动能接续不畅，经济新增长点没有系统形成，结构调整阵痛凸显；部分企业生产经营困难，大项目好项目储备不足；营商环境不优，市场预期不稳；财政收支矛盾突出，防范化解金融风险特别是化债任务艰巨；能耗总量和强度"双控"目标没有完成。在基础建设上存在一些亟待补齐的短板，航空、铁路、公路等基础设施建设滞后，城乡规划建设管理水平不高，生态环境依然脆弱，信息化建设亟须加强。在社会建设上存在一些亟待加强的弱项，民生建设能力不足，教育、医疗两块短板突出，基本公共服务水平较低，科技创新能力不强、人才紧缺，住建、劳资等领域矛盾纠纷突出，社会治理还有薄弱环节。这些问题如果不能很好地解决，推动经济高质量发展就会举步维艰。我们必须坚持问题导向，深入查找制约发展的突出问题和主要矛盾，深入分析阻碍发展的思想障碍和观念束缚，以自我革命、敢为人先的勇气，用披荆斩棘、一往无前的闯劲，找到解决问题的答案，拿出消除障碍的举措，以重点突破带动整体推进，推动阿拉善各项事业全面发展。

第四，大力解放思想，必须在激励干部担当作为上下功夫。解放思想是对惯性思维和主观偏见的破除，是对落后观念和传统路径的摒弃。敢不敢坚持解放思想，能不能做到真抓实干，考验着我们的工作作风和能力水平。当前，全盟干部队伍的作风总体是好的，但与新时代新使命新要求相比差距还不小，有的干部思想保守、观念落伍，小富即安、不思进取，干工作沉迷于老套路、旧招数；有的干部只想当官、不想干事，这山望着那山高，工作得过且过、创业激情不高；有的干部不担当、不作为，怕出事，不干事，奉行"既不落后头，也不出风头"；有的干部作风漂浮，表态多调门高、行动少落实差，工作能推则推、能拖则拖，缺乏主动意识和奉献精神。我们解放思想，必须改在作风上、落到行动中，坚决向思想僵化宣战、向为官不为亮剑、向作风顽疾开刀，激励广大干部把心思放到干事创业上，把功夫下到真抓实干上，在推动阿拉善改革发展中体现新担当、展现新作为、创造新业绩。

因循守旧没有出路，畏缩不前坐失良机。我们就是要通过解放思想，更好地凝心聚力，进一步统一行动、统一步调，使全盟上下心往一处想、劲往一处使，汇聚起推动阿拉善经济高质量发展的磅礴力量；就是要通过解放思想，更好地登高望远，跳出当地、跳出自然条件限制、跳出阿拉善，用高度的政治站位、宽广的世界眼光、强烈的大局意识思考、谋划、推进发展，走出一条符合阿拉善实际的高质量发展路子；就是要通过解放思想，更好地革故鼎新，坚决摒弃固化的思维定式、过时的发展观念、传统的路径依赖，用新思想研究新问题、用新理念落实新任务、用新举措开创新局面，将解放思想的成果转化为推动改革发展的不竭动力；就是要通过解放思想，更好地提振精气神，引导广大干部不忘初心、牢记使命，以“功成不必在我”的精神境界和“功成必定有我”的历史担当，发扬钉钉子精神，一张蓝图绘到底，一任接着一任干，创造无愧于新时代的新业绩。

三、突出重点任务，保持战略定力，全力推动阿拉善经济高质量发展

今年是新中国成立 70 周年，是全面建成小康社会关键之年。中央提出，今年经济工作的总体要求是：以习近平新时代中国特色社会主义思想为指导，全面贯彻党的十九大和十九届二中、三中全会精神，统筹推进“五位一体”总体布局，协调推进“四个全面”战略布局，坚持稳中求进工作总基调，坚持新发展理念，坚持推动高质量发展，坚持以供给侧结构性改革为主线，坚持深化市场化改革、扩大高水平开放，加快建设现代化经济体系，继续打好三大攻坚战，着力激发微观主体活力，创新和完善宏观调控，统筹推进稳增长、促改革、调结构、惠民生、防风险工作，保持经济运行在合理区间，进一步稳就业、稳金融、稳外贸、稳外资、稳投资、稳预期，提振市场信心，增强人民群众获得感、幸福感、安全感，保持经济持续健康发展和社会大局稳定，为全面建成小康社会收官打下决定性基础，以优异成绩庆祝中华人民共和国成立 70 周年。这是我们做好今年经济工作的总遵循，每一条都很关键，我们要结合阿拉善具体实际，深刻理解、准确把握、坚决贯彻。

根据中央、自治区总体目标和我盟实际，盟委确定今年经济发展的主要预期目标是：地区生产总值增长 7%，固定资产投资增长 10%，社会消费品零售总额增长 7%，一般公共预算收入增长 8%，城乡居民人均可支配收入分别增长 7% 和 8%。这是底线目标，必须确保完成。之所以确定这样的目标，主要考虑：一是有基础。煤化工、盐化工、精细化工等主力产业价格回升、产销向好，文化旅游、沙产业等新兴产业快速发展，特别是去年建成的年产 20 万吨己内酰胺、50 万吨焦油加氢、20 万吨合成蜡、24 万吨 LNG 等一批重大项目将释放产能效益。二是有条件。我们将进一步加大交通基础、城乡建设、生态环保、社会事业等方面的投入力度，加快推进风光发电、能源化工、盐碱化工、口岸物流等领域重大项目建设，这都符合中央、自治区的政策和投资导向，便于更好地发挥投资拉动作用。三是有潜力。银额盆地、巴彦—河套盆地油气勘探取得重大突破，北山、狼山—渣尔泰山、龙首山等重点成矿带勘探开发力度加大，金、铂、钼、硅、石墨等矿产资源品位高、前景好，风光资源优势尚未转化为产业优势，而且煤化工、盐化工、精细化工、沙产业等产业的规模效益正在不断提升。四是有需求。阿拉善是经济欠发达地区，经济总量小，必须要保持合理的必要的增长速度，否则我盟与其他盟市和地区的发展差距会越来越大。这是落实经济高质量发展的需要，是顺应人民日益增长的美好生活需要，有利于扩大就业、改善民生、化解债务、稳定预期。各旗区要自加压力抓发展、不待扬鞭自奋蹄，在这个底线目标基础上再加 2 个百分点，这也是全盟今年争取实现的奋斗目标，盟委、行署鼓励和支持各旗区争先晋位、比学赶超、争创一流。总之，确立这样的目标，符合中央、自治区要求，符合盟情实际，既遵循了稳中求进的工作总基调，又体现了跳起来摘桃子的激励性。当然，这些目标绝不是轻轻松松就能实现的，必须付出更为艰苦的努力。

围绕上述要求和目标，我们要坚持和完善历届盟委确立的发展定位和发展思路，整体推进、重点突破，力争实现“六个提升”。

第一，继续打好三大攻坚战，着力提升攻坚战

果。打好三大攻坚战，不仅是经济发展问题，更是重大政治问题，是对各级各部门和领导干部贯彻落实中央决策部署的政治检验、能力检验、作风检验。我们要坚持问题导向，精准施策发力，务求取得实效。

要打好防范化解重大风险攻坚战。防范化解政府债务风险，重点在“坚定、可控、有序、适度”上下功夫，按照既定方案，综合施策，多措并举，确保今年29.63亿元债务化解任务全面完成，其中“十个全覆盖”工程债务全部化解。化债并不是不让举债，不能“谈债色变”“裹足不前”，要坚持开正门、堵后门，依法合规合理举债，特别要抓住用好中央增加地方政府专项债券规模的机遇，扎实做好重点项目前期工作，积极主动全力争取进入国家、自治区的“大盘子”，保证重点项目建设资金需求。要树立过紧日子的思想，优化财政支出结构，严格压缩一般性支出，提高财政资金使用效益。政府要算好投入产出账，预算安排投入每分钱都要考虑产出什么样的效益来，发挥好“四两拨千斤”的作用。要做大国有企业，盘活国有资产，在化债中释放能量。要加强金融风险源头管控，强化债务管理、审计监督，健全风险隐患预警和应急处置机制，积极协调化解企业债务，降低不良贷款率，坚决守住不发生系统性风险的底线。

要打好脱贫攻坚战。经过全盟上下的共同努力，我盟脱贫攻坚初战告捷，但脱贫成果还不是很稳固，决不能马放南山、刀枪入库。必须按部就班地干、持之以恒地抓，保持目标不变、靶心不散，注重扶贫同扶志、扶智相结合，在打得准、干得实上下功夫，在开对“药方”、拔掉“穷根”上下功夫，着力增强扶贫对象和贫困嘎查自我发展能力，建立健全因病因残致贫人口脱贫长效机制，确保脱贫成效获得群众认可、经得起实践和历史检验。要高度关注收入水平略高于建档立卡贫困户的群体，采取针对性强、作用直接、效果可持续的措施，切实解决好他们生产生活中存在的问题，防止这些群体滑入贫困行列。

要打好污染防治攻坚战。生态环境是阿拉善的生命线，是大自然赋予阿拉善的宝贵财富。我们必须坚决摒弃天高地大、环境容量也大的片面认识，以高度的政治站位和政治觉悟坚定不移抓好环境污染防治工作。要深入推进“蓝天行动”，严格执行环保标准，推动重点行业污染源治理、“散乱污”企业整治，深化乌海及周边等重点区域联防联控联治，采取综合举措有效防范沙尘暴等天气，努力让阿拉善的蓝天永现。要深入推进“碧水行动”，全面落实河湖长制，突出抓好额济纳河、居延海生态治理，持续开展井灌区地下水超采治理，严格保护饮用水水源，健全城镇、园区污水处理和中水回用系统，切实保护好、利用好宝贵的水资源。要深入推进“净土行动”，以农用地和重点行业企业用地为重点，加强监测监控和风险管控，深化农牧业面源污染防治，特别要保护好金色沙漠和优美曲线，让壮美多姿的阿拉善大地永放光彩。

第二，调整优化经济结构，着力提升发展质量效益。推动阿拉善经济高质量发展，调整优化经济结构是必由之路。我们要坚持工业集中、农业收缩、牧业适度、沙产业规模和清洁能源理性发展，围绕建设现代化经济体系，积极调结构，主动转方式，加快新旧动能转换，推动全盟经济发展向形态更高级、分工更优化、结构更合理迈进。

要充分发挥投资的关键作用。阿拉善是欠发达地区，需要投入的地方很多，必须保持有效投资力度，发挥投资在补短板、调结构、增后劲中的作用，促进经济持续健康发展。要选准投资领域和方向，优化投资结构，聚焦基础设施、生态环保、城乡建设、社会事业、特色产业等关键领域和薄弱环节，以投资打通转型堵点、疏通发展脉络。抓投资关键要抓项目，各旗区各部门要用好用足用活中央和自治区的产业政策、投资政策，有针对性地谋划一批大项目好项目，特别要利用封冻时节抓紧做好项目开工的前期工作，集中精力推动一批重大项目落地建设，形成规划项目抓储备、新建项目抓开工、在建项目抓进度、建成项目抓运行的良好局面。要深化投融资体制改革，创造更为宽松的投资环境，加大招商引资力度，激发民间投资活力，调动企业投资积极性，用好多层次资本市场，鼓励社会资本投向重点领域，支持各类资金流向实体经济，形成市场化、多元化的投融资格局。

要加快推进产业转型升级。传统产业不等于落后产业。煤化工、盐化工、精细化工是我盟经过长期培育成长起来的支柱产业，既是经济平稳增长的重要基础，也是财政收入的主要来源，必须毫不动摇地抓在手上，通过实施延链补链强链项目，调优存量，做优增量，扩大总量，加快推动煤化工、盐化工、精细化工等传统产业工艺升级、产业升级、功能升级、链条升级，实现产业产品由低端低质向高端高质迈进。新兴产业是经济高质量发展的潜力和希望所在。要加快发展清洁能源、文化旅游、沙产业等新兴产业，着力构建多元发展、多极支撑的现代产业体系。要围绕打造国家重要的清洁能源示范基地，着力解决通道和消纳两个关键问题，加快建设160万千瓦风电项目，全力推动1000万千瓦风光电基地项目落地实施。要围绕打造国家重要的沙产业示范基地，着力解决企业培育不足和科技支撑不够问题，大力推动沙产业做大规模、做优品牌、做强实力。要围绕打造国际旅游目的地，着力解决文化旅游发展市场化问题，创新越野e族阿拉善英雄会景区经营管理体制，积极创建国家5A级旅游景区，力争年内实现5A级旅游景区零的突破、4A级旅游景区新的增加，确保旅游人数和旅游收入持续快速增长。

要大力推动科技创新。习近平总书记强调："一个地方、一个企业，要突破发展瓶颈、解决深层次矛盾和问题，根本出路在于创新，关键要靠科技力量。"要以推动产业转型升级、打造经济增长新动力为目标，坚持政府主导、企业主体、市场导向、人才为基、重点突破，加大科技投入、平台建设、机制创新力度，加快建立产学研协同创新机制，围绕改造提升煤化工、盐化工、精细化工等传统产业，围绕加快发展沙产业、蒙医药、新材料等新兴产业，实施工艺、技术等科技攻关，解决好产业发展"卡脖子"问题，尽快形成一批具有自主知识产权的科研成果，培育一批创新骨干企业，打造一批阿拉善名优品牌，使科技创新成为经济高质量发展的主要驱动力。要加强信息基础设施建设，推进信息资源深度整合，打通经济社会发展的信息"大动脉"，深入实施"互联网+"行动，推动全盟各领域各方面特别是智慧城市建设和产业发展数字化、智能化，加快发展数字经济。

第三，深入推进改革开放，着力提升经济发展活力。改革开放40年来，阿拉善经济社会发展取得的巨大成就，靠的是改革开放，未来发展也必须坚定不移依靠改革开放。我们一定要以永不停歇、永不止步的姿态，推动改革开放全面深化，为阿拉善经济社会持续健康发展注入源头活水。

要加快全面深化改革步伐。按照"巩固、增强、提升、畅通"八字方针，深化供给侧结构性改革，巩固扩大"三去一降一补"成果。要以增强微观主体活力为重点，以深化经济体制改革为主轴，使各方面改革协同推进、形成合力，坚决打破各种各样的"卷帘门""玻璃门""旋转门"，深化"放管服""最多跑一次"等重点领域和关键环节改革，尽可能削减微观领域管理事务和具体审批事项，全面推行网上办、马上办、首问负责制等制度，让"群众少跑腿""数据多跑路"，做到企业和群众办事不求人，特别是针对企业开办和工程建设项目审批效率低、环节多、时间长等问题，推动流程再造，让企业和群众真正感到办事便捷、服务满意。要强化政策供给和执行，在全面落实中央、自治区扶持民营经济发展政策的基础上，盟里再出台一些务实管用的措施，进一步激发市场活力和大众创业、万众创新潜力，切实增强市场主体获得感。各级各部门要以服务企业发展为导向，对企业反映的问题，要依据法律政策研究“怎么能行、怎么能办就怎么办”，真心实意帮助企业解决实际困难，决不能“这也不行、那也不行”。

要扩大高水平开放。习近平总书记指出：“历史已经证明，只有坚持开放合作才能获得更多发展机遇和更大发展空间，自我封闭只会失去世界，最终也会失去自己。”我们一定要放眼全球、面向全国，以开放的姿态、包容的胸襟，打开大门搞建设，主动融入“一带一路”、西部大开发等国家发展战略，深化同蒙古国等国家和国内发达地区的交流合作，开拓好国内外两个市场，利用好国内外两种资源，大力发展外向型经济，加快建设服务丝绸之路经济带和中蒙俄经济走廊的重要通道。要以打造国际口岸为目标，加快推进策克肉类指定口岸和自治区开发开放试验区建设，高起点高标准推进乌力吉口岸基本建设，力争年内通关过货。要通过强化对接、健全机制、深化合作等举措，加快建设向北开放的重要桥头堡，构筑向西开放的国际经贸通道，拓展向南向东合作新空间，形成北开南联、东进西出的开放新格局。扩大开放的实际成效最终要落实到具体项目上、体现在合作共赢上。我们必须强化项目带动意识，围绕我盟产业发展重点，精心搞好项目策划，找准互利共赢结合点，大力引进产业关联度高、带动能力强、发展潜力大的龙头企业和重大项目，大力引进资本、技术、人才等高端要素，加快培育经济新增长极和竞争新优势。

第四，统筹推进城乡区域发展，着力提升全面协调可持续发展水平。习近平总书记指示我们，只有走集中集聚集约发展的路子，才能改变幅员辽阔、地广人稀、生产要素分散的状况，才能形成有竞争力的增长极。这对于阿拉善更具有重大的现实意义和深远的历史意义，为我们更好地统筹城乡区域发展提供了根本遵循和行动指南。

要大力推动旗区协同发展。各旗区要发挥自身优势，按照全盟区域分工和产业布局，搞好产业对接协作，理顺产业发展链条，坚持差异化发展，不搞同质化竞争，形成功能布局合理、区域分工清晰、产业定位准确、特色优势明显的区域协同发展格局。比如，阿左旗要着力在打造越野e族阿拉善英雄会旅游品牌、发展先进制造业、沙产业、奇石文化、绿色农畜产品加工、现代服务业等产业上下功夫。阿右旗要依托阿拉善双峰驼种质资源和骆驼研究院科技支撑，着力在健全产业链条、推进精深加工、研发高端产品上下功夫，努力打造全国骆驼产业研发和生产基地。同时要利用好雅布赖工业园区现有基础，在产业目录清单范围内，适度发展相关联的先进盐碱化工项目。额济纳旗要全力推动北山成矿带地质勘查尽快取得突破，同步搞好矿产资源科学开发利用规划，构建采选冶加全链条产业，推动矿业经济绿色化、集群化、规模化、循环化发展，打造额济纳北山矿业集聚开发区。要推动额济纳旗与基地一体化发展，统筹推进基础设施建设、军地资源共享、科技协同创新、社会事业发展，形成全要素、多领域、高效益的军民融合深度发展格局，把额济纳旗打造成为军民融合创新示范区。要按照优势互补、区域一体原则，以基础设施一体化为优先领域，以产业结构优化升级为联动重点，推动阿拉善高新技术产业开发区与乌兰布和生态沙产业示范区一体化发展，加快打造国家级高新技术产业园区，更好发挥大园区的产业集聚和溢出效应。腾格里经济技术开发区要按照“3个功能区”定位，加快推进园区产业转型升级。

要大力推动城乡融合发展。坚持新型城镇化与乡村振兴两手抓，发挥新型工业化、信息化、城镇化对乡村振兴的辐射带动作用，促进城乡统一规划、产业合理布局、基础设施互联互通，不断缩小城乡差距。各旗区都要围绕打造国际旅游目的地目标，高起点规划、高标准建设、高水平经营、精细化管理城镇，规划建好城中绿地、城郊绿带，完善水电路气等基础设施，强化社区管理、物业服务、文体供给等公共服务，着力塑造彰显时代特征、文化特色、民族特点的宜居宜业宜游城市，特别要结合棚户区改造，优化城镇功能区划，为城镇发展多添绿、多留白，切实提高城镇的品位和魅力。要深入实施乡村振兴战略，遵循乡村建设规律，把握乡村差异性，因村制宜、注重质量、从容建设。要着力在补齐农牧业农牧村发展短板上下功夫，突出垃圾污水处理、厕所革命、村容村貌提升等重点，学好用好浙江“千万工程”经验，深入实施农村牧区人居环境整治三年行动，坚持量力而行，注重系统治理，健全管护机制，不断谱写阿拉善美丽乡村新篇章。

第五，加快推进绿色发展，着力提升生态环境质量。习近平总书记指出：“绿色生态是最大财富、最大优势、最大品牌，一定要保护好，做好治山理水、显山露水的文章，走出一条经济发展和生态文明水平提高相辅相成、相得益彰的路子。”我们要从生态环境脆弱实际出发，牢固树立绿色发展理念，坚决扛起保护阿拉善生态环境的政治责任，坚定不移走生态优先、绿色发展道路，加快建设国家重要的生态功能示范区。要把绿色发展理念贯穿经济社会发展全过程，更加自觉地推动绿色发展、循环发展、低碳发展，让老百姓切实感受到经济发展带来的实实在在的生态效益。要按照划定的生态红线，科学布局生产空间、生活空间、生态空间，统筹推进山水林田湖草沙系统治理，深入实施天然林保护、退牧还草等生态项目，全面落实草原禁牧休牧和草畜平衡制度，持续开展重点区域绿化，巩固提升腾格里环境整治、贺兰山生态环境治理、胡杨林保护区退耕等成果，给子孙后代留下天蓝、地绿、水净的美好家园。要深化生态环境保护综合行政执法改革，完善生态环境保护制度机制，严厉打击破坏生态环境行为，用最严格的制度、法治、考核、问责保护生态环境。

第六，精心做好民生工作，着力提升群众的获得感、幸福感、安全感。今年是新中国成立70周年，做好改善民生、维护稳定工作，意义尤为重大。要坚持以人民为中心的发展思想，从群众关心的事情做起，从让群众满意的事情做起，把好事办实、实事办好。

要着力保障和改善民生。围绕提高城乡居民收入，扎实做好稳就业、促创业工作，重点解决好高校毕业生、转移农牧民、退役军人等群体就业，完善工资支付保障机制，以就业创业带动居民收入增长。围绕办好人民满意的教育，重点解决好校园建设、设施配备和教师专业素质提升问题，突出抓好学前教育和名优教师选聘，让阿拉善每个孩子都有好学校上、能上好学。要围绕提高医疗卫生技术水平，重点解决好卫生人才紧缺、队伍素质提升和深化同盟外名优医院合作问题，织密筑牢医疗保障网，特别要把更多救命救急管用的好药纳入医保，让群众看得上病、看得了病、看得起病。要积极培育和践行社会主义核心价值观，深入推进创建全国文明城市活动，大力发展乌兰牧骑事业，加快城乡公共文化设施建设，加强文化遗产保护传承和文化产业发展，不断丰富人民群众精神文化生活。

要深入推进平安阿拉善建设。要大力弘扬阿拉善民族团结的优良传统，深入践行守望相助理念，深化民族团结进步教育，加快创建全国民族团结进步示范盟。要坚持宗教中国化方向，依法加强宗教场所、活动、人员管理，引导教育宗教界人士和信教群众爱党爱国、尊法守法、正信正行，坚决抵御境外宗教渗透，切实维护宗教领域和谐稳定。要深入推进双拥共建，全力支持驻地部队建设，深入开展国防教育，全面落实退役军人安置政策，发扬光大阿拉善军民团结一家亲的光荣传统，筑牢保卫边疆安宁的铜墙铁壁。要始终绷紧安全稳定这根弦，拧紧头脑中的“安全阀”，深化扫黑除恶专项斗争，切实抓好信访化解、安全生产、食品药品安全等工作，特别要围绕庆祝新中国成立70周年、举办越野e族阿拉善英雄会等重大活动，做实做细安保预案，坚决防止发生群体事件和重大事故，确保社会大局安全稳定。

四、坚持从严治党，营造政治生态，为推动阿拉善经济高质量发展提供坚强保证

做好阿拉善工作、办好阿拉善事情，关键在党，关键在党要管党、从严治党。要全面贯彻新时代党的建设总要求，突出加强党的领导，聚焦全面从严治党，努力在营造风清气正的政治生态上走在全区前列。

第一，加强党的政治建设。党的政治建设是党的根本性建设，决定党的建设方向和效果。要坚定不移把党的政治建设摆在首位，深入学习贯彻习近平新时代中国特色社会主义思想和党的十九大精神，扎实推进“两学一做”学习教育常态化制度化，教育引导广大党员干部树牢“四个意识”，坚定“四个自信”，做到“两个维护”，坚定坚决、不折不扣贯彻落实党中央决策部署，始终做到地方和部门的一切工作部署都以贯彻党中央精神为前提，始终做到维护党中央一锤定音、定于一尊的权威，始终做到在思想上政治上行动上同以习近平同志为核心的党中央保持高度一致。要坚持党管宣传、党管媒体，认真落实意识形态工作责任制，管好阵地、管好导向、管好队伍，坚持正确的政治方向、舆论导向和价值取向，及时有效做好解疑释惑、疏导情绪、凝聚共识工作，讲好阿拉善故事、传播阿拉善声音、展示阿拉善形象。

第二，严肃党内政治生活。习近平总书记强调：“从严治党，最根本的就是要使全党各级组织和全体党员干部都按照党内政治生活准则和党的各项规定办事。”要严格执行新形势下党内政治生活若干准则，着力增强党内政治生活的政治性、时代性、原则性、战斗性，使党内政治生活严起来、实起来。要坚持民主集中制，发扬党内民主，深入调查研究，广泛听取意见，做到科学决策、民主决策、依法决策。要严格党的组织生活，坚持“三会一课”、民主生活会和组织生活会、谈心谈话等制度，用好批评和自我批评武器，确保党的组织生活经常、认真、严肃。要严格执行中国共产党支部工作条例，把抓好党支部作为组织体系建设的基本内容、管党治党的基本任务、检验党建工作成效的基本标准，加强基层党组织标准化规范化建设，推动党的组织和党的工作全覆盖，形成大抓基层、大抓支部的鲜明导向。

第三，打造高素质专业化干部队伍。能否选对人、用好人是关系政治生态的大事。要全面贯彻新时代党的组织路线，把政治标准放在第一位，树立正确选人用人导向，坚持有为才有位，突出实干实效，对坚持原则、敢抓敢管、勇于担当的干部要大胆使用，对不担当不作为的干部，该免的免、该调的调、该降的降，使选任的干部组织放心、群众满意、干部服气。要重视优秀年轻干部培养使用，合理使用各年龄段干部，统筹女干部、少数民族干部、党外干部培养选拔，加强干部交流和能上能下，不断优化领导班子结构。要把从严管理干部贯穿干部队伍建设全过程，管到位、管到点子上，保护干部干事创业的积极性。要激励干部担当作为，全面落实“三个区分开来”的重要要求，旗帜鲜明为敢于担当的干部撑腰鼓劲，让忠诚干净担当的干部有广阔舞台，让不敢担当、不干实事的干部无立锥之地。要真情关心关爱干部，认真落实干部带薪休假制度，保障干部职工正常福利待遇，让干部安心、安身、安业，更好履职奉献，特别要解决好苏木镇干部工作生活中的实际困难，让基层干部有劲头、有奔头。

第四，深入推进党风廉政建设。作风的“病垢”不除，腐败的行为不绝，风清气正的政治生态就难以形成。要保持正风肃纪惩腐的战略定力，强化压力传导，健全责任链条，强化不敢腐的震慑，扎牢不能腐的笼子，增强不想腐的自觉，推动全面从严治党向纵深发展。要严格落实中央八项规定和实施细则精神，紧盯不敬畏、不在乎、喊口号、装样子的问题，坚决反对“四风”，严肃查处群众身边的不正之风和“微腐败”。要深入净化基层政治生态，全面开展整治“懒官、庸官、乖官、巧官”问题、净化机关政治生态行动，激浊扬清，正本清源，大力营造风清气正、崇廉尚实、干事创业的浓厚氛围。要坚持纪在法前、纪严于法，用好监督执纪“四种形态”，抓早抓小、防微杜渐，让党员干部知敬畏、存戒惧、守底线。要坚持有腐必反、有贪必惩，坚持无禁区、全覆盖、零容忍，坚持重遏制、强高压、长震慑，严肃查处不收敛不收手、以权谋私、失职渎职等案件，严肃查处“小官大贪”、侵占挪用等侵害群众利益的腐败问题，决不让腐败分子有藏身之地。

第五，发展积极健康的党内政治文化。党内政治文化积极健康，政治生态就会风清气正，党内政治文化出了问题，政治生态必然受到污染。要深化理想信念教育、党性教育、党史教育，传承弘扬中华民族优秀传统文化、革命文化和社会主义先进文化，积极倡导忠诚老实、光明坦荡、公道正派、实事求是、艰苦奋斗、清正廉洁等价值观，以学益智、正心修身。要旗帜鲜明抵制和反对关系学、厚黑学、官场术、“潜规则”等庸俗腐朽的政治文化，坚决反对当面一套、背后一套的两面派、两面人，坚决反对拉帮结派的圈子文化、码头文化，自觉抵制商品交换原则对党内生活的侵蚀，不断涤荡歪风邪气，以正气充盈的政治文化涵养山清水秀的政治生态。

各级党委要充分发挥总揽全局、协调各方的领导作用，大力支持人大依法行使职权、履行监督职责，支持政府依法行政、转变职能，支持政协加强政治协商、民主监督和参政议政，支持法院、检察院依法独立公正行使审判权和检察权，支持民主党派、工商联、无党派人士积极发挥作用，切实做好党外知识分子、非公有制经济人士和新的社会阶层人士等统战工作，充分发挥工青妇等群团组织桥梁纽带作用，扩大团结面，凝聚正能量，巩固发展生动活泼、安定团结的政治局面。

盟长在2019年盟委（扩大）会议上的讲话

代　钦

（2019年1月7日）

一、2018年工作回顾

过去的一年，在自治区党委、政府和盟委的坚强领导下，全盟上下深入学习贯彻习近平新时代中国特色社会主义思想和党的十九大精神，坚持稳中求进工作总基调，攻坚克难、锐意进取，保持了经济持续健康发展和社会大局和谐稳定。预计全盟地区生产总值增长7.5%，一般公共预算收入增长11.8%，社会消费品零售总额增长8%，城乡常住居民人均可支配收入分别增长7.3%和8.5%。

我们多措并举，推动三大攻坚战取得实效。化解政府债务 80.4 亿元，消化处置不良贷款 22.9 亿元，不良贷款率较上年降低 10 个百分点，财政金融风险总体可控。建档立卡贫困户全部退出，贫困发生率降为零，在全区率先实现“人脱贫、村出列、旗摘帽”。实施大气、水、土壤污染治理项目 185 个，重点区域环境整治成效明显，中央环保督察反馈意见全部整改。

我们凝心聚力，推动发展质量稳步提升。“三去一降一补”持续见效，退出煤炭产能 60 万吨，商品房去库存 31.9%，企业直接融资增长 8.1%，实现企业减负 15.4 亿元，131 个盟级重点项目完成投资 163 亿元。工业发展质效齐增，己内酰胺、焦油加氢等一批项目建成投产，1-11 月规上工业企业利润总额增长 142.8%，预计全年规上工业企业总产值增长 20%。旅游业发展势头强劲，接待游客和旅游收入达 1928 万人次、173 亿元，增长 54%、38%。沙产业、新能源、军民融合等新产业新动能加快成长，沙产业博览会、高峰论坛、创新创业大赛成功举办，160 万千瓦特高压风电外送指标落户我盟，国防科技产业园等项目稳步推进，纪念中国航天与草原结缘 60 周年系列活动反响强烈。

我们着眼长远，推动发展基础不断夯实。乡村振兴开局良好，农牧业生产总体稳定，推广绿色有机高效农作物 2.4 万亩，建成标准化肉牛、“阿杜”肉羊、双峰驼养殖基地 26 个，规上农牧业企业销售收入增长 12%，农企联合更加紧密，98%的农牧民从产业化发展中受益，过半嘎查村实现垃圾有效治理，创建自治区级乡村振兴示范嘎查村 4 个。巴银快速铁路、长中一级公路等重大基础设施项目有力推进，完成阿右旗、额济纳旗机场助航灯光工程。建成城镇景观提升、生态系统改造等 20 个项目，完成棚户区改造 2822 套，成功承办全区城市“双修”现场会。城乡生态环境逐年好转，完成营造林 262.5 万亩、重点区域绿化 16.3 万亩，实现水体“河湖长”全覆盖。

我们抢抓机遇，推动改革开放迸发活力。重点领域改革持续深化，“放管服”力度加大，率先启动“3550”“最多跑一次”改革，开展“减证便民”专项行动，发放“三十二证合一”营业执照 4267 户。科技创新步伐加快，新增国家高新技术企业、院士专家工作站等平台载体 20 个，有效发明专利增长 37.1%。对外开放水平进一步提高，策克口岸通关能力不断加强，进出口货物 1413 万吨，乌力吉口岸基础设施建设有序推进。招商引资取得新进展，签约项目 96 个，落地 30 个，引进到位资金 75 亿元。

我们持之以恒，推动民生事业全面发展。创业就业再创佳绩，城镇登记失业率全区最低。各类教育协调发展，幼儿入园率、义务教育巩固率、高中入学率均高于全区平均水平。社会保障体系不断完善，救助管理进一步加强，多项指标位居全区前列。公共文化服务体系更加完善，“美在阿拉善”岩画和居延汉简展、纪念乌兰牧骑 60 周年活动成功举办。公立医院综合改革进一步深化，基本药物制度全面落实。社会治理平稳有序，扫黑除恶专项斗争扎实开展，打掉恶势力集团 2 个、涉恶团伙 13 个，平安阿拉善加快建设，安全生产监管持续强化，应急保障水平不断提升，信访积案逐步化解，民族团结宗教和顺，社会大局和谐稳定。

过去的一年，虽然全盟经济社会发展各项工作取得了一定成绩，但与新时代新形势新发展要求还有很大差距，主要体现在：产业结构距离高质量发展要求仍有较大差距，传统优势产业市场主导能力减弱，新动能尚未催生培育新的支柱产业，现代服务业发展滞后；创新动力和能力不足，人才匮乏、资金短缺、硬件薄弱，金融服务实体经济支撑作用不足；生态环境较为脆弱、城乡发展差距较大、基础设施相对落后等发展短板依然突出，高质量供给公共服务的能力有待提升；法治政府、廉洁政府建设仍需不断加强，等等。对此，我们必须高度重视，追根溯源，采取有效措施加以解决。

同志们，步入新时代，机遇与挑战并存，动力与压力同在。我们正处于一个逆水行舟、不进则退的时代，一个比拼毅力、考验意志的时代，一个担当作为、砥砺奋进的时代。因此，我们一定要精诚团结，认清发展形势，坚定发展信心，务实创新、奋勇拼搏，不断开创全盟经济社会发展新局面。

二、2019 年工作安排

今年是建国 70 周年，是全面建成小康社会和实现“十三五”规划目标的关键之年，我们要把思想和行动统一到中央关于“巩固、增强、提升、畅通”的重大方针上来，努力做好经济社会各项工作。刚才杨博书记的讲话，立足全盟发展大势，围绕为什么解放思想、靠什么解放思想、怎么样解放思想、解放思想要实现什么效果等方面进行了深刻阐述，为全盟工作指明了方向、提供了遵循，确立了目标、提出了要求。我们一定要咬定青山不放松，创新思路添举措，脚踏实地抓落实。

2019 年全盟经济社会发展的主要预期目标是：地区生产总值增长 7%，一般公共预算收入增长 8%，城乡 500 万元以上固定资产投资增长 10%，社会消费品零售总额增长 7%，城乡常住居民人均可支配收入分别增长 7% 和 8%。各项约束性指标控制在自治区下达范围之内。

为实现上述目标，重点要抓好以下十个方面工作。

第一，全力保持经济稳定增长。稳增长是高质量发展的基本前提。我们必须坚持发展第一要务，不走高负债保增长的老路，不断增强做好经济工作的主动性、针对性和实效性。

*一是加强经济运行监测调度。*继续实施盟旗领导包联重点企业重点项目、政银企座谈对接等制度，“一企一策”精准帮助企业解决实际困难。对正常生产企业，积极帮助开拓市场，促进企业满负荷生产；对停产半停产企业，着重从资源、成本、效益入手，找准症结、对症下药，帮助有市场空间的企业复产达效；对复产困难企业，帮助引进同行业企业兼并重组，推动上下游企业联合发展；对小微企业，从政策、资金等方面推行“订单式”服务，积极扶持做大做强。

*二是加大民营经济支持力度。*把民营企业和企业家真正当作自己人，进一步细化、实化各类扶持措施，激发民营经济发展活力，保护企业家精神，重点推动庆华、太西、沙恩等骨干企业良性发展。要着力解决融资难融资贵问题，认真落实小微企业贷款风险补偿基金制度，建立“政银保”风险共担机制，推动提高民营企业贷款占比和覆盖面。大力推进企业上市挂牌三年实施计划，引导民营企业参与多层次资本市场直接融资。统筹用好惠企扶持政策，打好降低企业税费、用能、用地、用工、物流等成本的“组合拳”，健全完善政策落实评估、督查、整改长效机制。特别要改进涉企督查检查方式，依法审慎作出关停企业决定，杜绝执法中采取“一刀切”等简单粗暴做法，最大限度避免劳企扰企伤企。

*三是加快创新驱动发展。*深化厅盟会商、院地合作、校地合作，充分发挥企业创新主体作用，加快建设院士专家工作站、高新技术孵化园、工程技术研究中心、重点实验室等平台载体。围绕重点产业布局，实施重大科技专项，开展应用技术攻关，加快煤盐化工技改、驼血多肽、沙漠土壤化等关键技术创新研发和成果转化，积极开展技术转化交易中介服务，打通创新成果向现实生产力转化通道。要加大高新区创建力度，新增一批国家高新技术企业，力争国家级高新技术产业开发区早日创成。

*四是扩大有效投资补短板。*实施盟级重点项目 110 个，总投资 938 亿元，年度计划投资 209 亿元；实施重大前期项目 40 个，总投资 2840 亿元。

加强交通基础设施建设，建成长流水至中卫、巴彦诺日公至孟根至雅布赖一级公路，力争巴彦浩特至银川快铁、北银根至哈日苏海至路井公路年内开工，推动达来呼布至东风航天城、英雄会至武威、东风航天城至十四基地公路项目尽早实施，推进乌力吉至苏宏图铁路、阿左旗机场升级支线机场工作。加强水电基础设施建设，加快实施巴彦浩特防洪、策克第二水源地供水等重点水利工程和宗别立220千伏、厢根达来110千伏等输变电工程，做好腾格里引黄供水等项目前期工作。围绕产业转型升级创新招商引资方法，主动“走出去”承接京津冀、长江经济带、江浙一带产业转移。

第二，加快推动制造业发展。制造业是壮大实体经济的重要抓手。我们必须加快新旧动能转换，盘活存量，做优增量，推动制造业高质量发展。

一是实施园区振兴工程。科学确定工业园区产业发展方向，合理摆布园区产业，围绕主导产业延链、补链、强链，规避同质化竞争，使现有工业园区转型升级、竞相发展，促进产业集聚集群集约发展。加快阿拉善高新区与乌兰布和示范区一体化发展，推进国际陆港、医药化工园、循环产业园等专业园中园建设；加快腾格里开发区“一园两区”建设，推进功能定位及产业布局调整。

二是加快传统产业转型升级。自治区经济工作会议上李纪恒书记指出：“传统不等于落后，煤炭、电力、化工、农畜产品加工等传统产业是我区的当家产业，必须做强做优，不能做弱做丢。”要立足资源禀赋和产业基础，推动煤盐化工产业交叉互补、循环耦合发展，实现“挖煤卖煤”向“煤头电尾”“煤头化尾”转变。要全力推动额济纳北山矿业集聚开发区建设，争取政策、项目和资金支持，打造自治区新型矿产资源综合利用示范样板。要加强重大产业项目建设，推动齐晖化学原料药、浩普科技阻燃剂、格雅高新材料锦纶6号、鲲鹏医药中间体、世杰农药等项目年内建成投产。

三是大力培育新产业新动能新增长极。要大力发展提升沙产业，加快建设“三个百万亩”产业基地、沙漠葡萄产业长廊等项目，推进荒漠肉苁蓉、锁阳新食品原料申报，依托沙产业联盟、商会、研究院等加强产学研合作，构建产品研发、生产、加工、销售全产业链。加强沙产业科技示范园基础设施建设，提升配套服务功能，推动沙产业创新创业大赛纳入国赛序列、创新博览会常态化举办。要大力发展现代能源经济，推进阿拉善风光热综合新能源基地及配套电力外送通道建设，推动上海庙160万千瓦风电项目落地实施，加快阳光电源300兆瓦光伏、中铝200兆瓦风电等项目建设，综合利用过境天然气实施国能24万吨民用LNG项目。要大力发展石墨产业，加快建设石墨产业创新共建基地，推动中商碳素等项目落地。要大力发展军民融合空天产业，推进051基地火箭橇延长、阿拉善国防科技产业园等项目建设，推动额济纳旗与两大基地军民融合发展项目落地实施。要大力推进巴彦河套盆地、务桃亥油气勘探开发等项目，力争在新资源开发利用上取得新突破。

第三，做大做强现代服务业。构建现代服务业体系是我盟跨越发展的必由之路。我们必须抢抓市场机遇，发挥比较优势，适应消费需求，发展独具特色的现代服务业。

一是推动文化旅游业提质增效。加快打造国际旅游目的地、国家全域旅游示范区，实现旅游接待人次2250万以上、旅游收入210亿元。加快旅游设施提档升级，积极创建品牌景区，完善居延海、策克口岸等景区功能，新增国家4A级景区2家，力争胡杨林景区年内获评国家5A级，加快完善旅游综合服务设施，围绕吃住行游购娱、商养学闲情奇增加有效供给。加快文化旅游深度融合，抓好英雄会、胡杨节、沙漠节、奇石节、骆驼节等品牌节庆活动，推动旅游景区景点资源整合、联动推广，启动曼德拉-拜兴高勒景区规划和前期调研，积极推进居延遗址群申报世界文化遗产和巴丹吉林沙漠申报世界自然遗产。

二是推动生活性服务业发展。大力发展商贸流通、酒店餐饮、家庭服务、健康养老等生活性服务业，鼓励连锁化、品牌化企业开设专营店，培育限额以上服务业龙头企业，促进消费市场稳步发展。大力开发民族民俗、文化旅游等特色产品，推进善石文创产业、驼乡文创产业发展。积极申报国家地理标志、生态原产地保护产品，提高本土商品的知名度和影响力。

三是推动互联网平台经济发展。推广应用工业云平台，加快建设亿力云计算服务中心，打造“两化”融合示范园区，促进大数据、云计算与实体经济融合发展。大力发展电子商务，支持盟内自建、共建电商平台运营，构建线上线下互动销售新模式。积极布局5G通信，扩大4G覆盖面。

第四，打好打赢“三大攻坚战”。三大攻坚战是全面建成小康社会、实现高质量发展必须跨越的重大关口。我们必须巩固成果、一抓到底，全力推进、务求实效。

一是坚决打好防范化解重大风险攻坚战。要严格执行化债计划，妥善运用安排预算、新增债券、资产处置、债权转移等手段，依法依规化解债务，坚决完成年度化债任务。要强化政府债务限额管理，加强对融资平台、政府投资基金、政府与社会资本合作、政府购买服务的监管，特别是加快推进政府融资平台重组整合、转型发展，坚决遏制隐性债务增量。要加强金融风险防控，着力化解太西煤集团、庆华集团等重点企业债务问题。要严厉打击非法集资、农村牧区高利贷和恶意逃废债行为，坚决守住不发生系统性、区域性金融风险底线。

二是坚决打好精准脱贫攻坚战。坚持扶贫政策不变、力度不减、措施不松，健全贫困识别和脱贫监控长效机制，防止脱贫人口再返贫、贫困边缘人口发生贫困。加强脱贫攻坚与乡村振兴战略深度结合、与社会保障制度有机衔接，在涉农涉牧资金投入、金融扶贫贷款、产业项目扶持、易地扶贫搬迁、劳动力技能培训、社会兜底保障等方面进一步巩固提升，确保脱贫效果。

三是坚决打好污染防治攻坚战。大力推进污染防治攻坚战三年行动，实施大气、水、土壤污染治理项目100项，着力解决重点环境问题，确保完成攻坚任务和减排目标。持续抓好中央环保督察和“回头看”反馈问题整改落实，深化乌海及周边地区环境综合治理，继续巩固腾格里环境治理成果。坚决将“三高”项目拒之门外，严肃查处环境违法行为。

第五，深入实施乡村振兴战略。实施乡村振兴战略是新时代做好“三农三牧”工作的总抓手。我们必须因地制宜，精准施策，循序渐进，积极总结推广国务院第五次大督查表彰阿右旗“三个结合”经验做法，推动阿拉善农村牧区全面振兴、全面进步。

一是大力发展优势特色农牧业。坚持“有机、精品、高端”产业发展导向，推广应用高效节水种植和现代化养殖新技术，加快建设10万亩有机农业、“阿杜”肉羊、百万种鸡、万头沙漠黄牛等产业化项目。抓好地方优良畜种保护繁育，振兴白绒山羊、双峰驼等优势产业，配套建设一批产业园、科技园、创业园，推动乳肉绒全面发展、高端发展。加快建设苍天牧歌、圣牧高科等田园综合体，发展阿拉善人家、大漠人家、胡杨人家、黄河渔村等乡村旅游专业村，打造更多自治区级乡村振兴示范点。

二是完善新型农牧业经营体系。全面推进农村牧区集体产权制度改革，规范引导土地草原有序流转，积极培育新型农牧业经营主体，新规范农牧民专业合作社40户、家庭农牧场和专业大户300户。进一步引导推动农企联合，培育农企利益联结示范联合体9家，让更多农牧民受益。健全农畜产品政策性保险制度，全面开展农村牧区“政银保”合作贷款业务，降低农牧业生产经营风险，激发乡村发展内生动力。

三是加强农村牧区人居环境整治。学习借鉴浙江“千村示范、万村整治”工程经验，以垃圾污水处理、“厕所革命”、村容村貌整治提升为重点，扎实推进农村牧区人居环境整治，打好乡村振兴第一场硬仗。统筹推进农村牧区各类建设，以饮水安全为重点，实施农村牧区饮水安全巩固提升工程479处；以道路通达为重点，积极创建自治区“四好农村路”示范旗县；以完善公共服务为重点，提高农村牧区广播、电视、通信覆盖率，建好管好用好文化、卫生、商贸等便民服务设施。

第六，扎实推进新型城镇化。推进以人为核心的新型城镇化是现代城市发展的必然选择。我们必须坚持规划引领、建管结合，不断提高城镇综合承载能力。

一是加强城镇规划建设。完善中心城镇、建制镇、特色小镇总规、控规和专项规划体系，统筹推进重点城镇建设。要大力推进巴彦浩特城区建设，着眼治理交通拥堵等“城市病”，实施巴丹吉林路、腾格里路等道路改造建设工程；着眼全域旅游城市建设，推进“一带一路”国际雕塑公园、丁香园旅游开发等项目；着眼解决群众关心的突出问题，实施一批供热管网、老旧小区改造、农贸市场提升工程。要塑造旗区中心城镇特色风貌，加快推进巴丹吉林镇生态修复、达来呼布镇道路改造、乌斯太镇景观提升、腾格里园区街景绿化等工程。

二是加强城镇精细化管理。创新城市管理理念，实施城市精细化管理三年行动，深化城市管理综合执法体制改革，提升住宅小区物业管理水平。树牢经营城市理念，依托土地、公共设施资源引入市场化经营项目，因地制宜实施一批高品质房地产项目，推动城市资源升值。着力建设品质城市，保护好历史文化街区和历史建筑，申报巴彦浩特国家级历史文化名城。深入推进阿左旗城市“双修”试点，加快以创建全国文明城市为龙头的“六城同创”。

第七，全面深化改革扩大开放。改革开放是发展进步的活力源泉。我们必须不断解放思想，坚持改革不停顿、开放不止步，持续释放推动高质量发展的不竭动力。

一是深化重点领域改革。稳妥推进党政机构改革，如期完成机构改组、职能划转、人员转隶，确保工作无缝衔接。深化国资国企改革，持续推进经营性国有资产集中统一监管，完善监管权责清单。加快国资国企整合重组，分类推进事业单位改革。深化财税金融体制改革，实施财政支出绩效管理，推进农信社改革。深化投融资体制机制改革，加强政府投资项目审批、建设与管理。

二是持续优化营商环境。加大“放管服”改革力度，全面推开“多证合一”“证照分离”，持续推进政务服务“一网、一门、一次”改革。进一步推进审批服务便捷化，大幅压缩工程建设项目审批、企业开办、商标注册时间。规范行政执法行为，落实“双随机、一公开”监管，清理违反市场原则、妨碍生产要素流动、影响企业活力的政策文件。加强政务诚信建设，兑现政策承诺，确保政策的稳定性连续性，坚决不能“新官不理旧账”。做好营商环境评价，促使各级各部门对标先进、积累经验、优化服务，着力构建亲清新型政商关系。

三是提升对外开放水平。积极参与“一带一路”和中蒙俄经济走廊建设，重点加强同蒙古国全领域、多层次交流合作。按照自治区要求，以策克为枢纽，加快建设额济纳自治区开发开放试验区，辐射自治区西部地区。推进策克进口肉类指定口岸建设，实施中蒙跨境铁路项目，完善服务功能，引进加工企业，努力实现入境资源就地转化增值。加快乌力吉口岸建设步伐，推动蒙方联检区同步开工，力争年内通关。完善推介、运营机制，推进阿拉善国际陆港早日投运。积极协调上级关检机构，加快阿拉善海关和乌力吉边检站筹建运行。加强区域协作，主动融入呼包银榆经济区、沿黄沿边经济带建设，深化产业发展、基础设施、社会民生等方面合作。

第八，大力推进生态文明建设。保护好生态环境是阿拉善对国家对自治区最大的贡献。我们必须树牢“绿水青山就是金山银山”理念，坚决守好生态底线，扎实推动绿色发展。

一是推动生态环境保护建设。依法保护现有森林和草原，严格落实公益林补偿、草原补奖政策，继续实施退牧还草、三北防护林、天然林保护等重大生态修复建设工程，完成草原保护与建设1500万亩、营造林131.5万亩。扎实推进绿色矿山、绿色工厂、绿色园区建设，持续巩固贺兰山、胡杨林保护区环境整治成效。加强饮用水水源保护和地下水超采区综合治理，集中整治乱占、乱采、乱堆、乱建问题，进一步巩固黑河调水成果。

二是健全完善生态文明制度。全面落实“三线一单”管理，严格落实生态文明考核办法和绿色发展指标体系，全面推开领导干部自然资源资产离任审计制度。进一步完善排污许可管理、建设项目环境准入管理等制度措施，开展企业环境行为信用评价。加快编制河湖岸线利用管理保护规划，建立“一河（湖）一档”，推行“一河（湖）一策”，推动河湖长制取得实效。

第九，着力保障和改善民生。人民对美好生活的向往就是我们的奋斗目标。我们必须坚持以人民为中心，尽力而为、量力而行，不断增进人民群众福祉。

一是坚持就业优先发展。积极推进“大众创业、万众创新”，进一步落实就业创业政策，加强创业园、孵化基地建设，鼓励引导高校毕业生、转移农牧民、退役军人等重点群体创业就业。继续实施援企稳岗“护航行动”，加大就业援助力度，动态消除城镇零就业家庭。

二是健全完善社会保障体系。深入推进“全民参保”计划，稳步提升保障水平。进一步完善社会救助体系，提升救助管理规范化水平。加强住房保障体系建设，实施城镇棚户区改造3436套。推进社会体系和治理能力现代化，加快社区民生综合信息系统和社区标准化建设，推进居民就近享受社区服务。

三是推动教育体育事业协调发展。加强教育基础设施建设，实施盟一中迁址新建、蒙中改扩建、乌斯太中学建设等重点工程。建好校长、教师、教研员队伍，深化教学、绩效、招生制度改革，持续通过“绿色通道”引进教育人才。扎实推进全民健身运动，提高竞技体育水平。

四是加快健康阿拉善建设。推进盟疾控中心综合业务楼、吉兰泰医院等项目建设，切实改善医疗条件。加强医疗卫生人才队伍建设，多渠道引进和培养高技能医生。大力发展特色健康服务产业，加快建立“医养结合”养老服务体系。继续推进蒙中医药振兴计划，扶持鼓励蒙中医药传承与创新。

五是推进文化事业繁荣发展。积极争取自治区西部乌兰牧骑培训基地项目，承办好全区第八届乌兰牧骑艺术节。大力推动公共文化设施达标提效，推进文化服务设施共建共享，推广实施“鸿雁悦读计划”。加强文化遗产保护传承，继续推进居延考古遗址公园、阿拉善国际岩画博物馆、胡杨书画院暨美术写生创作基地等项目建设。

六是坚决维护社会大局和谐稳定。加快建立完善“全灾种、大应急”预防处置体系，提高应急救援保障能力，强化公共安全管理，严格落实安全生产“三项责任”，坚决遏制各类重特大事故。加强市场综合监管，加快建立信用监管体系，提升食品药品安全治理能力和保障水平。推进平安阿拉善建设，打造“智慧公安”，增强打防管控和反恐处突能力，深入开展扫黑除恶专项斗争。加强和创新社会治理，完善公共法律服务体系，健全治欠保支长效机制，落实好重点领域信访问题和矛盾纠纷排查化解工作。密切军政军地军民关系，加强新形势下优抚安置。促进各民族共同繁荣发展，努力创建全国民族团结进步示范盟。

第十，持续加强政府自身建设。新时代、新目标、新征程对政府工作提出了更新更高的要求。我们必须不忘初心、牢记使命，认真落实布小林主席“始终坚持从实际出发，不折腾、不懈怠，不出差错、不走弯路，努力做到发展思路、工作部署、政策措施更加精准有效”的要求，切实加强政府自身建设，不断提升政府工作水平。

一是坚定正确政治方向。树牢“四个意识”，坚定“四个自信”，坚决做到“两个维护”，始终在思想上政治上行动上同以习近平同志为核心的党中央保持高度一致。扎实推进“两学一做”学习教育常态化制度化，坚定不移以习近平新时代中国特色社会主义思想武装头脑、指导实践、推动工作。

二是加快提升行政效能。深入开展解放思想大学习大实践，以思想大解放激发新担当新作为，在实现“六个提升”上下真功见实效。加强执行力建设，健全完善抓落实机制，强化目标考核、督查督办，加大跟踪问效、追责问责力度，切实调动全体干部抓落实的积极性、主动性和创造性，确保政令畅通。

三是全面推进依法行政。把依法行政、依法办事贯穿于决策、执行、落实的全过程，严格执行重大行政决策法定程序，强化审计监督，主动接受人大工作监督、政协民主监督和舆论、群众监督，加强政务公开，让权力在阳光下运行，推动法治政府建设不断深入。

四是持之以恒正风肃纪。坚持把党的政治纪律和政治规矩挺在前面，加强政府系统廉政建设和反腐败工作，严格落实中央八项规定及其实施细则精神，驰而不息整治“四风”突出问题，坚持廉洁从政第一底线，做到心有所戒、行有所止，守住底线、无私有为，持续推动干部清正、政府清廉、政治清明。